추리논증 Ⅰ | 2026~2022 학년도

법학전문대학원협의회 엮음

법학적성시험 문제 해설

에피스테메
EPISTEME

법학적성시험 문제 해설

LEET 추리논증 I (2026~2022학년도)

제1판　1쇄 펴낸날　2011년 4월 1일
제16판 1쇄 펴낸날　2025년 12월 1일

엮은이　법학전문대학원협의회
펴낸이　고성환
펴낸곳　(사)한국방송통신대학교출판문화원
　　　　(03088) 서울시 종로구 이화장길 54
　　　　전화│1644-1232
　　　　팩스│02-742-0956
　　　　홈페이지│press.knou.ac.kr
　　　　출판등록│1982년 6월 7일 제1-491호

출판위원장 박지호
편집　　　 박혜원·김양형
내지디자인 김정열
표지디자인 김민정

ISBN　978-89-20-05478-5 13360
값　22,000원

머리말

　　법학적성시험은 법학전문대학원의 교육과정을 성공적으로 이수하는 데 필요한 수학 능력을 평가하기 위한 시험입니다. 2009학년도부터 2026학년도까지 총 18회의 시험이 치러졌으며, 출제의 전문성과 시행의 안정성이란 측면에서 신뢰를 받고 있습니다.

　　시험은 언어이해, 추리논증, 논술의 세 영역으로 이루어져 있습니다. 언어이해 영역은 비교적 긴 분량의 글을 읽고 분석하여 이해하는 능력을, 추리논증 영역은 주어진 정보를 바탕으로 새로운 정보를 추리해 내는 능력과 제시된 논증을 분석하고 평가하는 능력을 측정합니다. 논술 영역은 논증적인 글쓰기 능력 및 표현력을 평가합니다.

　　법학적성평가연구원은 법학적성시험을 안정적으로 출제하고 시행하는 데 그치지 않고 법조인에게 요구되는 자질 및 적성을 효과적으로 측정하는 시험이 될 수 있도록 꾸준히 노력해 왔습니다. 앞으로도 시험의 타당도와 신뢰도 제고를 위해 지속적으로 문항 연구를 진행하여 이를 시험에 반영할 것입니다.

　　이 책은 최근 5년간(2022~2026학년도까지) 출제된 법학적성시험 문제와 이에 관한 해설을 담고 있습니다. 다양한 학문 분야의 많은 교수님께서 연구와 강의 등으로 바쁜 일정에도 불구하고 출제에 참여하여 해설까지 해 주셨습니다. 이 책에 수록된 기출문제를 혼자 힘으로 풀어 본 후 자신의 풀이와 이 책의 해설을 비교하면서 학습하는 것은 법학적성시험을 효과적으로 준비하는 일인 동시에 그 자체로서 지적 흥미와 만족을 주리라 기대합니다.

　　끝으로 법학적성시험 출제에 참여하셨던 교수님들, 법학적성평가연구원의 연구위원님들께 깊은 감사의 말씀을 드립니다. 시험을 준비하는 여러분들이 미래 법률가를 향한 원대한 목표를 이루어 나가시기를 진심으로 기원합니다.

법학전문대학원협의회 법학적성평가연구원장
양천수

CONTENTS

법학적성시험 개요

1. 시험의 성격 및 목적

■ 법학적성시험은 법학전문대학원 교육을 이수하는 데 필요한 수학 능력과 법조인으로서 지녀야 할 기본적 소양 및 잠재적인 적성을 가지고 있는지를 측정하는 시험이다. 법학전문대학원 입학 전형에서 적격자 선발 기능을 제고하고, 법학교육 발전을 도모하는 데 목적이 있다.

2. 법학전문대학원 입학 자격

■ 법학전문대학원 입학 자격은 「법학전문대학원 설치·운영에 관한 법률」 제22조에 따라 '학사 학위를 가지고 있는 자 또는 법령에 의하여 이와 동등 학력이 있다고 인정된 자'와 '해당 연도 졸업 예정자(학위 취득 예정자 포함)'이다.

3. 시험 영역 및 시험 시간

■ 법학적성시험은 언어이해 영역, 추리논증 영역, 논술 영역으로 구성된다. 언어이해 영역과 추리논증 영역은 5지선다형이고, 논술 영역은 서답형이다.

■ 영역별 문항 수 및 시험 시간

교시	시험 영역	문항 수	시험 시간	문항 형태
1	언어이해	30	09:00∼10:10(70분)	5지선다형
2	추리논증	40	10:45∼12:50(125분)	5지선다형
	점심시간		12:50∼13:50	
3	논술	2	14:00∼15:50(110분)	서답형
계	3개 영역	72문항	305분	

4. 출제의 기본 방향 및 범위

가. 공통 사항

■ 특정 전공 영역에 대한 세부 지식이 없더라도 대학 교육과정을 정상적으로 마쳤거나 마칠 예정인 수험생이면 주어진 자료에 제공된 정보와 종합적 사고력을 활용하여 문제를 해결할 수 있도록 문항을 구성한다.

나. 언어이해 영역

■ 법학전문대학원 교육에 필요한 독해 능력, 의사소통 능력 및 종합적인 사고력을 측정한다.

■ 평가 틀

〈언어이해 영역 문항 분류표〉

문항 유형 내용 영역	주제, 구조, 관점 파악	정보의 확인과 재구성	정보의 추론과 해석	정보의 평가와 적용
인문				
사회				
과학기술				
규범				

(1) 내용 영역

인문, 사회, 과학기술, 규범 영역

1) 인문 : 인간의 본질과 문화에 대한 탐구와 설명을 목적으로 하는 텍스트

2) 사회 : 사회 현상에 대한 탐구와 설명을 목적으로 하는 텍스트

3) 과학기술 : 자연 현상, 기술 공학에 대한 탐구와 설명을 목적으로 하는 텍스트

4) 규범 : 법과 윤리에 대한 탐구와 설명을 목적으로 하는 텍스트

(2) 문항 유형

1) 주제, 구조, 관점 파악 : 제시문의 주제나 구조와 전개 방식 또는 제시문에 소개된 인물(글쓴이 포함)이나 이론의 관점을 파악한다.

2) 정보의 확인과 재구성 : 제시문에 나타난 정보 및 정보의 관계를 정확히 파악하여 다른 표현으로 재구성한다.

3) 정보의 추론과 해석 : 제시문에 제시된 정보를 바탕으로 새로운 정보를 추론한
   다. 맥락을 고려한 해석을 통하여 정보가 가지는 적합한 의미를 밝혀낸다.
4) 정보의 평가와 적용 : 제시문에 주어진 논증이나 설명의 타당성을 평가한다. 제
   시문에 소개된 원리를 새로운 사례나 상황에 적용한다.

다. 추리논증 영역

■ 사실, 주장, 이론, 해석 또는 정책이나 실천적 의사결정 등을 다루는 다양한 분야
   의 소재를 활용하여 법학전문대학원 교육에 필요한 추리(reasoning) 능력과 논증
   (argumentation) 능력을 측정한다.

■ 평가 틀

〈추리논증 영역 문항 분류표〉

문항 유형 내용 영역	추리		논증		
	언어 추리	모형 추리	논증 분석	논쟁 및 반론	논증 평가 및 문제해결
논리학·수학					
인문					
사회					
과학기술					
규범					

가) 추리

(1) 내용 영역

논리학·수학, 인문, 사회, 과학기술, 규범 영역

(2) 문항 유형

1) 언어 추리 : 일상어를 통하여 이루어지는 추리

2) 모형 추리 : 도형, 표, 그래프, 수, 기호 등과 같은 비언어적 표상(모형)을 이용하
   여 이루어지는 추리(형식적 추리, 논리 게임, 수리 추리로 구성됨)

   ① 형식적 추리 : 형식적으로 타당한 추론 규칙을 이용하여 이루어지는 추리

   ② 논리 게임 : 연역적인 추리 능력을 검사하는 전형적인 논리 퍼즐

   ③ 수리 추리 : 수리적인 자료로부터 수리적으로 이루어지는 계산이나 추리

나) 논증

(1) 내용 영역

인문, 사회, 과학기술, 규범 영역

(2) 문항 유형

1) 논증 분석 : 논증의 주장과 제시된 근거 파악하기, 논증이 기반하고 있는 원리나 가정 등 파악하기, 논증에서 생략된 전제 찾기, 논증의 구조를 분석하거나 논증 유형 비교하기 등

2) 논쟁 및 반론 : 논쟁의 쟁점을 파악하거나 공통의 가정 내지 전제 파악하기, 주어진 논증에 대하여 반론 제기하기, 비판이나 반론에 대하여 논증을 수정·보완하거나 재구성할 방안 찾기 등

3) 논증 평가 및 문제해결 : 논증에서 결론의 정당성을 강화하거나 약화하는 사례 내지 조건 파악하기, 논증에 대하여 종합적으로 평가하기, 논증이 범하고 있는 오류 파악하기, 갈등이나 역설의 논리적 기반을 파악하거나 그 해소 방안 찾기 등

라. 논술 영역

■ 법학전문대학원 교육 및 법조 현장에서 필요한 논증적 글쓰기 능력을 측정한다.

■ 평가 틀

〈논술 영역 평가 목표 분류표〉

인지 활동 유형 내용 영역	분석		구성			
	논제 분석	제시문 분석	논증	비판	전개	표현
인문						
사회						
과학기술						
규범						
복합						

(1) 내용 영역

인문, 사회, 과학기술, 규범 및 이들의 복합 영역

(2) 인지 활동 유형

1) 분석 : 텍스트를 분석하고 이해하는 능력

· 논제 분석 : 주어진 논제의 의도와 그것이 요구하는 과제의 성격을 정확히 파악
  할 수 있는 능력

· 제시문 분석 : 주어진 제시문을 이해하고 그것이 조직되어 있는 방식을 발견해
  내는 능력

2) 구성 : 사고를 구성하여 글로 완성하는 능력

· 논증 : 논리적으로 사고를 구성하는 능력

· 비판 : 타당한 근거를 바탕으로 한 평가 및 판단 능력

· 전개 : 심층적 및 독창적 사고를 구성하는 능력

· 표현 : 적절한 언어를 사용하여 글로 표현하는 능력

(3) 문항 유형

· 사례형 : 주어진 사례의 문제 상황을 해결하는 방안과 그 논거를 논리적으로 구
  성하고, 이를 설득력 있게 표현할 수 있는지를 평가하는 유형

5. 법학적성시험 언어이해 및 추리논증 영역 점수 체제

■ 채점 및 점수 체제

· 언어이해 영역, 추리논증 영역의 정답 문항은 1점, 오답 문항은 0점으로 채점한다.

· 언어이해 영역은 평균 45, 표준편차 9인 표준점수를 사용한다.

· 추리논증 영역은 평균 60, 표준편차 12인 표준점수를 사용한다.

〈법학적성시험의 영역별 문항 수 및 표준점수〉

영역	문항 수	표준점수		
		평균	표준편차	범위
언어이해	30	45	9	0~90
추리논증	40	60	12	0~120

6. 법학적성시험 성적의 활용

■ 법학적성시험 성적은 당해 학년도에 한하여 유효하며, 개별 법학전문대학원의
  결정에 따라 학부 성적, (심층)면접, 자기소개서, 어학 성적 등과 함께 법학전문

대학원 입학 전형 요소의 하나로 활용된다.

 ─「법학전문대학원 설치·운영에 관한 법률」 제23조(학생 선발)

7. 장애인 수험생 편의 지원

- 원서접수자 중 신체장애로 인해 시험 응시에 현실적인 어려움이 있는 자
- 「장애인복지법 시행령」 제2조에 의한 등록 장애인 : 시각장애인, 뇌병변장애인, 지체장애인 등
- 임신부 등 편의지원 제공이 필요한 자

8. 응시수수료 면제

- 취지
- 저소득 가구 수험생의 응시수수료 면제를 통해 서민의 법조계 진입장벽 완화에 기여
- 대상
- 「국민기초생활보장법」 제2조 제1호의 수급권자,「국민기초생활보장법」 제2조 제10호의 차상위계층 또는「한부모가족지원법」 제5조 및 제5조의2에 따른 지원대상자로「법학전문대학원 적성시험의 응시수수료 및 반환금액, 절차·방법 등에 관한 고시」의 증빙서류를 지정된 기간에 제출한 자

9. 기타 사항

- 자세한 사항은 법학적성시험 홈페이지(http://www.leet.or.kr)를 참조하기 바란다.

2025

법학적성시험
추리논증 영역

2026학년도 추리논증 영역 출제 방향

1. 출제의 기본 방향

추리논증 문항은 적합한 제시문을 활용하여 법학적성의 중요한 기준인 추리와 논증 능력을 평가하는 데 그 의의가 있다. 이러한 취지를 반영하기 위해, 이번 시험에서도 종전 시험과 마찬가지로 제시문의 제재나 문항의 구조, 질문의 방식 등을 다양화하고 수험생의 이해 능력, 추리 능력, 비판 능력을 골고루 측정하는 완성도 있는 문항을 제시하여 학생들의 추리 및 논증 능력을 평가하고자 하였다. 이번 출제의 기본 방향을 요약하면 다음과 같다.

첫째, 추리 능력을 측정하는 문항과 논증 분석·평가 능력을 측정하는 문항을 규범, 인문, 사회, 과학기술 등 각 영역에서 다양한 소재를 활용하여 균형 있게 출제하였다. 제재의 측면에서 전 학문 분야 및 일상적·실천적 영역에 걸친 다양한 소재를 활용하였고, 학부 전공에 따른 유·불리를 최소화하고자 하였다. 단순히 논리 구조만 파악하여 문제를 푸는 글이 아니라 교양이 될 만한 소재를 활용하는 한편, 고도의 생각을 요구하는 내용의 글은 가능한 한 일상적인 맥락으로 풀어서 학생들이 친숙하게 접근하도록 하였다.

둘째, 문항 풀이 과정에서 제시문의 의미, 상황, 함의를 논리적으로 분석하고 핵심 정보를 체계적으로 취합하여 종합적으로 사고할 수 있어야 문항의 정답을 고를 수 있도록 하였다. 또한 제시문의 내용이나 영역에 관한 선지식이 문제 해결에 끼치는 영향을 없애고 사교육에 의존하지 않고 대학에서 정상적인 학업과 폭넓은 독서 생활을 통해 사고력을 함양한 사람이라면 충분히 해결할 수 있는 문항을 만들고자 하였다. 그러면서도 법학적성을 평가하는 데 있어 중요하면서도 새로운 소재를 활용하여 참신한 문항이 되도록 하였다.

셋째, 제시문에서 불필요한 내용을 배제하고 제시문을 명료하게 작성함으로써 가독성을 높였다. 단순히 어려운 계산을 요구하여 난이도만 높이는 문항은 배제하는 한편, 지나치게 글자 수가 많아 결과적으로 난이도가 높게 되는 점을 지양하기 위해 거의 모든 문항에 있어 글자 수를 줄여 수험생이 문제를 읽는 부담을 덜도록 하였다. 그러면서도 난이도에 있어 법학적성을 측정하는 데 적정한 정도의 수준을 유지하도록 하였다.

2. 출제 범위 및 문항 구성

규범, 인문, 사회, 과학기술과 같은 학문 영역별 문항 수는 예년과 큰 차이가 없이 균형 있게 출제되었다. 규범 영역의 문항은 법학지식을 측정하지 않되 헌법, 민법, 형법, 행정법, 소비자법, 민사소송법, 형사소송법, 노동법, 국제법 등과 관련된 내용을 소재로 하면서도 매스컴 등을 통해 한 번쯤 들어보았을 만한 시사적 내용 등을 활용하여 소재를 다양화하였다. 아울러 종래 출제되지 않았지만 법학을 전공할 사람이 알아야 할 중요한 내용으로 출제하였다. 인문 영역의 문항은 인식론, 윤리학, 과학철학 등의 주제를 담고 있으며, 법학을 전공하는 데 있어 필요한 논리적인 글을 읽을 수 있는 능력을 파악할 수 있는 소재를 활용하였다. 사회과학 영역에서는 경제학, 사회학, 연구방법론 등의 글이 활용되었다. 과학 영역은 생물학, 물리학 등의 소재를 활용하여 문항의 내용이 한쪽으로 치우치지 않도록 하였다. 전체 문항에서 추리 문항과 논증 문항은 비슷한 분량으로 구성되었다.

3. 난이도

제시문의 이해도를 높이기 위해서 전문적인 용어는 순화하여 전공 여부에 상관없이 내용에 접근하고 이해할 수 있도록 하였다. 문제를 해결하기 위해 거쳐야 할 추리나 비판 및 평가의 단계도 지나치게 복잡해지지 않도록 하였고, 문제풀이와 관계없는 자료는 최대한 줄여 불필요한 독해의 부담이나 함정으로 난이도가 상승하는 일이 없도록 하였다. 특히 작년과 마찬가지로 전체 글자 수를 줄임으로써 읽기에 소비되는 시간을 줄이고 좀 더 논리적 구조에 집중할 수 있도록 했다. 아울러 지나치게 난이도를 높여 변별력에 의미가 없게 되는 점을 지양하고 문항 간 난이도에서 큰 차이가 없도록 노력하였다.

4. 출제 시 유의점

- 추리 문항과 논증 문항을 균형 있게 출제하고 문항별 성격을 명료하게 하여, 문항별로 측정하고자 하는 능력을 정확히 평가할 수 있도록 하였다.
- 법학적성을 측정할 수 있는 중요하고 새로운 소재를 발굴하면서도 시사성 높은

소재를 통해 학생들이 친숙하게 접할 수 있는 문항이 되도록 하였다.
- 선지식으로 문제를 풀거나 전공에 따른 유·불리가 분명한 제시문의 선택이나 문항의 출제는 지양하였다.
- 제시문을 분석하고 평가하는 데 충분한 시간을 사용할 수 있도록 글자 수를 줄이는 등 제시문의 독해부담을 줄였다.
- 제시문이 전달하고자 하는 내용을 효과적으로 전달할 수 있도록 전반적으로 가독성을 높이고, 문두와 선지의 내용을 최대한 명료하게 만들었다.
- 법학적성 능력을 평가하기 위하여 법학의 기본 원리를 응용한 내용을 소재로 하면서도, 문항에 나오는 개념, 진술, 논리구조, 함의 등을 이해하는 데 법학지식이 요구되지 않도록 하여 법학지식 평가를 배제하였다.
- 출제의 의도를 감추거나 오해하게 하는 질문을 피하고, 문항 및 선택지 간의 간섭을 최소화함으로써, 문항의 의도에 충실한 변별이 이루어지도록 하였다.

01.

다음으로부터 추론한 것으로 옳은 것만을 〈보기〉에서 있는 대로 고른 것은?

사회학자 갑은 국가가 개인의 행동을 통제하는 방식을 통제수단의 종류, 통제대상자에게 통제수단이 영향력을 미치는 방식, 통제대상자의 행동선택권 자체에 대한 제한의 유무 등을 고려하여 두 가지로 구분한다. 하나는 법규범을 수단으로 통제대상자의 행동을 직접적으로 금지하거나 의무를 부여하는 '직접통제'이다. 다른 하나는 법규범 또는 그 밖의 방법을 수단으로 통제대상자 이외의 대상에게 영향력을 행사함으로써, 종국적으로는 통제대상자의 행동을 유도하거나 제한하는 '간접통제'이다.

갑은 직접통제보다는 간접통제를, 간접통제 중에서도 법규범을 활용한 방식보다 '사회적 의미'를 활용한 방식을 더 중시한다. 여기서 사회적 의미란 특정 행동에 대하여 사회공동체가 내리는 평가를 말한다. 이러한 주장은 사람들이 사회 내에서 가능한 한 좋은 평가를 받기 위해 또는 가능한 한 나쁜 평가를 받지 않기 위해 행동하며, 이로 인해 법규범보다 사회적 의미가 개인의 행동을 통제하는 더 효과적인 수단이 될 수 있다는 점에 기반한다.

ㄱ. 낙태행위를 하려는 임신부를 통제하기 위해, 낙태시술비용에 대해서 의료보험혜택을 받지 못하도록 하는 것은 간접통제인 반면 낙태시술을 한 산부인과 의사를 형법으로 처벌하는 것은 직접통제이다.

ㄴ. 갑이 법규범을 활용한 간접통제보다 사회적 의미를 활용한 간접통제를 중시하는 이유는 후자가 전자보다 통제대상자의 행동선택권 자체를 덜 제한하기 때문이다.

ㄷ. 표준계약서와 다른 계약을 체결하고자 하는 매도인에게 해당 계약이 표준계약서와 다르다는 점을 고지하도록 법으로 정함으로써 매수인이 해당 계약과 표준계약서를 비교하여 계약을 체결하도록 하였다면, 이는 매수인의 계약체결행위에 대한 간접통제이다.

① ㄱ   ② ㄷ   ③ ㄱ, ㄴ

④ ㄴ, ㄷ   ⑤ ㄱ, ㄴ, ㄷ

문항 성격　문항유형 : 언어 추리

내용영역 : 규범

평가 목표　이 문항은 개인의 행동을 통제하는 방식에 관한 글로부터 올바르게 추론할 수 있는
능력을 평가하는 문항이다.

문제 풀이　정답 : ②

직접통제는 통제대상자의 행동을 통제하기 위해 법규범을 통해 통제대상자의 행동 그 자체를 제
한(금지 내지 의무부과)하는 방식이고, 간접통제는 통제대상자의 행동 통제를 위하여 법규범 또
는 그 외의 수단을 통해 통제대상자 이외의 대상에게 영향력을 행사함으로써 종국적으로 통제대
상자의 행동을 유도하거나 제한하는 방식을 말한다.

〈보기〉 해설　ㄱ. 통제대상자는 임신부이고, 통제대상행위는 임신부의 낙태행위이다. 낙태행위를
하려는 임신부를 통제하기 위해, 낙태시술비용에 대해서 의료보험혜택을 받지
못하도록 하는 방식은 통제대상자(임신부)의 대상행위(낙태행위) 자체를 금지하
지 않고 의료보험혜택을 통해 간접적으로 행위를 유도한다는 점에서 간접통제
에 해당한다. 한편 낙태행위를 하려는 임신부를 통제하기 위해, 낙태시술을 한
산부인과 의사를 형법으로 처벌하는 방식은 통제대상자(임신부)의 통제대상행
위(낙태행위) 그 자체를 통제하지 않고, 그 외의 자(산부인과 의사)에게 형벌을
부과함으로써 통제 목표를 달성하고자 한다는 점에서 이는 직접통제가 아니라
간접통제에 해당한다. 따라서 ㄱ은 옳지 않은 추론이다.

ㄴ. 갑이 간접통제 중 법규범을 활용한 방식보다는 사회적 의미를 활용한 방식을
중시하는 이유는 후자가 전자보다 '개인의 행동을 통제하는 더 효과적인 수단'
이 될 수 있기 때문이다(통제대상자의 행동선택권 자체의 제한 여부는 직접통
제와 간접통제의 구별기준이다.). 따라서 ㄴ은 옳지 않은 추론이다.

ㄷ. 통제대상자는 매수인이고 통제대상행위는 계약체결행위이다. 이를 통제하기 위
해 법을 수단으로 통제대상자가 아닌 매도인에게 표준계약서 고지의무를 부과
하고 있으므로, 이는 간접통제에 해당한다. 따라서 ㄷ은 옳은 추론이다.

〈보기〉의 ㄷ만이 옳은 추론이므로 정답은 ②이다.

02.

다음으로부터 추론한 것으로 옳은 것만을 〈보기〉에서 있는 대로 고른 것은?

X국의 군인은 직업군인과 의무복무군인 두 종류가 있다. 현재는 두 종류의 군인 모두 군복무 중 사망한 경우, 순직심사위원회가 군복무와 관련하여 사망하였는지 여부를 기준으로 순직자 또는 일반사망자로 판정하고 있다. 의무복무군인이 국방의 의무를 수행하기 위하여 소집되었다는 특수성을 고려하여, 의무복무군인의 순직 인정 범위를 넓히기 위해 다음 3개의 법안이 발의되었다.

〈법안 1〉 "의무복무자로서 복무기간 중 사망한 군인은 순직자로 본다."

〈법안 2〉 "의무복무자로서 복무기간 중 사망한 군인은 순직자로 본다. 의무복무자가 전역 후 군복무와 밀접한 관련성이 있는 사유로 인하여 사망한 경우도 같다."

〈법안 3〉 "의무복무자로서 복무기간 중 사망한 군인은 순직자로 본다. 다만, 자신의 고의 또는 중과실로 인한 위법행위로 사망한 경우에 해당하여 사망이 군복무와 관련성이 없다고 인정되는 경우 순직심사위원회는 해당 군인을 일반사망자로 판정할 수 있다."

ㄱ. 만약 〈법안 1〉 또는 〈법안 2〉가 통과되었다면 복무기간 중 사망한 군인이 일반사망자로 판정된 경우 해당 군인은 직업군인일 것이고, 만약 통과된 법안이 〈법안 3〉이라면 해당 군인은 직업군인이 아닐 수도 있다.

ㄴ. 군인이 군복무로 인하여 질병을 얻고 전역 후 그 질병이 직접 원인이 되어 사망한 경우, 〈법안 1〉과 〈법안 3〉 중 어디에 따르든 그 사람은 순직자가 되지 않지만, 〈법안 2〉에 따르면 순직자가 된다.

ㄷ. 의무복무자인 군인이 휴가 중 교통사고로 사망한 경우, 해당 군인은 〈법안 1〉과 〈법안 2〉 중 어디에 따르든 순직자가 되지만, 〈법안 3〉에 따르면 순직자가 되지 않을 수 있다.

① ㄱ 　　② ㄴ 　　③ ㄱ, ㄷ

④ ㄴ, ㄷ 　　⑤ ㄱ, ㄴ, ㄷ

문항 성격	문항유형 : 언어 추리
	내용영역 : 규범
평가 목표	이 문항은 군인이 군복무와 관련하여 사망한 경우 순직 인정 범위를 정하는 법안에 관한 글로부터 올바르게 추론할 수 있는 능력을 평가하는 문항이다.

  정답 : ③

제시된 3개의 법안은 모두 의무복무군인의 순직 인정 범위를 넓히는 것을 목표로 하므로 의무복무군인만을 적용대상으로 한다. 이는 법문에서 "의무복무자"라는 표현으로도 명백하다. 직업군인의 경우에는 기존과 같이 군복무 중 군복무와 관련한 사망의 경우에만 순직을 인정하고, 순직자 또는 일반사망자로 나누어 판정한다.

각 법안의 내용을 정리하면 다음과 같다.

〈법안 1〉은 의무복무군인이 복무기간 중 사망한 경우 순직으로 간주하는 규정이다.

〈법안 2〉는 의무복무군인이 복무기간 중 사망한 경우 순직으로 간주하는 점은 〈법안 1〉과 동일하지만, 여기에서 더 나아가 전역 후에 사망한 경우 예외적으로 군복무와 밀접한 관련성이 인정되는 때에는 순직자로 판정되도록 하고 있다. 제시된 법안 중에서 의무복무군인의 순직 인정 범위를 가장 넓게 인정한다.

〈법안 3〉은 의무복무군인이 군복무 중 사망한 경우 순직으로 간주하는 점은 다른 법안과 같다. 다만, "자신의 고의 또는 중과실로 인한 위법행위로 사망한 경우에 해당하여 사망이 군복무와 관련성이 없다고 인정되는 경우 순직심사위원회는 해당 군인을 일반사망자로 판정할 수 있다."고 하여 순직 인정의 원칙에 예외사유를 명시한 점에 특색이 있다. 제시된 법안 중에서 의무복무군인의 순직 인정 범위를 가장 좁게 인정한다.

  ㄱ. 〈법안 1〉과 〈법안 2〉에 따르면 군복무 중 사망한 의무복무군인은 순직자가 되고 일반사망자로 판정될 수 없다. X국의 군인에는 직업군인과 의무복무군인의 2종류가 있으므로 이 법안 중 하나가 통과된 이후 사망한 군인이 일반사망자로 판정되었다면, 그 군인은 직업군인일 것이다. 반면, 〈법안 3〉이 통과된 경우에는 단서의 사유에 해당할 때 예외적으로 의무복무군인도 일반사망자로 판정될 수 있으므로 이 법안의 통과 이후 사망한 군인이 일반사망자로 판정되었다면, 그 군인은 의무복무군인일 수도 있다. 따라서 ㄱ은 옳은 추론이다.

ㄴ. X국의 군인은 직업군인과 의무복무군인이 있다. ㄴ에서 언급되는 군인이 직업군인인지 의무복무군인인지 알 수 없다. 직업군인의 경우, 복무기간 중 군복무와 관련한 사망의 경우에만 순직자로 판정되므로, 전역 후 사망한 경우에는 순직자로 판정될 수 없다. 따라서 ㄴ에서 언급되는 군인이 직업군인일 수 있으므로, "군인이 군복무로 인하여 질병을 얻고 전역 후 그 질병이 직접 원인이 되어 사망한 경우, 〈법안 2〉에 따르면 순직자가 된다."는 추론될 수 없다. ㄴ은 옳지 않은 추론이다.

ㄷ. 군인의 휴가는 군복무 중에 부여받은 것이므로 군인의 휴가기간은 복무기간에 속한다. 따라서 의무복무자인 군인이 휴가 중 사망한다면 복무기간 중에 사망

한 사례이므로, 〈법안 1〉과 〈법안 2〉에 따르면 해당 군인은 순직자가 된다. 반면, 〈법안 3〉에 따르면 의무복무군인인 경우에도 단서의 사유에 해당하는 때에는 일반사망자로 판정할 수 있다. 따라서 의무복무자인 군인이 휴가 중 교통사고로 사망한 경우, 교통사고가 "자신의 고의 또는 중과실로 인한 위법행위"에 해당한다면 해당 군인을 일반사망자로 판정할 수 있다. 따라서 ㄷ은 옳은 추론이다.

〈보기〉의 ㄱ, ㄷ만이 옳은 추론이므로 정답은 ③이다.

03.

다음으로부터 추론한 것으로 옳은 것만을 〈보기〉에서 있는 대로 고른 것은?

X국은 산아제한정책을 도입하고자 아래의 3가지 [정책 판단기준]에 따라 [외국의 정책례]를 비교·검토 중이다.

[정책 판단기준]

ⓐ 효율성 기준 : 정책은 적용대상자에게 효율성이 있어야 한다. 효율성이란 이득은 최대화하고 비용은 최소화하는 것을 의미한다. 이때 이득이나 비용은 금전적으로 평가할 수 있는 것만을 말한다.

ⓑ 형평성 기준 : 정책은 적용대상자 간의 형평성을 고려하여야 한다. 형평성이란 정책의 적용을 받는 모두가 경제적 조건에 구애됨 없이 자신의 합법적 선택을 실현할 수단을 동등하게 획득할 수 있음을 말한다.

ⓒ 자율성 기준 : 정책은 적용대상자에게 자율성을 부여하여야 한다. 예컨대 선택을 후회하는 자에게 달리 선택할 기회가 주어지는 경우는 그렇지 않은 경우보다 자율성이 더 높다.

[외국의 정책례]

Y국은 여성에게 평생 자녀 한 명만 출산하게 하는 ㉠'고정 할당제'를 운영한다. 이에 따르면 Y국 여성이 2명 이상을 낳으면 국가는 둘째부터 1명당 사회초년생의 2년치 연봉 수준의 벌금을 부과한다. 부유층은 벌금형을 감수하고 자녀를 2명 이상 출산하는 반면 저소득층은 이 정책을 준수한다.

Z국은 여성에게 자녀를 한 명만 출산할 수 있는 허가증을 발행해 주는 ㉡'출산허가증 거래제'를 운영한다. 이에 따르면 여성은 허가증을 사용할 수도 있고 판매할 수도 있다. 허가증의 판매금액은 당사자들이 자유롭게 정할 수 있으며 허가증을 판매한 자는 그 누구에게로부터도 허가증을 구매할 수 없다. 여성이 허가증 없이 자녀를 출산할 방법은 없다.

ㄱ. ⓐ에 의하면, 출산을 원하지 않는 자에게는 ㉠이 ㉡보다 효율성이 높다.

ㄴ. ⓑ에 의하면, 2명을 출산하려는 자에게는 ㉡이 ㉠보다 형평성이 크다.

ㄷ. ⓒ에 의하면, 출산을 포기했다가 이를 번복하고 출산하려는 자에게는 ㉠이 ㉡보다
　자율성이 높다.

① ㄱ　　　　　　　　　② ㄷ　　　　　　　　　③ ㄱ, ㄴ

④ ㄴ, ㄷ　　　　　　　　⑤ ㄱ, ㄴ, ㄷ

문항 성격	문항유형 : 언어 추리
	내용영역 : 규범
평가 목표	이 문항은 정책 판단기준과 산아제한정책에 관한 2가지 입법례에 관한 글로부터 올바르게 추론할 수 있는 능력을 평가하는 문항이다.
문제 풀이	정답 : ②

제시문에서 효율성은 선택에 따른 이득은 최대화하고 비용은 최소화하는 것을 의미하며, 형평성은 경제적 조건에 구애됨 없이 자신의 합법적 선택을 실현할 수단을 동등하게 획득할 수 있음을 의미하며, 자율성은 선택을 후회하는 자에게 달리 선택할 기회가 주어지는 경우를 의미한다.

〈보기〉 해설　ㄱ. 효율성 기준은 선택에 따른 비용 또는 이익의 발생 여부를 기준으로 한다. 출산을 원하지 않는 자의 입장에서 평가할 때, ㉠(고정할당제)에서는 자녀 1명 출산권의 거래 자체가 불가하므로, 이로 인한 이익이나 비용도 발생하지 않는 반면, ㉡(출산허가증 거래제)에서는 출산을 원하지 않으면, 허가증을 거래하여 금전적 이익을 얻을 수 있다. 따라서 효율성 기준에 비추어 볼 때, 출산을 원하지 않는 자에게는 ㉡이 ㉠보다 효율성이 높다. 따라서 ㄱ은 옳지 않은 추론이다.

　　ㄴ. ⓑ의 '형평성 기준'은 정책의 적용대상자 간에 "정책의 적용을 받는 모두가 경제적 조건에 구애됨 없이 자신의 합법적 선택을 실현할 수단을 동등하게 획득할 수 있는지"를 판단한다. 여기서의 형평성은 어디까지나 '합법적 선택 범위 내에서의 (그 정책을 적용받는 대상자 간의) 형평성'을 의미한다. 이에 따르면, ㉠(고정할당제)에서는, 2명을 출산하려는 자에게 이 정책하에서 허용된 합법적 선택은 1명의 자녀를 출산하는 것뿐이며, 이 합법적 선택 범위 내에서 이를 실현할 수단은 경제적 조건에 구애됨 없이 모두에게 동등하게 주어져 있다. 반면, ㉡(출산허가증 거래제)에서는, 2명을 출산하려는 자에게는 2명의 출산은 '합법적 선택'에 해당하고, 이를 실현할 수단으로서 허가증의 거래가 인정된다. 다만

실현할 수단의 획득 가능성은 경제적 조건에 따라 달라진다. 예컨대, 부유한 갑과 가난한 을이 각자 자녀 2명을 출산하고자 하는 경우를 상정했을 때, 고정할당제에서는 갑과 을은 합법적 선택 범위 안에서 1명의 자녀만을 출산할 수 있고 그 수단은 동등하게 주어져 있기 때문에 '형평적'인 반면, 출산허가증 거래제에서는 합법적으로 2명의 출산이 실현가능하지만 그 실현 수단이 금전적 거래를 통해 이루어지기 때문에 경제적 조건에 구애된다는 점에서 '형평적'이지는 않다. 따라서 2명을 출산하려는 자를 기준으로 각 정책의 형평성을 비교했을 때, ㉡(출산허가증 거래제)의 형평성이 ㉠(고정할당제)의 형평성보다 클 수는 없다. 그러므로 ㄴ은 옳지 않은 추론이다.

ㄷ. 자율성 기준은 선택을 번복할 기회의 유무를 기준으로 한다. 출산을 포기했다가 이를 번복하고 출산하려는 자의 입장에서 평가할 때, ㉠(고정할당제)에서는 첫째 출산을 포기하였다가 번복하고 출산하려는 경우, 1명의 자녀를 출산할 권리는 그대로 가지고 있으므로, 언제든지 이를 번복하고 출산하는 것이 가능하다. 반면, ㉡(출산허가증 거래제)에서는 첫째 출산을 포기하고 허가증을 판매한 사람의 경우, 다시 허가증을 구매하는 것은 불가능하고 허가증 없이 자녀를 출산할 방법은 없으므로, 이 사람이 다시 출산을 선택할 기회 자체가 없다. 따라서 자율성 기준에 비추어 볼 때, 출산을 포기했다가 이를 번복하고 출산하려는 자에게는 ㉠이 ㉡보다 자율성이 높다. 따라서 ㄷ은 옳은 추론이다.

〈보기〉의 ㄷ만이 옳은 추론이므로 정답은 ②이다.

04.

㉠의 논거로 가장 적절한 것은?

의족을 착용하고 2024년 장애인육상세계선수권대회 멀리뛰기 종목에서 8.60m라는 우수한 기록을 수립한 갑은 2025년 올림픽에 출전하고자 하였으나, 국제올림픽위원회(IOC)는 다음 논거를 들어 갑의 올림픽 출전 불허결정을 내렸다.

첫째, 올림픽 출전자격에 관한 IOC 규정에 따르면, 올림픽에 출전하는 선수는 해당 종목에서 일정 수준 이상의 기록을 가지고 있어야 하고, 그 기록은 '올림픽 수준의 세계대회'에서 달성된 것이어야 한다. 갑이 8.60m의 기록을 달성한 장애인육상세계선수권대회는 장애인대회여서 올림픽과 같은 수준의 대회라고 볼 수 없다. 둘째, 같은 규정에 따르면, 출전선수가 보조장치를 사용하는 경우에는 해당 장치를 사용하지 않는 선수에 비해 '전체적인 경쟁 우위'를 제공하지 않아야 한다. 따라서 장애선수가 사용하는 보조장치가 해당 장애가 없었을 때보다 더 나은 성과를 내게 하는 것이라면 그 보조장치는 사용할 수 없다. IOC 출전자격 심사위원회는 갑이 사용하는 의족이 장애가 없었을 때보다 더 우월한 육상능력을 제공한다고 판단하였다. 셋째, 같은 규정에 따르면, 출전자격 심사위원회의 판단에 불복하는 선수는 해당 장치가 전체적인 경쟁 우위를 제공하지 않는다는 점을 스스로 증명하여야 하는데, 갑은 자신의 의족이 전체적인 경쟁 우위를 제공하지 않는다는 점을 증명하지 못하였다.

갑은 위 결정의 논거를 ⊙반박하면서 스포츠중재재판소에 제소하였다.

① 갑은 의족을 착용하지 않으면 육상 자체를 할 수 없다.
② 장애인육상세계선수권대회는 장애인이 참가할 수 있는 권위 있는 육상대회 중 하나이다.
③ 갑이 수립한 8.60m의 기록은 2024년도에 개최된 모든 육상대회에서 나온 멀리뛰기 기록 중 10위에 해당한다.
④ 도핑테스트에 걸린 선수가 고의로 금지약물을 사용한 것이 아님을 스스로 증명하여 올림픽 출전이 허용되었다.
⑤ 본인 기록보다 향상된 기록을 내게 하는 최첨단 수영복이 일부 국가 선수들만 착용할 수 있음에도 올림픽에서 허용되었다.

문항 성격	문항유형 : 논쟁 및 반론
	내용영역 : 규범
평가 목표	이 문항은 올림픽 출전 불허결정에 대한 국제올림픽위원회(IOC)의 논거를 분석하여 그 논거에 대한 반박 논거로 적절한 것을 판단할 수 있는 능력을 평가하는 문항이다.
문제 풀이	정답 : ⑤

갑의 올림픽 출전 불허결정에 대한 IOC의 첫 번째 논거는 올림픽에 출전하는 선수는 일정 수준의 기록을 가지고 있어야 하고 그 기록은 '올림픽 수준의 세계대회'에서 달성한 것이어야 하는데, 갑이 제시한 기록이 '올림픽 수준의 세계대회'에서 달성한 기록이 아니라는 점이다. IOC의 이 논거는 장애인육상세계선수권대회가 권위 있는 대회가 아니라거나 갑의 기록이 우수한지의 여부를 근거로 삼은 것이 아니다.

두 번째 논거는 "출전선수가 보조장치를 사용하는 경우에는 해당 장치를 사용하지 않는 선수에 비해 '전체적인 경쟁 우위'를 제공하지 않아야 한다."는 규정이 있고, 따라서 장애선수가 사용하는 보조장치가 해당 장애가 없었을 때보다 더 나은 성과를 내게 하는 것이라면 사용할 수 없는데, 갑이 사용하는 의족은 장애가 없었을 때보다 더 우월한 육상능력을 제공하는 것으로 판단되기 때문에 이 의족을 사용하는 갑의 출전을 허용할 수 없다는 것이다. 즉 의족의 사용 자체가 문제가 아니라 선수의 본래 능력보다 더 나은 성과를 내게 하는 의족을 사용한다는 것을 불허결정의 논거로 삼고 있다.

세 번째 논거는 출전자격 심사위원회의 판단에 불복하는 선수는 해당 장치가 전체적인 경쟁 우위를 제공하지 않는다는 점을 스스로 증명해야 한다는 규정에 따라 두 번째 논거를 뒤집기 위해서는 갑이 자신의 의족이 전체적인 경쟁 우위를 제공하지 않는다는 점을 스스로 증명하여야 하는데, 갑은 이를 증명하지 않았다는 점이다.

정답 해설 ⑤ 선수의 본인 기록보다 향상된 기록을 내게 하는 최첨단 수영복은 이를 착용한 선수에게 이를 착용하지 않는 선수에 비하여 전체적인 경쟁 우위를 제공한다. 이러한 수영복의 착용이 허용되어 전체적인 경쟁 우위를 제공하는 것의 사용이 올림픽에서 허용되는 것은 IOC의 두 번째 논거를 적절하게 반박한다.

오답 해설 ① IOC의 논거 중 하나는 의족의 사용이 허용되지 않는다는 것이 아니라 전체적인 경쟁 우위를 제공하는 의족의 사용이 허용되지 않는다는 것이므로, 의족 자체의 사용의 불가피성을 들어 반박하는 것은 적절한 반박 논거가 아니다.

② IOC의 논거 중 하나는 장애인육상세계선수권대회는 올림픽 수준의 대회가 아니라는 것이고, 장애인대회로서 장애인육상세계선수권대회의 권위를 부정하는 것이 아니므로 적절한 반박 논거가 아니다.

③ IOC의 논거 중 하나는 갑의 기록이 '올림픽 수준의 세계대회'에서 달성한 기록이 아니라는 것이지 갑의 기록 자체가 부족한 기록이라는 것이 아니므로 적절한 반박 논거가 아니다.

④ 이 사례는 도핑테스트에 걸린 선수가 금지약물 사용의 고의성이 없었음을 스스로 증명하여 올림픽 출전이 허용된 사례이므로, 출전자격 심사위원회의 판단에 불복하는 선수는 해당 장치가 전체적인 경쟁 우위를 제공하지 않는다는 점을 스스로 증명해야 하는데, 갑은 스스로 증명하지 못하였다는 IOC의 논거에 대한 적절한 반박 논거가 아니다.

05.

다음 글에 대한 평가로 옳은 것만을 〈보기〉에서 있는 대로 고른 것은?

X국에서 피의자가 불구속 상태에서 피해자에게 보복하는 사건들이 많이 발생하였다. 이에 '피해자에 대한 보복 우려'를 새로운 구속사유로 추가해야 하는지 여부를 두고 다음과 같은 〈견해〉가 제시되었다.

〈견해〉

A : 보복의 우려가 있는 경우 지금까지 법원은 기존 구속사유를 억지로 적용하여 구속하거나 구속사유가 없다는 이유로 구속하지 않았다. 전자의 경우에는 위법한 인신구속이라는 비판이 제기되었고, 후자의 경우에는 보복 범죄를 막을 수 없다는 지적이 있었다. 이런 문제를 해결하기 위해서는 '피해자에 대한 보복 우려'를 명시적인 구속사유로 도입하는 것이 바람직하다.

B : 보복의 우려로 인해 피해자 보호가 필요한 경우에 현행 구속 제도는 구속과 불구속 중 양자택일해야 한다는 한계가 있다. 하지만 이를 해결하기 위해 새로운 구속사유를 추가하기보다는 제3의 방법을 도입할 필요가 있다. 기존의 구속사유에 해당하지 않지만 보복의 우려가 인정되는 경우, 법원이 피의자의 불구속 상태를 유지하면서 주거 또는 이동 제한, 피해자에 대한 접촉 제한, 특정 행위의 금지, 여권 제출, 공공기관에의 정기적 출석 등의 조건을 피의자에게 부과하는 이른바 '조건부 불구속 제도'를 도입하면 충분하다.

보 기

ㄱ. 피해자에 대한 보복 우려가 구속사유로 규정되어 있는지를 불문하고 그 사유만으로 피의자를 구속하는 것 자체가 인권침해라고 X국의 인권기구가 판단하였다면, 이는 A의 입장을 약화한다.

ㄴ. 조건부 불구속 제도가 도입되더라도 대부분의 판사가 피해자에 대한 보복 범죄가 발생할 경우 직면하게 될 사회적 비난을 피하기 위해 불구속보다는 구속으로 결정할 것이라는 연구 결과가 있다면, 이는 B의 입장을 강화한다.

ㄷ. A와 B 모두 현재의 제도로는 위법 소지에 대한 비판을 감수하고 인신을 구속하지 않는 한, 피해자에 대한 보복 우려를 해소할 수 없다는 점을 인정한다.

① ㄱ   ② ㄴ   ③ ㄱ, ㄷ
④ ㄴ, ㄷ   ⑤ ㄱ, ㄴ, ㄷ

문항 성격　문항유형 : 논증 평가 및 문제해결

내용영역 : 규범

평가 목표　이 문항은 '피해자에 대한 보복 우려'를 새로운 구속사유로 도입할 것인지 여부에 관한 논쟁의 내용을 이해하여 주어진 정보에 따라 각 견해가 강화 또는 약화되는지 판단할 수 있는 능력을 평가하는 문항이다.

문제 풀이　정답 : ③

X국에서는 불구속 상태의 피의자가 피해자에게 보복하는 사건들이 많이 발생하자, 이미 법률에 구속사유가 명시되어 있음에도 불구하고, '피해자에 대한 보복 우려'를 추가로 신설할 것인가가 다투어지고 있다.

〈A 견해〉는 '피해자에 대한 보복 우려'를 새로운 구속사유로 도입하자는 입장임에 반하여, 〈B 견해〉는 이를 독자적 구속사유로 신설하는 것을 반대하면서 그 대신에 일정한 조건(주거 또는 이동 제한, 피해자에 대한 접촉 제한, 특정 행위의 금지, 여권 제출, 공공기관에의 정기적 출석 등)을 부과하여 피의자를 통제함으로써 피해자에 대한 보복 방지의 목적을 달성할 수 있다는 입장이다.

〈보기〉 해설　ㄱ. X국의 인권기구가 "피해자에 대한 보복 우려가 구속사유로 규정되어 있는지를 불문하고 그 사유만으로 피의자를 구속하는 것 자체가 인권침해"라고 판단하고 있어서 현재에도 '피해자에 대한 보복 우려'만을 이유로 하여 구속하는 것뿐만 아니라, 향후 이를 독자적 구속사유로 도입하여 이 사유만으로 구속하는 것도 인권침해라고 판단하고 있다. 따라서 X국의 인권기구의 판단은 '피해자에 대한 보복 우려'를 명시적인 구속사유로 도입하자는 A의 입장을 약화한다. 따라서 ㄱ은 옳은 평가이다.

ㄴ. 조건부 불구속 제도가 도입되더라도 대부분의 판사가 피해자에 대한 보복 범죄가 발생할 경우 직면하게 될 사회적 비난을 피하기 위해 불구속보다는 구속으로 결정할 것이라는 연구 결과가 있다면, 조건부 불구속 제도의 도입에도 불구하고 판사들이 이 제도의 활용을 기피하여 이 제도가 제대로 활용되지 않을 가능성이 높아진다. 따라서 이러한 연구 결과는 조건부 불구속 제도를 도입하고자 하는 B의 입장을 강화하지 않는다. 따라서 ㄴ은 옳지 않은 평가이다.

ㄷ. A와 B 모두 현재의 제도로는 위법 소지에 대한 비판을 감수하고 인신을 구속하지 않는 한, 피해자에 대한 보복 우려를 해소할 수 없다는 점을 인정한다. 왜냐하면 이러한 인식을 토대로 A는 독자적인 구속사유로 '피해자에 대한 보복 우려'를 추가하자는 입장이고, B는 독자적인 구속사유로 신설하는 것은 반대하면서 그 대안으로 조건부 불구속 제도를 도입하자는 것이기 때문이다. 따라서 ㄷ은 옳은 평가이다.

〈보기〉의 ㄱ, ㄷ만이 옳은 평가이므로 정답은 ③이다.

06.

다음으로부터 추론한 것으로 옳은 것만을 〈보기〉에서 있는 대로 고른 것은?

X국 법원은 구금형을 받은 범죄자에게 재범 가능성을 고려하여 〈A조치〉 또는 〈B조치〉를 취할 수 있다.

〈A조치〉

이 조치는 경미한 범죄를 처음 저지르고 유죄판결을 선고받아 구금형의 집행을 받는 사람을 대상으로 한다. 법원은 형기의 1/2 시점에 구금 기간 중 교정의 정도를 고려하여 대상자가 재범 가능성이 낮다고 판단되면 남은 형기(이하 '잔여 형기')의 집행을 중단하는 조치를 선고한다. 집행이 중단되어 석방되면, 잔여 형기 동안 대상자는 교정기관의 감독을 받는다. 교정기관의 감독에 잘 따른 경우 잔여 형기가 만료하는 시점에 선고된 형의 집행이 종료된 것으로 본다. 다만, 교정기관의 감독규정을 위반한 경우에는 다시 구금되고 잔여 형기가 집행된다.

〈B조치〉

이 조치는 살인 등 중대한 범죄를 저지른 자로서 재범 가능성이 현저히 높은 사람을 대상으로 한다. 법원은 대상자에게 유죄판결을 하면서 "선고된 형기의 종료 시점에 재범 가능성을 평가하여 그 형기를 연장할 수 있다."라는 내용을 포함하여 선고한다. 형기의 종료 시점에 법원은 구금 기간 중 교정의 정도를 고려하여 대상자가 재범 가능성이 현저히 높다고 판단되면 앞서 선고된 형기의 1/2 범위에서 구금형을 연장하는 조치를 선고한다.

보 기

ㄱ. 〈A조치〉와 〈B조치〉 모두 처음 구금형을 선고할 때 대상자가 재범 가능성이 있는지를 판단한다.

ㄴ. 2년의 구금형과 〈A조치〉가 선고된 사람이 2년의 구금형과 〈B조치〉가 선고된 사람보다 집행 종료일이 늦어지는 경우가 있다.

ㄷ. 형사처벌로 범죄자가 구금된 기간은 이미 저지른 범죄행위에 상응해야 한다는 원칙에 〈A조치〉는 부합하지만 〈B조치〉는 부합하지 않는다.

① ㄱ   ② ㄴ   ③ ㄱ, ㄷ

④ ㄴ, ㄷ   ⑤ ㄱ, ㄴ, ㄷ

| 문항 성격 | 문항유형 : 언어 추리 |

문항 성격 : 문항유형 : 언어 추리
내용영역 : 규범

평가 목표 : 이 문항은 구금형을 받은 사람에 대하여 구금 기간 중 교정의 정도에 따라 석방 여부를 결정하는 제도의 두 가지 유형에 관한 글로부터 올바르게 추론할 수 있는 능력을 평가하는 문항이다.

문제 풀이 : 정답 : ②

〈A조치〉와 〈B조치〉는 모두 최초의 구금형 판결 이후 다시 판결을 선고하는 방식으로 이루어지는데, 두 조치 모두 "구금 기간 중 교정의 정도"를 고려할 때 "재범 가능성"이 있는지를 기준으로 판단한다.

〈A조치〉는 경미한 범죄를 처음 저지르고 유죄판결을 선고받는 사람에 대해 구금형을 선고하는 경우에 선고한다. 법원은 형기의 1/2 시점에 구금 기간 중 교정의 정도를 고려하여 대상자가 재범 가능성이 낮다고 판단되면 잔여 형기의 집행을 중단하는 조치를 선고한다. 집행 중단으로 석방되면, 잔여 형기 동안 교정기관의 감독을 받는데, 이 감독규정을 위반한 경우에는 다시 구금되고 잔여 형기가 집행된다.

〈B조치〉는 중대한 범죄를 저지른 자로서 재범 가능성이 현저히 높은 사람을 대상으로 선고한다. 법원은 대상자에게 유죄판결을 할 때 "선고된 형기의 종료 시점에 재범 가능성을 평가하여 그 형기를 연장할 수 있다."라는 내용을 포함하여 선고한다. 형기의 종료 시점에 법원은 대상자가 재범 가능성이 현저히 높다고 판단되면 앞서 선고된 형기의 1/2 범위에서 구금형을 연장하는 조치를 선고한다.

〈보기〉 해설 : ㄱ. 〈A조치〉에서 법원은 형기의 1/2 시점에 구금 기간 중 교정의 정도를 고려하여 대상자가 재범 가능성이 낮은지 판단한다. 반면, 〈B조치〉에서 법원은 최초 판결 선고 시에 재범 가능성이 현저히 높은 사람을 대상으로 유죄판결에 부수하여 형기 종료 시점에 재범 가능성을 평가하여 그 형기를 연장할 수 있음을 미리 선고해 둔다. 〈B조치〉는 처음 구금형을 선고할 때 대상자가 재범 가능성이 있는지 판단하지만 〈A조치〉는 형기의 1/2 시점에 대상자가 재범 가능성이 있는지 판단한다. 따라서 ㄱ은 옳지 않은 추론이다.

ㄴ. 2년의 구금형과 〈A조치〉가 선고된 사람은 형기의 1/2 시점에 잔여 형기의 집행이 중단되어 석방되지만, 잔여 형기인 1년의 기간 중에 교정기관의 감독규정을 위반한 경우에는 다시 구금되어 잔여 형기가 집행된다. 따라서 전체적으로 합산하면 집행 종료일은 구금일부터 최대 3년째 되는 날까지 늦어질 수 있다(예컨대, 교정기관의 감독규정의 위반으로 잔여 형기인 1년의 말일에 다시 구금된 경우에는 그 다음날부터 잔여 형기가 집행되므로 집행 종료일은 구금일부터 3년

째 되는 날이다). 반면, 2년의 구금형과 함께 〈B조치〉가 선고된 경우에는 2년의 구금형 이후 최대 1년의 구금형이 추가된다. 최대 1년의 구금형이 선고될 수 있다는 것으로, 1년보다 짧은 기간이 선고될 수도 있다. 따라서 2년의 구금형과 〈A조치〉가 선고된 사람이 2년의 구금형과 〈B조치〉가 선고된 사람보다 집행 종료일이 늦어지는 경우가 있다. ㄴ은 옳은 추론이다.

ㄷ. "형사처벌로 범죄자가 구금된 기간은 이미 저지른 범죄행위에 상응해야 한다는 원칙"에 비추어볼 때, 문제에서 이에 부합하는 구금 기간은 범죄자가 과거 이미 저지른 범죄행위를 대상으로 하여 최초의 판결에서 선고한 기간이 될 것이다. 〈A조치〉는 형기의 1/2 시점에 "구금 기간 중 교정의 정도"라는 범죄행위 이후의 사정을 바탕으로 장래의 재범 가능성을 판단하여 석방 여부를 결정한다. 이는 "이미 저지른 범죄행위"를 판단 대상으로 하지 않는다는 점에서 위 원칙에 부합하지 않는다. 따라서 ㄷ은 옳지 않은 추론이다. 한편 〈B조치〉의 경우 형기의 종료 시점에 "구금 기간 중 교정의 정도"를 참작하여 장래의 재범 가능성을 판단하여 그 형기의 연장 여부를 선고한다. 이 역시 "이미 저지른 범죄행위"를 판단 대상으로 하지 않으므로 위 원칙에 부합하지 않는다.

〈보기〉의 ㄴ만이 옳은 추론이므로 정답은 ②이다.

07.

〈견해〉로부터 〈사례〉를 판단한 것으로 옳은 것만을 〈보기〉에서 있는 대로 고른 것은?

X국의 법은 사기범죄를 통해 취득한 '재물이나 재산상 이익'의 가액을 '이득액'으로 규정하고, 이를 기준으로 차등하여 처벌한다. 여기서 이득액이 무엇인지에 관해서는 다음과 같이 〈견해〉가 대립한다.

〈견해〉

A : 범죄자가 사기행위로 얻은 것은 '재물이나 재산상 이익' 그 자체이기 때문에, 이득액도 그 자체의 가액 전부로 보아야 한다.

B : 이득액은 범죄자가 실질적으로 취득한 이득이다. 즉 이득액은 사기행위를 통해 취득한 '재물이나 재산상 이익' 그 자체의 가액에서, 범죄자가 거래를 위하여 현실적으로 상대방에게 지불한 대가를 공제한 것이다.

보 기

ㄱ. 〈사례 1〉과 〈사례 2〉를 포함하여 그 어떤 사건에서든 A에 따르는 것이 B에 따르는 것보다 이득액이 더 크게 산정된다.

ㄴ. B에 따르면, 〈사례 1〉에서의 이득액과 〈사례 2〉에서의 이득액 차이는 1억 1,000만 원이다.

ㄷ. 〈사례 2〉에서 갑이 토지를 취득한 시점에 토지의 시가가 10억 2,000만 원으로 하락하였다면, 하락하지 않았을 경우와 비교하여 A에 따르면 이득액이 동일하지만 B에 따르면 이득액이 달라진다.

① ㄴ 　　② ㄷ 　　③ ㄱ, ㄴ

④ ㄱ, ㄷ 　　⑤ ㄱ, ㄴ, ㄷ

문항 성격　문항유형 : 언어 추리

　　　　　　　내용영역 : 규범

평가 목표　이 문항은 '이득액' 개념에 대한 두 견해를 정확히 이해하고, 견해에 따라 사례를 올바르게 판단할 수 있는 능력을 평가하는 문항이다.

문제 풀이　정답 : ①

A를 따를 때, 〈사례 1〉에서 갑의 이득액은 취득한 토지 그 자체의 가액이므로, 토지의 시가인 16억 4,600만 원이고, 〈사례 2〉에서도 취득한 토지의 시가인 15억 3,000만 원이다.

   반면, B에 따르면, 〈사례 1〉에서는 갑의 이득액은 취득한 토지 그 자체의 가액(16억 4,600만 원)에서 구입비용으로 지출한 일부 대금(10억 2,600만 원)을 공제한 6억 2,000만 원이고, 〈사례 2〉에서는 토지 그 자체의 가액(15억 3,000만 원)에서 구입비용(10억 2,000만 원)을 공제한 5억 1,000만 원이다.

ㄱ. 시가 100만 원인 물건을 소유자를 속여서 대가를 전혀 지급하지 않고 소유권을 취득한 경우, A에 따르면 이득액은 100만 원이고, B에 따르더라도 이득액은 100만 원이다. 이처럼 이득액이 동일한 사건도 존재하기 때문에 모든 사건에서 언제나 A에 따른 이득액이 B에 따른 이득액보다 더 크게 산정되는 것은 아니다. 따라서 ㄱ은 옳지 않은 판단이다.

ㄴ. B에 따를 때, 갑이 〈사례 1〉에서 얻은 이득액(6억 2,000만 원)과 〈사례 2〉에서 얻은 이득액(5억 1,000만 원)의 차이는 1억 1,000만 원이다. 따라서 ㄴ은 옳은 판단이다.

ㄷ. A에 따르면 이득액은 취득한 토지 그 자체의 가액이다. 따라서 시가가 15억 3,000만 원인 경우에는 이득액은 15억 3,000만 원, 시가가 10억 2,000만 원으로 하락했을 경우에는 10억 2,000만 원이 되어 동일하지 않다. B에 따르면 이득액은 토지 그 자체의 가액에서 지급 대가를 공제한 것이므로, 하락하지 않았을 경우에는 5억 1,000만 원(=15억 3,000만 원 - 10억 2,000만 원), 하락했을 경우에는 0원(=10억 2,000만 원 - 10억 2,000만 원)으로 역시 달라진다. 결국 A에서도, B에서도 이득액이 달라진다. 따라서 ㄷ은 옳지 않은 판단이다.

〈보기〉의 ㄴ만이 옳은 판단이므로 정답은 ①이다.

08.

다음 글에 대한 분석으로 옳은 것은?

A : X국은 빠른 속도로 고령화가 진행되고 있으나, 노인돌봄을 위한 인력과 시설이 턱없이 부족합니다. 이미 초고령사회에 진입한 만큼 노인돌봄현장은 점점 심각한 상황에 빠지게 될 것입니다. 노인돌봄을 위한 인력을 확보하는 것이 가장 급선무이고, 이를 위해서는 비자제도 개선을 통해 외국인 인력의 유입을 적극 검토해야 합니다. 그들은 매우 의욕적으로 일할 겁니다.

B : 불경기로 취업이 어려워 노인돌봄현장으로 인력이 유입되면서 그나마 노인돌봄현장의 고용 상황이 개선되었지만, 노동강도에 비해 보수 수준이 낮아 인력 이탈이 많이 일어나 필요한 인력을 확보하기는 여전히 어렵습니다. 공적자금 투입을 통한 처우 개선 없이 이 상황은 변하지 않을 것입니다. 청년층이 기피하는 노인돌봄현장에 외국인 인력을 받아들이는 것도 방법이지만, X국은 이민정책에 매우 소극적이어서 전국 각지의 돌봄현장에서 외국인 인력을 충분히 확보하기까지는 상당한 시간이 걸릴 것입니다.

C : 노인돌봄시설로의 노동인구 유입이 증가한 것은 사실이지만 이 정도의 증가로는 고령화의 추세에 대응하기에 부족합니다. 따라서 외국인 인력의 유입을 적극 추진해야 합니다. 이들은 적은 임금에도 의욕적으로 일하므로 X국의 경제수준으로 볼 때 조금만 임금이 향상되면 더욱 우수한 외국인 인력이 유입될 것입니다. 더 나아가 외국인 인력이 유입된다고 하더라도 인력은 여전히 부족할 것이므로 돌봄노동을 분담할 공공로봇을 개발하여 노인돌봄시설에 보급해야 할 것입니다.

① 돌봄노동 종사자에 대한 처우가 개선되어야 한다는 점에 대해 A와 B의 견해는 같다.
② 외국인 돌봄노동인력이 우수하고 의욕적으로 일한다는 점에 대해 A와 C의 견해는 같다.
③ 외국인 돌봄노동인력의 수가 증가하고 있다는 점에 대해 B와 C의 견해는 다르다.
④ 노인돌봄현장의 인력 부족 상황은 시장에만 맡겨서는 해결되지 않는다는 점에 대해 A, B, C의 견해는 같다.
⑤ 불황이 계속되면 노인돌봄시설로 노동인구가 유입되어 노인돌봄현장의 노동 인력 공급이 안정된다는 점에 대해 A, B, C의 견해는 같다.

문항 성격	문항유형 : 논증 분석
	내용영역 : 규범
평가 목표	이 문항은 고령화로 인한 노인돌봄인력의 부족 상황과 그 해소 방안으로 제시된 A, B, C 주장 간의 공통점과 차이점을 정확하게 파악할 수 있는 능력을 평가하는 문항이다.
문제 풀이	정답 : ④

A, B, C는 고령화로 인한 노인돌봄인력의 부족 상황과 이를 해소하기 위한 대책에 대해 각자 자신의 생각을 개별적으로 주장하고 있다.

A는 고령화의 빠른 진행으로 노인돌봄현장의 인력 부족 상황이 더욱 악화될 것이므로, 의욕적으로 일하는 외국인 인력을 노인돌봄현장에 유입하여야 한다고 주장하고, 이를 위해서는 비자제도 개선이 필요하다고 주장한다.

B는 노인돌봄현장에 그나마 불경기로 인해 인력의 유입이 다소 있었으나 노인돌봄노동에 대한 열악한 처우 때문에 이탈이 많아 안정적인 인력 공급을 기대하기 어렵고, 따라서 공적자금 투입을 통한 노인돌봄노동에 대한 처우 개선을 대책으로 내세운다. 또한 X국은 이민정책에 매우 소극적이어서 외국인 인력 공급으로 노인돌봄현장의 인력 부족을 해소하는 것은 시간이 걸리는 대책이라고 주장한다.

C는 B와 같이 노인돌봄현장에 인력의 유입이 다소 있었던 점은 인정하지만 고령화의 추세가 더 가팔라 노인돌봄인력이 부족하다고 생각하고, 이를 위해서 두 가지 대책을 내세우는데, 하나는 저임금으로도 의욕적으로 일하는 외국인 인력의 유입이고, 하나는 돌봄노동을 분담할 공공로봇을 개발하여 보급하는 것이다.

정답 해설 ④ A는 외국인 인력 확보를 위해 비자제도의 개선을, B는 노인돌봄인력의 처우 개선을 위해 공적자금의 투입을, C는 돌봄노동을 분담할 공공로봇의 개발 보급을 주장하고 있어 A, B, C 모두 공적 개입을 노인돌봄인력의 부족 상황에 대한 대책으로 주장하고 있다. 따라서 노인돌봄현장의 인력 부족 상황은 시장에만 맡겨서는 해결되지 않는다는 점에 대해 A, B, C의 견해는 같다.

오답 해설 ① 돌봄노동 종사자에 대한 처우가 개선되어야 한다는 점은 B만 주장하고 있다.
② A와 C는 외국인 돌봄노동인력이 의욕적으로 일한다는 점에 대해 같은 의견이지만 우수하다고 견해를 밝힌 바는 없다.
③ B와 C는 외국인 돌봄노동인력 수의 증가에 대해 견해를 밝히지 않았기 때문에, B와 C가 이에 대해 견해가 다르다고 말할 수 없다.
⑤ 노인돌봄시설로 인력이 유입된 부분은 B와 C가 인정하지만, 불황이 계속되면 노인돌봄현장의 노동 인력 공급이 안정된다는 견해는 없다.

09.

다음으로부터 〈사례〉를 판단한 것으로 옳지 <u>않은</u> 것은?

X국에서는 교통사고가 발생한 경우 가해자와 피해자가 직접 합의하는 것이 현실적으로 어려우므로 일반적으로 제3자가 주도하여 합의를 이끌어 낸다. 이때 피해자에게 금전적으로 가장 유리한 조건을 제시한 제3자의 주도하에 합의가 이루어질 가능성이 높다.

영업용 택시가 교통사고를 내면 과거에는 사고차량 회사의 해결 전담자인 '사고상무'가 나타나 다음과 같은 수습 노력을 하였다. 우선 사고상무는 피해자가 입원해 있는 병원으로 찾아가 약간의 위로금을 전달하며 피해자에게 정중하게 사과와 위로의 뜻을 표해 분노의 감정을 누그러뜨린다. 그 후 또 병문안을 가면서 우는 아이를 업은 사고 운전기사의 배우자를 대동하여 우리 가족을 한 번만 살려 달라고 읍소를 하게 한다. 이렇게 피해자의 마음을 움직여 결국 피해자가 소송을 통해 받을 수 있는 돈보다 적은 돈을 건네고 합의를 이끌어 낸다. 피해자가 법적으로 받을 수 있는 돈의 액수를 모를수록, 피해자의 권리의식이 낮을수록, 피해자의 사정이 급박할수록 사고상무의 활약이 더 두드러진다. 그러나 최근에는 교통사고 손해산정이 객관화되면서 사고상무의 역할이 많이 줄어 들었다. 오히려 교통사고의 정보를 입수한 '사건브로커'가 나타나 판결로 받아낼 수 있는 배상금을 계산하여 제시하며 자기가 합의를 이끌어 내겠다고 피해자를 유도한다. 합의를 이끌어 낸 사건브로커는 피해자가 지급받은 합의금에서 고정 비율의 돈을 수수료 명목으로 챙긴다.

〈사례〉

　갑은 2025년 6월 22일 횡단보도를 건너던 중 택시회사 A에 소속된 기사 을이 운전하는 택시에 치여 골절상을 입고 병원에 입원했다. A에는 사고상무 병이 있다. 사건브로커 정이 현재 갑을 접촉한 상황이다.

① 병이 제시하는 위로금과 합의금을 합한 금액이 정을 통해서 받을 합의금에서 수수료를 공제한 금액보다 크면, 합의는 병의 주도하에 이루어질 가능성이 높다.
② 병과 정이 합의금으로 같은 금액을 제시하였는데 그 금액이 소송으로 받을 수 있는 돈보다는 많은 경우라면, 합의는 병의 주도하에 이루어질 가능성이 높다.
③ 판결을 통해 얻을 수 있는 배상액보다 소송비용이 더 많이 든다면, 소송으로 가기보다는 병 또는 정의 주도하에 합의가 이루어질 가능성이 높다.
④ 갑은 최대한 빨리 합의금을 받아야 할 사정이 있고 을과 A가 이러한 사정을 알고 있다면, 병의 주도하에 합의가 이루어질 가능성이 높다.
⑤ 정이 받는 수수료 액수가 많으면 많을수록, 합의는 병의 주도하에 이루어질 가능성이 높다.

X국의 교통사고 피해자가 그 피해를 배상받음에 있어서 소송의 방법에 의할 것인지 아니면 제3자의 주도하에 합의를 할 것인지 파악할 수 있어야 한다. 제3자의 주도하에 합의를 할 경우, 사고상무는 가해자 택시 회사 소속 직원이므로 가해자 측을 위해 비교적 적은 금액을 제시하고 합의하려 하고, 사건브로커는 판결로 받을 수 있는 객관적인 정보를 피해자에게 제시하고 피해자 측에서 가급적 많은 합의금을 받으려고 노력한다. 다만 사건브로커는 피해자가 지급받은 합의금에서 고정 비율의 돈을 수수료 명목으로 챙기므로 단순히 피해자가 지급받은 합의금의 많고 적음

만을 따질 게 아니라 사건브로커의 수수료까지 따져봐야 한다.

정답 해설 ⑤ 사고상무 병은 A회사 소속이므로 갑이 소송을 통해 받을 수 있는 돈보다 적은 돈을 건네고 합의를 유도할 것이다. 그런데 사건브로커 정은 피해자 갑이 지급받는 합의금에서 고정 비율의 돈을 수수료 명목으로 받으므로, 정이 받는 수수료 액수가 많다는 것은 정이 갑에게 합의금을 많이 받아준다는 것을 의미한다. 제시문에서 피해자에게 금전적으로 가장 유리한 조건을 제시한 제3자의 주도하에 합의가 이루어질 가능성이 높다고 하였고, 정이 받는 수수료 액수가 많으면 많을수록 갑에게 많은 합의금이 지급될 것이므로, 합의는 정의 주도하에 이루어질 가능성이 높다. 따라서 ⑤는 옳지 않은 판단이다.

오답 해설 ① 제시문에서 피해자에게 금전적으로 가장 유리한 조건을 제시한 제3자의 주도하에 합의가 이루어질 가능성이 높다고 하였다. 따라서 병이 제시하는 위로금과 합의금을 합한 금액이 정을 통해서 받을 합의금에서 수수료를 공제한 금액보다 큰 경우에는, 합의가 이루어진다면 그것은 병의 주도하에 이루어질 가능성이 높다. 따라서 ①은 옳은 판단이다.

② 병과 정이 제시한 금액이 소송으로 받을 수 있는 돈보다 많다면 갑은 합의를 할 것인데, 병과 정이 같은 금액을 제시했다면, 정은 그 금액에서 수수료를 공제할 것이므로 갑은 정보다는 병의 주도하에 합의를 하는 것이 낫다. 따라서 합의는 병의 주도하에 이루어질 가능성이 높으므로, ②는 옳은 판단이다.

③ 판결을 통해 얻을 수 있는 배상액보다 소송비용이 더 많이 든다면 갑은 소송의 방법을 택하지 않고 합의를 하려 할 것이므로, ③은 옳은 판단이다.

④ 갑이 최대한 빨리 합의금을 받아야 할 사정이 있다면 소송으로 가기보다 합의를 하는 편이 낫다. 그런데 본문에서 갑의 사정이 급박할수록 사고상무의 활약은 두드러진다 하였고, 이러한 갑의 급박한 사정, 즉 갑이 최대한 빨리 합의금을 받아야 할 사정을 을과 A가 알고 있으므로, 을은 사건브로커 정이 사고상무 병보다 더 높은 금액을 제시하며 합의를 유도하려 한다면 이에 응하지 않을 것이다. 따라서 이 경우 사고상무 병의 주도하에 합의가 이루어질 가능성이 높다. ④는 옳은 판단이다.

10.

〈견해〉로부터 〈사례〉를 판단한 것으로 옳은 것만을 〈보기〉에서 있는 대로 고른 것은?

온라인중개플랫폼(이하 '플랫폼')에서 상품이 거래된 경우, 판매자와 플랫폼 운영자 중 누가 소비자와 거래를 한 매도인으로서 계약당사자인지를 두고 〈견해〉가 나뉜다.

〈견해〉

A : 계약당사자는 계약의 내용을 실질적으로 결정한 자이다. 플랫폼에 게시된 계약의 조건이나 내용을 실질적으로 결정한 자가 당사자가 된다.

B : 계약당사자는 소비자의 인식을 기준으로 판단하여야 한다. 소비자는 자신이 지급한 대금을 직접 수령하는 자를 당사자로 인식하는데, 대금을 직접 수령하는 자란 소비자가 환불의 주체로 생각하는 자이다.

C : 계약당사자는 계약에 관하여 책임을 지도록 법에서 규정한 자이다. 소비자에게 손해가 발생하였을 때 그에 대해 책임을 지는 자가 당사자가 된다.

〈사례〉

X국의 갑은 숙박예약 플랫폼인 《떠나요》를 운영하는 사업자이다. 소비자는 《떠나요》에서 여러 숙박업체의 숙소를 검색하여 예약할 수 있고, 예약 시 신용결제의 방법으로 숙박대금을 지불해야 한다. 《떠나요》에 숙박상품과 가격 등 판매조건을 등록한 을이 게시한 약관에는 고객이 예약을 취소할 경우 취소 시점과 상관없이 미리 결제한 숙박대금을 일절 환불받지 못한다는 조항이 있다. X국 당국은 이 조항이 소비자에게 불리하다고 보고, 이 조항의 사용금지를 계약당사자인 매도인에게 명령하려고 한다.

보 기

ㄱ. 《떠나요》에서 숙박상품 예약 시 신용결제를 받는 사업자가 갑이며 소비자가 갑에게 환불을 요청한 경우, A와 B 중 어디에 따르든 갑에게 사용금지를 명령할 수 있다.

ㄴ. X국 법이 플랫폼을 통해 이루어진 판매계약과 관련하여 매수인에게 손해가 발생한 경우 계약에 따른 손해배상책임은 플랫폼이 지도록 정하고 있다면, B와 C 중 어디에 따르든 을에게만 사용금지를 명령할 수 있다.

ㄷ. 갑이 결정한 판매조건 및 약관을 따라야만 《떠나요》를 이용할 수 있어 을이 《떠

① ㄱ   ② ㄷ   ③ ㄱ, ㄴ
④ ㄴ, ㄷ   ⑤ ㄱ, ㄴ, ㄷ

문항 성격	문항유형 : 언어 추리
	내용영역 : 규범
평가 목표	이 문항은 제시된 A, B, C의 견해를 정확히 이해한 뒤 사례에 적용하여 올바른 결론을 도출할 수 있는 능력을 평가하는 문항이다.
문제 해설	정답 : ②

온라인중개플랫폼에서 상품이 거래된 경우, 판매자와 플랫폼 운영자 중 누가 계약당사자인지에
대해 세 견해가 제시되고 있다.

A 견해 : 판매자와 플랫폼 중에서는 계약의 내용을 실질적으로 결정한 자를 계약당사자로 보는
견해이다. 따라서 플랫폼이 단순한 중개를 넘어 계약조건을 실질적으로 결정한다면, 그
플랫폼을 계약당사자로 보아야 한다는 입장이다.

B 견해 : 매도인인 계약당사자가 누구인지는 플랫폼에서 상품을 구매한 소비자의 인식을 기준으
로 판단한다는 견해이다. 소비자는 자신이 지급한 대금을 직접 수령하는 자를 당사자로
인식하는데, 대금을 직접 수령하는 자란 소비자가 환불의 주체로 생각하는 자이기 때문
에, 결국 소비자가 환불의 주체로 생각하는 자가 계약당사자라는 견해이다.

C 견해 : 계약당사자는 계약에 관하여 법에서 책임을 지도록 규정한 자가 계약당사자가 된다는
견해이다.

〈사례〉에서 ≪떠나요≫라는 숙박예약 플랫폼의 운영자는 갑이고, 을은 그 플랫폼에서 자신의
숙박상품과 가격 등 판매조건을 등록하고 판매한 판매자이다.

〈보기〉 해설   ㄱ. ≪떠나요≫에서 소비자가 갑에게 환불을 요청한다면, 소비자는 환불의 주체가
갑이라고 생각하고 있다. 따라서 B에 따르면 계약당사자는 갑이므로, 사용금지
명령은 갑에게 하게 된다. 그러나 A에 따르면 계약 내용을 실질적으로 결정한
자가 계약당사자가 되고 숙박상품과 가격 등 판매조건을 게시한 을이 계약 내
용을 실질적으로 결정했을 가능성이 있으므로, A에 따르면 을이 계약당사자일
가능성이 있다. 따라서 A에 따르면 갑에게 사용금지를 명령할 수 있다는 것은
옳지 않은 판단이다. ㄱ은 옳지 않은 판단이다.

38

ㄴ. X국의 법이 계약에 따른 손해배상책임은 플랫폼이 지도록 정하고 있을 경우, 법
　　에서 책임을 지도록 규정한 자를 계약당사자로 보는 C에 따르면 갑이 계약당사
　　자이고 따라서 갑에게 사용금지를 명령할 수 있다. ㄴ에서 "B와 C 중 어디에 따
　　르든 을에게만 사용금지를 명령할 수 있다."고 하였으므로, ㄴ은 옳지 않은 판단
　　이다. (또한 소비자가 환불의 주체로 인식하는 자를 계약당사자로 보는 B에 따
　　르면, 소비자가 갑, 을 중 누구를 환불의 주체로 생각하는지 알 수 없으므로, B
　　에 따르면 을에게만 사용금지를 명령할 수 있다는 것도 옳지 않은 판단이다.)

ㄷ. 플랫폼 운영자인 갑이 판매조건과 약관을 결정하였고, 을은 이를 따를 수밖에
　　없었다. 따라서 플랫폼에 게시된 계약의 조건과 환불불가 약관은 실질적으로 갑
　　이 정한 것이다. 계약의 조건이나 내용을 실질적으로 결정한 자를 계약당사자
　　로 본다는 A에 따르면, 갑이 계약당사자이고 을은 계약당사자가 아니다. 따라서
　　A에 따르면 갑에게 사용금지를 명령할 수 있으나 을에게는 사용금지를 명령할
　　수 없다. ㄷ은 옳은 판단이다.

〈보기〉의 ㄷ만이 옳은 판단이므로 정답은 ②이다.

11.

〈견해〉에 대한 평가로 옳은 것만을 〈보기〉에서 있는 대로 고른 것은?

갑은 을이 빌린 돈을 갚지 않자 을에게 갚으라고 하였다. 을은 돈이 없다며 갚지 않았고, 갑이
알아보니 을은 병에게서 받을 돈이 있음에도 받아내지 않고 있었다. 이러한 상황에서 갑이 병을
상대로 을에게 돈을 지급하라고 할 권리가 있는지에 대해 다음과 같은 〈견해〉가 있다.

〈견해〉

A : 권리자만이 권리를 행사할 수 있고, 의무자는 권리자가 주장한 경우에 한하여 의무를 이행해
　　야 한다. 권리자가 그 권리를 행사할 것인지 여부는 전적으로 권리자의 자유인데, 이를 제3자
　　가 행사하는 것은 권리자의 자기결정권을 침해한다. 다만, 제3자가 권리자의 권리를 넘겨받기
　　로 약정하거나 의무자의 의무를 떠맡기로 약정하였다면 그 스스로 권리 또는 의무의 당사자
　　가 되었기 때문에 더는 제3자가 아니다.

B : 을은 병에게서 돈을 받더라도 어차피 갑에게 갚아야 할 것이므로 구태여 시간과 비용을 들여
　　병에게 권리행사를 하지 않을 것이다. 만약 이때 직접적인 권리자만이 권리를 행사할 수 있다

고 본다면 결국 병은 누구에게도 돈을 지급하지 않게 되는 반사적 이익을 누리게 되고, 갑이 을에게서 돈을 받을 수 없는 상황은 계속된다. 이러한 이유에서 권리자 및 의무자의 상황, 제3자와 권리자의 관계, 제3자의 권리보장의 필요성을 고려하여 직접적인 권리가 없는 제3자도 의무자를 상대로 권리를 행사할 수 있다.

ㄱ. a가 장기간 유럽 여행을 갔는데 옆집 b가 a의 집안에 쓰레기를 버리자 이를 본 c가 a의 동의를 얻지 않고 a를 대신하여 b에게 그 쓰레기를 치우라며 제기한 주장을 법원이 인정한 사례는 A를 약화한다.

ㄴ. d의 아버지인 e가 의무자 d의 채무를 대신 갚아주기로 권리자 f와 약속한 경우, 법원이 e에 대한 f의 청구를 인정한 사례는 B를 강화한다.

ㄷ. g가 일으킨 교통사고로 h가 의식불명에 빠졌는데 h의 아들 i가 g에 대한 h의 권리를 대신 행사한 것을 법원이 인정하지 않은 사례는 A를 약화하고 B를 강화한다.

① ㄱ   ② ㄷ   ③ ㄱ, ㄴ
④ ㄴ, ㄷ   ⑤ ㄱ, ㄴ, ㄷ

문항 성격 문항유형 : 논증 평가 및 문제해결
내용영역 : 규범

평가 목표 이 문항은 권리자만이 자신의 권리를 행사할 수 있는가, 아니면 제3자도 권리자의 권리를 대신 행사할 수 있는가에 대한 견해를 적절히 분석하고 평가할 수 있는 능력을 측정하기 위한 문항이다.

문제 풀이 정답 : ①

이 문제는 의무자에 대한 직접적인 권리가 없는 제3자도 일정한 경우에는 의무자의 권리를 대신 행사할 수 있어야 한다는 '채권자대위권'을 소재로 하여 출제된 문제이다. 각 견해의 요지는 다음과 같다.

A : 권리자만이 자신의 권리를 행사할 수 있다. 다만, 제3자가 권리자의 권리를 넘겨받거나 의무자의 의무를 떠맡기로 약정한 경우 권리를 행사하거나 의무를 이행할 수 있으나, 이는 제3자의 지위에서 하는 것이 아니라 그 스스로 당사자가 되었기 때문이다.

B : 제시문의 예시에서 권리자만 자신의 권리를 행사할 수 있다고 본다면 의무자는 반사적 이익을 얻기 때문에 부당하다. 따라서 일정한 경우 직접적 권리가 없는 제3자도 의무자를 상대로 권리를 행사할 수 있다.

〈보기〉해설　ㄱ. b에게 쓰레기를 치우라고 할 권리는 집주인 a에게 있는데, 제3자 c가 b를 대신하여 그 권리를 행사하는 것이 인정된 사례이다. c가 a의 동의 없이 a의 권리를 대신 행사한 것이므로, c가 a의 권리를 넘겨받기로 약정하였다고 볼 수 없으므로, A에서 말하는 단서의 사정을 적용할 수도 없다. 따라서 A의 주장은 약화된다. ㄱ은 옳은 평가이다.

　　　　　　　ㄴ. 의무자 d의 의무를 제3자 e가 대신 이행하기로 권리자 f와 약속한 사안에서, f의 e에 대한 청구를 법원이 인정한 사례이다. e가 d의 채무를 갚아주기로 f와 약속하여 e는 의무자로서 당사자가 된 사례이므로, f의 e에 대한 청구가 법원에서 인정되더라도 이는 제3자의 의무를 대신 이행하는 것이 아니라 당사자로서 자신의 의무를 이행하는 것이다. 그런데 B는 직접적 권리가 없는 제3자도(당사자가 아닌 제3자의 지위에서) 의무자를 상대로 권리를 행사할 수 있는지 여부에 대해서만 기술하고 있으므로, ㄴ의 사례와 무관하다. 따라서 ㄴ은 옳지 않은 평가이다.

　　　　　　　ㄷ. 가해자 g에 대한 권리는 피해자 h에게 있는데, 제3자 i가 그 권리를 대신 행사하는 것이 인정되지 않은 사례이다. h가 의식불명에 빠졌으므로 h의 g에 대한 교통사고에 따른 손해배상청구를 할 수 있는 권리를 i가 넘겨받기로 약정하여 당사자로서 행사하였다고 볼 수도 없다. 따라서 제3자의 권리행사가 허용되지 않는다는 A의 주장이 강화되고, 제3자의 권리행사가 일정한 경우 가능하다는 B의 주장은 약화된다. 따라서 ㄷ은 옳지 않은 평가이다.

　　　　〈보기〉의 ㄱ만이 옳은 평가이므로 정답은 ①이다.

12.

다음으로부터 추론한 것으로 옳은 것만을 〈보기〉에서 있는 대로 고른 것은?

　X국의 등기부나 토지대장 등의 공적장부(이하 '공부')에서는 면적 단위로 제곱미터(㎡)를 쓰고, 일반적인 거래 실무에서는 제곱미터와 평(坪)을 혼용하고 있다. 1평은 3.3058㎡이고, 1㎡는 0.3025평에 해당한다. 토지의 면적은 등기비용을 산정하는 데 중요한 기준이 되는데, 지역과 관계없이 면적당 같은 등기비용이 부과되지만, 단위면적당 등기비용은 논이 밭이나 임야의 2배이다. 한편 X국의 오래된 공부에는 '정단무보(町段畝步)'로 면적이 표기되어 있는 경우도 있다. 이 '정단무보'는 1900년대에 공부를 처음 만들 때부터 쓰던 토지의 면적 단위이다. 1정은 밭두둑을 의미하고, 1단은 물에 흙이 쓸려 내려간 단층 면적을 의미하며, 1무는 밭이랑 면적만큼을 나타내

고, 1보는 사람의 한 걸음만큼의 면적을 나타낸다. 이를 평으로 환산하면, 1정은 3,000평, 1단은 300평, 1무는 30평, 1보는 1평에 해당한다. 이 '정단무보'는 임야나 밭의 면적 단위에 사용하였다. 토지의 면적에 대해 오늘날 법령에서 종종 사용하는 단위로, 아르(a)와 헥타아르(ha)도 있다. 1아르는 가로세로가 모두 10m인 정사각형의 면적이고, 1헥타아르는 가로세로가 모두 100m인 정사각형의 면적을 의미한다. 한편 P와 Q지방에서는 논의 고유한 면적 단위로 '계(界)'를 사용했다. 1계는 쌀 1톤의 수확량을 얻기 위해 필요한 논의 면적을 말한다. 1계의 면적은 P와 Q지방에서 달랐는데 P지방에서는 100평을 1계로 불렀고, Q지방에서는 300평을 1계로 불렀다.

보 기

ㄱ. P지방의 '1헥타아르의 논 A'와 Q지방의 '밭이랑 200개에 해당하는 면적의 임야 B'를 상속한 을이 자기 앞으로 등기를 이전하는 경우에, 을은 B보다 A의 등기비용을 더 지출하게 된다.

ㄴ. 갑이 등기소에 2정 3단 1무 10보의 토지를 등기신청하였는데, 등기공무원이 등기부에 22,900㎡로 기재하였다면, 실제 면적보다 등기부에 작게 기재된 것이다.

ㄷ. P지방의 논 C에서 얻을 수 있는 쌀 수확량과 Q지방의 논 D에서 얻을 수 있는 쌀 수확량이 같다면 C 면적이 D 면적의 3배이다.

① ㄱ   ② ㄷ   ③ ㄱ, ㄴ

④ ㄴ, ㄷ   ⑤ ㄱ, ㄴ, ㄷ

문항 성격	문항유형 : 언어 추리
	내용영역 : 규범
평가 목표	이 문항은 X국에서 사용하고 있던 토지의 면적 단위를 정확하게 이해하여 주어진 정보에 따라 대소를 비교할 수 있는 능력을 평가하는 문항이다.
문제 풀이	정답 : ③

X국의 밭이나 임야에서 사용하던 '정단무보'의 단위를 이해하고 이를 '평'으로, 그리고 '㎡'로 환산할 수 있어야 하고, 본문의 주어진 정보로부터 밭이랑 200개에 해당하는 면적이 6,000평에 해당한다는 점, 지역에 상관없이 면적당 같은 등기비용이 부과되지만 단위면적당 등기비용은 논이 밭·임야의 2배라는 점, 논의 고유한 면적 단위로 P 및 Q지방에서 사용하는 '계'가 쌀의 수확량을 기준으로 논의 면적을 말한 것이라는 점, P지방과 Q지방에서 1계가 가리키는 면적이 각 100평과 300평으로 달랐다는 점을 파악할 수 있어야 한다.

〈보기〉 해설 ㄱ. 1헥타아르의 논 A는 10,000㎡이고, 밭이랑 200개에 해당하는 면적의 임야 B는 6,000평, 즉 19,834.8㎡이다. 임야 B의 면적이 논 A보다 넓지만 2배를 넘지는 못하는데, 본문에서 단위면적당 등기비용은 논이 임야의 2배라고 하였으므로, 결국 등기비용은 논 A가 임야 B보다 더 든다. 따라서 ㄱ은 옳은 추론이다.

ㄴ. 2정 3단 1무 10보의 토지의 면적을 평으로 환산하면 6,940평($=6,000+900+30+10$)이고 이는 본문의 주어진 정보에 의하면 22,942.252㎡($=6,940 \times 3.3058$)이다. 그런데 등기부에는 22,900㎡로 기재되었으므로, 실제 면적보다 등기부에 작게 기재된 것이다. 따라서 ㄴ은 옳은 추론이다.

ㄷ. 제시문에서 논의 쌀 수확량을 기준으로 한 면적 단위는 '계'인데, 수확량이 같다고 했으므로 논 C와 논 D는 같은 계이다. 그런데 P와 Q지방에서 1계의 면적이 P지방은 100평이고 Q지방은 300평이므로, 결국 P지방의 논 C의 면적보다 Q지방의 논 D의 면적이 3배 넓다. 따라서 ㄷ은 옳지 않은 추론이다.

〈보기〉의 ㄱ과 ㄴ만이 옳은 추론이므로 정답은 ③이다.

13.

다음 논쟁에 대한 분석으로 옳은 것만을 〈보기〉에서 있는 대로 고른 것은?

X국에서는 살인을 저지른 흉악범 중 판사가 양심에 따라 특별히 극악무도한 범죄를 저질렀다고 판단하는 사람에게만 사형선고를 내린다. 그러나 1991년부터 2010년까지의 통계자료를 검토한 결과, 사형선고를 받은 사람 중 A인종의 비율이, 살인을 저지른 흉악범 중 A인종의 비율에 비해 월등히 높은 것으로 드러났다.

갑 : 통계자료에서 드러난 바는 판사가 가진 사회적 편견이 사형선고에 암암리에 영향을 미치고 있음을 의미한다. 범죄와 무관한 요소가 처벌에 영향을 미친다면, 이는 정의로운 처벌이 될 수 없다. 따라서 현행 제도에서 사형선고를 받는 사람은 정의롭지 않은 처벌을 받고 있는 것이다.

을 : 정의란 범죄자들을, 설령 일부만 처벌할 수 있더라도, 가능한 한 많이 처벌할 것을 요구한다. 모두를 똑같이 정의롭지 못하게 처우하는 것이, 적어도 일부에게라도 정의를 실현하는 것보다 나은 선택일 수는 없다. 사형이 흉악범 중 일부에게만 차별적으로 적용된다고 해도, 그것이 그들의 죄에 마땅한 처벌인 한, 적용된 각 경우에서 여전히 정의로운 형벌이다. 음주운전

자 중 단속에 적발된 극히 일부만 처벌하는 것이 정의의 관점에서 문제가 되지 않는 것과 같은 이치이다.

갑 : 만약 음주운전자 중 소득이 일정 수준 이하인 사람만 골라서 처벌한다면 어떨까? 아무리 음주운전자가 마땅히 받아야 할 처벌이라고 하더라도, 범죄와 무관한 요소가 처벌에 영향을 주고 있다면 정의로운 처벌이 될 수 없다.

을 : 음주운전자 중 어떤 부류의 사람들을 의도적으로 골라서 처벌한다면, 그런 처벌은 분명 정의롭지 않을 것이다. 그러나 그런 의도가 없는 한, 결과적으로 처벌받은 사람 중 특정 부류 사람들의 비율이 높다고 해서, 범죄와 무관한 요소가 처벌에 영향을 미쳤다고 볼 수는 없다.

보 기

ㄱ. 갑의 관점에 따르면, 판사의 재량을 최소화하고 공통의 기준을 마련하여 그에 따라 사형선고를 하도록 하는 것은, 처벌의 정의라는 관점에서 현행 제도를 개선하는 방안이 될 수 있다.

ㄴ. 을의 관점에 따르면, 처벌의 정의가 온전히 실현될 경우 살인을 저지른 흉악범 중 사형선고를 받는 사람의 비율은 줄어들 것이다.

ㄷ. 2010년 이후 10년간의 사형선고 기록을 추가 조사한 결과 A인종에의 편향이 증가했다면, 갑의 입장은 강화되고 을의 입장은 약화될 것이다.

① ㄱ 　　　② ㄴ 　　　③ ㄱ, ㄷ
④ ㄴ, ㄷ 　　　⑤ ㄱ, ㄴ, ㄷ

문항 성격	문항유형 : 논쟁 및 반론
	내용영역 : 규범
평가 목표	이 문항은 사형선고에 있어서 편견의 요소의 개입이 처벌을 정의롭지 않게 만드는가에 관련된 논쟁을 통해, 논쟁의 요소를 분석하고 평가할 수 있는 능력을 측정하는 문항이다.
문제 풀이	정답 : ①

미국 대법원의 1972년 퍼먼 대 조지아(Furman v. Georgia) 판례에서, 사형제도가 반헌법적이라고 판결한 바 있는데, 여기서 중요한 역할을 했던 것이 "자의성의 문제"이다. 인종이나 소득 같은, 악행과는 무관한 요소가 실제로 사형선고에 영향을 미치고 있는 것이 현실이기 때문에, 사형제도는 정의롭지 못하다는 것이 그 골자이다. 이 생각은 제시문에서 갑이 대변하고 있다. 그러나 이에 대한 반론도 만만치 않은데, 반론의 핵심은 사형선고가 내려지는 사람들은 자신의 범죄에 대해서

마땅히 받아야 할 처벌을 받고 있는 것이기 때문에, 마땅히 처벌받아야 하는 사람들이 모두 균등하게 처벌받는지와는 무관하게, 정의롭다는 것이다. 이는 을이 대변하고 있다. 을은 특히, 음주운전 처벌 같은 것에 있어 이런 종류의 자의성은 어느 정도 불가피하고, 게다가 직관적으로도 문제가 되지 않음을 들어 자신의 논증을 강화한다.

〈보기〉 해설 ㄱ. 갑의 핵심 주장은 판사의 사회적 편견으로 인해 사형선고에 있어 인종 편향이 발생하고 있으며 이는 범죄와는 무관한 요소이기 때문에, X국의 현행 제도하에서 사형선고는 정의로운 처벌이 되지 못한다는 것이다. 판사의 재량을 최소화하고 공통의 기준을 사용하는 것은 판사의 사회적 편견의 개입을 막는 방법이 될 수 있기 때문에, ㄱ은 옳은 분석이다.

ㄴ. 을에 따르면 정의가 온전히 실현된다면, 마땅히 사형을 받아야 할 모든 사람들, 그리고 그런 사람들만 사형선고를 받게 될 것이다. 만약 살인을 저지른 흉악범이 모두 사형을 받아 마땅한 사람이라면, 정의가 실현될 경우 그들은 모두 사형선고를 받아야 할 것이므로, 사형선고 비율은 오히려 늘어날 것이다. 따라서 정의가 실현될 경우 사형선고 비율이 줄어든다는 주장은 옳지 않다. 더 나아가 을이 '살인을 저지른 흉악범이 모두 사형을 받아 마땅한 사람이다.'를 참으로 생각하는지 알 수 없다고 하더라도, 그의 관점에서는 처벌의 정의가 온전히 실현될 경우 사형선고를 받는 사람의 비율이 줄어든다고 단정할 수 없다. 따라서 ㄴ은 옳지 않은 판단이다.

ㄷ. 2010년 이후 10년간의 사형선고 기록을 추가 조사한 결과 A인종에의 편향이 더 심화되었다고 해서 그것만으로 을의 입장이 약화되는 것은 아니다. 을의 관점에서는, 설령 특정 인종의 비율이 더 높아지는 결과가 나타났더라도, 그것이 판사의 의도적 선별의 결과가 아니라면, 각 사형선고는 정의로운 처벌이라고 볼 수 있기 때문이다. ㄷ은 을의 입장이 약화된다고 단정하고 있으므로 옳지 않은 판단이다.

〈보기〉의 ㄱ만이 옳은 분석이므로 정답은 ①이다.

14.

다음 글에 대한 분석으로 옳은 것만을 〈보기〉에서 있는 대로 고른 것은?

A : 동일한 선택지임에도 불구하고 그것이 어떻게 기술되느냐에 따라 선택자의 선호가 달라지는 현상이 있다. 예를 들어, 두 사람이 2개의 사과와 1개의 망고 중 하나만 선택할 수 있는 상황에서, "망고를 먹을래?"에 그러겠다고 답하는 사람이 "다른 사람이 망고를 고르지 못하게 할래?"에는 그러지 않겠다고 답할 수 있다. 이 현상은 사람들의 선호에 비합리성이 있다는 것을 보여준다. 그 이유는 이 현상이, "'a'와 'b'가 같은 것을 지칭하는 다른 기술일 때, 'a'가 들어간 어떤 문장에 'a' 대신 'b'를 대입하여도 그 문장의 참. 거짓이 바뀌지 않는다."라는 원리 P를 위반하기 때문이다. 이 원리에 따르면, 'a'와 'b'가 같은 것을 지칭할 때 "S가 a를 다른 것보다 선호한다."가 참이면 "S가 b를 다른 것보다 선호한다."도 참이어야 한다.

B : 원리 P가 항상 성립하는 것은 아니다. 예를 들어, ㉠'잭'과 '런던의 연쇄 살인마'가 같은 사람을 지칭한다고 하더라도, "제인은 잭과 밤을 함께 보내길 원한다."가 참이면서 "제인은 런던의 연쇄 살인마와 밤을 함께 보내길 원한다."는 거짓일 수 있다. 원리 P는 '~를 원한다'와 같은 표현이 사용된 문장에서는 성립하지 않는다. 이런 문장에서 'a'와 'b'를 바꾸어 써도 진리치가 바뀌지 않으려면, 'a'와 'b'가 같은 것을 지칭할 뿐만 아니라 그 내포적 의미도 동일해야 한다. '~를 선호한다'도 이런 점에서 다르지 않다. 따라서 기술에 따른 선호 변화가 선호의 비합리성을 보여주는지 여부는 이런 엄격한 조건에 따라 판단되어야 한다.

보기

ㄱ. 원리 P가 사람들이 위반할 수 있는 규범적인 원칙이 아니라 절대로 거짓이 될 수 없는 논리적 원칙이라면, 한 사람이 두 선택지에 대해서 다른 선호를 갖고 있는 경우 그 두 선택지는 기술에서뿐만 아니라 실제로도 서로 다른 선택지이다.

ㄴ. ㉠이 참일 때, 제인이 런던의 연쇄 살인마가 체포되는 것을 선호하지만 잭이 체포되는 것은 선호하지 않는다면, A는 제인의 선호가 비합리적이라고 볼 것이다.

ㄷ. '2/3가 비어있는 물병'과 '1/3이 채워져 있는 물병'이 내포적 의미가 동일함을 아는 사람들도 둘에 대해 다른 선호를 보인다면, A와 B 모두 이를 선호의 비합리성을 보여주는 사례로 볼 것이다.

① ㄱ   ② ㄷ   ③ ㄱ, ㄴ

④ ㄴ, ㄷ   ⑤ ㄱ, ㄴ, ㄷ

문항 성격   문항유형 : 논증 분석
          내용영역 : 인문
평가 목표   이 문항은 심리학과 행동경제학에서 논의되는 "프레이밍 효과"를 소재로 삼아, 여기
          에 전제된 일반적인 원칙과 프레이밍 효과의 범위 사이의 관계를 추론할 수 있는 능
          력을 평가하는 문항이다.
문제 풀이   정답 : ⑤

제시문은 심리학과 행동경제학에서 논의되는 "프레이밍 효과"를 논리학의 "외연성 원리"와 연결
시킨다. 프레이밍 효과란 동일한 결과가 어떻게 기술되느냐에 따라 사람들의 선호가 달라지는 현
상으로, 심리학과 행동경제학 실험에서 광범위하게 입증된 것으로 생각된다. 그러나 프레이밍 효
과의 정확한 범위, 그리고 그 함축에 대해서는 의견이 분분하다. 어떤 경제학자는 프레이밍 효
과를 외연성 원리(지문의 '원리 P')와 관련지었으나, 철학자들은 외연성 원리에 예외가 존재한다
고 본다. 특히 "~을 믿는다", "~을 원한다", "~이 필연적이다"와 같은 내포적 맥락에서는 외연
성 원리가 성립하지 않는다는 것이다. 흥미로운 것은, 프레이밍 효과가 문제 삼고 있는 선호는 바
로 내포적 맥락으로 보는 것이 합당하다는 점이다. A는 프레이밍 효과와 외연성 원리를 연결하
여, 기술 방식에 따라 선호가 달라지는 모든 사례가 선호의 비합리성을 보인다고 주장한다. 반면,
B는 "~를 선호한다"가 내포적 맥락임을 지적하면서, 기술 방식에 따라 선호가 달라지는 사례들
중 일부만이 선호의 비합리성을 보인다고 주장한다.

〈보기〉 해설   ㄱ. 원리 P(외연성 원리)가 사람들이 위반할 수 있는 규범적인 원칙이 아니라, 논리
             적으로 반드시 참인 원리라면, "'a'와 'b'가 동일한 대상을 지칭한다."가 참일 때
             "S가 a를 선호한다."가 참이면서 동시에 "S가 b를 선호한다."가 거짓일 수는 없
             다. 따라서 한 사람이 두 선택지에 대해서 다른 선호를 보인다면, 이는 단순한
             기술상의 차이가 아니라 실제로 서로 다른 선택지라는 것을 의미한다. 따라서
             ㄱ은 옳은 분석이다.
           ㄴ. '잭'과 '런던의 연쇄 살인마'가 같은 사람을 지칭함에도 불구하고, "제인은 런
             던의 연쇄 살인마가 체포되는 것을 선호한다."는 참이고 "제인은 잭이 체포되
             는 것을 선호한다."가 거짓이라면, 이는 원리 P를 위반하는 사례이다. A는 원리
             P에 대한 위반에서 선호의 비합리성이 나온다고 보기 때문에, A는 이를 제인
             의 선호가 비합리적임을 보이는 사례로 간주할 것이다. 따라서 ㄴ은 옳은 분석
             이다.
           ㄷ. A에 따르면 동일 대상을 가리키는 두 표현 사이에서 선호 차이가 발생한다면
             이는 원리 P의 위반이며, 곧 선호의 비합리성을 보여주는 사례가 된다. 따라서
             '2/3가 비어있는 물병'과 '1/3이 채워져 있는 물병'이 내포적 의미까지 동일하다

는 것을 아는 사람들이 이 둘에 대해 다른 선호를 보인다면 A는 이를 선호의 비합리성을 보여주는 사례로 볼 것이다. B는 두 표현이 단순히 지칭의 동일성만으로는 부족하며, 내포적 의미까지 동일해야만 '~를 선호한다'가 포함된 문장에서 대체 가능하다고 본다. 따라서 위 두 표현의 내포적 의미가 같다면, '~를 선호한다'가 포함된 문장에서 둘은 진리치 변화를 만들어 내서는 안 된다. 그럼에도 불구하고 어떤 사람이 이 둘에 대해서 다른 선호를 보인다면, B는 이를 선호의 비합리성을 보여주는 사례로 볼 것이다. 따라서 ㄷ은 옳은 분석이다.

〈보기〉의 ㄱ, ㄴ, ㄷ 모두 옳은 분석이므로 정답은 ⑤이다.

15.

다음 글에 대한 분석으로 옳은 것만을 〈보기〉에서 있는 대로 고른 것은?

A : 과거의 행동에 대해서 후회하는 사람은 자신이 잘못된 행동을 했다고, 그래서 그것을 하지 말았어야 했다고 판단한다. 이런 판단은 후회의 본질적인 요소이긴 하지만, 그것 자체로 과거 행동에 대한 후회가 되는 것은 아니다. 과거의 행동에 대한 후회는 그것에 대한 괴로움의 감정 역시 포함한다. 이렇게 보았을 때, 후회가 합리적일 수 있을까? 내가 잘못된 행동을 했고 그것을 하지 말았어야 했다고 판단하는 것은 나에게 이로울 수 있다. 행동의 수정으로 이끌어 궁극적으로 미래의 나에게 좋은 영향을 미칠 수 있기 때문이다. 그러나 괴로움의 감정은 어떤가? 안 그래도 안 좋은 일을 했는데 안 좋은 감정까지 느낀다면, 이는 비참함에 비참함을 더하는 것과 다르지 않을 것이다. 미래의 행동을 고치기 위해서는 과거에 잘못된 행동을 했다고 판단하는 것으로 충분하므로 그것에 대해 괴로워하는 것은 쓸모없는 일이다. 결국 후회는 합리적이지 않다는 결론에 이른다.

B : 후회에 들어 있는 괴로움의 감정에 비합리적인 것은 아무것도 없다. 사람들은 어떤 물건, 사람, 원칙에 가치를 두고, 그것에서 삶의 의미를 얻는다. 어떤 것에 가치를 둔다는 것은 무엇을 의미할까? 어떤 것에 가치를 두는 사람은 그것을 획득하고자 하고, 지속해서 그것을 마음속에 떠올리는 성향이 있다. 그러나 그것이 전부일 리 없다. 어떤 것에 가치를 둔다는 것은 감정적인 요소도 포함한다. 가치를 둔 것을 잃거나 저버리면 슬퍼하고, 그것을 잃거나 저버리는 행동을 하면 괴로움의 감정을 느낀다. 후회할 때 느끼는 괴로움의 감정은 어떤 것에 가치를 둔다는 것으로부터 필연적으로 파생하는 것이다.

ㄱ. '자신의 행동에 대한 괴로움의 감정'이 사실은 자신이 잘못된 행동을 했다는 판단을
    일컫는 다른 말에 불과하다면, A의 입장은 약화된다.
ㄴ. B는 과거 행동에 대한 괴로움의 감정이 미래 행동에 이로움을 줄 수 있음을 지적하
    여 A를 반박하고 있다.
ㄷ. A와 B는 후회가 감정의 요소를 가지는지에 대해서는 의견이 같지만, 판단의 요소를
    가지는지에 대해서는 의견이 다르다.

① ㄱ　　　　　　　　　② ㄴ　　　　　　　　　③ ㄱ, ㄷ
④ ㄴ, ㄷ　　　　　　　　⑤ ㄱ, ㄴ, ㄷ

문항 성격　문항유형 : 논쟁 및 반론
　　　　　　　내용영역 : 인문
평가 목표　이 문항은 후회의 합리성을 둘러싼 상반된 견해를 이해하고, 이를 분석할 수 있는 능
　　　　　　　력을 평가하는 문항이다.
문제 풀이　정답 : ①

제시문은 후회가 합리적인지를 논의하는 두 가지 견해를 담고 있다. A에 따르면, 후회는 잘못된
행동을 했다는 판단과 그것에 대한 괴로움이라는 두 요소로 구성된다. 이 중 판단의 요소는 미래
의 행동을 교정하는 데 도움이 되지만, 감정의 요소는 "비참함에 비참함을 더하는" 것에 불과하
기 때문에 쓸모없는 것이고, 결국 후회 전체가 합리적이지 않다고 주장한다. 반면 B는 후회의 감
정을 무언가에 가치를 두는 태도에서 나오는 것으로 본다. 사람은 가치를 두는 것을 잃거나 저버
리는 행동을 할 때 괴로움을 느끼기 때문에. 어떤 것에 가치를 두는 것이 우리 삶에서 중요한 요
소인 한. 과거 행동에 대해 괴로움을 느끼는 것에도 합리적이지 않을 것이 없다는 것이 B의 핵심
주장이다.

〈보기〉 해설　ㄱ. A는 후회를 판단과 감정이라는 두 요소로 구분한다. 그러나 감정이 사실상 판
　　　　　　　　단과 다르지 않다면. 감정(＝판단)이 쓸모없다는 A의 주장은 성립하지 않으므로
　　　　　　　　약화된다. 따라서 ㄱ은 옳은 분석이다.
　　　　　　　ㄴ. B는 후회에 수반되는 감정이 가치를 둠에서 비롯되므로 비합리적일 것이 없다
　　　　　　　　고 주장하는 방식으로 A를 비판하고 있다. 그러나 괴로움의 감정이 미래 행동에
　　　　　　　　이롭다는 주장은 이로부터 함축되지 않는다. 따라서 ㄴ은 옳지 않은 분석이다.
　　　　　　　ㄷ. A와 B는 후회가 괴로움(감정)의 요소를 포함한다는 점에는 의견이 같다. 반면에

16.

다음으로부터 추론한 것으로 옳은 것은?

상대방을 경어법으로 대우하는 절차는 호칭 대명사에서 간명하게 체계화된다. 예컨대, 라틴어 2인칭 대명사가 평칭어 'tu'와 경칭어 'vos'로 양분되듯이, 대다수 서양어의 2인칭 대명사는 평칭어(T)와 경칭어(V)로 양분된다. 이들 대명사의 사용은 우선 지위에 의해 결정된다. 연장자와 연하자, 부모와 자녀, 고용주와 고용인, 귀족과 평민, 장교와 사병 사이에는 지위의 차이가 있고, 상위자는 하위자에게 T를, 하위자는 상위자에게 V를 사용한다. 만일 지위가 동등하다면 서로 V를 사용하거나 서로 T를 사용하는데, V의 생성 과정상 초기에 귀족층은 V를, 평민층은 T를 사용하였다.

이들 대명사의 선택을 결정하는 요인으로는 지위 이외에 유대(혹은 친근도)도 있다. 가족, 동향, 동지 등과 같은 어떤 공통 바탕에 따라 유대의 두터움 정도가 사람마다 다른데, 그러한 가까움의 정도가 지위 못지않은 요인으로 작용한다. 예를 들어, 지위가 동등하더라도 가까운 사이가 아니라면 서로 V를, 가까운 사이라면 서로 T를 쓴다. 지위의 차이가 있을 때는 한쪽은 V를 다른 한쪽은 T를 쓰고, 지위가 동등할 경우는 친근도에 따라 서로 T를 주고받거나 서로 V를 주고받는다.

20세기 중반 이후 점차 유대가 지위보다 더 중요한 요인으로 부상한다. 가령, 고객은 점원보다 지위에서 더 높다고 볼 수도 있으나 둘은 전혀 모르는 사이다. 지위의 차이만 고려하면 고객이 점원에게 T를 써야 하나 실제로는 그러기 어렵다. 지위만 고려하면 자식은 부모에게 V를 써야 하지만, 워낙 친근한 사이라서 T를 쓰는 일이 흔하다. 이는 지위의 차이와 상관없이 친근한 사이에서는 서로 T를, 그렇지 않은 사이에서는 서로 V를 사용하는 양상이 크게 확대되었음을 말해준다. 그렇지만 서로 V를 주고받다가 친해지면서 서로 T를 사용하자고 제안할 때 그 제안자가 하위자일 수는 없다는 점에서, 여전히 지위의 고하가 명맥을 유지하고 있다.

① 시대와 상관없이 서양에서 갑이 을에게 V를 사용한다면, 적어도 을이 갑보다 지위에서 하위자는 아니다.

② 시대와 상관없이 서양에서 지위가 동등한 자들끼리 T를 사용하는 경우보다 유대가 깊

은 자들끼리 T를 사용하는 경우가 더 많다.

③ 20세기 중반 이후에는 서양에서 한쪽은 V를 사용하고 다른 한쪽은 T를 사용하며 서로 대화하는 양상이 그 이전보다 줄어들었다.

④ 20세기 중반 이후 서양에서 갑과 을이 서로 V를 사용하다가 서로 친분이 쌓이면서 갑의 제안으로 서로 T를 쓰게 되었다면, 갑이 을보다 지위에서 상위자이다.

⑤ 20세기 중반 이전에는 서양에서 갑과 을이 서로 V를 사용하다가 갑의 지위가 상승하여 상위자가 되었을 때, 갑과 을이 여전히 V를 사용하게 되는 경우가 그 이후보다 많았다.

문항 성격	문항유형 : 언어 추리
	내용영역 : 인문
평가 목표	이 문항은 호칭 대명사 사용이 지위와 유대에 따라 달라지는 원리와 그 시대적 변화를 이해하고, 이로부터 올바르게 추론할 수 있는 능력을 평가하는 문항이다.
문제 풀이	정답 : ③

제시문은 의사소통 과정에서 상대방을 부를 때 사용하는 대명사 가운데 경칭어와 평칭어를 구분하여 사용하는 원리를 설명하고 있다. 제시문에 의하면, 경칭어와 평칭어의 사용을 구분할 때 기준이 되는 두 요인은 지위와 유대로서, 시기에 따라 두 원리의 작동 방식은 변화하였고, 특히 20세기 중반 이후에는 지위의 차이보다 유대의 두터움 정도가 경칭어와 평칭어의 선택에 더 중요한 요인으로 작용하게 되었다.

정답 해설 ③ 제시문에 의하면 20세기 중반 이후에는 유대가 지위보다 더 중요한 요인으로 부상한다. 20세기 중반 이전에 하위자가 상위자에게 V를, 상위자는 하위자에게 T를 사용하던 양상 중, 20세기 중반 이후에는 유대의 두터움에 따라 서로 V를 사용하거나 서로 T를 사용하는 양상이 크게 확대되었음을 제시문으로부터 알 수 있다. 따라서, "20세기 중반 이후에는 서양에서 한쪽은 V를 사용하고 다른 한쪽은 T를 사용하며 대화하는 양상이 그 이전보다 줄어들었다."는 제시문으로부터 추론할 수 있다.

오답 해설 ① 제시문에 의하면 20세기 중반 이후에는 '고객과 점원'의 사례처럼 상대가 하위자라 할지라도 유대가 얕으면 V를 사용할 수 있다. 따라서 갑이 을에게 V를 사용할 경우 을이 갑보다 지위에서 하위자일 수도 있다. 그러므로 "시대와 상관없이 서양에서 갑이 을에게 V를 사용한다면, 적어도 을이 갑보다 지위에서 하위자는 아니다."는 제시문으로부터 추론할 수 없다.

② 제시문만으로는 지위가 동등한 사람들끼리 T를 사용하는 경우와, 유대가 깊은 사람들끼리 T를 사용하는 경우의 빈도를 비교할 수 없다. 따라서 "시대와 상관없이 서양에서 지위가 동등한 자들끼리 T를 사용하는 경우보다 유대가 깊은 자들끼리 T를 사용하는 경우가 더 많다."는 제시문으로부터 추론할 수 없다.

④ 제시문에 의하면 서로 V를 사용하다가 친분이 쌓여 서로 T를 사용하자는 제안은 하위자가 상위자에게 할 수는 없지만, 두 사람이 동등한 지위일 때에는 가능하다. 따라서 "갑이 을보다 지위에서 상위자이다."는 제시문으로부터 추론할 수 없다.

⑤ 제시문에 의하면 20세기 중반 이전에는 지위가 강하게 작동했으므로, 갑의 지위가 상승하면 갑은 T를, 을은 V를 사용하는 양상이 나타난다. 따라서 "20세기 중반 이전에는 갑과 을이 서로 V를 사용하다가 갑의 지위가 상승했을 때, 여전히 V를 사용하는 경우가 그 이후보다 많았다."는 제시문으로부터 추론할 수 없다.

17.

ⓛ에 대한 평가로 옳은 것만을 〈보기〉에서 있는 대로 고른 것은?

'마음 이론 능력'이란 자신과 타인의 마음을 의식하고 이해하는 능력을 가리키는데, 유아가 이 능력을 갖추려면 ㉠세 가지 능력이 발달해야 한다. 첫째, 사물에 대한 표상과 자신의 심성 상태에 대한 표상을 형성할 수 있어야 한다. 둘째, 표상에 대한 표상인 메타 표상을 형성할 수 있어야 하며, 특히 자신처럼 타인도 무언가를 표상할 수 있음을 인식하고 그 타인의 표상을 표상할 수 있어야 한다. 셋째, 메타 표상 능력을 이용하여 가상과 실재를 구분하는 '가상 놀이'를 할 수 있어야 한다.

유아가 '마음 이론 능력'을 획득했는지 평가하는 실험에서 활용하는 방법인 '틀린 믿음 과제'는 다음과 같다. 유아에게 어떤 상황을 말없이 보여준 후, 등장인물이 어떤 행동을 할지에 대해 추측해 보라는 질문을 한다. 예컨대, 갑이 방에 들어와 초콜릿을 둥근 바구니에 숨기고 퇴장한 후 곧이어 을이 그 방에 나타나 둥근 바구니에서 초콜릿을 꺼내 네모상자에 넣는 장면을 유아에게 보여준다. 그런 다음 "갑이 방으로 돌아오면 초콜릿을 어디에서 찾을까?"라고 질문한다. 이 과제에 참여한 유아 가운데 4세 이상은 대부분 갑이 초콜릿을 둥근 바구니에서 찾을 것이라고 답변한 반면, 4세 미만은 대부분 갑이 초콜릿을 네모상자에서 찾을 것이라고 답변했다. 이와 유사한 반복실험 결과를 근거로 일부 심리학자들은 ⓛ4세경에 '마음 이론 능력'을 갖춘다고 주장한다.

ㄱ. '틀린 믿음 과제'에서 적절한 답변을 하기 위해, ⊙ 외에 옳은 믿음으로 받아들일 수 있는 것과 그렇지 않은 것을 구분하는 별도의 사고 능력이 필요하다는 점이 인정된다면, ⓒ은 약화된다.

ㄴ. 사탕 봉지 안에서 연필을 발견하고 깜짝 놀란 유아에게 "이 봉지 안을 아직 보지 못한 아이는 봉지 안에 무엇이 있다고 생각할까?"라고 물었을 때, 4세 미만은 연필이라고 답변하지만 4세 이상은 사탕이라고 답변하는 경우가 많다면, ⓒ은 강화된다.

ㄷ. 유아가 매우 좋아할 장난감을 선반 꼭대기에 올려놓고 4세 미만에게 보여준 후 장난감이 어디에 있는지 잊었다고 말하면서 실험자가 장난감의 소재를 물었을 때, 양육자가 유아를 곁에서 가만히 지켜볼 때보다 양육자가 현장에 없을 때 장난감을 가리키는 경우가 더 많다는 실험 결과는 ⓒ을 강화하지도 약화하지도 않는다.

① ㄱ 　　　② ㄷ 　　　③ ㄱ, ㄴ
④ ㄴ, ㄷ 　　　⑤ ㄱ, ㄴ, ㄷ

문항 성격	문항유형 : 논증 평가 및 문제해결
	내용영역 : 인문
평가 목표	이 문항은 논증 구조와 실험 설계를 정확히 이해하고, 추가로 확보한 증거들이 실험을 통해 얻은 결론을 강화하는지, 약화하는지를 올바로 판단하는 능력을 평가하는 문항이다.
문제 풀이	정답 : ⑤

제시문은 인간이 원활한 의사소통을 하기 위한 근본 조건과 관련하여 이른바 '마음 이론 능력'에 관한 내용을 다루고 있다. 제시문에 따르면 세 가지 조건의 충족을 요구하는 마음 이론 능력은 4세 무렵에 형성된다. 이를 입증하기 위해서 실험자는 유아를 대상으로 '틀린 믿음 과제'를 실시하였고, 그 결과 4세 이상과 그 미만의 유아 사이에서 마음 이론 능력의 차이가 나타난다고 결론지었다.

〈보기〉 해설 　ㄱ. 틀린 믿음 과제를 올바르게 수행하려면 제시문에서 제시한 세 가지 능력(표상 형성, 메타 표상, 가상 놀이 능력)만으로 충분하다고 전제된다. 그러나 만약 여기에 더하여 '옳은 믿음으로 받아들일 수 있는 것과 그렇지 않은 것을 구분하는 별도의 사고 능력'이 필요하다고 인정된다면, 유아가 과제를 해결하지 못하는 이유가 단순히 마음 이론 능력 부족 때문이라고 단정할 수 없게 된다. 즉, 과제

실패의 원인이 추가적 사고 능력의 결여 때문일 수도 있으므로, "4세경에 '마음 이론 능력'을 갖춘다."는 ⓒ의 주장은 약화된다.

ㄴ. 사탕 봉지 안에서 연필을 발견하는 상황은, 유아가 자신의 현재 지식과 타인의 지식이 다를 수 있음을 이해하는지를 확인하는 과제이다. 4세 미만 유아가 "연필"이라고 답하는 것은 자신의 경험을 그대로 투사한 것으로, 타인의 관점을 표상하지 못한 결과이다. 반면 4세 이상 유아가 "사탕"이라고 답하는 것은, 다른 아이가 사탕 봉지 안을 보지 못했기 때문에 여전히 사탕이 들어 있다고 믿을 것이라는 타인의 믿음을 이해하는 능력, 즉 마음 이론 능력을 보여준다. 따라서 이와 같은 실험 결과는 유아가 "4세경에 '마음 이론 능력'을 갖춘다."는 ⓒ의 주장을 뒷받침하므로, ⓒ은 강화된다.

ㄷ. 양육자가 곁에 있을 때보다 없을 때 유아가 장난감 위치를 더 잘 가리킨다는 결과는, 유아가 상황에 따라 행동을 달리할 수 있음을 보여주는 것이다. 그러나 이 실험은 타인의 잘못된 믿음을 이해하는지를 확인하는 '틀린 믿음 과제'와는 성격이 다르므로, 마음 이론 능력을 검증하지는 않는다. 따라서 이러한 결과는 ⓒ을 강화하지도 약화하지도 않는다.

〈보기〉의 ㄱ, ㄴ, ㄷ 모두 옳은 평가이므로 정답은 ⑤이다.

18.

다음 논쟁에 대한 분석으로 적절한 것만을 〈보기〉에서 있는 대로 고른 것은?

A : 거짓을 말한다고 해서 곧 거짓말이 되는 것은 아니다. 다른 사람을 속일 의도로 거짓을 말하는 것이 거짓말이다. 즉, 명제 P가 거짓이고 그것을 아는데도 불구하고 상대로 하여금 P가 참이라고 믿게 하려고 P를 말하는 것이 거짓말이다.

B : 실제로 거짓을 말해야 거짓말이 되는 것은 아니다. 자신이 거짓이라고 믿는 명제를 다른 사람이 참이라고 믿게끔 하기 위해 진술한다면 거짓말이 된다. 즉, P가 거짓이라 믿음에도 불구하고 상대로 하여금 P가 참이라고 믿게 하려고 P를 말하는 것이 거짓말이다.

C : 거짓이라 믿는 명제를 속일 의도로 말한다고 해서 다 거짓말이 되는 것은 아니다. 내가 어떤 명제를 믿지 않음에도 그것을 믿는 척 속이려 한다면 거짓말이 된다. 즉, P를 참이라 믿지 않음에도 상대로 하여금 내가 P를 참이라 믿는다고 믿게 하려고 P를 말하는 것이 거짓말이다.

<사례>

- 범죄 혐의자인 아버지를 숨겨 주고 있는 갑은 아버지의 행방을 묻는 경찰에게 "아버지는 뒷산에 숨어 있어요."라고 대답한다. 갑이 모르는 사이 아버지는 실제로 뒷산에 숨어 있었다.
- 범죄 조직의 두목인 을은 그의 부하 돌쇠가 경찰 정보원이라고 확신하고 있다. 돌쇠와 대화를 하던 중 을은 그를 안심시키기 위해 "내 조직에 경찰 정보원은 없다."라고 말한다.
- 폭력 범죄를 목격한 병은 폭력 가해자로부터 거짓 증언을 해 달라는 살해 협박에 시달리고 있다. 자신이 범죄를 목격했다는 것을 모든 국민이 알고 있다고 생각함에도 불구하고, 살해당할 것을 두려워한 병은 "폭력을 목격한 적이 없다."라고 법정에서 진술한다.

보 기

ㄱ. 갑의 진술이 거짓말이라는 것에 A도 B도 동의하지 않는다.
ㄴ. 을의 진술이 거짓말이라는 것에 C는 동의하지만 A는 동의하지 않는다.
ㄷ. 병의 진술이 거짓말이라는 것에 B와 C 모두 동의한다.

① ㄴ   ② ㄷ   ③ ㄱ, ㄴ
④ ㄱ, ㄷ   ⑤ ㄱ, ㄴ, ㄷ

문항 성격 문항유형 : 논쟁 및 반론
　　　　　　　내용영역 : 인문

평가 목표 이 문항은 거짓말의 정의에 대한 서로 다른 견해를 이해하여, 이를 사례에 옳게 적용할 수 있는 능력을 평가하는 문항이다.

문제 풀이 정답 : ①

제시문의 A, B, C는 거짓말의 정의에 관한 세 가지 다른 입장이다. 각 입장의 핵심적인 내용은 다음과 같다.

A : 명제 P가 실제로 거짓이고, 그것을 아는데도 불구하고 상대가 P를 참이라고 믿게 하려고 P를 말할 때 그것이 거짓말이다.

B : 명제 P가 거짓이라고 믿고 있음에도 불구하고 상대가 P를 참이라고 믿게 하려고 P를 말할 때 그것이 거짓말이다.

C : 명제 P를 참이라 믿지 않으면서, 상대로 하여금 내가 P를 참이라 믿는다고 믿게 하려고 P를 말할 때 그것이 거짓말이다.

　A에 따르면, 갑, 을, 병의 진술은 모두 거짓말이 아니다. 갑의 경우, 아버지가 실제로 뒷산에 숨

어 있었으므로 거짓말이 아니다. 을의 경우, 돌쇠에게 그의 조직에 경찰 정보원은 없다고 믿게 하려고 진술한 것이 아니기에 거짓말이 아니다(만약 조직에 실제로 정보원이 없다면 을의 발화 의도와 상관없이 거짓말은 아니다.). 병의 경우 그가 폭력을 목격하지 않았다고 믿게 하려 진술한 것이 아니므로 거짓말이 아니다.

B에 따르면, 갑의 진술은 거짓말이지만, 을과 병의 진술은 거짓말이 아니다. 갑의 경우 자신이 거짓이라 믿는 것을 상대가 믿게끔 하기 위해 진술하고 있으므로 거짓말이 된다. 을의 경우 돌쇠에게 그의 조직에 경찰 정보원은 없다고 믿게 하려고 진술한 것이 아니기에 거짓말이 아니다. 병의 경우 그가 폭력을 목격한 적이 없다고 믿게 하려고 진술한 것이 아니기에 거짓말이 아니다.

C에 따르면, 을의 진술은 거짓말이지만 병의 진술은 거짓말이 아니다. 갑의 경우는 주어진 설명만으로는 판단하기 어렵다. 을의 경우, 자신의 조직에 경찰 정보원이 없다고 믿지 않지만 그렇게 믿는다고 믿게끔 하기 위해 진술하고 있으므로 거짓말이 된다. 병의 경우, 그가 폭력을 목격한 적이 없음을 믿는다고 믿게 하려고 진술한 것이 아니기에 거짓말이 아니다(적어도, 주어진 서술만으로는 상대로 하여금 그러한 믿음을 갖게 하려고 진술한 것이라고 판단하기 어렵다.).

ㄱ. A에 따르면 갑의 진술은 거짓말이 아니지만, B에 따르면 거짓말이다. 따라서 ㄱ은 적절하지 않은 분석이다.

ㄴ. C에 따르면 을의 진술은 거짓말이지만, A에 따르면 거짓말이 아니다. 따라서 ㄴ은 적절한 분석이다.

ㄷ. B에 따르든 C에 따르든, 병의 진술은 거짓말이 아니다. 따라서 ㄷ은 적절하지 않은 분석이다.

〈보기〉의 ㄴ만이 적절한 분석이므로 정답은 ①이다.

19.

다음 글에 대한 평가로 적절한 것만을 〈보기〉에서 있는 대로 고른 것은?

도덕 실재론자 갑은 옳고 그름을 평가하는 우리의 의견이나 태도와는 독립적인 도덕적 참이 있으며 우리에게는 이러한 도덕적 참을 알 수 있는 심적 능력이 있다고 주장한다. 예컨대, 특정한 인종이나 성이라는 것 때문에 사람을 차별해서는 안 된다는 것은 도덕적 참이며 우리는 이것을 알 수 있는 심적 능력이 있다는 것이다.

하지만 진화론자 을에 따르면, 인간의 심적 능력은 자연선택의 산물이다. 이 능력은 환경에의 적응과 유전자의 증식 극대화를 위해 생긴 것이다. 우리의 평가적 태도와 독립적인 도덕적 참이 존재한다고 해도, 자연선택은 인간에게 그러한 도덕적 참을 알 수 있는 심적 능력을 부여하지 않았다. 어떤 행위가 생물학적 적응에 도움이 된다면 그 행위가 갑이 말하는 도덕적 참과 상충한다 해도, 자연선택은 그러한 행위나 이를 유발하는 심적 능력을 선호한다.

그렇다면 갑이 말하는 도덕적 참을 알 수 있는 심적 능력이 없는 인간이 어떻게 공평함, 속임, 관대함 등과 같은 도덕에 관계된 개념과 성향을 갖게 되었는가? 을은 이것 역시도 자연선택의 산물이며 인간의 생물학적 적응을 강화하기 때문에 발생했다고 주장한다. 도덕에 관계된 개념과 성향을 갖고 사는 것이 생존에 유리했다는 것이다. 갑이 말하는 도덕적 참은 우리의 도덕에 관계된 개념과 성향을 설명하는 데 어떤 역할도 하지 못한다고 을은 주장한다.

ㄱ. 사람들이 도덕적 참을 발견하기 위해 노력한 결과 도덕적 참에 대한 다양한 이론을 갖게 되었다면, 갑의 견해는 강화된다.

ㄴ. 생존과 번식에 도움이 되기 때문에 성 차별주의, 외국인 혐오증과 같은 성향을 갖게 되었다면, 을의 견해는 약화된다.

ㄷ. 인간이 자신의 견해나 태도에 의존하지 않는 도덕적 참을 심적 능력으로 발견했다면, 갑의 견해는 강화되고 을의 견해는 약화된다.

① ㄱ　　　　　　　　② ㄷ　　　　　　　　③ ㄱ, ㄴ
④ ㄴ, ㄷ　　　　　　⑤ ㄱ, ㄴ, ㄷ

문항 성격	문항유형 : 논증 평가 및 문제해결
	내용영역 : 인문
평가 목표	이 문항은 도덕 실재론자와 진화론자 사이의 입장 차이를 보여주는 논증을 이해하고, 주어진 새로운 정보가 논증을 약화하거나 강화하는지 옳게 판단할 수 있는 능력을 평가하는 문항이다.
문제 풀이	정답 : ②

이 문제는 우리의 의견이나 태도와는 독립적인 도덕적 참이 존재하고 우리가 그것을 알 수 있다는 도덕 실재론자의 주장과 우리에게는 그러한 심적 능력이 없으며 도덕에 관계된 개념과 성향은 자연선택의 결과라고 주장하는 진화론자의 주장을 소재로 하여 출제된 문제이다. 두 진영의 핵심적인 주장은 다음과 같다.

도덕 실재론자인 갑에 따르면, 우리의 의견이나 태도와는 독립된 도덕적 참이 있다. 어떠한 행동의 옳고 그름이 우리가 가진 의견이나 선호에 따라 결정되는 것이 아니다. 갑은 우리에게 이러한 도덕적 참을 알 수 있는 심적 능력이 있다고 주장한다.

　한편, 진화론자 을은 갑이 말하는 도덕적 참을 알 수 있는 심적 능력이 인간에게 없다고 주장한다. 을에 따르면, 심적 능력은 자연선택의 결과로 생긴 것이다. 그렇다면 인간은 어떻게 도덕에 관계된 개념과 성향을 가지게 되었는가? 을은 이것 역시도 자연선택의 결과라고 주장한다.

<보기> 해설　ㄱ. 도덕적 참을 발견하기 위해 노력했다는 사실만으로는 독립적인 도덕적 참의 존재나 그것을 알 수 있는 심적 능력이 있음을 보장하지 않는다. 오히려 다양한 이론의 존재는 도덕적 참의 인식이 사람들의 견해나 태도에 의존했을 가능성을 보여준다. 결국 사람들이 도덕적 참을 발견하기 위해 노력한 결과 도덕적 참에 대한 다양한 이론을 가지게 되었다는 것은 갑의 견해를 강화하지 못한다. ㄱ은 적절하지 않은 평가이다.

　　　　　　ㄴ. 을에 따르면, 생존과 번식에 유리하다면 긍정적이든 부정적이든 도덕에 관련된 다양한 심적 성향이 자연선택의 결과로 형성될 수 있다. 따라서 성 차별주의나 외국인 혐오증이 생존·번식에 도움이 되어 발생한 것이라면, 이는 오히려 을의 견해를 강화한다. 그러므로 ㄴ은 적절하지 않은 평가이다.

　　　　　　ㄷ. 인간이 자신의 심적 능력으로 자신의 견해나 태도에 의존하지 않는 도덕적 참을 실제로 발견했다면, 이는 곧 독립적인 도덕적 참의 존재와 우리에게는 그것을 인식할 능력이 있다고 보는 갑의 견해를 직접적으로 뒷받침한다. 반면, 을은 인간의 심적 능력은 자연선택의 산물일 뿐 독립적인 도덕적 참을 인식할 수 없다고 주장하므로, 이러한 발견은 을의 견해를 약화한다. 따라서 ㄷ은 적절한 평가이다.

　　　　<보기>의 ㄷ만이 적절한 평가이므로 정답은 ②이다.

20.

다음 논쟁에 대한 평가로 적절한 것만을 <보기>에서 있는 대로 고른 것은?

갑 : 타인을 이해하는 것은 도덕적 삶을 살기 위한 필수적 요소다. 타인을 이해하려면 타인의 관점을 가질 수 있어야 한다. 나의 입장에서 타인의 관점을 상상하는 것만으로는 타인을 제대로 이해할 수 없다. 인간은 자기중심적인 편견에 기반을 두고 타인의 관점을 상상하기 때문에 그러한 상상은 왜곡될 수밖에 없다. 타인을 제대로 이해하려면 '타인 지향적 관점 전환'을 해야 한다. 이러한 관점 전환은 이해의 대상인 타인이 되어 보는 것이다. 이해의 대상인 타인

이 된다는 것은 그 사람의 생각과 느낌을 갖는 것이다.

을 : 타인을 이해하지 못하면 도덕적 삶을 살 수 없기 때문에 타인을 이해할 수 있는 현실적인 길을 추구해야 한다. 이해의 대상인 타인이 되는 것은 현실적으로 불가능하다. 인간이 타인을 이해할 때 자신의 믿음이나 성향에서 완전히 벗어날 수는 없기 때문이다. 타인을 이해하려면 스스로를 타인이 처한 상황에 있다고 상상하는 것이 최선이다. 이것이 우리가 희망할 수 있는 '현실적 관점 전환'이다. 이런 관점 전환은 완벽한 타인 이해를 보장하지는 않지만 타인에 대한 왜곡된 이해를 초래하진 않는다.

병 : 그런 관점 전환을 통해 타인을 이해하는 것은 도덕적인 삶을 사는 데 방해가 될 수 있다. 도덕적인 삶을 위해선 도덕적 칭찬과 비난이 적절하게 주어져야 한다. 도덕적으로 잘못된 행위를 한 사람을 관점 전환을 통해 이해할 경우, 그 사람의 자기 정당화를 무비판적으로 받아들일 수 있다. 이런 경우 적절한 도덕적 비난을 하지 못한다. 도덕적인 삶을 위해 필요한 것은 무엇이 적절한 도덕적인 원칙이 될 수 있는가를 이해하고 그것에 맞는 삶을 사는지를 점검하는 것이다.

ㄱ. 이해의 대상인 타인이 되는 것은 선한 행위를 할 가능성을 높이지만, 타인이 처한 상황에 있다고 상상하는 것은 악한 행위를 할 가능성을 높인다면, 갑의 주장은 강화되고 을의 주장은 약화된다.

ㄴ. 관점의 전환 없이 타인을 이해할 수 있고 이를 바탕으로 도덕적 삶을 살 수 있다면, 갑의 주장은 약화되고 을의 주장은 강화된다.

ㄷ. 타인이 처한 상황에 있다고 상상함으로써 그 타인에게 적절한 도덕적 비난을 가할 수 있다면, 병의 주장은 약화된다.

① ㄱ 　② ㄴ 　③ ㄱ, ㄷ

④ ㄴ, ㄷ 　⑤ ㄱ, ㄴ, ㄷ

문항 성격	문항유형 : 논증 평가 및 문제해결
	내용영역 : 인문
평가 목표	이 문항은 관점 전환을 통한 타인 이해와 도덕적 삶에 대한 주장을 비교·분석하고 평가할 수 있는 능력을 측정하는 문항이다.
문제 풀이	정답 : ③

갑과 을은 모두 '관점 전환이 타인 이해를 위해 필수적이고 타인 이해가 도덕적인 삶을 위해 필

수적'이라는 점에 동의한다. 하지만 둘은 관점 전환에 대한 다른 견해를 가진다. 갑은 '타인 지향적 관점 전환', 즉 실제로 타인이 되어 보는 것을 강조한다. 반면, 을은 타인이 되는 것은 불가능하기 때문에 '현실적 관점 전환', 즉 타인의 입장에 있다고 상상하는 것이 최선이라고 본다. 병은 관점 전환을 통해 타인을 이해하는 것이 도덕적인 삶을 사는 데 방해가 된다고 주장한다. 관점 전환이 적절한 도덕적 비난을 방해하는 원인이 될 수 있기 때문이다.

ㄱ. 갑은 도덕적인 삶을 위해 타인 이해가 필요하고, 이를 위해서는 '타인 지향적 관점 전환', 즉 실제로 타인이 되어 보는 것이 필요하다고 본다. 따라서 이러한 관점 전환이 선한 행위를 할 가능성을 높인다면 갑의 주장은 강화된다. 한편, 을은 타인 이해와 도덕적인 삶의 관계에 대해선 동의하지만 관점 전환의 방식으로는 스스로를 타인이 처한 상황에 있다고 상상하는 '현실적 관점 전환'을 제시한다. 그러나 만약 이 방식이 오히려 악한 행위를 할 가능성을 높인다면, 을의 주장은 약화된다. 따라서 ㄱ은 적절한 평가이다.

ㄴ. 갑과 을은 모두 타인 이해를 위해 관점 전환이 필수적이며, 타인 이해 없이는 도덕적 삶을 살 수 없다고 본다. 그러나 만약 관점 전환 없이도 타인을 이해할 수 있고 이를 바탕으로 도덕적 삶을 살 수 있다면, 갑과 을의 주장은 모두 약화된다. 따라서 ㄴ은 적절하지 않은 평가이다.

ㄷ. 병은 관점 전환이 타인의 입장을 무비판적으로 수용하게 만들어 적절한 도덕적 비난을 가로막고, 따라서 도덕적 삶을 방해한다고 주장한다. 그러나 타인이 처한 상황에 있다고 상상하는 '현실적 관점 전환'을 통해서도 그 타인에게 적절한 도덕적 비난을 가할 수 있다면, 이는 관점 전환이 오히려 도덕적 삶에 도움이 될 수 있음을 보여준다. 따라서 병의 주장은 약화된다. ㄷ은 적절한 평가이다.

〈보기〉의 ㄱ, ㄷ만이 적절한 평가이므로 정답은 ③이다.

21.

다음 논쟁에 대한 분석으로 적절한 것만을 〈보기〉에서 있는 대로 고른 것은?

갑은 의사이다. 그는 여러 증거를 바탕으로 '신약 X가 췌장암 치료에 효과가 있다'라는 가설 P를 0.92의 정도로 믿고 있다. 그러던 중 갑은 신뢰할 만한 동료 을에게 자신이 가진 증거를 보여 주며 자문을 구했다. 그 결과, 을은 'P를 0.90의 정도로 믿는다'라고 말해 주었다. 이 경우 갑이 P를 믿는 정도를 어떻게 수정해야 할지에 대해 다음과 같은 논쟁이 있다.

A : 갑은 을을 신뢰할 만한 동료로 생각하기 때문에 자신이 P를 믿는 정도와 을이 P를 믿는 정도 모두 합리적이라고 생각할 것이다. 따라서 갑은 그 둘을 결합할 필요가 있고, 그 방법은 둘의 평균을 취하는 것이다.

B : 증거가 가설을 뒷받침하는지에 대한 신뢰할 만한 동료의 생각은 나의 판단에 영향을 준다. '증거가 가설을 뒷받침하지 못한다'라는 동료의 생각은 내가 가설을 믿는 정도를 낮추지만, '증거가 가설을 뒷받침한다'라는 동료의 생각은 내가 가설을 믿는 정도를 높인다. 누군가 P를 믿는 정도가 0.50보다 크다는 것은 그가 '증거가 P를 뒷받침한다'라고 생각한다는 것을, 그보다 작다는 것은 '증거가 P를 뒷받침하지 못한다'라고 생각한다는 것을 보여준다. 따라서 을이 P를 믿는 정도가 0.90이라는 것을 알게 된 갑은 P를 믿는 정도를 수정해야 한다.

C : 갑이 P를 믿는 정도는 '그가 가진 증거'와 '그 증거가 P를 뒷받침하는 정도에 대한 갑 자신의 판단'에 의해서 오롯이 결정된다. 이 둘에 특별한 문제가 발견되지 않는 한, 갑은 자신이 P를 믿는 정도를 수정할 필요는 없다. 을이 P를 믿는 정도가 자신과 다르다는 사실은 그 둘에 특별한 문제가 있다는 것을 보여주지 못한다. 증거가 가설을 뒷받침하는 정도에 대한 합리적인 판단은 여럿일 수 있기 때문이다.

ㄱ. 만일 을이 P를 믿는 정도가 0.15이고 이를 갑이 알게 되었다면, 갑이 P를 믿는 정도를 낮춰야 한다는 것에 A와 B 모두 동의한다.

ㄴ. 갑과 을이 P를 서로 다른 정도로 믿고 있음을 각자 알게 된 후에는 그 둘이 P를 동일한 정도로 믿어야 한다는 것에 B와 C 모두 동의한다.

ㄷ. 갑이 P를 어느 정도로 믿어야 하는지에 대해서 A가 주장하는 값은 B의 것보다 작지만 C의 것보다는 크다.

① ㄱ　　　　　　② ㄴ　　　　　　③ ㄱ, ㄷ
④ ㄴ, ㄷ　　　　　⑤ ㄱ, ㄴ, ㄷ

문항 성격	문항유형 : 논쟁 및 반론
	내용영역 : 인문
평가 목표	이 문항은 상대방이 나와 다른 믿음을 가지고 있음을 알게 되었을 때, 자신의 믿음을 어떻게 수정해야 할지에 관한 논쟁을 이해하고 분석할 수 있는 능력을 평가하는 문항이다.

  정답 : ①

주어진 가설 P에 대해 신뢰할 만한 동료가 나와 다른 믿음을 가지고 있다는 사실을 알게 되었을 때, 내가 그 가설을 믿는 정도를 어떻게 수정해야 할지에 대해 A, B, C의 의견은 다음과 같다.

A에 따르면, 내가 P를 믿는 정도와 신뢰할 만한 동료가 P를 믿는 정도 모두 합리적이라 생각한다면, 그 둘의 평균 정도로 P를 믿는 것이 합리적이다. B에 따르면, '증거가 가설을 뒷받침하지 못한다.'는 신뢰할 만한 동료의 생각은 내가 가설을 믿는 정도를 낮추지만, '증거가 가설을 뒷받침한다.'는 신뢰할 만한 동료의 생각은 내가 가설을 믿는 정도를 높인다. C에 따르면, 신뢰할 만한 동료가 P를 믿는 정도가 나와 다르다고 해서 그것이 곧 내가 P를 믿는 정도를 수정해야 함을 의미하진 않는다. 나와 동료 모두 나름대로 합리적일 수 있기 때문이다.

〈보기〉 해설 ㄱ. A에 따르면, 을이 P를 0.15 정도로 믿는다는 사실을 알게 된 갑은 0.92와 0.15의 평균 값의 정도로 P를 믿어야 한다. B에 따르면, 갑은 을이 '증거가 가설을 뒷받침하지 않는다.'고 생각한다는 사실을 알게 되었으므로, P를 믿는 정도를 낮춰야 한다. 따라서 ㄱ은 적절한 분석이다.

ㄴ. 갑과 을이 P를 서로 다른 정도로 믿고 있음을 알게 되었고, 을 역시 갑을 신뢰할 만한 동료라고 믿는다면, A에 따르면, 두 사람은 P를 서로의 믿음의 평균 값의 정도로 믿어야 한다. 즉, 결국 같은 정도로 믿게 된다는 것이다. 그러나 B나 C의 견해는 이러한 함축을 가지지 않는다. 따라서 ㄴ은 적절하지 않은 분석이다.

ㄷ. A에 따르면, 갑은 (0.92와 0.90의 평균인) 0.91의 정도로 P를 믿어야 한다. B에 따르면, 동료가 0.90으로 높게 믿고 있으므로 0.92보다 큰 값으로 믿어야 한다. C에 의하면, 기존처럼 0.92 정도로 믿어야 한다. 따라서 A가 주장하는 값이 C의 것보다는 작으므로, ㄷ은 적절하지 않은 분석이다.

〈보기〉의 ㄱ만이 적절한 분석이므로 정답은 ①이다.

22.

다음으로부터 추론한 것으로 옳은 것만을 〈보기〉에서 있는 대로 고른 것은?

무언가를 믿는 정도는 확률로 나타낼 수 있고, 그 확률은 증거가 가진 특징들을 반영하고 있다. 동전 던지기를 생각해 보자. 동전에 대한 아무런 정보도 없는 경우 우리는 동전을 여러 번 던져 얻은 빈도를 증거로 삼아 확률을 결정하곤 한다. 가령 4번의 동전 던지기 중 3번 앞면이 나왔다고 해 보자. 빈도를 이용한 결정법에 따르면, 다음번 동전 던지기에서 앞면이 나올 확률은 3/4이다. 이는 증거가 '다음번 동전 던지기에서 뒷면이 나온다'라는 명제보다 '다음번 동전 던지기에서 앞면이 나온다'라는 명제에 기울어져 있다는 것을 말해 준다. 다시 말해, 확률 3/4에는 그 기울어짐의 정도 즉 '증거의 기울기'가 반영되어 있는 것이다.

확률에는 증거의 다른 특징도 반영되어 있다. '4번의 동전 던지기에서 3번 앞면이 나왔다'라는 증거 E1과 '100번의 동전 던지기에서 75번 앞면이 나왔다'라는 증거 E2를 비교해 보자. 이 두 증거의 기울기는 같다. 하지만 증거 E2는 증거 E1보다 더 많은 정보를 가지고 있다. 이렇게 증거가 가진 정보의 양은 '증거의 무게'라고 불리고, 정보의 양이 많을수록 증거의 무게는 증가한다. 그렇다면, 증거의 무게는 확률에 어떻게 반영되는가? 증거 E1을 획득한 이후 5번째 동전 던지기에서 뒷면이 나왔다고 하자. 이 경우, '다음번 동전 던지기에서 앞면이 나온다'라는 명제의 확률은 3/5이 된다. 이제 증거 E2를 획득한 이후 101번째 동전 던지기에서 뒷면이 나왔다고 하자. 이 경우에는 '다음번 동전 던지기에서 앞면이 나온다'라는 명제의 확률이 75/101가 된다. 따라서 동일한 추가 증거에 의해서 이 명제의 확률이 감소하는 정도는 증거 E2의 경우가 증거 E1의 경우보다 작다.

ㄱ. 어떤 명제에 대한 서로 다른 두 증거의 기울기가 같더라도 그 두 증거의 무게는 서로 다를 수 있다.
ㄴ. 어떤 명제에 대한 두 증거 E3과 E4 중 E3이 E4보다 더 많은 정보를 가지고 있다면 E3은 E4보다 그 명제에 더 기울어져 있다.
ㄷ. 어떤 명제에 대한 증거의 기울기가 3/5에서 4/5로 커지는 데 최소한으로 필요한 추가 증거의 정보의 양은 그 명제에 대한 기존 증거의 무게에 반비례한다.

① ㄱ
② ㄴ
③ ㄱ, ㄷ
④ ㄴ, ㄷ
⑤ ㄱ, ㄴ, ㄷ

문항 성격 문항유형 : 언어 추리
　　　　　 내용영역 : 인문

평가 목표 이 문항은 확률에 반영되는 증거의 특징에 관한 내용을 파악하고 그 내용에 근거하여 올바르게 추론할 수 있는 능력을 평가하는 문항이다.

문제 풀이 정답 : ①

제시문에 따르면, 확률에는 증거의 두 가지 특징이 반영되어 있다. 하나는 증거의 기울기로서 증거가 해당 명제를 지지하는 정도이며, 확률 그 자체이다. 따라서 기울기의 변화는 곧 확률의 변화이다. 다른 하나는, 증거의 무게로서 증거가 가진 정보의 양이다. 어떤 확률에 대한 증거의 무게가 커질수록 추가 증거에 의해 그 확률이 변화하는 정도는 작아진다. 그리고 증거의 기울기가 커진다고 하더라도 증거의 무게가 커지는 것은 아니다.

<보기> 해설 　ㄱ. 제시문으로부터, E1과 E2는 기울기는 같지만 무게는 다르다는 점을 파악할 수 있다. 따라서 두 증거의 기울기가 같더라도 그 두 증거의 무게는 다를 수 있다. ㄱ은 옳은 추론이다.

ㄴ. 제시문으로부터, 증거의 기울기와 증거가 가진 정보의 양(증거의 무게)은 비례 관계가 성립하지 않는다는 점을 파악할 수 있다. 예를 들어, 동전 던지기에서 '다음번 동전 던지기에서 앞면이 나온다.'라는 명제에 대한 두 증거 E3과 E4가 다음이라고 생각해 보자.

E3 : 90번의 동전 던지기에서 60번 앞면이 나왔다.

E4 : 3번의 동전 던지기에서 2번 앞면이 나왔다.

이 경우 E3이 E4보다 더 많은 정보를 가지고 있다. 그러나 해당 명제에 대한 E3과 E4의 기울기는 2/3로 같다. 따라서 더 많은 정보를 가진 증거의 기울기가 더 크다는 ㄴ은 옳지 않은 추론이다.

ㄷ. 제시문으로부터, 어떤 명제에 대한 기존 증거의 무게가 클수록 확률(기울기)의 변화를 위해 추가적으로 필요한 정보의 양은 많아진다는 것을 추론할 수 있다. 따라서 확률 변화를 위해 필요한 추가 정보의 양과 기존 증거의 무게는 반비례 관계일 수 없다. 구체적인 예로, 동전 던지기에서 '다음번 동전 던지기에서 앞면이 나온다.'라는 명제에 대한 기존 증거가 E5인 경우와 E6인 경우를 비교해 보자.

E5 : 5번의 동전 던지기에서 3번 앞면이 나왔다.

E6 : 10번의 동전 던지기에서 6번 앞면이 나왔다.

E5와 E6의 기울기는 3/5로 같고, 무게는 E6이 E5보다 크다. E5의 경우 기울기가 4/5로 커지기 위해 최소한으로 필요한 증거는 '5번의 동전 던지기에서 모두 앞면이 나온다.'(8/10)는 것이다. E6의 경우 기울기 4/5로 커지기 위해 최소한으로 필요한 증거는 '10번의 동전 던지기에서 모두 앞면이 나온다.'(16/20)는 것이다. 따라서 E6의 경우가 E5의 경우보다 필요한 추가 증거의 정보의 양이 더 많다. 결과적으로 증거의 기울기(확률)가 3/5에서 4/5로 커지는 데 최소한으로 필요한 추가 증거의 정보의 양이 기존 증거의 무게에 반비례한다는 ㄷ은 옳지 않은 추론이다.

<보기>의 ㄱ만이 옳은 추론이므로 정답은 ①이다.

23.

다음 논증의 구조를 분석한 것으로 가장 적절한 것은?

㉠인공지능 로봇은 자유의지를 가진 존재이거나 단순한 결정론적 시스템이다. ㉡인공지능 로봇은 외부 환경을 인식하고 독립적으로 사고할 수 있을 뿐만 아니라 주어진 상황에서 여러 선택지 중 하나를 결정할 수 있다. ㉢외부 환경을 인식하고 스스로 사고하며 선택할 수 있는 존재는 자유의지를 가진 존재라고 보아야 한다. 또한 ㉣인공지능 로봇이 어떠한 선택을 할지 정확히 예측하는 것은 불가능하지만 단순한 결정론적 시스템에 대해서는 그러한 예측이 가능하다. 따라서 ㉤인공지능 로봇은 단순한 결정론적 시스템이라고 할 수 없다. 더욱이 ㉥인공지능 로봇이 물리적 시스템이라는 점에 근거하여 인공지능 로봇에게 자유의지가 없다고 한다면, 인간 역시 자유의지를 가진 존재라고 할 수 없다. ㉦외부 환경을 인식하고, 사고하고, 선택하는 데 중요한 역할을 하는 인간의 두뇌도 물리적 시스템이기 때문이다. 그러나 ㉧인간이 자유의지를 가진다는 것을 부정할 수는 없다. 따라서 ㉨인공지능 로봇이 물리적 시스템이라는 점을 받아들여도 인공지능 로봇의 자유의지를 부정할 수 없다. 이러한 점들을 고려하면, ㉩인공지능 로봇은 자유의지를 가진 존재로 간주해야 한다.

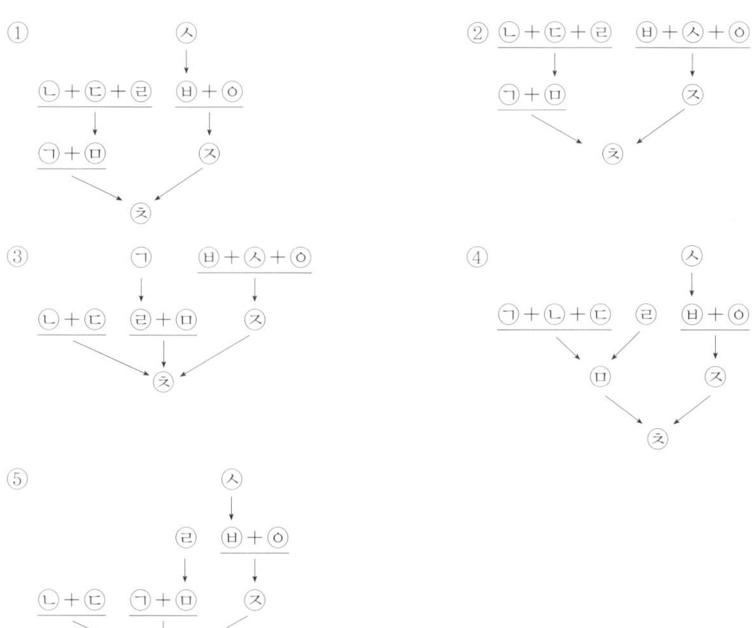

문항 성격 문항유형 : 논증 분석

　　　　　내용영역 : 인문

평가 목표 이 문항은 인공지능 로봇의 자유의지에 대한 논증의 구조를 정확히 분석하는 능력을
평가하는 문항이다.

문제 풀이 정답 : ⑤

제시문의 논증을 체계적으로 정리하면 다음과 같다.

⑴ (ⓒ+ⓒ) → ㉤ (ⓒ과 ⓒ이 결합해 ㉤이 도출된다.)

　ⓒ 인공지능 로봇은 외부 환경을 인식하고 독립적으로 사고할 수 있을 뿐만 아니라 주어진 상
황에서 여러 선택지 중 하나를 결정할 수 있다.

　ⓒ 외부 환경을 인식하고 스스로 사고하며 선택할 수 있는 존재는 자유의지를 가진 존재라고
보아야 한다.

　㉤ 인공지능 로봇은 자유의지를 가진 존재로 간주해야 한다. (ⓒ과 ⓒ으로부터)

⑵ ㉣ → ㉢, (㉠+㉢) → ㉤. (㉣로부터 ㉢이 나오고, ㉠과 ㉢이 결합해 ㉤이 도출된다.)

　㉣ 인공지능 로봇이 어떠한 선택을 할지 정확히 예측하는 것은 불가능하지만 단순한 결정론적
시스템에 대해서는 그러한 예측이 가능하다.

　㉢ 인공지능 로봇은 단순한 결정론적 시스템이라고 할 수 없다. (㉣로부터)

　㉠ 인공지능 로봇은 자유의지를 가진 존재이거나 단순한 결정론적 시스템이다.

　㉤ 인공지능 로봇은 자유의지를 가진 존재로 간주해야 한다. (㉢과 ㉠으로부터)

⑶ ㉦ → ㉧, (㉧+◎) → ㉩, ㉩ → ㉤ (㉦으로부터 ㉧이 나오고, ㉧과 ◎이 결합해 ㉩이 도출된다.
이 ㉩은 다시 최종 결론 ㉤을 지지한다.)

　㉦ 외부 환경을 인식하고, 사고하고, 선택하는 데 중요한 역할을 하는 인간의 두뇌도 물리적
시스템이기 때문이다.

　㉧ 인공지능 로봇이 물리적 시스템이라는 점에 근거하여 인공지능 로봇에게 자유의지가 없다
고 한다면, 인간 역시 자유의지를 가진 존재라고 할 수 없다. (㉦으로부터)

　◎ 인간이 자유의지를 가진다는 것을 부정할 수는 없다.

　㉩ 인공지능 로봇이 물리적 시스템이라는 점을 받아들여도 인공지능 로봇의 자유의지를 부정
할 수 없다. (㉧과 ◎으로부터)

　㉤ 인공지능 로봇은 자유의지를 가진 존재로 간주해야 한다. (㉩으로부터)

이러한 전체적인 논증 구조를 정확히 표현한 선택지는 ⑤이다.

정답 해설 ①~⑤의 선택지 중에 논증의 구조를 적절하게 분석한 것은 ⑤이며, 나머지는 적절
하지 않은 분석이다. 따라서 정답은 ⑤이다.

24.

다음 글에 대한 분석으로 적절한 것만을 〈보기〉에서 있는 대로 고른 것은?

정부 정책에 따른 편익을 누리는 집단과 비용을 부담하는 집단이 상이한 것을 편익과 비용 간 절연이라고 한다. 이로 인해 정치적 논리가 경제적 비효율성을 발생시키는 문제가 나타난다.

절연에는 미시절연과 거시절연이 있다. 미시절연은 정부 사업으로부터 나오는 편익은 특정 집단에 집중되지만 비용 부담은 납세자나 일반 대중에게 널리 퍼져 있는 경우를 가리킨다. 이때 소수의 수혜자는 정부 사업을 유지 또는 확장하기 위해 로비 활동과 같은 조직된 노력을 기울일 유인이 있는 반면, 비용 부담자들은 각자의 비용이 크지 않고 조직화가 쉽지 않은 경우가 대부분이므로 효과적으로 대처하지 못한다. 한편, 거시절연은 정부 사업으로부터 나오는 편익은 다수에게 돌아가지만 비용은 소수의 납세자가 부담하는 경우를 가리킨다. 정부와 정치인은 권력의 획득과 유지를 위해 소수의 과도한 비용 부담에도 불구하고 투표권을 갖는 다수의 정치적 영향력에 따라 인기에 영합하는 정책을 펼 유인이 있다.

편익과 비용 간 절연은 정부의 적극적 사업 수행뿐 아니라 비개입도 설명할 수 있다. 미국의 경우 총기를 규제하면 다수가 혜택을 볼 것으로 알려져 있으나, 총기 규제에 반대하는 소수의 집단은 정치·경제적으로 잘 조직되어 있다. 이러한 소수의 저항을 극복할 만큼 다수 국민의 유인이 충분히 잘 조직되지 않았기 때문에, 총기 규제에 따른 사회적 편익이 그에 따른 소수의 비용보다 크더라도 정부의 개입이 일어나지 않는 것이다.

보 기

ㄱ. 미국에서 총기 규제 정책이 실행되지 않는 것은 거시절연의 사례에 해당한다.

ㄴ. 로비 활동에 대한 규제를 강화하면 미시절연으로 야기되는 비효율은 완화될 것이다.

ㄷ. 정보 통신 기술의 발달로 정부 정책의 편익과 비용에 대한 정보 유통이 활발해지면 거시절연으로 야기되는 비효율은 완화될 것이다.

① ㄱ 　　② ㄴ 　　③ ㄱ, ㄷ
④ ㄴ, ㄷ 　　⑤ ㄱ, ㄴ, ㄷ

문항유형 : 언어 추리

내용영역 : 사회

평가 목표 이 문항은 편익과 비용 간 절연의 개념을 이해하고 그 개념의 적용 사례를 옳게 파악하는 능력을 평가하는 문항이다.

문제 풀이 정답 : ②

이 문항은 재정학과 행정학에서 다루는 편익과 비용 간 절연에 대해 다루고 있다. 미시절연은 수혜자는 소수이고 비용 부담자는 다수인 경우에 수혜자 집단의 조직적 행위로 인해 경제적 비효율이 야기되는 상황에 해당한다. 거시절연은 수혜자는 다수이고 비용 부담자는 소수인 경우에 투표권을 갖는 다수가 소수를 이용함으로써 발생하는 비효율의 문제를 말한다. 미시절연은 소수 수혜자의 로비에 의해 강화되며, 거시절연은 인기 영합적인 정책으로 이어질 우려가 있다.

〈보기〉 해설 ㄱ. 총기 규제 미실시의 경우, 다수가 부담을 지고 소수가 이익을 얻는 상황에 해당한다. 이는 소수가 조직적으로 결합해 자신의 이익을 지키는 사례이므로 거시절연이 아닌 미시절연에 해당한다. 따라서 ㄱ은 적절하지 않은 분석이다.

ㄴ. 로비는 주로 소수 집단이 조직적으로 수행한다. 따라서 로비 활동을 규제하면, 미시절연의 경우 소수 수혜자의 영향력이 약화되어 경제적 비효율이 완화된다. 따라서 ㄴ은 적절한 분석이다.

ㄷ. ICT의 발달로 정부 정책에 대한 정보 취득이 쉬워지면 미시절연의 경우 다수의 비용 부담자가 목소리를 높일 것이므로 문제가 개선될 가능성이 높다. 그러나 거시절연의 경우에는 투표권을 갖는 다수의 수혜자, 곧 투표권자의 압력을 강화해 비효율을 완화하지 못하고 심화시킬 우려가 있다. 따라서 ㄷ은 적절하지 않은 분석이다.

〈보기〉의 ㄴ만이 적절한 분석이므로 정답은 ②이다.

25.

다음으로부터 〈사례〉를 판단한 것으로 옳은 것만을 〈보기〉에서 있는 대로 고른 것은?

전략적 상황에서 '균형'을 이용하여 결과를 예측할 수 있다. 균형에서는 누구도 자신의 선택으로부터 혼자서 이탈하여 득을 볼 수 없게 된다.

다음 게임을 생각해 보자. 3명이 왼손과 오른손 중 하나를 동시에 들어야 한다. 만약 모두 왼손을 든다면 각자 2의 보수를 받고, 모두 오른손을 든다면 각자 1의 보수를 받는다. 반면 왼손과 오른손이 섞여 있으면 각자의 보수는 0이 된다. 이 경우 모두 왼손을 든 상황이 균형이다. 다른 사람들이 왼손을 든 상황에서 한 사람만 오른손으로 바꾸면 그의 보수는 2에서 0으로 줄어들기 때문이다. 비슷한 논리로 모두가 오른손을 든 상황도 균형이다.

〈사례〉

3명이 어떤 범법 행위를 목격하였다. 각자는 경찰에 신고하거나 신고하지 않는 둘 중 하나를 동시에 선택해야 한다. 신고하는 행위에는 2의 비용이 든다. 경찰은 2명 이상의 신고를 받아야 출동한다. 경찰이 출동하면 문제가 해결되어 각자 5의 편익을 얻고, 출동하지 않으면 각자 0의 편익을 얻는다. 이때 각 사람의 보수는 편익에서 비용을 뺀 값이다.

보 기

ㄱ. 3명 모두 신고하는 상황은 균형이다.
ㄴ. 만일 목격자 수가 6명인 조건이라면, 2명만 신고하는 상황은 균형이다.
ㄷ. 만일 1명의 신고만으로도 경찰이 출동한다는 조건이라면, 1명만 신고하는 상황은
   균형이다.

① ㄱ   ② ㄷ   ③ ㄱ, ㄴ
④ ㄴ, ㄷ   ⑤ ㄱ, ㄴ, ㄷ

문항 성격	문항유형 : 언어 추리
	내용영역 : 사회
평가 목표	이 문항은 전략적 상황에서 균형 개념을 적용하여, 제시된 사례가 균형에 해당하는지를 옳게 판단하는 능력을 평가하는 문항이다.
문제 풀이	정답 : ④

이 문항은 게임 상황에서 '균형'이 갖는 특성, 곧 독자적인 이탈 유인이 없음을 이용하여 주어진 상황을 평가하고, 균형 여부를 판정하는 것이 핵심이다.

〈사례〉의 경우, 3명의 목격자 모두 신고를 하지 않거나 2명만 신고하는 상황이 균형이다. 모두 신고하지 않는 경우, 어느 한 목격자가 독자적으로 신고하면 보수가 0에서 −2로 감소하므로 이탈 유인이 없다. 2명만 신고하는 경우, 신고한 목격자는 신고하지 않음으로써 보수가 3에서 0으로 감소하므로 이탈 유인이 없고, 신고하지 않는 목격자는 신고하면 보수가 5에서 3으로 감소하

므로 역시 이탈 유인이 없다. 목격자의 수가 늘어나더라고 경찰 출동 조건에 변화가 없는 한 이러한 균형은 유지된다.

　　하지만 경찰 출동 조건이 완화되면 균형도 변한다. 1명의 신고만으로도 경찰이 출동한다면, 모두 신고하지 않거나 2명만 신고하는 상황은 더 이상 균형이 아니다. 이 경우, 1명만 신고하는 것이 유일한 균형이 된다. 모두 신고하지 않는 경우, 어떤 목격자가 신고하면 자신의 보수가 0에서 3으로 증가하므로 이탈 유인이 있다. 반면 1명만 신고하는 경우, 신고한 목격자는 신고하지 않음으로써 보수가 3에서 0으로 감소하므로 이탈 유인이 없다. 또한 신고하지 않는 목격자는 신고함으로써 보수가 5에서 3으로 감소하므로 역시 이탈 유인이 없다.

　ㄱ. 3명 모두 신고하는 경우, 각 목격자는 신고하지 않음으로써 자신의 보수가 3에서 5로 증가하므로 이탈 유인이 있다. 곧 균형이 아니다. 따라서 ㄱ은 옳지 않은 판단이다.

　　ㄴ. 목격자의 수가 6명으로 늘어나더라도 균형의 성격은 달라지지 않는다. 이 경우 2명만 신고하고 나머지 4명이 신고하지 않는 상황을 보자. 신고한 사람은 만약 신고를 취소하면 경찰 출동 요건이 충족되지 않아 자신의 보수가 3에서 0으로 줄어들게 된다. 따라서 이탈할 유인이 없다. 반대로 신고하지 않은 사람은 새로 신고를 하더라도 경찰은 이미 출동하므로 자신의 보수가 5에서 3으로 줄어들 뿐이다. 이 역시 이탈 유인이 없다. 그러므로 2명만 신고하는 상황은 여전히 균형이라고 할 수 있다. 따라서 ㄴ은 옳은 판단이다.

　　ㄷ. 경찰 출동 조건이 완화되어 1명의 신고만으로도 출동이 가능하다면, 균형의 양상은 달라진다. 이 경우 1명만 신고하는 상황을 살펴보면, 신고한 사람은 만약 신고를 취소하면 경찰이 출동하지 않아 자신의 보수가 3에서 0으로 줄어들게 되므로 이탈할 유인이 없다. 한편 신고하지 않은 사람이 새로 신고를 한다면 출동 여부에는 변함이 없으면서 자신의 보수가 5에서 3으로 줄어들게 된다. 따라서 이 역시 이탈 유인이 없다. 따라서 1명만 신고하는 상황은 균형에 해당한다. 따라서 ㄷ은 옳은 판단이다.

　　〈보기〉의 ㄴ, ㄷ만이 옳은 판단이므로 정답은 ④이다.

26.

㉠과 ㉡에 들어갈 적절한 내용을 옳게 나열한 것은?

경제적 합리성을 판단하기 위해서는 소비자의 구매 행위가 일관성을 띠고 있는지 살펴봐야 한다. 일정 기간 동안 소비의 대상이 되는 재화들의 묶음을 소비묶음이라고 한다. 한 소비자가 자신의 소득으로 구매할 수 있는 소비묶음 A, B 중 A를 구매했다면, 이 소비자는 "A를 B보다 선호한다."라고 말한다. 이때 '소득'이란 A를 구매하는 것에 이 소비자가 지출한 금액이다. 서로 다른 소비묶음 A, B에 대해 A를 B보다 선호했던 소비자가 B를 A보다 선호한다면, '선호 역전'이 일어난 것이고, 이런 비일관적 소비자의 행동은 분석 대상으로 삼기 어렵다. 예를 들어, (사과, 배, 감)으로 구성된 소비묶음 X=(3개, 2개, 1개)와 Y=(2개, 1개, 2개)를 고려하자. (사과, 배, 감)의 시장가격이 (20원, 20원, 20원)일 때 어떤 소비자가 X를 구매하였다. 이 경우 그의 소득은 120원이며, 그는 Y도 구매할 수 있었으나 X를 구매했으므로 X를 Y보다 선호한 것이다. 이후 (사과, 배, 감)의 시장가격이 [　㉠　]일 때 그가 Y를 구매했다면, 이 소비자는 선호 역전을 보인 것이다.

무수히 많은 소비묶음에 대해 한 소비자의 선호 관계를 모두 파악하기는 힘들다. 소비묶음 A를 B보다 선호하고, B를 C보다 선호하지만, A와 C 간에는 선호 관계를 직접적으로 알 수 없는 경우를 생각해 보자. 그 둘 사이에는 간접적인 연결 관계가 있으므로, "A를 C보다 간접선호한다."라고 말한다. 서로 다른 소비묶음 A, B에 대해 A를 B보다 간접선호했던 소비자가 B를 A보다 간접선호한다면, '간접선호 역전'이 일어난 것이고, 이 또한 비일관적 행동으로 분석의 대상으로 삼기 어렵다.

소비묶음 A를 B보다 선호한다면 A를 B보다 간접선호한다고 말할 수 있을까? 어떤 소비묶음 A에 대해서도 A를 A보다 선호한다고 볼 수 있으므로, A를 B보다 선호하면 당연히 간접선호하기도 한다. 그렇다면, '선호 역전'은 '간접선호 역전'의 [　㉡　]조건이 된다.

	㉠	㉡
①	(30원, 20원, 10원)	필요
②	(30원, 20원, 10원)	충분
③	(20원, 20원, 50원)	필요
④	(20원, 20원, 50원)	충분
⑤	(30원, 30원, 30원)	필요

문항 성격	문항유형 : 언어 추리
	내용영역 : 사회
평가 목표	이 문항은 소비자의 구매 행위를 관찰한 결과로 소비자의 선호체계와 간접선호체계를 정의하고 그 둘 사이의 관계를 파악하는 능력을 평가하는 문항이다.
문제 풀이	정답 : ④

제시문은 소비자의 선택을 통해 선호를 드러내는 '현시선호 이론'을 간략히 소개하고 있다.

두 소비묶음이 모두 구매 가능할 때 특정 소비묶음을 구매했다는 관찰이 있다면, 그 묶음을 더 선호한다고 본다. 만약 이후 상황에서 반대로 다른 묶음을 선택한다면 '선호 역전'이 발생한 것으로, 이는 비일관적 소비 행동이므로 합리적 분석에서 제외한다. 이를 확장해 직접적인 선호 관계를 관찰하지 못하더라도, 간접적인 연결을 관찰할 수 있다면 '간접선호' 관계가 정의된다. 이 경우에도 '간접선호 역전'을 보이는 소비자는 비일관적이라 보고 분석에서 제외된다.

예를 들어, (사과, 배, 감)의 시장가격이 (20원, 20원, 20원)일 때, 한 소비자가 X=(3개, 2개, 1개)를 Y=(2개, 1개, 2개)보다 선호했다. 재화들의 시장가격이 달라졌을 때, 이번에는 이 소비자가 Y를 X보다 선호하는 관찰을 얻어 선호의 역전을 보였다. 그렇다면, 이 소비자는 새 시장가격에서 Y와 X 모두 구매 가능하고 Y를 구매했다.

소비묶음 A, B에 대해, A와 B 사이에 선호 역전이 일어나면 간접선호 역전도 일어나는가? A, B 간에 선호 역전이 일어났다는 말은 A를 B보다 선호하면서 B를 A보다 선호한다는 말과 동치이다. A를 B보다 선호하면 제시문의 설명과 같이 A를 B보다 간접선호한다. 따라서 B를 A보다 선호하면 B를 A보다 간접선호한다. 따라서 선호 역전은 간접선호 역전의 충분조건이다. 그러나 세 가지 소비묶음 A, B, C 사이에서, A를 B보다 선호하고 B를 C보다 선호하며 동시에 C를 A보다 선호하는 상황이 있을 수 있다. 이 경우 직접적인 선호의 역전은 발생하지 않았지만, 간접적인 선호의 역전은 발생한다. 따라서 선호의 역전이 간접선호 역전의 필요조건은 아니다.

정답 해설	④ 새 시장가격에서는 Y뿐 아니라 X도 구매 가능해야 한다. (20원, 20원, 50원)에서 Y의 비용은 160원($=20\times2+20\times1+50\times2$), X의 비용은 150원($=20\times3+20\times2+50\times1$)이다. 소비자가 Y를 선택했으므로 소득은 160원이며, 이 소득으로 X도 살 수 있었는데 Y를 선택했으니 선호 역전이 성립한다. 또한 선호 역전은 간접선호 역전의 충분조건이므로, 옳게 나열되어 있다.
오답 해설	① 새 시장가격이 (30원, 20원, 10원)일 경우, Y를 구매한 이 소비자의 소득은 100원($=30\times2+20\times1+10\times2$)이다. X 구매에 140원($=30\times3+20\times2+10\times1$)이 필요하므로 Y를 구매했더라도 두 묶음의 선호 관계를 판단할 수 없다. 또한, 선호 역전은 간접선호 역전의 필요조건이 아니다. 따라서 옳지 않은 나열이다.
	② 새 시장가격이 적절하지 않으므로, 옳지 않은 나열이다.

27.

㉠에 들어갈 내용으로 옳은 것은?

미취학 시기 아이들이 인터넷 게임에 노출되는 것이 취학 후 성적에 부정적인 영향을 미칠까? 이를 확인하기 위해 중학교 1학년, 초등학교 3학년의 표준학업능력 자료를 활용하여 인터넷 보급 시기가 다른 두 도시 A와 B를 비교하였다. A시는 B시보다 인터넷이 먼저 보급되었다. A시의 중학교 1학년 학생과 초등학교 3학년 학생은 모두 미취학 시기 인터넷 게임에 노출되었다는 것이 확인되었다. 한편 B시의 중학교 1학년 학생은 미취학 시기 인터넷 게임에 노출되지 않았지만, 초등학교 3학년 학생은 노출되었다는 것이 밝혀졌다. 표준학업능력 자료를 확인한 결과 학생들의 평균 성적은 다음과 같았다.

	중학교 1학년	초등학교 3학년
A시	x	y
B시	z	w

(x−z)는 중학교 1학년 학생들 사이에서 미취학 시기 인터넷 게임 노출 여부와 학업 성적 사이의 관계를 반영하는 값으로 이해할 수 있다. 그러나 이 값은 학업 성적에 대한 인터넷 게임 노출의 영향만을 반영하고 있다고 말할 수 없다. 도시 간 교육 환경 차이가 성적의 차이에 영향을 주었을 수 있기 때문이다. 즉 (x−z)는 미취학 시기 인터넷 게임 노출과 더불어 도시 간 차이의 영향도 반영하고 있다. 그럼 (w−z)는 어떤가? 이 값은 미취학 시기 인터넷 게임 노출과 더불어 학년 간 차이의 영향도 반영하고 있다. 따라서 미취학 시기 인터넷 게임 노출이 중학교 1학년 학생들의 학업 성적에 미친 영향만을 측정하기 위해서는 ㉠ 을 계산해야 한다. 물론, 이런 계산에는 도시 간 차이가 성적에 미치는 영향이 학령에 따라서 바뀌지 않는다는 것과 인터넷 게임 노출이 성적에 미치는 영향은 모든 도시에서 동일하다는 것 등이 가정되어 있다.

① $(x-y)-(y-w)$

② $(x-y)-(x-w)$

③ $(x-z)-(y-w)$

④ $(x-z)-(w-z)$

⑤ $(x-w)-(y-z)$

문항 성격   문항유형 : 언어 추리

내용영역 : 사회

평가 목표   이 문항은 미취학 시기 아이들의 인터넷 게임 노출과 취학 후 학업 성적에 대한 주어진 자료로부터 어떻게 인과적 영향을 추정할 수 있는지 판단하는 능력을 평가하는 문항이다.

문제 풀이   정답 : ③

제시문은 미취학 시기 인터넷 게임 노출 여부가 취학 후 학업 성적에 미치는 영향을 추정하기 위한 방법을 설명한다. 도시별로 중학교 1학년과 초등학교 3학년의 인터넷 게임 노출 여부와 표준 학업능력 평균 성적을 표로 나타내면 다음과 같다.

	중학교 1학년	초등학교 3학년
A시	노출 (x)	노출 (y)
B시	비노출 (z)	노출 (w)

이때 $(x-z)$는 '인터넷 게임 노출의 영향＋도시 간 교육 환경 차이의 영향'을 반영하고 있으며, $(w-z)$는 '인터넷 게임 노출의 영향＋학년 간 차이의 영향'을 반영하고 있다. 한편 $(y-w)$는 같은 학년 간 비교이므로 '도시 간 교육 환경 차이의 영향'만을 반영하고 있다. 따라서 인터넷 게임 노출의 영향만을 반영한 값은 '인터넷 게임 노출의 영향＋도시 간 교육 환경 차이의 영향'을 반영한 $(x-z)$에서 '도시 간 교육 환경 차이 영향'을 반영한 $(y-w)$를 뺀 값이 되어야 한다. 따라서 정답은 $(x-z)-(y-w)$이다.

정답 해설   ③ 전체 해설 참조

28.

다음 글에 대한 평가로 적절한 것만을 〈보기〉에서 있는 대로 고른 것은?

X국에서 부모와 자녀의 세대 간 소득 순위 연관성에 관한 연구가 수행되었다. 세대 간 소득 순위 연관성은 부모의 소득 수준에 따라 자식의 소득 수준이 결정되는 정도를 의미한다. 연구진은 설문 조사를 통해 부모의 소득 10분위 순위를 무작위로 제시하고, 그 부모의 자녀가 성인이 되었을 때의 소득 10분위 순위를 예측하도록 하였다. 세대 간 소득 순위 연관성의 현실과 인식 간의 차이를 분석하기 위해, 시민들의 설문에 기초한 부모–자녀 소득 순위 관계선(이하 '예측선')과 실제 소득 행정 자료에 기초한 부모–자녀 소득 순위 관계선(이하 '실제선')을 구하였다. 각 관계선은 통계 처리 후 부모–자녀 소득 순위의 연관성을 직선으로 나타낸 것이다. x축과 y축은 각각 부모 10분위 소득 순위와 자녀 10분위 소득 순위이다. 두 직선의 기울기는 각각 0과 1사이에 있으며 부모의 소득이 커질수록 자녀의 소득도 커진다.

여기서 두 관계선의 기울기는 부모의 소득 수준이 자녀의 소득 수준에 미치는 영향을 나타낸다. 부모와 자녀의 소득 연관성이 크면, 사회의 유동성이 작으며 기회의 평등이 잘 보장되지 않는 사회로 평가된다.

ㄱ. 예측선의 기울기가 실제선보다 크다면, 시민들은 실제에 비해 기회의 평등 수준을 낮게 인식하고 있다.

ㄴ. 예측선의 기울기가 실제선보다 작고 두 직선이 x축 중간에서 교차한다면, 시민들은 저소득층 자녀의 소득 순위를 실제보다 높게 전망하고, 고소득층 자녀의 소득 순위를 실제보다 낮게 전망하고 있다.

ㄷ. 예측선이 실제선보다 부모의 소득 순위 전체에서 모두 위에 있고 두 직선의 기울기가 동일하다면, 시민들은 모든 자녀들의 소득 순위를 실제보다 높게 전망하고 부모와 자녀의 소득 순위 연관성을 실제보다 작게 인식하고 있다.

① ㄱ　　　　　　② ㄷ　　　　　　③ ㄱ, ㄴ
④ ㄴ, ㄷ　　　　　⑤ ㄱ, ㄴ, ㄷ

<table>
<tr><td>문항 성격</td><td>문항유형 : 언어 추리
내용영역 : 사회</td></tr>
<tr><td>평가 목표</td><td>이 문항은 시민들의 인식에 따른 부모−자녀 소득 순위 관계선과 실제 자료에 기초한 관계선을 비교·해석하는 능력을 평가하는 문항이다.</td></tr>
<tr><td>문제 풀이</td><td>정답 : ③</td></tr>
</table>

이 문항은 세대 간 소득 순위 연관성의 의미와 그에 대한 현실과 대중의 인식 차이를 평가하는 구조로 되어 있다. 소득 순위 연관성은 부모의 소득 수준이 자녀의 소득 수준에 미치는 영향을 의미하며, 이는 부모−자녀 소득 순위 관계선의 기울기를 통해 측정된다. 기울기가 클수록 소득 순위 연관성이 높고, 기울기가 작을수록 소득 순위 연관성이 낮다는 의미이다. 연구진은 시민들에게 가상의 부모 소득 순위를 제시하고 자녀의 예상 소득 순위를 추정하도록 했으며, 이를 실제 행정자료와 비교하여 시민들의 인식과 현실 간의 차이를 분석했다. 문제에서는 두 관계선의 의미와, 두 그래프의 차이가 가지는 사회적 의미를 파악할 수 있는지를 평가한다.

〈보기〉 해설　ㄱ. 관계선의 기울기가 클수록 부모−자녀 소득 순위의 연관성이 크다. 부모와 자녀의 소득 연관성이 크면, 사회의 유동성이 작으며 기회의 평등이 잘 보장되지 않는 사회로 평가된다. 따라서 예측선의 기울기가 실제선보다 크다면, 시민들은 실제보다 기회의 평등 수준을 낮게 인식하고 있다고 볼 수 있다. 따라서 ㄱ은 적절한 평가이다.

ㄴ. 예측선의 기울기가 실제선보다 작고 두 직선이 x축 중간에서 교차한다면, 교차점 이전(저소득층 구간)에서는 예측선이 실제선보다 위에 있게 되고, 이는 시민들이 저소득층 자녀의 소득 순위를 실제보다 높게 전망한다는 것이다. 교차점 이후에는 실제선이 예측선보다 위에 있게 되며, 이는 시민들이 고소득층 자녀의 소득 순위를 실제보다 낮게 전망한 것이다. 따라서 ㄴ은 적절한 평가이다.

ㄷ. '예측선이 실제선보다 부모의 소득 순위 전체에서 모두 위에 있다.'는 것은 시민들이 모든 자녀의 소득 순위를 실제보다 높게 전망한다는 의미이다. 또 '예측선과 실제선의 기울기가 동일하다.'는 것은 부모의 소득 수준이 자녀의 소득 수준에 미치는 영향이 같다는 것으로, 시민들은 부모와 자녀의 소득 연관성을 실제와 동일하게 인식하고 있는 것이다. 따라서 '부모와 자녀의 소득 순위 연관성을 실제보다 작게 인식하고 있다.'는 부분은 잘못된 것이다. 그러므로 ㄷ은 적절하지 않은 평가이다.

〈보기〉의 ㄱ, ㄴ만이 적절한 평가이므로 정답은 ③이다.

29.

다음 글에 대한 평가로 적절한 것만을 〈보기〉에서 있는 대로 고른 것은?

> 많은 연구에서 배우자가 있는 사람들이 미혼, 이혼, 사별로 배우자가 없는 사람들에 비해 오래 산다는 결과가 보고되었다. 이러한 혼인상태별 사망력의 차이와 관련된 다음 두 이론이 있다.
>
> A : 결혼은 다양한 측면에서 보호 효과를 가지고 있다. 결혼은 배우자와의 연대감 형성을 통해 스트레스를 감소시킨다. 결혼한 사람들은 질병에 걸렸을 때도 배우자가 보살펴주기 때문에 회복과 치료가 빠르며 자원통합을 통해 서로에게 경제적 복지를 제공할 수 있다. 또한, 결혼은 가족에 대한 부양 책임 등으로 건강을 해치는 습관이나 위험한 행동을 자제하게 만들 가능성이 높다.
>
> B : 결혼한 사람들이 오래 사는 것은 원래 오래 살만한 사람들이 결혼하기 때문이다. 이를 선택효과라고 한다. 건강 상태가 좋고 건전한 삶의 양식을 영위하는 사람들은 배우자를 구할 확률이 높다. 이에 반해, 건강이 좋지 못하거나 위험한 생활양식을 가진 사람들은 결혼할 확률이 낮다.

〈보 기〉

ㄱ. 혼인상태별 금연율을 조사해보니 배우자가 있는 사람들의 금연율이 가장 높았다면, A는 강화되고 B는 약화된다.

ㄴ. 결혼한 사람들 중 부부 관계가 좋은 사람들과 좋지 못한 사람들 간 사망률의 차이가 없었다면, A는 약화되고 B는 강화된다.

ㄷ. 나이가 동일한 20대 집단을 장기간 관찰한 결과, 일부만 30세에 결혼을 했고 나머지는 계속 미혼으로 남았다. 20대 때의 건강 수준을 비교해 보니 결혼 그룹의 건강 상태가 미혼 그룹에 비해 나빴고, 40대에서는 결혼 그룹의 건강상태가 향상되어 두 그룹 간 차이가 없어졌다면, A는 강화되고 B는 약화된다.

① ㄱ   ② ㄷ   ③ ㄱ, ㄴ

④ ㄴ, ㄷ   ⑤ ㄱ, ㄴ, ㄷ

문항 성격	문항유형 : 논증 평가 및 문제해결
	내용영역 : 사회
평가 목표	이 문항은 결혼과 사망률의 관계를 설명하는 두 가지 이론을 이해하고, 세 가지 가설

적인 비교 상황을 통해 어떠한 이론이 강화되고 약화되는지를 판단하는 능력을 평가하는 문항이다.

 정답 : ②

결혼과 수명의 관계에 관한 일반적 관찰을 제시하고 이 관찰을 설명하기 위한 두 이론이 소개되고 있다. 보호 가설(A)은 결혼이 다양한 층위의 건강 보호 메커니즘을 통해 결혼 당사자들의 건강을 증진하는 효과가 있다고 본다. 이에 반해, 선택 가설(B)은 원래 건강한 사람이 결혼할 가능성이 높고, 건강하지 못한 사람은 결혼을 할 가능성이 낮다고 본다. 따라서 결혼한 사람들의 낮은 사망률은 결혼 이후의 효과가 아니라 결혼 이전부터 존재한 개인적 특성 때문이라고 설명한다.

〈보기〉 해설

ㄱ. '혼인상태별 금연율을 조사해보니 배우자가 있는 사람들의 금연율이 가장 높았다.'라는 것은 A(보호 가설) 중 '결혼은 가족에 대한 부양책임 등으로 건강을 해치는 습관이나 위험한 행동을 자제하게 할 가능성이 크다.'와 조응하는 관찰로서 보호 효과의 예에 해당한다. 따라서 A를 강화한다. 하지만, B(선택 가설)의 측면에서는, 결혼 이전의 건강 상태에 대한 정보가 없으므로 금연율 차이만으로는 이론의 설명력에 대해 판단할 수 없다. 선택 효과를 넓게 해석하면, 금연할 가능성이 큰 사람들이 더 많이 결혼했을 수 있으므로, B가 약화된다고 볼 근거가 없다. 따라서 ㄱ은 적절하지 않은 분석이다.

ㄴ. 부부관계가 좋다는 것은 연대감이 강하다거나 여타의 관계 측면에서 서로에게 더 강한 보호 효과를 제공할 수 있음을 의미한다. 따라서 A(보호 가설)에 따르면, 부부관계가 좋은 사람들은 그렇지 않은 사람들보다 사망률이 낮아야 한다. 그러나 두 집단 간 차이가 없다면 A는 약화된다. 한편, 이는 결혼한 사람들 내부의 비교 결과이므로, 결혼 이전의 건강 상태 차이를 전제로 하는 B(선택 가설)와 직접적인 관련이 없다. 일부는 B(선택 효과)에 따르면 건강한 사람들만 결혼했기 때문에 부부관계가 좋은 사람과 좋지 못한 사람들 모두 건강하고 이로부터 두 집단 간 사망률의 차이가 없다는 것이 추론되므로, B는 강화된다고 생각할 수도 있지만, 이것은 잘못된 추론이다. 예컨대, 극단적으로 건강하지 않은 사람들만이 결혼했을 경우에도 두 집단 모두 사망률이 높아 차이가 없을 수 있기 때문이다. 따라서 ㄴ에서 'B는 강화된다.'는 틀린 진술로, ㄴ은 적절하지 않은 평가이다.

ㄷ. 이 집단의 사람들은 모두 20대에는 미혼이었고, 일부는 30세에 결혼했으며 나머지는 계속 미혼으로 남았다. B(선택 가설)에 따르면, 건강한 사람들이 결혼할 가능성이 크므로 결혼 집단의 미혼 시기 건강상태가 더 좋아야 한다. 그러나 실제로는 결혼 집단의 건강상태가 더 나빴으므로 B(선택 가설)는 약화된다. 반면,

30.

다음 글에 대한 평가로 적절한 것만을 〈보기〉에서 있는 대로 고른 것은?

> 이주민에 대한 태도를 설명하는 두 이론이 있다.
>
> A : 사람들은 이주민 집단이 자신들과 가까운 집단일수록 긍정적 태도를 보인다. 예를 들어, 언어
> 　　나 문화적 배경이 유사한 이주민 집단은 긍정적 평가를 받는다.
> B : 이주민의 유입이 경제적 위협으로 인식될 경우 사람들은 이주민에 대해 적대적 태도를 갖는
> 　　다. 내국인들과의 일자리 경쟁이 심해지거나 이주민의 규모가 커지면 적대적 태도는 강해진다.
>
> 　두 이론의 타당성을 검증하기 위해 K국 2,000여 명의 시민들을 대상으로 이주민 유입에 대한
> 찬성 정도를 묻는 조사를 하였다. K국 시민들은 X, Y, Z, W국 이주민에 관한 다음 사실을 알고 있다.
>
> • X국 이주민은 K국의 동포이며, 규모가 크고 K국 시민들과 일자리를 두고 경쟁한다.
> • Y국 이주민은 K국과 다른 민족이며, K국 시민들이 선호하지 않는 일들을 주로 한다.
> • Z국 이주민은 K국의 동포이며, 규모가 매우 작은 편이다.
> • W국 이주민은 K국과 다른 민족이며, K국의 주요 일자리에 대규모로 유입되었다.

보 기

ㄱ. X국과 Y국 이주민 유입에 대한 찬성 정도에 차이가 없다면, A와 B 모두 강화된다.
ㄴ. Z국 이주민 유입에 대한 찬성 정도가 X국보다 크다면, A는 강화되고 B는 약화된다.
ㄷ. 이주민 유입에 대한 찬성 정도가 W, Y, Z국 순으로 커진다면, A와 B 모두 강화
　　된다.

① ㄴ　　　　　　　　　② ㄷ　　　　　　　　　③ ㄱ, ㄴ
④ ㄱ, ㄷ　　　　　　　⑤ ㄱ, ㄴ, ㄷ

문항 성격	문항유형 : 논증 평가 및 문제해결
	내용영역 : 사회
평가 목표	이 문항은 이주민에 대한 태도를 설명하는 두 이론을 이해하고, 주어진 조사 결과가 각 이론을 강화 또는 약화하는지 판단하는 능력을 평가하는 문항이다.
문제 풀이	정답 : ②

제시문에서는 내집단 유사성이 높을수록 이주민 수용 태도가 긍정적이며, 경제적 위협이 클수록 부정적 태도를 보인다는 두 가지 이론이 소개된다. 또한 X, Y, Z, W 4개국 이주민들의 특징이 민족적 유사성과 일자리 경쟁 여부라는 두 차원에서 제시되고 있다.

〈보기〉 해설 ㄱ. X국은 내집단에 가깝지만 경제적 위협이 있고, Y국은 내집단과의 거리가 멀지만 경제적 위협이 없다. 따라서 X국은 A 이론에 따라 긍정적 평가를 받고, B 이론에 따라 부정적 평가를 받을 가능성이 크다. 반면, Y국은 정반대의 평가를 받을 것이다. 만약, 두 이론이 모두 작동한다면 두 효과가 서로 상쇄되어 유입 찬성 정도에 차이가 없을 수도 있다. 그러나 두 이론이 전혀 작동하지 않거나, 혹은 예상과 달리 반대로 작동해도 나타날 수 있는 결과이다. 따라서 'A와 B 모두 강화된다.'라는 ㄱ은 적절하지 않은 평가이다.

ㄴ. Z국은 내집단에 가깝고 경제적 위협이 없으며, X국은 내집단에 가깝지만 경제적 위협이 있다. A 이론 측면에서는 두 집단 모두 내집단에 속하므로 찬성도의 차이를 설명하기 어렵다. 반면, B 이론 측면에서는 경제적 위협이 작은 Z국 이주민에 대한 유입 찬성 정도가 더 높을 것으로 예측된다. 따라서 'Z국 이주민 유입에 대한 찬성 정도가 X국보다 크다.'는 정보는 B를 강화하며, 'A는 강화되고 B는 약화된다.'는 ㄴ은 적절하지 않은 평가이다.

ㄷ. Z국은 내집단에 가깝고 경제적 위협이 없으며, Y국은 다른 민족이며 경제적 위협이 없고, W국은 다른 민족이며 경제적 위협이 있다. 먼저, Z국과 Y국을 비교해 보면, 두 집단은 B 이론 측면에서는 조건이 유사하므로 차이를 설명하기 어렵다. 그러나 A 이론 측면에서는 내집단에 가까운 Z국 이주민 유입에 대한 찬성 정도가 더 높을 것으로 예측할 수 있다(Z>Y). 두 번째로, Y국과 W국을 비교해 보면, A 이론 측면에서는 조건이 같아 구별할 수 없으나, B 이론 측면에서는 경제적 위협이 작은 Y국 이주민 유입에 대한 찬성 정도가 더 높을 것으로 예측할 수 있다(Y>W). 마지막으로, Z국과 W국을 비교해 보면, Z국은 내집단에 더 가깝고 경제적 위협도 더 작으므로 Z국 이주민 유입에 대한 찬성 정도가 더 높을 것으로 예측할 수 있다(Z>W). 따라서 '이주민 유입에 대한 찬성 정도가 W, Y, Z국 순으로 커진다면 A와 B 모두 강화된다.'라는 ㄷ은 적절한 평가이다.

〈보기〉의 ㄷ만이 적절한 평가이므로 정답은 ②이다.

31.

㉠에 들어갈 내용으로 옳은 것은?

튜링기계는 수학적으로 정의된 계산 기계로서 세 부분으로 이루어진다. 첫째, 칸으로 나뉜, 양 방향으로 끝이 없는 테이프가 있다. 그 칸 각각에는 특정 기호가 기재될 수 있다. 둘째, 주어진 시점에 칸들 중 한 곳에 위치해 있는 헤드가 있다. 셋째, 헤드가 수행해야 하는 작업을 지시하는 기계표가 있다.

양의 정수 2와 3을 더한다고 해 보자. 테이프와 헤드는 다음과 같은 그림으로 표현할 수 있다.

여기서 −는 해당 칸이 비어 있다는 것을 의미한다. 연속하여 배열된 두 개의 ×는 정수 2를 나타내고, 연속하여 배열된 세 개의 ×는 정수 3을 나타낸다. 해당 칸에 있는 기호를 읽은 헤드는 그것을 다른 기호로 대체하거나, 왼쪽이나 오른쪽으로 한 칸 이동하거나, 정지하는 등의 작업을 수행한다.

현재 위 그림의 헤드는 상태1이고 다음 기계표에 따라 작업을 수행한다.

	입력값 : ×	입력값 : −
상태1	변경없음/오른쪽/2	변경없음/오른쪽/1
상태2	변경없음/오른쪽/2	×/왼쪽/3
상태3	변경없음/왼쪽/3	㉠
상태4	−/정지	

이 기계표에는 헤드가 특정 상태에서 ×나 −를 읽을 때 수행할 작업 명령이 담겨 있다. 예를 들어, 헤드가 상태1에서 −를 읽을 때, '변경없음/오른쪽/1'은 '기호를 변경하지 말고, 오른쪽으로 한 칸 이동하고, 상태1을 유지하라'라는 명령이다. 헤드가 상태2에서 −를 읽을 때, '×/왼쪽/3'은 '기호를 ×로 변경하고, 왼쪽으로 한 칸 이동하고, 상태3으로 전환하라'라는 명령이다. 헤드가 상태4에서 ×를 읽을 때, '−/정지'는 '기호를 −로 변경하고, 정지하라'라는 명령이다. 이러한 기계표에 따라 헤드의 작업이 이루어지면 연속하여 배열된 다섯 개의 ×만 최종적으로 남게 된다. 결국, 이 튜링기계는 2와 3의 합이 5라는 것을 계산한 셈이다.

① 변경없음/오른쪽/4

② 변경없음/왼쪽/4

③ ×/오른쪽/4

④ ×/왼쪽/4

⑤ −/왼쪽/4

문항 성격 　문항유형 : 언어 추리

　　　　　　내용영역 : 인문

평가 목표 　이 문항은 튜링기계의 작동 원리를 이해하고 그 원리를 두 정수의 합을 구하는 사례
에 적용하는 능력을 평가하는 문항이다.

문제 풀이 　정답 : ①

제시문에 제시된 튜링기계의 초기 상태는 다음과 같다.

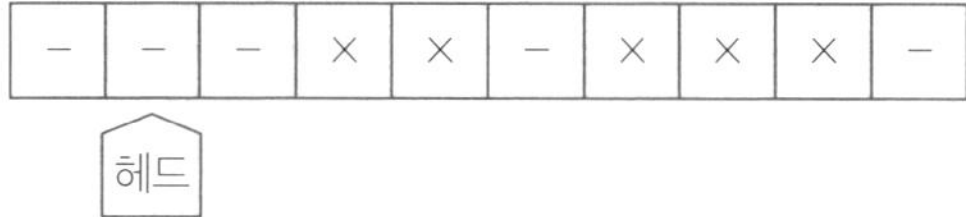

기계표에 따르면 이 튜링기계는 다음과 같이 작동할 것이라고 추론할 수 있다.

⑴ 헤드가 상태1에서 '−'를 읽고 있기 때문에 '변경없음/오른쪽/1'이라는 명령에 따라 기호를
변경하지 않고 오른쪽으로 한 칸 이동하고(왼쪽에서 세 번째 칸으로 가고) 상태1에 머물 것
이다.

⑵ 왼쪽에서 세 번째 칸에서 헤드는 상태1에서 '−'를 읽고 있기 때문에 '변경없음/오른쪽/1'이
라는 명령에 따라 기호를 변경하지 않고 오른쪽으로 한 칸 이동하고(왼쪽에서 네 번째 칸으
로 가고) 상태1에 머물 것이다.

⑶ 왼쪽에서 네 번째 칸에서 헤드는 상태1에서 '×'를 읽고 있기 때문에 '변경없음/오른쪽/2'라
는 명령에 따라 기호를 변경하지 않고 오른쪽으로 한 칸 이동하고(왼쪽에서 다섯 번째 칸으
로 가고) 상태2로 전환할 것이다.

⑷ 왼쪽에서 다섯 번째 칸에서 헤드는 상태2에서 '×'를 읽고 있기 때문에 '변경없음/오른쪽/2'
라는 명령에 따라 기호를 변경하지 않고 오른쪽으로 한 칸 이동하고(왼쪽에서 여섯 번째 칸
으로 가고) 상태2에 머물 것이다.

⑸ 왼쪽에서 여섯 번째 칸에서 헤드는 상태2에서 '−'를 읽고 있기 때문에 '×/왼쪽/3'이라는 명
령에 따라 기호를 '×'로 변경하고 왼쪽으로 한 칸 이동하고(왼쪽에서 다섯 번째 칸으로 가
고) 상태3으로 전환할 것이다.

⑹ 왼쪽에서 다섯 번째 칸에서 헤드는 상태3에서 '×'를 읽고 있기 때문에 '변경없음/왼쪽/3'이
라는 명령에 따라 기호를 변경하지 않고 왼쪽으로 한 칸 이동하고(왼쪽에서 네 번째 칸으로
가고) 상태3에 머물 것이다.

⑺ 왼쪽에서 네 번째 칸에서 헤드는 상태3에서 '×'를 읽고 있기 때문에 '변경없음/왼쪽/3'이라
는 명령에 따라 기호를 변경하지 않고 왼쪽으로 한 칸 이동하고(왼쪽에서 세 번째 칸으로
가고) 상태3에 머물 것이다.

지금까지의 결과는 다음과 같다.

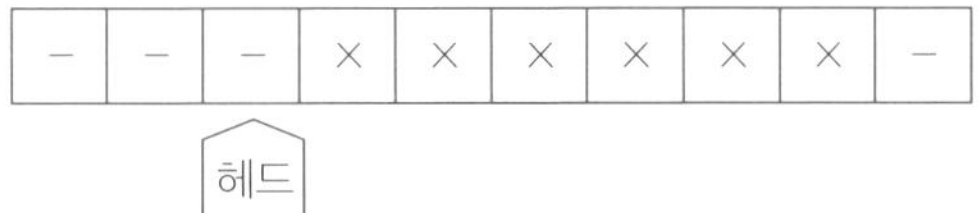

현재 튜링기계는 '×'가 6개로 6을 표상하고 있다는 것을 알 수 있고, 헤드는 상태3에서 '−'를
읽고 있다는 것을 알 수 있다. 따라서 헤드는 ㉠의 명령을 따라야 한다. 이제 5를 표상하기 위해
서는 오른쪽에 있는 '×' 하나를 지워야 하므로, ㉠에는 '변경없음'이 포함되어야 한다는 것을 추
론할 수 있다. 또한 ×의 수를 줄이기 위해서는 오른쪽으로 한 칸 이동해야 한다는 것을 추론할
수 있다. 또한 오른쪽으로 한 칸 이동한 뒤, 상태4에서 ×를 −로 변경하고 정지하려면 '상태4'로
의 전환이 필요하다는 것도 추론할 수 있다. 따라서 ㉠의 명령어는 '변경없음/오른쪽/4'라는 것을
추론할 수 있다. 결국 정답은 ①이다.

정답 해설　위의 해설을 참조하면 ①이 정답이라는 것을 알 수 있다.

32.
다음으로부터 추론한 것으로 옳지 <u>않은</u> 것은?

　P법학전문대학원에 지원한 갑, 을, 병, 정, 무 5명의 법학적성시험점수와 면접점수를 나열하면
다음과 같다.

- 법학적성시험점수 : 80, 85, 90, 95, 100
- 면접점수 : 70, 75, 80, 85, 90

　두 점수의 평균이 85점 이상이면 최종 합격하며 이들의 점수와 관련하여 알려진 사실은 다음
과 같다.

- 을은 면접점수가 법학적성시험점수보다 높다.
- 면접점수가 75점인 학생은 법학적성시험점수가 95점이다.
- 병의 두 점수의 평균은 85점이 아니다.

> • 정의 두 점수의 평균은 80점이다.
>
> • 면접점수가 85점인 학생은 법학적성시험점수가 90점이다.

① 갑은 법학적성시험점수가 면접점수보다 20점 이상 높다.
② 을의 두 점수의 평균과 병의 두 점수의 평균은 같다.
③ 정의 법학적성시험점수는 80점이다.
④ 무의 법학적성시험점수는 갑의 법학적성시험점수보다 높다.
⑤ 갑과 무는 P법학전문대학원에 최종 합격한다.

문항 성격 문항유형 : 모형 추리
내용영역 : 논리학·수학

평가 목표 이 문항은 수리적 계산과 논리적 추론을 통해 주어진 조건으로부터 옳게 추론할 수 있는 능력을 평가하는 문항이다.

문제 풀이 정답 : ④

갑, 을, 병, 정, 무의 법학적성시험점수는 {80, 85, 90, 95, 100}이며, 면접점수는 {70, 75, 80, 85, 90}이다. 조건은 다음과 같다.

⑴ 을은 면접점수가 법학적성시험점수보다 높다.
⑵ 면접점수가 75점인 학생은 법학적성시험점수가 95점이다.
⑶ 병의 두 점수의 평균은 85점이 아니다.
⑷ 정의 두 점수의 평균은 80점이다.
⑸ 면접점수가 85점인 학생은 법학적성시험점수가 90점이다.

여기서 갑, 을, 병, 정, 무의 법학적성시험점수는 모두 다르고, 그들의 면접점수도 모두 다르므로, ⑵로부터 "법학적성시험점수가 95점인 학생은 면접점수가 75점이다."가 추론되며, ⑸로부터 "법학적성시험점수가 90점인 학생은 면접점수가 85점이다."가 추론된다는 것에 주목할 필요가 있다.

(가) 정의 점수

⑷에 의해 평균이 80이므로, (법학적성시험점수, 면접점수)의 가능한 조합은 (80, 80), (85, 75), (90, 70)이다. 그러나 (85, 75)는 조건 ⑵와 모순되며, (90, 70)은 조건 ⑸와 모순된다. 따라서 정의 점수 조합은 (80, 80)이다.

(나) 을의 점수

    을의 가능한 조합은 ⑴에 의해 (80, 90), (85, 90), (80, 85)이다. 이 중 (80, 85)는 ⑸와 모순되며, (80, 90)은 정의 점수(80, 80)와 충돌하므로 불가능하다. 따라서 을의 조합은 (85, 90)이다.

지금까지 추론한 정과 을의 조합을 표로 정리하면 (표 1)과 같다.

(표 1)

	갑	을	병	정	무
법학적성시험점수		85		80	
면접점수		90		80	

(다) 갑·병·무의 점수

    ⑵에 의해 갑, 병, 무 중 1명은 (95, 75)의 조합을 가져야 한다. 그러나 ⑶에 의해 병은 (95, 75)의 점수 조합을 가질 수 없다. 따라서 (95, 75)의 조합은 갑이 가지거나(경우1), 무가 가진다(경우2).

(경우1) 갑이 (95, 75)의 조합을 가지는 경우

(표 2)

	갑	을	병	정	무
법학적성시험점수	95	85		80	
면접점수	75	90		80	

    병의 가능한 조합은 (90, 70), (90, 85), (100, 70), (100, 85)이다. 그러나 (90, 70)과 (100, 85)는 ⑸와 모순되며, (100, 70)은 ⑶과 모순된다. 따라서 병의 조합은 (90, 85)이다. 갑, 을, 병, 정의 조합이 결정되었으므로 남은 무의 조합은 (100, 70)으로 결정된다. 이것을 표로 나타내면 (표 3)과 같다.

(표 3)

	갑	을	병	정	무
법학적성시험점수	95	85	90	80	100
면접점수	75	90	85	80	70

(경우2) 무가 (95, 75)의 조합을 가지는 경우

(표 4)

	갑	을	병	정	무
법학적성시험점수		85		80	95
면접점수		90		80	75

　병의 가능한 조합은 (90, 70), (90, 85), (100, 70), (100, 85)이다. 그러나 (90, 70)과 (100, 85)는 ⑤와 모순되며, (100, 70)은 ③과 모순된다. 따라서 병의 조합은 (90, 85)이다. 을, 병, 정, 무의 조합이 결정되었으므로 남은 갑의 조합은 (100, 70)으로 결정된다. 이것을 표로 나타내면 〈표 5〉와 같다.

〈표 5〉

	갑	을	병	정	무
법학적성시험점수	100	85	90	80	95
면접점수	70	90	85	80	75

따라서 갑, 을, 병, 정, 무의 가능한 조합은 〈표 3〉 또는 〈표 5〉이다.

정답 해설　④ 〈표 3〉과 〈표 5〉에서 보듯이, 무의 법학적성시험점수는 갑의 법학적성시험점수보다 높을 수도 있고, 낮을 수도 있다. 따라서 ④는 옳지 않은 추론으로 정답이다.

오답 해설　① 〈표 3〉과 〈표 5〉에서, 갑의 법학적성시험점수는 면접점수보다 20점 또는 30점이 높으므로 ①은 옳은 추론이다.
　② 〈표 3〉과 〈표 5〉에서, 을과 병의 두 점수 평균은 87.5로 같으므로, ②는 옳은 추론이다.
　③ 〈표 3〉과 〈표 5〉에서, 정의 법학적성시험점수는 80점이므로, ③은 옳은 추론이다.
　⑤ 〈표 3〉과 〈표 5〉에서, 갑과 무의 두 점수의 평균은 둘 다 85점이므로, 두 사람은 P 법학전문대학원에 최종 합격한다. 따라서 ⑤는 옳은 추론이다.

33.

다음으로부터 추론한 것으로 옳지 <u>않은</u> 것은?

　　P기관은 연구 프로젝트를 수행하기 위해 수학자, 철학자, 법학자, 경제학자, 통계학자, 천문학자, 심리학자 각 1인을 자문위원으로 위촉하여 총 7명으로 구성된 자문위원회를 발족했다. 자문위원회를 개최했는데, 다음과 같은 사실이 알려졌다.

- 천문학자가 참석했다면, 철학자는 참석하지 않았다.
- 통계학자가 참석했다면, 경제학자는 참석하지 않았다.
- 철학자나 심리학자가 참석하지 않았다면, 수학자와 법학자 둘 다 참석했다.
- 통계학자가 참석하지 않았다면, 수학자와 법학자 중에서는 한 사람만 참석했다.

① 수학자가 참석했거나, 천문학자가 참석하지 않았다.

② 철학자와 심리학자가 참석했거나, 법학자가 참석했다.

③ 심리학자가 참석하지 않았다면, 경제학자도 참석하지 않았다.

④ 심리학자와 천문학자가 참석했다면, 참석한 자문위원은 총 4명이다.

⑤ 경제학자가 참석했고 수학자가 참석하지 않았다면, 법학자는 참석했지만 천문학자는 참석하지 않았다.

문항 성격 문항유형 : 모형 추리

내용영역 : 논리학·수학

평가 목표 이 문항은 주어진 정보로부터 옳게 추론할 수 있는 능력을 평가하는 문항이다.

문제 풀이 정답 : ④

P기관의 자문위원회 참석자에 대해 성립하는 조건을 간단히 표현하면 다음과 같다(참석하지 않은 경우, 학자 앞에 ~로 표시한다).

　⑴ 천문학자 → ~철학자

　⑵ 통계학자 → ~경제학자

　⑶ (~철학자 or ~심리학자) → (수학자 & 법학자)

　⑷ ~통계학자 → (수학자와 법학자 중 꼭 한 사람만 참석)

그리고 다음 두 명제의 논리적 동치 관계가 성립한다.

　⑸ (P → Q) ⇔ (~P or Q)

정답 해설 ④ 다음 추론에 의해, ④는 추론될 수 없다는 것을 알 수 있다.

　　1. 심리학자 & 천문학자 (가정)

　　2. 천문학자 (1로부터 추론됨)

　　3. ~철학자 (⑴과 2로부터 추론됨)

　　4. 수학자 & 법학자 (⑶과 3으로부터 추론됨)

　　5. 통계학자 (⑷와 4로부터 추론됨)

　　6. ~경제학자 (⑵와 5로부터 추론됨)

　　이 추론에 의해, 수학자, 법학자, 통계학자, 심리학자, 천문학자가 참석했지만, 철학자와 경제학자는 참석하지 않았으므로 참석한 자문위원은 총 5명이라는 것을 알 수 있다. 따라서 ④는 옳지 않은 추론으로 정답이다.

오답 해설 ① 다음 추론을 통해 ①은 옳은 추론이라는 것을 알 수 있다.

　　1. 천문학자 → ~철학자 (⑴에 의해)

2. ~철학자 → (수학자 & 법학자) ((3)으로부터 추론됨)

3. ~철학자 → 수학자 (2로부터 추론됨)

4. 천문학자 → 수학자 (1과 3으로부터 추론됨)

5. ~수학자 → ~천문학자 (4로부터 추론됨)

6. 수학자 or ~천문학자 ((5)와 5로부터 추론됨)

② 다음 추론을 통해 ②는 옳은 추론이라는 것을 알 수 있다.

1. ~(철학자 & 심리학자) → (수학자 & 법학자) ((3)에 의해 추론됨)

2. ~(철학자 & 심리학자) → 법학자 (1로부터 추론됨)

3. (철학자 & 심리학자) or 법학자 ((5)와 2로부터 추론됨)

③ 다음 추론을 통해 ③은 옳은 추론이라는 것을 알 수 있다.

1. ~심리학자 (가정)

2. 수학자 & 법학자 ((3)과 1로부터 추론됨)

3. 통계학자 ((4)와 2로부터 추론됨)

4. ~경제학자 ((2)와 3으로부터 추론됨)

⑤ 다음 추론을 통해 ⑤는 옳은 추론이라는 것을 알 수 있다.

1. 경제학자 & ~수학자 (가정)

2. 경제학자 (가정으로부터)

3. ~통계학자 ((2)와 2로부터 추론됨)

4. 수학자와 법학자 중 꼭 한 사람만 참석 ((4)와 3으로부터 추론됨)

5. ~수학자 (가정으로부터)

6. 법학자 (4와 5로부터 추론됨)

7. (~수학자 or ~법학자) → (철학자 & 심리학자) ((3)으로부터 추론됨)

8. 철학자 & 심리학자 (5와 7로부터 추론됨)

9. 철학자 (8로부터 추론됨)

10. ~천문학자 ((1)과 9로부터 추론됨)

11. 법학자 & ~천문학자 (6과 10으로부터 추론됨)

34.

다음으로부터 추론한 것으로 옳은 것만을 〈보기〉에서 있는 대로 고른 것은?

갑, 을, 병, 정 4명의 용의자의 혐의 개수는 각자 1개 이상이며, 그들의 혐의 개수를 모두 더하면 10개이다. 각 용의자는 다음과 같이 말했는데, 이 중 혐의 개수가 2개인 용의자의 말은 거짓이고, 혐의 개수가 2개가 아닌 용의자의 말은 참이다.

갑 : 을과 병의 혐의 개수를 더하면 5개이다.
을 : 병과 정의 혐의 개수를 더하면 5개이다.
병 : 갑과 정의 혐의 개수를 더하면 5개이다.
정 : 갑과 을의 혐의 개수를 더하면 4개이다.

ㄱ. 을의 혐의 개수는 2개이다.
ㄴ. 병의 혐의 개수는 정의 혐의 개수보다 많다.
ㄷ. 거짓을 말한 용의자가 참을 말한 용의자보다 많다.

① ㄱ   ② ㄴ   ③ ㄱ, ㄷ

④ ㄴ, ㄷ   ⑤ ㄱ, ㄴ, ㄷ

문항 성격   문항유형 : 모형 추리

내용영역 : 논리학·수학

평가 목표   이 문항은 주어진 조건으로부터 〈보기〉의 진술이 옳게 추론되는지 판단하는 능력을 평가하는 문항이다.

문제 풀이   정답 : ③

제시문에서 주어진 조건과 정보는 다음과 같이 혐의 개수, 참·거짓 규칙 및 (표 1)로 정리할 수 있다.

[혐의 개수]

갑, 을, 병, 정의 혐의 개수는 모두 1개 이상이며, 그들의 혐의 개수를 모두 더하면 10개이다.

[참·거짓 규칙]

혐의 개수가 2개이면 그 사람의 진술은 거짓이며, 2개가 아니면 참이다.

(표 1)

	갑	을	병	정
말의 내용	을+병=5	병+정=5	갑+정=5	갑+을=4
말의 진위				
혐의 개수				

먼저, 네 용의자들(갑, 을, 병, 정)의 혐의 개수를 모두 더하면 10이므로, 다음과 같이 두 가지 경우가 가능하다.

(경우1) 을과 병의 혐의 개수의 합계가 5개라면(을+병=5), 갑과 정의 혐의 개수의 합계도 5개이다(갑+정=5).

(경우2) 을과 병의 혐의 개수의 합계가 5개가 아니라면(을+병≠5), 갑과 정의 혐의 개수의 합도 5개가 아니다(갑+정≠5).

각각의 경우에 대해 추론하면 다음과 같다.

(경우1) 을+병=5, 갑+정=5

이 경우 갑의 말과 병의 말은 참이다. 따라서 갑의 혐의 개수는 2개가 아니고(갑≠2), 병의 혐의 개수도 2개가 아니다(병≠2). 그리고 병의 말(갑+정=5)이 참이고 갑의 혐의 개수가 2개가 아니므로, 정의 혐의 개수는 3개가 아니다(정≠3). 이 정보를 표로 나타내면 (표 2)와 같다.

(표 2)

	갑	을	병	정
말의 내용	을+병=5	병+정=5	갑+정=5	갑+을=4
말의 진위	참		참	
혐의 개수	갑≠2		병≠2	정≠3

이제 (경우1)을 을의 말(병+정=5)이 참인 경우(경우1–1)와 을의 말이 거짓인 경우(경우1–2)로 나누어서 생각해 보자.

(경우1–1) 을의 말(병+정=5)이 참인 경우

을의 말이 참이므로 을의 혐의 개수는 2개가 아니다(을≠2). 그리고 병+정=5이므로 갑+을=5이다. 이때 정의 말이 거짓이 되며, 따라서 정의 혐의 개수는 2개이다(정=2). 병+정=5이고 정의 혐의 개수가 2개이므로, 병의 혐의 개수는 3개가 된다(병=3). 병의 혐의 개수는 3개이고, 을의 혐의 개수는 2개가 아니므로, 을+병≠5이다. 따라서 갑의 말(을+병=5)은 거짓이 된다. 초기에 (경우1)에서 갑의 말을 참으로 가정했으므로, 모순이 발생한다. 따라서 (경우1–1)은 불가능하다.

(경우1–2) 을의 말(병+정=5)이 거짓인 경우

을의 말이 거짓이므로, 을의 혐의 개수는 2개이다. 갑의 혐의 개수는 2개가 아니기 때문에, 갑과 을의 혐의 개수의 합계는 4개가 아니므로(갑+을≠4), 정의 말(갑+을=4)은 거짓이다. 따라서 정의 혐의 개수는 2개이다(정=2). 갑의 말(을+병=5)이 참이고 을의 혐의 개수가 2개이므로, 병의 혐의 개수는 3이다(병=3). 이때 병과 정의 혐의 개수의 합계는 5개가 되어(병+정=5), 을의 말(병+정=5)은 참이 되는데, 을의 말이 거짓이라는 것과 모순이 발생한다. 따라서 (경우1–2)도 불가능하다.

결국 (경우1)의 하위 경우인 (경우1–1)과 (경우1–2) 모두 불가능하므로 (경우1) 자체는 불가능하다.

(경우2) 을+병≠5, 갑+정≠5

이 경우 갑의 말(을+병=5)과 병의 말(갑+정=5)이 거짓이므로, 갑의 혐의 개수는 2개, 병의 혐의 개수 또한 2개이다. 갑의 혐의 개수가 2개이고 갑+정≠5로부터 정의 혐의 개수는 3개가 아니고, 이때 병과 정의 혐의 개수의 합계는 5개가 아니게 된다(병+정≠5). 따라서 을의 말(병+정=5)도 거짓이다. 을의 혐의 개수는 2개이고, 남은 정의 혐의 개수는 4개이다. 이 정보를 표로 정리하면 (표 3)과 같다.

(표 3)

	갑	을	병	정
말의 내용	을+병=5	병+정=5	갑+정=5	갑+을=4
말의 진위	거짓	거짓	거짓	참
혐의 개수	갑=2	을=2	병=2	정=4

(경우1)과 (경우2) 중 (경우2)만이 성립한다. 따라서 갑, 을, 병의 혐의 개수는 각각 2개이고, 정의 혐의 개수는 4개이며, 갑·을·병의 말은 모두 거짓이며 정의 말은 참이라는 것을 추론할 수 있다.

⟨보기⟩ 해설　ㄱ. (표 3)에서 을의 혐의 개수는 2개이므로, ㄱ은 옳은 추론이다.

ㄴ. (표 3)에서 병의 혐의 개수는 2개이고, 정의 혐의 개수는 4개이므로, ㄴ은 옳지 않은 추론이다.

ㄷ. (표 3)에서 거짓을 말한 용의자는 3명, 참을 말한 용의자는 1명이므로, ㄷ은 옳은 추론이다.

⟨보기⟩의 ㄱ, ㄷ만이 옳은 추론이므로 정답은 ③이다.

35.

다음으로부터 추론한 것으로 옳은 것만을 〈보기〉에서 있는 대로 고른 것은?

인간은 X와 Y 염색체를 성염색체로 가지며 X 염색체는 Y 염색체보다 세 배 정도 크다. X 염색체는 1,000여 개의 유전자를 포함하고 있지만 Y 염색체는 100여 개의 유전자만을 가지고 있다. 따라서, 정상 여성의 체세포에 존재하는 두 개의 X 염색체와 정상 남성의 체세포에 존재하는 한 개의 X 염색체를 고려하면, 여성과 남성은 유전자 수에서 불균형을 보인다. 이론적으로 여성은 X 염색체에 존재하는 유전자를 남성보다 두 배로 발현할 능력이 있다. 그러나 인간은 이러한 X 염색체 수의 차이에서 발생하는 유전자 발현량의 불균형을 조절하기 위한 유전자량 보정 메커니즘을 가진다. 여성의 두 X 염색체 중 하나가 불활성화되어 X 염색체상에 존재하는 유전자의 발현량이 남성과 동등하게 맞춰진다. 불활성화된 X 염색체는 DNA가 응축되었기 때문에 현미경에서 어둡게 보이는 소체 형태로 관찰되는데, 이를 바소체라고 한다. 두 개 이상의 X 염색체를 가지는 체세포에는 한 개의 X 염색체를 제외한 나머지가 불활성화된다. 체세포에 한 개의 X 염색체만을 가지는 터너증후군 여성에서는 X 염색체 불활성화가 일어나지 않아 바소체가 관찰되지 않는다.

한편, 여성이 가지는 두 개의 X 염색체 중에서 어떤 X 염색체가 불활성화되는지는 ㉠라이온 가설로 설명된다. 이 가설에 따르면, X 염색체 불활성화는 배아 발생 초기 어떤 시점의 체세포들에서 둘 중 하나의 X 염색체에 무작위로 일어나고, 불활성화가 일어난 뒤 그 자손 세포들은 같은 X 염색체를 불활성화시킨다.

보 기

ㄱ. ㉠에 따르면, 한 쌍의 X 염색체에 대립유전자 A와 a를 하나씩 갖는 정상 여성의 경우, 한 개의 체세포에서 유전자 A와 a의 발현이 모두 일어날 것이다.

ㄴ. 성염색체를 XXY로 갖는 클라인펠터 증후군 남성의 체세포 한 개와 XXX로 갖는 삼중-X증후군 여성의 체세포 한 개에서 관찰되는 바소체의 개수는 동일할 것이다.

ㄷ. '정상 여성의 불활성화된 X 염색체에서 일부 유전자의 발현이 일어난다'라는 추가 연구 결과는 터너증후군 여성의 표현형이 정상 여성과 다르게 나타나는 이유를 설명할 수 있다.

① ㄴ   ② ㄷ   ③ ㄱ, ㄴ

④ ㄱ, ㄷ   ⑤ ㄱ, ㄴ, ㄷ

문항 성격   문항유형 : 언어 추리

내용영역 : 과학기술

평가 목표   이 문항은 인간의 X 염색체 불활성화를 설명하는 라이온 가설로부터 함축되는 의미
와 귀결되는 정보를 판단할 수 있는 능력을 평가하는 문항이다.

문제 풀이   정답 : ②

제시문은 XX와 XY를 각각 여성과 남성의 성염색체로 가지는 인간에서, X 염색체의 수 차이에서
오는 유전자량의 불균형을 맞추기 위한 보정 메커니즘을 설명하고 있다. 정상 여성은 두 개의 X
염색체 중 하나가 불활성화되며, 이 불활성화된 X 염색체를 바소체라고 한다. 두 개 이상의 X 염
색체를 가지는 체세포에서는 한 개를 제외한 나머지 X 염색체가 불활성화되어 바소체 형태로 존
재한다. 라이온 가설은 배아 발생 초기 어느 시점의 체세포들에서 두 X 염색체 중 하나의 X 염색
체가 무작위로 불활성화되고, 이후 그 자손 세포들은 같은 X 염색체를 불활성화한다는 것이다.

〈보기〉 해설   ㄱ. 라이온 가설에 따르면, 이 여성의 배아 발생 초기 어느 시점의 체세포들에서 둘
중 하나의 X 염색체가 무작위적으로 불활성화되고, 이후 그 자손 세포들은 같은
X 염색체를 불활성화시킨다. 한 쌍의 X 염색체에 두 대립유전자 A와 a를 하나
씩 갖는 정상 여성의 염색체는 $X^A X^a$로 나타낼 수 있다. 배아 발생 초기의 체세
포에서는 $X^A X^a$ 중에서 X^A가 불활성화되거나 X^a가 불활성화된다. 이후 자손 세포
들은 같은 염색체를 불활성화하게 되어 X^A가 불활성화된 상태인 체세포를 갖게
되거나 X^a가 불활성화된 상태인 체세포를 갖게 된다. 그러나 개별 체세포의 수
준에서, 불활성화된 X^A를 갖는 체세포에서는 활성화된 X^a로부터 a만을 발현하
고, 불활성화된 X^a를 갖는 체세포에서는 활성화된 X^A로부터 A만을 발현한다. 이
에, X 염색체 불활성화가 일어난 정상 여성의 경우 한 개의 체세포에서는 A 또
는 a 중 하나만 발현된다. 따라서 ㄱ은 옳지 않은 추론이다.

ㄴ. 두 개 이상의 X 염색체를 가지는 체세포에서는 한 개의 X 염색체를 제외한 나
머지가 불활성화된다. 따라서 XXY인 클라인펠터 증후군의 체세포에서는 한 개
의 X 염색체가 불활성화되고, XXX인 삼중-X 증후군에서는 두 개의 X 염색체
가 불활성화된다. 즉, 클라인펠터 증후군과 삼중-X 증후군에서 관찰되는 바소
체의 개수는 각각 한 개와 두 개이다. 따라서 ㄴ은 옳지 않은 추론이다.

ㄷ. 인간의 유전자량 보정 메커니즘에 따르면, 정상 여자와 터너증후군 여성의 체세
포 모두 하나의 X 염색체만 활성화되어 있는 상태이기 때문에 X 염색체상에 존
재하는 유전자의 발현양이 같을 것으로 예상된다. 그러나 정상 여성의 불활성화
된 X 염색체에서도 일부 유전자의 발현이 일어난다면, 정상 여성과 터너증후군
여성에서 X 염색체에 위치한 유전자의 발현량 차이가 생기게 되므로 터너증후

36.

다음 글에 대한 분석으로 적절한 것만을 〈보기〉에서 있는 대로 고른 것은?

사람의 뇌에서 개별 신경세포는 이웃하는 다른 신경세포와 시냅스를 통해 연결된다. 하나의 신경세포가 자극을 받으면 그 신호가 시냅스를 거쳐 이웃하는 신경세포에 전달되는데, 같은 신호가 전달되어도 이웃하는 신경세포는 시냅스의 연결 강도에 따라서 자극을 받을 수도, 그렇지 않을 수도 있다. 외부의 자극이 전달되어 시냅스로 연결된 두 신경세포가 함께 자극받는 빈도가 변하면 시냅스 연결 강도가 변한다는 원리가 헵의 규칙이며, 이는 학습의 미시적인 메커니즘이다.

많은 인공신경세포를 연결망 구조로 구현한 것이 홉필드의 인공신경망이다. 홉필드는 물리학에서 강자성체를 설명하는 A 모형에 주목했다. A 모형은 '업'과 '다운' 중 하나의 상태를 갖는 스핀들이 상호작용하는 방식을 기술한다. 이웃하는 각 스핀의 방향에 따라 상호작용 에너지가 결정되는데, 시스템의 안정된 상태는 전체 에너지가 가장 낮은 상태에 도달했을 때 이루어진다.

홉필드는 헵의 규칙을 이용해 A 모형에서 스핀들의 상호작용을 기술하는 행렬 요소를 재정의하고, A 모형의 에너지와 수학적으로 같은 형태로 인공신경망의 에너지를 구현했다. 예를 들어, 평면에 여러 화소로 구성된 이미지 'ㅊ'을 떠올려 보자. 각각의 화소를 인공신경세포로 간주하고, 'ㅊ' 모양에서 검은색 화소의 상태를 1, 흰색 화소의 상태를 0이라 하자. 헵의 규칙을 적용해 이웃하는 두 화소가 (1, 1)이나 (0, 0)처럼 같은 상태일 때는 그 두 인공신경세포 사이를 연결하는 시냅스 연결에 +1을 부여하고, (1, 0)이나 (0, 1)처럼 두 화소 상태가 다를 때는 시냅스 연결에 −1을 부여한다. 이처럼 학습시키고자 하는 다양한 패턴은 연결망 가중치로 표현될 수 있다.

홉필드 인공신경망이 다양한 형태의 'ㅊ'을 충분히 학습하고 나면, 정확한 'ㅊ' 모양이 아니라 약간의 오류가 있는 이미지를 입력해도 전체의 에너지가 줄어드는 방향으로 연결망의 상태를 변화시켜, 결국 제대로 된 'ㅊ'을 생성한다.

ㄱ. 홉필드 인공신경망의 개별 화소 상태는 A 모형의 스핀 상태에 해당한다.

ㄴ. 홉필드 인공신경망은 학습 과정에서 개별 연결망 가중치를 변화시킨다.

ㄷ. 오류를 교정해 정확한 정보를 생성하는 것은 홉필드 인공신경망의 에너지를 점차 낮추는 과정이다.

① ㄱ   ② ㄴ   ③ ㄱ, ㄷ

④ ㄴ, ㄷ   ⑤ ㄱ, ㄴ, ㄷ

문항 성격	문항유형 : 언어 추리
	내용영역 : 과학기술
평가 목표	이 문항은 주어진 과학적 진술들로부터 옳게 추론되는 정보를 판단할 수 있는 능력을 평가하는 문항이다.
문제 풀이	정답 : ⑤

인공신경망의 기초가 되는 물리학 이론에 관한 글이다. 인공신경세포로 구성된 연결망의 구조가 작동하는 원리를 이해하는 것이 목표이다. 특히 신경세포들 사이의 시냅스를 통한 상호작용을 통계물리학의 이징모형(A 모형)을 통해 모델링하고, 이 모델링을 통해 인공신경망의 패턴 학습의 원리를 이해한다. 시냅스 연결, 즉 두 신경세포들 사이의 상호작용은 자극의 빈도에 따라 그 강도가 달라지는데, 이렇게 서로 다른 강도의 시냅스 구조가 형성되는 것이 학습과 기억의 미시적인 메커니즘이 된다. 이러한 인공신경세포의 연결망 구조가 이징모형의 스핀 정렬구조와 수학적으로 같다는 사실에서 이징모형의 수학적인 해를 통해 인공신경망이 학습하는 과정을 구현할 수 있다. 아래 표는 사람의 뇌와 이징모형, 인공신경망에서 서로 대응되는 개념을 정리한 것이다. 제시문을 통해 아래 대응되는 개념에 대해 이해할 수 있다.

뇌	이징모형(A 모형)	인공신경망
신경세포	스핀	화소
자극/비자극	스핀의 상태(up or down)	화소의 상태(0 or 1)
시냅스	상호작용	시냅스 연결
시냅스 연결강도	상호작용 에너지	연결망 가중치

 ㄱ. 제시문에서 홉필드 인공신경망의 화소는 A 모형의 스핀에 해당함을 알 수 있다. A 모형의 각 스핀이 '업(1)' 또는 '다운(0)' 상태를 가지듯, 홉필드 인공신경망의 각 화소(인공신경세포)도 '활성(1)' 또는 '비활성(0)' 상태를 가진다. 따라서 홉필드 인공신경망의 개별 화소 상태는 A 모형의 스핀 상태에 해당한다. ㄱ은 적절한 분석이다.

ㄴ. 제시문에 따르면, 학습 과정은 사람의 뇌에서 시냅스 연결강도가 변하는 기작(헵의 규칙)으로 설명된다. 홉필드 인공신경망 역시 신경세포 간 연결강도를 조정함으로써 학습을 수행한다. 헵의 규칙을 적용해 이웃하는 두 화소가 (1, 1)이나 (0, 0)처럼 같은 상태일 때는 시냅스 연결에 +1을 부여하고, (1,)이나 (0, 1)처럼 다른 상태일 때는 −1을 부여한다. 이는 학습 과정에서 각 연결망의 가중치가 변화함을 의미한다. 즉, 인공신경망이 새로운 패턴을 학습할수록 개별 연결망 가중치가 달라지는 것이다. 따라서 ㄴ은 적절한 분석이다.

ㄷ. A 모형에서 안정된 스핀 정렬은 전체 에너지가 가장 낮은 에너지 상태일 때 형성된다. 초기에는 높은 에너지 상태에서 시작하지만, 스핀 정렬이 안정되면서 전체 에너지는 점차 낮아진다. 이러한 원리는 인공신경망에도 동일하게 적용되어, 연결망의 상태가 전체 에너지를 낮추는 방향으로 변화하는 과정이 곧 오류를 교정하는 과정이 된다. 즉, 인공신경망이 가장 낮은 에너지 상태에 도달했을 때 정확한 정보가 생성된다. 따라서 ㄷ은 적절한 분석이다.

〈보기〉의 ㄱ, ㄴ, ㄷ 모두 적절한 분석이므로 정답은 ⑤이다.

37.

다음 글에 대한 평가로 적절한 것만을 〈보기〉에서 있는 대로 고른 것은?

식물의 개화시기 조절은 유성생식을 통해 유전적 다양성을 확보하면서 번식과 생존 전략을 극대화하기 위한 진화적 적응과 관련이 있다. 생태학적 관점에서 식물의 개화시기는 군집 내 상호작용에 영향을 많이 받는다. 다음 〈실험〉은 식물과 호박벌의 상호작용에 의한 개화시기 조절에 관한 연구의 일부이다.

〈실험〉

• 호박벌을 꽃이 피지 않은 토마토와 함께 두었더니 토마토 잎을 물어뜯어 5~10개의 구멍을 내었다. 호박벌에 의해 잎에 구멍이 난 토마토는 그렇지 않은 토마토보다 평균 30일 일찍 꽃을

피웠다.

- 다른 식물에서도 호박벌의 잎 구멍내기 행동이 관찰되었고 식물 종에 따라 정도의 차이는 다소 있으나 호박벌에 의해 잎에 구멍이 난 식물은 개화시기가 빨라졌다.

실험 결과를 바탕으로 연구진은 추가 연구를 위해, '꽃가루를 중요한 단백질 공급원으로 섭취하는 호박벌이 잎에 구멍을 뚫는 목적은 꽃을 빨리 피우게 해 꽃가루를 얻기 위한 것이다'라는 ㉠가설을 세웠다. 또한, 호박벌의 잎 구멍내기가 어떻게 식물의 개화를 촉진하는지 검증하기 위해, '꽃이 피지 않은 토마토 잎에 가해진 물리적 상처로 유발된 스트레스가 개화를 유도한다'라는 ㉡가설과 '호박벌 타액에 존재하는 특정 물질이 토마토 잎 안으로 주입되어 개화를 유도한다'라는 ㉢가설을 세웠다.

보 기

ㄱ. 꽃가루를 먹은 호박벌보다 꽃가루를 먹지 못한 호박벌이 잎 구멍내기를 더 활발하게 했다면, ㉠은 강화된다.

ㄴ. 호박벌이 물어뜯은 상처와는 다른 모양으로 토마토 잎에 면도날로 구멍을 뚫었더니 개화시기가 빨라지지 않았다면, ㉡은 약화된다.

ㄷ. 토마토 잎에 면도날로 구멍을 뚫었더니 개화시기가 빨라지지 않았지만, 면도날로 잎에 구멍을 뚫고 호박벌의 타액 추출물을 처리하였더니 개화시기가 크게 앞당겨졌다면, ㉢은 강화된다.

① ㄱ 　　② ㄴ 　　③ ㄱ, ㄷ
④ ㄴ, ㄷ 　　⑤ ㄱ, ㄴ, ㄷ

문항 성격　문항유형 : 논증 평가 및 문제해결

내용영역 : 과학기술

평가 목표　이 문항은 식물과 곤충의 상호작용을 통한 개화시기 조절에 관한 가설을 이해하고, 새로운 정보가 제시되었을 때 해당 가설이 강화 또는 약화되는지 판단할 수 있는 능력을 평가하는 문항이다.

문제 풀이　정답 : ⑤

이 글은 꽃가루를 먹이로 섭취하는 호박벌이 꽃이 피지 않는 토마토 잎에 구멍을 뚫게 되면 토마토의 개화시기가 앞당겨진다는 실험 결과를 바탕으로, 그 원인을 밝히기 위한 세 가지 가설(㉠, ㉡, ㉢)의 검증 과정을 제시하고 있다. ㉠은 호박벌이 잎에 구멍을 뚫는 목적은 꽃을 빨리 피우게

해 꽃가루를 얻기 위함이라는 가설이며, ⓛ은 잎의 물리적 상처로 인한 스트레스가 개화를 유도한다는 가설이며, ⓒ은 호박벌 타액의 특정 물질이 개화를 유도한다는 가설이다.

ㄱ. ⓐ은 호박벌이 꽃가루를 중요한 단백질 공급원으로 섭취하기 때문에, 꽃이 피지 않아 꽃가루가 없을 경우 꽃을 빨리 피게 하기 위해 잎에 구멍을 낸다는 것이다. 꽃가루를 먹은 호박벌보다 먹지 못한 호박벌이 잎 구멍내기를 더 활발하게 한 것은, 꽃가루를 얻지 못한 호박벌이 먹이를 확보하려는 행동으로 볼 수 있으므로 ⓐ은 강화된다. 따라서 ㄱ은 적절한 평가이다.

ㄴ. ⓛ은 토마토 잎에 가해진 물리적 상처로 인한 스트레스가 꽃을 피우도록 유도한다는 것이다. 호박벌이 물어뜯은 상처와는 다른 모양이라도, 면도날로 잎에 구멍을 뚫었다면 물리적 상처에 의한 스트레스가 발생한 것이다. 따라서 이렇게 상처를 유발했음에도 개화시기가 빨라지지 않았다면 ⓛ은 약화된다. 따라서 ㄴ은 적절한 평가이다.

ㄷ. 면도날로 잎에 구멍만 뚫은 실험에서는 개화시기가 변하지 않았지만, 잎에 구멍을 뚫고 호박벌의 타액 추출물을 처리했을 때 개화시기가 빨라졌다면, 이는 호박벌 타액에 존재하는 어떤 물질이 잎에 생긴 상처를 통해 토마토 잎 안으로 주입되어 개화를 유도한 것으로 볼 수 있다. 따라서 ⓒ은 강화되며, ㄷ은 적절한 평가이다.

〈보기〉의 ㄱ, ㄴ, ㄷ 모두 적절한 평가이므로 정답은 ⑤이다.

38.

다음 글에 대한 평가로 적절한 것만을 〈보기〉에서 있는 대로 고른 것은?

캡사이시노이드는 고추류 식물에 존재하는 알칼로이드성 방향족 화합물로서 포유류의 통증 수용체 단백질인 TRPV1과 결합하여 강한 열감에 의한 통증 신호를 발생시킨다. 캡사이시노이드에 의한 통증은 미각 수용체가 아니라 촉각 수용체에 의해 감지되므로, 엄밀한 의미에서는 맛이 아님에도 불구하고 일반적으로 이를 매운맛이라고 칭한다.

매운맛을 별미로 여기는 인간을 제외한 대부분의 포유류는 캡사이시노이드가 함유된 먹이를 피하는 것으로 알려져 있다. 반면, 포유류와 달리 조류는 캡사이시노이드가 결합하는 통증 수용체 단백질이 존재하지 않아서 매운맛을 느끼지 못한다고 알려져 있다. 이와 관련해 '고추류 식물이 캡사이시노이드를 합성하는 것은 캡사이시노이드를 활용하여 포유류를 회피하고 조류를 선택한 공진화의 결과이다'라는 ⊙가설이 있다. 먹이를 씹어 먹고 소화계가 발달한 포유류와 달리 조류는 먹이를 씹지 않고 삼키며 장의 길이가 짧다. 조류 역시 자신만의 먹이 영역을 확보하기 위해 매운맛을 느끼지 않도록 진화한 것으로 여겨진다. 한편, 캡사이시노이드가 항균 효과를 가진다는 연구 결과로부터 '습한 토양에서 번식하기 쉬운 곰팡이에 대한 저항성을 높이기 위해 캡사이시노이드를 가지는 식물이 진화했다'라는 ⓒ가설도 있다. 이에 따르면, 조류와의 관계는 고추류 식물이 캡사이시노이드를 축적한 후 부수적으로 생겨난 것이다.

보 기

ㄱ. 캡사이시노이드의 매운맛을 잘 느끼지만 고추를 즐겨 먹는 다수의 포유류가 새롭게 발견되었다면, ⊙은 약화된다.

ㄴ. 습한 토양에서 자란 고추가 건조한 토양에서 자란 고추보다 매운맛이 강해진다면, ⓒ은 강화된다.

ㄷ. 앵무새와 TRPV1이 결핍된 선인장쥐에게 습한 토양에서 자란 고추를 먹인 후 배설물을 조사했을 때, 발아할 수 있는 온전한 고추씨의 비율이 앵무새의 배설물에서 더 높았다면, ⊙은 강화되고 ⓒ은 약화된다.

① ㄴ   ② ㄷ   ③ ㄱ, ㄴ
④ ㄱ, ㄷ   ⑤ ㄱ, ㄴ, ㄷ

문항 성격	문항유형 : 논증 평가 및 문제해결
	내용영역 : 과학기술
평가 목표	이 문항은 고추류 식물이 캡사이시노이드를 합성하는 이유를 설명하는 가설을 이해하고, 새로운 정보가 제시되었을 때 해당 가설이 강화 또는 약화되는지 판단할 수 있는 능력을 평가하는 문항이다.
문제 풀이	정답 : ③

제시문은 고추류 식물이 포유류에게 매운맛을 느끼게 하는 캡사이시노이드를 합성하는 이유에 대해 두 가지 가설을 제시하고 있다. ⊙은 고추류 식물이 캡사이시노이드와 결합하는 통증 수용체를 가진 포유류를 회피하고 그러한 수용체가 없는 조류를 선택하기 위해 캡사이시노이드를 합성해 왔다는 가설이다. 조류와 달리 포유류는 고추씨를 소화시켜 번식에 방해가 되기 때문에, 고추류 식물은 포유류가 고추를 먹지 않도록 하기 위해 캡사이시노이드를 만들어 포유류를 회피한다고 본다. 반면, ⓒ은 고추가 캡사이시노이드를 합성하는 이유가 항균 효과를 통해 곰팡이에 대한 저항성을 높이기 위한 진화의 결과이고, 조류와의 관계는 고추가 캡사이시노이드를 합성한 이후 부수적으로 생겨난 것이라고 보는 가설이다.

ㄱ. ㉠은 조류와 달리 포유류가 고추를 먹으면 씨앗이 손상되어 고추류 식물의 번식에 불리하게 되므로, 포유류에게 통증을 유발하는 캡사이시노이드를 만들어 포유류가 고추를 먹지 않도록 한다는 가설이다. 만약 캡사이시노이드의 매운맛을 잘 느끼면서도 고추를 즐겨 먹는 다수의 포유류가 새롭게 발견되었다면, 이는 고추가 캡사이시노이드를 합성해도 포유류를 회피하지 못한다는 것을 의미한다. 따라서 고추가 캡사이시노이드를 합성하는 이유가 포유류를 회피하기 위한 진화적 선택이라는 가설 ㉠이 약화된다. 따라서 ㄱ은 적절한 평가이다.

ㄴ. ㉡은 습한 토양에서 번식하기 쉬운 곰팡이에 대한 저항성을 높이기 위해, 고추가 캡사이시노이드를 가지는 식물로 진화했다는 가설이다. 곰팡이는 습한 토양에서 번식하기 쉽기 때문에, 이 가설이 옳다면 고추는 건조한 토양보다 습한 토양에서 자랄 때 곰팡이에 대한 저항성을 높이기 위해 더 많은 캡사이시노이드를 합성하여 매운맛이 강해질 것이다. 따라서 습한 토양에서 자란 고추가 건조한 토양에서 자란 고추보다 매운맛이 강해진다면, ㉡은 강화된다. 따라서 ㄴ은 적절한 평가이다.

ㄷ. 조류인 앵무새와 포유류인 선인장쥐가 고추를 먹은 후, 이들의 배설물에서 발아할 수 있는 온전한 고추씨의 비율이 앵무새에서 더 높았다면, 이는 포유류가 고추를 먹을 경우 씨앗의 손상 비율이 높고, 조류가 고추를 먹을 경우 씨앗이 덜 손상된다는 것을 의미한다. 따라서 고추가 번식의 성공률을 높이기 위해 씨앗을 퍼뜨리는 매개체로 포유류를 회피하고 조류를 선택했다는 ㉠이 강화된다. 한편, ㉡은 고추가 캡사이시노이드를 합성하는 이유가 곰팡이에 대한 저항성을 갖기 위함이며, 조류와의 관계는 고추가 캡사이시노이드를 축적한 후 부수적으로 생긴 것이라고 설명하고 있다. 따라서 선인장쥐의 배설물보다 앵무새의 배설물에서 발아할 수 있는 온전한 고추씨의 비율이 더 높았다는 사실은 고추가 자란 환경이나 곰팡이에 대한 저항성과 관련이 없으므로, ㉡을 강화하지도 약화하지도 않는다. 따라서 ㄷ은 적절하지 않은 평가이다.

〈보기〉의 ㄱ, ㄴ만이 적절한 평가이므로 정답은 ③이다.

39.

다음으로부터 추론한 것으로 옳은 것만을 〈보기〉에서 있는 대로 고른 것은?

속이 빈 원통형 구조체를 생각해 보자.(단, 원통의 두께는 무시한다.) 그 구조체가 원통 윗면의 중심과 밑면의 중심을 관통하는 직선을 축으로 일정하게 회전하면, 그 옆면의 안쪽 벽에 인공중력이 만들어진다. 다른 외력이 없을 때 이 안쪽 벽에 붙어 원통과 함께 회전하는 물체는 원운동을 하게 되며, 이때 작용하는 원심력을 중력으로 생각할 수 있다. 원통의 안쪽 벽이 물체를 지지하는 힘은 구심력 역할을 하며, 안쪽 벽의 표면은 지표면과 같은 역할을 한다. 이렇게 인공적으로 만들어진 중력가속도의 크기 a는 $R\omega^2$이 되는데, 이때 R은 원통의 반지름이고, ω는 원통의 회전 각속력, 즉 단위 시간당 회전하는 각도이다. 이 중력가속도의 크기는 v^2/R로도 표현할 수 있으며, 이때 v는 물체가 원의 접선 방향으로 움직이는 선속력이다. 예를 들어, 지름 20,000m인 원통형 구조체에서 지구와 같은 크기의 중력, 즉 중력가속도 10m/s^{2}을 구현한다고 해 보자. $10 = 10{,}000 \times \omega^2$으로부터 ω는 약 0.03rad/s임을 알 수 있다. 이는 구조체가 1초에 약 2°를 회전해야 한다는 것이다.

보 기

ㄱ. 각속력이 동일하다면 원통의 반지름이 커질수록 선속력은 이와 정비례해서 커진다.

ㄴ. 지름 10,000m인 원통형 구조체에서 지구와 같은 크기의 중력을 구현하려면 각속력은 0.03rad/s보다 커야 한다.

ㄷ. 일정하게 회전하는 위 구조체 옆면의 안쪽 벽 표면에서 출발한 사람이 고정된 사다리를 타고 원통의 회전축을 향해 움직인다면, 이 사람에게 작용하는 인공중력은 점차 감소한다.

① ㄱ 　　　　② ㄴ 　　　　③ ㄱ, ㄷ

④ ㄴ, ㄷ 　　　⑤ ㄱ, ㄴ, ㄷ

문항 성격	문항유형 : 언어 추리
	내용영역 : 과학기술
평가 목표	이 문항은 주어진 과학적 진술들로부터 옳게 추론되는 정보를 판단할 수 있는 능력을 평가하는 문항이다.
문제 풀이	정답 : ⑤

우주 공간에서 인공중력을 만들기 위해 알려진 방법 중 하나는 원통형 구조체를 회전시키는 것이다. 축을 중심으로 회전하는 원통형의 구조를 상상하고, 이때 회전에 의해 내벽에 붙어 함께 원운동하는 물체가 어떤 크기의 원심력을 받으며, 이 원심력이 어떻게 인공중력의 역할을 하는지를 이해해야 한다. 원통형 구조의 반지름과 회전하는 각속력에 의해 결정되는 원심력의 크기를 이해하고, 이를 바탕으로 인공중력의 크기를 계산하거나 비교할 수 있어야 한다.

ㄱ. 회전하는 원통 안쪽 벽에 붙어서 원운동하는 물체는 원심력을 받으며 이 원심력의 크기는 구심력과 같다. 이때 구심가속도의 크기 a는 인공중력으로 인한 중력가속도의 크기와 같으며, 제시문에 따르면 그 크기는 $R\omega^2$이고 v^2/R로도 표현될 수 있다. $R\omega^2=v^2/R$이므로 $v^2=R^2\omega^2$이며, 따라서 $v=R\omega$가 된다. 이 식에서 ω가 동일하다면 R과 v는 정비례 관계가 있으므로, 원통의 반지름이 커질수록 선속력도 그에 비례하여 커진다. 따라서 ㄱ은 옳은 추론이다.

ㄴ. 제시문에 따르면, 지름이 20,000m인 원통형 구조체에서 지구와 같은 크기의 중력, 즉 중력가속도 10m/s^2을 구현하려면, 반지름은 10,000m이므로, $10=10,000\times\omega_1^2$으로부터 ω_1은 약 0.03rad/s이다. 지름이 절반인 10,000m인 원통형 구조체에서 동일한 중력을 구현하려면, 반지름이 5,000m이므로, $10=5,000\times\omega_2^2$로부터 ω_2는 ω_1보다 커야 하며, 따라서 0.03rad/s보다 더 빠르게 회전해야 한다. 따라서 ㄴ은 옳은 추론이다.

ㄷ. 회전하는 속이 빈 원통의 안쪽 벽 표면에서 출발한 사람이 원통의 회전축을 향해 사다리를 타고 움직인다면, 다른 조건이 동일한 상태에서 R의 크기가 줄어드는 것으로 볼 수 있다. ω 값이 일정할 때 R이 작아지면 $a=R\omega^2$ 역시 작아지므로, 인공중력은 점차 감소한다. 따라서 ㄷ은 옳은 추론이다.

〈보기〉의 ㄱ, ㄴ, ㄷ 모두 옳은 추론이므로 정답은 ⑤이다.

40.

〈실험〉에 대한 평가로 적절한 것만을 〈보기〉에서 있는 대로 고른 것은?

SrTiO₃와 LaAlO₃의 두 고체 물질은 아보가드로수만큼 많은 원자로 구성되며, 각 물질에서 개별 원소 비율은 위 화학식처럼 표현된다. 두 물질은 모두 부도체이지만, 놀랍게도 이 둘을 접합시키면 그 계면에서 높은 전기전도도가 나타난다. 두 물질 사이 계면의 전도성을 이해하기 위해서는 $SrTiO_3$에서 Ti의 전자구조를 살펴볼 필요가 있다. Ti 원자는 $SrTiO_3$에서 이온화되어 Ti^{4+} 전자가 상태가 되지만, $SrTiO_3$의 구성 원소 비율이 변하거나 구성 원소의 일부가 다른 원소로 치환됨에 따라 이보다 낮은 전자가 상태인 Ti^{3+}가 될 수 있다. Ti^{4+} 전자가 상태에서 Ti 이온의 모든 전자는 강하게 구속되어 자유전자를 내놓기가 어렵다. 하지만 Ti 이온들 중 일부라도 Ti^{3+} 전자가 상태가 되면, Ti 이온당 전자 하나의 구속이 약해지고 자유전자가 유도되어 물질의 전도성이 발현한다.

한편 $SrTiO_3$와 $LaAlO_3$ 등의 물질들은 거시적인 상태에서 전하중성 조건을 만족한다. 즉, 물질에서 모든 이온의 전자가를 더하면 0이다. 또 위의 물질을 구성하는 원소 중에서 Ti만 전자가 상태가 변할 수 있고, Sr은 Sr^{2+}, O는 O^{2-}, La는 La^{3+}, Al은 Al^{3+}의 전자가 상태만을 갖는다고 하자. 그러면 H_2O가 $H_2^+O^{2-}$로 $2\times(+1)+(-2)=0$이듯이, $SrTiO_3$는 $Sr^{2+}Ti^{4+}O_3^{2-}$로 $2+4+3\times(-2)=0$이 되어 전하중성 조건을 만족한다.

〈실험〉

$SrTiO_3$와 $LaAlO_3$의 계면에서 전도성이 발현하는 이유를 확인하기 위해 계면 근처의 $SrTiO_3$ 부분을 투과전자현미경으로 조사하였다. 이를 바탕으로 계면 근처에서 Ti^{3+} 전자가 상태가 유도되었다는 ㉠가설을 수립하였다.

ㄱ. 일부 Sr이 La으로 치환된 $Sr_{1-x}La_xTiO_3$가 관찰된다면 ㉠이 강화된다.
ㄴ. 일부 Ti이 Al으로 치환된 $SrTi_{1-x}Al_xTiO_3$가 관찰된다면 ㉠이 강화된다.
ㄷ. 일부 O가 결핍된 $SrTiO_{3-x}$가 관찰된다면 ㉠이 강화된다.

※단, $0<x<0.1$이다.

① ㄴ　　　　　② ㄷ　　　　　③ ㄱ, ㄴ
④ ㄱ, ㄷ　　　　⑤ ㄱ, ㄴ, ㄷ

문항 성격　문항유형 : 논증 평가 및 문제해결
　　　　　　　내용영역 : 과학기술
평가 목표　이 문항은 여러 종류의 원소로 이루어진 고체 물질에서 전하중성 조건이 성립한다는 정보를 기반으로 각 이온의 전자가를 파악할 수 있는 능력을 평가하는 문항이다.
문제 풀이　정답 : ④

전이금속 산화물 $SrTiO_3$와 $LaAlO_3$는 모두 부도체이다. 이때 각각의 이온 전자가는 다음과 같다 : $Sr^{2+}Ti^{4+}O^{2-}_3$, $La^{3+}Al^{3+}O^{2-}_3$. 이들은 모두 전하중성 조건을 만족하는데, 이를 숫자로 표현하면

$SrTiO_3$의 경우 $2+4+3\times(-2)=0$이 되고 $LaAlO_3$의 경우에는 $3+3+3\times(-2)=0$이 된다. 즉, 두 물질 모두 모든 이온의 전자가를 더하면 0이 된다. 이온의 종류가 바뀌면 전자가도 같이 바뀔 수 있는데, Ti의 전자가가 기존의 4+에서 3+가 된다면, 자유전자가 형성되어 계면의 금속성을 설명할 수 있게 된다. $SrTiO_3$에서 Sr^{2+}가 La^{3+}로 치환되거나($La^{3+}_x Sr^{2+}_{1-x} Ti^{3+}_x Ti^{4+}_{1-x} O^{2-}_3$) 또는 산소 결핍이 일어나면($Sr^{2+} Ti^{3+}_{2x} Ti^{4+}_{1-2x} O^{2-}_{3-x}$), x의 값이 0보다 크기 때문에, $SrTiO_3$의 일부 Ti^{4+} 전자가 상태가 Ti^{3+} 전자가 상태로 전환될 수 있음을 알 수 있다. 이러한 전자 상태 변화는 자유전자를 유도하므로, 계면에서의 높은 전도성을 설명할 수 있다.

　ㄱ. $SrTiO_3$와 $LaAlO_3$ 계면 근처의 $SrTiO_3$ 쪽에서 일부 Sr이 La로 치환될 경우, 기존 2+ 전자가의 Sr이 보다 높은 3+ 전자가의 La로 대체되기 때문에 전하중성 조건을 유지하기 위해 Ti의 전자가는 낮아져야 한다. 이 상황은 다음과 같은 화학식으로 나타낼 수 있다 :

$$La^{3+}_x Sr^{2+}_{1-x} Ti^{3+}_x Ti^{4+}_{1-x} O^{2-}_3$$

Sr 대신 치환되는 La의 양($0<x<0.1$)에 따라 물질 내 존재하는 Ti^{3+} 전자가 이온이 많아지게 되며, 이는 ㉠을 뒷받침하는 실험 결과이다. 따라서 ㄱ은 적절한 평가이다.

ㄴ. $SrTiO_3$와 $LaAlO_3$ 계면 근처의 $SrTiO_3$ 쪽에서 일부 Ti가 Al로 치환될 경우, 기존 4+ 전자가의 Ti가 더 낮은 3+ 전자가의 Al로 대체되므로, 전하중성 조건을 유지하기 위해 Ti의 전자가는 낮아지는 것이 아니라 오히려 높아져야 한다. 이 상황은 다음과 같은 화학식으로 나타낼 수 있다 :

$$Sr^{2+} Al^{3+}_x Ti^{4+}_{1-x} Ti^{5+}_{x/5} O^{2-}_3$$

이 경우 자유전자가 추가로 유도될 수 없으므로, ㉠을 설명할 수 없다. 따라서 ㄴ은 적절하지 않은 평가이다.

ㄷ. $SrTiO_3$와 $LaAlO_3$ 계면 근처의 $SrTiO_3$ 쪽에서 산소의 결핍이 발견되는 경우, 음의 전자가를 갖는 이온이 부족해지므로 전하중성 조건을 유지하기 위해 양의 전자가도 낮아져야 한다. 전자가가 변할 수 있는 이온은 Ti뿐이므로, Ti^{4+}의 일부가 Ti^{3+}가 되어야 한다. 이 상황은 다음과 같은 화학식으로 표현될 수 있다 :

$$Sr^{2+} Ti^{3+}_{2x} Ti^{4+}_{1-2x} O^{2-}_{3-x}$$

이때 x는 산소의 결핍량을 의미하며, 결핍의 양($0<x<0.1$)이 증가할수록 물질 내 존재하는 Ti^{3+} 이온의 비율이 커진다. 따라서 ㄷ은 적절한 평가이다.

〈보기〉의 ㄱ, ㄷ만이 적절한 평가이므로 정답은 ④이다.

2022

법학적성시험
추리논증 영역

1. 출제의 기본 방향

법학적성의 중요한 기준 중 하나는 추리와 논증 능력이다. 이 능력을 평가하기 위해 추리논증 문항 출제의 기본 방향은 제시문의 제재나 문항의 구조, 질문의 방식 등을 다양화하고 수험생의 이해 능력, 추리 능력, 비판 능력을 골고루 측정하는 완성도 있는 문항을 제시하는 것이다. 이 기본 방향은 이번 시험에서도 그대로 유지되도록 하였다. 이번 출제의 기본 방향을 요약하면 다음과 같다.

첫째, 제시문의 다양성. 추리 능력을 측정하는 문항과 논증 분석 및 평가 능력을 측정하는 문항을 규범, 인문, 사회, 과학기술의 각 영역 모두에서 균형 있게 출제하였다. 제재의 측면에서 전 학문 분야 및 일상적·실천적 영역에 걸친 다양한 소재를 활용하였고, 영역 간 균형을 맞추어 전공에 따른 유·불리를 최소화하고자 하였다. 특히, 고도의 생각을 요구하는 내용의 글을 가능한 한 일상적인 맥락으로 풀어서 수험생들이 친숙하게 접근하도록 노력하였다.

둘째, 문항의 성격. 문항 풀이 과정에서 제시문의 의미, 상황, 함의를 논리적으로 분석하고 핵심 정보를 체계적으로 취합하여 종합적으로 평가할 수 있어야 문항의 정답을 고를 수 있도록 하였다. 또한 제시문의 내용이나 영역에 관한 선지식이 문제 해결에 끼치는 영향을 없애고 대학에서 정상적인 학업과 폭넓은 독서 생활을 통해 사고력을 함양한 사람이라면 충분히 해결할 수 있는 문항을 만들고자 하였다. 그러면서도 법학적성을 평가하는 데 있어 중요하면서도 새로운 소재를 활용하여 참신한 문항이 되도록 하였다.

셋째, 난이도와 가독성. 지문에서 불필요한 내용을 배제하고 제시문을 명료하게 작성함으로써 가독성을 높였다. 특히 지나치게 글자 수가 많아 결과적으로 난이도가 높게 되는 점을 지양하기 위해 글자 수를 줄여 수험생이 문제를 읽는 부담을 덜도록 하였다. 또한 난이도에 있어 법학적성을 측정하는 데 적정한 정도의 수준을 유지하도록 하였다.

2. 출제 범위 및 문항 구성

규범, 인문, 사회, 과학기술과 같은 학문 영역별 문항 수는 예년과 큰 차이가 없이 균형 있게 출제되었다. 규범 영역의 문항은 헌법, 민법, 형법, 행정법, 소비자법, 경쟁법, 국제사법 등을 소재로 다양화하면서도 법학지식을 측정하지 않도록 하였다. 아울러 법 개정 전후의 차이, 법 개정 순서에 따라 개정의 효력이 달라지는 점, 견해에 따른 위법성의 평가 등 종래 출제되지 않았지만 법학을 전공할 사람이 알아야 할 중요한 내용으로 출제하였다. 인문 영역의 문항은 형이상학, 언어학, 미학, 인지과학 등의 주제를 담고 있으며, 사회과학 영역에서는 경제학, 심리학, 정치학, 사회학, 행정학 등의 글이 활용되었다. 과학 영역은 생물학, 물리학, 화학 등의 소재를 활용하여 문항의 내용이 한 쪽으로 치우지지 않도록 하였다. 전체 문항에서 추리 문항과 논증 문항은 비슷한 분량으로 구성되었다.

3. 난이도

제시문의 이해도를 높이기 위해서 전문적인 용어는 순화하여 전공 여부에 상관없이 내용에 접근하고 이해할 수 있도록 하였다. 문제를 해결하기 위해 거쳐야 할 추리나 비판 및 평가의 단계도 지나치게 복잡해지지 않도록 하였고, 문제풀이와 관계없는 자료는 최대한 줄여 불필요한 독해의 부담이나 함정으로 난이도가 상승하는 일이 없도록 하였다. 특히 예년에 비해서 전체 글자 수를 줄임으로써 읽기에 소비되는 시간을 줄이고 좀 더 논리적 구조에 집중할 수 있도록 하였다. 아울러 지나치게 난이도를 높여 변별력에 의미가 없게 되는 점을 지양하고 문항 간 난이도에서 큰 차이가 없도록 노력하였다.

4. 출제 시 유의점

- 추리 문항과 논증 문항의 문항별 성격을 명료하게 하여, 문항별로 측정하고자 하는 능력을 정확히 평가할 수 있도록 하였다.
- 법학적성을 측정할 수 있는 중요하고도 새로운 소재를 발굴하면서도 학생들이 친숙하게 접할 수 있는 문항이 되도록 하였다.
- 선지식으로 문제를 풀거나 전공에 따른 유·불리가 분명한 제시문의 선택이나 문항의 출제는 지양하였다.

- 제시문을 분석하고 평가하는 데 충분한 시간을 사용할 수 있도록 글자 수를 줄이는 등 제시문의 독해부담을 줄여 주고자 하였다.
- 제시문이 전달하고자 하는 내용을 효과적으로 전달할 수 있도록 전반적인 가독성을 높이고, 문두와 선지의 내용을 최대한 명료하게 만들었다.
- 법학적성 능력을 평가하기 위하여 법학의 기본 원리를 응용한 내용을 소재로 하면서도, 문항에 나오는 개념, 진술, 논리구조, 함의 등을 이해하는 데 법학지식이 요구되지 않도록 하여 법학지식 평가를 배제하였다.
- 출제의 의도를 감추거나 오해하게 하는 질문을 피하고, 문항 및 선택지 간의 간섭을 최소화함으로써, 문항의 의도에 충실한 변별이 이루어지도록 하였다.

01.

다음 논쟁에 대한 분석으로 옳은 것만을 〈보기〉에서 있는 대로 고른 것은?

> 의무복무제를 운영하는 X국의 「병역법」은 병역의무를 이행해야 하는 자의 의무복무기간을 사병은 3년, 부사관은 7년, 장교는 10년으로 정하고 있다. 최근 X국 국회에는 부사관과 장교의 의무복무기간을 사병과 동일한 수준으로 단축하는 내용의 「병역법」 개정안이 제출되었다. 다음은 이를 둘러싼 갑과 을의 논쟁이다.
>
> 갑 : 나는 개정안에 반대해. 장교나 부사관의 의무복무기간이 사병보다 긴 이유는 이들이 그 계급에 맞는 직무역량을 갖추기 위해 국가의 비용으로 장기간 훈련을 거쳐서 임용되기 때문이야. 예컨대 공군 조종사나 기술적 전문성을 요하는 부사관은 고가의 전문장비에 대한 장기간 교육을 받아야 해. 지금의 의무복무기간은 국가가 장교와 부사관의 직무역량을 충분히 활용하기 위한 최소한의 기간이야.
>
> 을 : 나는 생각이 달라. 장교와 부사관의 의무복무에는 헌법상 국방의 의무를 수행하는 성격과 헌법상 직업의 자유를 실현하는 성격이 모두 있어. 사병과 같은 3년의 기간은 국방의 의무를 수행한다는 성격이 더 강하지만, 그 기간을 초과하는 복무기간은 직업활동으로서의 성격이 더 강하다고 생각해. 3년을 넘어 복무하게 하는 것은 장교와 부사관의 직업의 자유와 행복추구권을 과도하게 침해하는 것 같아.

보 기

ㄱ. 정보기술의 발달로 군의 자동화 및 첨단화가 빠르게 진행되어 직무역량 강화를 위한 시간과 비용이 예전보다 대폭 절감되었다면, 갑의 견해는 약화된다.

ㄴ. X국의 「병역법」에 따르면 의무복무의 이행방식은 본인의 의사에 따라 사병, 부사관, 장교 중에서 선택할 수 있고 장교와 부사관은 지원자 중 적격자만 선발된다는 사실은 을의 견해를 강화한다.

ㄷ. 사병의 의무복무기간을 3년으로 정한 「병역법」 규정이 헌법에 반하지 않는다고 X국의 헌법재판소가 판단하였다면, 갑의 견해는 강화되고 을의 견해는 약화된다.

① ㄱ   ② ㄴ   ③ ㄱ, ㄷ
④ ㄴ, ㄷ   ⑤ ㄱ, ㄴ, ㄷ

 문항유형 : 논쟁 및 반론

내용영역 : 규범

 이 문항은 부사관과 장교의 의무복무기간 단축을 둘러싼 논쟁의 내용을 이해한 후 논증의 논거를 정확하게 이해하고 있는지, 주어진 정보가 각 견해를 강화 또는 약화하는지 판단할 수 있는 능력을 평가하는 문항이다.

 정답 : ①

개정안은 부사관과 장교의 의무복무기간을 사병과 동일한 수준으로 단축하는 내용이다. 갑과 을의 논쟁의 핵심은 다음과 같다.

갑 : 지금의 의무복무기간은 국가가 장교와 부사관의 직무역량을 충분히 활용하기 위한 최소한의 기간이다.

을 : 사병과 같은 3년을 넘어 복무하게 하는 것은 장교와 부사관의 직업의 자유와 행복추구권을 과도하게 침해하는 것 같다.

갑은 개정안에 반대하는(현행 유지) 입장이며, 을은 개정안에 찬성하는(부사관과 장교의 의무복무기간을 사병과 동일한 수준으로 단축) 입장이다.

 ㄱ. 정보기술의 발달로 군의 자동화 및 첨단화가 빠르게 진행되어 직무역량 강화를 위한 시간과 비용이 예전보다 대폭 절감되었다면, 장교와 부사관의 지금의 의무복무기간이 장교와 부사관의 직무역량을 충분히 활용하기 위한 최소한의 기간이라는 갑의 견해는 약화된다고 할 수 있다. 따라서 ㄱ은 옳은 분석이다.

ㄴ. 의무복무의 이행방식에 선택권이 있다는 사실은 현재의 의무복무기간을 알고서도 자신이 선택한 것이므로 을의 견해를 약화한다고 할 수 있다. 따라서 ㄴ은 옳지 않은 분석이다.

ㄷ. 사병의 의무복무기간을 3년으로 정한 「병역법」 규정이 헌법에 반하지 않는다는 것은 의무복무제 자체가 헌법에 반하지 않는다는 것으로, 부사관과 장교의 의무복무기간의 단축 여부가 쟁점이 되는 갑과 을의 논쟁과는 무관하다. 그러므로 갑 또는 을의 견해를 강화시키거나 약화시키지 않는다. 따라서 ㄷ은 옳지 않은 분석이다.

〈보기〉의 ㄱ만이 옳은 분석이므로 정답은 ①이다.

02.

〈견해〉에 대한 분석으로 옳은 것만을 〈보기〉에서 있는 대로 고른 것은?

> 학교폭력 피해가 날로 심각해지는 현실에서도 현행 규정이 피해학생의 보호와 신속한 권리구제에 미흡하다는 여론이 높아지자 개정안이 국회에 제출되었다.

현행	개정안
제○조(가해학생의 재심청구) 자치위원회가 내린 가해학생에 대한 <u>모든 조치</u>에 대하여 이의가 있는 가해학생 또는 그 보호자는 그 조치를 받은 날부터 15일 이내에 시·도학생징계조정위원회에 재심을 청구할 수 있다.	제○조(가해학생의 재심청구) 자치위원회가 내린 가해학생에 대한 <u>조치 중 전학 또는 퇴학 조치</u>에 대하여 이의가 있는 가해학생 또는 그 보호자는 그 조치를 받은 날부터 15일 이내에 시·도학생징계조정위원회에 재심을 청구할 수 있다.

> 이에 대해 다음과 같은 〈견해〉가 제시되었다.

〈견해〉

> 부모는 미성년 자녀의 교육 과정에 참여할 권리가 있으므로 학교가 학생에게 불리한 조치를 할 경우 이에 대한 의견을 제시할 권리도 갖는다. 개정안은 전학 및 퇴학의 경우를 제외하고는 재심을 허용하지 않음으로써 ⊙<u>학부모의 이러한 권리를 침해한다.</u> 또한 전학 또는 퇴학 조치를 받은 가해학생에게만 재심을 허용하고 있어 ⊙<u>그 밖의 조치를 받은 가해학생과 그 보호자를 부당하게 차별하는 결과를 초래한다.</u> 그러므로 현행 규정을 유지하여야 한다.

ㄱ. 재심이 허용되지 않는 조치에 대해 다른 방법을 통한 법적 구제가 가능하다면, ⊙은 강화된다.

ㄴ. 가해학생에게 내려진 전학 또는 퇴학 조치는 다른 조치와 달리 추후 별도의 소송을 통해 번복되더라도 그 조치에 따른 가해학생의 피해가 회복 불가능하다면, ⊙은 약화된다.

ㄷ. 모든 가해학생에게 재심 기회를 부여하여 모범적인 사회인으로 성장할 수 있도록 하는 것이 학교와 사회의 책임이라면, ⊙은 약화되고 ⊙은 강화된다.

① ㄴ ② ㄷ ③ ㄱ, ㄴ
④ ㄱ, ㄷ ⑤ ㄱ, ㄴ, ㄷ

문항 성격　문항유형 : 논증 평가 및 문제해결

내용영역 : 규범

평가 목표　이 문항은 학교폭력 가해학생에 대한 조치 중 전학과 퇴학에 대해서만 재심을 허용하는 개정안을 둘러싼 논쟁의 내용을 이해하여 주어진 정보가 각 견해를 강화 또는 약화하는지 판단하는 능력을 평가하는 문항이다.

문제 풀이　정답 : ①

개정안은 학교폭력 가해학생에 대한 모든 조치에 대해 재심을 허용하는 현행 규정과 달리 전학과 퇴학에 대해서만 재심을 허용하도록 하고 있어 재심의 대상이 되는 조치의 범위가 축소되었다. 이에 대해서 〈견해〉는 개정안이 전학이나 퇴학 조치가 아닌 다른 조치를 받은 가해학생의 부모의 자녀교육권(학교의 불이익조치에 대한 의견 제시권)을 침해하고, 전학 또는 퇴학 조치를 받은 가해학생과 그 부모에게는 재심을 허용하지만 그 밖의 조치를 받은 가해학생과 그 부모는 재심을 허용하지 않음으로써, 그 밖의 조치를 받은 가해학생과 그 보호자를 부당하게 차별하는 결과를 초래한다는 입장이다.

〈보기〉 해설　ㄱ. 재심이 허용되지 않는 조치에 대해 다른 방법을 통한 법적 구제가 가능하다면, 학교로부터 불리한 조치를 받은 학생의 학부모가 재심을 통한 의견 진술의 기회가 없다고 하여도 다른 방법을 통한 법적 구제에 호소할 수 있으므로, 개정안이 학부모의 의견 제시권을 침해한다는 ㉠은 약화된다. 따라서 ㄱ은 옳지 않은 분석이다.

ㄴ. 가해학생에게 내려진 전학 또는 퇴학 조치는 다른 조치와 달리 추후 별도의 소송을 통해 번복되더라도 그 조치에 따른 가해학생의 피해가 회복 불가능하다면, 전학 또는 퇴학의 조치를 받은 가해학생의 경우는 그 이외의 다른 조치를 받은 가해학생의 경우와는 다르다. 따라서 전학 또는 퇴학 조치를 받은 가해학생에게만 재심을 허용하는 것은 합리적 이유가 있는 차별로 볼 수 있으므로, 개정안이 그 밖의 조치를 받은 가해학생과 그 보호자를 부당하게 차별하는 결과를 초래한다는 ㉡은 약화된다. 따라서 ㄴ은 옳은 분석이다.

ㄷ. 모든 가해학생에게 재심 기회를 부여하여 모범적인 사회인으로 성장할 수 있도록 하는 것이 학교와 사회의 책임이라면, 전학 또는 퇴학 조치 이외의 조치를 받은 가해학생 및 그 부모에게도 재심 기회를 부여해야 한다는 것이므로 개정안이 학부모의 의견 제시권을 침해한다는 ㉠은 약화되지 않는다. 따라서 ㄷ은 옳지 않은 분석이다.

〈보기〉의 ㄴ만이 옳은 분석이므로 정답은 ①이다.

03.

다음으로부터 추론한 것으로 옳은 것만을 〈보기〉에서 있는 대로 고른 것은?

X국 정부는 담합 등 경쟁을 제한하는 위법한 행위를 규제한다. 위법성 여부는 시장 규모, 경쟁 정도, 규제를 통해 보호되는 법익, 담합을 규제하는 경우에 발생하는 역효과 등 모든 상황을 종합적으로 고려하여 판단한다. X국 정부는 담합에 대한 위법성 평가의 기준을 제시하면서, 시장 환경의 변화에 따라 서비스업에서 종전에 비하여 경쟁이 심해진 경우, 서비스의 질적 저하를 막기 위해 가격을 담합한 경우, 그리고 담합을 규제한 결과로 이용자가 부담하는 가격이 상승하여 이용자에게 더 불리하게 작용하는 경우 등은 위법성의 정도가 낮은 것으로 평가하겠다고 공표하였다.

변호사업과 같은 지식 서비스업에서 경쟁이 심화되면 서비스 이용가격은 계속 내려갈 수밖에 없다. 이러한 이유에서 X국 변호사들은 변호사회를 결성하여 ㉠의뢰인이 승소 여부와 관계없이 부담하는 최저수임료를 정하는 규정 및 ㉡의뢰인이 승소한 경우에는 성공보수를 지급하도록 하고 그 최저보수를 정하는 규정을 두었다. 그러자 ㉠과 ㉡이 변호사들의 가격 담합에 해당한다는 고발이 증가하였다.

보 기

ㄱ. ㉠의 최저수임료 이하로 수임료가 낮아지는 경우에 서비스의 질적 하락이 가격의 하락보다 더 큰 폭으로 발생한다면, X국 정부는 ㉠에 의한 담합은 위법성의 정도가 낮다고 평가할 것이다.

ㄴ. 변호사들의 성공보수약정 담합을 규제하는 경우 그 약정금액이 승소와 관계없이 의뢰인이 부담하는 수임료로 전부 전가된다면, X국 정부는 ㉡에 의한 담합은 위법성의 정도가 낮다고 평가할 것이다.

ㄷ. X국 정부가 종전의 제도를 변경하여 변리사도 관련 업무에 대한 국내 소송사건을 수임할 수 있게 한다면, X국 정부는 ㉠과 ㉡에 의한 담합은 모두 위법성의 정도가 낮다고 평가할 것이다.

① ㄱ　　　　　　　② ㄷ　　　　　　　③ ㄱ, ㄴ
④ ㄴ, ㄷ　　　　　　⑤ ㄱ, ㄴ, ㄷ

문항 성격	문항유형 : 언어 추리
	내용영역 : 규범
평가 목표	이 문항은 위법한 반경쟁적 행위인지 여부를 판단함에 있어 위법성의 정도가 낮은 경

우를 옳게 판단할 수 있는 능력을 평가하는 문항이다.

 정답 : ⑤

제시문의 핵심 내용은 다음과 같다.

담합행위의 위법성의 평가는 여러 가지 요소를 종합적으로 고려하여 판단하게 되는데, 시장 환경의 변화에 따라 서비스업에서 종전에 비하여 경쟁이 심해진 경우, 서비스의 질적 저하를 막기 위해 가격을 담합한 경우, 그리고 담합을 규제한 결과로 이용자가 부담하는 가격이 상승하여 이용자에게 더 불리하게 작용하는 경우 등에는 위법성이 낮다고 평가한다.

〈보기〉 해설　ㄱ. 최저수임료 이하로 수임료가 낮아지는 경우에 서비스의 질적 하락이 가격의 하락보다 더 큰 폭으로 발생한다면, ㉠은 서비스의 질적 저하를 막기 위해 가격을 담합한 경우에 해당하므로 ㉠에 의한 담합은 위법성의 정도가 낮다고 평가할 것이다. 따라서 ㄱ은 옳은 추론이다.

ㄴ. 규제에 의해 변호사들이 성공보수약정 담합을 포기하는 경우에 그 약정금액이 승소와 관계없이 의뢰인이 부담하는 수임료로 전부 전가된다면, 이 경우는 담합을 규제한 결과로 이용자가 부담하는 가격이 상승하여 이용자에게 더 불리하게 작용하는 경우에 해당하여 ㉡에 의한 담합은 위법성의 정도가 낮다고 평가할 것이다. 따라서 ㄴ은 옳은 추론이다.

ㄷ. X국 정부가 종전의 제도를 변경하여 변리사도 관련 업무에 대한 국내 소송사건을 수임할 수 있게 한다면, 시장 환경의 변화에 따라 변호사업에서 종전에 비하여 경쟁이 심해진 경우에 해당하여, ㉠과 ㉡에 의한 담합은 모두 위법성의 정도가 낮다고 평가할 것이다. 따라서 ㄷ은 옳은 추론이다.

〈보기〉의 ㄱ, ㄴ, ㄷ 모두 옳은 추론이므로 정답은 ⑤이다.

04.

[규칙]을 〈사례〉에 적용한 것으로 옳은 것은?

> [규칙]
> (1) 내란죄 또는 살인죄를 범한 죄인은 사형에 처하고 그 배우자는 유배한다.
> (2) 강도죄를 범한 죄인은 유배형에 처하고 그 배우자가 자원하면 함께 유배한다.
> (3) 사형에 처한 죄인은 사면이 선포되면 유배형에 처하고 그 배우자가 자원하면 함께 유배한다.

다만, 내란죄를 범한 죄인의 배우자는 자원하지 않더라도 죄인과 함께 유배한다.

⑷ 죄인과 그 배우자를 함께 유배하는 경우에는 같은 곳에 유배한다.

⑸ 유배지로 이송되던 죄인이 도망하더라도 함께 이송되던 배우자는 계속 이송한다.

⑹ 유배형에 처한 죄인은 사면이 선포되면 석방한다. 그 죄인이 유배지로 이송되던 중이면 함께 이송되던 배우자도 석방한다. 다만, 유배지로 이송되던 중 도망한 죄인에 대하여 선포된 사면은 죄인과 그 배우자에게 효력이 없다.

⑺ 사면이 선포되기 전에 유배지로 이송되던 중 도망한 죄인이 사면이 선포된 후에 사망한 것으로 확인되는 경우 자원하여 유배된 배우자는 석방한다.

〈사례〉

　갑은 내란죄로 사형, 을과 병은 살인죄로 사형, 정과 무는 강도죄로 유배형에 각각 처해졌다. 갑, 을, 병에게 사형이 집행되기 전에 갑, 을, 병, 정, 무 모두에 대하여 사면이 선포되었다. 이후 병이 유배지로 이송되던 중 병에 대하여 추가로 사면이 선포되었다. 정과 무는 사면이 선포되기 전에 유배지로 이송되던 중 도망하였는데, 사면이 선포된 후 정은 체포되었고 무는 사망한 것으로 확인되었다.

① 갑의 배우자는 자원하지 않으면 갑과 함께 유배되지 않는다.
② 을의 배우자는 자원하지 않더라도 을과 같은 곳에 유배된다.
③ 병의 배우자는 병과 함께 유배지로 이송되던 중이었다면 석방된다.
④ 정의 배우자는 자원하여 정과 함께 유배되었다면 석방된다.
⑤ 무의 배우자는 무와 함께 유배되었더라도 석방되지 않는다.

문항 성격	문항유형 : 언어 추리
	내용영역 : 규범
평가 목표	이 문항은 고려시대와 조선시대에 우리나라에서 통용되었던 대명률(大明律)의 규정을 변형하여 제시하고 그것을 가상의 사례에 옳게 적용할 수 있는 능력을 평가하는 문항이다.
문제 풀이	정답 : ③

[규칙]은 대명률의 규정을 변형하여 제시한 것이다.

정답 해설　③ 병은 살인죄를 범한 죄인이다. 살인죄를 범한 죄인은 사형에 처하고 그 배우자는 유배하므로([규칙] ⑴ 참조), 병은 사형에 처하고 병의 배우자는 유배한다. 그런데 살인죄를 범한 죄인에 대하여 사면이 선포되면 죄인은 유배형에 처하고 그 배우자는 자원하면 죄인과 함께 같은 곳에 유배한다([규칙] ⑶, ⑷ 참조). 〈사례〉에 따르면 유배형에 처해진 병에게 추가로 사면이 선포되었다. 유배형에 처한 죄인은 사면이 선포되면 석방하는데, 그 죄인이 유배지로 이송되던 중이면 함께 이송되던 배우자도 석방한다([규칙] ⑹ 참조). ③은 병의 배우자는 병과 함께 유배지로 이송되던 중이었다면 석방된다고 기술하고 있으므로 옳은 진술이다.

오답 해설

① 갑은 내란죄를 범한 죄인이다. 내란죄를 범한 죄인은 사형에 처하고 그 배우자는 유배하므로([규칙] ⑴ 참조), 갑은 사형에 처하고 갑의 배우자는 유배한다. 그런데 내란죄를 범한 죄인에 대하여 사면이 선포되면 죄인은 유배형에 처하고 그 배우자는 자원하지 않더라도 죄인과 함께 같은 곳에 유배한다([규칙] ⑶, ⑷ 참조). 그러므로 갑의 배우자는 자원하지 않더라도 갑과 함께 같은 곳에 유배된다. ①은 갑의 배우자는 자원하지 않으면 갑과 함께 유배되지 않는다고 기술하고 있으므로 옳지 않은 진술이다.

② 을은 살인죄를 범한 죄인이다. 살인죄를 범한 죄인은 사형에 처하고 그 배우자는 유배하므로([규칙] ⑴ 참조), 을은 사형에 처하고 을의 배우자는 유배한다. 그런데 살인죄를 범한 죄인에 대하여 사면이 선포되면 죄인은 유배형에 처하고 그 배우자는 자원하면 죄인과 함께 같은 곳에 유배한다([규칙] ⑶, ⑷ 참조). 그러므로 을의 배우자는 자원하면 을과 함께 같은 곳에 유배된다. ②는 을의 배우자는 자원하지 않더라도 을과 같은 곳에 유배된다고 기술하고 있으므로 옳지 않은 진술이다.

④ 정은 강도죄를 범한 죄인이다. 강도죄를 범한 죄인은 유배형에 처하고 그 배우자는 자원하면 죄인과 함께 같은 곳에 유배한다([규칙] ⑵, ⑷ 참조). 그런데 유배형에 처한 죄인은 사면이 선포되면 석방하는데, 그 죄인이 유배지로 이송되던 중이면 함께 이송되던 배우자도 석방한다. 그러나 유배지로 이송되던 중 도망한 죄인에 대하여 선포된 사면은 죄인과 그 배우자에게 효력이 없다([규칙] ⑹ 참조). 유배지로 이송되던 죄인이 도망하더라도 함께 이송되던 배우자는 계속 이송한다([규칙] ⑸ 참조). 그러므로 정의 배우자는 자원하여 정과 함께 유배지로 이송되던 중이었더라도 석방될 수 없다. ④는 정의 배우자는 자원하여 정과 함께 유배되었다면 석방된다고 기술하고 있으므로 옳지 않은 진술이다.

⑤ 무는 강도죄를 범한 죄인이다. 강도죄를 범한 죄인은 유배형에 처하고 그 배우자는 자원하면 죄인과 함께 같은 곳에 유배한다([규칙] ⑵, ⑷ 참조). 그런데 유배형에 처한 죄인은 사면이 선포되면 석방하는데, 그 죄인이 유배지로 이송되던 중이면 함께 이송되던 배우자도 석방한다. 그러나 유배지로 이송되던 중 도망한

죄인에 대하여 선포된 사면은 죄인과 그 배우자에게 효력이 없다([규칙] (6) 참
조). 유배지로 이송되던 죄인이 도망하더라도 함께 이송되던 배우자는 계속 이
송한다([규칙] (5) 참조). 다만, 사면이 선포되기 전에 유배지로 이송되던 중 도망
한 죄인이 사면이 선포된 후에 사망한 것으로 확인되는 경우 자원하여 유배된
배우자는 석방된다([규칙] (7) 참조). 그러므로 무의 배우자는 석방된다. ⑤는 무
의 배우자는 무와 함께 유배되었더라도 석방되지 않는다고 기술하고 있으므로
옳지 않은 진술이다.

05.

〈주장〉에 대한 평가로 옳은 것만을 〈보기〉에서 있는 대로 고른 것은?

당사자의 자유로운 의사결정에 의해 체결된 계약을 통제하기 위해서는 정당화 사유가 있어야
한다. 그것이 정보비대칭으로 발생한 시장실패의 교정에 있다는 주장 A와 역학적 불균형으로부
터의 보호에 있다는 주장 B가 존재한다.

〈주장〉

A : 정보비대칭은 계약체결시 계약의 체결과 내용에 의미가 있는 제반 사정이 당사자에게 불평등
하게 분배되는 상황을 초래하여 시장실패를 발생시킨다. 시장실패가 불러온 제품의 질적 저
하라는 위험은 계약당사자 중 정보의 열위에 있는 자가 모두 부담한다. 정보비대칭으로 인한
시장실패를 교정하기 위해 계약은 통제되어야 한다. 정보비대칭은 관련 정보를 상대방에게
제공하기만 하면 해소된다. 상대방이 알고 있는 정보나 시장에서 형성된 가격과 같은 정보는
이미 제공된 것으로 본다.

B : 계약은 강자의 손에서는 강력한 무기가 되고 약자의 손에서는 무딘 도구가 된다. 계약에서의
자기결정권은 당사자가 대등한 교섭력을 가지는 경우에만 보장된다. 당사자 일방은 미성년자
이고 상대방은 성년자인 경우나 당사자 일방만이 국가인 경우처럼 역학적 불균형 상태에서
체결된 계약은 당사자 일방의 자기결정권만 보장하므로 통제되어야 한다.

보 기

ㄱ. 성년자 갑이 자기 소유의 물건에 관한 모든 정보가 적힌 설명서를 대학을 졸업한
미성년자 을에게 교부한 후 을과 매매계약을 체결한 경우, 이 계약에 대한 통제는

A에 의해서는 정당화되지 않고 B에 의해서는 정당화된다.

ㄴ. 미성년자 병이 온라인 중개 플랫폼을 통해 일면식도 없는 성년자 정에게 자신이 소유한 자전거를 시장가격보다 훨씬 낮은 가격으로 매도한 경우, 이 계약에 대한 통제는 A에 의해서는 정당화되고 B에 의해서는 정당화되지 않는다.

ㄷ. 성년자 무와 국가 X가 어떤 토지에 관한 모든 정보를 알고 그 토지에 대한 매매 계약을 체결한 경우, 이 계약에 대한 통제는 A에 의해서든 B에 의해서든 정당화 되지 않는다.

① ㄱ   ② ㄷ   ③ ㄱ, ㄴ
④ ㄴ, ㄷ   ⑤ ㄱ, ㄴ, ㄷ

문항 성격   문항유형 : 논증 분석

내용영역 : 규범

평가 목표   이 문항은 의사결정에 의해 체결된 계약의 내용통제의 정당화 사유에 대한 정확한 이 해를 기초로 하여 〈주장〉을 올바르게 평가할 수 있는 능력을 측정하는 문항이다.

문제 풀이   정답 : ①

각 주장의 핵심 내용은 다음과 같다.

A : 이 주장은 계약통제의 정당화 사유를 정보비대칭에서 찾는다. 정보비대칭으로 인한 시장실 패가 결국 제품의 질적 저하라는 위험을 가져오며, 그 위험은 계약당사자 중 정보의 열위 에 있는 자가 모두 부담하기 때문에 계약을 통제해야 한다고 주장한다.

B : 이 주장은 계약통제의 정당화 사유를 역학적 불균형으로부터 계약당사자를 보호하는 것에 서 찾는다. 역학적 불균형이 존재하는 경우에는 계약당사자 일방의 자기결정권만이 보장되 므로 계약을 통제해야 한다고 주장한다.

〈보기〉 해설   ㄱ. A에 의하면, 성년자 갑이 자기 소유의 물건에 관한 모든 정보가 적힌 설명서를 교부하기만 해도 정보의 비대칭성은 해소된다. 따라서 A에 의한 계약의 통제는 정당화되지 않는다. 반면에 갑은 성년자이고 을은 대학을 졸업하였지만 미성년 자이므로, B에 의하면 당사자 간의 역학적 불균형은 존재한다. 따라서 B에 의한 계약통제는 정당화된다. 따라서 ㄱ은 옳은 평가이다.

ㄴ. A와 B에 의하면 병이 일면식도 없는 정에게 온라인 중개 플랫폼을 통해 자신이 소유한 자전거를 매도한 것은 계약통제가 정당한지를 판단하는 데 크게 문제가

되지 않는다. 한편 병이 시장가격보다 낮은 금액으로 자신 소유의 자전거를 매
도한 경우에 시장가격은 이미 공개된 정보이므로 미성년자가 낮은 가격으로 매
도하였다 할지라도 정보비대칭의 문제는 발생하지 않는다. 반면에 병은 미성년
자이고 정은 성년자이므로 그 자체로 당사자는 역학적 불균형 상태에 놓인다.
따라서 병과 정의 계약통제는 A에 의해서는 정당화되지 않고 B에 의해서는 정
당화된다. 따라서 ㄴ은 옳지 않은 평가이다.

ㄷ. 성년자 무와 국가 X는 이미 계약의 대상인 어떤 토지에 관한 모든 정보를 알고
있으므로 정보의 비대칭은 발생하지 않는다. 반면에 계약당사자 일방만이 국가
이므로 양자는 역학적 불균형 상태에 놓인다. 따라서 무와 국가 X가 체결한 계
약의 통제는 A에 의해서는 정당화되지 않고 B에 의해서는 정당화된다. 따라서
ㄷ은 옳지 않은 평가이다.

〈보기〉의 ㄱ만이 옳은 평가이므로 정답은 ①이다.

06.

다음으로부터 추론한 것으로 옳은 것만을 〈보기〉에서 있는 대로 고른 것은?

X국의 법에 의하면 의료인이 그 의료행위에서 주의의무를 다하지 못하여 사고가 발생한 경우
에는 의료인 자신이 그 피해에 대한 배상책임을 부담한다. 그러나 의료인이 주의의무를 다하였으
나 불가항력으로 인하여 사고가 발생한 경우에는 배상책임이 없다.

또한 의료사고가 발생한 경우 일반인으로서는 의료인의 주의의무 위반을 밝혀내기 극히 어렵
고, 주의의무 위반이 밝혀지더라도 배상에 시간이 오래 소요된다. 따라서 의료사고 피해자를 보
호해주기 위하여 국가가 피해를 보상하는 법안이 다음과 같이 제출되었다.

〈1안〉
제○조 의료인이 주의의무를 다하였으나 불가항력으로 인한 의료사고로 피해가 발생한 경우 그
피해는 국가가 보상한다.

〈2안〉
제○조 의료사고로 피해가 발생한 경우 의료인이 주의의무를 다하였는지 여부를 묻지 아니하고
그 피해는 국가가 보상한다. 국가는 보상 후 의료인이 주의의무를 다하지 못한 경우에 한하여
그에게 보상액을 청구할 수 있다.

〈3안〉

제○조 의료인이 주의의무를 다하지 못하여 의료사고로 피해가 발생한 경우 그 피해는 국가가 보상한다. 국가는 보상 후 그 의료인에게 보상액을 청구할 수 있다.

보 기

ㄱ. 의료인이 주의의무를 다하였으나 불가항력으로 인하여 의료사고가 발생한 경우에는 〈1안〉에 따르든 〈2안〉에 따르든 환자는 국가로부터 피해의 보상을 받을 수 있다.

ㄴ. 의료인이 주의의무를 다하지 못하여 의료사고가 발생한 경우에는 〈2안〉에 따르든 〈3안〉에 따르든 환자는 국가로부터 피해의 보상을 받을 수 있다.

ㄷ. 의료인이 주의의무를 다한 경우에는 〈1안〉, 〈2안〉, 〈3안〉 중 어느 것에 따르더라도 국가는 의료인에게 보상액을 청구할 수 없다.

① ㄱ 　　② ㄷ 　　③ ㄱ, ㄴ

④ ㄴ, ㄷ 　　⑤ ㄱ, ㄴ, ㄷ

문항 성격　문항유형 : 언어 추리

내용영역 : 규범

평가 목표　이 문항은 의료사고로 발생한 피해에 대한 보상 규정을 사례에 올바르게 적용하는 능력을 평가하는 문항이다.

문제 풀이　정답 : ⑤

X국 법에 의하면 다음이 성립한다.

의료사고 원인	의료인의 배상책임
의료인이 주의의무를 다하지 못하여 사고가 발생	있음
의료인이 주의의무를 다하였으나 불가항력으로 인하여 사고가 발생	없음

제출된 각 법안의 내용을 정리하면 다음과 같다.

	내용	구상권
〈1안〉	의료인이 주의의무를 다하였으나 불가항력으로 인하여 사고가 발생한 경우 그 피해는 국가가 보상함	없음
〈2안〉	의료사고가 발생한 경우 의료인이 주의의무를 다하였는지 여부와 상관없이 그 피해를 국가가 보상함	국가는 의료인이 주의의무를 다하지 못한 경우에 한하여 보상액을 청구할 수 있음
〈3안〉	의료인이 주의의무를 다하지 못하여 사고가 발생한 경우 그 피해는 국가가 보상함	국가는 그 의료인에게 보상액을 청구할 수 있음

〈보기〉 해설

ㄱ. 의료인이 주의의무를 다하였으나 불가항력으로 인하여 의료사고가 발생한 경우, 〈1안〉에 의하면 그 피해는 국가가 보상하므로 환자는 국가로부터 피해의 보상을 받을 수 있다. 한편 〈2안〉에 의하면 의료인의 주의의무 여부와 상관없이 의료사고의 피해를 국가가 보상하므로, 환자는 국가로부터 피해의 보상을 받을 수 있다. 따라서 ㄱ은 옳은 추론이다.

ㄴ. 의료인이 주의의무를 다하지 못하여 의료사고가 발생한 경우, 〈2안〉에 의하면 의료인의 주의의무 여부와 상관없이 의료사고의 피해를 국가가 보상하므로, 환자는 국가로부터 피해의 보상을 받을 수 있다. 〈3안〉에 의하면 주의의무를 다하지 못하여 사고가 발생한 경우 그 피해는 국가가 보상하므로, 환자는 국가로부터 피해의 보상을 받을 수 있다. 따라서 ㄴ은 옳은 추론이다.

ㄷ. 의료인이 주의의무를 다한 경우, 〈1안〉에는 그러한 경우 그 피해는 국가가 보상한다는 규정은 있지만 국가가 의료인에게 보상액을 청구할 수 있다는 규정은 없다. 또한 X국의 법에 의하면 의료인이 주의의무를 다한 경우 배상책임이 없으므로, 국가는 의료인에게 보상액을 청구할 수 없다. 〈2안〉에 의하면 의료인이 주의의무를 다하지 못한 경우에 한하여 국가가 의료인에게 보상액을 청구할 수 있다고 하였으므로, 국가는 주의의무를 다한 의료인에게 보상액을 청구할 수 없다. 〈3안〉에는 의료인이 주의의무를 다하지 못한 경우 국가가 의료사고의 피해를 보상한다는 규정은 있지만, 의료인이 주의의무를 다한 경우 국가가 의료사고의 피해를 보상한다는 규정은 없다. 또한 X국의 법에 의하면 의료인이 주의의무를 다한 경우 배상책임이 없으므로, 국가는 의료인에게 보상액을 청구할 수 없다. 따라서 ㄷ은 옳은 추론이다.

〈보기〉의 ㄱ, ㄴ, ㄷ 모두 옳은 추론이므로 정답은 ⑤이다.

07.

[규정]을 〈사례〉에 적용한 것으로 옳지 <u>않은</u> 것은?

혼인과 상속에 관한 고대 X국의 [규정]은 다음과 같다.

[규정]

제○조 ① 혼인하면서 처(妻)가 가져온 재산(이하 '지참재산')은 부(夫)가 소유권을 취득한다.

② 부(夫)의 귀책사유로 이혼하는 경우에만 처(妻)에게 지참재산의 소유권이 회복된다.

③ 부(夫)가 이혼 후 사망한 경우에 상속인이 없다면 그 지참재산의 소유권은 이혼 전의 처(妻)에게 회복된다.

제○조 ① 상속은 유언이 있으면 유언에 따른다.

② 유언이 없으면 상속은 다음에 따른다.

　1. 부부 상호 간에는 상속받을 수 없다.

　2. 자녀는 그 부(父)로부터만 재산을 상속받을 수 있다.

　3. 상속인은 사망한 자(이하 '피상속인')의 상속재산에 대한 소유권을 취득한다. 이때 피상속인이 생전에 부여한 상속재산에 대한 사용권은 피상속인의 사망시 소멸한다.

③ 상속인이 상속을 포기하면 상속받을 수 없다.

〈사례〉

갑과 을이 혼인할 때 처(妻) 을은 소를 지참재산으로 가져왔다. 그 후 갑과 을은 자녀 없이 이혼하였다. 이혼 후 갑은 집 한 채를 구매하였고 병과 혼인하여 자녀 정을 두었다. 갑이 사망 전에 자신의 말에 대한 사용권을 병에게 부여하여 병이 말을 사용하고 있다. 이후 갑은 사망하였고, 갑의 유언장에는 "정이 말을 상속받고, 말에 대한 병의 사용권은 유지되어야 한다."라는 내용이 기재되어 있었다.

① 갑과 을의 이혼이 갑의 귀책사유 때문이라면 을에게 소의 소유권이 회복된다.

② 갑과 을의 이혼이 을의 귀책사유 때문이라면 정은 소를 상속받지 못한다.

③ 정은 갑의 집을 상속받는다.

④ 병이 말의 사용권을 포기하지 않더라도 정은 말을 상속받는다.

⑤ 정이 상속을 포기하면 을에게 소의 소유권이 회복된다.

문항 성격	문항유형 : 언어 추리
	내용영역 : 규범
평가 목표	이 문항은 혼인과 상속에 관한 고대 X국의 [규정]을 〈사례〉에 올바르게 적용하는 능력을 평가하는 문항이다.
문제 풀이	정답 : ②

혼인과 상속에 관한 고대 X국의 [규정]을 정확히 이해하여 〈사례〉에 적용할 수 있어야 한다. [규정]에서 '제ㅇ조'가 두 번 나타나므로 구별을 위해 앞에 나타나는 '제ㅇ조'를 '앞의 제ㅇ조'라고 하고, 뒤에 나타나는 '제ㅇ조'를 '뒤의 제ㅇ조'라고 하자.

정답 해설 ② 갑과 을은 혼인하여 부부가 되었으므로 처 을이 가져온 지참재산인 소는 남편 갑의 재산이 된다(앞의 제ㅇ조 제1항). 그 후 갑과 을은 이혼했는데, 갑과 을의 이혼이 처 을의 귀책사유로 이혼했다면 남편 갑이 계속 소를 소유하게 된다(앞의 제ㅇ조 제2항). 이혼 후에 갑이 사망하였고 소에 대한 갑의 유언이 없으므로, 그 상속인은 처 병은 될 수 없고 그 자녀인 정만 되므로 정이 소를 상속받게 된다(뒤의 제ㅇ조 제2항). ②는 정이 소를 상속받지 못한다고 기술하고 있으므로 옳지 않은 진술이다.

오답 해설 ① 갑과 을은 혼인하여 부부가 되었으므로 처 을이 가져온 지참재산인 소는 남편 갑의 재산이 된다(앞의 제ㅇ조 제1항). 그 후 갑과 을은 이혼했는데, 갑과 을의 이혼이 남편 갑의 귀책사유 때문이라면 을에게 지참재산인 소의 소유권이 회복된다(앞의 제ㅇ조 제2항). 따라서 ①은 옳은 진술이다.

③ 갑이 집을 구매하였으므로 집은 갑의 소유이다. 갑은 집에 대해 어떤 유언도 하지 않고 사망하였다. 갑의 처 병은 상속인이 되지 못하고, 자녀인 정이 단독상속인으로 아버지인 갑으로부터 집을 상속받는다(뒤의 제ㅇ조 제1항, 제2항). 따라서 ③은 옳은 진술이다.

④ 말은 갑의 소유이다. 갑은 "정이 말을 상속받고, 말에 대한 병의 사용권은 유지되어야 한다."라고 유언했으므로, 병이 말의 사용권을 포기하지 않더라도 정은 말을 상속받는다(뒤의 제ㅇ조 제1항). 따라서 ④는 옳은 진술이다.

⑤ 소에 대한 갑의 유언이 없으므로, 갑으로부터 소를 상속받을 수 있는 유일한 사람은 자녀 정이다(뒤의 제ㅇ조 제1항, 제2항). 상속인인 정이 상속을 포기하면 상속받을 수 없다(뒤의 제ㅇ조 제3항). 이 경우에는 갑의 처 병과 자녀 정은 모두 상속인이 될 수 없고 소는 갑의 전처 을의 지참재산에 해당하므로 '부(夫)가 이혼 후 사망했을 때 상속인이 없는 경우'에 해당되어 을에게 소의 소유권이 회복된다(앞의 제ㅇ조 제3항). 따라서 ⑤는 옳은 진술이다.

08.

〈견해〉에 대한 분석으로 옳은 것만을 〈보기〉에서 있는 대로 고른 것은?

공공재는 공중이 공동으로 이용할 수 있는 재화로서 그 소유권은 국민이 가진다. 공공재는 누구나 그것에 접근하여 이용할 수 있고 누구도 그것의 이용을 금지시킬 수 없다. 그런데 공공재는 관리가 안 되면 필연적으로 그 가치가 감소하게 된다. 이러한 편익감소를 막기 위해 국가가 '행정'이라는 이름으로 공공재를 관리한다. 그러나 이러한 경우에는 효율성이 떨어지는 문제가 있어 국가가 공공재를 관리하는 방법에 관하여 다음과 같은 〈견해〉가 제기되었다.

〈견해〉

A : 국민이 공공재에 대한 관리를 전적으로 국가에 위임하였으므로 국가는 공공재를 직접 관리하거나 제3자에게 관리하게 할 수 있다. 국가는 효율적으로 공공재를 관리하여 이용가격에 합당한 서비스 품질을 보장하기 위해 공공재의 관리를 민영화할 필요가 있다. 다만 국민은 공공재를 국가가 직접 관리하는 경우에 자기가 부담하는 비용을 초과하여 부담하지 않는 것을 조건으로 국가에 관리방법의 재량을 부여한 것이다. 국가는 이 조건을 충족시켜야 한다.

B : 민영화는 영리성을 고려할 수밖에 없으므로 종전에 국가가 관리하던 공공재 서비스 이용가격이 종국적으로 인상되거나 종전 가격 대비 서비스의 질적 하락을 가져온다. 따라서 국가는 민영화의 대안으로 '협치'를 채택하여야 한다. 국가는 편익감소를 막아야 하는 경우를 제외하고는 공공재의 관리에 직접 관여해서는 안 되며, 공공재를 이용하는 사회 구성원들이 그에 의해 발생하는 문제를 자치적으로 해결할 수 있도록 해야 한다. 시민사회의 협치가 실패하면 공공재가 관리되지 않는 상태가 된다. 따라서 사회 구성원들은 협치가 실패하지 않도록 노력해야 한다.

보기

ㄱ. A에 의하면, 공공재 X의 민영화 이후 이용가격이 국가가 직접 관리하였다면 국민이 부담하였을 이용가격보다 오른 경우, 국가는 초과된 부분을 국민이 부담하게 할 수 없다.

ㄴ. B에 의하면, 사회 구성원들에 의한 협치가 실패한 경우에는 국가는 공공재의 관리에 직접 관여할 수 있다.

ㄷ. 민영화를 하는 경우에 국가가 공공재 이용가격을 통제하면서 서비스의 질적 저하를 막을 수 있다는 연구 결과는 A를 강화하고 B를 약화한다.

① ㄱ   ② ㄴ   ③ ㄱ, ㄷ

④ ㄴ, ㄷ   ⑤ ㄱ, ㄴ, ㄷ

문항 성격   문항유형 : 논증 평가 및 문제해결

내용영역 : 규범

평가 목표   이 문항은 국가가 공공재를 관리하는 방법에 대한 〈견해〉를 정확하게 이해하고 평가
할 수 있는 능력을 측정하는 문항이다.

문제 풀이   정답 : ⑤

제시문에서 공공재를 민영화를 통해 관리하자는 견해와 민영화 대신 '협치'를 통해 관리하자는
견해가 소개되고 있다. 각 견해의 핵심은 다음과 같다.

A : 이 견해는 국민이 공공재를 어떻게 관리할 것인지에 대해서 전적으로 국가에 위임하였으므로
국가는 제3자에게 공공재를 관리하게 할 수 있으며, 효율적으로 공공재를 관리하여 이용가격
에 합당한 서비스 품질을 보장하기 위해서 국가가 직접 관리하지 않고 민영화하자고 주장한다.

B : 이 견해는 민영화가 가지는 문제점을 고려하여 '협치'를 통해서 공공재를 관리하게 하고 특별
한 사정이 없는 한 국가는 공공재 관리에 직접 관여해서는 안 된다고 주장한다.

〈보기〉 해설   ㄱ. A에 의하면, 공공재 관리를 국가가 직접 관리하지 않고 민영화 등을 통해 제3자
에게 맡기는 경우에도 국가가 관리하였다면 국민이 부담하였을 비용을 초과하
여 부담하지 않는 것을 조건으로 국민이 국가에 관리 방법의 재량을 부여한 것
이다. 이에 국가는 민영화 이후에 공공재 X의 이용가격이 국가가 직접 관리하였
다면 국민이 부담하였을 이용가격보다 초과된 부분에 대해서는 국민에게 부담
하게 할 수 없다. 따라서 ㄱ은 옳은 분석이다.

ㄴ. B에 의하면, '협치'가 실패하면 그 상태는 공공재가 관리되지 않는 상태가 된다.
공공재가 관리되지 않으면 필연적으로 편익감소가 발생하므로 국가는 편익감소
를 막아야 하며, 그 경우에는 B에 의해서도 국가가 직접 공공재 관리에 관여할
수 있다. 따라서 ㄴ은 옳은 분석이다.

ㄷ. 민영화를 하는 경우에 국가가 공공재 이용가격을 통제하면서 서비스의 질적 저
하를 막을 수 있다는 연구 결과는 민영화에 의해 이용가격에 합당한 서비스 품
질을 보장할 수 있다는 A의 주장을 강화하고, 민영화로 이용가격이 종국적으로
인상되거나 종전 가격 대비 서비스의 질적 하락을 가져온다는 문제점을 지적한
B의 주장을 약화한다. 따라서 ㄷ은 옳은 분석이다.

〈보기〉의 ㄱ, ㄴ, ㄷ 모두 옳은 분석이므로 정답은 ⑤이다.

09.

〈이론〉에 따라 〈사례〉를 판단한 것으로 옳은 것만을 〈보기〉에서 있는 대로 고른 것은?

ㄱ. Y국 법원이 ㉡을 적용하여 판단하면 을은 갑으로부터 손해배상을 받을 수 없다.

ㄴ. Y국 법원이 ㉠, ㉢, ㉥의 순서로 적용하여 판단하든 ㉠, ㉣, ㉥의 순서로 적용하여

판단하든 을은 갑으로부터 손해배상을 받을 수 없다.

ㄷ. Y국 법원이 ㉠, ㉣, ㉤의 순서로 적용하여 판단하든 ㉠, ㉣, ㉦의 순서로 적용하여 판단하든 을은 X국, Y국, Z국에서 발생한 모든 손해에 대하여 갑으로부터 손해배상을 받을 수 있다.

① ㄴ   ② ㄷ   ③ ㄱ, ㄴ
④ ㄱ, ㄷ   ⑤ ㄱ, ㄴ, ㄷ

문항 성격	문항유형 : 언어 추리
	내용영역 : 규범

평가 목표 이 문항은 명예훼손이라는 불법행위가 온라인 콘텐츠를 통하여 국제적으로 발생하는 경우에 적용되는 국제재판관할과 준거법의 법리를 이해하여 가상의 〈사례〉에 올바로 적용할 수 있는 능력을 평가하는 문항이다.

문제 풀이 정답 : ③

〈이론〉은 온라인 콘텐츠를 통한 국제적인 명예훼손 사안에 대하여 국제재판관할이 인정되어 재판권을 행사할 수 있는 나라는 어디인지(1단계), 재판권을 행사할 수 있는 나라의 법원이 어느 범위에서 재판권을 행사할 수 있는지(2단계), 손해배상의 성립 여부와 금액을 판단하기 위하여 어느 나라의 법을 적용하여야 하는지(3단계)에 관한 대립되는 견해를 순차적으로 제시하고 있다. 〈이론〉에 제시되어 있는 ㉠과 ㉡은 위 1단계에 관한 대립되는 견해이고, ㉢과 ㉣은 위 2단계에 관한 대립되는 견해이며, ㉤, ㉥, ㉦은 위 3단계에 관한 대립되는 견해이다. 1단계, 2단계, 3단계는 단계적 구조를 취하고 있으므로, 1단계에서 재판권을 행사할 수 있는 나라로 인정되어야 2단계, 3단계의 판단으로 나아갈 수 있다.

〈보기〉 해설 ㄱ. ㉡은 피해자의 명예가 훼손된 나라로서 그 나라의 법원이 재판권을 행사할 수 있는 나라는 가해자가 그곳에서 피해자의 명예가 훼손되기를 의도하였던 나라라는 견해이고, 이때 가해자의 의도는 콘텐츠가 작성된 언어와 콘텐츠에 접근할 수 있는 나라의 공용어가 같고 다름을 기준으로 판단한다. 〈사례〉에서 갑이 인터넷에 게시한 을을 비난하는 콘텐츠는 B언어로 작성되었고 을이 갑을 상대로 소를 제기한 Y국의 공용어는 A언어이다. 콘텐츠가 작성된 언어인 B언어와 콘텐츠에 접근할 수 있는 Y국의 공용어인 A언어가 서로 다르므로, 가해자 갑이 Y국에서 피해자 을의 명예가 훼손되기를 의도하였다고 볼 수 없다. 따라서 Y국 법원이 ㉡을 적용하여 판단한다면 Y국 법원은 을이 갑을 상대로 제기한 소에 대하

여 재판권을 행사할 수 없다고 판단할 것이므로 을은 갑으로부터 손해배상을 받
을 수 없다. 그러므로 ㄱ은 옳은 판단이다.

ㄴ. ㉠은 피해자의 명예가 훼손된 나라로서 그 나라의 법원이 재판권을 행사할 수
있는 나라는 피해자가 거주하는 나라라는 견해이다. 〈사례〉에서 피해자 을은 Y
국에 거주하고 있으므로 ㉠을 적용하여 판단한다면 Y국 법원은 을이 갑을 상대
로 제기한 소에 대하여 재판권을 행사할 수 있다고 판단할 것이다. 다음으로 Y
국 법원이 ㉢, ㉅의 순서로 적용하여 판단한다면, Y국 법원은 ㉢에 따라 피해자
을이 Y국에서 입은 손해(30)로 범위를 한정하여 재판권을 행사할 것이고, ㉅에
따라 가해자가 거주하는 나라의 법인 X국법을 적용하여 손해배상의 성립 여부
와 금액을 판단할 것이다. 그러나 X국법은 허위의 사실을 적시한 행위에 대하여
만 손해배상책임을 인정하므로 갑이 진실한 사실을 적시한 콘텐츠를 통하여 을
을 비난한 행위에 대하여는 손해배상책임이 인정되지 않을 것이다. 한편 Y국 법
원이 ㉣, ㉅의 순서로 적용하여 판단한다면, Y국 법원은 ㉣에 따라 피해자 을이
X국, Y국, Z국에서 입은 모든 손해(100)에 대하여 재판권을 행사할 것이고, ㉅
에 따라 가해자가 거주하는 나라의 법인 X국법을 적용하여 손해배상의 성립 여
부와 금액을 판단할 것이다. 그러나 X국법은 허위의 사실을 적시한 행위에 대
하여만 손해배상책임을 인정하므로, 갑이 진실한 사실을 적시한 콘텐츠를 통하
여 을을 비난한 행위에 대하여는 손해배상책임이 인정되지 않을 것이다. 결국 Y
국 법원이 ㉠, ㉢, ㉅의 순서로 적용하여 판단하든 ㉠, ㉣, ㉅의 순서로 적용하여
판단하든, 을은 갑으로부터 손해배상을 받을 수 없다. 그러므로 ㄴ은 옳은 판단
이다.

ㄷ. ㉠은 피해자의 명예가 훼손된 나라로서 그 나라의 법원이 재판권을 행사할 수
있는 나라는 피해자가 거주하는 나라라는 견해이다. 〈사례〉에서 피해자 을은 Y
국에 거주하고 있으므로 ㉠을 적용하여 판단한다면 Y국 법원은 을이 갑을 상대
로 제기한 소에 대하여 재판권을 행사할 수 있다고 판단할 것이다. 다음으로 Y
국 법원이 ㉣을 적용하여 판단한다면 Y국 법원은 피해자 을이 X국, Y국, Z국에
서 입은 모든 손해(100)에 대하여 재판권을 행사할 것이다. 그 다음으로 Y국 법
원이 ㉤을 적용하여 판단한다면 Y국 법원은 피해자 을이 거주하는 나라의 법인
Y국법을 적용하여 손해배상의 성립 여부와 금액을 판단할 것이다. Y국법은 진
실한 사실이든 허위의 사실이든 이를 적시한 행위에 대하여 손해배상책임을 인
정하므로 갑이 진실한 사실을 적시한 콘텐츠를 통하여 을을 비난한 행위에 대
하여 손해배상책임이 인정될 것이다. 따라서 을은 갑으로부터 X국, Y국, Z국에
서 입은 모든 손해인 100에 대하여 손해배상을 받을 수 있을 것이다. 한편 Y국

법원이 ⊘을 적용하여 판단한다면 Y국 법원은 피해자 을이 X국에서 입은 손해(50)에 대하여는 X국법을 적용하고 Y국에서 입은 손해(30)에 대하여는 Y국법을 적용하며 Z국에서 입은 손해(20)에 대하여는 Z국법을 적용하여 손해배상의 성립 여부와 금액을 판단할 것이다. X국법은 허위의 사실을 적시한 행위에 대하여만 손해배상책임을 인정하고 Y국법과 Z국법은 진실한 사실이든 허위의 사실이든 이를 적시한 행위에 대하여 손해배상책임을 인정하는데, 갑은 진실한 사실을 적시한 콘텐츠를 통하여 을을 비난하였으므로, Y국 법원은 피해자 을이 X국에서 입은 손해(50)에 대하여는 X국법을 적용하여 손해배상책임을 인정하지 않고, 피해자 을이 Y국에서 입은 손해(30)에 대하여는 Y국법을 적용하여 손해배상책임을 인정하고 Z국에서 입은 손해(20)에 대하여는 Z국법을 적용하여 손해배상책임을 인정할 것이다. 따라서 을은 갑으로부터 Y국과 Z국에서 입은 손해인 50에 대하여만 손해배상을 받을 수 있을 것이다. 결국 Y국 법원이 ㉠, ㉣, ㉤의 순서로 적용하여 판단하면 을은 갑으로부터 X국, Y국, Z국에서 발생한 모든 손해에 대하여 손해배상을 받을 수 있는 반면에, Y국 법원이 ㉠, ㉣, ⊘의 순서로 적용하여 판단하면 을은 갑으로부터 Y국, Z국에서 발생한 손해에 대하여만 손해배상을 받을 수 있다. 그러므로 ㄷ은 옳지 않은 판단이다.

〈보기〉의 ㄱ, ㄴ만이 옳은 판단이므로 정답은 ③이다.

10.

다음으로부터 추론한 것으로 옳은 것만을 〈보기〉에서 있는 대로 고른 것은?

P사는 2023. 8. 1. 출시한 제품 A를 2023. 8. 1.부터 2023. 8. 31.까지는 정가 15,000원에 판매하다가, 할인율을 표시하지 않고 2023. 9. 1.부터 2023. 9. 10.까지는 14,500원, 2023. 9. 11.부터 2023. 9. 20.까지는 13,500원, 2023. 9. 21.부터 2023. 9. 30.까지는 11,000원에 판매하였다. P사는 2023. 10. 1.부터 6개월간 신문 및 전단을 통하여 A에 대한 '1+1 행사'를 한다고 광고하면서 A의 1개 판매가격을 15,000원으로 기재하였다. 규제기관 Q는 2024. 2. 1. P사의 '1+1 행사' 광고가 [규정]을 위반하였다는 이유로 과태료를 부과하였다. Q는 ㉠판매방식과 관계없이 소비자들은 종전거래가격에 대비하여 50% 할인된 가격으로 구매한다고 생각하므로 '1+1 행사'는 할인판매에 해당한다고 본 것이다.

[규정]

제○조(할인판매) ① 사업자가 상품의 할인판매를 하는 경우 할인율을 표시하고 광고 개시 직전 30일간의 종전거래가격을 기재한다. 다만, 30일간의 가격이 계속 변동된 경우에는 '30일간의 가격의 평균'과 '30일간의 가격 중 최저가격과 최고가격의 평균' 중 낮은 가격을 종전거래가격으로 기재한다.

② 제1항에도 불구하고 서로 다른 조건으로 연달아 할인판매를 하는 경우에는 최초의 할인판매 직전 30일간의 종전거래가격을 기재한다.

③ 제1항 또는 제2항을 위반한 경우에는 3,000만 원 이하의 과태료를 부과한다.

보 기

ㄱ. P사의 '1+1 행사'는 할인율을 직접 표시하지 않았으므로 15,000원을 판매가격으로 기재한 행위가 증정판매를 위한 것에 불과하다는 해석은 ㉠을 약화한다.

ㄴ. Q에 따르면, P사는 A의 판매가격을 13,000원으로 기재했어야 한다.

ㄷ. 할인율을 표시하지 않고 할인하여 판매한 경우도 할인판매로 본다면, P사의 '1+1 행사'가 할인판매로 인정되더라도 P사가 이 행사에서 15,000원을 판매가격으로 기재한 것은 [규정] 위반이 아니다.

① ㄱ   ② ㄴ   ③ ㄱ, ㄷ
④ ㄴ, ㄷ   ⑤ ㄱ, ㄴ, ㄷ

문항 성격	문항유형 : 논증 평가 및 문제해결
	내용영역 : 규범
평가 목표	이 문항은 '1+1 행사' 광고에 대한 평가와 규제기관의 처분행위에 대해 올바른 논거를 찾을 수 있는 능력을 측정하는 문항이다.
문제 풀이	정답 : ③

제시문에서 P사가 2023. 10. 1.부터 제품 A에 대해 '1+1 행사'를 한다고 광고하였다는 것과, 규제기관 Q가 이 광고가 [규정]을 위반하였다는 이유로 과태료를 부과하였다는 사례가 제시되어 있다. [규정]은 사업자가 상품의 할인판매를 하는 경우 할인율 표시와 종전거래가격 기재에 관한 규정이다.

〈보기〉 해설   ㄱ. P사의 '1+1 행사'는 할인율을 직접 표시하지 않았으므로 15,000원을 판매가격으로 기재한 행위가 증정판매를 위한 것에 불과하다는 해석에 따르면 '1+1 행

사'가 할인판매가 아니라 증정판매가 되므로, "'1+1 행사'는 할인판매에 해당한
다"는 ㉠은 약화된다. ㄱ은 옳은 추론이다.

ㄴ. Q에 따르면, P사의 '1+1 행사'는 할인판매에 해당한다. 이 경우 [규정] 제ㅇ조
제1항 본문에 따라 그 할인판매의 할인율을 표시하고 광고 개시 직전 30일간
의 종전거래가격을 기재하여야 한다. 사례에서 P사는 광고 개시 직전 30일간의
가격이 계속 변동하였으므로 [규정] 제ㅇ조 제1항 단서에 의해, '30일간의 가격
의 평균'과 '30일간의 가격 중 최저가격과 최고가격의 평균' 중 낮은 가격을 기
재해야 한다. '30일간의 가격의 평균'은 14,500원, 13,500원, 11,000원의 평균이
므로 13,000원이다. '30일간의 가격 중 최저가격과 최고가격의 평균'은 11,000
원과 14,500원의 평균이므로 12,750원이다. 이에 따라 P사는 더 낮은 가격인
12,700원을 기재했어야 한다. ㄴ은 옳지 않은 추론이다.

ㄷ. 할인율을 표시하지 않고 할인하여 판매한 경우도 할인판매로 본다면, P사가
할인율을 표시하지 않고 2023. 9. 1.부터 2023. 9. 10.까지는 14,500원, 2023.
9. 11.부터 2023. 9. 20.까지는 13,500원, 2023. 9. 21.부터 2023. 9. 30.까지는
11,000원에 판매한 것을 할인판매로 보아야 한다. 따라서 P사의 '1+1 행사'가
할인판매로 인정될 경우, P사의 A 판매는 서로 다른 조건으로 연달아 할인판매
를 하는 경우에 해당하므로 [규정] 제ㅇ조 제2항에 따라 A의 판매가격을 최초의
할인판매 직전 30일간의 가격인 15,000원을 기재해야 한다. 따라서 ㄷ은 옳은
추론이다.

〈보기〉의 ㄱ, ㄷ만이 옳은 추론이므로 정답은 ③이다.

11.

[규정]에 따라 〈사례〉를 분석한 것으로 옳은 것만을 〈보기〉에서 있는 대로 고
른 것은?

[규정]

제1조(개발사업 시행자) ① 국가는 개발구역의 전부 또는 일부에 대한 개발사업을 위하여 지방자
치단체 또는 개발조합 중에서 시행자를 지정한다.

② 국가는 개발사업 시행 전에 시행자를 변경할 수 있다. 다만, 기존 시행자가 선택한 개발사업
시행방식은 제3조에 따라 변경되지 않는 한 변경될 수 없다.

③ 제1항 및 제2항에도 불구하고 개발구역 전부에 대하여 제2조 제1호의 방식으로 개발사업을 시행하는 것은 시행자가 지방자치단체인 경우에 한한다. 이는 시행자 또는 시행방식의 변경으로 인한 경우에도 같다.

제2조(개발사업 시행방식) 시행자는 다음 중 어느 하나의 방식을 선택하여 개발구역의 전부 또는 일부에 대한 개발사업을 시행한다. 다만, 개발구역 일부의 시행자 또는 시행방식이 변경되는 경우에 다음 중 둘 이상의 방식이 개발구역 전부에 대하여 혼용되는 때에는 제3호를 선택한 것으로 본다.

1. 토지 소유권 취득 후 보상금 지급 방식

2. 대체 토지 소유권 이전 방식

3. 제1호와 제2호를 혼용하는 방식

제3조(개발사업 시행방식의 변경) 시행자는 다음 중 어느 하나에 해당하는 경우에만 개발사업 시행방식을 변경할 수 있다.

1. 지방자치단체가 개발구역의 전부 또는 일부에 대하여 개발사업 시행방식을 제2조 제2호 또는 제3호에서 제2조 제1호로 변경하는 경우

2. 개발조합이 개발구역의 전부 또는 일부에 대하여 개발사업 시행방식을 제2조 제3호에서 제2조 제1호 또는 제2호로 변경하는 경우

〈사례〉

A토지, B토지로만 구성된 X개발구역에 대한 개발사업 시행자로 A토지는 P지방자치단체, B토지는 Q개발조합이 지정되었다. P지방자치단체는 제2조 제1호, Q개발조합은 제2조 제3호의 방식을 선택하여 개발사업을 시행하기로 하였다.

보 기

ㄱ. Q개발조합은 B토지 개발사업 시행방식을 제2조 제1호로 변경하여 개발사업을 시행할 수 있다.

ㄴ. A토지 개발사업 시행자가 Q개발조합으로 변경되는 경우 Q개발조합은 X개발구역 전부에 대한 개발사업 시행방식을 제2조 제2호로 변경하여 개발사업을 시행할 수 있다.

ㄷ. B토지 개발사업 시행자가 P지방자치단체로 변경되는 경우 P지방자치단체는 B토지에 대한 개발사업 시행방식을 제2조 제1호로 변경하여 개발사업을 시행할 수 있다.

① ㄱ   ② ㄴ   ③ ㄱ, ㄷ

④ ㄴ, ㄷ   ⑤ ㄱ, ㄴ, ㄷ

 문항유형 : 언어 추리

내용영역 : 규범

 이 문항은 개발사업에 관한 [규정]을 〈사례〉에 올바로 적용할 수 있는 능력을 평가하는 문항이다.

 정답 : ④

〈사례〉를 도식화하면 다음과 같다.

X개발구역	
A토지	B토지
P지방자치단체 – 제2조 제1호	Q개발조합 – 제2조 제3호

 ㄱ. 제3조 제2호만 보면, Q개발조합은 B토지 개발사업 시행방식을 제2조 제3호에서 제2조 제1호로 변경하는 것이 가능하다. 그러나 A토지에 대해 P지방자치단체가 제2조 제1호의 방식으로 개발사업을 시행하기로 했으므로 B토지에 대해 Q개발조합이 제2조 제1호로 시행방식을 변경한다면, X개발구역 전부에 대해 제2조 제1호의 방식으로 개발사업을 시행하는 것이 된다. 그러나 이것은 제1조 제3항(개발구역 전부에 대하여 제2조 제1호의 방식으로 개발사업을 시행하는 것은 시행자가 지방자치단체인 경우에 한한다)에 위배되므로 Q개발조합은 B토지 개발사업 시행방식을 제2조 제1호로 변경하여 개발사업을 시행할 수 없다. ㄱ은 옳지 않은 분석이다.

ㄴ. A토지 개발사업 시행자가 Q개발조합으로 변경되는 경우, Q개발조합이 A토지에 대해서는 제2조 제1호의 방식으로, B토지에 대해서는 제2조 제3호의 방식으로 개발사업을 시행하는 것이 된다. 이 경우 제2조 제1호의 방식과 제2조 제3호의 방식이 혼용되고 있으므로, 제2조의 단서에 의해 Q개발조합은 제2조 제3호를 선택한 것으로 본다.

A토지	B토지
시행자 : P지방자치단체 → Q개발조합 시행방식 : 제2조 제1호	시행자 : Q개발조합 시행방식 : 제2조 제3호
시행자 : Q개발조합 시행방식 : 제1호＋제3호＝제3호(제2조의 단서에 의해)	

따라서 제3조 제2호에 의해 Q개발조합은 X개발구역의 전부에 대한 개발사업 시행방식을 제2조 제3호에서 제2조 제2호로 변경하여 개발사업을 시행할 수 있다. ㄴ은 옳은 분석이다.

ㄷ. B토지 개발사업 시행자가 P지방자치단체로 변경되는 경우, 제3조 제1호에 의해 P지방자치단체는 B토지에 대한 개발사업 시행방식을 제2조 제3호에서 제2조 제1호로 변경할 수 있다. 이렇게 변경한다면 X개발구역 전부에 대하여 제2조 제1호의 방식으로 개발사업을 시행하는 것이지만, 시행자는 P지방자치단체이므로 제1조 제3항에 위배되지 않는다. 따라서 ㄷ은 옳은 분석이다.

〈보기〉의 ㄴ, ㄷ만이 옳은 분석이므로 정답은 ④이다.

12.

다음으로부터 추론한 것으로 옳은 것만을 〈보기〉에서 있는 대로 고른 것은?

P사 주주는 12명이고 각 주주의 지분은 동일하다. 갑은 2022. 3. 1. P사 대표이사로 선임되었고 임기는 2022. 3. 1.부터 2024. 2. 29.까지였다. P사 [정관] 제1조 제2항에 따라 갑이 주주총회를 소집하고 주주총회 의안을 제안하면, 모든 주주가 출석하여 갑이 제안한 의안을 당일 의결하였다. 2023. 6. 30.까지는 9명, 2023. 7. 1.부터는 8명의 주주가 갑이 제안한 주주총회 의안에 찬성하였다. 갑은 임기 중 서로 다른 날에 〈의안 1〉, 〈의안 2〉, 〈의안 3〉을 주주총회에 각 1회 제안하여 P사 [정관]을 개정함으로써 대표이사를 연임하였다.

[정관]

제1조 ① 대표이사 임기는 2년이고 연임할 수 없다.

② 대표이사는 주주총회를 소집할 수 있고 주주총회 의안을 제안할 수 있다.

제2조 정관 개정은 주주총회에서 전체 지분의 4분의 3 이상의 동의에 의한다.

제3조 ① 주주총회에서 정관 개정이 의결되면 그때부터 개정된 정관이 효력을 갖는다.

② 제1조 제1항은 개정되더라도 개정 당시 대표이사에게는 개정의 효력이 없다.

③ 제3조 제2항이 삭제되기 전에 제1조 제1항이 개정되더라도 개정 당시 대표이사에게는 제1조 제1항 개정의 효력이 없다.

〈의안 1〉 [정관] 제1조 제1항의 '없다'를 '있다'로 개정한다.

〈의안 2〉 [정관] 제2조의 '4분의 3'을 '3분의 2'로 개정한다.

〈의안 3〉 [정관] 제3조 제2항을 삭제한다.

ㄱ. 〈의안 1〉과 〈의안 3〉이 2023. 7. 1. 이후에 제안되었다면, 〈의안 2〉는 2023. 6. 30. 이전에 제안되었을 것이다.

ㄴ. 〈의안 2〉가 2023. 7. 1. 이후에 제안되었다면, 〈의안 1〉과 〈의안 3〉은 2023. 6. 30. 이전에 〈의안 3〉, 〈의안 1〉의 순서로 제안되었을 것이다.

ㄷ. 〈의안 3〉이 2023. 6. 30. 이전에 제안되었고 〈의안 1〉이 2023. 7. 1. 이후에 제안되었다면, 〈의안 2〉는 2023. 7. 1. 이후에 〈의안 1〉보다 먼저 제안되었을 것이다.

① ㄴ ② ㄷ ③ ㄱ, ㄴ

④ ㄱ, ㄷ ⑤ ㄱ, ㄴ, ㄷ

문항 성격 문항유형 : 언어 추리

내용영역 : 규범

평가 목표 이 문항은 가상의 주식회사 [정관]과 대표이사에 우호적인 주주의 분포가 변화하는 상황으로부터 대표이사가 일정한 목적을 달성하기 위한 합법적인 [정관] 개정 방안이 무엇인지 파악할 수 있는 능력을 평가하는 문항이다.

문제 풀이 정답 : ③

대표이사가 연임하기 위하여는 [정관] 제1조 제1항을 개정하여 대표이사의 연임이 가능하도록 하여야 하고, 이를 목적으로 하는 〈의안 1〉이 주주총회를 통과하여야 한다. 다만, [정관] 제3조 제2항은 제1조 제1항이 개정되더라도 개정 당시 대표이사에게는 개정의 효력이 없다고 규정하고 있으므로, [정관] 제3조 제2항을 삭제하여 제1조 제1항 개정 당시 대표이사에게도 제1조 제1항 개정의 효력이 미치도록 하여야 한다. [정관] 제3조 제3항은 제3조 제2항이 삭제되기 전에 제1조 제1항이 개정되더라도 개정 당시 대표이사에게는 제1조 제1항 개정의 효력이 없다고 규정하고 있으므로, 〈의안 3〉이 〈의안 1〉보다 먼저 주주총회를 통과하여야 한다. 한편 정관 개정을 위한 주주총회 의안이 2023. 6. 30. 이전에 제안되는 경우에는 대표이사 갑에게 우호적인 주주가 9명이므로 주주총회를 통과할 수 있지만, 정관 개정을 위한 주주총회 의안이 2023. 7. 1. 이후에 제안되는 경우에는 대표이사 갑에게 우호적인 주주가 8명이므로 정관 개정을 위한 의결정족수가 전체 지분의 4분의 3 이상의 동의에서 전체 지분의 3분의 2 이상의 동의로 하향되지 않은 한 주주총회를 통과할 수 없다. 이를 고려하여 정관 개정을 위한 의결정족수를 하향시키는 〈의안 2〉가 제안되어야 하는 시점을 판단하여야 한다.

<보기> 해설 ㄱ. 〈의안 1〉과 〈의안 3〉이 2023. 7. 1. 이후에 제안된 경우 2023. 7. 1. 이후에는 대표이사 갑에게 우호적인 주주가 8명이므로 정관 개정을 위한 의결정족수가 하향되지 않은 한 〈의안 1〉과 〈의안 3〉은 주주총회를 통과할 수 없었을 것이다. 의결정족수를 하향시키는 〈의안 2〉가 주주총회를 통과하기 위하여는 갑에게 우호적인 주주가 9명에서 8명으로 감소하기 전에 주주총회에 제안되었어야 한다. 따라서 〈의안 2〉는 2023. 6. 30. 이전에 주주총회에 제안되었어야 한다. 그러므로 ㄱ은 옳은 추론이다.

ㄴ. 〈의안 2〉가 2023. 7. 1. 이후에 제안된 경우 2023. 7. 1. 이후에는 대표이사 갑에게 우호적인 주주가 8명이므로 의결정족수를 하향시키는 〈의안 2〉는 주주총회를 통과할 수 없었을 것이다. 그렇더라도 〈의안 1〉과 〈의안 3〉이 2023. 6. 30. 이전에 주주총회에 제안되었다면 2023. 6. 30. 이전에는 대표이사 갑에게 우호적인 주주가 9명이므로 〈의안 1〉과 〈의안 3〉이 주주총회를 통과할 수 있었을 것이다. 다만, 〈의안 1〉에 따라 [정관] 제1조 제1항이 개정된 효과가 개정 당시 대표이사에게 미치기 위하여는 〈의안 3〉이 〈의안 1〉보다 먼저 주주총회에 제안되었어야 한다. 그러므로 ㄴ은 옳은 추론이다.

ㄷ. 〈의안 3〉이 2023. 6. 30. 이전에 제안된 경우 2023. 6. 30. 이전에는 대표이사 갑에게 우호적인 주주가 9명이므로 〈의안 3〉은 주주총회를 통과할 수 있었을 것이다. 〈의안 1〉이 2023. 7. 1. 이후에 제안된 경우 2023. 7. 1. 이후에는 대표이사 갑에게 우호적인 주주가 8명이므로 정관 개정을 위한 의결정족수가 하향되지 않은 한 〈의안 1〉은 주주총회를 통과할 수 없었을 것이다. 의결정족수를 하향시키는 〈의안 2〉가 주주총회를 통과하기 위하여는 갑에게 우호적인 주주가 9명에서 8명으로 감소하기 전에 주주총회에 제안되었어야 한다. 따라서 〈의안 2〉는 2023. 6. 30. 이전에 주주총회에 제안되었어야 한다. 그러므로 ㄷ은 옳지 않은 추론이다.

〈보기〉의 ㄱ, ㄴ만이 옳은 추론이므로 정답은 ③이다.

13.

〈견해〉에 대한 분석으로 옳은 것만을 〈보기〉에서 있는 대로 고른 것은?

> 갑과 을은 각자 누군가를 살해할 악한 의도로 치밀한 계획을 세워 살해를 시도했으나, 갑은 살인에 성공했고 을은 살인에 실패했다. 이 경우 갑이 훨씬 더 무겁게 처벌된다. 이는 정당화될 수 있을까? 이에 대해 다음과 같은 〈견해〉가 있다.

〈견해〉

A : 갑과 을 모두 살해 의도를 가지고 있었음에도 갑의 시도가 성공하고 을의 시도가 실패한 것은 '운'이 작용한 탓이다. 자신이 어찌할 수 없는 운에 의한 결과에 따라 둘에 대한 처벌의 경중이 달라지는 것은 정당화될 수 없다. 왜냐하면 그렇게 처벌의 경중이 달라지는 것은 둘을 동등하게 대우하는 것이 아니기 때문이다. 따라서 갑과 을을 다르게 처벌해서는 안 된다.

B : 처벌의 경중은 범죄자에게 얼마나 악한 의도가 있었느냐에 따라 결정되어야 하지만 그것을 정확히 파악하기는 어렵다. 이런 상황에서 살해의 성공 여부는 그 의도의 악랄함의 정도를 보여주는 좋은 지표가 된다. 의도가 악랄할수록 더 용의주도하게 살인을 계획할 것이고 성공할 확률이 높을 것이기 때문이다. 그러므로 성공한 살인을 실패한 살인보다 더 무겁게 처벌해야 한다.

C : 갑을 을보다 더 무겁게 처벌하는 것은 '운에 의한 처벌'이라고 할 수 있으며 이런 처벌은 동등한 대우를 실현하는 길일 수 있다. 예를 들어, 고대에는 반역자들을 처벌할 때 제비뽑기를 통해 '운이 없는' 몇 사람만을 처벌하였다. 모든 반역자에 대해서 같은 승률의 제비뽑기를 통해 처벌 여부를 결정했기 때문에 이는 반역자들을 동등하게 대우했다고 할 수 있다. 이와 마찬가지로 살해 성공이라는 '제비뽑기'에 따라 갑과 을을 다르게 처벌하는 것은 동등한 대우를 실현하는 길이다.

보기

ㄱ. A에 따르면, 누군가를 죽일 의도는 없었으나 난폭운전을 해서 행인을 죽인 사람과 누군가를 죽일 의도로 난폭운전을 해서 행인을 다치게 한 사람을 동일하게 처벌해야 한다.

ㄴ. 의도가 악랄할수록 감정에 휩쓸려 판단력이 떨어진다는 것과 판단력이 떨어질수록 계획의 성공 가능성이 낮아진다는 것이 모두 사실이라면, B의 입장은 약화된다.

ㄷ. A와 C는 갑과 을을 동등하게 대우하여 처벌해야 한다는 것에는 동의하지만 어떤 처벌을 해야 하는지에 대해서는 의견을 달리한다.

① ㄱ　　　　　　　　　　② ㄴ　　　　　　　　　　③ ㄱ, ㄷ

④ ㄴ, ㄷ　　　　　　　　⑤ ㄱ, ㄴ, ㄷ

 문항유형 : 논쟁 및 반론

내용영역 : 인문

 이 문항은 악한 의도를 가지고 행동한 두 행위자 중 한쪽은 살인에 성공하고 다른 한쪽은 살인에 실패한 경우 둘에게 내려지는 처벌이 달라야 하는지에 대한 여러 견해들을 이해하여, 각 견해의 함축과 그 견해들의 공통점, 차이점 등을 분석하는 능력을 평가하는 문항이다.

 정답 : ④

제시문은 악한 의도를 가진 갑과 을 두 사람이 성공과 실패라는 상이한 결과를 맞이할 때 다르게 처벌하는 것이 정당화될 수 있는지에 대한 여러 견해를 제시하고 있다. A는 성공과 실패의 차이가 '운'에 기인하기 때문에, 두 사람을 다르게 처벌하는 것은 정당화될 수 없다고 주장한다. B는 성공과 실패의 차이는 의도의 악랄함의 정도를 반영하므로 다른 처벌이 정당화될 수 있다고 주장한다. C는 성공과 실패를 다르게 처벌하는 것을 '운에 의한 처벌'의 사례로 보면서, 갑과 을을 다르게 처벌하는 것이 정당화될 수 있다고 주장한다.

　ㄱ. A는 악한 의도를 가진 두 사람이 운에 의해 다른 결과를 맞이하게 되었기 때문에 이 두 사람을 동일하게 처벌해야 한다고 주장하고 있다. 죽일 의도가 없는 행위자가 타인을 죽게 한 것과 죽일 의도가 있는 행위자가 타인을 다치게 한 것에 대해서 A는 어떤 입장도 제시하지 않고 있다. 따라서 ㄱ은 옳지 않은 분석이다.

ㄴ. 살인의 의도가 악랄할수록 살인을 성공할 확률이 높을 것이기 때문에 성공한 살인을 실패한 살인보다 더 무겁게 처벌해야 한다는 것이 B의 입장이다. 그런데 의도가 악랄할수록 판단력이 떨어진다는 것과 판단력이 떨어질수록 계획의 성공 가능성이 낮아진다는 것이 사실이라면, 살인의 의도가 악랄할수록 살인을 성공할 확률이 낮아질 것이므로, B의 입장은 약화된다. ㄴ은 옳은 분석이다.

ㄷ. 갑과 을 둘 다 악한 의도를 가졌고 어찌할 수 없는 운에 의해 다른 결과를 가지게 되었으니 동등하게 대우해서 처벌해야 한다는 점에 대해서 A와 C는 의견을 같이한다. 하지만 A와 C는 갑과 을 둘에게 내리는 처벌이 무엇이 되어야 하는가에 대해서는 의견을 달리한다. A는 갑과 을을 동일하게 처벌해야 한다고 주장하고, C는 살해 성공이라는 '제비뽑기'에 따라 갑과 을을 다르게 처벌하는 것이 동등한 대우를 실현하는 길이라고 주장한다. 따라서 ㄷ은 옳은 분석이다.

〈보기〉의 ㄴ, ㄷ만이 옳은 분석이므로 정답은 ④이다.

14.

다음으로부터 〈사례〉를 판단한 것으로 옳은 것만을 〈보기〉에서 있는 대로 고른 것은?

많은 철학자들은 "증거의 부재는 부재의 증거가 아니다."를 일반적인 ⊙격률로 받아들인다. 그러나 언제나 이 격률이 성립하는 것은 아니다. 어떤 사람이 천장에서 나는 소리를 들으려고 애썼지만 어떤 소리도 들리지 않는 경우를 생각해보자. 그는 천장에 쥐가 있다는 어떤 증거도 발견하지 못한다. 이 경우, 증거의 부재가 "천장에 쥐가 없다."는 부재 가설의 증거가 된다. 철학자 A는 다음의 두 조건이 모두 만족되면 증거의 부재가 부재 가설의 증거가 되며, 따라서 위 격률이 성립하지 않게 된다고 주장한다.

- 조건 1 : 부재 가설이 참일 확률은 100%보다 작아야 한다.
- 조건 2 : 부재 가설이 참일 때 '부재 가설이 거짓이라는 증거'를 획득할 확률은 부재 가설이 거짓일 때 '부재 가설이 거짓이라는 증거'를 획득할 확률보다 작아야 한다.

〈사례〉

X산으로 등산을 떠난 갑은 혹시 X산에 멧돼지가 있을까 걱정했다. 하지만 X산에서 멧돼지 발자국을 찾아볼 수 없었다. 이를 바탕으로 갑은 X산에는 멧돼지가 없다고 추론하였다. (단, 멧돼지 유무의 증거는 발자국뿐이라고 가정한다.)

보 기

ㄱ. A에 따르면, X산에 멧돼지가 존재할 확률이 0%일 때 갑의 추론에서 ⊙은 성립하지 않는다.

ㄴ. 갑이 등산하기 전에 누군가 먼저 X산을 깨끗이 정돈하여 모든 동물 발자국을 지워놓았다면, 갑의 추론은 조건 1도 조건 2도 만족하지 않는다.

ㄷ. X산에 멧돼지가 있을 때 멧돼지 발자국이 발견될 확률이 X산에 멧돼지가 없을 때 멧돼지 발자국이 발견될 확률보다 더 큰 경우, 갑의 추론은 조건 2를 만족한다.

① ㄱ   ② ㄷ   ③ ㄱ, ㄴ

④ ㄴ, ㄷ   ⑤ ㄱ, ㄴ, ㄷ

문항 성격   문항유형 : 언어 추리

내용영역 : 인문

 이 문항은 부재 증거와 부재 가설 사이의 관계에 대한 철학적 원칙을 일상생활의 사례에 적용한 것을 적절하게 분석하고 평가할 수 있는 능력을 측정하는 문항이다.

 정답 : ②

부재 가설이란, 무언가가 부재한다는, 즉 '없다는' 가설이다. 격률은 '증거를 발견하지 못했다는 것이 부재 가설의 참의 증거가 아니라는 것', 즉 '있다는 증거가 없다는 것이, 없다는 가설이 참이라는 증거가 아니라는 것'이다. 제시문의 서술과 같이 많은 철학자들은 이 격률을 일반적인 격률로 받아들인다. 그러나 철학자들의 생각과 달리, 일반인들은 일상생활에서 증거의 부재는 부재 가설이 참이라는 증거라고 생각한다. 예를 들어 제시문의 '천장의 쥐'의 사례에서 보듯 '격률'에 역행하는 추론은 오히려 일상적으로는 합리적인 추론으로 보이기도 한다. 철학자 A는 증거의 부재가 부재의 증거가 되는, 즉 격률이 성립하지 않는 두 가지 조건을 제시한다. A에 따르면 조건 1과 조건 2를 모두 만족하는 사례는 격률이 성립하지 않게 된다.

ㄱ. 〈사례〉에서 부재 가설은 '멧돼지가 없다'이다. X산에 멧돼지가 존재할 확률이 0%라면 '멧돼지가 없다'라는 부재 가설이 참일 확률은 100%이므로 조건 1을 만족하지 못한다. A에 따르면 조건 1과 조건 2를 모두 만족해야 격률 '증거의 부재는 부재의 증거가 아니다'가 성립하지 않게 된다. 따라서 이 경우는 조건 1을 만족하지 못하므로 격률이 성립하지 않는 사례라고 할 수 없다. ㄱ은 옳지 않은 판단이다.

ㄴ. 〈사례〉에서 부재 가설은 '멧돼지가 없다'이다. 그리고 '부재 가설이 거짓이라는 증거'는 '멧돼지가 있다는 증거'이며, 이 증거는 '멧돼지 발자국이 발견된다'이다. 갑이 등산하기 전에 누군가 먼저 X산을 깨끗이 정돈하여 모든 동물 발자국을 지워 놓았다면, 이 증거를 획득할 확률은 0이 된다. 따라서 '멧돼지가 없다'가 참일 때 '멧돼지가 있다는 증거'를 획득할 확률과 '멧돼지가 없다'가 거짓일 때 '멧돼지가 있다는 증거'를 획득할 확률 모두 0으로 동일하다. 따라서 조건 2가 만족되지 않는다. 그러나 조건 1이 만족되지 않는지는 보장되지 않는다. 모든 동물 발자국을 지웠다는 것이, '멧돼지가 없다'가 참일 확률이 100%라는 것을 의미하지도 않고 그와 관련도 없기 때문이다. 따라서 ㄴ은 옳지 않은 판단이다.

ㄷ. 이 선택지는 조건 2에 〈사례〉를 그대로 대입한 것이다. 부재 가설이 참일 때(멧돼지가 없을 때) '부재 가설이 거짓이라는 증거'(멧돼지 발자국이 발견된다)를 획득할 확률이, 부재 가설이 거짓일 때(멧돼지가 있을 때) '부재 가설이 거짓이라는 증거'(멧돼지 발자국이 발견된다)를 획득할 확률보다 더 작으므로, 조건 2가 만족된다. 따라서 ㄷ은 옳은 판단이다.

〈보기〉의 ㄷ만이 옳은 판단이므로 정답은 ②이다.

15.

다음으로부터 〈사례 1〉과 〈사례 2〉를 판단한 것으로 옳은 것만을 〈보기〉에서
있는 대로 고른 것은?

위선과 비난에 대해 다음과 같은 [원리]가 있다.

[원리] 어떤 사람 X가 어떤 규범 N의 위반에 대하여 위선자가 아닐 경우, 그리고 그 경우에만
N을 위반한 어떤 다른 사람 Y를 비난할 자격이 있다.

그런데 [원리]에서 위선자를 어떻게 정의할지에 대해 다음과 같은 주장이 있다.

A : X가 N을 위반했고 N을 위반한 다른 사람을 비난했을 경우, 그리고 그 경우에만 X는 N의
위반에 대하여 위선자이다.

B : X가 N을 위반했고 N을 위반한 자신을 비난하지 않지만 N을 위반한 다른 사람을 비난했을
경우, 그리고 그 경우에만 X는 N의 위반에 대하여 위선자이다.

C : X가 N을 위반했고 X에게는 자신을 제외하고 다른 사람만 비난하는 성향이 있어 그 성향
때문에 X가 N을 위반한 다른 사람을 비난하고 자신을 비난하지 않는 경우, 그리고 그 경우
에만 X는 N의 위반에 대하여 위선자이다.

〈사례 1〉

갑과 을은 1년 전에 각자 거짓말을 하였다. 당시 갑은 거짓말을 한 자신을 비난하지 않았지만
거짓말을 한 을을 비난하였다. 이후 갑은 잘못된 행위에 대해서는 자신이든 다른 사람이든 비난
하는 성향을 가지게 되었다. 최근 갑과 을이 각자 거짓말을 하였다. 갑은 거짓말을 한 자신을 비
난하고 거짓말을 한 을을 비난하고 있는데, 이는 모두 자신이 가진 그 성향 때문이다.

〈사례 2〉

병과 정은 지난 1년간 시험 볼 때마다 유혹을 이기지 못하고 부정행위를 했으며 이를 서로 알
고 있다. 병은 부정행위를 한 자신을 매번 비난했고 부정행위를 한 정을 매번 비난했다. 정은 부
정행위를 한 병을 비난했지만 부정행위를 한 자신을 비난하지 않았는데, 이는 모두 자신이 가진
성향 때문이다.

보 기

ㄱ. A에 따르면 1년 전 상황에서 갑은 을을 비난할 자격이 없고, C에 따르면 현재 상황
에서 갑은 을을 비난할 자격이 없다.

ㄴ. B에 따르면 병은 정을 비난할 자격이 있지만, C에 따르면 병은 정을 비난할 자격이
  없다.
ㄷ. A에 따르든 B에 따르든 정은 병을 비난할 자격이 없다.

① ㄴ　　　　　　　　② ㄷ　　　　　　　　③ ㄱ, ㄴ
④ ㄱ, ㄷ　　　　　　　⑤ ㄱ, ㄴ, ㄷ

<table>
<tr><td>문항 성격</td><td>문항유형 : 언어 추리</td></tr>
</table>

문항유형 : 언어 추리

내용영역 : 인문

평가 목표 이 문항은 비난할 자격과 위선자에 관한 견해를 정확하게 이해하여 사례에 올바로 적
용할 수 있는 능력을 평가하는 문항이다.

문제 풀이 정답 : ②

[원리]는 N의 위반에 대하여 위선자가 아닐 경우, 그리고 그 경우에만 N을 위반한 사람을 비난할
자격이 있다고 말한다. N의 위반에 대해서 위선자가 되는 필요충분조건에 대해 A, B, C의 견해가
다르며, 이 세 견해가 제시하는 조건들의 차이는 다음과 같다.

A : N을 위반, N을 위반한 다른 사람 비난함

B : N을 위반, N을 위반한 자신을 비난하지 않음, N을 위반한 다른 사람을 비난함

C : N을 위반, N을 위반한 자신을 비난하지 않음, N을 위반한 다른 사람을 비난함, 잘못에 대
  해 자신을 비난하지 않고 다른 사람만 비난하는 성향이 있음

〈사례 1〉과 〈사례 2〉에서 갑, 병, 정의 특징을 정리하면 다음과 같다.

갑 : (1년 전) 거짓말을 했음, 거짓말을 한 을을 비난했음

  (현재) 거짓말을 함, 거짓말을 한 자신을 비난함, 거짓말을 한 을을 비난함, 두 비난이 성향
  에서 나옴

병 : 부정행위를 했음, 부정행위를 한 자신을 비난했음, 부정행위를 한 정을 비난했음

정 : 부정행위를 했음, 부정행위를 한 자신을 비난하지 않았음, 부정행위를 한 병을 비난했음,
  자신을 비난하지 않은 것과 병을 비난한 것 모두 자신의 성향에서 나옴

〈보기〉해설 ㄱ. 1년 전에 갑은 거짓말을 했고 거짓말을 한 을을 비난했으므로 A에 따르면 1년
전의 갑은 위선자이고 따라서 을을 비난할 자격이 없다. 그 이후 갑은 잘못에
대해서는 다른 사람이든 자신이든 비난하는 성향을 가지게 되었고 그 성향으로
인해 현재 갑은 거짓말을 한 을과 자신을 비난하고 있다. 비록 성향에서 나온

행위이긴 하지만 갑은 잘못한 행위를 한 자신과 동일한 잘못을 한 을을 둘 다 비난하고 있다. 따라서 C에 따르면 갑은 위선자가 아니므로 현재 갑은 을을 비난할 자격이 있다. ㄱ은 옳지 않은 판단이다.

ㄴ. 병은 부정행위에 대해서 정과 자신을 둘 다 비난했으므로, B에 따르면 병은 위선자가 아니고 따라서 정을 비난할 자격이 있다. 병은 자신과 정을 둘 다 비난했으므로, C에 의하면 병은 위선자가 아니고 따라서 병은 정을 비난할 자격이 있다. ㄴ은 옳지 않은 판단이다.

ㄷ. 정은 부정행위에 대해 자신을 비난하지 않았지만 병을 비난했는데, 이는 둘 다 정이 가진 성향 때문이다. 정은 부정행위를 했고 부정행위를 한 병을 비난했으므로, A에 따르면 위선자이며 따라서 정은 병을 비난할 자격이 없다. 정은 부정행위를 했고 부정행위를 한 병을 비난했지만 부정행위를 한 자신을 비난하지 않았기 때문에, B에 따르면 정은 위선자이며 따라서 정은 병을 비난할 자격이 없다. ㄷ은 옳은 판단이다.

〈보기〉의 ㄷ만이 옳은 판단이므로 정답은 ②이다.

16.

다음 글의 ㉠과 ㉡에 대한 평가로 옳은 것만을 〈보기〉에서 있는 대로 고른 것은?

누군가가 길거리에서 어려움에 빠져 도움이 필요한 상황에서 어떤 행인은 그 사람을 돕는 친사회적인 행동을 하고 어떤 행인은 그냥 지나친다. 도움에 관한 행인의 행동을 예측하려면 무엇을 파악해야 할까? 그 행인의 성격이 너그러운지 아니면 쌀쌀맞은지를 알아야 할까? 아니면 성격 이외의 외부적인 다른 요소를 파악해야 할까?

심리학자 갑이 이를 알아보기 위해 다음과 같은 실험을 수행하였다. 갑은 피실험자 중 50%의 사람들이 길을 걸어가는 중 빵 냄새를 맡아 기분이 좋아지게 했고, 나머지 50%의 사람들에게는 빵 냄새를 맡게 하지 않았다. 그런 직후 행인 역할을 맡은 조수에게 피실험자 앞에서 서류철을 떨어뜨리게 하였다. 그 결과 빵 냄새를 맡은 사람들의 87.5%가 그 행인을 도와주었고, 그렇지 않은 사람들의 4%가 그 행인을 도와주었다. 이로써 갑은 다음과 같이 결론짓게 되었다. 사람의 성격과 상관없이, 빵 냄새를 맡았는지 여부가 그 사람의 행동을 결정하게 된다. 즉, 사람들의 행동을 예측하는 근거는 성격이 아닌 상황적 요소에 있다. 갑은 이 메커니즘을 설명하기 위해서 ㉠사람의 행동을 좌우하는 결정적 요인은 성격보다는 상황적 요소라는 가설을 세웠다. 이 가설에 따르면, 빵 냄새를 맡았다는 상황적 요소가 피실험자의 기분을 좋게 만들었고 이에 따라 피실험자는 타인을 돕고자 하는 동기를 가지게 되었다. 예기치 않은 작은 행운이 그 사람을 너그럽게 만들었다는 것이다. 갑은 위 실험을 근거로 '친사회적 행동'과 '상황적 요소' 사이에 상관성이 있다고 주장하였다. 성격이 아닌 상황적 요소가 행동을 결정하는 요인이라는 것도 놀랍지만 더 놀라운 것은 ⓒ친사회적 행동을 유발한 요인이 아주 사소하거나 하찮은 것일 수도 있다는 것이다.

보 기

ㄱ. 갑의 실험에서 행인을 도와주지 않은 사람 중 대부분이 평소에도 이기적으로 행동한다고 알려진 사람들이었다는 것이 밝혀지면, ㉠은 강화된다.

ㄴ. 갑의 실험에 참여한 사람 가운데 평소 이타적인 성격을 지녔다고 알려진 사람이 그렇지 않은 사람보다 압도적으로 많은 것으로 밝혀지면, ㉠은 약화된다.

ㄷ. 빵 냄새를 맡게 하는 대신에 피실험자 중 50%는 고가의 경품에 당첨되도록 하고 나머지 50%는 아무것도 당첨되지 않도록 실험의 설정을 변경하였음에도 도움을 주는 사람들의 비율이 갑의 빵 냄새 실험에서 나타난 비율과 유사하다면, ㉠은 강화되나 ⓒ은 약화되지 않는다.

① ㄱ 　　② ㄷ 　　③ ㄱ, ㄴ
④ ㄴ, ㄷ 　　⑤ ㄱ, ㄴ, ㄷ

문항 성격	문항유형 : 논증 평가 및 문제해결
	내용영역 : 인문
평가 목표	이 문항은 제시된 실험의 내용과 그 실험이 함축하는 바를 정확하게 이해하고 추가적인 증거가 가설을 강화 또는 약화하는지 판단할 수 있는 능력을 평가하는 문항이다.
문제 풀이	정답 : ②

제시문은 행위자의 도덕적 행동이 행위자의 성격이 아닌 상황적 요소에서 나올 수 있다는 상황주의의 입장을 뒷받침하는 실험을 설명해 주고 있다. 이 실험이 보여주는 것 중 하나는 행위자가 좋은 빵 냄새를 맡아 기분이 좋아지게 되는 것이 타인을 돕는 친사회적인 행동을 하게 하는 원인이 될 수 있다는 것이다. 이 실험을 통해 도출된 가설은 다음과 같다.

사람의 행동을 좌우하는 결정적 요인은 성격보다는 상황적 요소이다. 이 실험에서 주목할 수 있는 것 중 하나는 행위자의 행동을 이끄는 것이 아주 사소한 상황적 요소일 수도 있다는 것이다.

<보기> 해설 ㄱ. 행인을 도와주지 않은 사람 중 대부분이 평소에도 이기적으로 행동한다고 알려진 사람들이었다는 것이 밝혀지면, 이것은 ㉠을 강화하기보다는 약화한다고 보아야 한다. 행인을 돕지 않은 그들의 행동이 빵 냄새를 맡지 않았다는 상황적 요소가 아니라 이기적인 성격에서 기인한 것일 수도 있다는 추정이 가능해지기 때문이다. 따라서 ㄱ은 옳지 않은 평가이다.

ㄴ. 갑의 실험에 참여한 사람 가운데 평소 이타적인 성격을 지녔다고 알려진 사람이 그렇지 않은 사람보다 압도적으로 많은 것으로 밝혀지더라도 ㉠은 약화되지 않는다. 왜냐하면 이타적 성격을 가진 사람들도 '빵 냄새'라는 상황적 요소가 만들어 낸 기분에 따라서 행동이 달라진다는 것을 '빵 냄새 실험'의 결과가 보여준다고 말할 수 있기 때문이다. 따라서 ㄴ은 옳지 않은 평가이다.

ㄷ. 변경된 설정에서도 유사한 결과를 나타냈다는 것은 행동을 결정하는 요인이 상황적 요소에 있다는 가설을 지지하는 근거가 될 수 있으므로 ㉠은 강화된다. ㉡은 단지 행동을 결정하는 상황적 요소가 아주 사소한 것일 수도 있다는 것이므로, 고가의 경품 당첨이 상황적 요소가 되어 행동을 결정하는 요인이 된다는 것이 ㉡을 약화시키지는 않는다. 따라서 ㄷ은 옳은 평가이다.

    <보기>의 ㄷ만이 옳은 평가이므로 정답은 ②이다.

17.

다음 글에 대한 분석으로 옳은 것만을 <보기>에서 있는 대로 고른 것은?

> 내기 참가자에게 1불과 10불 중 하나를 선택하여 가지되 후회할 선택을 해보라고 하자. 후회할 선택을 하는 경우에만 100불이 추가로 지급된다는 것을 참가자에게 미리 알려준다. 더 많은 돈을 얻는 선택이 합리적인 선택이며, 이런 선택에 대해서는 후회하지 않고, 그렇지 않은 선택에 대해서는 후회한다고 하자. 얼핏 보면 ㉠이 내기에서 합리적인 선택은 1불을 선택하는 것이다. 10불을 마다하고 1불을 갖는 것은 후회할 선택이므로 100불이 지급될 것이기 때문이다. 하지만 그렇게 되면 1불을 선택한 행위는 후회할 선택이 아니게 되고, 그러므로 100불은 지급되지 않을 것이다. 선택은 한 번 이루어졌지만 그것이 후회할 선택인지 여부는 계속 변하며, 100불은 지급과 미지급 사이를 끝없이 오가게 된다. 10불을 선택해도 결과는 마찬가지이다. 1불 대신 10불을 선택한 것은 후회할 선택이 아니므로 100불이 지급되지 않는다. 그러면 그 선택은 후회할 선택이 되므로 100불은 지급될 것이다. 하지만 그러면 다시 10불의 선택이 후회할 선택이 아니게 된다. 이번에

도 100불은 지급과 미지급 사이를 끝없이 오가게 된다. 이 내기에서 무엇이 합리적 선택인지 말할 수 없는 것이다.

이 내기의 구조를, 어떤 선택을 할지 고민하는 시점 0부터 자신의 선택을 돌아보는 시점 2까지의 흐름에서 살펴보자. 1불 또는 10불의 선택이 이루어지는 시점은 시점 0과 2 사이인 시점 1이다. 그 선택의 의도는 시점 2에서 후회를 하는 것이다. 의도의 대상은 아직 일어나지 않은 미래이다. 반면에 후회의 대상은 이미 일어난 과거이다. 내기의 참가자는 자신이 시점 1에서 한 선택을 시점 2에서 후회할 것을 시점 0에서 의도했다. 하지만 그 의도가 실현되었다는 바로 그 이유로 시점 1에서 자신이 했던 후회할 선택은 후회하지 않을 선택이 된다. 그리고 이 과정은 끝없이 반복된다. ⓒ시점 0에서 시점 2를 바라볼 때의 의도와 ⓒ시점 2에서 시점 1을 바라볼 때의 후회가 역설적인 결과를 도출한 것이다.

보 기

ㄱ. 참가자가 1불과 10불 중 어느 쪽을 선택하더라도 100불을 추가로 지급하는 것으로 내기의 규칙을 바꾼다면, 후회할 선택을 하는 것은 불가능하다.

ㄴ. 자신의 선택을 후회하지 않는 경우에만 100불을 추가로 지급하는 것으로 내기의 규칙을 바꾼다면, ㉠은 10불을 선택하는 것이다.

ㄷ. 내기에서 1불을 선택하는 경우의 ⓒ과 10불을 선택하는 경우의 ⓒ은, 둘 다 ⓒ을 발생시키려는 것이라는 점에서 차이가 없다.

① ㄱ   ② ㄴ   ③ ㄱ, ㄷ

④ ㄴ, ㄷ   ⑤ ㄱ, ㄴ, ㄷ

문항 성격　문항유형 : 논증 분석
내용영역 : 인문

평가 목표　이 문항은 '의도'와 '후회'에 대한 역설과 그 구조에 대한 설명을 적절하게 분석하고 평가할 수 있는 능력을 측정하는 문항이다.

문제 풀이　정답 : ④

이 내기는 후회를 할 것이라고 예측하고 선택하면 후회를 하지 않게 되고, 그래서 반대쪽 선택을 하면 후회를 해서 상금을 받을 것이므로 다시 후회를 하지 않게 되어 상금을 받지 못하는 구조를 가진 내기다. 여기서 중요한 것은 "선택은 한 번 이루어졌지만 그것이 후회할 선택인지 여부는 계속 변하며"이다. 즉, 1불과 10불 중 하나를 고른 '한 번의 선택'에 대해서 그것이 잘한 선택인지 잘못한 선택인지의 평가가 계속 바뀌는 것이다. 첫 번째 단락은 일종의 사고실험으로서 역설적인 결과가 도출되는 내기를 제시한다. 두 번째 단락은 이 사고실험의 논리적 구조를 분석한다.

ㄱ. 1불과 10불 중 어느 쪽을 선택하더라도 100불을 추가로 받으므로, 두 선택의 총 상금은 각각 101불과 110불이 된다. 그리고 제시문에 주어진 조건에 의해서, 더 적은 돈을 받으면 후회하는 것으로 가정되어 있으므로, 1불의 선택은 후회하는 선택이 된다. 따라서 ㄱ은 옳지 않은 분석이다.

ㄴ. 더 많은 돈을 얻는 선택이 후회하지 않는 선택이므로, 10불을 선택하는 것이 후회하지 않는 선택이다. 이 경우 100불을 추가로 받으므로 이 선택이 후회하지 않는 선택이라는 것은 바뀌지 않는다. 반면 1불을 선택하면 후회하므로 100불을 추가로 받지 못한다. 역시 후회할 선택이라는 것은 바뀌지 않는다. 더 많은 돈을 얻는 선택이 합리적인 선택이므로, 합리적인 선택은 10불을 선택하는 것이다. 따라서 ㄴ은 옳은 분석이다.

ㄷ. 두 번째 단락에서 "그 선택의 의도는 시점 2에서 후회를 하는 것이다."라고 하여, 1불을 선택하는 경우 그 선택의 의도와 10불을 선택하는 경우 그 선택의 의도가 시점 2에서 후회를 하는 것임을 명시하고 있다. 그리고 첫 번째 단락의 내용을 통해, 1불의 선택은 '10불 대신 1불을 선택한 후회'를, 10불의 선택은 '100불을 추가로 받지 못한 후회'를 목표로 함을 알 수 있다. 따라서 ㄷ은 옳은 분석이다.

〈보기〉의 ㄴ, ㄷ만이 옳은 분석이므로 정답은 ④이다.

18.

다음 글에 대한 분석으로 옳은 것만을 〈보기〉에서 있는 대로 고른 것은?

A 마을의 대표들 중 한 명이 B 마을 사람들에게 무차별적으로 오물을 투척하였다. 이에 대한 보복으로 B 마을의 대표들 중 한 명인 갑은 A 마을 사람들에게 무차별적으로 오물을 투척하였고, B 마을의 대표들 중 또 다른 한 명인 을은 A 마을의 대표들에게만 오물을 투척하였다.

아래는 한 집단이 다른 집단에 의해 피해를 받았을 때 피해를 받은 집단이 피해를 가한 집단에게 어떻게 대응해야 하는가라는 질문에 대한 답으로 가능한 원칙들이다.

P1 : 만약 집단 X의 누군가가 집단 Y를 먼저 무차별적으로 공격하거나 피해를 입혔다면, 집단 Y에 속한 사람 누구나 집단 X에 속한 누구에게라도 그에 상응하는 보복을 할 도덕적 권리를 가진다.

P2 : 만약 집단 X의 대표 중 누군가가 집단 Y를 먼저 무차별적으로 공격하거나 피해를 입혔다면, 집단 Y의 대표 누구나 집단 X에 속한 누구에게라도 그에 상응하는 보복을 할 도덕적 권리를 가진다.

P3 : 만약 집단 X의 대표 중 누군가가 집단 Y를 먼저 무차별적으로 공격하거나 피해를 입혔다면, 집단 Y의 대표 누구나 집단 X의 대표들에게 그리고 오직 그들에게만 그에 상응하는 보복을 할 도덕적 권리를 가진다.

ㄱ. 세 원칙 모두 갑과 을의 행동에 대해 같은 도덕적 판정을 내린다.

ㄴ. 갑의 행동을 정당화하기 위해서는 세 원칙 가운데 P1이나 P2에 의존해야 한다.

ㄷ. 을의 행동을 정당화하기 위해 세 원칙 가운데 반드시 P3에 의존할 필요는 없다.

① ㄱ   ② ㄷ   ③ ㄱ, ㄴ
④ ㄴ, ㄷ   ⑤ ㄱ, ㄴ, ㄷ

문항 성격 문항유형 : 언어 추리

내용영역 : 인문

평가 목표 이 문항은 한 집단이 다른 집단에 의해 피해를 받았을 때 피해를 받은 집단이 피해를 가한 집단에게 보복 시 자신의 행동을 어떤 도덕 원칙에 근거해 정당화할 수 있는지에 대해 분석할 수 있는 능력을 평가하는 문항이다.

문제 풀이 정답 : ④

이 문제는 전쟁 시 전투원의 적법한 공격 대상이 무엇인가라는 소재를 변경하여 출제한 문제이다. 세 가지 도덕 원칙에서 전투원이 대표로 변경되었다. 각 원칙의 핵심은 다음과 같다.

P1 : 한 집단 내의 누군가가 다른 집단을 무차별적으로 공격한 상황을 가정하고 있다. 이러한 상황에서 피해를 받은 집단 내의 누구나 피해를 가한 집단에 속한 누구에게라도 그에 상응하는 보복을 할 도덕적 권리를 가진다.

P2 : 한 집단의 대표 중 한 사람이 다른 집단을 무차별적으로 공격한 상황을 가정하고 있다. 이러한 상황에서 피해를 받은 집단의 대표 누구나 피해를 가한 집단에 속한 누구에게라도 그에 상응하는 보복을 할 도덕적 권리를 가진다.

P3 : 한 집단의 대표 중 한 사람이 다른 집단을 무차별적으로 공격한 상황을 가정하고 있다. 이러한 상황에서 피해를 받은 집단의 대표 누구나 피해를 가한 집단의 대표들에게, 그리고 오직 그들에게만 그에 상응하는 보복을 할 도덕적 권리를 가진다.

P1이 가장 많은 보복의 사례를 허용하는 원칙이고, P2가 그 다음으로 많은 사례를 허용하고, P3가 가장 엄격한 원칙이다.

ㄱ. 갑은 보복으로 A 마을 사람들에게 무차별적으로, 즉 대표와 대표 아닌 사람의 구분 없이 오물을 투척하였고, 을은 A 마을의 대표들에게만 오물을 투척하였다. P1과 P2는 갑과 을의 행동이 모두 정당하다고 판정을 내린다. 반면 P3는 을의 행동은 정당하지만 갑의 행동은 정당하지 않다고 판정을 내린다. 세 원칙이 갑과 을의 행동에 대해 같은 도덕적 판정을 내리는 것은 아니므로, ㄱ은 옳지 않은 분석이다.

ㄴ. P1과 P2는 갑의 행동이 정당하다고 판정하지만 P3는 정당하지 않다고 판정을 내린다. 갑의 행동을 정당화하기 위해서는 세 원칙 가운데 P1이나 P2 중 하나에 의존해야 하므로, ㄴ은 옳은 분석이다.

ㄷ. P1, P2, P3는 모두 을의 행동이 정당하다고 판정을 내린다. 을의 행동을 정당화하기 위해 반드시 P3에 의존할 필요는 없으므로, ㄷ은 옳은 분석이다.

〈보기〉의 ㄴ, ㄷ만이 옳은 분석이므로 정답은 ④이다.

19.

다음 글에 대한 분석으로 옳은 것만을 〈보기〉에서 있는 대로 고른 것은?

어떤 행위를 하지 않을 도덕적 의무가 있는지에 관해 다음 원리가 제안되었다.

A : 특정 행위로 타인이 해를 입거나 세상이 더 나빠진다면, 그 행위를 하지 않을 도덕적 의무가 있다.

B : 모든 사람이 특정 행위를 할 경우 타인이 해를 입거나 세상이 더 나빠진다면, 그 행위를 하지 않을 도덕적 의무가 있다.

C : 특정 행위가 모든 사람에게 허용될 경우 타인이 해를 입거나 세상이 더 나빠진다면, 그 행위를 하지 않을 도덕적 의무가 있다.

다음 사례를 보자.

〈사례 1〉

많은 사람이 운전을 즐기고 있다. 이는 지구 온난화를 가속시키며 결국 개발도상국의 취약 계층에게 큰 피해를 준다. 그러나 한 사람의 운전만으로는 지구 온난화에 영향을 미치지 않는다. 갑은 ㉠스포츠카 운전을 즐기기로 했다.

〈사례 2〉

지정된 흡연 구간에서 담배를 피는 행위는 타인에게 별 해를 입히지 않는다. 그러나 아파트에서의 실내 흡연은 이웃에게 피해를 준다. 아파트 20층에 사는 을은 평소 실내에서는 흡연을 하지 않지만 엘리베이터가 고장이 나자 ㉡실내 흡연을 하기로 했다.

〈사례 3〉

병은 아이가 없지만 영구 불임수술을 받을 계획이다. 그런데 모든 사람이 아이를 낳기 전 영구 불임수술을 받으면, 사회적 재앙이 될 것이다. 하지만 영구 불임수술이 허용되고 있음에도 불구하고 실제로 수술을 받는 사람은 많지 않아 세상은 나빠지지 않았다. 병은 ㉢영구 불임수술을 받기로 했다.

보 기

ㄱ. A를 적용하면 갑은 ㉠을 하지 않을 도덕적 의무가 있다고 할 수 없지만, B를 적용하면 ㉠을 하지 않을 도덕적 의무가 있다.

ㄴ. A를 적용하든 B를 적용하든 을은 ㉡을 하지 않을 도덕적 의무가 있다.

ㄷ. B를 적용하면 병은 ㉢을 받지 않을 도덕적 의무가 있지만, C를 적용하면 그렇지 않다.

① ㄱ 　　　　② ㄴ 　　　　③ ㄱ, ㄷ
④ ㄴ, ㄷ 　　　　⑤ ㄱ, ㄴ, ㄷ

문항 성격　문항유형 : 언어 추리
　　　　　　내용영역 : 인문

평가 목표　이 문항은 어떤 행위를 하지 않을 도덕적 의무가 있는지에 대한 몇 가지 윤리 원칙들을 사례에 올바로 적용할 수 있는 능력을 평가하는 문항이다.

문제 풀이　정답 : ⑤

제시문에서 기후 변화 문제에 적용할 수 있는 도덕 원리들 중 세 개가 제시되고 있으며, 개인의 탄소배출 사례와 이와 유사한 두 사례가 제시되어 있다.

원리 A는 타인에게 해를 입히거나 세상을 더 나쁘게 하지 않을 도덕적 의무에 대해 말하고 있다. 원리 B는 모든 사람이 특정 유형의 행위를 하는 가정적 상황에서 누군가 해를 입거나 세상이 더 나빠진다면, 그 유형의 행위를 하지 않을 도덕적 의무에 대해 말한다. 원리 C는 특정 유형의 행위를 하는 것이 허용되는 가정적 상황에서 누군가 해를 입거나 세상이 더 나빠진다면, 그런 유형의 행위를 하지 않을 도덕적 의무에 대해 말한다.

〈사례 1〉은 한 개인이 스포츠카를 운전하는 사례에 대한 판단을 요구한다. 한 사람의 운전은 그 자체로 부정적인 영향을 발생시키지 않으므로, A를 적용할 경우 그 행위를 하지 않을 도덕적 의무가 있는 것은 아니다. 그러나 현재 많은 사람이 운전을 하고 있으며, 모든 사람이 운전을 한다면 지구 온난화가 심화되어 많은 사람이 피해를 입게 될 것이다. 따라서 B를 적용한다면, 갑은 스포츠카 운전을 하지 않을 의무를 가진다.

〈사례 2〉는 실내 흡연에 관한 판단을 묻는다. 지정된 흡연 구간에서의 흡연은 타인에게 특별한 해를 입히지 않으며 세상을 나쁘게 하는 것도 아니다. 그러나 아파트에서의 실내 흡연은 다르다. 한 사람의 실내 흡연만으로도 이웃은 피해를 입을 것이다. 모두가 아파트에서 실내 흡연을 한다면, 많은 사람이 피해를 입을 것이다.

〈사례 3〉은 아직 아이가 없는 상황에서 영구 불임수술을 받을 것인지에 대한 판단을 묻는다. 모든 사람이 아이를 가질 수 없다면 이는 인류의 절멸과 사회적 재앙으로 이어질 것이다. 그러나 영구 불임수술은 현재 허용되고 있음에도 불구하고 실제로 이 수술을 받는 사람은 많지 않아 세상은 나빠지지 않았다. 따라서 그 허용 여부는 사회적 차이를 발생시키지 않을 것이다.

〈보기〉 해설   ㄱ. A를 적용하면, 갑은 ㉠을 하지 않을 도덕적 의무가 있다고 할 수 없다. 〈사례 1〉에서 한 사람의 스포츠카 운전이 지구 온난화에 영향을 미치는 것은 아니기 때문이다. 그러나 B를 적용하면 다르다. 모든 사람이 운전을 하면 지구 온난화 추세가 심화될 것이므로 갑은 ㉠을 하지 않을 도덕적 의무를 가진다. 따라서 ㄱ은 옳은 분석이다.

ㄴ. A를 적용하면, 을은 ㉡을 하지 않을 도덕적 의무가 있다고 할 수 있다. 고층 아파트에서 한 사람이라도 실내에서 흡연을 하면 연기와 냄새로 이웃에게 피해를 주기 때문이다. B를 적용해도 마찬가지다. 고층 아파트에서는 한 사람의 실내 흡연도 해를 끼치는데, 모두가 실내 흡연을 할 경우 피해는 더 커질 것이다. 따라서 ㄴ은 옳은 분석이다.

ㄷ. 〈사례 3〉의 서술에 직접 나오듯, 모두가 아이를 낳기 전에 영구 불임수술을 받는다면, 이는 세상을 나쁘게 할 것이다. 따라서 B를 적용하면 병은 ㉢을 받지 않을 도덕적 의무가 있다. 그러나 영구 불임수술이 현재 허용되고 있음에도 불구하고 실제로 수술을 받는 사람은 많지 않아 세상은 더 나빠지지 않았다. 따라서 C를 적용하면 병은 ㉢을 받지 않을 도덕적 의무가 있다고 할 수 없다. 따라서 ㄷ은 옳은 분석이다.

〈보기〉의 ㄱ, ㄴ, ㄷ 모두 옳은 분석이므로 정답은 ⑤이다.

20.

다음으로부터 추론한 것으로 옳은 것만을 〈보기〉에서 있는 대로 고른 것은?

도덕적 악행의 피해자가 가해자를 용서한다는 것은 무엇일까? 단순히 분노가 사라진다고 해서 진정한 의미에서 용서가 일어난다고 할 수는 없다. 용서가 되려면, 피해자의 분노는 적어도 다음의 세 가지 조건이 만족된 상태에서 없어져야 한다.

첫째, 피해자는 가해자의 행위가 도덕적으로 나쁘다는 판단을 수정하지 않는 방식으로 분노를 버려야 한다. 만약 가해자의 행위에 대한 도덕적 판단을 수정함으로써 분노를 버린다면 피해자는 그 행위가 나쁜 행위가 아니라는 것을 인정하는 것이므로, 이런 경우는 용서한 것이 아니라 그 행위에 정당성을 부여하는 것이 된다.

둘째, 피해자는 가해자가 그 자신의 행위에 대해 합리적인 도덕적 판단을 내릴 수 있는 행위자라는 사실 또한 반드시 받아들여야 한다. 즉, 가해자의 도덕적 책임 가능성에 대한 판단이 수정되지 않는 방식으로 분노가 없어질 때 용서라 할 수 있다. 가령 가해자가 모종의 이유로 정상적인 사리 판단을 할 수 없는 상태에 있었다는 이유로 인해 행위의 책임이 그에게 있지 않았다는 판단을 하게 된다면, 이 상황에서 분노를 버리는 것은 용서가 아니라 면책해 주는 것에 불과하다.

셋째, 피해자의 자기 존중이 훼손되지 않아야 한다. 피해자는 부당한 상황에 대해서 분노함으로써 자신의 인격적, 도덕적 가치를 보호하는 것이다. 만약 이런 상황에서 분노하지 않거나, 또는 아무런 이유 없이 분노를 쉽게 버린다면, 피해자가 자기 자신을 도덕적, 인격적으로 가치 있게 생각하지 않는다는 것을 시사한다.

ㄱ. 자신의 차를 허락 없이 사용한 이웃에게 분노했던 사람이, 호흡이 멈춘 갓난아이를 병원에 데려가기 위해서였음을 깨닫고 그 이웃에 대한 분노가 풀렸다면, 이는 용서라고 볼 수 없다.
ㄴ. 아버지에게 어린 시절 가정 폭력을 당한 사람이, 성인이 된 후 아버지가 말기 암 진단을 받았다는 것을 듣고 아버지에 대한 분노가 사라졌다면, 이는 용서라고 볼 수 없다.
ㄷ. 아이 친구의 실수로 아이가 다친 것을 알게 된 부모가, 그 친구가 사리 분별이 가능한 나이가 아님을 깨닫고 그 친구에 대한 분노가 사라졌다면, 이는 용서라고 볼 수 없다.

① ㄴ   ② ㄷ   ③ ㄱ, ㄴ

④ ㄱ, ㄷ   ⑤ ㄱ, ㄴ, ㄷ

 문항유형 : 언어 추리

내용영역 : 인문

 이 문항은 진정한 용서가 이루어지기 위한 필요조건을 제시한 제시문을 읽고 주어진 사례들이 진정한 용서에 해당하는지에 관해 판단할 수 있는 능력을 평가하는 문항이다.

 정답 : ④

제시문은 진정한 용서가 이루어지기 위해서는 분노가 적절한 방식으로 사라져야만 한다는 것을 전제로, 그 '적절한 방식'이 되기 위한 세 가지 필요조건을 제시하고 있다. 첫 번째 조건은 상대방의 행위가 도덕적으로 나쁜 행위였다는 판단을 유지하는 것이다. 두 번째 조건은 상대방이 자신의 행위에 대한 합리적인 도덕적 판단을 내릴 수 있는 분별력을 갖춘, 도덕적 행위자라는 판단을 유지하는 것이다. 세 번째 조건은 분노가 자기 존중을 해치지 않는 방식으로 사라져야 한다는 것이다. 적어도 세 조건이 모두 만족되어야만 용서가 이루어졌다고 할 수 있다.

 ㄱ. 처음에는 차를 소유주의 허락 없이 사용한 것이 도덕적으로 나쁜 행위라고 판단했지만, 그것이 아이의 생명을 살리기 위한 불가피한 행위라고 판단함으로써 분노가 사라졌으므로 용서가 되기 위한 첫 번째 조건을 위반하였다. 따라서 용서라고 볼 수 없다. ㄱ은 옳은 추론이다.

ㄴ. 주어진 상황이 세 조건 중 하나의 조건이라도 위반하고 있다고 추론할 수 없다. 즉 '아버지에게 어린 시절 가정 폭력을 당한 사람이, 성인이 된 후 아버지가 말기 암 진단을 받았다는 것을 듣고 아버지에 대한 분노가 사라진 상황'이 가해자의 행위가 도덕적으로 나쁘다는 판단을 수정함에 따른 것인지, 혹은 가해자의 도덕적 책임 가능성에 대한 판단을 수정함에 따른 것인지, 피해자의 자기 존중을 훼손함에 따른 것인지 확정할 수 없다. 따라서 이 상황을 용서라고 볼 수 없다고 추론할 수 없다. ㄴ은 옳지 않은 추론이다.

ㄷ. 누군가를 다치게 하는 것은 도덕적으로 나쁜 행위임에도 불구하고, 그 행위자가 도덕적 분별력을 갖추지 않았다는 것을 인정함으로써 분노가 사라졌으므로 두 번째 조건을 위반하고, 따라서 용서라고 볼 수 없다. ㄷ은 옳은 추론이다.

〈보기〉의 ㄱ, ㄷ만이 옳은 추론이므로 정답은 ④이다.

21.

다음 논증의 구조를 분석한 것으로 가장 적절한 것은?

> ㉠인간과 사회 현상을 탐구하는 사회과학은 자연현상을 다루는 자연과학과 같다고 할 수 없다. ㉡둘의 설명 논리에서 차이가 없거나 방법론에서 차이가 없다면, 사회과학도 과학이므로 자연과학과 별 차이가 없을 것이다. ㉢의도와 목적을 가진 능동적 주체의 행동에 대한 설명 논리는 자연현상의 설명 논리와 분명히 다르다. ㉣우리는 이유를 들어 사람의 행위를 설명한다. ㉤이유에 의한 행위 설명의 중요한 특징은 정당화 차원을 가진다는 것이다. 가령 ㉥철수가 왜 창문을 열었는지를 신선한 공기를 원했다는 이유를 들어 설명할 때, 이는 그 상황에서 해야 마땅한 행위였음을 드러낸다. ㉦행위 설명의 규범적 차원은 기체 팽창을 온도 상승을 통해 설명하는 것과 같은 인과적 설명에서는 찾을 수 없다. ㉧만약 모든 인간 행동과 사회 현상이 일종의 물리 현상일 뿐이라면, 사회과학과 자연과학은 방법론에서 유사하다고 볼 수 있다. ㉨이 세계의 다양한 현상이 모두 물리 현상으로 환원된다는 주장은 설득력이 없다. 따라서 ㉩사회과학과 자연과학의 방법론 사이에 차이가 없다고 볼 이유는 없다.

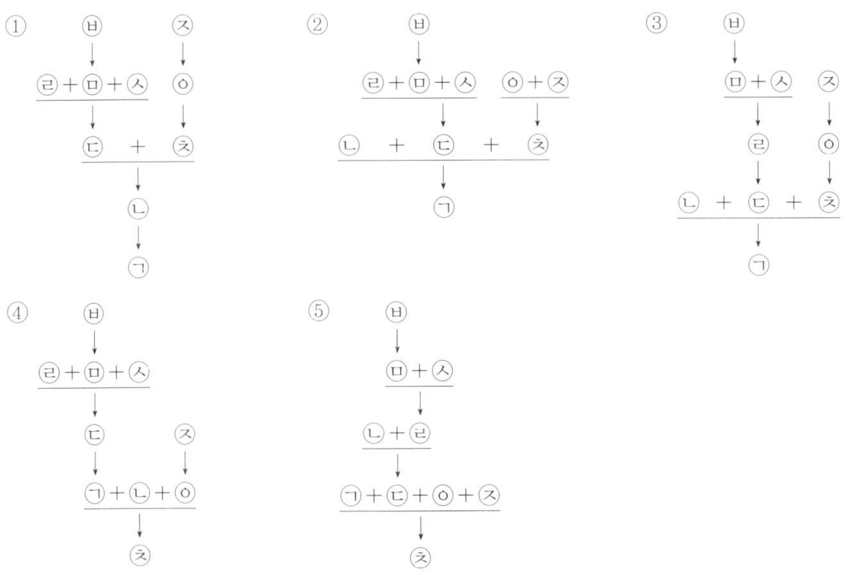

문항 성격 문항유형 : 논증 분석

내용영역 : 인문

154

평가 목표 이 문항은 사회과학의 방법론과 형이상학에 관한 글을 읽고서 논증의 구조를 정확하게 분석하는 능력을 평가하는 문항이다.

문제 풀이 정답 : ②

제시된 논증의 결론은 ㉠이다. 이는 ㉡, ㉢, ㉣으로부터 판단할 수 있다. 조건문 ㉡의 앞부분 "둘의 설명 논리에서 차이가 없거나 방법론에서 차이가 없다면"과 직접 연관된 문장을 논리적으로 추적하면 ㉢과 ㉣이 합해서 ㉡의 바로 이 부분을 부정하고 있음을 알 수 있다. ㉢은 사회과학의 인간의 행동에 대한 설명 논리가 자연과학의 그것과 다르다는 것이고, ㉣은 사회과학과 자연과학의 방법론 사이에 차이가 있다는 것이다. 그렇다면 조건문 ㉡의 뒷부분 "사회과학도 과학이므로 자연과학과 별 차이가 없을 것이다."가 도출될 수 없다. ㉠이 이를 주장한다.

이러한 핵심적인 구조를 파악하면, 나머지는 ㉢과 ㉣을 뒷받침하는 하위 논증을 구성함을 알 수 있다. ㉥은 ㉤을 뒷받침하는 사례이며, ㉣과 ㉤과 ㉦이 합해서 인간의 행동에 대한 설명 논리가 자연현상의 설명 논리와 다름을 주장하는 ㉢을 뒷받침한다. 또한 ㉨은 조건문 ㉧의 앞부분을 부정하고 있으므로 ㉧의 뒷부분이 도출될 수 없다. ㉨이 이를 주장하고 있으므로, ㉧과 ㉨이 합해서 ㉣을 뒷받침한다는 것을 알 수 있다.

정답 해설 ①~⑤의 선택지 중에 논증의 구조를 적절하게 분석한 것은 ②이며, ①, ③, ④, ⑤는 적절하지 않은 분석이다. 따라서 정답은 ②이다.

22.

다음으로부터 추론한 것으로 옳은 것만을 〈보기〉에서 있는 대로 고른 것은?

갑, 을, 병 세 사람이 '삼신기'라는 댄스 그룹을 결성하였다. 다음은 그룹의 존재에 대한 논의이다.

A : 그룹 같은 것은 존재하지 않는다. 존재하는 것은 그룹의 구성원들뿐이다. 예를 들어 "삼신기가 공연했다"라는 말은 성립하지 않고, "갑, 을, 병이 함께 공연했다"라고 말해야 한다.

B : 삼신기는 세 사람 각각과는 구분되는 새로운 존재자로, 갑, 을, 병 세 사람을 단순히 모은 것과 동일하다. 갑, 을, 병의 모음인 삼신기는 갑, 을, 병을 부분으로 가지며, 특정한 공간을 차지한다.

C : 삼신기는 구성원이 변하더라도 존속할 수 있는 종류의 대상이다. 세 사람이 그룹을 결성했을 때 삼신기는 비로소 존재하기 시작하지만, 각각의 구성원이나 그들의 모음과는 다르다. 삼신기는 어떤 특정한 공간을 차지하는 대상이 아니라 추상적 존재자로 보아야 한다.

ㄱ. 갑, 을, 병 세 사람만 존재할 뿐, 삼신기라는 그룹은 존재하지 않는다는 것에 대해
   A와 B 모두 동의한다.
ㄴ. 삼신기 결성 이후 갑, 을, 병이 장기에 흥미를 가지고 '외통수'라는 장기 동아리를
   결성했다고 하자. 삼신기와 외통수가 동일하다는 것에 대해 B는 동의하지만, C는
   동의하지 않는다.
ㄷ. 갑이 새로운 멤버로 교체되어도 삼신기는 존재한다는 것에 대해 A와 C 모두 동의
   한다.

① ㄱ　　　　　　　② ㄴ　　　　　　　③ ㄱ, ㄷ
④ ㄴ, ㄷ　　　　　　⑤ ㄱ, ㄴ, ㄷ

문항 성격　문항유형 : 논쟁 및 반론

내용영역 : 인문

평가 목표　이 문항은 그룹의 존재에 대한 다양한 견해들을 이해하여 제시문에 주어진 정보에
따라 각 견해로부터 무엇을 추론할 수 있는지 판단할 수 있는 능력을 평가하는 문항
이다.

문제 풀이　정답 : ②

이 문제는 사회적 그룹의 존재에 대한 다양한 견해들을 소개하고 있다. 각각의 견해는 다음과 같다.

A : A에 따르면, 그룹은 존재하지 않는다. 존재하는 것은 각각의 개인들뿐이다. 이러한 견해에 따
    르면, '삼신기'라는 이름은 어떠한 대상도 지칭하지 않는다. 따라서, "삼신기가 공연했다"는
    말은 엄밀히 말해 참이 될 수 없다.

B : B에 따르면, 그룹은 구체적 존재자로 존재한다. 그룹은 구성원들을 단순히 모은 것과 동일하
    다. 예를 들면, 삼신기는 갑, 을, 병의 모음과 동일하다. 갑, 을, 병의 모음인 삼신기는 특정한
    공간을 차지한다는 점에서 구체적 존재자이다. 이러한 견해에 따르면, "삼신기는 공연했다"는
    말은 곧 "갑, 을, 병의 모음이 공연했다"로 이해될 수 있고, 갑, 을, 병의 모음이 실제로 공연했
    을 경우 이 문장은 참이 된다.

C : C에 따르면, 그룹은 구성원이 변하더라도 존속할 수 있는 존재자이다. 그룹은 각각의 구성원
    이나 그들의 모음과는 구분되는 존재로 어떤 공간을 차지하는 대상이 아니라는 점에서 추상
    적 존재자이다. 이러한 추상적 존재자는 그룹이 결성되었을 때 비로소 존재하기 시작한다.

ㄱ. A에 따르면, 그룹은 존재하지 않고 그룹의 구성원들만 존재한다. 따라서 갑, 을, 병 세 사람과 구분되는 삼신기라는 그룹은 존재하지 않는다. B에 따르면, 그룹은 존재하고, 그룹은 구성원들의 단순한 모음과 동일하다. 삼신기라는 그룹은 존재하지 않는다는 것에 대해 A는 동의하고 B는 동의하지 않으므로, ㄱ은 옳지 않은 추론이다.

ㄴ. B에 따르면 삼신기는 갑, 을, 병의 모음과 동일하다. 외통수도 갑, 을, 병의 모음과 동일하다. 따라서 삼신기는 외통수와 동일하다. C에 따르면, 그룹은 구성원들이 그룹을 결성했을 때 비로소 존재하기 시작한다. 그런데 삼신기와 외통수는 서로 다른 시점에 결성되었다. 따라서 삼신기와 외통수는 동일하지 않다. 삼신기와 외통수가 동일하다는 것에 대해 B는 동의하고 C는 동의하지 않으므로, ㄴ은 옳은 추론이다.

ㄷ. A에 따르면 삼신기는 멤버의 교체 여부와 상관없이 존재하지 않는다. C에 따르면 삼신기는 구성원이 변하더라도 존속할 수 있는 종류의 대상이다. 갑이 새로운 멤버로 교체되어도 삼신기는 존재한다는 데 A는 동의하지 않고 C는 동의하므로, ㄷ은 옳지 않은 추론이다.

〈보기〉의 ㄴ만이 옳은 추론이므로 정답은 ②이다.

23.

다음으로부터 추론한 것으로 옳은 것만을 〈보기〉에서 있는 대로 고른 것은?

문장이 가지고 있는 의미를 흔히 '명제'라고 부른다. 다음은 명제란 무엇인가에 대한 서로 다른 두 견해이다.

갑 : 문장이 표현하는 명제는 곧 그 문장이 참인 가능세계들의 집합이다. 예를 들어, "수철이는 키가 크다"라는 문장과 "수철이는 학생이다"라는 문장은 서로 다른 명제를 표현하는데 이는 수철이가 키가 큰 가능세계들의 집합과 수철이가 학생인 가능세계들의 집합이 서로 다른 집합이기 때문이다. 만약 어떤 문장이 모든 가능세계에서 참이라면, 그 문장이 표현하는 명제는 모든 가능세계들의 집합이다. 가령, "3은 홀수이거나 홀수가 아니다"라는 문장이 표현하는 명제는 모든 가능세계들의 집합이다.

을 : 명제는 일종의 순서쌍이다. 예를 들어, "3은 홀수이다"라는 문장이 표현하는 명제는 '3'이 가
리키는 대상과, '홀수이다'가 가리키는 속성으로 구성된 순서쌍으로 이해될 수 있다. '3'이 가
리키는 대상을 m, '홀수이다'가 가리키는 속성을 F라고 할 때, "3은 홀수이다"가 표현하는 명
제는 ⟨m, F⟩이다. 또 다른 사례로 "수철이는 희영이를 사랑한다"라는 문장이 표현하는 명제
는 '수철'이 가리키는 대상과, '희영'이 가리키는 대상, '사랑한다'가 가리키는 2항 관계로 구
성된 순서쌍으로 이해될 수 있다. '수철'이 가리키는 대상을 a, '희영'이 가리키는 대상을 b,
'사랑한다'가 가리키는 2항 관계를 R이라고 한다면, "수철이는 희영이를 사랑한다"라는 문장
이 표현하는 명제는 ⟨a, b, R⟩이다.

ㄱ. 갑과 을은, '수철'과 '희영'이 서로 다른 대상을 가리킨다고 할 때, "수철이는 희영이
를 사랑한다"라는 문장과 "희영이는 수철이를 사랑한다"라는 문장이 서로 다른 명
제를 표현한다는 데 동의한다.
ㄴ. "둥근 사각형은 존재한다"라는 문장과 "3은 홀수이면서 홀수가 아니다"라는 문장이
서로 다른 의미를 가지고 있다고 믿는 사람은 갑의 견해에 반대할 것이다.
ㄷ. '샛별'과 '개밥바라기'가 같은 대상을 가리킨다고 할 때, "샛별은 아름답다"라는 문장
과 "개밥바라기는 아름답다"라는 문장이 서로 다른 의미를 가지고 있다고 믿는 사
람은 을의 견해에 반대할 것이다.

① ㄴ　　　　　　　　　　② ㄷ　　　　　　　　　　③ ㄱ, ㄴ
④ ㄱ, ㄷ　　　　　　　　　⑤ ㄱ, ㄴ, ㄷ

문항 성격　문항유형 : 논쟁 및 반론

　　　　　　내용영역 : 인문

평가 목표　이 문항은 명제란 무엇인가라는 질문에 대한 서로 다른 두 견해를 이해하여 제시문에
주어진 정보에 따라 각 견해로부터 무엇을 추론할 수 있는지 판단할 수 있는 능력을
평가하는 문항이다.

문제 풀이　정답 : ⑤

제시문에서 명제란 무엇인가라는 질문에 대한 서로 다른 두 견해가 소개되고 있다. 각각의 견해
는 다음과 같다.

갑 : 갑에 따르면, 문장이 표현하는 명제는 그 문장이 참인 가능세계들의 집합이다. 가령, "수철이
는 키가 크다"는 문장이 표현하는 명제는 수철이는 키가 크다는 사실이 성립하는 모든 가능

세계들의 집합이다. 어떤 문장이 모든 가능세계에서 참이면, 이 문장이 표현하는 명제는 모든 가능세계들의 집합이고, 어떤 문장이 모든 가능세계에서 거짓이면, 이 문장이 표현하는 명제는 공집합이다.

을 : 을에 따르면, 명제는 부분 표현들의 지시체로 이루어진 일종의 순서쌍이다. 가령, "3은 홀수이다"는 문장이 표현하는 명제는 '3'이 가리키는 대상, '홀수이다'가 가리키는 속성으로 구성된 순서쌍이고, "4는 홀수이다"는 문장이 표현하는 명제는 '4'가 가리키는 대상, '홀수이다'가 가리키는 속성으로 구성된 순서쌍이다. '3'이 가리키는 대상과 '4'가 가리키는 대상이 동일하지 않으므로 두 순서쌍은 동일하지 않고 두 문장은 서로 다른 명제를 표현하게 된다.

〈보기〉 해설 ㄱ. 갑에 따르면, "수철이는 희영이를 사랑한다"는 문장이 표현하는 명제는 수철이는 희영이를 사랑한다는 사실이 성립하는 가능세계들의 집합이고, "희영이는 수철이를 사랑한다"는 문장이 표현하는 명제는 희영이 수철이를 사랑한다는 사실이 성립하는 가능세계들의 집합이다. 그런데 두 집합은 동일하지 않다. 따라서 두 문장은 서로 다른 명제를 표현한다. 한편, 을에 따르면, '수철'이 가리키는 대상을 a, '희영'이 가리키는 대상을 b, '사랑한다'가 가리키는 2항 관계를 R이라고 할 때, "수철이는 희영이를 사랑한다"는 문장이 표현하는 명제는 〈a, b, R〉이고 "희영이가 수철이를 사랑한다"는 문장이 표현하는 명제는 〈b, a, R〉이다. 그런데 a와 b는 동일하지 않으므로 〈a, b, R〉과 〈b, a, R〉 역시 동일하지 않다. 따라서 두 문장은 서로 다른 명제를 표현한다. 갑과 을 모두 두 문장이 서로 다른 명제를 표현한다는 데 동의하므로, ㄱ은 옳은 추론이다.

ㄴ. "둥근 사각형은 존재한다"는 문장과 "3은 홀수이면서 홀수가 아니다"는 문장은 모두 모든 기능세계에서 기짓이다. 따라서 갑에 따르면, 두 문장이 표현하는 명제는 공집합으로 동일하다. 두 문장이 서로 다른 의미를 가지고 있다고 믿는 사람은 갑의 견해에 반대할 것이므로, ㄴ은 옳은 추론이다.

ㄷ. '샛별'과 '개밥바라기'는 같은 대상을 가리키므로 둘의 지시체를 a라고 하자. 또한 '아름답다'가 가리키는 속성을 G라고 하자. 을에 따르면, "샛별은 아름답다"는 문장과 "개밥바라기는 아름답다"는 문장이 표현하는 명제는 〈a, G〉로 동일할 것이다. 두 문장이 서로 다른 의미를 가지고 있다고 믿는 사람은 을의 견해에 반대할 것이므로, ㄷ은 옳은 추론이다.

〈보기〉의 ㄱ, ㄴ, ㄷ이 모두 옳은 추론이므로 정답은 ⑤이다.

24.

다음 논쟁에 대한 분석으로 옳은 것만을 〈보기〉에서 있는 대로 고른 것은?

갑 : 예술에 있어서 허구와 비허구는 그 내용이 꾸며낸 것인지, 아니면 사실인지를 통해 구분될 수 있다. 가령 『홍길동전』이 허구인 이유는 그 내용이 실제 일어났던 일이 아닌 저자에 의해 꾸며낸 것이기 때문이다. 반면 『조선왕조실록』의 내용은 실제 일어났던 일이며, 따라서 『조선왕조실록』은 비허구이다.

을 : 허구라는 용어가 일반적으로 '꾸며낸 것'을 가리킨다는 것은 옳다. 그러나 이것은 적어도 예술적 허구에 대한 만족스러운 정의는 아니다. 왜냐하면 허구적 예술작품은 일반적으로 꾸며낸 것과 사실인 것의 혼합체이기 때문이다. 예술작품을 감상하는 우리의 관행을 고려할 때, 예술에서의 허구와 비허구는 그 내용이 얼마나 사실과 같거나 다른지가 아니라 그 내용에 대해 어떠한 심적 태도를 갖는 것이 그것에 대한 적절한 감상인지를 고려함으로써 구분될 수 있다. 허구를 적절하게 감상하기 위해서는 그것이 제시하는 내용에 대한 상상에 참여해야만 하고, 비허구를 적절하게 감상하기 위해서는 그것이 제시하는 내용에 대한 믿음을 가져야만 한다. 『홍길동전』을 적절하게 감상하기 위해서는 가령, "홍길동은 율도국을 건설했다"라는 내용의 상상에 참여해야만 한다. 만일 『홍길동전』이 비허구작품이었다면, 우리는 그러한 내용을 상상하는 대신, 그에 상응하는 내용의 믿음을 가지는 것이 그것에 대한 적절한 감상이라고 여겼을 것이다.

병 : 비허구작품을 감상하면서 그 작품의 내용에 대한 믿음을 가지는 것은 물론 적절하다. 그렇다고 해서 비허구작품을 감상하면서 그 내용에 대한 상상에 참여하는 것이 부적절하다는 결론이 따라나오는 것은 아니다. 우리는 전쟁의 실상을 다룬 다큐멘터리와 같은 비허구작품을 감상하면서도 그 안에서 일어난 참혹한 일들을 머릿속에서 생생하게 상상할 수 있으며, 그렇게 하는 것이 그 작품을 적절하게 감상하는 것이다.

ㄱ. 『조선왕조실록』을 읽으면서 우리가 상상에 참여하는 것이 적절하다면 갑의 주장은 강화되는 반면 을의 주장은 약화된다.

ㄴ. 비허구작품의 내용에 대한 믿음을 갖는 것이 그 작품을 적절하게 감상하는 것이라는 주장에 대하여 을과 병 모두 동의한다.

ㄷ. 병에 따르면, 허구작품 중 상상에 참여하는 것이 부적절한 감상인 작품이 있다.

① ㄱ   ② ㄴ   ③ ㄱ, ㄷ
④ ㄴ, ㄷ   ⑤ ㄱ, ㄴ, ㄷ

문항 성격	문항유형 : 논쟁 및 반론
	내용영역 : 인문
평가 목표	이 문항은 허구와 비허구에 관한 철학적 논쟁을 적절하게 분석할 수 있는 능력을 평가하는 문항이다.
문제 풀이	정답 : ②

제시문은 예술에서 허구와 비허구가 어떠한 조건에 의해 구분될 수 있는지에 관한 갑, 을, 병의 논쟁을 다루고 있다. 각각의 입장의 요지는 다음과 같다.

갑 : 예술에서 허구와 비허구는 그 내용이 실제 사태와 부합하는지를 기준으로 구분된다.

을 : 예술에서 허구와 비허구는 그 작품의 내용에 대해 우리가 어떠한 심적 태도를 가지는 것이 적절한지를 기준으로 구분된다. 즉, 허구의 경우 상상이라는 태도를, 비허구의 경우 믿음이라는 태도를 가져야만 각각을 적절하게 감상했다고 말할 수 있고, 따라서 허구는 상상, 비허구는 믿음과 관련짓는 방식으로 구분된다.

병 : 비허구작품을 감상하면서 그 작품의 내용에 대한 믿음을 가지는 것은 물론 적절하다. 그렇다고 해서 비허구작품을 감상하면서 그 내용에 대한 상상에 참여하는 것이 부적절하다는 결론이 따라나오는 것은 아니다. 전쟁의 실상을 다룬 비허구작품을 감상하면서 그 안에서 일어난 참혹한 일들을 상상하는 것은 그 작품을 적절하게 감상하는 것이다.

〈보기〉 해설   ㄱ. 갑은 상상과 허구, 비허구작품과의 관계에 대해 아무런 입장을 밝히고 있지 않다. 따라서 『조선왕조실록』을 읽으면서 상상에 참여하는 것이 적절하다고 하더라도 갑의 주장은 강화되지 않는다. ㄱ은 옳지 않은 분석이다.

            ㄴ. 을은 『홍길동전』이 비허구작품이었다면 그 내용의 믿음을 가지는 것이 그것에 대한 적절한 감상이라고 여겼을 것이라고 주장하므로, 비허구작품의 내용에 대한 믿음을 갖는 것이 그 작품을 적절하게 감상하는 것이라는 주장에 동의한다고 보아야 한다. 한편 병은 비허구작품의 내용에 대해 믿음을 가지는 것뿐만 아니라 상상을 가지는 것 역시 적절한 감상이라고 주장하고 있으므로, 비허구작품의 내용에 대한 믿음을 갖는 것이 그 작품을 적절하게 감상하는 것이라는 주장에 동의한다고 보아야 한다. ㄴ은 옳은 분석이다.

25.

다음 논쟁에 대한 분석으로 옳은 것만을 〈보기〉에서 있는 대로 고른 것은?

> 한 예술가가 한 변이 약 1미터 길이인 투명한 정육면체 아크릴 상자에 정교하게 제작한 조화 한 송이를 넣고 한 면에 형광등을 설치한 미술작품을 만들었다. 그는 ⓐ'두 종류의 영속(永續)'이라고 명명한 그 작품을 한 미술관에 판매했다. 그는 미술관 측에 이 작품은 항상 전원을 연결해 두되, 언젠가 형광등이 그 수명을 다하면 교체하지 말고 그대로 둘 것을 지시했다. 수년이 지나 형광등이 마침내 수명을 다하였는데, 미술관 측은 처음 모습을 그대로 보여 주는 것이 중요하다고 판단해 그 예술가에게 형광등이 고장 날 때마다 새것으로 교체하여 전시할 것을 제안했다. 예술가는 강하게 반대했지만, 미술관 측의 요청을 거절할 경우 향후 작품의 전시와 판매가 어려워질 것을 우려해 결국 형광등 교체를 승인했다. 이러한 예술가의 승인 행위가 작품의 정체성과 의미에 어떠한 효력을 미치는지에 관하여 비평가들 사이에서 다음과 같은 논쟁이 벌어졌다.
>
> 갑 : 형광등의 교체가 예술가의 승인에 따른 것이므로, 이러한 변화는 이 작품의 정체성을 변화시키지 않는다. 다만 이 변화는 작품의 중요한 속성의 변화이기 때문에 이 작품은 이전과는 달리 피상적인 의미를 가진다고 보아야 한다.
>
> 을 : 작가는 미술관 측의 강요에 의해 어쩔 수 없이 작품의 물리적 속성의 변경을 승인한 것이다. 이 승인 행위에는 작가의 실제 의도가 반영되어 있다고 볼 수 없다. 작품의 정체성은 작가의 실제 의도에 달려 있으므로, 이 작품의 물리적 속성이 변화하였다고 하더라도, 이 작품의 정체성은 이전과 다를 바 없으며, 따라서 그 의미 역시 변하지 않았다.
>
> 병 : 이 작품은 공적으로 발표되는 순간 완성되었으며, 그 이후에 일어난 승인 행위는 이 작품의 정체성을 바꾸지 못한다. 설령 예술가의 승인이 그의 실제 의도에 따른 것이라고 할지라도 말이다.

ㄱ. 갑에 따르면, 작품의 어떤 물리적 속성의 변화는 작품의 의미를 변화시킬 수 있다.

ㄴ. 병에 따르면, 창작자의 사후 승인 행위는 작품이 창작되던 당시 작가의 물리적 제작 행위와 동등한 효력을 지니고 있다.

ㄷ. 미술관이 창작자 몰래 ⓐ의 형광등을 새것으로 교체할 경우, ⓐ의 의미가 변화할 수 있다는 것에 을과 병은 모두 동의한다.

① ㄱ ② ㄷ ③ ㄱ, ㄴ
④ ㄴ, ㄷ ⑤ ㄱ, ㄴ, ㄷ

문항 성격	문항유형 : 논쟁 및 반론
	내용영역 : 인문

평가 목표 이 문항은 창작자가 작품의 속성 변화를 승인하는 행위가 작품의 정체성과 의미에 어떠한 효력을 미치는지에 관한 논쟁을 적절하게 분석할 수 있는 능력을 평가하는 문항이다.

문제 풀이 정답 : ①

갑은 작품 속성 변화에 대한 창작자의 승인에 의한 것이라면 작품의 정체성을 훼손하지 않을 수 있다고 주장하면서도, 해당 작품의 경우 그 의미 차원에서는 변화가 일어났다고 주장한다. 한편 을은 작품의 정체성과 의미가 작가의 실제 의도에 달려 있다는 입장으로서, 작가의 승인 행위가 작가의 실제 의도를 반영하지 못할 경우, 그 승인 행위는 작품의 정체성과 의미에 영향을 미치지 못한다는 입장이다. 병은 작품의 정체성은 작품이 공적으로 발표되는 순간 완성된다고 보기 때문에, 그 이후에 일어난 물리적 속성의 변화와 승인 행위가 작품의 정체성에 아무런 영향을 미치지 못한다고 주장한다.

〈보기〉 해설　ㄱ. 갑은 ⓐ에서 '형광등이 수명을 다함'이라는 속성이 '형광등이 지속적으로 켜져 있음'이라는 속성으로 변화했고, 이로 인해 이 작품의 의미가 변화되었다고 본다. 따라서 갑은 작품의 어떤 물리적 속성의 변화는 작품의 의미를 변화시킬 수 있다고 본다. ㄱ은 옳은 분석이다.

　ㄴ. 만일 창작자의 사후 승인 행위가 작품의 물리적 제작 행위와 동등한 효력을 가진다면, 창작자의 사후 승인 행위를 통해 작품의 속성, 정체성, 의미를 변화시킬 수 있다고 보아야 한다. 이것은 병의 입장과 모순되므로, ㄴ은 옳지 않은 분석이다.

ㄷ. 미술관이 창작자 몰래 형광등을 새것으로 교체했다면, 창작자의 실제 의도와 무
관한 물리적 속성의 변화가 발생했다고 보아야 한다. 따라서 작품의 정체성과
의미가 창작자의 실제 의도에 달려있다고 보는 을로서는, 미술관의 독단적인 행
위에 의해 ⓐ의 의미가 변화할 수 있다고 보지 않을 것이다. ㄷ은 옳지 않은 분
석이다.

〈보기〉의 ㄱ만이 옳은 분석이므로 정답은 ①이다.

26.

다음 글에 대한 분석으로 옳은 것만을 〈보기〉에서 있는 대로 고른 것은?

> 코마에서 회복한 뇌 손상 환자가 정상 기능을 회복하기 위해 필요한 최소한의 기능상태를 최소
> 의식이라 한다. 최소의식은 하향 인지조작 능력 유무를 통해 진단할 수 있다. 하향 인지조작 능력
> 이란 특정 목적을 가지고 정보를 처리하여 행동할 때 사용하는 인지능력이다. 뇌 손상 환자가 "왼
> 쪽 검지를 움직이세요"라는 지시를 이해해서 지시된 바를 수행한다면 그 환자는 최소의식상태에
> 있다고 할 수 있다. 그러나 최소의식상태에 있음에도 불구하고 마비로 인해 행동 반응을 보이지
> 못할 수 있다.
>
> 자기 신체를 실제로 움직일 때와 마찬가지로 심적 행동, 즉 자신의 움직임을 상상하는 것만으
> 로도 보조운동피질이 반응한다는 ㉠가설을 적용해, 갑은 행동 반응이 없는 뇌 손상 환자 A와 B를
> 대상으로 최소의식상태를 확인하려고 했다. 갑은 A에게 "양발 발가락을 오므렸다 펴는 상상을 하
> 세요"라고 지시했다. 그러자 A의 보조운동피질이 반응했다. 갑은 A가 최소의식상태에 있다고 결
> 론을 내렸다. 갑은 B에게 같은 실험을 진행했지만 보조운동피질은 반응하지 않았다. 갑은 B가 최
> 소의식상태에 있지 않다는 결론을 내렸다.
>
> 〈실험〉
>
> 뇌 손상을 입지 않은 실험 참가자에게 다음과 같은 과제를 수행하게 하였다. 먼저 "양발 발가
> 락을 오므렸다가 펴세요"라고 지시하고, 발가락이 움직이는 것을 확인했다. 다음으로 "양발 발가
> 락을 오므렸다가 펴는 행동을 상상만 하세요"라고 지시했다. 이어 "탁구를 하는 상상을 하세요"
> 라고 지시했다.

ㄱ. 〈실험〉에서 세 경우 모두 보조운동피질이 반응했다면, A에 대한 갑의 결론은 강화된다.
ㄴ. 〈실험〉에서 실제로 움직이라고 한 경우와는 달리 움직이는 상상만 하라고 했을 때 보조운동피질의 반응이 없었다면, B에 대한 갑의 결론은 강화된다.
ㄷ. 〈실험〉에서 탁구를 하는 상상을 하라는 지시를 받았을 때 보조운동피질 반응이 없었지만 실험 참가자가 다른 사람이 탁구 하는 모습을 상상한 것이었음이 밝혀졌다면, ㉠은 강화된다.

① ㄱ　　　　　　　② ㄴ　　　　　　　③ ㄱ, ㄷ
④ ㄴ, ㄷ　　　　　⑤ ㄱ, ㄴ, ㄷ

문항 성격	문항유형 : 논증 평가 및 문제해결
	내용영역 : 과학기술
평가 목표	이 문항은 코마에서 회복한 뇌 손상 환자의 최소의식 여부를 확인할 때 적용한 가설과 이에 따른 결론이 추가적인 실험 결과에 따라 어떠한 논리적 영향을 받는지를 판단하는 능력을 평가하는 문항이다.
문제 풀이	정답 : ①

제시문에서 심각한 마비로 인해 신체를 움직이지 못하는 뇌 손상 환자의 최소의식 여부를 확인할 때 적용한 가설과 〈실험〉이 제시되어 있다. 움직임에 관한 언어 지시를 내리고 환자가 그 내용을 이해해서 적절히 반응하는지를 확인할 경우, 최소의식이 있다는 진단을 내린다. 그러나 환자가 최종 단계인 근육 운동의 문제로 반응할 수 없다면, 환자의 무반응을 근거로 최소의식이 없다는 진단을 내리는 것은 성급하다. 그래서 갑은 운동을 실제로 할 때와 마찬가지로 자신의 운동을 상상만해도 보조운동피질이 반응한다는 가설 ㉠을 활용한다. 갑은 환자에게 심적 운동, 즉 자신의 몸을 움직이는 상상을 하라는 지시를 내린 후, 보조운동피질의 반응 여부에 따라 A는 최소의식을 가졌고, B는 최소의식이 없다고 결론을 내렸다. 〈실험〉에서는 뇌 손상을 입지 않은 실험 참가자를 상대로 운동을 지시했다는 것과 운동의 상상을 지시했다는 것이 기술되고 있다.

<table>
<tr><td>〈보기〉 해설</td><td>ㄱ. 자기 신체를 실제로 움직일 때와 마찬가지로 자신의 움직임을 상상하는 것만으로도 보조운동피질이 반응한다는 가설 ㉠이 참이라면, 뇌 손상을 입지 않은 사람이 실제로 운동을 할 때와 운동을 상상할 때 모두에서 보조운동피질이 반응할 것이다. 따라서 〈실험〉에서 세 경우, 즉 실제로 운동하라고 지시한 경우와 상</td></tr>
</table>

상을 하라고 지시한 두 경우 모두 보조운동피질이 반응했다면, ⊙이 강화될 것이다. 또한 ⊙을 적용하여 내린 A에 대한 갑의 결론도 강화될 것이다. ㄱ은 옳은 분석이다.

ㄴ. ⊙이 참이라면, 뇌 손상을 입지 않은 사람이 운동을 상상할 때 보조운동피질이 반응할 것이다. 따라서 〈실험〉에서 실제로 움직이라고 한 경우와는 달리 움직이는 상상만 하라고 했을 때 보조운동피질의 반응이 없었다면, ⊙은 약화될 것이다. 또한 ⊙을 적용하여 내린 B에 대한 갑의 결론도 약화될 것이다. ㄴ은 옳지 않은 분석이다.

ㄷ. ⊙이 참이라면, 뇌 손상을 입지 않은 사람이 운동을 상상할 때 보조운동피질이 반응할 것이다. 따라서 〈실험〉에서 탁구를 하는 상상을 하라는 지시를 받았을 때 보조운동피질 반응이 없었다면, ⊙은 약화될 것이다. 그러나 이러한 반응이 나온 이유가 언어 지시를 오해하여 실험 참가자가 자신이 아니라 다른 사람이 탁구하는 모습을 상상한 것이었음이 밝혀졌다면, 이는 적절한 실험 통제가 이루어지지 않아 실험이 정확히 수행되지 않았음을 의미하며, 이를 통해 내릴 수 있는 결론은 기껏해야 ⊙이 약화되지 않는다는 것뿐이다. 이는 ⊙이 강화된다는 것과 전혀 다른 말이며, 따라서 ㄷ은 옳지 않은 분석이다.

〈보기〉의 ㄱ만이 옳은 분석이므로 정답은 ①이다.

27.

다음으로부터 추론한 것으로 옳은 것만을 〈보기〉에서 있는 대로 고른 것은?

> 부탁의 거절에 관한 연구들은 독립적 문화 성향을 가진 사람들과 상호의존적 문화 성향을 가진 사람들 사이에 부탁을 거절할 때의 기준이 다르며, 이로 인하여 거절 행동이 상이하게 나타난다는 것을 발견했다. 독립적 문화 성향을 가진 사람은 부탁의 수용과 거절을 개인 내적 기준에 비춰 보아 합당한 부탁인지, 그 부탁의 수용이 개인의 독립성 및 자율성, 그리고 권리 향유를 저해하는지 여부에 따라 결정한다.
>
> 반면, 상호의존적 문화 성향을 가진 사람은 대인관계의 원만한 지속에 가치를 부여한다. 상호의존적 문화 성향이 강한 사람은 사회적 관계를 중요하게 여기기 때문에, 대인관계에서 긴장을 초래하지 않기를 원한다. 따라서 부탁의 거절이 상대방에게 끼칠 부정적인 영향을 실제보다 과대 추정할 가능성이 크다.

한편, 개인의 문화 성향에 따라 거절 행동이 달라질 뿐 아니라, 다른 사람의 관점에 서서 그의 감정, 사고, 역할, 동기 등을 이해하고 추론하는 능력을 뜻하는 조망 수용(perspective-taking) 정도에 따라서도 거절 행동이 달라진다. 조망 수용은 개인의 고정 관념적 편향을 줄이며 친사회적 도덕 추론과 동정심을 촉진하기 때문에 어려운 부탁에 대한 수용 가능성을 높인다.

ㄱ. 조교 일을 하는 대학원생이 수업의 학점을 올려 달라는 부정 청탁을 할 경우, 상호 의존적 문화 성향을 가진 교수가 독립적 문화 성향을 가진 교수보다 부탁을 거절할 가능성이 더 크다.
ㄴ. 자신이 누군가의 부탁을 거절할 경우, 상호의존적 문화 성향이 강한 사람은 그 성향이 약한 사람에 비해 상대방에게 끼칠 부정적 영향을 보다 크게 여길 것이다.
ㄷ. 자신이 누군가의 부탁을 거절할 경우, 조망 수용을 하면 조망 수용을 하지 않았을 때보다 자신에게 거절당하는 상대방에 대한 미안한 마음이 더 클 것이다.

① ㄱ　　　　　　　　　② ㄴ　　　　　　　　　③ ㄱ, ㄷ
④ ㄴ, ㄷ　　　　　　　　⑤ ㄱ, ㄴ, ㄷ

문항 성격	문항유형 : 언어 추리
	내용영역 : 사회
평가 목표	이 문항은 독립적인 문화 성향, 상호의존적 문화 성향, 조망 수용이 부탁의 거절에 미치는 영향을 서술한 글을 통해 부탁의 거절과 관련한 상황을 분석 및 추리할 수 있는 능력을 평가하는 문항이다.
문제 풀이	정답 : ④

독립적인 문화 성향을 가진 사람은 개인의 내적 기준, 독립성 및 자율성과 권리 향유의 관점에서 부탁을 평가한 후 거절 여부를 결정한다. 이에 반해 상호의존적 문화 성향을 가진 사람은 사회적 관계를 중요시하고 대인관계에서 긴장이 초래되는 것을 꺼리기 때문에 부탁을 거절하면 나타날 상대방의 부정적인 반응을 과대 추정한다. 조망 수용은 다른 사람의 관점에서 상황을 이해하는 것이기에 친사회적 도덕 추론과 동정심을 촉진하여 어려운 부탁에 대한 수용 가능성을 높인다.

〈보기〉 해설　ㄱ. 주어진 부정 청탁 상황에서 상호의존적 문화 성향을 가진 교수는 조교라는 친분이 있는 대학원생의 청탁을 들어주지 않은 경우 '대인관계에서 긴장을 초래'하여 관계를 훼손할 가능성을 과대 추정하기 때문에 거절할 가능성이 상대적으로 낮지만, 독립적 문화 성향을 가진 교수는 '개인 내적 기준에 비춰보아 합당한 부탁인지'를 근거로 판단하기 때문에 거절 가능성이 상대적으로 더 높을 것이다. ㄱ은 옳지 않은 추론이다.

ㄴ. 제시문에서 상호의존적 문화 성향을 가진 사람은 '부탁의 거절이 상대방에게 끼칠 부정적인 영향을 실제보다 과대 추정할 가능성이 크다'고 서술하고 있다. 이로부터 자신이 누군가의 부탁을 거절할 경우, 상호의존적 문화 성향이 강한 사람은 그 성향이 약한 사람에 비해 상대방에게 끼칠 부정적 영향을 보다 크게 여길 것이라고 판단할 수 있다. ㄴ은 옳은 추론이다.

ㄷ. 제시문에서 '조망 수용은 개인의 고정 관념적 편향을 줄이며 친사회적 도덕 추론과 동정심을 촉진'한다고 서술하고 있다. 이로부터 자신이 누군가의 부탁을 거절할 경우, 조망 수용을 하면 조망 수용을 하지 않았을 때보다 자신에게 거절 당하는 상대방에 대한 미안한 마음이 더 클 것이라고 판단할 수 있다. ㄷ은 옳은 추론이다.

〈보기〉의 ㄴ, ㄷ만이 옳은 추론이므로 정답은 ④이다.

28.

다음 글에 대한 평가로 옳은 것만을 〈보기〉에서 있는 대로 고른 것은?

얼굴에 나타난 정서 표정의 차이가 기억에 주는 효과를 검증하는 경험적 연구들은, 연구 대상자들에게 화내거나 우는 등의 부정적 표정이나 무표정한 중성적 표정의 사진을 학습시키고 일정한 시간이 지난 후에 여러 사람들의 사진들 중 이전에 본 사람의 얼굴을 찾는 방식으로 이루어진다. 이때 학습 시의 사진 속 표정과 기억 검사 시의 사진 속 표정 사이의 차이로 인해 기억률의 차이가 발생할 수 있다. 따라서 정서 표정이 얼굴 기억에 미치는 효과를 검토하기 위해서는 학습 단계와 검사 단계에서의 정서 표정의 차이에 따른 기억률의 변화를 고려해야 한다. 이에 다음과 같은 〈가설〉을 검증하기 위한 〈실험〉을 구성하였다.

〈가설〉

A : 부정적 표정을 지닌 얼굴에 대한 기억률이 중성적 표정에 대한 기억률보다 높다.

B : 부정적, 중성적 표정의 차이보다, 학습 시와 검사 시 표정의 일치 여부가 기억률에 미치는 영향이 더 크다.

168

보 기

ㄱ. 실험 1의 결과, 두 집단의 기억률이 유사하다면 A는 약화된다.
ㄴ. 실험 2의 결과, 두 집단의 기억률이 유사하다면 A는 약화된다.
ㄷ. 실험 1의 결과, 두 집단의 기억률이 유사하고, 실험 2의 결과, 검사 시 부정적 표정을 본 집단의 기억률이 검사 시 중성적 표정을 본 집단의 기억률보다 높다면 B는 강화된다.

① ㄱ　　　　　② ㄴ　　　　　③ ㄱ, ㄷ
④ ㄴ, ㄷ　　　　⑤ ㄱ, ㄴ, ㄷ

문항 성격　문항유형 : 논증 평가 및 문제해결
　　　　　　　내용영역 : 사회
평가 목표　이 문항은 얼굴에 나타난 정서 표정의 차이와 학습 시와 검사 시 표정의 차이로 인한 기억률의 차이를 검증하는 실험을 이해하여 실험 결과가 가설을 강화 또는 약화하는지 옳게 판단할 수 있는 능력을 평가하는 문항이다.
문제 풀이　정답 : ③

정서 표정과 학습 시와 검사 시 표정의 일치 여부에 따른 기억률의 차이에 관한 두 개의 가설이 제시되어 있다. 가설 A는 "부정적 표정을 지닌 얼굴에 대한 기억률이 중성적 표정에 대한 기억률보다 높다"이며 가설 B는 "부정적, 중성적 표정의 차이보다, 학습 시와 검사 시 표정의 일치 여부가 기억률에 미치는 영향이 더 크다"이다.

　실험 1에서 참가자들은 학습 시 두 집단으로 나뉘어 각각 부정적 표정의 얼굴과 중성적 표정의 얼굴을 학습하고 학습 시와 동일한 정서 표정의 사진으로 검사를 받고 있기 때문에, 실험 1은 A를 검증하기 위해 설계된 것이다. 실험 2는 학습 시에 모두 부정적 표정의 얼굴을 보여주고 검사 시에 부정적 표정과 중성적 표정의 사진을 보여주어 기억률을 검사함으로써 B의 일부인 '학습 시와 검사 시 표정의 일치 여부가 기억률에 미치는 영향'을 검증하는 실험이다. 이때 실험 2는 B 전체를 검증하는 것이 아니라 그 일부를 검증한다는 점에 주의해야 한다.

ㄱ. 실험 1의 결과, 두 집단의 기억률이 유사하다면 부정적인 얼굴의 기억률과 중성적인 얼굴의 기억률 사이에 차이가 없다는 것을 의미하기 때문에 A는 약화된다. ㄱ은 옳은 평가이다.

ㄴ. 실험 2는 학습 시 동일한 표정의 얼굴을 보여주었으므로 정서 표정 차이에 따른 기억률의 차이를 평가하지 못한다. 따라서 실험 2는 A에 관해 어떤 함의도 없다. 그러므로 실험 2에서 두 집단의 기억률이 유사하다는 결과를 얻는다고 하여도, 이 결과는 A를 약화하지도 강화하지도 않는다. ㄴ은 옳지 않은 평가이다.

ㄷ. 실험 1의 결과 두 집단의 기억률이 유사하다는 것은 부정적이거나 중성적 표정의 차이에 따른 기억률의 차이가 없다는 것을 의미한다. 실험 2의 결과 검사 시 부정적 표정을 본 집단의 기억률이 검사 시 중성적 표정을 본 집단의 기억률보다 높다면, 학습 시와 검사 시 동일한 표정을 본 집단의 기억률이 서로 다른 표정을 본 집단의 기억률보다 높다는 것을 의미한다. 따라서 학습 시와 검사 시 표정의 일치 여부가 기억률에 영향을 준다는 결론을 내릴 수 있다. 이러한 두 가지 실험 결과로부터 '부정적, 중성적 표정이 차이보다, 학습 시와 검사 시 표정의 일치 여부가 기억률에 미치는 영향이 더 크다'를 도출할 수 있다. 따라서 ㄷ은 옳은 평가이다.

〈보기〉의 ㄱ, ㄷ만이 옳은 평가이므로 정답은 ③이다.

29.

〈실험〉에 대한 평가로 옳은 것만을 〈보기〉에서 있는 대로 고른 것은?

남성 비율이 큰 작업장 내 성별 불평등에 관한 다양한 연구들은 여성이 실제 능력과 성과에 비해 남성보다 상대적으로 적은 기회를 얻고 낮은 평가를 받는다는 것을 보여 준다. 여성이 처한 이러한 구조적 상황은 창조성이 요구되는 프로젝트를 공동으로 수행하는 팀에서 능력 발휘를 어렵게 한다. 창조적 프로젝트는 팀원들이 함께 모여 활발한 상호작용을 함으로써 시너지를 발휘한다. 하지만 팀 활동 중에 여성이 창조성을 발휘할 기회가 제한되거나 창조성의 표현 자체가 평가 절하된다면, 여성들은 팀 활동에서 역량을 충분히 발휘하지 못할 것이다. 이러한 맥락에서 ㉠여성은 남성들과 함께 모여서 작업하는 환경에서보다, 남성들과는 따로 작업하는 환경에서 창조성을 더 잘 발휘할 것이다. 이를 검증하기 위해 다음과 같은 〈실험〉을 하였다.

<실험>

　　남성 가수와 여성 가수 각각 40명을 섭외해서, 남성 가수 한 명과 여성 가수 한 명을 무작위로 짝을 지어 40쌍의 듀엣을 결성하였다. 40쌍의 듀엣 중 20쌍은 무작위로 통제집단으로 배정되어 각 쌍은 연주자들과 같이 녹음실에서 합주하여 동일한 노래를 녹음하였다. 나머지 20쌍은 실험집단으로 배정되어 각 쌍의 남성 가수는 녹음실에서 연주자들과 합주하여 통제집단과 같은 노래를 녹음하였고, 여성 가수는 혼자 녹음실에서 남성 가수와 연주자들의 녹음본을 들으며 자신이 맡은 부분을 녹음하여 곡을 완성하였다. 연주자는 5명으로 모두 남성이었으며, 40쌍의 듀엣에서 연주자는 같았다. 녹음이 끝난 곡을 남녀 동수의 전문가들에게 들려준 후, 남녀 가수들의 창조적 표현을 점수로 평가하게 하였다.

보 기

ㄱ. 여성 가수의 점수가 통제집단보다 실험집단에서 높았다면 ㉠은 강화된다.
ㄴ. 여성 가수 전체 점수의 합이 남성 가수 전체 점수의 합보다 높았다면 ㉠은 강화된다.
ㄷ. 통제집단에서 여성 가수의 점수가 남성 가수에 비해 약간 낮았으나 실험집단에서 여성 가수의 점수가 남성 가수에 비해 높았다면 ㉠은 약화된다.

① ㄱ　　　　　　　　② ㄷ　　　　　　　　③ ㄱ, ㄴ
④ ㄴ, ㄷ　　　　　　⑤ ㄱ, ㄴ, ㄷ

문항 성격　문항유형 : 논증 평가 및 문제해결
　　　　　　　내용영역 : 사회
평가 목표　이 문항은 <실험> 결과가 제시된 가설을 강화하거나 약화하는지 옳게 판단하는 능력을 평가하는 문항이다.
문제 풀이　정답 : ①

'여성은 남성들과 함께 모여서 작업하는 환경에서보다, 남성들과는 따로 작업하는 환경에서 창조성을 더 발휘할 것'이라는 가설과 이를 검증하는 <실험>이 제시되어 있다. <실험>에서 여성 가수가 남성 가수 및 남성들로 이루어진 연주자들과 협업하여 노래를 부르는 집단이 통제집단이 되며 여성 가수가 남성 가수 및 연주자들과 별도로 노래를 부르는 집단이 실험집단이 된다.

<보기> 해설　ㄱ. ㉠이 참이라면, 여성 가수는 남성들과 협업을 했을 때에 비해 그렇게 하지 않았을 때 창조적 표현 점수가 높을 것이다. 여성 가수의 점수가 통제집단보다 실험

집단에서 높았다면, 이것은 남성들과 협업을 했을 때에 비해 그렇게 하지 않았을 때 창조적 표현 점수가 높았다는 것을 의미하므로 ㉠은 강화된다. ㄱ은 옳은 평가이다.

ㄴ. 예를 들어, 실험 결과 통제집단에서 여성 가수가 남성 가수보다 창조적 표현 점수가 높았고, 실험집단에서 여성 가수와 남성 가수의 점수가 유사하였고, 통제집단의 남성 가수와 실험집단의 남성 가수의 점수가 유사하였다면, 여성 가수 전체 점수의 합이 남성 가수 전체 점수의 합보다 높지만, 통제집단의 여성 가수의 점수가 실험집단의 여성 가수의 점수보다 높다는 것을 의미하기 때문에, ㉠은 약화된다. 따라서 '여성 가수 전체 점수의 합이 남성 가수 전체 점수의 합보다 높았다'는 결과가 ㉠을 강화한다고 판단할 수 없다. ㄴ은 옳지 않은 평가이다.

ㄷ. 예를 들어, 통제집단의 남성 가수의 점수와 실험집단의 남성 가수의 점수가 유사하다고 가정해 보자. 이때 통제집단에서 여성 가수의 점수가 남성 가수에 비해 약간 낮았으나 실험집단에서 여성 가수의 점수가 남성 가수에 비해 높았다면, 통제집단의 여성 가수 점수가 실험집단의 여성 가수 점수에 비해 낮았음을 의미하므로, ㉠은 강화된다. 따라서 '통제집단에서 여성 가수의 점수가 남성 가수에 비해 약간 낮았으나 실험집단에서 여성 가수의 점수가 남성 가수에 비해 높았다'는 결과가 ㉠을 약화한다고 판단할 수 없다. ㄷ은 옳지 않은 평가이다.

〈보기〉의 ㄱ만이 옳은 평가이므로 정답은 ①이다.

30.

다음으로부터 추론한 것으로 옳은 것만을 〈보기〉에서 있는 대로 고른 것은?

> 선거에서 투표자의 선택에 영향을 미치는 여러 요인을 크게 '정책 요인'과 '후보 특성 요인'으로 나눌 수 있다. 정책 요인은 투표자의 정책 선호도 또는 이념 성향과 관련된 요인이다. 진보적 투표자는 진보 정당에, 보수적 투표자는 보수 정당에 투표하는 경향이 있는데 이는 정책 요인에 따른 것이다. 후보 특성 요인은 정책 요인과 무관한 학력, 경력, 외모 등의 개인적 특성과 관련된다. 자신이 선호하는 정당의 후보가 후보 특성 요인에서도 우월하다면 투표자의 선택은 자명하다. 하지만 두 요인이 상반되게 작용할 경우, 진보적 투표자가 보수 정당 후보에 표를 던지거나 반대로 보수적 투표자가 진보 정당 후보에 표를 던지는 일이 발생할 수도 있다. 정책 요인과 후보 특성 요인의 상대적 영향력과 관련해 다음과 같은 가설이 있다.

<가설>

정책에 미치는 영향이 더 큰 선거일수록 후보 특성 요인보다 정책 요인의 상대적 영향력이 더 크다.

이 가설을 검증하기 위해, 개별 정당 지지자들을 대상으로 ㉠자신이 지지하지 않는 당의 후보가 지지하는 당의 후보보다 개인적 특성이 우월하다고 답한 사람 중 실제로 그 우월한 후보에게 투표한 사람의 비율을 조사했다. 일반적으로 대통령의 정책 영향력이 개별 국회의원보다 크다.

보 기

ㄱ. 대통령 선거와 국회의원 선거가 동시에 실시되었을 때, 대통령 선거보다 국회의원 선거에서 ㉠이 더 높았다면 <가설>은 강화된다.

ㄴ. 국회의원 선거에서 대통령이 진보 정당 소속일 때보다 보수 정당 소속일 때 진보 정당 지지자의 ㉠이 더 낮았다면 <가설>은 약화된다.

ㄷ. 국회의원 선거에서 국회 다수당이 달라지는 경우보다 그렇지 않은 경우에 ㉠이 더 낮았다면 <가설>은 강화된다.

① ㄱ   ② ㄴ   ③ ㄱ, ㄷ

④ ㄴ, ㄷ   ⑤ ㄱ, ㄴ, ㄷ

문항 성격 문항유형 : 논증 평가 및 문제해결
내용영역 : 사회

평가 목표 이 문항은 선거에서 투표자가 고려하는 두 가지 결정 요인의 상대적 영향력에 대한 <가설>이 추가적인 정보에 의해 강화되거나 약화되는지 옳게 판단하는 능력을 평가하는 문항이다.

문제 풀이 정답 : ①

주어진 자료의 ㉠은 소위 '이탈률'로 해석할 수 있다. 선거 결과에 따라 이 이탈률을 해석함으로써 해당 선거에서 정책 요인과 후보 특성 요인 중 어떤 것이 상대적으로 더 영향을 끼쳤는지 파악할 수 있다. 선거의 내용이나 선거 결과가 향후 정국에서 정책적 변화에 더 크게 영향을 미친다면 <가설>이 주장하듯 투표자들은 상대적으로 후보 특성 요인보다 정책 요인에 따라 투표할 것이고, 이때 이탈률은 상대적으로 낮을 것임을 추론할 수 있다.

<보기> 해설 ㄱ. 대통령은 개별 국회의원보다 정책 영향력이 크다. 대통령 선거와 국회의원 선거가 동시에 실시되는 경우 대통령 선거 결과가 국회의원 선거보다 향후 정책 영

향력이 더 클 것이므로 이탈률은 상대적으로 국회의원 선거가 더 높을 것으로 예측할 수 있다. 선거 결과가 이와 부합하므로 〈가설〉은 강화된다. 따라서 ㄱ은 옳은 추론이다.

ㄴ. 국회의원 선거에서 정당 지지자들은 자신이 지지하는 당 소속의 대통령이 집권하고 있는 경우보다 타당(他黨) 소속 대통령이 집권하고 있을 때 정책의 변화를 더 추구하려 할 것이다. 이는 진보 정당 지지자들은 국회의원 선거가 정책에 미치는 영향력이 대통령이 진보 정당 소속일 때보다 보수 정당 소속일 때 더 크다고 판단할 가능성이 높다는 것을 의미한다. 이 경우 〈가설〉에 의하면 대통령이 진보 정당 소속일 때보다 보수 정당 소속일 때 진보 정당 지지자의 이탈률은 더 낮을 것이다. 따라서 이런 선거 결과를 얻었다면 〈가설〉은 강화된다. 최소한 진보 정당 지지자가 대통령이 진보 정당 소속일 때보다 보수 정당 소속일 때 국회의원 선거가 정책에 미치는 영향력이 더 크다고 판단하는지 알 수 없다면, 진보 정당 지지자의 이탈률이 더 낮았다는 것은 〈가설〉을 강화하는지 아니면 약화하는지 추론할 수 없다. ㄴ은 옳지 않은 추론이다.

ㄷ. 국회의원 선거에서 국회 다수당이 달라지는 경우보다 그렇지 않은 경우에 정책적 변화 가능성은 더 낮을 것이다. 따라서 국회의원 선거는 국회 다수당이 달라지는 경우보다 그렇지 않은 경우에 정책에 미치는 영향이 더 적은 선거일 가능성이 크다. 그렇다면 〈가설〉에 의해 국회 다수당이 달라지는 경우보다 그렇지 않은 경우에 지지자의 이탈률은 더 높을 것이다. 이탈률이 더 낮았다면 〈가설〉은 약화된다. 이렇게 단정할 수 없다고 하여도 최소한 〈가설〉이 강화된다고 추론할 수는 없다. 따라서 ㄷ은 옳지 않은 추론이다.

〈보기〉의 ㄱ만이 옳은 추론이므로 정답은 ①이다.

31.

다음 글에 대한 분석으로 옳은 것만을 〈보기〉에서 있는 대로 고른 것은?

중앙정부가 지방정부에 제공하는 재정 지원인 교부금은 무조건부교부금과 조건부교부금으로 나눌 수 있다. 무조건부교부금은 중앙정부가 지방정부와 세입을 공유한다는 입장에서 아무런 조건 없이 제공하고, 지방정부는 이를 주민들의 조세 경감을 포함해 원하는 어떤 방식으로든 사용할 수 있다.

　　이와 달리 조건부교부금은 특정한 조건을 달아 제공하는 교부금이다. 조건부교부금은 중앙정부가 지방정부의 특정 활동을 장려하기 위해 제공하는 경우가 많고, 구체적인 지급 형식에 따라 대응교부금과 비대응교부금으로 나눌 수 있다. 지방정부가 어떤 사업을 수행할 때, 대응교부금은 중앙정부가 비용의 일정 비율을 부담하는 방식으로 지급되며 사업 수행 시 직면하는 가격을 낮추는 효과가 있다. 비대응교부금은 특정 공공서비스 공급에 써야 한다는 조건을 붙이는 경우이다. 대응교부금이 가격보조라면 비대응교부금은 소득보조로, 상대가격은 유지되지만 지방정부의 소득을 인상시키는 효과가 있다. 비대응교부금은 소득보조 형태를 띤다는 점에서 무조건부교부금과 유사하지만 용도가 지정되어 있고 주민들의 조세 경감에 쓰일 수 없다는 점에서 차이가 있다.

　　교부금이 소득보조 형식으로 지급되면 주민들의 소득이 증가되는 것과 마찬가지이다. 따라서 주민들의 의사가 제대로 반영된다면, 이론적으로 이러한 형태의 교부금 지급이 해당 지역의 공공서비스 공급량에 미치는 영향은 주민 전체 소득이 교부금만큼 증가한 경우의 영향과 같아야 한다. 그런데 연구 결과에 따르면 이러한 이론적 예측은 잘 맞지 않는 것으로 나타난다. 일반적으로 ㉠공공서비스의 생산에 사용되는 부분의 비중은 주민 전체 소득이 증가한 경우보다 소득보조 형태로 교부금을 얻은 경우에 더 높게 나타난다.

보 기

ㄱ. 무조건부교부금과 대응교부금은 모두 사업 수행 시 지방정부가 직면하는 가격을 인하하는 효과를 갖는다.

ㄴ. 지방정부 관료가 주민들의 선호를 반영하기보다는 그가 담당하는 정책의 예산 규모를 늘리는 데 관심이 있다면, ㉠현상이 심화될 것이다.

ㄷ. 올해 받을 무조건부교부금 규모가 전년도 무조건부교부금 중 공공서비스 생산에 사용된 비중에 비례한다면, ㉠현상이 심화될 것이다.

① ㄱ　　　　　　　　　② ㄴ　　　　　　　　　③ ㄱ, ㄷ
④ ㄴ, ㄷ　　　　　　　　⑤ ㄱ, ㄴ, ㄷ

문항 성격　　문항유형 : 언어 추리

　　　　　　　　내용영역 : 사회

평가 목표　　이 문항은 중앙정부가 지방정부에 제공하는 교부금의 성격에 따른 분류와 소득보조 형태의 보조금이 이론적인 예측에서 벗어나 비대칭적으로 사용되는 현상에 관한 제시문으로부터 적절하게 추론할 수 있는 능력을 평가하는 문항이다.

　정답 : ④

교부금의 개념과 분류를 파악하고, 특히 가격보조와 소득보조에 해당하는 교부금 형태를 구별하는 것이 우선 요구된다. 조건부교부금 중 대응교부금은 가격보조 형태이고, 무조건부교부금과 조건부교부금 중 비대응교부금은 소득보조 형태이다.

　지방정부와 지역 주민은 소득보조 형태의 교부금의 배분방식을 결정하게 되는데, 이때 이론적인 관점에서는 주민의 전체 소득이 교부금만큼 증가한 경우와 동일한 배분방식이 채택돼야 한다. 이 경우 일반적으로 주민의 조세 경감에 사용되는 부분과 공공서비스 부분에 사용되는 비율은 교부금을 얻은 경우와 주민 소득 증가의 경우 동일해야 한다는 것이 이론적 관점이다. 하지만 현실에서는 관료주의, 관행에 의한 경향성 등에 영향을 받아 공공서비스 부분에 사용되는 비율이 더 크게 나타난다.

<보기> 해설　ㄱ. 무조건부교부금은 가격보조가 아닌 소득보조 형태의 보조금이다. ㄱ은 옳지 않은 분석이다.

　　　ㄴ. 관료주의는 주민 전체의 효용함수와 다른 관료만의 효용함수가 존재하는 경우에 발생한다. 일반적으로 관료는 자신의 정치적, 관료적 영향력을 증가시키기 위해 과도한 예산을 자신이 추진하는 정책에 배정, 운용하려 한다. 이 경우 주민의 조세 경감에 사용될 보조금이 공공서비스 공급에 사용되는 현상이 나타난다. 따라서 ㄴ은 옳은 분석이다.

　　　ㄷ. 만약 당해 연도 무조건부교부금의 규모가 전년도 무조건부교부금 중 공공서비스 생산에 사용된 비중에 비례한다면, 관료들은 예산 규모를 늘리기 위해 주민의 조세 경감보다 공공서비스 공급에 가중치를 둘 것이고 이는 ㉠ 현상을 심화시킬 것이다. 따라서 ㄷ은 옳은 분석이다.

　　<보기>의 ㄴ, ㄷ만이 옳은 분석이므로 정답은 ④이다.

32.

<상황>에 대한 추론으로 옳은 것만을 <보기>에서 있는 대로 고른 것은?

　국가 간 거래가 급증하고 있는 상황에서 한 나라의 경제 활동을 나타내는 주요 지표로 무역수지와 무역의존도가 있다. 무역수지는 수출액에서 수입액을 뺀 값으로 양(+)이면 흑자, 음(−)이면 적자, 같으면 균형이다. 무역의존도는 국내총생산(GDP)에서 차지하는 무역액(수출액＋수입액)의 비중을 나타내며, 무역액 대신 수출액을 넣으면 수출의존도, 수입액을 넣으면 수입의존도가 된다.

일반적으로 내수 기반이 취약하거나 부존자원이 부족한 국가들은 무역을 강화해 왔다. 하지만 이는 무역의존도를 높여 경제 안정성의 훼손 가능성을 높인다.

〈상황〉

갑국, 을국, 병국만 존재하는 상황에서 갑국과 을국 사이에는 교역이 존재하지 않는다. 표는 2023년과 2024년 갑국과 을국의 GDP, 수출의존도, 수입의존도를 나타낸다. 또한 병국의 2023년 GDP는 100억 달러이고 2024년 수출의존도는 35%이다.

구분(단위)	갑국		을국	
	2023년	2024년	2023년	2024년
GDP(억 달러)	100	200	100	200
수출의존도(%)	10	20	20	10
수입의존도(%)	30	20	5	15

보 기

ㄱ. 병국의 2024년 무역수지는 흑자이다.

ㄴ. 병국의 2024년 GDP는 200억 달러이다.

ㄷ. 무역의존도 기준으로 세 국가 모두 2024년에 전년 대비 경제 안정성의 훼손 가능성은 변화가 없다.

① ㄱ
② ㄷ
③ ㄱ, ㄴ
④ ㄴ, ㄷ
⑤ ㄱ, ㄴ, ㄷ

문항 성격   문항유형 : 언어 추리

내용영역 : 사회

평가 목표   이 문항은 주어진 무역 상황과 자료를 통해 개별 국가의 경제 자료를 완성하고 무역 의존도에 따른 경제 상황을 추리할 수 있는 능력을 평가하는 문항이다.

문제 풀이   정답 : ⑤

제시문에 나타난 무역의존도의 경제적 의미를 파악하고, 〈상황〉에 나타난 자료를 통해 병국의 무역 자료를 완성해야 한다. 〈상황〉에서 갑국과 을국 사이에는 교역이 존재하지 않으므로, 갑국과 을국 모두와 교역하고 있는 나라는 병국이 유일하다. 병국의 수출액은 갑국과 을국의 수입액의 합이고, 수입액은 갑국과 을국의 수출액의 합이다. 이를 이용해 병국의 수출액과 수입액을 우선 구하고, 주어진 병국의 GDP와 수출의존도를 이용해 병국의 수출입의존도를 구하면 된다. 병국의 자료를 포함한 표를 완성하면 다음과 같다.

	갑국		을국		병국	
	2023년	2024년	2023년	2024년	2023년	2024년
GDP(억 달러)	100	200	100	200	100	$200(=(70/35)\times100)$
수출의존도(%)	10	20	20	10	$35(=(35/100)\times100)$	35
수입의존도(%)	30	20	5	15	$30(=(30/100)\times100)$	$30(=(60/200)\times100)$
무역의존도(%)	40	40	25	25	65	65
수출액(억 달러)	10	40	20	20	$35(=30+5)$	$70(=40+30)$
수입액(억 달러)	30	40	5	30	$30(=10+20)$	$60(=40+20)$
무역수지(억 달러)	−20	0	15	−10	5	10

（예를 들면, 갑국의 2024년 수입액이 40억 달러이고, 을국의 2024년 수입액이 30억 달러이므로, 병국의 2024년 수출액이 70억 달러라는 것을 추리할 수 있다. 또한 이 정보와 병국의 2024년 수출의존도가 35%라는 것으로부터 병국의 2024년 GDP는 200억 달러라는 것을 추리할 수 있다.）

<보기> 해설 ㄱ. 병국의 2024년 무역수지는 10억 달러 흑자이다. ㄱ은 옳은 추론이다.

ㄴ. 병국의 2024년 GDP는 200억 달러이다. ㄴ은 옳은 추론이다.

ㄷ. 세 국가 모두 2024년 무역의존도는 전년 대비 변화가 없다. 결국 무역의존도 기준으로 경제 안정성의 훼손 가능성이 변화한 국가는 없다. ㄷ은 옳은 추론이다.

<보기>의 ㄱ, ㄴ, ㄷ 모두 옳은 추론이므로 정답은 ⑤이다.

33.

다음으로부터 추론한 것으로 옳은 것만을 <보기>에서 있는 대로 고른 것은?

갑, 을, 병, 정 네 사람은 2024. 7. 6.부터 2024. 7. 9.까지 각각 다른 날 구치소에 구금되었고, 2024. 7. 10.부터 2024. 7. 13.까지 각각 다른 날 석방되었다. 여기서 네 사람의 구금 및 석방 일자와 구금 일수에 관하여 다음과 같은 사실이 알려졌다. (단, 구금 일수는 구금 일자부터 석방 일자까지의 일수로 한다. 예를 들어, 구금된 다음 날 석방되면 구금 일수는 2일이다.)

• 네 사람 중 갑의 구금 일수가 가장 적고 정의 구금 일수가 가장 많다.

• 을과 병의 구금 일수는 같고, 이 두 사람만 구금 일수가 같다.

• 정의 석방 일자는 2024. 7. 13.이 아니다.

• 정이 구금된 날, 병은 이미 구금되어 있었다.

ㄱ. 을의 구금 일수는 5일이다.

ㄴ. 정은 2024. 7. 8.에 구금되었다.

ㄷ. 갑이 병보다 먼저 석방되었다.

① ㄱ 　　　　　② ㄴ 　　　　　③ ㄱ, ㄷ

④ ㄴ, ㄷ 　　　　　⑤ ㄱ, ㄴ, ㄷ

문항 성격　문항유형 : 모형 추리

내용영역 : 논리학·수학

평가 목표　이 문항은 주어진 조건으로부터 〈보기〉의 진술이 옳게 추론되는지 판단하는 능력을 평가하는 문항이다.

문제 풀이　정답 : ①

갑, 을, 병, 정 네 사람은 2024. 7. 6.부터 2024. 7. 9.까지 각각 다른 날 구치소에 구금되었고, 2024. 7. 10.부터 2024. 7. 13.까지 각각 다른 날 석방되었다. 문제의 조건은 다음과 같다.

(1) 네 사람 중 갑의 구금 일수가 가장 적고 정의 구금 일수가 가장 많다.

(2) 을과 병의 구금 일수는 같고, 이 두 사람만 구금 일수가 같다.

(3) 정의 석방 일자는 2024. 7. 13.이 아니다.

(4) 정이 구금된 날, 병은 이미 구금되어 있었다.

　일단, 구금된 날짜가 2024. 7. 6., 2024. 7. 7., 2024. 7. 8., 2024. 7. 9., 그리고 석방된 날짜가 2024. 7. 10., 2024. 7. 11., 2024. 7. 12., 2024. 7. 13.이라는 것을 고려하면, 네 사람의 구금 일수의 합계는 (5×4=20) 20일이다.

　(1)번 정보에서 가장 오랫동안 구금된 사람은 정으로, 정의 구금 일수는 6일 이하이다. 그 이유는 (3), (4)로부터 정은 6일에 구금될 수 없고, 13일에 석방될 수 없기 때문이다.

　을과 병의 구금 일수가 4일 이하라면, 정의 구금 일수는 6일 이하이므로, 갑의 구금 일수는 6일 이상이 되어 갑의 구금 일수가 가장 적을 수가 없기 때문에 이것은 모순이다. 따라서 을과 병의 구금 일수는 5일씩이다. 네 사람 전체 구금 일수를 합하면 20일이므로, 갑의 구금 일수는 4일이 된다. 정리해 보면, 정의 구금 일수는 6일이 되고, 2024. 7. 7.에 구금되었고, 2024. 7. 12.에 석방되었다는 것을 알 수 있다.

(표 1)

	2024. 7. 6.	2024. 7. 7.	2024. 7. 8.	2024. 7. 9.	2024. 7. 10.	2024. 7. 11.	2024. 7. 12.	2024. 7. 13.
갑								
을								
병								
정								

또한, ⑷와 병의 구금 일수는 5일이라는 것으로부터 병은 2024. 7. 6.에 구금되었고 2024. 7. 10.에 석방되었다는 것을 알 수 있다. 을의 구금 일자와 석방 일자를 알아보기 위해, 만약 을이 2024. 7. 8.에 구금되었다고 하면, 2024. 7. 12.에 석방되었고, 이 석방 일자는 정의 석방 일자와 겹치게 된다. 따라서 을은 2024. 7. 9.에 구금되었고 2024. 7. 13.에 석방되었다는 것을 알 수 있다. 따라서 갑은 2024. 7. 8.에 구금되었고 2024. 7. 11.에 석방되었다는 것을 알 수 있다. 아래 (표 2)는 최종적으로 확정된 네 사람의 구금 일자와 석방 일자를 표현하고 있다.

(표 2)

	2024. 7. 6.	2024. 7. 7.	2024. 7. 8.	2024. 7. 9.	2024. 7. 10.	2024. 7. 11.	2024. 7. 12.	2024. 7. 13.
갑								
을								
병								
정								

〈보기〉 해설　ㄱ. (표 2)에서 을의 구금 일수는 5일이다. ㄱ은 옳은 추론이다.

ㄴ. (표 2)에서 정은 2024. 7. 7.에 구금되었고 2024. 7. 12.에 석방되었음을 알 수 있다. ㄴ은 옳지 않은 추론이다.

ㄷ. (표 2)에서 갑은 2024. 7. 11.에 석방되었고, 병은 2024. 7. 10.에 석방되었다는 것을 알 수 있다. ㄷ은 옳지 않은 추론이다.

〈보기〉의 ㄱ만이 옳은 추론이므로 정답은 ①이다.

34.

다음으로부터 추론한 것으로 옳은 것만을 〈보기〉에서 있는 대로 고른 것은?

갑, 을, 병, 정 네 사람이 각자 사과를 가지고 있었는데, 그 개수는 4개 이상 7개 이하로 각각 달랐다. 네 사람은 자신이 가지고 있는 사과를 1개 또는 2개 먹었고, 각자에게 남은 사과의 개수는 각각 달랐다. 이들은 사과를 먹은 후 다음과 같이 말했는데, 이 중 사과를 1개 먹은 사람이 한 말은 참, 2개 먹은 사람이 한 말은 거짓으로 밝혀졌다.

갑 : 정이 먹은 사과는 1개야.

을 : 갑에게는 4개의 사과가 남아있어.

병 : 내가 먹은 사과의 개수와 정이 먹은 사과의 개수를 합하면 3개야.

정 : 을은 사과를 2개 먹었어.

보기

ㄱ. 갑이 처음에 가지고 있던 사과는 5개이다.

ㄴ. 을에게 남은 사과는 6개이다.

ㄷ. 병이 먹은 사과의 개수와 정이 먹은 사과의 개수는 같다.

① ㄱ 　　　　　　② ㄴ 　　　　　　③ ㄱ, ㄷ

④ ㄴ, ㄷ 　　　　　⑤ ㄱ, ㄴ, ㄷ

문항 성격　문항유형 : 모형 추리

　　　　　　내용영역 : 논리학·수학

평가 목표　이 문항은 주어진 조건으로부터 〈보기〉의 진술이 옳게 추론되는지 판단하는 능력을 평가하는 문항이다.

문제 풀이　정답 : ④

병이 진실을 말하고 있든, 거짓을 말하고 있든, 병의 발언에서 정이 먹은 사과는 2개임을 알 수 있다. 그 이유는 병의 발언이 진실이라면 병은 사과를 1개, 정은 사과를 2개 먹은 것이 되고, 병의 발언이 거짓이라면 병은 사과를 2개, 정은 사과를 2개 먹은 것이 된다. 따라서 정이 먹은 사과의 개수는 2개이다. 이로부터, 정의 발언은 거짓이 되므로, 을은 사과를 1개 먹었다. 또한, 을이 사과를 1개 먹었으므로, 을의 발언은 참이고, 갑에게 남은 사과는 4개라는 것을 알 수 있다. 그리고 정은 사과를 2개 먹었으므로 갑의 발언은 거짓이고 갑은 사과를 2개 먹었다. 따라서 갑은 처음에 6개의 사과를 가지고 있었다. (아래 (표 1) 참조)

(표 1)

	말의 진위	처음에 가지고 있던 개수	먹은 개수	남은 개수
갑	거짓	6	2	4
을	참		1	
병				
정	거짓		2	

이제, 을이 처음에 가지고 있던 사과의 개수를 보자. 을이 처음에 가지고 있던 사과의 개수는 4개, 5개, 7개가 가능하다. 각각의 경우를 살펴보자.

(1) 을이 처음에 사과를 4개 가지고 있는 경우

을에게 남은 사과의 개수는 3개가 된다. 또한 정이 처음에 가지고 있던 사과의 개수는 5개 또는 7개이다. 만약 정이 처음에 5개의 사과를 가지고 있었다면, 정에게 남은 사과의 개수는 3개이고 이 개수는 을에게 남은 사과의 개수와 같으므로 모순이다. 따라서 정이 처음에 가지고 있던 사과의 개수는 7개이다. 이때 정에게 남은 사과의 개수는 5개가 된다. 그리고 병은 처음에 5개의 사과를 가지게 된다. 따라서 병에게 남은 사과의 개수는 3개 또는 4개이다. 하지만, 이는 갑 또는 을의 남은 사과의 개수와 같게 된다. 결국 모순이 발생하므로, 을은 처음에 사과를 4개 가지고 있지 않다.

(표 2)

	말의 진위	처음에 가지고 있던 개수	먹은 개수	남은 개수
갑	거짓	6	2	4
을	참	4	1	3
병		5		3 또는 4 (모순 발생)
정	거짓	7	2	5

(2) 을이 처음에 사과를 5개 가지고 있는 경우

을에게 남은 사과의 개수는 4개가 되어 갑에게 남은 사과의 개수와 같아지게 되므로 모순이다.

을이 처음에 가지고 있던 사과의 개수는 4개, 5개, 7개가 가능하다는 것과 (1)과 (2)에 의해, 을은 처음에 사과 7개를 가지고 있었고 을에게 남은 사과의 개수는 6개이다. ((표 3) 참조)

182

(표 3)

	말의 진위	처음에 가지고 있던 개수	먹은 개수	남은 개수
갑	거짓	6	2	4
을	참	7	1	6
병				
정	거짓		2	

　이제 정이 처음에 몇 개의 사과를 가지고 있었는지 보자. 정이 처음에 가지고 있던 사과의 개수는 5개 또는 4개이다.

⑶ 정이 처음에 사과를 5개 가지고 있는 경우

　이 경우 정에게 남은 사과의 개수는 3개이다. 이때 병이 처음에 가지고 있던 사과의 개수는 4개이고, 병에게 남은 사과의 개수는 2개 또는 3개인데, 이 중 남은 사과의 개수 3개는 정에게 남은 사과의 개수와 같으므로 불가능하다. 따라서 병이 처음에 가지고 있던 사과의 개수는 4개, 남은 사과의 개수는 2개이다. ((표 4) 참조)

(표 4)

	말의 진위	처음에 가지고 있던 개수	먹은 개수	남은 개수
갑	거짓	6	2	4
을	참	7	1	6
병	거짓	4	2	2
정	거짓	5	2	3

⑷ 정이 처음에 사과를 4개 가지고 있는 경우

　이 경우 정에게 남은 사과의 개수는 2개이다. 이때 병이 처음에 가지고 있던 사과의 개수는 5개이고, 병에게 남은 사과의 개수는 3개 또는 4개인데, 이 중 남은 사과의 개수 4개는 갑의 남은 사과의 개수와 같으므로 불가능하다. 따라서 병이 처음에 가지고 있던 사과의 개수는 5개, 남은 사과의 개수는 3개이다.

(표 5)

	말의 진위	처음에 가지고 있던 개수	먹은 개수	남은 개수
갑	거짓	6	2	4
을	참	7	1	6
병	거짓	5	2	3
정	거짓	4	2	2

이상의 추론을 종합하면, (표 4)와 (표 5)만이 가능하다는 것을 알 수 있고 이것을 하나의 표로 정리하면 (표 6)과 같다.

(표 6)

	말의 진위	처음에 가지고 있던 개수	먹은 개수	남은 개수
갑	거짓	6	2	4
을	참	7	1	6
병	거짓	4/5	2	2/3
정	거짓	5/4	2	3/2

 ㄱ. (표 6)에서 갑이 처음에 가지고 있던 사과는 6개이다. ㄱ은 옳지 않은 추론이다.

ㄴ. (표 6)에서 을에게 남은 사과는 6개이다. ㄴ은 옳은 추론이다.

ㄷ. (표 6)에서 병이 먹은 사과의 개수와 정이 먹은 사과의 개수는 2개로 같다. ㄷ은 옳은 추론이다.

〈보기〉의 ㄴ, ㄷ만이 옳은 추론이므로 정답은 ④이다.

35.

다음으로부터 추론한 것으로 옳은 것만을 〈보기〉에서 있는 대로 고른 것은?

4개 법무법인 P, Q, R, S의 공동 프로젝트 수행을 위해, P는 5명, Q는 4명, R는 4명, S는 2명의 소속 변호사를 각각 파견하고, 이들을 A팀, B팀, C팀으로 나누어 배정하려고 한다. 그 배정 조건은 다음과 같다.

- 어느 팀에도 배정되지 않는 변호사는 없고, 둘 이상의 팀에 배정되는 변호사도 없다.
- 각 팀에는 최소 3개 법무법인의 변호사를 배정한다.
- P의 변호사 중 3명을 C팀에 배정한다.
- S의 변호사를 배정하는 팀에는 R의 변호사를 배정하지 않는다.
- S의 변호사를 배정하는 팀에는 P의 변호사를 최소 2명 배정한다.

ㄱ. S의 변호사는 서로 다른 팀에 배정된다.

ㄴ. P, Q, R의 변호사로 구성된 총원 7명인 팀은 없다.

ㄷ. A팀에 배정된 변호사가 6명이라면 B팀에 배정된 변호사는 3명이다.

① ㄱ 　　　② ㄴ 　　　③ ㄱ, ㄷ

④ ㄴ, ㄷ 　　　⑤ ㄱ, ㄴ, ㄷ

문항 성격　문항유형 : 모형 추리

내용영역 : 논리학·수학

평가 목표　이 문항은 주어진 조건으로부터 〈보기〉의 진술이 옳게 추론되는지 판단하는 능력을 평가하는 문항이다.

문제 풀이　정답 : ④

주어진 조건은 다음과 같다.

⑴ 어느 팀에도 배정되지 않는 변호사는 없으며, 둘 이상의 팀에 배정되는 변호사도 없다.

⑵ 각 팀에는 최소 3개 법무법인의 변호사를 배정한다.

⑶ P의 변호사 중 3명을 C팀에 배정한다.

⑷ S의 변호사를 배정하는 팀에는 R의 변호사를 배정하지 않는다.

⑸ S의 변호사를 배정하는 팀에는 P의 변호사를 최소 2명 배정한다.

주어진 조건 ⑶의 정보를 다음과 같이 (표 1)로 나타낼 수 있다.

(표 1)

	A팀	B팀	C팀
P : 5명			PPP
Q : 4명			
R : 4명			
S : 2명			

⑷와 ⑸의 정보를 통해, 만약 3개 팀 중 2개의 팀에 S의 변호사를 배정한다면 나머지 1개 팀에는 P의 변호사와 S의 변호사가 배정될 수 없기 때문에 이것은 ⑵와 모순된다. (예컨대 B팀과 C팀에 S의 변호사를 배정한 경우, 아래 (표 2) 참고)

(표 2)

	A팀	B팀	C팀
P : 5명	(배정 불가)	PP	PPP
Q : 4명			
R : 4명	RRRR		
S : 2명	(배정 불가)	S	S

따라서 3개 팀 중 1개 팀에 S의 변호사 2명 전부를 배정해야 한다. 따라서 다음 경우로 나눌 수 있다.

(경우 1) A팀에 S의 변호사 2명 모두 배정한 경우

이 경우 (5)에 의해 A팀에 P의 변호사 2명도 배정해야 한다. 이를 표로 나타내면 (표 3)과 같다.

(표 3)

	A팀	B팀	C팀
P : 5명	PP		PPP
Q : 4명			
R : 4명			
S : 2명	SS		

이제, S의 변호사 2명과 P의 변호사 5명 모두 A팀 또는 C팀에 배정되었다. 그러므로 B팀에 S의 변호사도 P의 변호사도 배정할 수 없고 이것은 (2)와 모순된다. 따라서 이 경우는 불가능하다.

(경우 2) B팀에 S의 변호사 2명 모두 배정한 경우

(경우 1)과 유사하게, 이 경우도 A팀에 S의 변호사도 P의 변호사도 배정할 수 없고 이것은 (2)와 모순된다. 따라서 이 경우도 불가능하다.

(경우 1)과 (경우 2)가 모두 불가능하므로, C팀에 S의 변호사 2명 모두를 배정할 수 있다. 이를 표로 나타내면 (표 4)와 같다

(표 4)

	A팀	B팀	C팀
P : 5명			PPP
Q : 4명			
R : 4명			
S : 2명			SS

P의 변호사는 총 5명이므로 P의 변호사 2명이 A팀 또는 B팀에 배정된다.

만약 P의 변호사 2명 모두가 A팀에 배정되어 있으면, S와 P의 모든 변호사는 A팀 또는 C팀에 배정되어 있으므로 B팀에 배정되는 변호사는 Q 또는 R의 변호사밖에 없다. 이것은 ⑵와 모순되므로 P의 변호사 2명 모두가 A팀에 배정될 수 없다. 비슷한 추론에 의해 P의 변호사 2명 모두가 B팀에 배정될 수 없다. 따라서 P의 변호사 1명은 A팀에, 다른 1명은 B팀에 배정된다. 이것을 표로 나타내면 (표 5)와 같다.

(표 5)

	A팀	B팀	C팀
P : 5명	P	P	PPP
Q : 4명			
R : 4명			
S : 2명			SS

　ㄱ. (표 5)에서, S의 변호사 2명 모두 C팀에 배정된다. ㄱ은 옳지 않은 추론이다.

　　　ㄴ. (표 5)에서, P, Q, R의 변호사로 구성된 팀이 있다면 A팀이거나 B팀이다. 예를 들어, A팀이 P, Q, R의 변호사를 배정하여 총 7명으로 구성된 팀이라고 가정하자. A팀에 P의 변호사는 1명이 배정되어 있으므로, 나머지 6명을 Q와 R의 변호사를 배정해야 한다. Q와 R의 변호사 총수는 8명이므로 6명이 A팀에 배정된다면 나머지 2명으로 B팀과 C팀에 배정해야 하는데, 어떻게 배정하여도 B팀, C팀 모두에 3개 법무법인의 변호사를 배정하는 것은 불가능하다. (예를 들면 Q의 변호사 3명과 R의 변호사 3명을 A팀에 배정한 경우 (표 6) 참고) 따라서 A팀이 P, Q, R의 변호사로 구성된 총원 7명인 팀일 수 없다.

(표 6)

	A팀	B팀	C팀
P : 5명	P	P	PPP
Q : 4명	QQQ		
R : 4명	RRR		
S : 2명			SS

비슷한 방법으로, B팀이 P, Q, R의 변호사로 구성된 총원 7명인 팀일 수 없다. 따라서 P, Q, R의 변호사로 구성된 총원 7명인 팀은 없다. ㄴ은 옳은 추론이다.

ㄷ. A팀에 배정된 변호사가 6명이라고 가정하자. 이 경우, (표 5)에서 ⑵를 만족하기 위해서는 A팀에 Q의 변호사 3명과 R의 변호사 2명을 배정하거나 Q의 변호사 2명과 R의 변호사 3명을 배정해야 한다. 어떤 경우든 Q, R의 변호사 3명이 남는다. ⑵를 만족하기 위해, 이들 중 1명만이 C팀에 배정되어야 하고 나머지 2명이 B팀에 배정되어야 한다. 따라서 B팀의 변호사 수는 3명이다((표 7), (표 8) 참고). 따라서 ㄷ은 옳은 추론이다.

(표 7)

	A팀	B팀	C팀
P : 5명	P	P	PPP
Q : 4명	QQQ	Q	
R : 4명	RR	R	R
S : 2명			SS

(표 8)

	A팀	B팀	C팀
P : 5명	P	P	PPP
Q : 4명	QQ	Q	Q
R : 4명	RRR	R	
S : 2명			SS

〈보기〉의 ㄴ, ㄷ만이 옳은 추론이므로 정답은 ④이다.

36.

다음으로부터 추론한 것으로 옳은 것만을 〈보기〉에서 있는 대로 고른 것은?

오늘날 기후 위기는 최근 급격하게 배출량이 늘고 있는 메테인(CH_4)과 이산화탄소(CO_2) 등의 온실기체의 영향이 크다. 특히 메테인은 대기 중 농도가 이산화탄소의 0.5%에 불과하지만 온실효과에 대한 기여도는 이산화탄소의 3분의 1에 달한다.

이산화탄소와 메테인 같은 기체와 온실효과 사이의 관계를 이해하기 위해서는 지구에 공급되는 태양의 복사 에너지가 어떤 경로로 나누어지고 저장되고 다시 우주로 돌아가는지를 살펴봐야 한다. 온도를 가진 물체는 그 온도에 해당하는 스펙트럼의 전자기파를 방출하며, 온도가 높을수록 많은 에너지를 방출한다. 지구는 태양에서 받는 에너지와 외부로 방출하는 에너지가 같은 상태가 되어 열적 평형 상태를 달성한다. 한편 태양은 자외선, 가시광선, 적외선을 포함한 다양한 스펙트럼의 전자기파를 우주로 보낸다. 지구에 도달한 태양의 전자기파 중 절반 정도가 대기를 통과해 표면에 도착한 후 흡수되어 지구의 온도를 일정하게 유지시킨다.

대기권을 구성하는 특정 분자들은 가시광선은 그대로 통과시키면서 지표면에서 방출되는 적외선은 매우 잘 흡수한다. 기체 분자들은 분자 구조에 따라 고유한 진동수로 진동한다. 즉, 에너지를 받아 들뜨면서 자신만의 고유한 춤을 추는 것이다. 지표면이 방출하는 적외선 에너지를 흡수해 그 장단에 맞춰 춤출 수 있는 기체가 바로 이산화탄소, 메테인과 같은 기체이다. 적외선을 흡수해 진동하는 분자들은 흡수한 적외선을 다시 사방으로 방출하는데, 일부는 지표면으로 향하고 나머지는 우주로 빠져나간다. 즉, 온실기체는 지구 밖을 향해 방출되어야 할 에너지의 일부를 붙잡아 다시 지구로 돌려보낸다. 지구로 되돌려진 만큼의 에너지는 결국에는 방출되어 지구는 열적 평형 상태에 도달한다. 이때 지구의 온도는 온실효과가 없을 때보다 높아진 상태로 유지된다.

ㄱ. 지구 대기 중의 분자당 적외선 흡수량은 이산화탄소가 메테인보다 크다.
ㄴ. 지구의 현재 대기의 양과 구성 성분 비율이 고정된다면 지구의 온도는 점차 높아진다.
ㄷ. 다른 조건이 같을 때, 지구 대기에서 메테인이 완전히 사라진다면 온실효과는 완화된다.

① ㄱ   ② ㄷ   ③ ㄱ, ㄴ
④ ㄴ, ㄷ   ⑤ ㄱ, ㄴ, ㄷ

문항 성격   문항유형 : 언어 추리
             내용영역 : 과학기술
평가 목표   이 문항은 물체가 에너지를 흡수 및 방출하는 과정에 대한 설명을 바탕으로, 온실효과와 관련된 현상과 성질을 추론하는 능력을 평가하는 문항이다.
문제 풀이   정답 : ②

온실기체가 에너지를 흡수하고 방출하는 현상은 온실효과에 핵심적인 역할을 한다. 온실효과를 이해하려면, 지구가 태양의 복사에너지를 받아 열적 평형에 도달하는 과정을 살펴보아야 한다. 지구를 포함한 태양계의 행성은 태양으로부터 복사에너지(빛 혹은 전자기파)를 받고, 이와 같은 크기의 에너지를 우주로 방출해 열적 평형에 도달한다. 지구의 복사에너지 방출은 온도를 가진 물체가 자발적으로 에너지를 방출하는 메커니즘을 통해 일어나는데, 지구 온도가 높아지면 보다 많은 에너지가 방출된다. 태양이 방출하는 에너지는 자외선, 가시광선, 적외선을 포함한 다양한 파장의 전자기파 스펙트럼의 빛으로 구성되어, 지구는 이렇게 다양한 파장의 전자기파 스펙트럼의 빛을 받는다. 반면 지구로부터 방출되는 에너지는 주로 적외선으로 구성된다. 지구에 대기가 없다면, 태양으로부터 지구가 받은 에너지는 바로 우주로 방출되어, 열적 평형 상태가 된다. 하지만 지구의 대기, 특히 온실가스의 존재는, 바로 우주로 방출되어야 할 에너지를 잠시 흡수해, 온도가 높아진 상태의 열적 평형 상태를 만든다. 중요한 점은, 지구 입장에서 들어온 에너지와 나가는 에너지의 크기는 결국에는 같아지지만, 이러한 열적 평형 상태는 지구의 온도가 낮은 상태로 있을 때도 달성되고, 높은 상태로 있을 때도 달성된다는 것이다. 참고로 지구의 온도는 지구 위치에 따라 모두 다르지만, 제시문에서 표시한 온도는 지구의 평균온도로 생각할 수 있다.

<보기> 해설　ㄱ. 제시문에 의하면 지구 대기 중에 메테인은 이산화탄소보다 훨씬 적게 존재하지만("메테인은 대기 중 농도가 이산화탄소의 0.5%에 불과"), 온실효과에 대한 기여도는 3분의 1에 달한다. 이로부터 분자당 온실효과에 대한 기여도는 메테인이 이산화탄소에 비해 크다고 추론할 수 있다. 온실효과에 대한 기여도는 온실기체분자가 적외선 에너지를 흡수했다가 다시 방출하는 양에 의해 결정되므로, 온실효과에 대한 기여도가 크다는 것에서 분자당 적외선 흡수량이 크다는 것을 추론할 수 있다. 이에 분자당 적외선 흡수량은 메테인이 이산화탄소보다 크다. ㄱ은 옳지 않은 추론이다.

　　　　　　　ㄴ. 제시문에서 온실효과는 온실기체가 우주로 바로 빠져나가야 할 에너지의 일부를 지구로 돌려보내기 때문에 나타난다. 지구로 되돌려진 만큼의 에너지는 결국에는 방출되어 지구는 열적 평형 상태에 도달한다. 이때 지구의 온도는 온실효과가 없을 때보다 높아진 상태로 유지되기 때문에 지구의 현재 대기의 양과 구성 성분 비율이 고정된다면 지구의 온도는 현재와 같다는 것을 추론할 수 있다. 따라서 ㄴ은 옳지 않은 추론이다. (참고로 대기권에 온실기체가 사라진다면 온실효과 역시 사라져 지구의 온도는 매우 낮아진 상태로 유지된다. 온실기체가 포함된 대기가 없다면 지구의 기온은 섭씨 영하 20도 정도로 떨어져 유지될 것으로 예상된다. 온실효과는 지구 생명체의 존속을 위해 필요하다.)

　　　　　　　ㄷ. 제시문에 의하면 메테인은 온실기체 중 하나이며, 온실효과에 큰 기여를 한다. 이에 다른 조건이 같을 때, 지구 대기에서 메테인이 완전히 사라진다면 온실효과는 완화된다는 것을 추론할 수 있다. ㄷ은 옳은 추론이다.

　　　　　　〈보기〉의 ㄷ만이 옳은 추론이므로 정답은 ②이다.

190

37.

다음으로부터 추론한 것으로 옳은 것만을 〈보기〉에서 있는 대로 고른 것은?

표준환원전위(E_0)는 전자를 받아서 환원되려고 하는 물질의 경향성을 수치화하여 나타낸 것이다. E_0가 큰 물질일수록 전자를 받아 환원되려는 경향성이 크므로 E_0가 작은 물질로부터 큰 물질로 전자가 이동한다. 이때 나오는 에너지의 크기는 두 물질의 E_0 차이에 의해 결정되며 그 차이가 클수록 더 많은 에너지가 나온다.

사람과 대장균은 포도당에서 나온 전자를 NAD^+ 혹은 FAD를 거쳐 최종적으로 산소로 이동시켜 산소에 전자가 저장된 형태인 물을 생성하는 과정, 즉 산소의 환원 과정을 통해 에너지 저장 물질인 ATP를 생성할 수 있다. 포도당에서 나온 일부 전자는 NAD^+로 이동하여 NAD^+에 전자가 저장된 형태인 NADH를 생성하고, 일부는 FAD로 이동하여 FAD에 전자가 저장된 형태인 $FADH_2$를 생성한다. 이후 NADH와 $FADH_2$에 있던 전자들이 최종적으로 산소로 이동하면서 ATP가 합성된다. 예를 들어, NAD^+의 E_0는 $-0.32V$이고 산소의 E_0는 $+0.82V$이므로, 이들의 E_0 차이인 1.14V에 의해 NADH 1분자당 3분자의 ATP가 합성된다. 하지만 이 과정에서 $FADH_2$는 1분자당 2분자만의 ATP를 생성할 수 있다.

사람과 달리, 대장균은 무산소 호흡을 통해 에너지를 생산할 수 있다. 대장균은 산소가 있으면 산소를 최종 전자수용체로 이용하지만, 산소가 없으면 NADH나 $FADH_2$의 전자를 산소가 아닌 다른 물질로 최종적으로 이동시켜 에너지를 얻을 수 있다. 이러한 물질에는 질산염($E_0 = +0.42V$)과 푸마르산($E_0 = +0.03V$)이 있다.

〈보기〉

ㄱ. E_0가 작은 물질일수록 전자를 잃을 경향성이 크다.
ㄴ. FAD의 E_0는 $-0.32V$보다 더 클 것이다.
ㄷ. 산소가 없고 질산염과 푸마르산이 있는 경우, 대장균은 포도당으로부터 더 많은 에너지를 얻기 위해 최종 전자수용체로 푸마르산을 이용할 것이다.

① ㄱ   ② ㄷ   ③ ㄱ, ㄴ
④ ㄴ, ㄷ   ⑤ ㄱ, ㄴ, ㄷ

문항 성격   문항유형 : 언어 추리
            내용영역 : 과학기술

 이 문항은 생명체 내에서 일어나는 에너지 생성 과정을 생화학적으로 표준환원전위를 이용해 설명하는 제시문을 이해하고 이로부터 〈보기〉의 진술이 추론되는지 판단하는 능력을 평가하는 문항이다.

 정답 : ③

표준환원전위(E_0)는 어떤 물질이 전자를 주고받을 수 있는 상대적인 능력을 수치화한 값으로 어떤 물질이 전자를 받아서 환원되려고 하는 경향성을 나타내는 값이다. 즉, 전자의 이동은 표준환원전위가 작은 물질로부터 큰 물질로 일어나며, 이 과정에서 나오는 에너지(ΔG_0)는 $-nF\Delta E_0$(n은 이동하는 전자수, F는 패러데이 상수, ΔE_0는 E_0 차이)이므로 ΔE_0를 통해 에너지를 계산할 수 있다. 예를 들어, E_0가 작은 NAD^+($E_0 = -0.32V$)에 저장된 전자는 NAD^+보다 E_0가 큰 산소($\frac{1}{2}O_2$, $E_0 = +0.82V$)로 이동할 것이다. 따라서 NAD^+에 2개의 전자가 저장된 형태인 NADH로부터 2개의 전자가 산소로 이동하게 되면 NAD^+와 H_2O가 생성되고 NAD^+와 산소의 E_0 차이(1.14V)에 의해 3분자의 ATP가 합성된다.

ㄱ. 제시문의 '표준환원전위(E_0)는 전자를 받아서 환원되려고 하는 물질의 경향성을 수치화하여 나타낸 것이다. E_0가 큰 물질일수록 전자를 받아 환원되려는 경향성이 크므로 E_0가 작은 물질로부터 큰 물질로 전자가 이동한다.'로부터 E_0가 작은 물질일수록 전자를 잃을 경향성이 크다는 것을 추론할 수 있다. ㄱ은 옳은 추론이다.

ㄴ. NAD^+에 전자가 저장된 형태인 NADH로부터 전자가 산소로 이동할 때 나오는 에너지는 NAD^+와 산소의 E_0 차이(1.14V)에 비례하고 이에 의해 3분자의 ATP가 합성된다. 하지만, FAD에 전자가 저장된 형태인 $FADH_2$로부터 전자가 산소로 이동할 때는 2분자의 ATP가 합성된다고 했으므로 FAD와 산소의 E_0 차이는 1.14V보다 작아야 된다. 따라서 FAD의 E_0는 NAD^+의 E_0($-0.32V$)보다 커야 된다. ㄴ은 옳은 추론이다.

ㄷ. 질산염의 E_0는 $+0.42V$이고 푸마르산의 E_0는 $+0.03V$이므로 둘 다 산소의 E_0인 $+0.82V$에는 미치지 못하지만 그 차이가 더 작은 것은 질산염이므로, 산소가 없고 질산염과 푸마르산이 있는 경우 대장균은 포도당으로부터 더 많은 에너지를 얻기 위해 최종 전자수용체로 질산염을 사용할 것이다. ㄷ은 옳지 않은 추론이다.

〈보기〉의 ㄱ, ㄴ만이 옳은 추론이므로 정답은 ③이다.

38.

〈상황〉에 대한 추론으로 옳은 것만을 〈보기〉에서 있는 대로 고른 것은?

물체가 움직일 때 물체의 질량과 속도를 곱한 물리량을 운동량이라고 한다. 하나 혹은 그 이상의 물체들로 구성된 어떤 계의 모든 물체의 운동량 합은 외부와의 상호작용이 없을 때 항상 보존된다.

에너지는 어떤 물체나 계가 일을 할 수 있는 능력 혹은 가능성으로, 일을 통해 다른 형태의 에너지로 전환될 수 있다. 다양한 형태의 에너지 중, 물체의 역학적 에너지는 운동에너지와 퍼텐셜에너지의 합으로 정의되며, 마찰이나 공기의 저항 등에 의한 에너지 손실이 없는 경우 역학적 에너지는 보존된다.

물체의 운동에너지는 운동량 크기의 제곱을 질량으로 나눈 값의 절반으로 정의된다. 퍼텐셜에너지는 위치 변화에 따르는 일을 할 수 있는 능력으로, 중력에 의한 퍼텐셜에너지, 용수철이 늘어나거나 압축될 때 원래의 위치로 돌아가려는 탄성력에 의한 퍼텐셜에너지 등이 있다. 중력에 의한 물체의 퍼텐셜에너지는 물체의 질량과 지표면에서의 높이 변화, 그리고 중력가속도(g)를 모두 곱한 값으로 정의된다.

〈상황〉

지표면과 평행한 평면에 질량이 각각 m_A와 m_B인 두 물체 A와 B 사이에 질량을 무시할 수 있는 용수철을 넣은 후 두 물체를 근접시켜 용수철을 압축시킨다. 처음 정지 상태에 있던 두 물체를 동시에 가만히 놓으면, 탄성력에 의한 퍼텐셜에너지가 운동에너지로 전환되어 서로 반대 방향으로 움직인다. 이때 A와 B의 속력이 각각 v_A와 v_B라면 운동에너지는 각각 $m_A v_A^2/2$과 $m_B v_B^2/2$이다. 평면을 따라 움직이던 두 물체는, 평면의 양 끝에서 오르막 빗면을 오르게 된다. 물체와 평면, 물체와 빗면 사이의 마찰과 공기에 의한 저항 등은 무시할 정도로 작다. 물체가 출발한 평면 위의 지점을 기준으로 A와 B가 도달한 최고점의 높이는 각각 h_A와 h_B가 되는데, 이때 역학적 에너지 보존으로부터 $m_A g h_A = m_A v_A^2/2$과 $m_B g h_B = m_B v_B^2/2$이 각각 성립한다.

보 기

ㄱ. h_A와 h_B의 비율은 용수철이 처음 압축된 정도와 무관하다.

ㄴ. m_A와 m_B의 비가 1 : 2라면, 분리된 순간 A와 B의 운동량 크기의 비는 1 : 2이다.

ㄷ. 두 물체를 놓기 직전의 탄성력에 의한 퍼텐셜에너지는 A와 B가 최고점에 올라갔을 때의 A, B의 중력에 의한 퍼텐셜에너지의 합과 같다.

① ㄱ   ② ㄴ   ③ ㄱ, ㄷ

④ ㄴ, ㄷ   ⑤ ㄱ, ㄴ, ㄷ

문항 성격	문항유형 : 언어 추리
	내용영역 : 과학기술

평가 목표 이 문항은 운동량 보존법칙, 역학적 에너지 보존법칙을 이해하고, 이와 관련된 주어진 〈상황〉으로부터 물체의 물리량을 올바르게 추론할 수 있는 능력을 평가한다.

문제 풀이 정답 : ③

제시문은 운동량 보존법칙과 역학적 에너지 보존법칙에 대한 설명이며, 이 두 보존법칙을 활용해 다양한 상황에서 물체의 물리량을 추론할 수 있다. 문제의 〈상황〉에서 주어진 상황은 외부와의 상호작용이 없고, 마찰이나 공기의 저항 등에 의한 에너지 손실이 없기에, 운동량 보존법칙과 역학적 에너지 보존법칙이 모두 성립한다. 나아가 물체 A, 물체 B, 용수철로 이루어진 계(system)는 처음에 정지해 있었기 때문에 운동량은 0으로 보존된다는 것을 추론할 수 있다. 〈상황〉의 계의 에너지를 살펴보자. 처음에는 용수철이 압축되어 있으므로 탄성력에 의한 퍼텐셜에너지가 존재하지만, 물체 A와 물체 B는 정지해 있으므로 운동에너지는 0이고, 처음 시작하는 높이를 기준 높이로 보면 중력에 의한 퍼텐셜에너지도 0으로 볼 수 있다. 두 물체가 분리되어 움직이기 시작하면, 용수철이 갖고 있던 탄성력에 의한 퍼텐셜에너지가 물체 A와 물체 B의 운동에너지로 전환된다. 이때 물체 A와 물체 B의 운동에너지 $m_A v_A^2/2$과 $m_B v_B^2/2$는, m_A와 m_B로부터 운동량 보존법칙에 의해 결정되는 v_A와 v_B를 알면 구할 수 있다. 빗면을 올라가기 전, 두 물체의 높이는 변하지 않으므로, 위치에너지는 여전히 0이다. 이 두 물체의 운동에너지는 두 물체가 빗면을 올라가면 각각 중력에 의한 위치에너지로 전환된다. 두 물체가 최대 높이인 h_A와 h_B에 도달하면 이때 속력은 0이므로, 운동에너지는 0이 된다.

〈보기〉 해설 ㄱ. 두 물체와 스프링으로 이루어진 계(system)는 처음 분리되기 전 정지 상태에 있었기 때문에 이때 운동량은 0이다. 제시문에 의하면 운동량은 보존되기 때문에, 스프링에 의해 물체 A와 B는 반대 방향으로 진행할 때 총 운동량은 0이 되어야 한다. 즉, 물체 A가 한 방향으로 움직이는 운동량의 크기와 물체 B가 반대 방향으로 움직이는 운동량의 크기는 같다. 운동량은 질량과 속도를 곱한 물리량이므로, 이는 $m_A v_A = -m_B v_B$임을 의미하며 이로부터 v_A와 v_B의 비는 처음 탄성력에 의한 퍼텐셜에너지의 크기와는 관계가 없으며, m_A와 m_B의 비에 의해서만 정해진다는 것을 추론할 수 있다. 역학적 에너지 보존으로부터 $m_A g h_A = m_A v_A^2/2$과 $m_B g h_B = m_B v_B^2/2$이 성립하므로, v_A와 v_B의 비가 정해지면 h_A와 h_B의 비율도 정해

진다. 이로부터 처음 계가 갖고 있던 탄성력에 의한 퍼텐셜에너지의 크기와 h_A
와 h_B의 비율이 무관하다는 것을 알 수 있다. 용수철이 처음 압축된 정도가 달라
지면 탄성력에 의한 퍼텐셜에너지의 크기가 달라지므로, 결국 h_A와 h_B의 비율은
용수철이 처음 압축된 정도와 무관하다는 것을 추론할 수 있다. ㄱ은 옳은 추론
이다.

ㄴ. 제시문에 의하면 운동량은 보존된다. 〈상황〉에서 두 물체와 스프링으로 이루어
진 계(system)는 처음 분리되기 전 정지 상태에 있었기 때문에 이때 운동량은 0
이다. 스프링에 의해 물체 A와 B는 반대 방향으로 진행하는데, 이때 총 운동량
을 0으로 만들기 위해서는 물체 A가 한 방향으로 움직이는 운동량의 크기는 물
체 B가 반대 방향으로 움직이는 운동량의 크기와 같아야 한다. 따라서 분리된
순간 A와 B의 운동량 크기의 비는 질량비와 상관없이 1 : 1이다. ㄴ은 옳지 않은
추론이다.

ㄷ. 두 물체를 놓기 직전의 계의 역학적 에너지는 용수철의 탄성력에 의한 퍼텐셜
에너지만 있으며, 이 역학적 에너지는 보존된다. 이 역학적 에너지는 두 물체 A
와 B의 운동에너지로 전환되었다가, 최종적으로는 A와 B의 중력에 의한 퍼텐셜
에너지로 전환된다. A와 B가 각각 최고점에 올라갔을 때, A와 B의 운동에너지
는 모두 중력에 의한 퍼텐셜에너지로 각각 전환되었다. 따라서 두 물체가 최고
점에 올라갔을 때의 중력에 의한 퍼텐셜에너지의 합은 두 물체를 놓기 직전의
탄성력에 의한 퍼텐셜에너지와 같다. ㄷ은 옳은 추론이다.

〈보기〉의 ㄱ, ㄷ만이 옳은 추론이므로 정답은 ③이다.

39.

다음 글에 대한 분석으로 옳은 것만을 〈보기〉에서 있는 대로 고른 것은?

종(species)은 생명체를 분류하는 기본 단위이다. 종의 정의 중 하나는 ⊙종이란 다른 집단과
는 생식적으로 격리되어, 집단 내 상호교배가 가능한 개체군의 집단이라는 것이다. 다윈의 진화
론에 따르면 자연선택에 의한 진화 과정에서 변이가 축적되어 생식적 격리가 발생하고 이로 인해
종분화, 즉 종의 형성이 일어난다. 이러한 종의 정의는 유성생식을 하는 동물에는 비교적 잘 적용
되지만, 무성생식을 하거나 멸종한 생명체에는 적용되지 않는다. 또한, 식물의 경우에는, 동물이
라면 발생이 진행되지 않을 비정상적인 염색체 수를 가지더라도 정상적으로 발생이 진행되어 부

모와는 다른 종을 형성하는 경우도 있다.

우장춘 박사는 서로 다른 종이 교배를 통해 새로운 종으로 진화할 수 있다는 종의 합성 이론을 제안하였다. 우 박사는 배추속에 속하는 배추, 양배추, 흑겨자, 유채, 갓, 에티오피아 겨자 사이의 유전학적 관계를 ⓛ우의 삼각형 모델로 설명하였다. 이에 따르면 배추속에 속하는 다른 두 종간의 자연적 교배를 통해 한 종의 염색체에 다른 종의 염색체가 추가되어 두 종의 염색체를 모두 가지는 또 다른 종이 생성된다. 예를 들어, 배추(n=10)와 양배추(n=9)가 교배되어 유채(n=19)가 만들어지고, 배추와 흑겨자(n=8)가 교배되어 갓(n=18)이 만들어지며, 흑겨자와 양배추가 교배되어 에티오피아 겨자가 만들어진다.

보 기

ㄱ. 에티오피아 겨자의 염색체 수(n)는 흑겨자의 염색체 수(n)보다 크다.

ㄴ. ㉠에 따르면 배추와 양배추는 다른 종으로 볼 수 없고, ㉡에 따르면 흑겨자와 갓은 다른 종으로 볼 수 있다.

ㄷ. ㉠이 같은 종으로 분류하는 말티즈(n=39)와 푸들(n=39) 사이에서 말티푸(n=39)가 태어났을 때, ㉡에 사용된 종의 합성 이론은 푸들과 말티푸를 다른 종으로 분류한다.

① ㄱ   ② ㄷ   ③ ㄱ, ㄴ

④ ㄴ, ㄷ   ⑤ ㄱ, ㄴ, ㄷ

문항 성격	문항유형 : 논쟁 및 반론
	내용영역 : 과학기술
평가 목표	이 문항은 일반적으로 정의되는 생물학적 종의 개념과 '우의 삼각형 모델'에 관한 글로부터 〈보기〉의 진술이 추론될 수 있는지 평가하는 문항이다.
문제 풀이	정답 : ③

생물학적 종의 개념, 즉 종이란 다른 집단과는 생식적으로 격리되어, 집단 내 상호교배가 가능한 개체군의 집단이라는 것은 일반적으로 사용되고 있지만, 완벽한 정의가 아니기 때문에 많은 문제점을 가지고 있다. 예를 들어, A와 B가 교배가 가능하고 B와 C가 교배가 가능하지만, C와 A는 교배가 불가능한 경우에, A와 B는 같은 종이고 B와 C는 같은 종이므로 A와 C도 같은 종이 되어야 하지만, C와 A는 교배가 불가능하므로 A와 C가 같은 종이 아니라는 상황도 발생한다. 따라서 다윈의 진화론에 따른 생물학적 종 형성은 많은 문제점을 가지고 있다. 제시문에서는 감수분열과 수정과정에 문제가 생겨 비정상적인 배수체 상태가 되어도 정상적으로 발생 가능한 식물을 이용

하여, 다원의 진화론에 의한 종 분화, 즉 종 형성 이외에도 서로 다른 종 사이에서 새로운 종, 즉 합성종이 생겨난다는 우장춘 박사의 '우의 삼각형 모델'을 설명하고 있다.

ㄱ. 우의 삼각형 모델에 따르면 배추속에 속하는 다른 두 종간의 자연적 교배를 통해 한 종의 염색체에 다른 종의 염색체가 추가되어 두 종의 염색체를 모두 가지는 또 다른 종이 생성된다고 했으므로 흑겨자(n=8)와 양배추(n=9) 사이의 합성종인 에티오피아 겨자의 염색체 수(n)는 17임을 추론할 수 있다. 따라서 에티오피아 겨자의 염색체 수(n) 17은 흑겨자의 염색체 수(n) 8보다 크므로, ㄱ은 옳은 분석이다.

ㄴ. ㉠에 따르면 종이란 상호교배가 가능한 개체군의 집단이고, 배추와 양배추는 상호교배가 가능함이 밝혀졌으므로, 배추와 양배추는 다른 종으로 볼 수 없다. 또한 ㉡에 따르면 배추속에 속하는 다른 두 종간의 자연적 교배를 통해 또 다른 종이 생성된다고 했는데, 배추와 흑겨자가 교배되어 갓이 만들어졌으므로 흑겨자와 갓은 다른 종으로 볼 수 있다. 따라서 ㄴ은 옳은 분석이다.

ㄷ. ㉠이 말티즈(n=39)와 푸들(n=39)을 같은 종으로 분류하고 있고 이들 사이에서 염색체의 변화가 없는 말티푸(n=39)가 태어났으므로, 말티즈, 푸들, 말티푸는 모두 같은 종이다. 다른 두 종간의 자연적 교배를 통해 한 종의 염색체에 다른 종의 염색체가 추가되어 두 종의 염색체를 모두 가지는 또 다른 종이 만들어진다는 ㉡(우의 삼각형 모델)은 염색체 수가 모두 같은 이들 애완견에 적용할 수 없다. 따라서 말티즈(n=39)와 푸들(n=39) 사이에서 말티푸(n=39)가 태어났을 때, ㉡에 사용된 종의 합성 이론은 푸들과 말티푸를 다른 종으로 분류한다는 것은 틀린 진술이다. ㄷ은 옳지 않은 분석이다.

〈보기〉의 ㄱ, ㄴ만이 옳은 분석이므로 정답은 ③이다.

40.

다음 글을 분석한 것으로 옳은 것만을 〈보기〉에서 있는 대로 고른 것은?

한 조직에서 합성되어 다른 조직으로 이동해 그 조직의 생리 활성을 조절하는 호르몬은 펩타이드계와 스테로이드계로 구분할 수 있다. 대부분의 스테로이드계 호르몬은 극성도가 낮아 세포막을 쉽게 투과하여 세포 내부에서 직접적으로 신호전달 물질로 작용하지만, 대부분의 펩타이드계 호르몬은 극성도가 높아 세포막을 투과하지 못한다. 따라서 세포막을 투과하지 못하는 펩타이드계 호르몬은 세포 표면에 존재하는 수용체에 결합하고, 이로 인한 수용체의 구조적 변화를 통해 세포 내부의 신호전달 단백질을 활성화시키는 메커니즘을 사용한다.

동물 스테로이드계 호르몬은 세포막을 쉽게 투과하지만, 식물의 생장을 촉진하는 식물 스테로이드계 호르몬인 브라시노라이드(BR)는 동물 세포와 식물 세포의 세포막에 큰 차이가 없음에도 불구하고 세포막을 쉽게 투과하지 못하는 것으로 알려져 있다.

〈실험〉은 BR이 펩타이드계 호르몬과 유사하게 세포 표면 수용체 및 신호전달 단백질을 이용하는 메커니즘을 규명한 연구의 일부이다.

〈실험〉

BR 생합성 유전자와 BR 수용체 유전자 중 하나에만 손상이 있는 애기장대 돌연변이 A와 돌연변이 B를 선별하였다. 둘 모두 야생형과 비교하여 생장이 저해된 표현형을 나타내었다. BR을 처리했을 때, A는 저해된 생장이 회복되지 않았지만, B는 회복되었다. BR 수용체의 구조적 변화를 인식하는 신호전달 단백질 유전자에만 돌연변이가 일어나 생장이 저해된 표현형을 가지는 애기장대 돌연변이 C를 선별하여, BR 처리 후의 표현형 변화를 관찰하였다.

보 기

ㄱ. 동물과 식물 스테로이드계 호르몬의 세포막 투과도 차이가 극성에 의해서만 결정된다면, BR은 동물 스테로이드계 호르몬보다 극성도가 높을 것이다.

ㄴ. 〈실험〉은 "A는 BR을 합성하지 못하고, B는 BR 수용체에 이상이 있다"라는 가설을 강화한다.

ㄷ. BR 처리 후, B와 C는 유사한 표현형을 나타낼 것이다.

① ㄱ　　　　　　　② ㄷ　　　　　　　③ ㄱ, ㄴ
④ ㄴ, ㄷ　　　　　　⑤ ㄱ, ㄴ, ㄷ

문항 성격　문항유형 : 논증 평가 및 문제해결

내용영역 : 과학기술

평가 목표　이 문항은 스테로이드계 호르몬과 펩타이드계 호르몬의 작용 메커니즘을 이해하고 이를 적용한 〈실험〉의 결과를 적절히 분석하여 가설을 검증할 수 있는 능력을 평가하는 문항이다.

문제 풀이　정답 : ①

극성도의 차이로 인해서, 스테로이드계 호르몬은 세포막을 자유롭게 통과하여 세포 내부에서 직접적으로 작용하지만 세포막을 통과하지 못하는 펩타이드계 호르몬은 세포 표면 수용체를 통해 세포 내부로 신호를 전달한다. 식물 호르몬인 브라시노라이드(BR)는 스테로이드계 호르몬임에도 불구하고 세포막을 통과하지 못하기 때문에 펩타이드계 호르몬처럼 세포 표면 수용체와 세포 내부 신호전달 단백질을 이용하는 것으로 최근 밝혀졌는데, 이를 규명하는 실험의 일부가 소개되고 있다.

ㄱ. 제시문의 "대부분의 스테로이드계 호르몬은 극성도가 낮아 세포막을 쉽게 투과하여 세포 내부에서 직접적으로 신호전달 물질로 작용하지만, 대부분의 펩타이드계 호르몬은 극성도가 높아 세포막을 투과하지 못한다."로부터 극성도가 높을수록 세포막을 잘 투과할 수 없다는 것을 알 수 있다. 또한 "동물 스테로이드계 호르몬은 세포막을 쉽게 투과하지만, 식물의 생장을 촉진하는 식물 스테로이드계 호르몬인 브라시노라이드(BR)는 … 세포막을 쉽게 투과하지 못하는 것으로 알려져 있다."라고 제시되어 있다. 따라서 "동물과 식물 스테로이드계 호르몬의 세포막 투과도 차이가 극성에 의해서만 결정된다면, BR은 동물 스테로이드계 호르몬보다 극성도가 높을 것이다."는 옳은 분석이다.

ㄴ. 〈실험〉에서 BR을 처리했을 때, B는 저해된 생장이 회복되었으므로 BR 생합성 유전자에 돌연변이가 일어났음을 알 수 있고, A는 저해된 생장이 회복되지 않았으므로 BR 수용체 유전자에 돌연변이가 일어났음을 알 수 있다. 따라서 〈실험〉은 "A는 BR을 합성하지 못하고, B는 BR 수용체에 이상이 있다."라는 가설을 강화하지 않는다. ㄴ은 옳지 않은 분석이다.

ㄷ. C는 신호전달 단백질 유전자에만 돌연변이가 일어나 생장이 저해된 표현형을 가지므로 BR은 정상적으로 합성하고 있다. 따라서 C는 단순히 BR을 첨가한다고 해서 저해된 생장이 회복될 수 없으므로, BR 처리 후 저해된 생장이 회복되지 않는 A와 유사한 표현형을 나타낼 것이다. 따라서 "BR 처리 후, B와 C는 유사한 표현형을 나타낼 것이다."는 옳지 않은 분석이다.

〈보기〉의 ㄱ만이 옳은 분석이므로 정답은 ①이다.

2024

법학적성시험
추리논증 영역

1. 출제의 기본 방향

추리논증 문항 출제의 기본 방향은 법학적성을 평가하는 데 중요한 기준인 추리와 논증 능력을 측정하기 위해서 적합한 제시문을 통해 수험생의 이해 능력, 추리 능력, 비판 능력을 골고루 측정하는 완성도 있는 문항을 제시하는 것이다. 이 기본 방향은 올해도 그대로 유지되도록 하였다. 이는 다음과 같이 요약될 수 있다.

첫째, 문항의 성격. 문항의 풀이 과정에서 제시문의 의미, 상황, 함의를 논리적으로 분석하고 핵심 정보를 체계적으로 취합하여 종합적으로 평가할 수 있어야 문항의 정답을 고를 수 있도록 하였다. 또한 제시문의 내용이나 영역에 관한 선지식이 문제 해결에 끼치는 영향을 최소화함으로써 정상적인 학업과 폭넓은 독서 생활을 통해 사고력을 함양한 사람이라면 충분히 해결할 수 있는 문항을 만들고자 하였다.

둘째, 제시문의 다양성. 제재의 측면에서 전 학문 분야 및 일상적·실천적 영역에 걸친 다양한 소재를 활용하였고, 영역 간 균형을 맞추어 전공에 따른 유·불리를 최소화하고자 하였다. 추리 능력을 측정하는 문항과 논증 분석 및 평가 능력을 측정하는 문항을 규범, 인문, 사회, 과학기술의 각 영역 모두에서 균형 있게 출제하였다. 특히, 고도의 생각을 요구하는 내용의 글을 가능한 한 일상적인 맥락으로 풀어서 쓰고자 노력하였다.

셋째, 난이도와 가독성. 지문에서 불필요한 내용을 배제하고 제시문을 명료하게 작성하도록 하였다. 전체 글자 수를 4만자 이하가 되도록 하여 수험생이 문제를 읽는 부담을 덜도록 하였다.

2. 출제 범위

규범, 인문, 사회, 과학기술과 같은 학문 영역별 문항 수는 예년과 큰 차이가 없이 균형 있게 출제되었다. 규범 영역의 문항은 공법, 사법, 윤리학 등 소재를 다양화하였고, 인문, 사회, 과학기술 영역의 문항들은 예술비평, 철학, 경제학, 사회학, 심리학, 물리학, 화학, 생물학 등의 다양한 영역에서 출제되었다.

3. 문항 구성

전체 문항에서 추리 문항과 논증 문항은 비슷한 분량으로 구성되었다.

4. 난이도

제시문의 이해도를 높이기 위해서 전문적인 용어는 순화하여 전공 여부에 상관없이 내용에 접근하고 이해할 수 있도록 하였다. 문제를 해결하기 위해 거쳐야 할 추리나 비판 및 평가의 단계도 지나치게 복잡해지지 않도록 하였고, 문제풀이와 관계없는 자료는 최대한 줄여 불필요한 독해의 부담이나 함정으로 난이도가 상승하는 일이 없도록 하였다. 특히 예년에 비해서 전체 글자 수를 소폭 줄임으로써 읽기에 소비되는 시간을 조금이나마 줄이고 좀 더 논리적 구조에 집중할 수 있도록 하였다. 문항 간 난이도에서 큰 차이가 없도록 노력하였다. 그 결과, 이번 추리논증 영역 문항의 난이도는 전체적으로 예년과 거의 같을 것으로 예상한다.

5. 출제 시 유의점

- 추리 문항과 논증 문항의 문항별 성격을 명료하게 하여, 문항별로 측정하고자 하는 능력을 정확히 평가할 수 있도록 하였다.
- 선지식으로 문제를 풀거나 전공에 따른 유·불리가 분명한 제시문의 선택이나 문항의 출제는 지양하였다.
- 제시문을 분석하고 평가하는 데 충분한 시간을 사용할 수 있도록 제시문의 독해 부담을 줄여 주고자 하였다.
- 제시문이 전달하고자 하는 내용을 효과적으로 전달할 수 있도록 전반적인 가독성을 높이고, 문두와 선지의 내용을 최대한 명료하게 만들었다.
- 법학적성 능력을 평가하기 위하여 법학의 기본 원리를 응용한 내용을 소재로 하면서도, 문항에 나오는 개념, 진술, 논리구조, 함의 등을 이해하는 데 법학지식이 요구되지 않도록 하여 법학지식 평가를 배제하였다.
- 출제의 의도를 감추거나 오해하게 하는 질문을 피하고, 문항 및 선택지 간의 간섭을 최소화함으로써, 문항의 의도에 충실한 변별이 이루어지도록 하였다.

01.

〈견해〉에 대한 평가로 옳은 것만을 〈보기〉에서 있는 대로 고른 것은?

〈견해〉

A : 불법행위는 본래 존재하던 정의로운 상태 또는 형평상태를 파괴하는 행위이다. 따라서 불법행위법은 불법행위로 인하여 파괴된 본래 상태를 회복하여 피해자를 구제하는 시스템이다. 불법행위법에서 회복을 지향하는 것은 정의 또는 윤리에 기초한 요청이고, 그것이 사회의 효용증진에 이바지하거나 기능적으로 유용하기 때문이 아니다. 나아가 가해자나 제3자(사회공동체 포함)가 아닌 피해자의 관점에서 불법행위 이전의 상태로 완전하게 회복되지 않는 한 진정한 피해자 구제는 실패한 것이다.

B : 불법행위는 사람이 고의나 과실로 저지르는 위법행위라는 점에 본질이 있다. 따라서 불법행위법은 불법행위로 말미암은 손해의 회복과 더불어 불법행위의 예방을 목표로 하여야 한다. 불법행위법은 사회 구성원들에게 행위지침을 제시하고 바람직한 행위로 나아갈 인센티브를 부여하여야 한다. 예방을 위한 메시지는 가해자에게만이 아니라, 가해자를 포함한 공동체 구성원 전원에게 발신되어야 한다. 어떠한 메시지를 전달할 것인가를 정할 때도 무엇이 공동체에 최고의 선인가를 진지하게 고려하여야 한다.

보 기

ㄱ. 불법행위로 물건을 파손한 사안에서 수리비가 그 물건의 교환가치를 초과한 경우에도 수리비 전액을 피해자에게 배상하도록 X국 법원이 판결하였다면, A는 약화된다.

ㄴ. 회사의 영업비밀 자료를 경쟁사에 넘겨 이득을 취하였으나 회사에는 현실적 손해가 발생하지 않은 사안에서 그 이득을 손해로 보아 회사에 배상하도록 X국 법원이 판결하였다면, B는 강화된다.

ㄷ. 비하적 표현을 반복적으로 사용하여 명예를 훼손하였으나 피해자가 용서한 사안에서 그러한 비하적 표현을 용인하는 것이 사회의 자유로운 토론을 저해함을 이유로 제3자에게 배상하도록 X국 법원이 판결하였다면, A는 약화되고 B는 강화된다.

① ㄱ　　　　　　　　② ㄷ　　　　　　　　③ ㄱ, ㄴ
④ ㄴ, ㄷ　　　　　　　⑤ ㄱ, ㄴ, ㄷ

문항 성격	문항유형 : 논증 평가 및 문제해결
	내용영역 : 규범
평가 목표	이 문항은 불법행위의 본질과 불법행위법의 목표 등에 관한 두 견해를 이해하고 법원의 판결이 이들 견해를 강화 또는 약화하는지 판단하는 능력을 평가하는 문항이다.
문제 풀이	정답 : ④

불법행위 재판에서 법관이 오로지 소송당사자들의 이익조정에 초점을 맞출 것인가, 그렇지 않으면 일견 사적으로 보이는 분쟁을 공동체 차원의 이익에 부합하는 방향으로 해결할 것인가 하는 문제에 관하여 두 견해가 대립한다. 견해 A는 손해의 회복, 견해 B는 불법행위의 예방에 각각 중점을 두고 있다. A와 B의 요지는 다음과 같다.

> A : 불법행위법은 불법행위로 손상된 피해자의 이익을 이전 상태로 되돌리는 것을 우선시해야 하고, 다른 사회적 효용증진이나 유용성은 고려할 필요가 없다. 배상은 피해자의 관점에서 불법행위 이전 상태로 완전하게 회복될 수 있도록 하는 것이어야 한다.

> B : 불법행위법이 사회를 구성하는 구성원에게 행위지침을 제시하여 불법행위를 예방할 수 있도록 해야 한다. 이때 예방의 메시지는 공동체에 최고의 선을 가져올 수 있는 것으로서 가해자를 넘어 사회 구성원 전체를 향해 발신되어야 한다.

〈보기〉 해설   ㄱ. 불법행위로 물건이 파손된 경우에 파손 부분의 수리비보다 그 물건의 교환가치가 낮은 경우가 있을 수 있다. 이 경우 파손된 물건을 불법행위 이전의 상태로 완전하게 회복시키는 것은 수리를 통하여야 가능할 것이므로, 설사 수리비가 교환가치를 초과하더라도 가해자는 교환가치를 배상하는 데에 그치지 않고 수리비까지를 배상하도록 하는 판결이 있었다면, 이는 피해자의 관점에서의 원상회복을 강조하는 A를 강화한다. ㄱ은 옳지 않은 평가이다.

ㄴ. 회사의 영업비밀 자료를 경쟁사에 넘겨 이득을 취하였지만 회사 입장에서는 그 자료의 가치가 극히 낮거나 거의 없어 회사에 현실적 손해가 발생하지 않는 경우가 있을 수 있다. 이 경우에도 가해자가 취한 부당한 이득을 전부 피해자인 회사에 손해배상의 형식으로 지급하도록 하는 판결이 있었다면, 이는 원상회복의 관점보다는 예방의 관점을 보여 준다. 즉 해당 행위가 법적으로 옳지 않은 행위라는 점을 가해자를 포함한 사회 구성원에게 선언하여 일종의 행위지침을 제시함으로써 동종의 불법행위를 예방하고자 하는 취지로 볼 수 있다. 이는 B를 강화하므로 ㄴ은 옳은 평가이다.

ㄷ. 피해자가 아닌 제3자에게 배상하라는 판결이 있었고 그 이유가 비하적인 표현의 반복적인 사용을 용인하는 것이 사회의 자유로운 토론을 저해하기 때문이라면, 이는 사회적 효용증진이나 유용성은 고려하지 않고 피해자의 원상회복을 강

조하는 견해인 A를 약화한다. 반면에 이 판결은 B를 강화한다. 사회의 자유로운 토론을 저해함을 이유로 그러한 비하적 표현을 용인하지 않겠다는 메시지의 발신은 공동체의 입장에서 요구되는 선(善)이 무엇인가를 고려하면서 이러한 명예훼손 행위를 금지한다는 행위지침을 제시하기 때문이다. ㄷ은 옳은 평가이다.

〈보기〉의 ㄴ, ㄷ만이 옳은 평가이므로 정답은 ④이다.

02.

〈원칙〉에 따라 [규정]을 〈사례〉에 적용한 것으로 옳은 것만을 〈보기〉에서 있는 대로 고른 것은?

〈원칙〉

법률을 사건에 적용할 때 ㉠법률 규정의 문언이 가지는 '통상적 의미'에 따른다. '통상적 의미'는 '일상적 의미'로 해석하지만, 법학계에서 확립된 '전문적 의미'가 있어서 '일상적 의미'와 다르면 '전문적 의미'가 우선한다. 만약 단일한 해석이 불가능하면 ㉡문제된 조항과 관련된 조항 또는 관련된 다른 법률과의 연관관계를 고려하여 해석하고, 그래도 단일한 해석이 불가능하면 ㉢입법목적 또는 유사사례와의 형평을 고려하여 해석한다.

[규정]

제1조 공무원으로 정년까지 근무한 사람에게 정년퇴직수당을 지급한다.

제2조 ① 공무원으로 총 15년 이상 재직한 사람은 정년퇴직일의 1년 전까지 명예퇴직을 신청할 수 있다.

② 명예퇴직을 신청하는 사람에게 명예퇴직수당을 지급한다. 다만 ⓐ명예퇴직수당을 지급받은 사실이 있는 경우에는 그러하지 아니하다.

〈사례〉

X국의 갑은 A직 공무원으로 17년 근무한 후 명예퇴직하여 명예퇴직수당을 지급받았다. 퇴직한 후 갑은 B직 공무원으로 재임용되었고 이전에 지급받은 명예퇴직수당 전액과 이자 상당액을 반환하였다. 갑은 B직 공무원으로 5년 근무한 후 정년퇴직일 2년 전에 명예퇴직을 신청하였다(갑은 총 22년의 재직기간을 인정받아 명예퇴직 신청자격은 충족됨).

ㄱ. ⓐ가 수당으로 받은 금전적 이익을 실제로 향유하고 있는 경우만을 의미한다는 것
이 법학계의 확립된 견해라면, ㉠만으로 갑에게 명예퇴직수당이 지급된다.

ㄴ. ⓐ가 수당으로 받은 금전적 이익을 실제로 향유하고 있는 경우만을 의미하는지, 혹
은 수당으로 받은 금전적 이익을 실제로 누린 바 없어도 지급받은 사실이 있는 경우
까지 의미하는지 논란이 있다면, ㉡에 따라 갑에게 명예퇴직수당이 지급된다.

ㄷ. ⓐ의 의미가 불명확하고 관련 법률·조항을 고려해도 단일한 해석이 불가능한 경우,
[규정] 제2조 제2항 단서의 입법목적이 명예퇴직수당의 실질적인 중복 수혜를 막기
위한 것이라면, ㉢에 따라 갑에게 명예퇴직수당이 지급된다.

① ㄱ   ② ㄴ   ③ ㄱ, ㄷ
④ ㄴ, ㄷ   ⑤ ㄱ, ㄴ, ㄷ

문항 성격 문항유형 : 언어 추리

내용영역 : 규범

평가 목표 이 문항은 제시된 법률해석 방법으로 규정을 해석하여 주어진 문제를 해결하는 능력
을 평가하는 문항이다.

문제 풀이 정답 : ③

법률 규정을 사건에 적용하기 위해 의미를 해석할 때에는 법률 규정의 문언이 가지는 '통상적 의
미'에 따라야 한다. '통상적 의미'와 관련하여 '일상적 의미'와 '전문적 의미'가 다른 경우에는 후자
를 따른다. 그러나 '통상적 의미'에 따라 법률 규정을 해석할 때 단일한 해석이 나오지 않을 수도
있다. 이때는 문제된 조항과 관련된 조항 또는 관련된 다른 법률과의 연관관계를 고려하여 해석
하여야 한다. 연관관계를 고려한 해석으로도 단일한 해석이 불가능하면 입법목적 또는 유사사례
와의 형평을 고려하여 해석한다. '통상적 의미'에 따라 단일한 해석이 나오면 그렇게 해석해야 하
고, 다른 법률과의 연관관계나 입법목적 또는 유사사례와의 형평을 고려한 해석은 하지 않는다.

〈보기〉 해설 ㄱ. 법학계의 확립된 견해는 '전문적 의미'로서 '일상적 의미'에 우선하므로, ⓐ를 수
당으로 받은 금전적 이익을 실제로 향유하고 있는 경우만을 의미하는 것으로
해석하여야 한다. 갑은 이전에 지급받은 명예퇴직수당 전액과 이자 상당액을 반
환하였기 때문에, 명예퇴직수당으로 받은 금전적 이익을 실제로 향유하고 있지
않다. ㉠만으로 ⓐ에 관한 단일한 해석이 나오며, 이에 따를 때 갑이 ⓐ에 해당
하지 않으므로 갑에게 명예퇴직수당이 지급된다. ㄱ은 옳은 적용이다.

ㄴ. ㉠으로는 ⓐ의 의미에 관하여 양립할 수 없는 해석이 존재하고, 어느 해석을 취하느냐에 따라 갑에게 명예퇴직수당이 지급되는지 여부가 달라진다. (1) 수당으로 받은 금전적 이익을 실제로 향유하고 있는 경우만을 의미한다고 해석하면, ㄱ과 같으므로 갑에게 명예퇴직수당이 지급된다. (2) 수당으로 받은 금전적 이익을 실제로 누린 바 없어도 지급받은 사실이 있는 경우까지 의미한다고 해석하면, 갑은 이미 한 차례 명예퇴직수당을 지급받은 적이 있으므로 [규정] 제2조 제2항 단서에 따라 명예퇴직수당의 지급 대상이 아니다. ㉠으로는 복수의 해석가능성이 있으므로 ㉡에 따른다. [규정]에서 관련 조항인 제1조를 보면 '정년퇴직수당'을 정하고 있는데, 이 조항과의 연관관계를 고려하여도 복수의 해석가능성은 여전히 남는다. ㉡에 따르더라도 갑에게 명예퇴직수당이 지급되는지 여부가 불분명한 것이다. ㄴ은 옳지 않은 적용이다.

ㄷ. ㉠과 ㉡으로는 단일한 해석이 불가능한 경우이므로 ㉢에 따라야 한다. 명예퇴직수당의 실질적인 중복 수혜를 막는다는 입법목적을 고려하면, 이전에 지급받은 명예퇴직수당 전액과 이자 상당액을 반환한 갑에게 명예퇴직수당을 지급하여도 실질적으로 중복 수혜가 되지 않으므로, 갑은 ⓐ에 해당하지 않는다고 해석하여야 할 것이다. 따라서 이 경우 ㉢에 따라 갑에게 명예퇴직수당이 지급된다. ㄷ은 옳은 적용이다.

〈보기〉의 ㄱ, ㄷ만이 옳은 적용이므로 정답은 ③이다.

03.

다음으로부터 〈사례〉를 판단한 것으로 옳은 것만을 〈보기〉에서 있는 대로 고른 것은?

거래 당사자들은 특별한 경우에는 거래에 필요한 정보를 상대방에게 고지해야 한다.

객관적이고 평균적인 거래 당사자의 입장에서 보아 거래를 결정하는 데에 중요하지 않은 정보는 고지할 필요가 없다. 거래의 당사자 일방이 가지는 주관적 사정을 고려하면 중요한 정보이더라도 객관적이고 평균적인 거래 당사자에게 중요한 정보가 아니라면 고지할 필요가 없다. 거래의 당사자 일방이 상대방에게 의미가 있는 주관적인 사정을 인지하였더라도 마찬가지이다. 객관적이고 평균적인 거래 당사자의 입장에서 중요한 정보(이하 '객관적 정보')인지는 세대별 시장 가격 차이를 가져오는 요인을 통해 판단한다.

객관적 정보는 정보 보유자가 목적한 바에 따라 비용을 들여 조사한 결과로 취득한 것인지 아니면 우연히 취득한 것인지에 따라 고지의무 유무가 달라진다. 전자의 경우 정보 보유자가 거래 상대방에게 정보를 고지할 필요가 없지만 거래의 일방 당사자가 정보 취득을 위해 탐지 비용을 들인 경우에도 취득한 정보를 통해 이미 비용 지출 목적을 달성하였다면 정보를 고지해야 한다. 후자의 경우 고지의무를 부담하나 정보 제공에 의해 거래 상대방이 거래 가격을 상승시킬 유인이 된다면 그 정보를 고지할 필요가 없다. 또한 시장 가격보다 낮은 금액으로 거래할 경우 객관적 정보이더라도 거래 상대방에게 고지할 필요는 없다.

〈사례〉

거래 대상인 A지역 B아파트의 세대별 평(3.3m^2)당 시장 가격은 아래 표와 같다.

	강 조망	숲 조망	도시 조망	기타 조망
평당 가격(만 원)	2,000	1,800	1,600	1,400

보 기

ㄱ. 갑이 우연히 B아파트가 재건축되어 시장 가격이 상승될 것임을 알게 된 후 B아파트의 도시 조망 세대를 평당 1,600만 원에 매수하는 경우, 갑은 매도인에게 이 정보를 고지할 의무가 있다.

ㄴ. 매수인이 강을 보는 것을 두려워한다는 사실을 밝혔음에도 B아파트 강 조망 세대의 소유자 을이 매수인에게 강 조망이라는 사실을 알리지 않고 평당 1,600만 원에 매도하였다면, 을은 고지의무를 위반한 것이다.

ㄷ. B아파트 숲 조망 세대의 소유자 병이 시장 가격 하락 요인인 바닥의 누수 여부를 확인하기 위해 비용을 들여 조사한 결과 바닥에 누수가 발생하였음을 확인한 후 이 정보를 알리지 않고 평당 1,800만 원에 매도하였다면, 병은 고지의무를 위반한 것이다.

① ㄱ   ② ㄷ   ③ ㄱ, ㄴ
④ ㄴ, ㄷ   ⑤ ㄱ, ㄴ, ㄷ

문항 성격	문항유형 : 언어 추리
	내용영역 : 규범
평가 목표	이 문항은 거래의 당사자 일방이 어느 경우에 거래 상대방에게 정보를 제공해야 하는지에 대한 기준을 올바르게 이해하여, 그 기준에 따라 주어진 사례를 판단할 수 있는 능력을 평가하는 문항이다.

거래 당사자 일방이 가지는 정보를 상대방에게 고지해야 하는 경우를 판단하기 위한 기준을 정확히 이해하여 〈보기〉에서 고지의무를 위반한 사안을 판단하여야 한다. 먼저 객관적 정보인지를 판단해야 하고 그 정보가 비용을 들여 취득한 정보인지 우연히 취득한 정보인지를 판단해야 한다. 비용을 들여 취득한 정보라면 원칙상 고지할 필요가 없으나 예외적으로 고지해야 하는 경우가 발생하고 우연히 취득한 정보는 원칙상 고지해야 하나 예외적으로 고지의무가 발생하지 않는 경우가 있다.

〈보기〉 해설

ㄱ. 원칙적으로 우연히 취득한 객관적 정보는 상대방에게 고지할 의무가 있으나 그 정보의 제공이 상대방이 거래 가격을 상승시킬 유인이 된다면 고지할 필요가 없다. 재건축으로 시장 가격이 상승될 것이라는 점은 시장 가격을 높이는 정보이므로 객관적 정보에 해당하고, 갑은 그 정보를 우연히 취득하였다. 그러나 그 정보를 상대방에게 제공하면 그 정보 제공에 의해 상대방이 현재 시장 가격인 평당 1,600만 원(B아파트의 도시 조망 세대 가격)보다 거래 가격을 상승시킬 수 있다. 따라서 갑은 B아파트가 재건축되어 시장 가격이 상승될 것이라는 정보를 고지할 필요가 없다. ㄱ은 옳지 않은 판단이다.

ㄴ. '강 조망'이라는 정보는 세대별 시장 가격 차이를 가져오는 요인이므로 강 조망이라는 사실은 객관적 정보에 해당한다. 그러나 을은 강 조망임에도 불구하고 평당 2,000만 원이 아닌 1,600만 원에 매도하였다. 시장 가격보다 낮은 금액으로 거래할 경우에는 객관적 정보이더라도 상대방에게 고지할 필요가 없다는 점을 고려하면, 을은 '강 조망'이라는 정보를 고지할 의무가 없다. ㄴ은 옳지 않은 판단이다.

ㄷ. 가격 하락 요인인 누수(하자)는 객관적이고 평균적인 매수인의 입장에서 보아 계약의 체결 여부 및 가격에 상당한 영향을 미치는 정보, 즉 객관적 정보에 해당한다. 병은 누수를 확인하기 위해 비용을 지출하였지만, 누수를 확인하여 비용지출 목적을 달성하였다. 이에 병은 숲 조망 세대를 시장 가격인 평당 1,800만 원에 매도하는 경우에 누수에 대한 객관적 정보를 상대방에게 고지해야 한다. ㄷ은 옳은 판단이다.

〈보기〉의 ㄷ만이 옳은 판단이므로 정답은 ②이다.

04.

[규정]의 적용으로 옳은 것만을 〈보기〉에서 있는 대로 고른 것은?

[규정]

제1조 용도지역 또는 용도지구(이하 '용도지역등')에 있는 대지의 용적률(대지 면적에 대한 건물 각 층의 바닥 면적을 합한 전체 면적의 비율)과 건폐율(대지 면적에 대한 건물 바닥 면적의 비율)은 다음과 같다.

	용도지역		용도지구	
	주거지역	상업지역	고도지구	경관지구
용적률(%)	500	1,500	200	100
건폐율(%)	70	90	60	50

제2조 하나의 대지가 둘 이상의 용도지역등에 걸치는 경우에 다음 각호를 제외하고는 그 대지 중 가장 넓은 면적이 속하는 용도지역등에 관한 규정을 적용한다.

1. 각 용도지역등에 걸치는 부분 중 가장 작은 부분의 규모가 400m^2 이하인 경우, 전체 대지의 용적률과 건폐율은 〈계산식〉에 따른 결과값(가중평균 용적률 또는 건폐율)을 적용한다. 다만 대지의 용도변경에 의해 각 용도지역등에 걸치는 부분 중 가장 작은 부분의 규모가 400m^2 이하가 된 경우에는 종전보다 용적률과 건폐율이 모두 증가하는 경우에 한하여 〈계산식〉에 따른 결과값을 적용한다.

2. 대지 위 건축물이 고도지구에 걸치는 경우, 그 대지의 전부에 대하여 고도지구의 대지에 관한 용적률과 건폐율을 적용한다. 다만 건축물이 경관지구에도 걸치는 경우에는 대지의 절반은 경관지구로 나머지 절반은 고도지구로 보고, 전체 대지의 용적률과 건폐율은 〈계산식〉에 따른 결과값을 적용한다.

〈계산식〉

• 가중평균 용적률(건폐율)=[각 용도지역등에 해당하는 토지 부분의 면적에 그 부분의 용적률(건폐율)을 곱한 값의 총합]÷[전체 대지 면적]

보 기

ㄱ. $1,000\text{m}^2$의 대지가 상업지역 600m^2와 주거지역 400m^2로 걸치는 경우, 대지의 용적률은 1,100%이고 건폐율은 82%이다.

ㄴ. 1,000m²의 대지가 상업지역 550m²와 주거지역 450m²로 걸치고 대지 위 건축물
　　이 고도지구와 경관지구에 걸치는 경우, 대지의 용적률은 150%이고 건폐율은 55%
　　이다.

ㄷ. 1,000m²의 대지가 주거지역 550m²와 상업지역 450m²로 걸쳐 있었는데 관할관청
　　의 용도변경으로 주거지역 400m²와 상업지역 600m²로 걸치게 되는 경우, 대지의
　　용적률은 500%이고 건폐율은 70%이다.

① ㄱ 　　　　　　② ㄷ 　　　　　　③ ㄱ, ㄴ
④ ㄴ, ㄷ 　　　　　⑤ ㄱ, ㄴ, ㄷ

문항 성격　문항유형 : 언어 추리

내용영역 : 규범

평가 목표　이 문항은 용도지역과 용도지구에 있는 대지의 용적률과 건폐율에 관한 규정을 정확
히 이해하여 개별 사례에 적용하는 능력을 평가하는 문항이다.

문제 풀이　정답 : ③

하나의 대지가 둘 이상의 용도지역등에 걸치는 경우에 전체 대지의 용적률과 건폐율을 어떻게
계산하는지를 이해해야 한다. 대지가 각 용도지역등에 걸치는 부분 중 가장 작은 부분의 규모가
400m² 이하인 경우, 대지의 용도변경으로 각 용도지역등에 걸치는 부분 중 가장 작은 부분의 규
모가 400m² 이하가 된 경우, 대지 위 건축물이 고도지구에 걸치는 경우, 대지 위 건축물이 고도
지구와 경관지구에 걸치는 경우, 용적률과 건폐율을 정확하게 도출할 수 있어야 한다.

〈보기〉 해설　ㄱ. 1,000m²의 대지가 상업지역 600m²와 주거지역 400m²로 걸치는 경우에는 가
　　　　　　　장 작은 부분의 규모가 400m² 이하이므로, 〈계산식〉에 따른 결과값을 적용한
　　　　　　　다([규정] 제2조 제1호 첫 문장). 〈계산식〉에 따른 가중평균 용적률은 [600m²×
　　　　　　　1,500%＋400m²×500%]÷[1,000m²]=1,100%이고 가중평균 건폐율은 [600m²
　　　　　　　×90%＋400m²×70%]÷[1,000m²]=82%이다. ㄱ은 옳은 적용이다.

　　　　　　ㄴ. 1,000m² 대지 위의 건축물이 고도지구와 경관지구에 걸치므로, 대지의 절반인
　　　　　　　500m²는 경관지구로, 나머지 절반인 500m²는 고도지구로 보고 〈계산식〉에 따
　　　　　　　른 결과값을 적용한다([규정] 제2조 제2호). 〈계산식〉에 따른 가중평균 용적률
　　　　　　　은 [500m²×100%＋500m²×200%]÷[1,000m²]=150%이고 가중평균 건폐율은
　　　　　　　[500m²×50%＋500m²×60%]÷[1,000m²]=55%이다. ㄴ은 옳은 적용이다.

ㄷ. 1,000m²의 대지가 각 용도지역에 걸치는 부분 중 가장 작은 부분의 규모가 원래는 400m²보다 큰 450m²였는데 관할관청의 용도변경으로 400m² 이하가 된 경우이므로, 〈계산식〉에 따른 용도변경 이후의 결과값이 용도변경 이전의 결과값보다 크면 용도변경 이후의 결과값을 적용하고, 그렇지 않으면 용도변경 이전의 결과값을 적용한다([규정] 제2조 제1호 둘째 문장). 용도변경 전에는 가장 작은 부분의 규모가 400m²보다 큰 450m²이므로, 제2조 본문에 의하여 가장 넓은 면적(550m²)이 속하는 용도지역인 주거지역에 관한 규정을 적용한다. 따라서 용도변경 전의 용적률은 500%이고 건폐율은 70%이다. 용도변경 후의 용적률 및 건폐율은 ㄱ과 같으므로 각각 1,100%와 82%이다. 용도변경 이후의 결과값이 용도변경 이전의 결과값보다 크므로, 대지의 용적률은 1,100%이고 건폐율은 82%이다. ㄷ은 옳지 않은 적용이다.

〈보기〉의 ㄱ, ㄴ만이 옳은 적용이므로 정답은 ③이다.

05.

다음으로부터 추론한 것으로 옳지 <u>않은</u> 것은?

> 계약은 당사자의 자율적 합의로 성립된다. 계약의 본질과 기능에 비추어 계약법은 당사자의 자율을 승인할 뿐만 아니라 이를 최대한 관철시키고 강화하는 규범체계라야 한다. 당사자의 자율은 어느 경우에 제한할 수 있는가? 이에 대해 세 가지 견해가 있다.
>
> A : 자율은 그것이 가져오는 결과보다는 자율 그 자체에 가치가 있는 것이기에 보호되어야 한다. 당사자의 의사는 '원래' 존중할 가치가 있기 때문에, 당사자 일방이 의도했던 의사가 다르게 표시되어 상대방이 그 표시대로 믿었더라도 표시보다는 당사자 일방이 의도한 의사를 존중해야 한다. 국가의 후견적 관여는 자율의 행사가 오히려 자율 그 자체를 본질적으로 침해하는 정도에 이르러야 비로소 정당화된다.
>
> B : 자율 그 자체의 가치보다는 자율이 당사자에게 가져다주는 효용에 주목하여 자율을 보호해야 한다. 자율을 제한함으로써 당사자에게 발생하는 비용(-)의 절댓값이 당사자에게 발생하는 효용(+)의 절댓값보다 작으면, 자율에 대한 제한은 정당화된다. 자율을 제한하여 당사자 이외의 제3자(국가나 사회 포함)의 효용을 높일 수 있다는 것만으로는 자율에 대한 제한이 정당화되지 않는다.

C : 자율 그 자체의 가치보다는 자율이 사회 전체에 가져다주는 효용에 주목하여 자율을 보호해야 한다. 이러한 사고는 효용을 평가할 때 당사자가 아닌 사회 전체에 초점을 맞춘다. 다만 자율을 제한함으로써 당사자에게 발생하는 비용(−)의 절댓값이 당사자에게 발생하는 효용(+)의 절댓값보다 큰 경우에는 그 차액만큼 국가 등이 보상해주어야 자율을 제한할 수 있다. 보상된 만큼 당사자의 효용은 증가된 것으로 본다.

① A에 따르면, 당사자 일방이 자신이 의도했던 의사가 ㉮임에도 실수로 ㉯로 표시하여 상대방이 ㉯로 인식한 경우에도 당사자 일방의 의사를 ㉮로 본다.
② B에 따르면, 당사자의 자율을 정당하게 제한함으로써 발생하는 당사자의 비용(−)과 효용(+)의 합은 항상 양(+)이다.
③ C에 따르면, 당사자의 자율을 제한하는 경우에 당사자의 비용(−)과 효용(+)의 합이 음(−)인 경우가 발생한다.
④ A와 C 중 어느 것에 따르든, 당사자의 자율을 제한하여 발생하는 당사자의 비용(−)과 효용(+)의 합이 양(+)이 되더라도 당사자의 자율을 제한할 수 없는 경우가 존재한다.
⑤ X국 규제기본법이 "사회 전체에 창출되는 효용의 총합이 자율을 제한하여 발생하는 비용을 초과하는 경우에만 당사자의 자율을 제한한다."라고 규정한다면, 이는 B보다는 C에 따라 입법된 것이다.

문항 성격	문항유형 : 논쟁 및 반론
	내용영역 : 규범
평가 목표	이 문항은 계약 당사자의 자율은 어느 경우에 제한할 수 있는지에 관한 견해들을 이해하여 각 견해에 따른 결론을 정확히 판단하는 능력을 평가하는 문항이다.
문제 풀이	정답 : ③

계약 당사자의 자율은 최대한 관철시키고 강화하여야 하므로, 원칙적으로는 국가 등이 제한할 수 없다. 어떤 경우에 예외적으로 자율을 제한할 수 있는지에 관하여 세 가지 견해가 있다. A는 자율의 행사가 오히려 자율 그 자체를 본질적으로 침해하는 정도에 이르러야만 자율의 제한이 정당화된다고 주장한다. B는 자율을 제한함으로써 당사자에게 발생하는 비용(−)의 절댓값이 당사자에게 발생하는 효용(+)의 절댓값보다 작은 경우에만 자율에 대한 제한이 정당화된다고 주장한다. C는 자율을 제한함으로써 사회 전체에 발생하는 비용(−)의 절댓값이 사회 전체에 발생하는 효용(+)의 절댓값보다 작은 경우에만 자율에 대한 제한이 정당화된다고 주장한다.

③ C에 따르면, 자율을 제한함으로써 당사자에게 발생하는 비용(−)의 절댓값이 당사자에게 발생하는 효용(+)의 절댓값보다 큰 경우에는 그 차액만큼 국가 등이 보상해 주어야만 자율을 제한할 수 있다. 이때 보상된 만큼 계약 당사자의 효용은 증가된 것으로 보기 때문에, 당사자에게 발생하는 비용(−)의 절댓값과 당사자에게 발생하는 효용(+)의 절댓값이 같아짐으로써 비용(−)과 효용(+)의 합은 0이 된다. 그러므로 C에 따라 당사자의 자율을 제한하는 경우에는 당사자의 비용(−)과 효용(+)의 합이 음(−)이 되는 경우가 없고, 반드시 양(+) 또는 0이다. ③은 옳지 않은 추론이다.

① A에 따르면, 당사자 일방이 의도했던 의사가 다르게 표시되어 상대방이 그 표시대로 믿은 경우에도 표시보다는 당사자 일방이 의도한 의사를 존중해야 하므로, 당사자 일방이 자신이 의도했던 의사가 ㉮임에도 실수로 ㉯로 표시하여 상대방이 ㉯로 인식한 경우에도 당사자 일방의 의사를 ㉮로 본다. ①은 옳은 추론이다.

② B에 따르면, 자율에 대한 제한이 정당하다는 것은 자율을 제한함으로써 당사자에게 발생하는 비용(−)의 절댓값이 당사자에게 발생하는 효용(+)의 절댓값보다 작다는 것을 의미한다. 이때 비용(−)과 효용(+)의 합은 양(+)이다. 따라서 당사자의 자율을 정당하게 제한함으로써 발생하는 당사자의 비용(−)과 효용(+)의 합은 항상 양(+)이 된다. ②는 옳은 추론이다.

④ A는 자율을 제한함으로써 당사자에게 발생하는 효용에 초점을 맞추지 않고, 자율 그 자체에 가치가 있기 때문에 보호되어야 한다고 주장한다. 따라서 A에 따르는 경우에는, 당사자의 자율을 제한하여 발생하는 당사자의 비용(−)과 효용(+)의 합이 양(+)이 되더라도, 자율의 행사가 오히려 자율 그 자체를 본질적으로 침해하지만 않으면 당사자의 자율을 제한할 수 없다. C에 따르면, 당사자의 자율을 제한하여 발생하는 당사자의 비용(−)과 효용(+)의 합이 양(+)이 되는 경우에도 사회 전체에 발생하는 비용(−)과 효용(+)의 합이 음(−)이 된다면 당사자의 자율을 제한할 수 없다. ④는 옳은 추론이다.

⑤ B는 사회 전체의 효용보다는 당사자의 효용에 초점을 맞춘다. 반면에 C는 당사자의 효용보다는 사회 전체의 효용에 초점을 맞춘다. X국 규제기본법은 사회 전체의 효용에 초점을 맞추고 있다는 점에서 B보다는 C에 의해서 정당화된다. ⑤는 옳은 추론이다.

06.

〈견해〉에 대한 평가로 옳은 것만을 〈보기〉에서 있는 대로 고른 것은?

X국에서 드론을 이용하여 고층 아파트 거실을 무단으로 촬영한 사건이 발생하였고, ⊙타인의 주거 내부를 외부에서 무단으로 촬영한 행위를 [규정]에 따라 처벌할 수 있는지가 문제되고 있다.

[규정]

제1조(비밀탐지죄) 공개되지 아니한 타인의 주거나 건조물 내부를 녹음 또는 청취 등의 방식으로 탐지한 자는 5년 이하의 징역에 처한다.

제2조(불법수색죄) 타인의 주거나 건조물을 권한 없이 수색한 자는 3년 이하의 징역에 처한다.

〈견해〉

A : ⊙은 비밀탐지죄에 해당한다. '탐지'는 주거 내부의 정보를 알아내어 거주자가 누리는 사생활의 안전감을 침해하는 것이고, '녹음 또는 청취 등의 방식'은 반드시 음향적 또는 청각적 방식에 제한되지 않으므로 녹화 또는 조망의 방식을 포함한다.

B : ⊙은 불법수색죄에 해당한다. '수색'은 사람이나 물건을 발견하기 위하여 일정한 장소를 조사하는 것이다. 기존에 불법수색죄는 주거나 건조물에 적법하게 들어간 사람이 권한 없이 수색하는 경우를 처벌해왔지만, 불법수색죄의 문언 자체는 주거나 건조물에 들어간 경우만으로 제한하고 있지 않다. 따라서 불법수색죄는 위법하게 주거나 건조물에 들어가 권한 없이 수색한 사람도 처벌할 수 있고 주거나 건조물 밖에서 그 내부를 권한 없이 수색한 사람도 처벌할 수 있다고 보아야 한다.

ㄱ. 외부에서 창문을 통해 육안으로 타인의 주거를 들여다보는 것만으로는 비밀탐지죄의 '탐지'에 해당하지 않는다고 X국 법원이 판결하였다면, A는 약화된다.

ㄴ. 타인의 주거에 위법하게 들어가 정보를 획득하는 행위가 적법하게 들어가 정보를 획득하는 행위보다 더 위법하다는 것이 [규정] 제1조와 제2조의 형량을 다르게 정한 입법 취지라면, B는 강화된다.

ㄷ. 경찰이 수배자 갑을 찾기 위해 드론으로 영장 없이 을의 주거를 외부에서 촬영한 행위가 사생활의 안전감을 침해하지는 않았으나 위법한 '수색'에는 해당한다고 X국 법원이 판결하였다면, A는 약화되고 B는 강화된다.

① ㄱ   ② ㄴ   ③ ㄱ, ㄷ
④ ㄴ, ㄷ   ⑤ ㄱ, ㄴ, ㄷ

문항 성격　문항유형 : 논증 평가 및 문제해결
　　　　　　내용영역 : 규범
평가 목표　이 문항은 견해들의 논거를 이해하고 새로운 정보가 이들 견해를 강화 또는 약화하는
　　　　　　지 판단하는 능력을 평가하는 문항이다.
문제 풀이　정답 : ③

드론을 이용하여 무단으로 고층 아파트의 외부에서 주거 내부를 촬영한 행위를 처벌할 수 있는지에 관하여, 〈견해〉 중 A는 제1조를 적용하여 비밀탐지죄로 처벌할 수 있다고 주장하며, B는 제2조를 적용하여 불법수색죄로 처벌할 수 있다고 주장한다. 〈견해〉 A와 B의 논거는 다음과 같다.

A : 첫째, '탐지'의 개념이 '주거 내부의 정보를 알아내어 거주자가 누리는 사생활의 안전감을 침해하는 것'이라는 점을 근거로 든다. A는 드론을 이용한 주거 내부의 촬영이 거주자의 사생활의 안전감을 침해했다고 보는 것이다. 둘째, 제1조는 주거 내부를 '녹음 또는 청취 등의 방식'으로 탐지한 행위를 처벌한다고 규정되어 있음을 근거로 든다. 여기의 '등'은 다른 해석의 가능성을 열어둔 것이므로 '녹화 또는 조망의 방식'과 같은 시각적 방식에 의한 탐지를 포함할 수 있다고 한다. 즉 A는 드론을 이용한 촬영이라는 시각적 방식도 '녹음 또는 청취 등의 방식'에 해당할 수 있다고 보는 것이다.

B : X국의 기존 해석론에 따르면, 불법수색죄는 '주거나 건조물에 적법하게 들어간 사람이 권한 없이 수색하는 경우'로 제한되었다. 그러나 제2조에는 주거나 건조물에 들어간 경우에만 불법수색죄가 성립한다고 명시적으로 규정되어 있지 않다. 이를 토대로 B는 '위법하게 주거나 건조물에 들어가 권한 없이 수색한 경우'와 주거나 건조물에 들어가지 않고 '주거나 건조물 밖에서 그 내부를 권한 없이 수색한 경우'도 불법수색죄로 처벌할 수 있다고 주장한다. 그러므로 드론을 이용한 촬영은 주거나 건조물 밖에서 그 내부를 수색한 경우로서 처벌할 수 있다고 볼 것이다.

〈보기〉 해설　ㄱ. 외부에서 창문을 통해 육안으로 들여다보는 것은 조망에 해당하고, 이는 A가 '탐지'에 포함된다고 주장하는 시각적 방식이다. 그런데 X국 법원은 조망이 비밀탐지죄의 '탐지'에 해당하지 않는다고 판결하였다. 촬영도 조망과 마찬가지로 시각적 방식이므로, X국 법원은 촬영이 비밀탐지죄의 '탐지'에 해당하지 않는다고 볼 가능성이 크다. 따라서 이 판결은 '탐지'가 음향적 또는 청각적 방식 외에 시각적 방식을 포함한다고 주장하는 A를 약화한다. ㄱ은 옳은 평가이다.

　　　ㄴ. [규정] 제1조(비밀탐지죄)와 제2조(불법수색죄)는 형량이 각각 5년 이하와 3년 이하이다. 타인의 주거에 위법하게 들어가 정보를 획득하는 행위가 적법하게 들어가 정보를 획득하는 행위보다 더 위법하다는 것이 두 범죄의 형량에 차등을 둔 취지라면, 비밀탐지는 타인의 주거에 위법하게 들어가 정보를 획득하는 행위

이고 불법수색은 타인의 주거에 적법하게 들어가 정보를 획득하는 행위라고 본 것이다. 즉 [규정] 제1조와 제2조는 모두 '주거에 들어간 경우'를 예상하고 만들어진 조문으로서 적법한가 혹은 위법한가라는 점에만 차이가 있다고 본 것이다. 그러므로 제1조와 제2조의 형량을 다르게 정한 입법 취지에 의하여, 주거나 건조물에 적법하게 들어간 경우에만 제2조의 불법수색죄가 성립한다는 기존 해석은 강화된다. 그런데 B는 기존 해석론에 반대하면서, 불법수색죄의 문언이 명시적으로 주거나 건조물에 들어간 경우만으로 제한하고 있지 않다는 점을 근거로, 주거나 건조물 밖에서 그 내부를 권한 없이 수색한 사람도 불법수색죄로 처벌할 수 있다고 주장한다. 따라서 B는 강화되지 않는다. ㄴ은 옳지 않은 평가이다.

ㄷ. X국 법원은 경찰이 드론으로 영장 없이 주거를 외부에서 촬영한 행위가 사생활의 안전감을 침해하지는 않았으나 위법한 '수색'에는 해당한다고 보았다. 우선 X국 법원은 이러한 행위가 사생활의 안전감을 침해하지 않는다고 판단하였으므로, '탐지'는 사생활의 안전감을 침해하는 것이라고 설명하면서 드론을 이용하여 주거 내부를 외부에서 무단으로 촬영한 행위가 비밀탐지죄에 해당한다고 주장하는 A는 약화된다. 다음으로, 경찰이 드론을 이용하여 주거 내부를 촬영한 행위를 위법한 '수색'이라고 본 것은 경찰의 행위를 '수색'으로 파악하면서 그 수색이 위법하다고 본 것이므로 드론을 이용하여 주거 내부를 외부에서 무단으로 촬영한 행위가 불법수색죄에 해당한다고 주장하는 B는 강화된다. ㄷ은 옳은 평가이다.

〈보기〉의 ㄱ, ㄷ만이 옳은 평가이므로 정답은 ③이다.

07.

[규정]의 적용으로 옳은 것만을 〈보기〉에서 있는 대로 고른 것은?

[규정]

제1조 ① 도로관리청은 도로와 도로구역을 관리한다.

② '도로'란 차도, 보도를 말하며, 도로의 부속물(도로관리청이 도로의 이용과 관리를 위하여 설치하는 주차장, 버스정류시설, 휴게시설 등)을 포함한다.

③ '도로구역'이란 도로를 구성하는 일단의 토지를 말한다.

제2조 ① 도로관리청은 도로 노선의 지정 또는 폐지의 고시가 있으면 해당 도로구역을 지정 또는 폐지하여야 한다. 도로구역의 지정 또는 폐지의 효력은 고시함으로써 발생한다.

② 도로(도로구역 포함)로 지정된 국유지 또는 사유지를 점용하려는 자는 도로관리청의 허가를 받아야 하고, 매월 일정한 토지점용료(이하 '월 토지점용료')를 납부하여야 한다.

제3조 ① 도로관리청은 도로점용허가를 받지 아니하고 도로를 점용(이하 '무단점용')한 경우 무단점용한 기간에 대하여 무단점용한 토지에 부과되어야 하는 월 토지점용료의 100분의 150에 상당하는 금액을 변상금으로 징수한다.

② 도로점용허가를 받은 자가 도로점용허가의 내용을 초과하여 도로를 점용(이하 '초과점용')한 경우 초과점용한 기간에 대하여 초과점용한 토지에 부과되어야 하는 월 토지점용료의 100분의 120에 상당하는 금액을 변상금으로 징수한다. 다만 초과점용이 도로 점용자의 고의·과실로 인한 것이 아닌 경우에는 도로관리청은 초과점용 부분에 대한 토지점용료 상당액을 징수한다.

보 기

ㄱ. 도로의 초과점용에 대하여 6,000만 원의 변상금 부과처분을 하였으나, 고의·과실 없이 초과점용한 것으로 밝혀져 변상금 부과처분이 취소된 경우, 도로관리청이 초과점용을 이유로 부과할 토지점용료 상당액은 5,000만 원이다.

ㄴ. 신도로 완공 후, 구도로 노선의 도로구역으로 지정되었던 토지에 도로관리청의 도로점용허가 없이 농지를 조성한 경우가 변상금 부과처분 대상이 아닌 것으로 확정되었다면, 구도로 노선의 도로구역 폐지의 고시가 있었을 것이다.

ㄷ. 도로인 X국유지(월 토지점용료 1,200만 원)를 도로점용허가 없이 1개월간 점용한 경우 부과처분될 변상금액은, X국유지에 대하여 도로점용허가를 받은 후 인근의 도로구역인 사유지(월 토지점용료 1,500만 원)를 고의로 1개월간 초과점용한 경우 부과처분될 변상금액과 같다.

① ㄱ　　　　　　② ㄷ　　　　　　③ ㄱ, ㄴ
④ ㄴ, ㄷ　　　　　⑤ ㄱ, ㄴ, ㄷ

도로관리청은 도로 노선 지정의 고시가 있으면 해당 도로구역을 지정하여야 하고, 도로 노선 폐지의 고시가 있으면 해당 도로구역을 폐지하여야 한다. 도로구역 지정과 도로구역 폐지의 효력은 고시함으로써 발생한다. 도로(도로구역 포함)로 지정된 토지를 점용하려는 자는 제2조 제2항에 따라 도로관리청의 허가를 받고 매월 토지점용료를 납부하여야 한다. 도로관리청은 도로점용허가 없이 도로를 무단으로 점용한(무단점용) 자에게서 그 토지에 부과되어야 하는 토지점용료의 150%에 해당하는 금액을 변상금으로 징수한다. 고의 또는 과실로 인해 허가의 내용을 초과하여 점용하는(초과점용) 자에게서는 초과점용한 토지에 부과되어야 하는 토지점용료의 120%에 해당하는 금액을 변상금으로 징수하고, 초과점용이 점용자의 고의 또는 과실로 인한 것이 아니면 토지점용료에 해당하는 금액만 징수한다. 허가를 받고 허가된 범위 내에서 점용하는 토지와 고의·과실 없이 초과점용하는 토지에 대하여는 토지점용료에 해당하는 금액을 납부하고, 무단점용하는 토지에 대하여는 토지점용료의 1.5배에 해당하는 금액을 납부하며, 고의 또는 과실로 초과점용하는 토지에 대하여는 토지점용료의 1.2배에 해당하는 금액을 납부하는 것이다.

〈보기〉 해설

ㄱ. 도로의 초과점용에 대하여 6,000만 원의 변상금 부과처분을 하였으므로, 초과점용한 토지에 부과되어야 하는 토지점용료의 1.2배에 해당하는 금액이 6,000만 원이다. 초과점용에 고의나 과실이 없었음이 밝혀졌으므로, 도로관리청은 토지점용료에 해당하는 금액만 부과할 것이다. 그 금액을 계산하면 6,000만 원÷1.2=5,000만 원이다. 따라서 도로관리청이 초과점용을 이유로 부과할 토지점용료 상당액은 5,000만 원이다. ㄱ은 옳은 적용이다.

ㄴ. 도로관리청의 도로점용허가 없이 농지를 조성하였는데도 변상금 부과처분 대상이 아닌 것으로 확정되었으므로, 그 토지가 도로관리청의 도로점용허가의 대상이 아니라는 것을 알 수 있다. 구도로 노선의 도로구역으로 지정되었던 토지가 현재 도로관리청의 도로점용허가의 대상이 아닌 것은 이 토지에 대하여 도로구역 폐지가 있었기 때문일 것이다. 도로구역 폐지의 효력은 고시함으로써 발생하므로, 구도로 노선의 도로구역 폐지의 고시가 있었을 것이다. ㄴ은 옳은 적용이다.

ㄷ. 도로인 X국유지를 도로점용허가 없이 점용한 것은 무단점용이고 점용기간은 1개월이므로, 월 토지점용료 1,200만 원의 1.5배인 1,800만 원이 변상금으로 부과될 것이다. 도로인 X국유지에 대하여 도로점용허가를 받은 후 인근의 도로구역을 초과점용하였는데 고의로 한 것이고 점용기간이 1개월이므로, 월 토지점용료 1,500만 원의 1.2배인 1,800만 원이 변상금으로 부과될 것이다. 두 경우에 부과처분될 변상금액은 1,800만 원으로 같다. ㄷ은 옳은 적용이다.

〈보기〉의 ㄱ, ㄴ, ㄷ 모두 옳은 적용이므로 정답은 ⑤이다.

[선발 규칙]과 [조정 규칙]의 적용으로 옳은 것만을 〈보기〉에서 있는 대로 고른 것은?

P사는 신입사원을 선발할 때 [선발 규칙]의 세 가지 안 중 하나를 적용하여 1,600명을 우선 선발하였고, [조정 규칙]을 적용하여 추가 선발하였다.

[선발 규칙]

1안 : 공대 출신과 비공대 출신을 3 : 1로 선발한다.

2안 : 공대 출신과 비공대 출신을 3 : 2로 선발하고, 경력자와 비경력자도 3 : 2로 선발한다. 이때 비공대 출신 경력자와 비공대 출신 비경력자는 같은 수가 되도록 한다.

3안 : 공대 출신 경력자, 공대 출신 비경력자, 비공대 출신 경력자, 비공대 출신 비경력자를 1 : 1 : 1 : 1로 선발한다.

[조정 규칙]

1안 : 비공대 출신 선발자 수의 4분의 1에 해당하는 비공대 출신을 추가로 선발한다. 추가 선발자 중 경력자와 비경력자는 같은 수가 되도록 한다.

2안 : 선발된 경력자 수의 2분의 1에 해당하는 경력자를 추가로 선발한다. 추가 선발자 중 공대 출신과 비공대 출신은 같은 수가 되도록 한다.

보 기

ㄱ. [선발 규칙] 1안에 따른 결과를 [조정 규칙] 1안에 따라 조정하였다면, 최종 선발자 중 경력자의 수는 1,650명을 넘을 수 없다.

ㄴ. [선발 규칙] 2안에 따른 결과를 [조정 규칙] 2안에 따라 조정하였다면, 최종 선발자 중 공대 출신의 수는 비공대 출신의 수의 1.5배를 초과한다.

ㄷ. [선발 규칙] 3안에 따른 결과를 [조정 규칙] 1안에 따라 조정하고 그 결과를 [조정 규칙] 2안에 따라 조정하였든, [선발 규칙] 3안에 따른 결과를 [조정 규칙] 2안에 따라 조정하고 그 결과를 [조정 규칙] 1안에 따라 조정하였든, 최종 선발된 공대 출신 비경력자의 수는 같다.

① ㄱ ② ㄴ ③ ㄱ, ㄷ
④ ㄴ, ㄷ ⑤ ㄱ, ㄴ, ㄷ

문항 성격　문항유형 : 언어 추리

내용영역 : 규범

평가 목표　이 문항은 두 종류의 규칙을 정확하게 이해하여 구체적인 사례에 적용하는 능력을 평가하는 문항이다.

문제 풀이　정답 : ③

우선 [선발 규칙]의 세 가지 안 중 하나를 적용하여 1,600명의 신입사원을 선발하고, [조정 규칙]을 적용하여 추가로 신입사원을 선발한다. [선발 규칙]에 따른 우선 선발자 중 비공대 출신이 몇 명인지 또는 경력자가 몇 명인지에 따라 [조정 규칙]에 따른 추가 선발자의 수가 달라질 수 있다. 추가 선발에서는 비공대 출신 또는 경력자만 선발한다.

〈보기〉 해설　ㄱ. [선발 규칙] 1안에 따라 1,600명을 선발하면, 공대 출신 1,200명과 비공대 출신 400명이 선발된다. 이 결과를 [조정 규칙] 1안에 따라 조정하면, 비공대 출신 선발자 400명의 4분의 1에 해당하는 100명의 비공대 출신을 추가로 선발하면서 이들 중 경력자와 비경력자가 같은 수가 되도록 하므로, 경력자 50명과 비경력자 50명이 선발된다. 따라서 최종 선발자 1,700명 가운데 비경력자가 최소 50명이므로, 경력자의 수는 1,650명을 넘을 수 없다. ㄱ은 옳은 적용이다.

ㄴ. [선발 규칙] 2안에 따라 공대 출신과 비공대 출신을 3 : 2로 선발하고 [조정 규칙] 2안에 따라 공대 출신과 비공대 출신이 같은 수가 되도록 추가 선발하면, 우선 선발된 신입사원은 공대 출신의 수가 비공대 출신의 수의 1.5배이고 추가 선발된 신입사원은 공대 출신의 수가 비공대 출신의 수의 1배이므로, 최종 선발자 중 공대 출신의 수는 비공대 출신의 수의 1.5배보다 작다. ㄴ은 옳지 않은 적용이다.

ㄷ. [조정 규칙] 1안은 비공대 출신(비공대 출신 경력자와 비공대 출신 비경력자)을 추가로 선발하는 것이고, [조정 규칙] 2안은 경력자(공대 출신 경력자와 비공대 출신 경력자)를 추가적으로 선발하는 것이다. 그러므로 [조정 규칙] 1안을 적용하든 2안을 적용하든 공대 출신 비경력자의 수는 [선발 규칙]에 따라 우선 선발된 수에서 증가하지 않는다. 따라서 [조정 규칙] 1안과 2안의 적용 여부나 순서에 관계없이 공대 출신 비경력자의 수는 [선발 규칙] 3안에 따라 우선 선발된 수에서 증가하지 않으므로, [조정 규칙] 1안을 먼저 적용하든 [조정 규칙] 2안을 먼저 적용하든 최종 선발된 공대 출신 비경력자의 수는 같다. ㄷ은 옳은 적용이다.

〈보기〉의 ㄱ, ㄷ만이 옳은 적용이므로 정답은 ③이다.

09.

[규정]과 〈약관〉으로부터 추론한 것으로 옳은 것만을 〈보기〉에서 있는 대로 고른 것은?

렌터카 사업을 하는 P사는 포인트 적립 계약과 관련한 〈약관〉을 두고 있었는데, 〈약관〉의 일부 조항을 개정하여 즉시 시행한다고 공지하자 기존 가입자 중 일부가 개정된 조항이 [규정]에 위반되는 불공정약관조항이라고 주장하고 있다.

[규정]

제1조 '불공정약관조항'이란 사업자에게만 이익이 되고 고객에게 일방적으로 불리한 내용을 정하고 있는 약관조항을 말한다.

제2조 위원회는 사업자가 제1조를 위반한 경우 사업자에게 해당 불공정약관조항의 삭제·수정 등 시정에 필요한 조치를 권고할 수 있다.

〈약관〉

1. 소비자는 렌터카를 이용하여 1년간 주행할 것으로 예상되는 거리에 따라 A, B 플랜 중 하나만 선택하여 가입할 수 있다.

2. 각 플랜의 계약기간은 1년으로 하고, 적립포인트의 유효기간은 각 플랜의 계약기간이 종료된 날로부터 2년으로 한다.

3. 포인트는 다음 표에 따라 적립된다. A 플랜에서는 기준거리를 초과한 경우에만 전체 주행거리에 대해서 포인트가 적립된다.

플랜	기준거리	적립포인트(km당)	
		개정 전	개정 후
A	1,000km	1.5	2.0
B	없음	1.0	0.5

보 기

ㄱ. 〈약관〉 개정 후 A 플랜 계약자는 〈약관〉 개정 전과 동일한 포인트를 적립하기 위하여 25% 더 적은 거리를 주행하여도 충분하나, B 플랜 계약자는 100% 더 많은 거리를 주행하여야 한다.

ㄴ. 위원회가 개정된 〈약관〉의 '개정 후' 부분에 대해서 [규정] 제2조에 따라 시정조치를 권고하는 경우, 기존 가입자에게 개정된 〈약관〉을 잔여 계약기간에 적용할지를

선택할 수 있도록 함으로써 기존 가입자의 그 기간에 대한 불공정성을 완화할 수
있다.

ㄷ. 위원회의 시정조치 권고에 따라, 개정 후 〈약관〉의 B 플랜을 선택하는 계약자에게
1,000km를 초과한 부분에 대해서는 1.5포인트를 적립해주기로 한다면, 2,000km
를 초과하여 운행해야만 개정 전 〈약관〉에 따라 B 플랜을 선택한 경우보다 더 많은
포인트가 적립된다.

① ㄱ   ② ㄴ   ③ ㄱ, ㄷ
④ ㄴ, ㄷ   ⑤ ㄱ, ㄴ, ㄷ

문항 성격	문항유형 : 언어 추리
	내용영역 : 규범
평가 목표	이 문항은 기존 약관과 개정 약관을 비교·분석하여 구체적인 차이를 찾아내고 제시된 방안이 불공정성을 완화하는 방안인지 판단하는 능력을 평가하는 문항이다.
문제 풀이	정답 : ④

P사는 포인트 적립과 관련한 〈약관〉의 일부 조항을 개정하여 즉시 시행한다고 공지하였다. 그런데 개정된 조항의 주행거리당 적립되는 포인트를 변경함에 따라 불공정의 문제가 발생하게 되었다. A 플랜의 경우 기준거리인 1,000km를 초과하여 주행하는 것을 전제로 개정 전 km당 1.5포인트가 적립되던 것을 개정 후 km당 2.0포인트가 적립되도록 변경하였기 때문에 유리한 변경으로 평가된다. 반면에 B 플랜의 경우 주행거리와 무관하게 개정 전 km당 1.0포인트가 적립되던 것을 개정 후 0.5포인트가 적립되는 것으로 변경하였기 때문에 불리한 변경으로 평가된다. 이에 B 플랜 계약자는 개정 조항이 불공정하다고 주장할 수 있다.

〈보기〉 해설   ㄱ. B 플랜의 경우 〈약관〉 개정 전 km당 1.0포인트 적립되었는데 개정 후에는 km당 0.5포인트 적립되므로, B 플랜 계약자가 개정 전과 동일한 포인트를 적립하기 위해서는 개정 후 100% 더 많은 거리를 주행하여야 한다. 그러나 A 플랜 계약자는 기준거리인 1,000km를 초과한 경우에만 포인트가 적립된다. 예컨대 개정 전에 1,200km를 주행하였다면 km당 1.5포인트를 적립하여 총 1,800포인트를 적립할 수 있었으나, 개정 후에 25% 적은 거리인 900km를 주행하면 포인트를 전혀 적립하지 못한다. 따라서 〈약관〉 개정 후 A 플랜 계약자는 〈약관〉 개정 전과 동일한 포인트를 적립하기 위하여 25% 더 적은 거리를 주행하여도 충분하다는 것은 틀린 진술이다. ㄱ은 옳지 않은 추론이다.

ㄴ. 기존 가입자 중 일부가 개정된 조항이 [규정]에 위반되는 불공정약관조항이라 주장할 수 있으며, 실제로 B 플랜 계약자의 경우 개정 전보다 불리하게 개정되었음을 확인할 수 있다. 위원회가 시정조치를 권고한다면 이러한 불공정성을 인정하였기 때문이다. 그런데 기존 가입자에게 개정된 〈약관〉을 잔여 계약기간에 적용할지를 선택할 수 있도록 한다면, B 플랜으로 계약한 기존 가입자들은 개정된 〈약관〉을 적용하지 않는 것을 선택함으로써 잔여 계약기간에 대하여 불공정성을 제거할 수 있을 것이다. ㄴ은 옳은 추론이다.

ㄷ. 개정 전 〈약관〉에 따라 B 플랜을 선택한 경우 km당 1.0포인트 적립된다. 위원회의 권고에 따른 시정조치에 의하면 개정 후 〈약관〉의 B 플랜을 선택하는 계약자는 주행거리 1,000km까지 km당 0.5포인트 적립되고 1,000km를 초과한 부분에 대해서는 km당 1.5포인트 적립되므로, 2,000km를 운행하면 총 2,000포인트 적립으로 km당 1.0포인트 적립과 같게 된다. 따라서 개정 후 〈약관〉의 B 플랜을 선택하는 계약자가 개정 전 〈약관〉에 따라 B 플랜을 선택한 경우보다 더 많은 포인트를 적립하려면 2,000km를 초과하여 운행하여야 한다. ㄷ은 옳은 추론이다.

〈보기〉의 ㄴ, ㄷ만이 옳은 추론이므로 정답은 ④이다.

10.

〈이론〉에 따라 [규정]을 〈사례〉에 적용한 것으로 옳은 것만을 〈보기〉에서 있는 대로 고른 것은?

상표는 그것이 등록된 나라에서 상표권으로 보호된다. 그런데 상표가 등록되지 않은 나라에서 상표를 무단 복제하여 상품을 생산하거나 판매하는 경우에 대하여 그 나라의 법원이 재판권을 행사할 수 있는지가 문제된다. 이에 관한 X국의 [규정]은 〈이론〉에 따라 해석한다.

[규정]

제○조 X국 법원은 X국에서 상표권이 침해되는 경우 그로 인한 손해배상청구 사건에 대하여 재판권을 행사할 수 있다. 다만 이 경우 X국에서 상표권자가 입은 손해액을 한도로 재판권을 행사한다.

〈이론〉

A : 상표권은 오직 상표가 등록된 나라에서만 침해될 수 있다. 상표가 등록되지 않은 나라에서 상표를 무단 복제하여 상품을 생산하거나 판매하더라도 상표권 침해는 그 나라가 아니라 그 시점에 상표가 등록되어 있는 나라에서 발생한 것으로 보아야 한다.

B : 상표권은 상표가 등록되지 않은 나라에서도 침해될 수 있다. 상표가 등록되지 않은 나라에서 상표를 무단 복제하여 상품을 생산하거나 판매하면 상표권 침해는 그 나라에서 발생한 것으로 보아야 한다.

〈사례〉

갑은 P상표를 W국에는 등록하였으나 X국, Y국에는 등록하지 않았다. 을은 X국 공장에서 P상표를 무단 복제하여 부착한 Q상품을 생산하여 W국, X국, Y국에서 판매하였다. 을이 Q상품을 각국에서 판매하여 얻은 이익만큼 갑은 각국에서 손해를 입었다. 갑은 을을 상대로 X국 법원에 을의 P상표 침해에 대한 손해배상청구소송을 제기하였다. X국 법원은 이 사건에 대하여 재판권을 행사할 수 있는지를 [규정]에 따라 판단하고자 한다.

보 기

ㄱ. A에 따르면 을이 Q상품을 W국에서 판매하여 갑이 입은 손해에 대하여 X국 법원은 재판권을 행사할 수 있다.

ㄴ. B에 따르면 을이 Q상품을 X국에서 판매하여 갑이 입은 손해에 대하여 X국 법원은 재판권을 행사할 수 있다.

ㄷ. A와 B 중 어느 것에 따르든 을이 Q상품을 Y국에서 판매하여 갑이 입은 손해에 대하여 X국 법원은 재판권을 행사할 수 없다.

① ㄱ   ② ㄴ   ③ ㄱ, ㄷ

④ ㄴ, ㄷ   ⑤ ㄱ, ㄴ, ㄷ

문항 성격	문항유형 : 언어 추리
	내용영역 : 규범
평가 목표	이 문항은 국제적인 등록 상표권 침해 사건에서 침해지를 어디로 볼 것인가에 관한 이론에 따라 구체적인 경우에 나타나는 차이를 판별하는 능력을 평가하는 문항이다.

〈이론〉의 A에 따르든 B에 따르든, 어떤 국가에 등록된 상표를 다른 나라에서 무단 복제하여 상품을 생산하거나 판매하는 경우에도 상표권 침해는 인정된다. 그러나 A는 그러한 경우에 상표권 침해가 상표가 등록되어 있는 나라에서 발생한 것으로 보고, B는 무단 복제한 상표가 부착된 상품을 실제로 생산하거나 판매한 나라에서 상표권 침해가 발생한 것으로 본다는 차이가 있다. 이 문항은 이러한 견해 대립을 기초로 [규정]을 〈사례〉에 적용해 볼 것을 요구한다. [규정]은 X국에서 상표권이 침해되고 이로 인하여 X국에서 상표권자에게 손해가 발생한 경우에 그 손해에 대하여만 X국 법원이 재판권을 행사할 수 있다고 한다. 그러므로 〈이론〉의 A와 B에 따라 〈보기〉의 각 경우에 상표권 침해의 장소와 손해 발생의 장소가 어떻게 파악되는지를 정확히 판단하는 것이 핵심이다.

〈보기〉해설　　ㄱ. A에 따르면 을이 X국에서 생산한 Q상품을 W국, X국, Y국에서 판매했어도 상표권 침해는 모두 상표 등록지인 W국에서 발생한 것으로 보기 때문에, X국에서 발생한 상표권 침해는 없는 것으로 본다. 제ㅇ조의 "X국에서 상표권이 침해되는 경우"에 해당하지 않으므로 X국 법원은 재판권을 행사할 수 없다. ㄱ은 옳지 않은 적용이다.

ㄴ. B에 따르면 을이 X국에서 Q상품을 생산하고 또 판매하였으므로 X국에서 상표권 침해가 발생한 것으로 본다. 따라서 갑이 X국에서 입은 손해에 한하여 X국 법원이 재판권을 행사할 수 있다. ㄴ은 옳은 적용이다.

ㄷ. A에 따르면 을이 X국에서 생산한 Q상품을 W국, X국, Y국에서 판매했어도 상표권 침해는 모두 상표 등록지인 W국에서 발생한 것으로 보기 때문에, X국 법원은 재판권을 행사할 수 없다(ㄱ에 대한 해설 참조). B에 따르면 을이 Q상품을 Y국에서 판매하였을지라도 X국에서 생산한 것이기 때문에 X국에서 상표권 침해가 발생한 것으로 본다. 따라서 제ㅇ조 본문에 따르면 X국 법원은 재판권을 행사할 수 있다. 그러나 제ㅇ조 단서에 따라 재판권의 범위는 X국에서 상표권자가 입은 손해액을 한도로 하므로, 을이 Q상품을 Y국에서 판매하여 갑이 입은 손해에 대하여는 X국 법원이 재판권을 행사할 수 없다. ㄷ은 옳은 적용이다.

〈보기〉의 ㄴ, ㄷ만이 옳은 적용이므로 정답은 ④이다.

11.

[규정]을 〈사례〉에 적용한 것으로 옳은 것만을 〈보기〉에서 있는 대로 고른 것은?

W국은 X주, Y주 등으로 구성된 연방국가이다. [규정]은 W국의 모든 주에 적용된다.

[규정]

제1조 당사자들 사이에 형성된 일정한 법률관계로 말미암아 분쟁이 발생하면 당사자들은 그 법률관계와 관련이 있는 주 법원에 그 분쟁에 관한 소송을 제기한다. 하나의 분쟁에 관한 소송은 하나의 주 법원에서만 소송절차를 개시할 수 있고, 같은 분쟁에 관하여 나중에 소송이 제기된 주 법원은 소송절차를 개시할 수 없다.

제2조 당사자들은 그들 사이에 형성된 일정한 법률관계로 말미암아 분쟁이 발생하면 그 분쟁에 관한 소송을 특정한 주 법원에만 제기하기로 하는 합의(이하 '전속관할합의')를 할 수 있다. 전속관할합의의 대상인 법률관계로 말미암은 소송이 당사자들이 합의하지 않은 주 법원에 제기되면 그 주 법원은 소송절차를 개시할 수 없다.

제3조 당사자들이 전속관할합의를 한 법원이 그 합의의 대상인 법률관계와 아무런 관련이 없는 경우 그 합의는 처음부터 무효인 것으로 본다. 그 법원이 있는 주에 당사자들의 영업소 소재지 또는 의무 이행지가 없다면 그 법원은 전속관할합의의 대상인 법률관계와 아무런 관련이 없는 것으로 본다. 이는 어느 주 법원에 소송이 제기되어 해당 전속관할합의의 유효 여부가 문제되는 시점을 기준으로 판단한다. 전속관할합의가 무효라면 당사자들이 합의한 주 법원은 소송절차를 개시할 수 없고, 그 법원에 처음부터 소송이 제기되지 않은 것으로 본다.

제4조 제3조는 2023. 1. 1.부터 시행한다. 제3조 시행 당시 어느 주 법원에서든 소송절차가 이미 개시된 분쟁에는 제3조를 적용하지 않는다.

〈사례〉

갑과 을의 영업소는 X주에만 있다. 2022. 10. 1. 갑과 을은 물품매매계약을 체결하면서, 갑의 물품인도의무와 을의 대금지급의무는 추후 갑의 영업소에서 동시에 이행하기로 하고, 그 계약으로 말미암은 소송은 Y주 법원에만 제기하기로 합의하였다. 이후 갑과 을 사이에 위 계약으로 말미암은 분쟁 P가 발생하였다.

ㄱ. 2022. 12. 1. 갑이 을을 상대로 X주 법원에 P에 관한 소송을 제기하였다면, X주 법
   원은 소송절차를 개시할 수 없다.
ㄴ. 2022. 12. 1. 갑이 을을 상대로 Y주 법원에 P에 관한 소송을 제기하였고 2023. 1.
   1. 을이 갑을 상대로 X주 법원에 P에 관한 소송을 제기하였다면, X주 법원은 소송
   절차를 개시할 수 없다.
ㄷ. 2023. 2. 1. 갑이 을을 상대로 Y주 법원에 P에 관한 소송을 제기하였고 2023. 3. 1.
   을이 갑을 상대로 X주 법원에 P에 관한 소송을 제기하였다면, X주 법원은 소송절
   차를 개시할 수 없다.

① ㄴ   ② ㄷ   ③ ㄱ, ㄴ
④ ㄱ, ㄷ   ⑤ ㄱ, ㄴ, ㄷ

문항 성격   문항유형 : 언어 추리

내용영역 : 규범

평가 목표   이 문항은 특정 법률관계에 관한 분쟁에 대하여 어느 법역의 법원이 재판관할을 가지고 재판권을 행사하는가를 결정하기 위한 기준과, 당사자들이 특정한 법역의 법원으로 전속관할합의를 한 경우 그 유효성을 판단하기 위한 기준을 구체적인 사례에 적용하는 능력을 평가하는 문항이다.

문제 풀이   정답 : ③

[규정]의 제1조는 하나의 분쟁에 관한 소송은 복수의 법역의 법원에 중복하여 제기될 수 없다는 원칙을 제시하고 있고, 제2조는 특정한 법역의 법원으로의 당사자들의 유효한 전속관할합의가 있으면 기타 법역의 법원은 소송절차를 개시할 수 없다는 원칙을 제시하고 있으며, 제3조는 전속관할합의가 유효하기 위한 요건으로 당사자들이 합의한 법역과 해당 법률관계 사이에 관련성이 있을 것을 제시하고 있다(해당 법역에 당사자의 영업소 소재지나 의무 이행지가 있어야 함). 제4조는 제3조의 시행일자를 규정하고 그 시행 당시 진행 중인 소송에는 제3조의 유효요건이 적용되지 않는다는 조건을 제시하고 있다. 〈사례〉에서 갑과 을의 영업소는 X주에만 있고 갑과 을의 의무 이행지는 갑의 영업소이므로, 영업소 소재지와 의무 이행지가 모두 X주에만 있다. 따라서 Y주 법원은 갑과 을 간의 법률관계와 아무런 관련이 없는데, 두 사람이 소송은 Y주 법원에만 제기하기로 합의하였다. 전속관할합의의 유효 여부를 판단할 때 매매계약일인 2022. 10. 1.은 아무런 의미가 없다.

ㄱ. 2022. 12. 1.은 제3조 시행 전이므로 Y주 법원이 갑과 을 간의 법률관계와 아무런 관련이 없더라도 Y주 법원으로의 전속관할합의의 유효성은 인정된다. 그러므로 제2조 제2문에 따라 X주 법원은 소송절차를 개시할 수 없다. ㄱ은 옳은 적용이다.

ㄴ. 제3조 시행 전인 2022. 12. 1.에 Y주 법원에 소송이 제기되었으므로 Y주 법원은 소송절차를 개시하였다. 제3조 시행 전에 이미 소송절차가 개시되었으므로 제4조 제2문에 따라 제3조가 적용되지 않고 Y주 법원으로의 전속관할합의의 유효성은 여전히 인정된다. 그러므로 제3조 시행 이후인 2023. 1. 1.에 X주 법원에 소송이 제기되더라도 X주 법원은 소송절차를 개시할 수 없다. ㄴ은 옳은 적용이다.

ㄷ. 제3조 시행 이후인 2023. 2. 1.에 Y주 법원에 소송이 제기되었으므로 Y주 법원으로의 전속관할합의는 처음부터 무효인 것으로 본다. 그러므로 제3조 제4문에 따라 Y주 법원은 소송절차를 개시할 수 없고, Y주 법원에 처음부터 소송이 제기되지 않은 것으로 본다. 따라서 X주 법원은 제1조 제2문의 "같은 분쟁에 관하여 나중에 소송이 제기된 주 법원"에 해당하지 않고, 갑과 을 간의 법률관계와 관련이 있으므로, 소송절차를 개시할 수 있다. ㄷ은 옳지 않은 적용이다.

〈보기〉의 ㄱ, ㄴ만이 옳은 적용이므로 정답은 ③이다.

12.

[규칙]을 〈사례〉에 적용한 것으로 옳은 것만을 〈보기〉에서 있는 대로 고른 것은?

과거 P집안은 같은 성(姓)을 사용하되 그 집안 소속 남성들의 이름을 [규칙]에 따라 지었다.

[규칙]

1. 같은 항렬에 있는 세대는 오행(五行), 즉 목(木), 화(火), 토(土), 금(金), 수(水) 중 하나를 부수(部首)로 하는 같은 한자를 사용하여 이름을 짓는다. 그 한자를 '돌림자'라고 한다. 돌림자의 부수는 목, 화, 토, 금, 수를 순서대로 반복하여 사용한다.

2. 이름을 두 글자로 짓는 경우 돌림자는 이름의 첫째 글자로든 둘째 글자로든 사용할 수 있으나, 같은 세대이면 한쪽으로 일치시킨다. 그리고 돌림자 아닌 글자로는 형제간이라면 같은 부수가

왼쪽에 붙은 한자를 사용한다. 그 부수를 '돌림변'이라고 하는데, 사촌간이라면 다른 돌림변을 사용한다.

3. 이름을 한 글자로 짓는 경우 같은 항렬에 있는 세대는 돌림자 대신에 돌림변을 사용한다. 그 세대에서 이름을 두 글자로 지었더라면 사용하였을 돌림자의 부수는 바로 다음 세대에서 사용한다.

〈사례〉

갑, 을, 병, 정, 무는 P집안 소속의 남성이다. 갑의 이름은 '일곤(一坤)'이다. 을과 병은 갑의 아들이다.

(상황 1) 정과 무는 을의 아들이다.

(상황 2) 정은 을의 아들이고 무는 병의 아들이다.

ㄱ. 을과 병의 이름은 '인(仁)'과 '신(信)'일 수 없다.

ㄴ. (상황 1)이면 정과 무의 이름은 '종인(鍾仁)'과 '종근(鍾根)'일 수 없다.

ㄷ. (상황 2)이면 정과 무의 이름은 '근(根)'과 '식(植)'일 수 없다.

① ㄱ   ② ㄴ   ③ ㄱ, ㄷ

④ ㄴ, ㄷ   ⑤ ㄱ, ㄴ, ㄷ

문항 성격   문항유형 : 언어 추리

내용영역 : 규범

평가 목표   이 문항은 특정한 집안에서 이름을 지을 때 실제로 적용하였던 돌림자 사용 규칙을 변형하여 제시하고 이를 구체적인 사례에 적용하는 능력을 평가하는 문항이다.

문제 풀이   정답 : ②

돌림자로는 오행 중 하나를 부수로 하는 한자를 사용하고, 오행은 목 → 화 → 토 → 금 → 수의 순서대로 반복하여 사용한다([규칙]의 1.). 두 글자 이름의 경우 돌림자를 사용하되 형제간에는 같은 돌림변을 사용하고 사촌간에는 다른 돌림변을 사용한다([규칙]의 2.). 한 글자 이름의 경우 돌림변을 사용하되 해당 세대에서 두 글자 이름을 지었다면 사용하였을 돌림자의 부수는 바로 다음 세대에서 사용한다([규칙]의 3.). 돌림자와 달리, 돌림변은 오행 중 하나일 필요가 없고, 오행 중 하나를 사용하는 경우에도 위 순서를 지킬 필요가 없다. 이들 규칙을 일곤(一坤)의 아들과 손자의 사례에 적용하는 문제이다.

　ㄱ. 돌림변은 오행 중 하나를 사용할 필요가 없으므로, 형제간으로서 같은 항렬에 있는 을과 병은 ' 亻 '을 돌림변으로 사용하여 한 글자 이름을 지을 수 있다. ㄱ은 옳지 않은 적용이다.

　ㄴ. 을과 병이 한 글자 이름이면, 다음 세대인 정과 무가 '금(金)'을 부수로 하는 돌림자인 '종(鍾)'을 사용하여 두 글자 이름을 지을 수 있다. 이 경우 정과 무는 형제간이므로 돌림자 외의 글자에는 같은 돌림변을 사용하여야 하는데, '인(仁)'과 '근(根)'은 돌림변이 다르다. ㄴ은 옳은 적용이다.

　ㄷ. 돌림변은 오행의 순서를 지킬 필요가 없으므로, 사촌간으로서 같은 항렬에 있는 정과 무는 '목(木)'을 돌림변으로 사용하여 한 글자 이름을 지을 수 있다. ㄷ은 옳지 않은 적용이다.

〈보기〉의 ㄴ만이 옳은 적용이므로 정답은 ②이다.

13.

〈견해〉에 대한 분석으로 옳은 것만을 〈보기〉에서 있는 대로 고른 것은?

우리의 직관에 따르면 살인은 도덕적으로 정당화되지 못하며 살인자에게 도덕적 책임이 있다. 아래 두 상황을 살펴보자.

(상황 1) 은행강도를 계획한 마피아 조직의 책임자 갑이 조직원 을에게 은행 보안담당자를 죽이라고 지시하였다. 을은 갑의 지시에 따라 보안담당자를 저격하여 살해하였다.

(상황 2) 적과 치열한 교전 중 지휘관 병이 부하 정에게 적의 저격수를 사살하라고 지시하였다. 정은 병의 지시에 따라 적의 저격수를 사살하였다.

위 두 상황에서 을과 정의 행위에 대해 도덕적 책임을 평가하는 원리와 관련하여 아래와 같은 두 견해가 있다.

〈견해〉

A : (상황 1)과 (상황 2)는 살인 행위가 발생하였다는 점에서 차이가 없다. 따라서 (상황 1)과 (상황 2)에서 살인에 대한 도덕적 책임을 평가하는 원리가 달라야 할 이유는 없다. 도덕적 책임을 평가하는 원리 P를 "자기방어가 아닌 어떠한 살인도, 살인 명령도, 살인 명령의 수행도 해서는 안 되며 이를 위반한 행위에 대해 도덕적 책임이 있다."라고 하자. (상황 1)의 을과 (상황 2)의 정의 살인에 대해 도덕적 책임을 평가할 때 P를 똑같이 적용할 수 있어야 한다.

B : 전쟁에서의 폭력과 일상생활에서의 폭력은 분명히 다르므로, 일상생활에서 살인에 대한 도덕적 책임을 평가하는 원리와는 다른 특수한 도덕적 원리가 전쟁에서 요구된다. 따라서 (상황 1)의 을과 (상황 2)의 정의 행위에 대한 도덕적 책임을 평가하기 위해서는 적어도 두 가지 원리가 필요하다. 전쟁에서의 살인에 대한 도덕적 책임을 적절히 평가하기 위해서는 일상생활에서 적용되는 도덕적 원리가 아닌 다른 도덕적 원리를 적용할 수 있어야 한다.

보 기

ㄱ. P에 의해 을에게 도덕적 책임이 있지만 정에게 도덕적 책임이 없다는 결론이 도출된다면, A는 약화된다.

ㄴ. A에 따라 (상황 2)에서 P에 의해 정에게 살인에 대한 도덕적 책임이 있다고 주장하기 위해서는 정의 행위가 자기방어에 해당하지 않는 것임을 입증해야 한다.

ㄷ. B에 따르면 을과 정 모두에게 도덕적 책임이 있다는 결론은 도출될 수 없다.

① ㄴ   ② ㄷ   ③ ㄱ, ㄴ

④ ㄱ, ㄷ   ⑤ ㄱ, ㄴ, ㄷ

문항 성격   문항유형 : 논쟁 및 반론

내용영역 : 규범

평가 목표   이 문항은 전쟁에서 살인의 도덕적 책임을 평가하는 도덕적 원리를 구성하는 데 요구되는 이론에 관한 다른 두 입장으로부터 옳게 추론할 수 있는 능력을 평가하는 문항이다.

문제 풀이   정답 : ①

견해 A는 환원주의로 전쟁에서 살인에 대한 도덕적 책임을 적절하게 평가할 수 있는 어떤 원리가 있다면, 이 원리는 일상생활에서의 살인에 대한 도덕적 책임 또한 적절하게 평가할 수 있어야 함을 주장한다. 견해 B는 비환원주의에 대한 설명으로 전쟁에서 살인을 정당화하는 도덕적 원리는 일상생활에서 적용되는 도덕적 원리와 구분된다는 것이다. 이는 전쟁에서 발생하는 폭력 또는 살인에 관한 특성들이 일상생활의 폭력으로 환원되지 못한다는 견해에서 비롯된 입장이다.

〈보기〉 해설   ㄱ. P에 의해 을에게 도덕적 책임이 있지만 정에게 도덕적 책임이 없다는 결론이 도출된다면, 도덕적 책임을 평가하는 원리 P를 (상황 1)의 을과 (상황 2)의 정에게 똑같이 적용한 것이므로, 살인에 대한 도덕적 책임을 평가하는 데 원리 P를 두 상황에 똑같이 적용할 수 있어야 한다는 A를 약화하지 않는다. ㄱ은 옳지 않은 분석이다.

ㄴ. A는 살인에 대한 도덕적 책임을 평가하는 데 원리 P를 두 상황에 똑같이 적용할 수 있어야 한다는 주장이다. P에 따르면, (상황 2)에서 병의 지시에 따라 정이 적의 저격수를 사살한 것이 자기방어가 아니라면 이에 대해 도덕적 책임이 있다. 따라서 P에 의해 정의 살인 행위가 도덕적 책임이 있다고 주장하기 위해서는 정의 행위가 자기방어에 해당하지 않는 것임을 입증해야 한다. ㄴ은 옳은 분석이다.

ㄷ. B는 전쟁에서의 폭력과 일상생활에서의 폭력은 분명히 다르므로, 전쟁에서는 일상생활에서 적용되는 도덕적 원리와 구분되는 특별한 도덕적 원리가 필요하다고 말한다. 이는 (상황 1)의 을과 (상황 2)의 정에게 다른 도덕적 원리를 적용해야 함을 의미한다. 만약 다른 도덕적 원리를 적용한다면 을과 정의 도덕적 책임의 유무는 각 상황에 적용되는 도덕적 원리가 무엇인지에 의해 결정된다. 따라서 견해 B에 따르면 각 상황에 적용되는 도덕적 원리가 무엇인지에 따라 을과 정 모두에게 도덕적 책임이 있다는 결론이 도출될 수도 있다. ㄷ은 옳지 않은 분석이다.

〈보기〉의 ㄴ만이 옳은 분석이므로 정답은 ①이다.

14.

㉠에 대한 평가로 옳은 것은?

여론 형성 과정에서 진실보다 개인적인 신념이나 감정이 더 큰 영향력을 발휘하는 현상이 만연하고 있다. 개인적인 감정에 기초하여 작성된 누리소통망 글이 사실과 다름에도 사회적으로 큰 영향력을 끼치는 현상이 한 가지 예이다. 이러한 현상은 여러 유형으로 나타나는데, 그중 하나는 정보의 진위를 확인할 수 있음에도 확인하지 않고 진실인 것처럼 주장하는 경우이다. 우리는 그러한 경우 화자에게 책임이 귀속된다고 단순하게 생각하기 쉽다. 하지만 A에 따르면 ㉠그러한 경우라 하더라도 언제나 화자에게 책임이 귀속되는 것은 아니다.

가령 정상적인 관찰 조건에서 갑이 높은 빌딩 옥상에서 내려다보니 빌딩 옆 광장에 사람들이 많이 모여 있는 듯 보였다고 하자. 그래서 갑은 "광장에 사람들이 많이 모여 있다."라고 주장한다. 그런데 실은 광장에 있는 것은 사람이 아니라 행사를 위해 설치한 사람 모양의 인형들이었다. 갑에게 자신의 관찰은 분명한 것으로 느껴졌기에, 갑은 1층으로 내려가 정확한 정보를 확인하는 간단한 조치도 하지 않았다. 갑 스스로 증거가 미심쩍다고 여겼거나 타인으로부터 확인을 요구받았더라면 갑은 확인했을 것이지만, 굳이 그럴 필요를 느끼지 않았을 만큼 자신의 경험을 확신했던 것이다.

A에 따르면 이 경우 갑의 주장이 진실이 아니더라도 갑에게 책임을 귀속시키기 어렵다. A는 어떤 행위가 그 자체로 비난의 대상이 되는 오직 그 경우에만 그 행위자에게 책임이 귀속된다는 전제를 받아들인다. A에 따르면 위 예에서 "광장에 사람들이 많이 모여 있다."라는 갑의 주장 행위는 그 자체로는 비난의 대상이 아니다. 갑의 주장 행위는 인지적 착각에 불과하기 때문이다. 따라서 갑에게는 책임이 귀속되지 않는다. A는 진실이 아닌 것을 진실이라고 믿거나 주장하는 행위에서 중요한 부분은 위의 예와 같은 허용 가능한 수준의 태만이나 인지적 실수가 아니라, 의도적으로 정보의 습득을 회피하거나 거부하는 적극적인 회피 태도라고 말한다. 그러한 태도를 지닌 주체에게 책임이 귀속됨은 물론이다. 아주 간단한 확인 절차만으로 무엇이 진실인지를 알 수 있음에도 확인을 의도적으로 거부하면서 가짜 뉴스를 신봉하여 전파하는 사람에게 책임이 귀속되는 것은 자명하다.

① 그 자체로 비난의 대상이 아닌 행위는 어떤 것도 인지적 착각이 아니라면, ㉠은 약화된다.
② 가짜 뉴스를 신봉하여 전파하는 사람에게 언제나 책임이 귀속되는 것은 아니라면, ㉠은 약화된다.
③ 그 자체로 비난의 대상이 아닌 행위의 행위자에게 책임이 귀속되지 않는 경우가 있다면, ㉠은 약화된다.
④ 정상적인 관찰 조건에서의 거짓 주장은 언제나 적극적인 회피 태도에서 비롯한 것이라면, ㉠은 강화된다.
⑤ 진실 여부를 확인하는 것이 불가능한 상황에서는 인지적 착각에 불과한 행위가 일어날 수 없다면, ㉠은 강화된다.

㉠을 주장하기 위해 A가 제시하는 논증은 다음과 같다.

[전제 1] 행위자에게 책임이 귀속된다면, 그 행위는 그 자체로 비난의 대상이다. ("어떤 행위가 그 자체로 비난의 대상이 되는 오직 그 경우에만 그 행위자에게 책임이 귀속된다…")

[전제 2] 갑의 사례는 단순한 인지적 착각에 불과하다.

[전제 3] 단순한 인지적 착각에 불과한 행위는 그 자체로는 비난의 대상이 아니다.

[결론 1] 따라서 갑의 사례는 행위자에게 책임이 귀속되는 사례가 아니다.

[전제 4] 갑의 사례는 정보의 진위를 확인할 수 있음에도 확인하지 않고 진실인 것처럼 주장하는 행위이다.

[결론 2] 따라서 정보의 진위를 확인할 수 있음에도 확인하지 않고 진실인 것처럼 주장하는 모든 경우에서 화자에게 책임이 귀속되는 것은 아니다.

정답 해설　① ①의 앞부분을 대우로 변형하면, 인지적 착각인 행위는 모두 그 자체로 비난의 대상이 되는 행위라는 것이다. 이는 [전제 3]을 거짓으로 만들기 때문에 A의 논증을 약화한다. 따라서 ①은 옳은 평가이다.

오답 해설　② ㉠의 주장은 정보의 진위를 확인할 수 있음에도 확인하지 않고 거짓 주장을 하는 경우 모두에서 화자에게 책임이 귀속되는 것은 아니라는 것이다. 그리고 가짜 뉴스를 신봉하여 전파하는 것이 그러한 '경우'의 하나임은 제시문의 끝부분을 통해 확인할 수 있다. 가짜 뉴스를 신봉하여 전파하는 '경우' 언제나 책임이 귀속되는 것이 아니라면, 이것은 오히려 ㉠과 부합하므로 ㉠을 강화한다. 따라서 ②는 옳지 않은 평가이다.

③ 제시문에서 A가 예로 드는 갑의 예가 바로, "그 자체로 비난의 대상이 아닌 행위의 행위자에게 책임이 귀속되지 않는 경우"이다. 이처럼 ③은 A가 자신의 주장의 예시로 드는 예인 갑의 예와 부합하므로 ㉠을 강화한다. 따라서 ③은 옳지 않은 평가이다.

④ 정상적인 관찰 조건임에도 불구하고, 즉 진실을 확인할 수 있음에도 불구하고, 거짓 주장이 언제나 단순한 인지적 착각이 아닌 적극적인 회피 태도에서 비롯한다면, 화자에게 책임이 귀속되는 범위가 정상적인 관찰 조건의 모든 경우를 포괄하게 된다. 즉 화자에게 책임이 귀속되지 않는 경우가 있다는 주장인 ㉠을 약화하게 된다. 따라서 ④는 옳지 않은 평가이다.

⑤ 제시문의 A의 논증은 진실 여부를 확인하는 것이 가능한 상황에 국한하여 논의를 제시한다. 확인이 가능함에도 "허용 가능한 수준의 태만이나 인지적 실수"를 하는 경우와, "의도적으로 정보의 습득을 회피하거나 거부하는 적극적인 회피 태도"를 대비시켜 후자의 경우에만 책임이 귀속된다는 것이 ㉠의 주장이다. 그러므로 진실 여부를 확인하는 것이 불가능한 상황에서 A가 어떤 입장을 취할지

는 알 수 없다. 설령 그러한 상황을 A의 논증에 포함시킨다 하더라도, 그러한 상황에서 인지적 착각에 불과한 행위가 일어날 수 없다는 것은 A가 주장하는 책임 귀속 면제의 범위를 축소시키는 결과를 낳는다. 따라서 ⑤는 옳지 않은 평가이다.

15.

〈견해〉에 대한 평가로 옳은 것만을 〈보기〉에서 있는 대로 고른 것은?

A, B, C 세계가 있다고 하자.

A : 1억 명이 산다. 이들 모두는 각자 100단위의 높은 복지를 누린다.

B : 100억 명이 낮은 수준이지만 살 만한 가치가 있는 각자 5단위의 복지를 누리며 살고 있었는데, A에 살고 있던 1억 명이 이주해 왔다. A에서 이주한 1억 명은 각자 105단위의 복지를 누린다. B에 본래 살고 있던 100억 명은 각자 5단위의 복지를 그대로 누린다.

C : 아무도 살지 않던 C로 B에 살고 있던 101억 명이 모두 이주하였다. C에 사는 101억 명 모두 각자 10단위의 복지를 누린다.

〈견해〉

갑 : A에 살다가 B로 이주한 사람들은 A에 살았을 때보다 복지 수준이 높아졌다. 또한 B에 사는 나머지 사람들은 살 만한 가치가 있는 각자 5단위의 복지 수준을 그대로 누리고 있다. 따라서 B가 A보다 좋다.

을 : C에는 완전한 평등이 있고, C가 B보다 복지 평균도 높다. 따라서 C가 B보다 좋다.

병 : 복지 총합은 C가 A보다 크지만, 복지 평균은 A가 C보다 높다. 따라서 A가 C보다 좋다.

보 기

ㄱ. 불평등이 더 적은 세계가 더 좋은 세계라면, 갑의 결론은 부정되고 을의 결론은 부정되지 않는다.

ㄴ. 을이 C가 B보다 좋다고 주장하는 이유를 적용한다면, 을은 병의 결론에는 동의하고 갑의 결론에는 동의하지 않을 것이다.

ㄷ. 복지 평균이 더 높은 세계가 더 좋은 세계라면 갑의 결론은 부정되며, 복지 총합이 더 큰 세계가 더 좋은 세계라면 을의 결론은 부정되지 않고 병의 결론은 부정된다.

① ㄱ   ② ㄷ   ③ ㄱ, ㄴ
④ ㄴ, ㄷ   ⑤ ㄱ, ㄴ, ㄷ

문항 성격   문항유형 : 논증 평가 및 문제해결

내용영역 : 인문

평가 목표   이 문항은 가능한 세계의 상대적 좋음에 대한 각각의 주장을 이해하고, 주어진 정보가 각 주장을 부정하는지 그렇지 않은지를 판단하는 능력을 평가하는 문항이다.

문제 풀이   정답 : ⑤

A, B, C 세계는 다음과 같이 그림으로 표현할 수 있다. 그림에서 사각형의 가로 넓이는 사람의 인구 수를 나타내며, 높이는 복지 수준을 나타낸다.

〈보기〉 해설   ㄱ. A와 C는 완전히 평등한 세계이지만 B는 불평등이 있는 세계이다. 갑의 결론은 B(불평등한 세계)가 A(평등한 세계)보다 좋다는 것이고, 을의 결론은 C(평등한 세계)가 B(불평등한 세계)보다 좋다는 것이다. 따라서 불평등이 더 적은 세계가 더 좋은 세계라면, 갑의 결론은 부정되고 을의 결론은 부정되지 않는다. ㄱ은 옳은 평가이다.

ㄴ. 을이 C가 B보다 좋다고 주장하는 이유는 (1) 완전한 평등이 있으며, (2) 복지 평균이 높다는 것이다. 병의 결론은 A가 C보다 좋다는 것이다. 을의 이유 (1), (2)를 A와 C에 적용해 보면, A와 C는 완전한 평등이라는 점에서 동일하지만 A의 복지 평균이 C의 복지 평균보다 더 높으므로, A가 C보다 좋다는 결론이 도출된다. 따라서 을이 (1)과 (2)를 적용한다면, 을은 병의 결론에 동의할 것이다. 한편 갑의 결론은 B가 A보다 좋다는 것이다. (1)과 (2)를 적용해 보면 A는 완전한 평등이 있지만 B는 불평등이 있으며 복지 평균도 A가 B보다 높으므로, A가 B보다 좋다는 결론이 도출된다. 따라서 을이 (1)과 (2)를 적용한다면 을은 갑의 결론에는 동의하지 않을 것이다. ㄴ은 옳은 평가이다.

ㄷ. 각 세계의 복지 평균과 복지 총합은 다음과 같다.

	A	B	C
사람 수	100,000,000	10,100,000,000	10,100,000,000
복지 평균	100	약 6	10
복지 총합	10,000,000,000	60,500,000,000	101,000,000,000

A가 B보다 복지 평균이 더 높기 때문에, 복지 평균이 더 높은 세계가 더 좋은 세계라면 A가 B보다 더 좋은 세계이다. 따라서 B가 A보다 더 좋다는 갑의 결론은 부정된다. A, B, C 순서로 복지 총합이 더 커지므로, 복지 총합이 더 큰 세계가 더 좋은 세계라면 C가 B보다 더 좋은 세계이고 C가 A보다 더 좋은 세계이다. 따라서 C가 B보다 더 좋은 세계라는 을의 결론은 부정되지 않고 A가 C보다 더 좋다는 병의 결론은 부정된다. ㄷ은 옳은 평가이다.

〈보기〉의 ㄱ, ㄴ, ㄷ 모두 옳은 평가이므로 정답은 ⑤이다.

16.

〈사례 1〉, 〈사례 2〉에 대한 판단으로 옳은 것만을 〈보기〉에서 있는 대로 고른 것은?

선택이 제한적인 상황에서 취해야 하는 행위를 어떻게 평가해야 할까? 주어진 상황에서 사회 공리를 극대화하는 행위는 '허용가능하다'고 하고, 그렇지 않은 행위는 '허용불가능하다'고 하자. 어떤 행위가 '칭찬할 만하다'는 것은 그 행위를 해야 할 충분히 좋은 이유가 존재하고 그것을 함으로써 자기희생도 따른다는 것을 의미한다. 자신이 피해를 겪음에도 불구하고 사회 공리를 높이는 행위를 했다면, 이는 칭찬할 만하다. 반대로 어떤 행위가 '비난할 만하다'는 것은 그 행위를 할 충분히 좋은 이유가 없거나 그 행위가 나쁜 이유에 기초한 행위라는 것을 의미한다.

우리는 어떤 행위를 '부분적으로', 즉 대안과 상관없이 그 행위 자체가 칭찬할 만한지 혹은 비난할 만한지 평가할 수 있다. 또한 행위에 대해 '전체적으로' 평가하는 것도 가능하다. 칭찬할 만한 어떤 행위가 다른 모든 대안보다 사회 공리를 더 높인다면, 이 행위는 전체적으로 칭찬할 만하다. 반면에 어떤 비난할 만한 행위가 다른 모든 대안과 비교할 때 사회 공리를 최소화한다면, 이 행위는 전체적으로 비난할 만하다.

〈사례 1〉

어린이 2명의 생명이 위험한 상황이며, 당신에겐 오직 3개의 선택지가 있다. 첫째, 당신은 어떠한 손해도 보지 않고 1명을 구한다. 둘째, 당신은 어떠한 손해도 보지 않고 2명을 구한다. 셋째, 당신은 그냥 지나치고 2명은 죽게 된다.

〈사례 2〉

빨강 버튼과 녹색 버튼이 있다. 어떤 버튼이든 누르고 나면 당신은 손가락을 잃고, 누르지 않으면 당신에게 아무 일도 일어나지 않는다. 오직 3개의 선택지가 있다. 첫째, 당신은 아무것도 하지 않고, 결국 10명이 죽는다. 둘째, 빨강 버튼을 눌러 10명의 목숨을 구하지만 그중 1명은 손가락을 잃는다. 셋째, 녹색 버튼을 눌러 10명의 목숨을 구하고 그중 1명이 손가락을 잃는 것도 막는다.

보 기

ㄱ. 〈사례 1〉에서 그냥 지나치는 행위는 허용불가능하면서 전체적으로 비난할 만하다.

ㄴ. 〈사례 2〉에서 빨강 버튼을 누르는 행위는 허용불가능하지만 부분적으로 칭찬할 만하다.

ㄷ. 〈사례 1〉과 〈사례 2〉 각각에서, 허용가능하며 전체적으로 칭찬할 만한 행위의 선택지가 있다.

① ㄱ   ② ㄷ   ③ ㄱ, ㄴ

④ ㄴ, ㄷ   ⑤ ㄱ, ㄴ, ㄷ

문항 성격   문항유형 : 언어 추리

내용영역 : 규범

평가 목표   이 문항은 한 행위의 윤리성에 관한 개념을 정확히 이해한 후, 구체적인 사례에 적용하여 옳게 추론할 수 있는 능력을 평가하는 문항이다.

문제 풀이   정답 : ③

제시문에서 각 개념은 다음과 같이 정의된다.

- 허용가능하다 : 주어진 상황에서 사회 공리를 극대화하는 행위
- 허용불가능하다 : 주어진 상황에서 사회 공리를 극대화하지 않는 행위
- 칭찬할 만함 : 그 행위를 해야 할 충분히 좋은 이유가 존재하며 자기희생도 따름
- 비난할 만함 : 그 행위를 해야 할 충분히 좋은 이유가 없거나 그 행위가 나쁜 이유에 기초한 행위임

- 부분적으로 칭찬할 만함 : 대안과 상관없이 그 자체로 칭찬할 만함
- 부분적으로 비난할 만함 : 대안과 상관없이 그 자체로 비난할 만함
- 전체적으로 칭찬할 만함 : 칭찬할 만하며 다른 모든 대안보다 사회 공리를 더 높임
- 전체적으로 비난할 만함 : 비난할 만하며 다른 모든 대안과 비교할 때 사회 공리를 최소화함

이와 같은 정의를 〈사례 1〉과 〈사례 2〉에 적용하면 다음과 같다.

〈사례 1〉

첫째, 손해를 보지 않고 1명을 구하는 행위 : 사회 공리를 최대화하지 않으므로 허용불가능하며, 자기희생이 없으므로 칭찬할 만한 행위는 아님

둘째, 손해를 보지 않고 2명을 구하는 행위 : 사회 공리를 최대화하므로 허용가능하며, 자기희생이 없으므로 칭찬할 만한 행위는 아님

셋째, 그냥 지나치는 행위 : 사회 공리를 최대화하지 않으므로 허용불가능하며, 이 행위를 해야 할 충분히 좋은 이유가 없거나 나쁜 이유에 기초한 행위이며 다른 모든 대안과 비교할 때 사회 공리를 최소화하는 행위이므로 전체적으로 비난할 만한 행위임

〈사례 2〉

첫째, 아무것도 하지 않는 행위 : 사회 공리를 최대화하지 않으므로 허용불가능함

둘째, 빨강 버튼을 누르는 행위 : 사회 공리를 최대화하지 않으므로 허용불가능하지만, 해야 할 충분히 좋은 이유가 존재하며 자기희생이 따르므로 부분적으로 칭찬할 만함

셋째, 녹색 버튼을 누르는 행위 : 사회 공리를 최대화하므로 허용가능하며, 해야 할 충분히 좋은 이유가 존재하며 자기희생이 따르므로 칭찬할 만하며, 다른 모든 대안보다 사회 공리를 더 높이므로 전체적으로 칭찬할 만함

<table>
<tr><td>〈보기〉 해설</td><td>ㄱ. 앞의 설명에 따르면 〈사례 1〉의 셋째 행위는 허용불가능하면서 전체적으로 비난할 만한 행위이다. ㄱ은 옳은 판단이다.</td></tr>
<tr><td></td><td>ㄴ. 앞의 설명에 따르면 〈사례 2〉의 둘째 행위는 허용불가능하지만 부분적으로 칭찬할 만한 행위이다. ㄴ은 옳은 판단이다.</td></tr>
<tr><td></td><td>ㄷ. 앞의 설명에 따르면 〈사례 2〉의 셋째 행위는 허용가능하며 전체적으로 칭찬할 만한 선택지이지만, 〈사례 1〉에는 허용가능하며 칭찬할 만한 행위의 선택지가 없다. ㄷ은 옳지 않은 판단이다.</td></tr>
</table>

〈보기〉의 ㄱ, ㄴ만이 옳은 판단이므로 정답은 ③이다.

17.

다음 글에 대한 분석으로 적절한 것만을 〈보기〉에서 있는 대로 고른 것은?

선(善), 즉 좋음에는 두 가지 차원이 있다. ㉠일차적 선은 한 존재가 지니는 본질적 완전성을 의미한다. 모든 존재자는 이것을 결여하면 더 이상 그 존재가 아니라는 점에서 이는 본질적인 선이다. 이러한 선은 적극적 의미에서 결여의 부정을 뜻한다. 인간에게 인간성이 없으면 더 이상 인간이 아니다. 인간이 인간으로 존재하는 한, 설사 개인 간의 신체 능력이나 덕성의 차이가 아무리 크다고 한들 그것 때문에 누가 더 인간이라는 진술은 성립하지 않는다.

이차적 선은 인간이라는 존재에 '직립 보행'이라는 우연적인 성질이 속하는 것처럼 어떤 주체와 이에 속하는 부수적 성질 사이의 관계를 의미한다. 이러한 선은 '존재성을 형성하는 선'이 아니라 '존재성에 수반되는 선'이다. 이차적 선은 다시 둘로 나뉜다. ㉡첫 번째 이차적 선은, 어떤 성질이 그 자체로 그것이 속하는 존재의 완전성에 기여하는 적합성을 가리킨다. 건강은 인간에게 일차적 선이 아니라 이차적 선이다. 아픈 인간도 여전히 인간이기 때문이다. 그리고 건강이 인간에게 좋다면, 건강은 그 자체로 인간에게 좋은 성질이다. ㉢두 번째 이차적 선은, 어떤 성질이 어떤 존재에 속했을 때 그 존재에게서 발견되는 선함을 가리킨다. 이러한 의미의 선은 세부 성질 자체가 아닌, 한 존재가 가지는 좋음이다. 어떤 음식이 맛있다고 한다면, 염도, 산도, 식감 등이 잘 어울릴 때 그 음식이 맛있는 것이다. 여러 요소 중 하나만 떼어 맛있다고 하기는 어렵다.

보 기

ㄱ. 악이 선의 결여라면, 악은 ㉠이다.
ㄴ. "어떤 대상이 아름답다면, 아름다움은 그 대상이 가지는 크기, 형태, 색채 등의 조화로운 총체이다."라는 말에서 아름다움은 ㉢이다.
ㄷ. 어떤 것이 누구에게 언제나 좋으면 ㉠이고, 그렇지 않으면 ㉡ 또는 ㉢이다.

① ㄱ   ② ㄴ   ③ ㄱ, ㄷ
④ ㄴ, ㄷ   ⑤ ㄱ, ㄴ, ㄷ

문항 성격 문항유형 : 논증 분석
　　　　　　　내용영역 : 인문
평가 목표 이 문항은 선의 여러 차원에 관한 정의를 정확하게 이해하고 그 차이를 분석하는 능력을 평가하는 문항이다.

제시문은 '선'(좋음)의 개념에 대한 둔스 스코투스의 분석에 대한 해설로서, '선' 개념에 두 차원이 있음을 설명한다. 즉, 선에는 "모든 인간은 선하다."라고 말할 때와 같이 형이상학적 차원의 선이 존재하며, 일상적으로 어떤 개별자가 다른 개별자보다 더 완전할 때 그것을 선하다고 말하는 경우처럼 자연적 차원의 선도 존재한다. 본문에서는 그것들을 일차적 선과 이차적 선으로 구별하고 있다. 일차적 선은 그것이 없으면 그 존재일 수 없는 본질적인 선이며, 이차적 선은 귀속 관계를 전제한 선이다. 한편, 이차적 선은 다시 두 가지 용법으로 나뉘는데, 성질에 대해서 진술되는 경우와 주체에 대해 진술되는 경우다. 어떤 성질이 자신이 속하는 주체인 대상에 그 자체로서 기여한다면, 이 성질은 첫 번째 이차적 선이고, 어떤 성질이 어떤 존재에 속했을 때 그 존재에게서 발견되는 선함은 두 번째 이차적 선이다.

〈보기〉 해설 ㄱ. 악이 선의 결여라고 정의된다면, 악은 결코 일차적 선일 수 없다. 일차적 선은 적극적으로 결여의 부정을 의미하기 때문이다. ㄱ은 적절하지 않은 분석이다.

ㄴ. 두 번째 이차적 선은 어떤 성질이 어떤 존재에 속했을 때 그 존재에게서 발견되는 선함이다. 이 의미의 선은 세부 성질 자체가 아닌 한 존재가 가지는 좋음이다. 제시문의 사례로 어떤 음식이 맛있다고 한다면, 염도, 산도, 식감 등이 그 자체로 맛있다고 하기는 어렵지만 잘 어울려서 그 음식이 맛있기 때문에 그 음식의 맛있음은 두 번째 이차적 선이다. ㄴ의 '아름다움'도 어떤 대상이 아름답다면 그 대상이 가지는 크기, 형태, 색채 등 여러 요소의 조화로서 그 대상이 아름답기 때문에 두 번째 이차적 선이다. ㄴ은 적절한 분석이다.

ㄷ. 일차적 선은 본질적 선으로서 어떤 존재가 이를 결여하면 더 이상 그 존재일 수 없다는 의미에서 일종의 필요조건이다. 그러나 어떤 것이 누구에게 언제나 좋다고 하여도 그것이 그 인간이기 위한 필요조건일 필요는 없다. 예컨대 인간에게 언제나 좋다고 할 수 있는 건강은, 아픈 인간도 여전히 인간이므로, 일차적 선은 아니다. 반면 어떤 것이 누구에게 언제나 좋은 것이 아니라면 그것은 선일 수도 있지만 아예 선이 아닐 수도 있다. ㄷ은 적절하지 않은 분석이다.

〈보기〉의 ㄴ만이 적절한 분석이므로 정답은 ②이다.

18.

다음 논쟁에 대한 분석으로 옳은 것만을 〈보기〉에서 있는 대로 고른 것은?

갑1 : 종이에 쓰인 '개'라는 기호는 개에 관한 것이야. 마찬가지로 우리 머릿속의 개–생각 또한 개에 관한 것이지. 그런데 '개'라는 임의의 기호가 왜 개에 관한 것인지를 설명할 때와 마찬가지로, 개–생각이 어떻게 개에 관한 것인지를 설명하기도 까다로운 것 같아.

을1 : 그건 간단히 설명할 수 있어. 만약 대상 X가 어떤 생각을 인과적으로 야기하고, 그리고 X가 있을 때만 그 생각이 인과적으로 야기된다면, 그 생각은 X에 관한 것이지. 승강기 지시등을 생각해봐. 7층 지시등은 승강기가 7층에 도달하면 그리고 오직 그 경우에만 켜지잖아. 7층 지시등이 7층에 관한 것임과 똑같은 방식으로 개–생각은 개에 관한 것이야.

갑2 : 너의 견해는 만족스럽지 않아. 예를 들어 병이 개를 본다고 해봐. 개에서 병의 개–생각까지 이어지는 인과적 경로는 매우 길어. 빛이 개의 털에 반사되어 병의 망막으로 들어오지. 망막은 특정한 양식으로 활성화되고 그 정보는 시신경을 통해 뇌에 전달돼. 마지막으로 개–생각이 병의 뇌 깊은 데서 형성되지. ㉠<u>병의 망막 위의 활성화 양식</u>을 'd–양식'이라 하자. 그렇다면 개가 아닌 d–양식이라는 대상에 의해, 그리고 오직 그 대상이 있을 때만 병의 개–생각이 인과적으로 야기된다고 말할 수 있지.

을2 : 하지만 그 d–양식을 인과적으로 야기한 대상의 인과관계를 계속 거슬러 올라가면 마지막에는 항상 개가 있지. 그러므로 병의 개–생각은 여전히 개에 관한 것임에 변함이 없어.

갑3 : 그러면 병이 안개 낀 저녁에 양을 개로 오인하고 '저 안개 너머에 개가 있다.'라고 생각했다고 해볼까? 지금 병의 개–생각은 양에 의해서 야기되었어. 반면 정상적인 상황에서는 양이 아닌 개가 병의 개–생각을 야기하겠지. 개–생각은 양에 의해 야기되기도 하고 개에 의해 야기되기도 해. 그렇다면 개–생각은 개 또는 양에 의해 야기된다고 해야 해. 그러므로 너의 견해가 옳다면 병의 개–생각은 개가 아닌 개–또는–양이라는 대상에 관한 것이라는 결론에 도달해.

ㄱ. ㉠까지 이어지는 인과적 경로의 출발점이 개 전체가 아니라 개의 일부라고 가정하더라도 갑2의 결론은 똑같이 도출된다.

ㄴ. 을2는 대상 a, b, c에 대해서 만약 a가 b를 인과적으로 야기하고 b가 c를 인과적으로 야기한다면 a는 c를 인과적으로 야기한다는 원리를 전제한다.

① ㄱ   ② ㄷ   ③ ㄱ, ㄴ
④ ㄴ, ㄷ   ⑤ ㄱ, ㄴ, ㄷ

문항 성격	문항유형 : 논쟁 및 반론
	내용영역 : 인문
평가 목표	이 문항은 생각 내용의 지향성에 관한 인과적 이론을 제시하는 을과 그에 대한 반론을 제시하는 갑 사이의 논쟁을 적절하게 분석할 수 있는 능력을 평가하는 문항이다.
문제 풀이	정답 : ⑤

제시문의 내용을 정리하면 다음과 같다.

- 을1의 이론 : 대상 X가 생각 C를 인과적으로 야기하고 그리고 X가 있을 때만 C가 인과적으로 야기된다면, 생각 C는 대상 X에 관한 것이다.
- 갑2의 반론 : 을의 이론을 받아들이면, 병의 개–생각은 개가 아닌 d–양식에 관한 것이라는 결론에 도달한다.
- 을2의 재반론 : 개에서 d–양식까지 이어지는 인과관계의 연쇄를 역추적하면 그 마지막에는 항상 개가 있다. 즉 "개가 개–생각을 인과적으로 야기하고 그리고 개가 있을 때만 개–생각이 인과적으로 야기된다."가 성립한다. 따라서 자신의 이론 하에서 병의 개–생각이 개에 관한 것이라는 결론은 유지된다.
- 갑3의 반론 : 을의 이론을 받아들이면, 병의 개–생각은 개가 아닌 개–또는–양이라는 선언적(disjunctive) 대상에 관한 것이라는 결론에 도달한다.

〈보기〉 해설 ㄱ. 병의 망막 위의 특정한 활성화까지 이어지는 인과적 경로의 출발점이 개 전체가 아니라 개의 일부라고 하더라도, "d–양식이라는 대상에 의해 그리고 오직 그 대상이 있을 때만 병의 개–생각이 인과적으로 야기된다"는 갑2의 주장은 여전히 성립한다. 따라서 을의 이론을 받아들이면, 병의 개–생각은 개가 아닌 d–양식에 관한 것이라는 갑2의 결론은 똑같이 도출된다. ㄱ은 옳은 분석이다.

ㄴ. 을2는 "그 d–양식을 인과적으로 야기한 대상의 인과관계를 계속 거슬러 올라가면 마지막에는 항상 개가 있다"로부터 "병의 개–생각은 여전히 개에 관한 것임에는 변함이 없다"고 결론을 내린다. 그런데 이 결론이 도출되기 위해서는 "개가 병의 개–생각을 인과적으로 야기한다."가 성립해야 한다. 이것이 성립하기

위해서는 대상 a, b, c에 대해서 만약 a가 b를 인과적으로 야기하고 b가 c를 인
과적으로 야기한다면 a는 c를 인과적으로 야기한다는 원리를 전제해야 한다.
ㄴ은 옳은 분석이다.

ㄷ. 앞에서 설명한 것처럼, 갑2와 갑3 모두, 을의 이론을 수용한다면, 병의 개–생각
이 갑2에서는 개가 아닌 d–양식, 갑3에서는 개가 아닌 개–또는–양에 관한 것이
라는 결론이 도출된다는 것이다. ㄷ은 옳은 분석이다.

〈보기〉의 ㄱ, ㄴ, ㄷ 모두 옳은 분석이므로 정답은 ⑤이다.

19.

다음 논쟁에 대한 분석으로 옳은 것만을 〈보기〉에서 있는 대로 고른 것은?

갑 : 모든 명제는 수학, 윤리 등 어느 하나의 논의 주제에만 관한 것이며 어떤 논의 주제에 관한
것도 아닌 명제는 없다. 또한 명제는 그 명제의 논의 주제에 상대적으로만 참이거나 거짓이
다. 그래서 "명제 p는 참이다.", "명제 q는 거짓이다."와 같이 말하는 것은 적절하지 않으며,
"명제 p는 수학적–참이다.", "명제 q는 윤리적–거짓이다." 등과 같이 말해야 옳다. 명제는 그
명제의 논의 주제가 아닌 다른 주제에 관해서는 참이 아니다. 즉 윤리에 관한 명제 p는 수학
적–참이 아니다. 그런데 '이가 원리'에 의하면 모든 명제는 참이거나 거짓이거나 둘 중 하나
이다. 다시 말해, 어떤 명제가 참이 아니라면 그 명제는 거짓이고, 그 명제가 거짓이 아니라
면 그 명제는 참이다. 나의 견해는 얼핏 이가 원리와 충돌하는 것처럼 보인다. 하나의 명제
가 수학적–참이면서 윤리적–참은 아닐 수 있기 때문이다. 그러나 어떤 명제가 수학적–참이
면서 수학적–참이 아니라고 말하는 것이 모순이지, 수학적–참이면서 윤리적–참이 아니라고
말하는 것은 모순이 아니다.

을 : 그렇지 않다. 너의 견해와 이가 원리를 모두 받아들이면 모순이 발생한다. "살인은 나쁘다."
라는 명제를 r라고 하자. r는 윤리에 관한 명제이므로 수학적–참이 아니다. 그런데 너의 견
해에 따르면 모든 참 거짓은 논의 주제에 상대적이므로, r가 수학적–참이 아니라는 명제 또
한 어떤 특정한 논의 주제에 상대적으로 참이다. 살인에 대한 가치 평가의 참 거짓 문제가 수
학적 주제에 관한 것이 아니라는 것은 명백하기에, r가 수학적–참이 아니라는 명제가 윤리의
논의 주제에 관한 것이라고 가정해보자. 우리의 가정에 의해서, r가 수학적–참이 아니라는 명
제는 윤리적–참이다. 그런데 너의 견해에 따르면 모든 명제는 하나의 논의 주제에만 속하므

로, 윤리적–참인 명제는 수학적–참이 아니다. 그러므로 r가 수학적–참이 아니라는 명제는 수
학적–참이 아니다. 그런데 이가 원리에 따르면 모든 명제 p에 대해서, p가 참이 아니라는 것
이 참이 아니라면, p는 참이다. 그러므로 r는 수학적–참이다. 이는 r가 수학적–참이 아니라는
우리의 가정과 충돌한다.

ㄱ. 논의 주제 s에 관한 명제 p에 대해서, p가 s–참이 아니라면 p가 s–거짓이라는 것
   을 갑은 부정하지 않는다.
ㄴ. "p는 참이 아니라는 것은 참이 아니다."에서 앞의 '참'과 뒤의 '참'이 같은 논의 주제
   에 관한 것일 수 없다면, 을의 주장은 약화된다.
ㄷ. r가 수학적–참이 아니라는 명제가 윤리의 논의 주제가 아닌 예술의 논의 주제에 관
   한 것이라고 가정하더라도 을의 결론은 똑같이 도출된다.

① ㄱ   ② ㄴ   ③ ㄱ, ㄷ
④ ㄴ, ㄷ   ⑤ ㄱ, ㄴ, ㄷ

문항 성격　문항유형 : 논쟁 및 반론

　　　　　　　내용영역 : 인문

평가 목표　이 문항은 갑의 이론인 '소박한 진리 다원주의'가 이가 원리와 양립 가능한가에 관한
　　　　　　　문제에서 양립 가능하다는 갑의 주장과 그에 대한 을의 논박을 적절하게 분석하고 평
　　　　　　　가할 수 있는 능력을 측정하는 문항이다.

문제 풀이　정답 : ⑤

제시문의 내용을 정리하면 다음과 같다.

[갑의 주장]

　⑴ 모든 명제는 하나의 논의 주제에만 속한다.

　⑵ 논의 주제 s에 속하는 명제는 s–참이거나 s–거짓이다.

　⑶ 논의 주제 s에 속하는 명제는, 다른 논의 주제 r에 대해서, r–참이 아니다.

　⑷ 주장 ⑴~⑶은 이가 원리와 충돌하지 않는다.

[을의 논증]

　⑴ "살인은 나쁘다."를 r라고 하자.

　⑵ r는 윤리적–참이다.

　⑶ 따라서 r는 수학적–참이 아니다. (⑵와 갑의 주장으로부터 도출됨)

⑷ "r는 수학적–참이 아니다."는 윤리적–참이다. (⑶이 윤리의 논의 주제에 관한 것이라는 가정
　으로부터 도출됨)

⑸ "r는 수학적–참이 아니다."는 수학적–참이 아니다. (⑷와 갑의 주장으로부터 도출됨)

⑹ 따라서 r는 수학적–참이다. (⑸와 이가 원리에 의한 이중 부정 제거 법칙으로부터 도출됨)

〈보기〉 해설　ㄱ. 여기서 말하는 원리는 이가 원리이다. 즉, s라는 하나의 논의 주제로 국한했을
　　　　　　때, s–참이 아닌 명제는 모두 s–거짓이고 s–거짓이 아닌 명제는 모두 s–참이라
　　　　　　는 것이 이가 원리이다. 갑은 이가 원리와 자신의 주장이 모순을 일으키지 않는
　　　　　　다고 주장한다. 즉, 갑은 이가 원리를 부정하지 않는다. ㄱ은 옳은 분석이다.

　　　　　　ㄴ. "p는 참이 아니라는 것은 참이 아니다."에서 앞의 '참'과 뒤의 '참'이 같은 논
　　　　　　의 주제에 관한 것일 수 없다면, "r가 참이 아니라는 것은 참이 아니다."에서 두
　　　　　　'참'에 똑같이 '수학적–'을 붙일 수 없게 된다. 즉, "r가 수학적–참이 아니라는
　　　　　　것은 수학적–참이 아니다."라고 말할 수 없게 된다. 이는 [을의 논증]에서 ⑸를
　　　　　　성립하지 않게 하므로 을의 주장을 약화한다. ㄴ은 옳은 분석이다.

　　　　　　ㄷ. r가 수학적–참이 아니라는 명제가 예술의 논의 주제에 속한다고 하더라도, 위
　　　　　　[을의 논증]에서 ⑷가 '"r는 수학적–참이 아니다."는 예술적–참이다'로 바뀔 뿐
　　　　　　이다. 이렇게 바뀌어도 예술적–참은 수학적–참이 아니므로 ⑷로부터 ⑸가 도출
　　　　　　되어 [을의 논증]의 결론이 똑같이 도출된다. ㄷ은 옳은 분석이다.

　　　　　〈보기〉의 ㄱ, ㄴ, ㄷ 모두 옳은 분석이므로 정답은 ⑤이다.

20.

다음 논쟁에 대한 분석으로 적절한 것만을 〈보기〉에서 있는 대로 고른 것은?

갑 : 인간은 지각을 바탕으로 세상과 상호작용해. 그런데 인간은 때로 대상을 잘못 보기도 하지.
　　외부 세계에 정확히 대응하도록 지각하는 능력은 인간의 진화 과정에서 중요해. 실제 행동에
　　서 차이가 날 테니까. 그래서 정확한 표상과 오표상을 구분하는 것이 중요한 거야.

을 : 우리는 주어진 지각만으로는 정확한 표상과 오표상을 가려낼 수 없어. 시지각은 오직 망막에
　　전달된 정보에 의해 결정돼. 이때 동일한 지각에 대응하는 외부 대상은 복수일 수 있는데, 우
　　리는 그중 무엇이 진짜인지 알 수 없어. 갈색이 섞인 노란 표면도 주위가 붉을 때 중립적인 노
　　란색으로 지각되고, 연두색이 섞인 노란 표면도 주위가 녹색일 때 중립적인 노란색으로 지각
　　돼. 이 경우 우리는 중립적인 노란색만을 지각할 뿐, 표면이 원래 무슨 색인지 알 방법은 없지.

갑 : 네 말은 결국 설익은 바나나와 잘 익은 바나나를 구분하기 어렵다는 것이지? 내가 보는 것이 무엇인지 알 수 없으면, 잘 익은 바나나를 골라 먹을 수 없잖아. 이는 진화 과정에서 인간에게 불리하게 작용해.

을 : 물론 잘 익은 것만 알아내어 먹을 수 있으면 좋겠지. 그런데 우리는 설익었는지 잘 익었는지를 매번 정확하게 알 필요는 없어. 우리 행동반경 안에는 노란 바나나가 더 많아. 마트 진열대는 노란 바나나로 가득하잖아. 노란색 지각에 따라 먹는다면, 잘 익은 바나나를 먹게 될 거야.

ㄱ. 같은 지각을 산출하는 복수의 대상 중 어떤 것이 그 지각에 정확하게 대응할 확률이 가장 높은지를 지각자가 알 수 있다고 하더라도 갑의 주장은 약화되지 않는다.

ㄴ. 서로 다른 크기의 두 동그라미가 각각을 둘러싼 다른 동그라미의 크기에 따라서 같은 크기의 동그라미로 지각될 수 있다면, 을의 주장은 약화된다.

ㄷ. “어떤 지각은 외부 대상에 정확하게 대응한다.”라는 명제에 대해 갑은 동의하지 않지만 을은 동의한다.

① ㄱ 　② ㄴ 　③ ㄱ, ㄷ
④ ㄴ, ㄷ 　⑤ ㄱ, ㄴ, ㄷ

문항 성격　문항유형 : 논쟁 및 반론

내용영역 : 인문

평가 목표　이 문항은 새로운 사례나 정보가 주어진 논쟁의 특정 견해를 강화 또는 약화하는지 옳게 평가하는 능력과 어떤 견해가 특정 주장에 동의할 수 있는지 판단하는 능력을 측정하는 문항이다.

문제 풀이　정답 : ①

갑은 표상은 외부 대상에 대응하며 지각이 어떤 대상에 대응하는지를 지각자가 아는 것이 중요하다고 주장한다. 표상이 어떤 대상과 대응하는지 알 수 없으면 결국 진화과정에서 불리하게 작용한다는 것이다. 을은 갑의 주장을 반박하며 지각자는 내부 지각만을 알 수 있을 뿐 한 지각에 대응하는 외부 대상을 알 수 없다고 주장한다. 동일한 지각이 여러 외부 대상에 대응할 수 있는데, 오직 망막에 전달된 정보만을 가진 지각자는 무엇이 실제로 지각에 대응하는 대상인지 알 수 없다는 것이다.

ㄱ. 같은 지각을 산출하는 복수의 대상 중 어떤 것이 그 지각에 정확하게 대응할 확률이 가장 높은지를 지각자가 알 수 있다면, 지각자는 정확한 표상과 오표상을 구분할 가능성이 높아진다. 지각자는 자신의 지각에 대응하는 복수의 대상 중 그 지각에 정확하게 대응할 확률이 가장 높은 대상을 그 지각이 표상하는 것으로 판단할 것이기 때문이다. 따라서 지각이 어떤 대상과 정확히 대응하는지 지각자가 아는 것이 중요하다는 갑의 주장은 약화되지 않는다. ㄱ은 적절한 분석이다.

ㄴ. 서로 다른 크기의 두 동그라미가 각각을 둘러싼 다른 동그라미의 크기에 따라 같은 크기의 동그라미로 지각될 수 있다면, 이 현상은 을이 제시한 사례와 같이 같은 지각에 대응하는 두 대상에 관한 사례이므로 을의 주장이 약화되지는 않는다. ㄴ은 적절하지 않은 분석이다.

ㄷ. 갑은 외부 세계에 정확히 대응하도록 지각하는 능력이 중요하다고 주장하기 때문에, "어떤 지각은 외부 대상에 정확하게 대응한다."라는 명제에 대해 동의할 것이다. 따라서 이 명제에 대해 갑이 동의하지 않는다고 주장하는 ㄷ은 적절하지 않은 분석이다. (한편, 을도 이 명제에 동의할 수는 있다. 을이 지각과 대상 사이의 정확한 대응 가능성 자체를 부인하는 것은 아니기 때문이다.)

〈보기〉의 ㄱ만이 적절한 분석이므로 정답은 ①이다.

21.

다음 글에 대한 분석으로 옳은 것만을 〈보기〉에서 있는 대로 고른 것은?

예술비평은 예술작품을 평가하는 언어적 활동이다. 비평가는 작품의 구조적 특징이나 재현적·표현적 성질에 주목하고, 이를 바탕으로 작품의 의미를 발굴하는 등의 활동을 통해 작품에 대한 예술적 가치평가의 근거가 되는 이유들을 제시한다. 다음 〈비평〉을 놓고 갑과 을이 견해를 개진한다.

〈비평〉
• 평가 : 미켈란젤로의 〈피에타〉는 훌륭하다.
• 이유 : 미켈란젤로의 〈피에타〉는 실물 같다.

갑 : 〈비평〉의 평가가 타당하다고 여기는 누군가는 "만약 예술작품 W가 실물 같다면, W는 훌륭하다."라는 기준이 〈비평〉에 적용됐다고 주장할 수 있을 것이다. 그러나 이 기준은 워홀의 〈브릴로 상자〉에는 적용될 수 없다. 〈브릴로 상자〉가 실제 세제 상자와 동일한 외관을 지녔지만, 그 때문에 훌륭한 것은 아니기 때문이다. "예술작품 W에 대해서 속성 F가 W에 귀속된다면, W는 훌륭하다."라는 비평의 기준은 확립될 수 없다.

을 : 모든 예술작품에 예외 없이 적용될 수 있는 일반화된 비평 기준은 없다. 그러나 예술작품은 최소한 하나 이상의 범주에 속하는 것으로 분류될 수 있다. 그렇다면 우리는 각각의 범주에서 그것의 목적을 실현한다는 의미에서 작품의 훌륭함을 보장하는 일반화된 비평 기준, 즉 "범주 C에 속하는 예술작품 W에 대해서 속성 F가 C의 목적에 기여한다면, F는 W를 훌륭하게 만든다."를 찾아낼 수 있다. 〈비평〉의 평가는 "르네상스 조각에 속하는 예술작품 W에 대해, '실물 같음'이라는 속성이 르네상스 조각의 목적에 기여하는 한, '실물 같음'은 W를 훌륭하게 만든다."라는 기준이 적용된 것으로 볼 수 있다.

보 기

ㄱ. 갑에 따르면, 비평의 기준은 어떤 방식으로도 일반화될 수 없으므로 평가는 언제나 개별 작품의 관점에서만 이루어져야 한다.

ㄴ. 회화 작품을 평가할 때, "통일성 있는 예술작품은 모두 훌륭하므로 이 작품은 훌륭하다."라는 평가는 을이 주장하는 '일반화된 비평 기준'이 적용된 것이다.

ㄷ. "극의 훌륭함을 저해하는 전형적인 속성인 '개연성 없는 플롯'이 부조리극의 목적에는 기여하더라도, 부조리극 비평의 일반화된 기준은 있을 수 없다."라는 주장은 갑의 견해와는 모순되지 않지만, 을의 견해와는 모순된다.

① ㄱ 　　　　　② ㄷ 　　　　　③ ㄱ, ㄴ
④ ㄴ, ㄷ 　　　　⑤ ㄱ, ㄴ, ㄷ

문항 성격　문항유형 : 논증 분석

내용영역 : 인문

평가 목표　이 문항은 예술비평에 적용되는 일반화된 기준이 있는지, 있다면 어느 수준의 일반화가 가능한지, 이러한 비평의 기준을 구체적인 작품에 어떻게 적용할 수 있는지에 관한 견해들을 읽고 그 함축에 대한 분석 능력을 평가하는 문항이다.

예술비평은 예술작품에 대한 비평가의 평가와 그러한 평가의 이유들을 제시하는 활동으로 이루어진다. 그러므로 비평의 이유들이 평가를 뒷받침할 수 있도록 하는 일반화된 비평 기준에 대한 논의가 필수적이다. 이 문제를 해결하기 위해서는 일반화된 비평 기준이 있다고 주장하는 일반주의와 일반화된 비평 기준은 없다고 주장하는 개별주의 사이의 논쟁 속에서 나타날 수 있는 견해들을 옳게 파악하여 그 함축에 대해 적절하게 분석할 수 있어야 한다.

〈보기〉해설   ㄱ. 갑의 주장은 '만약 예술작품 W에 속성 F가 귀속된다면, W는 훌륭하다.'라는 일반화된 비평의 기준은 확립될 수 없다는 것이다. 그러므로 갑에 따르면 비평의 기준은 바로 이러한 일반화된 수준에서는 확립될 수 없다. 하지만 그렇다고 해서 이것보다 제한적인 수준에서도 비평의 기준이 확립될 수 없다는 것이 따라 나오는 것은 아니다. 비평의 기준이 제한적인 수준에서도 일반화될 수 없다는 진술은 실제 갑의 주장보다 더 강한 주장이다. 그렇다면 평가가 언제나 개별 작품의 관점에서만 이루어져야 한다는 주장도 갑의 주장으로부터 따라 나오지 않는다. ㄱ은 옳지 않은 분석이다.

ㄴ. 회화 작품을 평가할 때, "통일성 있는 예술작품은 모두 훌륭하므로 이 작품은 훌륭하다."라는 평가는 "통일성 있는 예술작품은 훌륭하다."가 모든 예술작품에 예외 없이 적용될 수 있다고 전제하고 있다. 그러나 을은 모든 예술작품에 예외 없이 적용될 수 있는 일반화된 비평 기준은 없다고 주장하므로, ㄴ은 옳지 않은 분석이다.

ㄷ. 갑의 견해는 모든 예술작품의 훌륭함을 보장하는 속성이 있다는 그런 수준에서 일반화된 비평 기준은 없다는 것이다. 따라서 부조리극 비평의 일반화된 기준은 있을 수 없다는 주장은 갑의 견해와 모순되지 않는다. 을의 견해는 특정 범주의 목적에 기여하는 속성이 그 범주에 속한 예술작품의 훌륭함을 보장하는 그런 수준에서 일반화된 비평 기준이 있다는 것이다. 그런데 ㄷ의 주장은 '개연성 없는 플롯'이 부조리극 범주의 목적에는 기여하더라도 부조리극 비평의 일반화된 기준은 있을 수 없다는 주장이므로 을의 견해와 모순된다. ㄷ은 옳은 분석이다.

〈보기〉의 ㄷ만이 옳은 분석이므로 정답은 ②이다.

22.

B의 논증에 대한 반론이 될 수 있는 것만을 〈보기〉에서 있는 대로 고른 것은?

A : 감정은 언제나 적절한 평가적 믿음을 요구한다. 어떤 대상에 대한 두려움은 그 대상이 나에게 위험하다는 믿음에 근거하고, 어떤 일에 대한 슬픔은 그 일이 나에게 큰 손실이라는 믿음을 기초로 삼는다. 만약 내가 이러한 평가적 믿음과 모순되는 믿음을 가진다면, 이 경우 나는 감정을 느끼는 것이 아니거나 하나의 주장을 긍정하는 동시에 부정하고 있는 것이다.

B : 적절한 평가적 믿음을 갖지 않고도 감정을 경험하는 것은 충분히 가능할 뿐 아니라, 실제로 흔한 일이다. 어떤 사람은 눈앞에 있는 거미가 자신에게 위험하지 않다고 굳게 믿으면서도, 그 거미에 대해 두려움을 느낄 수 있다. 나아가, 동물이나 영유아도 명백히 두려움 같은 감정을 느낄 수 있다. 그러나 언어능력이 없는 동물이나 영유아는 '위험'과 같은 평가적 개념을 아예 갖고 있지 않으며, 그러므로 뭔가가 자신에게 위험하다는 믿음을 가질 수도 없다.

보 기

ㄱ. 모순되는 믿음들을 가지는 것은 충분히 가능할 뿐만 아니라 흔한 일이다. 모순되는 믿음들을 지니는 것과, 평가적 믿음과 그에 모순되는 감정을 가지는 것 사이에는 그 가능성이나 빈도 면에서 큰 차이가 없다.

ㄴ. 감정이 언제나 적절한 평가적 믿음을 요구한다는 주장은 그러한 평가적 믿음만 있으면 그에 따른 감정을 느끼게 된다는 주장이 아니다. 즐거움이나 고통과 같은 감각들도 감정의 필수 요소이고, 동물이나 영유아도 이런 감각들은 충분히 느낄 수 있다.

ㄷ. 어떤 개념을 갖는다는 것이 그 개념을 언어적으로 표현할 능력이 있다는 것을 의미하지는 않는다. 포식자가 접근할 때 재빠르게 도망치는 성향을 지닌 동물이 있다면, 이 동물이 '위험'이라는 단어를 아는지와 무관하게 포식자의 위험성에 대한 믿음을 지닌다고 볼 수 있다.

① ㄱ   ② ㄷ   ③ ㄱ, ㄴ

④ ㄴ, ㄷ   ⑤ ㄱ, ㄴ, ㄷ

문항 성격   문항유형 : 논쟁 및 반론

내용영역 : 인문

평가 목표 이 문항은 감정이 적절한 평가적 믿음을 포함하는지에 관한 특정한 견해를 이해하여, 이 견해에 대해 어떤 것이 반론이 될 수 있는지 판단할 수 있는 능력을 평가하는 문항이다.

문제 풀이 정답 : ②

A에 따르면, 적절한 평가적 믿음은 감정을 갖기 위한 필요조건이다. 즉 내가 감정을 가진다면 나는 언제나 적절한 평가적 믿음을 가지는 것이다. 또한 내가 이러한 적절한 평가적 믿음과 모순되는 믿음을 가질 경우, 나는 감정을 느끼는 것이 아니거나 하나의 주장을 긍정하는 동시에 부정하고 있다는 것이다.

B는 적절한 평가적 믿음이 감정의 필요조건이라는 주장의 두 가지 문제점을 지적하고 있다. 첫째로, 적절한 평가적인 믿음을 갖지 않고도 감정을 경험하는 것이 가능할 뿐만 아니라 흔하게 있다는 것이다. 둘째로, 동물과 영유아는 '위험'과 같은 평가적 개념을 아예 갖고 있지 않으며 따라서 뭔가가 자신에게 위험하다는 믿음을 가질 수도 없지만, 명백히 두려움 같은 감정을 느낄 수 있다는 것이다.

〈보기〉 해설 ㄱ. 모순되는 믿음들을 가지는 것은 충분히 가능할 뿐만 아니라 흔한 일이라면, B는 이러한 일이 가능하고 사실상 흔한 일이라는 점에 대해 반대하는 주장을 펴고 있지는 않다. 나아가, ㄱ에서 평가적 믿음과 그에 모순되는 감정을 가지는 것도 가능하고 흔하다고 말하고 있지만, B는 적절한 평가적 믿음을 가지지 않고 감정을 경험하는 일, 예컨대 어떤 대상이 나에게 위험하다는 평가적 믿음이 없이 그저 두려움을 경험하는 일이 가능하고 흔하다고 주장하고 있다. 그러므로 평가적 믿음과 그에 모순되는 감정을 가지는 일이 흔하다 하여도, B의 주장과는 양립 가능하다. 따라서 ㄱ은 B의 논증에 대한 반론이 될 수 없다.

ㄴ. B가 지적하는 두 가지 문제점은 감정이 언제나 적절한 평가적 믿음을 요구한다는 A의 주장에 대한 비판이다. 그런데 ㄴ에서 말하고 있는 것은 감정이 언제나 적절한 평가적 믿음을 요구한다는 주장(A의 주장)은 적절한 평가적 믿음이 감정을 가지기 위한 충분조건이라는 주장과 다르며, 즐거움이나 고통과 같은 감각들도 감정의 필수 요소라는 것이다. 따라서 ㄴ의 진술은 감정이 언제나 적절한 평가적 믿음을 요구한다는 A의 주장에 대한 보충 설명이지, B의 논증에 대한 반론이 될 수는 없다.

ㄷ. B의 두 번째 반론에서 핵심적인 전제는 바로 동물과 영유아는 '위험'과 같은 평가적 개념을 소유하지 않는다는 것이다. 그리고 이 전제는 동물이나 영유아가 언어능력을 결여한다는 주장으로부터 추론된다. ㄷ에서 진술하듯이 언어능력이 개념 소유의 필요조건이 아니며 언어적으로 어떤 개념을 표현할 능력이 없어도

그 개념을 소유할 수 있다면, 이것은 B의 논증의 전제에 대한 반박이므로 B의 논증에 대한 반론이 될 수 있다.

〈보기〉의 ㄷ만이 B의 논증에 대한 반론이 될 수 있으므로 정답은 ②이다.

23.

다음으로부터 추론한 것으로 옳은 것만을 〈보기〉에서 있는 대로 고른 것은?

한 사회는 외부의 압력에 의해 파괴되는 경우보다 내부로부터의 압력에 의해 해체되는 경우가 더 많다. 사회가 해체되는 첫 단계는 도덕적 연대가 느슨해지면서부터라는 것을 역사는 반복해서 보여주고 있다. 그러므로 사회의 존속에 필수적인 도덕적 규약을 보존하기 위한 노력은 정당하다. 이러한 규약은 개개인이 아닌, 한 사회 공동체의 도덕적 판단에 의해 형성된다.

사회 공동체 X에서 그 사회의 도덕적 판단은 X의 구성원 중에서 선정된 배심원단이 주어진 안건을 놓고 토론과 숙의를 거침으로써 결정한다. 이 판단은 언제나 X가 용인할 수 있는 한계를 넘어서는 것이 무엇인지를 확고히 한다. 이러한 과정을 통해 무언가를 사회적으로 용인할 수 없다는 결정에 이르는 일은 단지 선호 여부의 문제가 아니라 실제로 그것을 거부하고자 하는 느낌에 기초한다. 만약 그런 느낌이 실제로 느껴진 것이고 꾸며낸 것이 아니라면, 그것은 사회적으로 조건화된 역겨움, 즉 사회적 역겨움이다. 그러므로 사회적 역겨움은 사회적 용인의 한계점인 도덕적 금기가 무엇인지를 결정하는 데에 필수적이며, 그러한 금기의 위반을 두려워하여 역겨움을 느끼는 성향이 있는 사람이 X의 배심원으로 선정된다. 결국 X의 존속에 필수적인 도덕적 연대를 공고히 하는 것은 이렇게 결정된 도덕적 금기를 지키는 일과 다르지 않다.

보 기

ㄱ. X에서 인종차별이 도덕적 금기로 결정되지 않았다면, X에는 배심원으로 선정된 사람도 없을 것이다.

ㄴ. X에서 도덕적 금기의 위반 사례가 나타난다면, X에는 사회적 역겨움을 느끼는 사람들이 있었을 것이다.

ㄷ. 어떤 사회이든 사람들 사이에 도덕적 판단이 일치하지 않는다면, 그 사회의 도덕적 판단이 무엇인지는 결정될 수 없다.

① ㄴ   ② ㄷ   ③ ㄱ, ㄴ
④ ㄱ, ㄷ   ⑤ ㄱ, ㄴ, ㄷ

문항 성격   문항유형 : 언어 추리

내용영역 : 인문

평가 목표   이 문항은 도덕적 금기가 역겨움이라는 사회적 감정과 맺는 관계에 대한 제시문으로
부터 적절하게 추론할 수 있는 능력을 평가하는 문항이다.

문제 풀이   정답 : ①

한 사회의 도덕적 규약은 그 사회의 도덕적 판단에 의해 형성되며, 그러한 도덕적 규약을 보존하지 못해 도덕적 연대가 느슨해지면 그 사회는 해체의 길로 접어들게 된다. 사회 공동체 X에서는 이러한 도덕적 규약이 도덕적 금기를 결정하는 도덕적 판단의 형태로 형성된다. X에서는 배심원단의 결정이 도덕적 금기 여부를 판정하며, 그 결정 방식은 토론과 숙의라는 과정을 거친다. 그런데 이때 도덕적 금기를 결정하는 일은 단지 선호 여부의 문제가 아니라 실제로 그것에 대해 '사회적 역겨움'을 느낄 것을 요구한다. 사회적 역겨움은 도덕적 금기가 무엇인지를 결정하는 데에 필수적이며, 배심원들은 최소한 사회적 역겨움을 느끼는 성향이 있는 사람들로 선정된다. X에서 사회의 존속에 필수적인 도덕적 연대를 공고히 하는 것은 이렇게 결정된 도덕적 금기를 지키는 일과 다르지 않다.

〈보기〉 해설   ㄱ. X에서 도덕적 금기는 배심원단의 토론과 숙의를 거친 결정을 통해 이루어진다. 그러므로 X에서 어떤 것이 도덕적 금기로 결정되었다면 배심원으로 선정된 사람이 있을 것이다. 그러나 X에서 배심원으로 선정된 사람이 있음에도 불구하고, 예컨대 인종차별이라는 특정한 안건이 도덕적 금기로 결정되지 않았다는 것이 가능하다. ㄱ은 옳지 않은 추론이다.

ㄴ. X에서 도덕적 금기의 위반 사례가 나타난다면, X는 최소한 도덕적 금기를 가지고 있는 사회이다. 그런데 X에서 도덕적 금기는 배심원단의 토론과 숙의를 거쳐 결정되므로 배심원단이 존재함을 추론할 수 있다. 또한 X에서는 도덕적 금기의 위반을 두려워하여 역겨움을 느끼는 성향이 있는 사람이 배심원으로 선정된다고 하였으므로, X에는 사회적 역겨움을 느끼는 사람들이 있었음을 추론할 수 있다. ㄴ은 옳은 추론이다.

ㄷ. 어떤 사회에서 사람들 사이의 도덕적 판단이 일치하지 않는다고 가정해 보자. 그렇다고 하여도 그 사회의 도덕적 판단이 무엇인지 결정될 수 있다. 예컨대 사회 X에서 그 사회의 도덕적 판단은 선정된 배심원단의 토론과 숙의를 거쳐 결정되지만, 이러한 배심원단의 도덕적 판단과는 다른 판단을 하는 사람들이 사회 X에 존재할 수 있다. ㄷ은 옳지 않은 추론이다.

〈보기〉의 ㄴ만이 옳은 추론이므로 정답은 ①이다.

24.

다음 글에 대한 평가로 옳은 것만을 〈보기〉에서 있는 대로 고른 것은?

〈가설〉

상황의 압박을 받아 행해진 행동 X와 그 행위자의 도덕성에 대해 사람들은 다음과 같이 판단한다.

- X가 나쁘면 자발적이라고 판단하고, X가 좋으면 강제되었다고 판단한다.
- X가 자발적이라고 판단하면 X를 근거로 행위자의 도덕성을 판단하지만, X가 강제되었다고 판단하면 X로부터 도덕성을 판단하지 않는다.

〈실험〉

100명의 참여자를 집단 1과 집단 2로 나누고, 집단 1은 글 1을, 집단 2는 글 2를 각각 읽도록 한다.

글 1 : 갑과 을이 노숙자와 마주친다. 갑이 을에게 가진 돈을 모두 노숙자에게 주라고 시킨다. 을은 가지고 있던 모든 돈을 노숙자에게 준다.

글 2 : 갑과 을이 노숙자와 마주친다. 갑이 을에게 노숙자의 돈을 빼앗으라고 시킨다. 을은 노숙자의 돈을 빼앗는다.

글을 읽은 각 집단에게 을의 행동이 자발적인지 강제되었는지, 그리고 을이 도덕적인지 아닌지 묻는다.

보 기

ㄱ. 집단 1에서 을의 행동이 강제되었다고 답한 사람의 대부분이 을이 도덕적이라고 답하였다면, 〈가설〉은 약화된다.

ㄴ. 집단 1의 대부분이 을의 행동이 강제되었다고 답하였지만 집단 2의 대부분은 을의 행동이 자발적이라고 답하였다면, 〈가설〉은 약화된다.

ㄷ. 집단 1의 대부분이 을이 도덕적인지 아닌지 모르겠다고 답하였지만 집단 2의 대부분은 을이 부도덕하다고 답하였다면, 〈가설〉은 약화된다.

① ㄱ   ② ㄷ   ③ ㄱ, ㄴ

④ ㄴ, ㄷ   ⑤ ㄱ, ㄴ, ㄷ

<table>
<tr><td>문항 성격</td><td>문항유형 : 논증 평가 및 문제해결
내용영역 : 사회</td></tr>
<tr><td>평가 목표</td><td>이 문항은 행위자가 상황의 압박을 받아 행동할 때 행위자의 도덕성에 대해 사람들이 어떻게 판단하는지에 대한 가설을 제시하여, 제시된 실험 결과에 따라 가설이 약화 또는 강화되는지 판단할 수 있는 능력을 평가하는 문항이다.</td></tr>
<tr><td>문제 풀이</td><td>정답 : ①</td></tr>
</table>

〈가설〉에 따르면, 행위자가 상황의 압박을 받아 행동할 때, 행위자의 도덕성에 대한 사람들의 판단은 그 행위가 좋은 행동인지 나쁜 행동인지에 따라 차이가 있다. 행위가 좋은 행동일 경우, 사람들은 그 행위가 강제되었다고 판단하며, 행위가 강제되었다고 판단할 때 그 행위를 근거로 도덕성을 판단하지 않는다. 반면 행위가 나쁜 행동일 때 사람들은 그 행위가 자발적이라고 판단하며, 행위가 자발적이라고 판단할 때는 그 행위를 근거로 행위자의 도덕성을 판단한다. 글 1과 글 2에서의 을의 행위는 각각 좋은 행동과 나쁜 행동이라 할 수 있다. 따라서 〈가설〉에 따르면 집단 1의 사람들은 을의 행위는 강제되었다고 판단할 것이고 그로부터 을의 도덕성을 판단하지 않겠지만, 집단 2의 사람들은 을의 행위는 자발적이라 판단하고 그로부터 을의 도덕성을 판단할 것이다.

〈보기〉 해설 ㄱ. 글 1의 을의 행동은 좋은 행위라 할 수 있으므로 〈가설〉에 따르면, 사람들은 을의 행동이 강제되었다고 판단할 것이며 을의 행동으로부터 도덕성을 판단하지 않을 것이다. 집단 1에서 을의 행동이 강제되었다고 답한 사람의 대부분이 을이 도덕적이라고 답했다면, 이는 그들이 을의 행동으로부터 을의 도덕성을 판단했다는 것이다. 이는 〈가설〉의 예측과 다르며 따라서 〈가설〉을 약화한다. ㄱ은 옳은 평가이다.

ㄴ. 글 1의 을의 행동과 글 2의 을의 행동이 각각 좋은 행동, 나쁜 행동이므로, 〈가설〉에 따르면 사람들은 전자는 강제되었다고 판단할 것이며, 후자는 자발적이라 판단할 것이다. 따라서 집단 1의 대부분이 전자를 강제되었다고 판단하고 집단 2의 대부분이 후자를 자발적이라고 판단했다면, 이는 〈가설〉의 예측과 부합한다. 따라서 이러한 결과는 〈가설〉을 약화하지 않는다. ㄴ은 옳지 않은 평가이다.

ㄷ. 글 1의 을의 행동과 글 2의 을의 행동이 각각 좋은 행동, 나쁜 행동이므로, 〈가설〉에 따르면 사람들은 전자로부터 을의 도덕성을 판단하지 않을 것이며 후자로부터는 을의 도덕성을 판단할 것이다. 따라서 집단 1의 대부분이 을이 도덕적인지 아닌지 모르겠다고 답했고 집단 2의 대부분이 을이 부도덕하다고 답하였다면, 이는 〈가설〉의 예측과 부합한다. 따라서 이러한 결과는 〈가설〉을 약화하지 않는다. ㄷ은 옳지 않은 평가이다.

〈보기〉의 ㄱ만이 옳은 평가이므로 정답은 ①이다.

25.

다음 논증의 구조를 분석한 것으로 가장 적절한 것은?

> ㉠인간 이성의 본성으로부터 윤리 규범이나 가치의 필연성을 도출해 낼 수는 없다. ㉡규범이나 가치는 사회적, 역사적 우연성을 반영한다. ㉢우리가 지금과 다른 사회·문화적 조건에 처해 있었더라면, 우리는 지금과 다른 실천적 문제에 직면했을 것이고 다른 규범 및 가치 체계를 지녔을 것이기 때문이다. ㉣어떠한 윤리 규범도 우리가 이성적 존재라는 사실에서만 비롯한 것일 수 없으며, 모든 가치는 우리의 평가적 관점에 의존한다. ㉤윤리 규범은 인간 이성의 본성으로부터 도출해 낼 수 있는 '이성의 사실'이 아니다. ㉥우리가 이성의 법칙으로부터 순수 논리학과 수학의 법칙을 이끌어 낼 수 있을지 모르지만, 우리가 참으로 여기는 도덕 법칙을 마찬가지로 연역해 낼 수 있는 것은 아니다. ㉦가치의 원천은 특정 행위자의 평가적 태도에서 찾아야 한다. ㉧어떤 것을 가치 있게 만드는 것은 결국 우리가 그것을 가치 있는 것으로 여긴다는 데에 있기 때문이다.

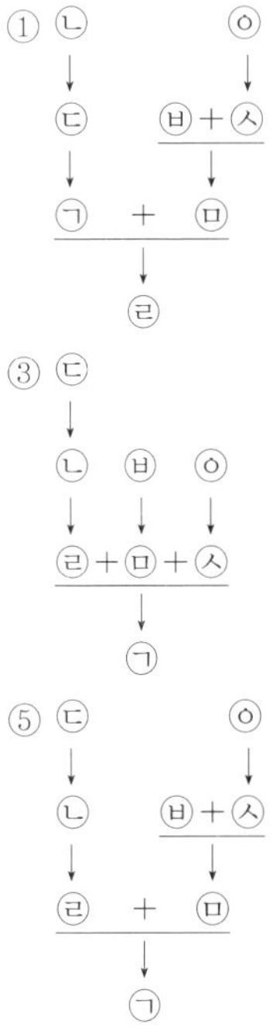

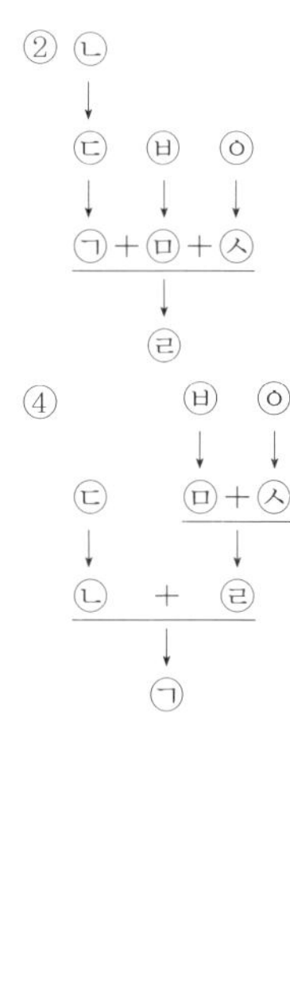

문항 성격　문항유형 : 논증 분석

　　　　　　내용영역 : 인문

평가 목표　이 문항은 이성의 본성으로부터 규범과 가치의 필연성이 도출되지 않는다는 논증의 구조를 파악할 수 있는 능력을 평가하는 문항이다.

문제 풀이　정답 : ④

주어진 논증을 간단히 요약하자면 이렇다. 인간 이성의 본성으로부터 윤리 규범이나 가치의 필연성을 도출해 낼 수는 없다. 왜냐하면 (근거1) 규범과 가치는 사회적, 역사적 우연성을 반영하며, (근거2) 어떠한 윤리 규범도 우리가 이성적 존재라는 사실에서만 비롯한 것일 수 없으며, 모든 가치는 우리의 평가적 관점에 의존하기 때문이다. (근거 1)과 (근거 2)는 각각 추가적 근거에 의해 뒷받침되며, 보다 도식적으로 나타내자면 논증은 다음의 구조를 갖는다. (아래에서 예컨대 (근거1-1)은 (근거1)을 지지하고, (근거2-2-1)은 (근거2-2)를 지지한다는 것을 표현하고 있다)

(결론) 인간 이성의 본성으로부터 윤리 규범이나 가치의 필연성을 도출해 낼 수는 없다.(㉠)

　(근거1) : 규범이나 가치는 사회적, 역사적 우연성을 반영한다.(㉡)

　　(근거1-1) : 우리가 지금과 다른 사회·문화적 조건에 처해 있었더라면, 우리는 지금과 다른 실천적 문제에 직면했을 것이고 다른 규범 및 가치 체계를 지녔을 것이다.(㉢)

　(근거2) : 어떠한 윤리 규범도 우리가 이성적 존재라는 사실에서만 비롯한 것일 수 없으며, 모든 가치는 우리의 평가적 관점에 의존한다.(㉣)

　　(근거2-1) : 윤리 규범은 인간 이성의 본성으로부터 도출해 낼 수 있는 '이성의 사실'이 아니다.(㉤)

　　　(근거2-1-1) : 우리가 이성의 법칙으로부터 순수 논리학과 수학의 법칙을 이끌어 낼 수 있을지 모르지만, 우리가 참으로 여기는 도덕 법칙을 마찬가지로 연역해 낼 수 있는 것은 아니다.(㉥)

　　(근거2-2) : 가치의 원천은 특정 행위자의 평가적 태도에서 찾아야 한다.(㉦)

　　　(근거2-2-1) : 어떤 것을 가치 있게 만드는 것은 결국 우리가 그것을 가치 있는 것으로 여긴다는 데에 있다.(㉧)

정답 해설　④ 앞에서 설명한 논증 분석을 모두 충족하는 논증 구조도는 ④이다.

26.

다음으로부터 추론한 것으로 옳은 것만을 〈보기〉에서 있는 대로 고른 것은?

> "목적을 욕구하는 사람이라면 그것에 필수불가결한 수단 역시 욕구해야 한다."라는 칸트의 격률에 대해서는 두 해석이 존재한다. 두 해석은 칸트의 격률에 나타난 '해야 한다'의 범위에 대한 것으로, 그 적용 및 만족 조건에 있어 차이가 있다.
>
> "건강을 바라는 사람이라면 담배를 끊고자 해야 한다."라는 요구를 생각해 보자. 좁은 범위 해석에 따르면, '해야 한다'는 이 조건문의 전건을 충족시키는 행위자에게 적용되며, 이런 행위자에게 요구되는 것은 조건문의 후건을 충족시키는 것이다. 즉 담배를 끊고자 하는 것이 위의 요구를 만족시키는 방법이며, 담배를 끊고자 하지 않는다면 해당 요구를 위반한다. 한편 건강을 바라지 않는 행위자에게는 애초에 이 요구가 적용되지 않으므로 만족 여부를 논할 수 없다.
>
> 반면 넓은 범위 해석에 따르면, '해야 한다'는 조건문 전체, 즉 "건강을 바라는 사람이라면 담배를 끊고자 한다."를 범위로 갖는다. 다시 말해, 위의 요구는 행위자가 주어진 목적을 욕구하는지 여부와 무관하게 모든 행위자에게 적용되며, 요구를 만족시킬 수 있는 방법은 두 가지이다. 하나는 목적을 욕구하지 않는 것이고, 다른 하나는 필수적인 수단을 욕구하는 것이다. 금연 사례의 경우, 건강을 바라는 행위자에게든 그렇지 않은 행위자에게든 위의 요구가 적용되며, 행위자는 담배를 끊고자 함으로써 이 요구를 만족시킬 수도 있지만, 건강을 바라지 않음으로써도 이 요구를 만족시킬 수 있다.

ㄱ. 좁은 범위 해석에 따르면, 목적을 욕구하지 않으면서 그것에 필수적인 수단은 욕구하는 행위자는 칸트의 격률을 만족시킨다.

ㄴ. 넓은 범위 해석에 따르면, 일평생 그 어떠한 목적도 욕구해 본 적이 없는 행위자는 칸트의 격률을 만족시킨다.

ㄷ. "목적을 욕구하면서 그것에 필수적인 수단을 욕구하지 않을 경우 그리고 오직 그 경우에만 행위자는 칸트의 격률을 위반한다."라는 점에 대해 좁은 범위 해석과 넓은 범위 해석은 차이가 없다.

① ㄱ   ② ㄴ   ③ ㄱ, ㄷ
④ ㄴ, ㄷ   ⑤ ㄱ, ㄴ, ㄷ

| 문항 성격 | 문항유형 : 언어 추리 |

문항 성격 ── 문항유형 : 언어 추리
내용영역 : 인문
평가 목표 ── 칸트의 격률에 대한 좁은 범위 해석과 넓은 범위 해석을 바탕으로 각각의 해석에 따를 때 행위자가 언제 그러한 요구를 적용받고, 위반 또는 만족시키는지를 추론할 수 있는 능력을 측정하는 문항이다.
문제 풀이 ── 정답 : ④

제시문에 따르면, "목적을 욕구하는 사람이라면 그것에 필수불가결한 수단 역시 욕구해야 한다."라는 칸트의 격률에 대한 해석은 '해야 한다'는 표현의 범위가 조건문 전체에 걸쳐있는지, 아니면 후건에만 걸쳐있는지에 따라 '넓은 범위 해석'과 '좁은 범위 해석'으로 나뉜다. 넓은 범위 해석에 따르면, 목적을 욕구하는 행위자에게든 그렇지 않은 행위자에게든 칸트의 격률이 적용되며, 격률은 두 가지 방식, 즉 주어진 목적을 욕구하지 않는 방식과 그 목적 달성에 필수적인 수단을 욕구하는 방식으로 만족될 수 있다. 반면 좁은 범위 해석에 따르면, 오직 목적을 욕구하는 사람에게만 격률이 적용되며, 격률은 필수적인 수단을 욕구하는 한 가지 방식으로만 만족될 수 있다.

〈보기〉 해설 ㄱ. 좁은 범위 해석에 따르면, 오직 목적을 욕구하는 행위자에게만 칸트의 격률이 적용되며, 목적을 욕구하지 않는 행위자는 격률의 적용 대상이 아니다. 따라서 목적을 욕구하지 않으면서 그것에 필수적인 수단은 욕구하는 행위자는 격률의 적용 대상이 아니므로 만족 여부를 논할 수 없다. ㄱ은 옳지 않은 추론이다.

ㄴ. 넓은 범위 해석에 따르면, 칸트의 격률은 행위자가 어떤 목적을 욕구하는지와 무관하게 행위자에게 적용되고, 행위자가 목적을 욕구하지 않을 경우 격률은 만족된다. 따라서 일평생 아무런 목적도 욕구해 본 적이 없는 행위자는 일생에 걸쳐 칸트의 격률을 만족시킨다는 것을 추론할 수 있다. ㄴ은 옳은 추론이다.

ㄷ. 행위자가 목적을 욕구하지 않는 경우, 넓은 범위 해석에 따르면 행위자는 칸트의 격률을 만족시키며, 좁은 범위 해석에 따르면 행위자에게 격률이 적용되지 않으므로 격률을 위반할 수도 만족시킬 수도 없다. 행위자가 목적을 욕구하는 경우는, 그가 수단을 욕구하는 경우와 그렇지 않은 경우로 나뉜다. 전자의 경우, 두 해석 모두에서 행위자는 칸트의 격률을 만족시킨다. 후자의 경우, 두 해석 모두에서 행위자는 격률을 위반한다. 따라서 좁은 범위 해석에서든 넓은 범위 해석에서든, 행위자는 어떤 목적을 욕구하면서 수단을 욕구하지 않을 경우에, 그리고 오직 그 경우에만 칸트의 격률을 위반한다. 그러므로 격률의 위반과 관련해서는 두 해석은 아무런 차이가 없다는 것을 추론할 수 있다. ㄷ은 옳은 추론이다.

〈보기〉의 ㄴ, ㄷ만이 옳은 추론이므로 정답은 ④이다.

27.

다음 글에 대한 평가로 적절한 것만을 〈보기〉에서 있는 대로 고른 것은?

배심원들이 확률적 증거에 기초하여 피고에게 사건의 책임이 있을 가능성이 크다고 추론하였음에도 불구하고 유죄나 원고 승소 평결을 내리기 주저하는 현상이 발견된다. 이를 설명하는 〈가설〉이 있다.

〈가설〉

사건의 책임이 누구에게 있는지를 명시적으로 제시하지 않은 증거는 그 자체로 타당하다고 받아들여지더라도 정보로서의 가치가 낮게 평가된다. 따라서 이러한 정보는 배심원의 평결에 영향을 덜 미치게 된다.

즉 "피고에 책임이 있을 확률이 80%이다."라는 증언과 "맞을 확률이 80%인 증거에 근거할 때 피고에 책임이 있다."라는 증언은 배심원들이 받아들이는 데에 심리적으로 큰 차이가 있다는 것이다. 연구진은 이 가설을 검증하기 위해 〈실험〉을 진행하였다.

〈실험〉

모의 배심원들에게 다음과 같은 사건 개요를 읽게 한다.

"갑은 같이 산책 중이던 자신의 개를 친 혐의로 버스 회사 B를 고소했다. 갑이 사는 도시에는 파란색 버스만 운행하는 회사 B와 회색 버스만 운행하는 회사 G, 2개만 있는데, 갑은 색맹이어서 사고를 낸 버스의 색을 확인할 수 없었다."

모의 배심원을 무작위로 둘로 나눈 뒤, 집단 1에게는 조사관의 증언 X만을, 집단 2에게는 조사관의 증언 X와 Y 모두를 제시한다.

X : 타이어 매칭 기술을 적용한 결과 B의 전체 버스 10대 중 8대와 G의 전체 버스 10대 중 2대가 사고 현장에서 수거한 타이어 자국과 완벽하게 일치한다.

Y : 나는 타이어 자국 증거에 근거해서 B의 버스가 원고의 개를 쳤다고 본다.

모의 배심원들로 하여금 B의 버스가 실제로 개를 쳤을 확률을 제시하고 B에 대한 평결을 내리도록 했다. 실험 결과, 모의 배심원이 B에 책임이 있을 확률로 제시한 값인 '주관적 확률'은 두 집단이 같았고, 각 집단에서 B에 책임이 있다고 판단한 모의 배심원의 비율인 '원고 승소 평결률'은 두 집단 모두에서 주관적 확률보다 낮았다.

ㄱ. 집단 1의 원고 승소 평결률이 집단 2보다 유의미하게 낮다면, 〈가설〉은 약화된다.

ㄴ. 주관적 확률과 원고 승소 평결률 사이의 차이가 집단 2보다 집단 1에서 유의미하게 크다면, 〈가설〉은 강화된다.

ㄷ. 만약 회색 버스가 갑의 개를 쳤다는 목격자의 증언이 두 집단에게 추가로 제공되었을 때, 집단 1보다 집단 2에서 원고 승소 평결률이 유의미하게 더 낮아졌다면, 〈가설〉은 약화된다.

① ㄱ   ② ㄴ   ③ ㄱ, ㄷ

④ ㄴ, ㄷ   ⑤ ㄱ, ㄴ, ㄷ

문항 성격	문항유형 : 논증 평가 및 문제해결
	내용영역 : 사회
평가 목표	이 문항은 배심원들의 판단에 영향을 미치는 요인에 대한 심리학적 가설과 이 가설을 검증하기 위한 실험 설계를 분석하여, 주어진 실험 결과가 가설을 약화 또는 강화하는지 올바르게 판단할 수 있는 능력을 평가하는 문항이다.
문제 풀이	정답 : ②

확률적 증거에 따르면 피고에게 책임이 있을 확률이 크다는 것을 배심원들도 인정하면서도, 실제 평결을 내릴 때는 그러한 확률적 증거에 따르지 않는 경향이 일반적으로 발견된다. 확률적 증거를 받아들인다면 피고에게 책임이 있다는 평결을 내리는 것이 당연해 보이는데, 실제로는 그러한 합리적 판단에 반하여 피고에게 책임이 있다는 평결을 내리기를 주저한다는 것이다. 이러한 현상을 발견한 웰스(Wells)의 이름을 따서, 이를 웰스 효과라고 한다. 이 실험은 웰스 효과의 가설을 검증하기 위한 일련의 실험 중 일부이다. 〈가설〉에 따르면 아무리 확률적으로 확실해 보이는 통계적 증거일지라도, 사건의 책임이 누구에게 있는지를 명확하게 제시하지 않는 증거라면 배심원의 평결에 영향을 덜 미치게 된다.

이 〈실험〉에서 X는 사건의 책임이 누구에게 있는지를 명시적으로 제시하지 않는 증거, X와 Y는 사건의 책임이 누구에게 있는지를 명시적으로 제시하는 증거에 해당한다.

〈보기〉 해설   ㄱ. 〈가설〉에 따르면 집단 1은 확률적 증거만으로 B에게 책임이 있다는 원고 승소 평결을 내리려 하지 않았을 것이기 때문에 원고 승소 평결률이 낮을 것인 반면, 집단 2는 확률적 증거에 더해 B에 책임이 있음을 명시적으로 제시하는 조사관의 증언을 접했으므로 상대적으로 원고 승소 평결률이 높을 것이다. 따라서 집단 1의 원고 승소 평결률이 집단 2보다 유의미하게 낮다면, 〈가설〉은 약화되는 것이 아니라 강화될 것이다. ㄱ은 적절하지 않은 평가이다.

ㄴ. 제시문에서 주관적 확률은 두 집단이 같았고 원고 승소 평결률은 두 집단 모두에서 주관적 확률보다 낮았다고 하였다. 또한 ㄱ에서 설명했듯이 〈가설〉에 따르면 집단 1의 원고 승소 평결률은 낮지만 집단 2의 원고 승소 평결률은 상대적으로 높을 것이므로, 주관적 확률과 원고 승소 평결률 사이의 차이는 집단 2보다 집단 1에서 클 것이다. 따라서 주관적 확률과 원고 승소 평결률 사이의 차이가 집단 2보다 집단 1에서 유의미하게 크다면 〈가설〉은 강화된다. ㄴ은 적절한 평가이다.

ㄷ. 사건의 책임이 누구에게 있는지 명확히 제시하는 이 새로운 증언은 Y와 같은 효력을 지닌다. 그런데 이 증언은 G에 책임이 있다는 증언이므로 B에 책임이 있다는 증언 Y와는 배치된다. ㄱ에서 보았듯이, 〈가설〉에 따르면 집단 1의 원고 승소 평결률은 집단 2의 원고 승소 평결률과 비교하여 상대적으로 낮을 것이므로, 새로운 증언으로 판단이 바뀔 집단 1의 배심원은 집단 2와 비교할 때 상대적으로 적을 수 있다. 반면 집단 2는 B에 책임이 있다고 판단한 배심원의 비율(원고 승소 평결률)이 상대적으로 높기 때문에, 새로운 증언으로 판단이 바뀔 배심원이 상대적으로 많을 수 있다. 즉 새로운 증언으로 집단 1의 원고 승소 평결률보다 집단 2의 원고 승소 평결률이 더 낮아질 수 있다. 따라서 새로운 증언으로 집단 1보다 집단 2에서 원고 승소 평결률이 유의미하게 더 낮아졌다면, 이것은 〈가설〉을 약화하는 결과가 아니다. ㄷ은 적절하지 않은 평가이다.

〈보기〉의 ㄴ만이 적절한 평가이므로 정답은 ②이다.

28.

다음 글에 대한 평가로 옳은 것만을 〈보기〉에서 있는 대로 고른 것은?

〈이론〉

　사람들은 익숙한 순서대로 정보가 주어질 때 정보 처리가 수월하다고 느낀다. 정보 처리가 수월하다는 느낌은 대상에 대한 친숙함으로 이어지고, 이에 따라 대상의 호감도가 높아진다. 주재료와 최종 제품은 정보 자체에 시간적 흐름의 개념을 내포하고 있으므로, 소비자에게 제품의 주재료를 먼저 제시하고 그 이후에 그 재료로 만들어지는 최종 제품을 제시하면, 역순으로 정보를 제공하는 경우보다 제품에 대한 소비자의 호감도를 높일 수 있을 것이다. 하지만 이러한 효과는 누구에게나 같은 강도로 나타나는 것은 아니다. 제품에 대한 친숙도가 낮을수록 효과가 커지고, 높을수록 작아질 것이다.

　무작위로 선정된 남녀 각 60명을 대상으로 먼저 올리브 비누에 대한 친숙도를 조사하였다. 조사 결과 대체로 남성은 친숙도가 낮았고 여성은 친숙도가 높았다. 남녀를 각각 두 집단으로 나눈 뒤, 한 집단에는 올리브 비누의 재료인 올리브 오일이 올리브 비누보다 먼저 나오는 광고를, 다른 집단에는 올리브 비누가 올리브 오일보다 먼저 나오는 광고를 보여 주었다. 이후 네 집단 각각에 대해 올리브 비누에 대한 정보 처리의 수월성 정도와 제품 호감도를 측정하였다.

보 기

ㄱ. '올리브 비누–올리브 오일' 순으로 정보가 제시될 때보다 역순으로 제시될 때, 남성은 올리브 비누에 대한 호감도가 유의미하게 높았다면 〈이론〉은 강화된다.

ㄴ. '올리브 비누–올리브 오일' 순으로 정보가 제시될 때보다 역순으로 제시될 때, 여성은 정보 처리가 더 수월하다고 느꼈지만 남성은 그렇지 않았다면 〈이론〉은 강화된다.

ㄷ. 모든 집단에서 올리브 비누에 대한 친숙도가 유사한 사람들을 대상으로 제품 호감도를 비교했을 때, 남녀 사이에 유의미한 차이가 없었다면 이 결과는 〈이론〉과 양립 가능하다.

① ㄱ　　　　　　　② ㄴ　　　　　　　③ ㄱ, ㄷ
④ ㄴ, ㄷ　　　　　　⑤ ㄱ, ㄴ, ㄷ

문항 성격　문항유형 : 논증 평가 및 문제해결

　　　　　　내용영역 : 사회

평가 목표　이 문항은 대상의 호감도에 관한 이론을 올바로 이해하고, 실험 결과가 이론을 강화 또는 약화하는지 옳게 판단할 수 있는 능력을 평가하는 문항이다.

문제 풀이　정답 : ③

〈이론〉의 요소는 다음과 같다.

　Ⓐ 사람들은 익숙한 순서대로 정보가 주어질 때 정보 처리가 수월하다고 느낀다.

　Ⓑ 정보 처리가 수월하다는 느낌은 대상에 대한 친숙함으로 이어진다.

　Ⓒ 대상에 대한 친숙함으로 이어지면, 이에 따라 대상의 호감도가 높아진다.

　Ⓓ 이러한 효과는 제품에 대한 친숙도가 낮을수록 커지고, 높을수록 작아진다.

　〈이론〉에 따르면, Ⓐ → Ⓑ → Ⓒ이고, Ⓓ는 '친숙도'가 이러한 효과를 조절하는 효과를 가진다는 것을 의미한다.

ㄱ. 〈이론〉에 따르면, '올리브 비누–올리브 오일' 순으로 정보가 제시될 때보다 '올리브 오일–올리브 비누' 순으로 제시될 때 정보 처리가 더 수월하다고 느낄 것이고(Ⓐ), 정보 처리가 더 수월하다고 느끼므로 대상에 대해 더 친숙하게 느낄 것이며(Ⓑ), 대상에 대해 더 친숙해져서 호감도가 더 높을 것이다(Ⓒ). 그리고 이러한 효과는 친숙도가 낮은 남성에게 특히 강할 것이다(Ⓓ). ㄱ은 옳은 평가이다.

ㄴ. 〈이론〉에 따르면, 정도의 차이는 있겠지만 '올리브 비누–올리브 오일' 순으로 정보가 제시될 때보다 '올리브 오일–올리브 비누' 순으로 제시될 때 여성과 남성 모두 정보처리가 더 수월하게 느낄 것이다. 특히 ㄱ에서 설명한 대로 남성은 여성에 비해 정보처리가 더 수월하다고 느끼는 정도가 클 것이다. ㄴ은 옳지 않은 평가이다.

ㄷ. Ⓒ에 따르면 친숙도가 유사한 사람들은 제품 호감도도 유사할 것이다. 따라서 남녀 사이에 친숙도가 유사하다면 호감도에 유의미한 차이가 없을 것이므로, ㄷ의 남녀 사이에 유의미한 차이가 없었다는 결과는 〈이론〉과 양립 가능한 결과이다. ㄷ은 옳은 평가이다.

〈보기〉의 ㄱ, ㄷ만이 옳은 평가이므로 정답은 ③이다.

29.

다음 논쟁에 대한 분석으로 옳은 것만을 〈보기〉에서 있는 대로 고른 것은?

갑 : 경제 행동은 독립적이고 합리적인 개인이 자기이익을 추구하는 행동이야. 완벽한 경쟁과 자기규제가 이루어지는 이상적인 시장의 토대는 바로 이러한 원자화되고 합리적인 사람들의 행동이지. 사람들의 사회 관계는 경쟁 시장에 방해가 될 뿐이야.

을 : 하지만 현실적으로 시장은 그렇게 완벽하게 작동하지 않아. 시장에서 강압과 기만이 일어나기도 하니까. 물론 강압과 기만도 자기이익을 추구하는 과정에서 생겨나는 것이지. 사람들의 강압과 기만을 억누를 정도로 시장이 충분히 자기규제력을 발휘할 수 있을까? 최소한 사람들 사이에 어느 정도의 신뢰가 작동해야 해.

병 : 그러한 신뢰의 원천은 일반화된 도덕이야. 타인을 존중해야 한다는 암묵적 합의가 존재하고, 사람들은 대부분 그러한 합의에 자동적으로 따르지. 인간은 우리가 합의하는 규범과 가치 체계의 명령에 자연스럽게 복종하거든. 이를 사회화를 통해 철저하게 내면화하기 때문이지. 도덕을 강하게 공유하기 때문에 질서 있는 거래가 보장되는 거야.

을 : 하지만 일반화된 도덕이 작동해서 신뢰에 입각한 경제 행동을 하는 것인지 확인할 수 있는 거래 상황은 현실에서 거의 발견할 수 없어. 시장의 질서 있는 거래를 일반적으로 설명하기 위해서는 행위자의 의도적 행동이 현재 이루어지고 있는 구체적인 사회 관계에 뿌리 박고 있다는 사실에 주목해야 해. 시장에서 신뢰를 낳고 부정행위를 억제하는 것은 구체적인 사적 관계와 그 연결망이야. 우리는 평판이 좋은 사람과 거래하려고 하지, 일반화된 도덕에만 의존하지는 않아. 그리고 일반적 평판에만 의존하기보다는 거래 상대를 잘 아는 지인을 찾아서 정보를 얻으려고 하지. 물론 자신도 좋은 평판을 유지하려고 노력하면서 말야. 원자화된 개인을 가정해서는 현실을 설명할 수 없어.

보 기

ㄱ. 갑과 을은 자기이익을 추구하는 개인을 가정한다.
ㄴ. 경제 관계가 지속되면서 자연스럽게 형성되는 관계의 사회적 성격이 경제생활에 긍정적이라는 주장에 갑은 동의하지 않지만 을은 동의한다.
ㄷ. 의사결정이 이루어지는 시점에 개인이 맺고 있는 구체적인 사회 관계는 병보다 을에게 중요하다.

① ㄱ   ② ㄴ   ③ ㄱ, ㄷ
④ ㄴ, ㄷ   ⑤ ㄱ, ㄴ, ㄷ

문항 성격 문항유형 : 논쟁 및 반론
내용영역 : 사회

평가 목표 이 문항은 경제 행동과 시장의 작동을 설명하는 주장들의 핵심 요소를 파악하고 논쟁의 구조를 제대로 분석하여 각 주장을 비교하여 평가하는 능력을 측정하는 문항이다.

문제 풀이 정답 : ⑤

갑은 공리주의 전통의 고전주의와 신고전주의 경제학의 입장이다. 병은 극단적인 사회학적 입장이다. 갑은 과소사회화된 행위자를, 병은 과잉사회화된 행위자를 상정한다. 반면 을은 이들 입장 모두 경제 행동에 대한 설명에서 사회 관계의 맥락으로부터 자유로운 원자화된 개인을 상정한다고 비판하며, 합리적인 행위자를 가정하더라도 행위자의 사적 관계와 그 연결망이 중요함을 강조한다.

〈보기〉 해설 ㄱ. 갑은 "경제 행동은 … 개인이 자기이익을 추구하는 행동"이라고 명확하게 밝히고 있다. 을은 갑의 의견을 반박하고 있지만, 강압과 기만도 자기이익을 추구하는 과정에서 생겨나는 것이라고 주장한다는 점에서 을 역시 자기이익을 추구하는 개인을 가정함을 알 수 있다. ㄱ은 옳은 분석이다.

ㄴ. 갑은 사회 관계가 경쟁 시장에 방해가 된다고 보므로, 경제 관계가 지속되면서 자연스럽게 형성되는 관계의 사회적 성격이 경제생활에 긍정적이라는 주장에 동의하지 않을 것이다. 하지만 을은 구체적인 사회 관계가 신뢰를 낳는다고 보는 점에서 경제 관계의 지속으로 자연스럽게 형성되는 관계의 사회적 성격이 경제생활에 긍정적이라는 주장에 동의할 것이다. ㄴ은 옳은 분석이다.

ㄷ. 을은 개인이 맺고 있는 구체적인 사회 관계가 행위자의 의도적 행동에 중요한 영향을 미친다고 보지만, 병은 일반화된 도덕을 중시하므로 의사결정이 이루어지는 시점의 구체적인 사회 관계는 행동에서 상대적으로 중요하지 않다. 현재의 사회 관계가 어떻든지 간에 사회화를 통해 내면화한 일반화된 도덕에 따를 것이기 때문이다. ㄷ은 옳은 분석이다.

〈보기〉의 ㄱ, ㄴ, ㄷ 모두 옳은 분석이므로 정답은 ⑤이다.

30.

다음 글에 대한 분석으로 옳은 것만을 〈보기〉에서 있는 대로 고른 것은?

경제학에서는 경제주체의 효용이 다른 경제주체에 의해 영향을 받으면 외부성이 존재한다고 말한다. 남이 최소한의 소득 수준은 누리기를 내가 바라는 경우, 나의 소득이 어느 수준을 넘어서면 나의 효용은 오히려 감소할 수도 있다. 이러한 상황에서의 소득 배분을 보다 구체적으로 살펴보기 위해, 두 사람 갑과 을로 구성된 가상의 사회를 생각해 보자. 둘이 나눠 가지는 소득의 총량은 100으로 고정되어 있다. 각자의 소득은 정수이며 둘은 100을 남김없이 나눠 가진다고 하자. 이때 두 사람의 효용은 다음과 같이 정해진다. 갑, 을 모두 동일한 임계점 y_c가 있어(단 $y_c \geq 50$), 자신의 소득이 y_c 이하일 때는 소득이 그대로 효용이 되지만, 소득이 그보다 클 때는 소득이 y_c를 초과한 값을 y_c에서 뺀 값이 효용이 된다. 예를 들어 y_c가 70일 때, 만약 소득이 60이라면 효용은 60이지만, 소득이 90이라면 효용은 50이다. 이 사회에서 하나의 배분을 두 소득의 조합 (y_1, y_2)로 표시하자. 여기서 y_1과 y_2는 각각 갑과 을의 소득을 나타낸다.

위 상황에서 특정 배분을 평가하는 기준으로 효율성 개념을 이용할 수 있다. 임의의 배분 $y = (y_1, y_2)$에 대해 또 다른 배분 $y' = (y_1', y_2')$이 존재하여 y보다 y'에서 갑과 을 각각의 효용이 모두 더 높다면, y를 '비효율적 배분'이라고 정의한다. 반면 이러한 y'이 존재하지 않는다면, y를 '효율적 배분'이라고 정의한다.

ㄱ. y_c=100이면, 갑은 소득이 증가할수록 효용이 증가한다.

ㄴ. y_c=80일 때 배분 (10, 90)은 효율적이다.

ㄷ. y_c가 커질수록 효율적인 배분의 개수는 줄어든다.

① ㄱ   ② ㄴ   ③ ㄱ, ㄷ

④ ㄴ, ㄷ   ⑤ ㄱ, ㄴ, ㄷ

문항 성격	문항유형 : 언어 추리
	내용영역 : 사회
평가 목표	이 문항은 외부성이 있는 경우의 소득 배분과 관련한 사실관계 및 배분의 효율성을 파악하는 능력을 평가하는 문항이다.
문제 풀이	정답 : ①

이 문제는 외부성이 존재하는 상황에서의 효율적인 소득 배분에 대해 묻고 있다. 먼저 소득과 관련하여 외부성이 발생할 수 있는 경우를 설명하고, 구체적 사례를 제시한 후 효율적·비효율적 배분을 정의하고 있다.

제시문의 설명에 따르면 개인의 효용은 소득이 y_c가 될 때까지는 소득 증가분만큼 계속 증가하다가 y_c를 초과하면 초과분만큼 감소한다. 따라서 소득이 y_c일 때 효용이 최대가 된다. 소득이 y_c가 아닐 때에는 y_c에서 멀어질수록 효용이 작아지고, y_c에 가까워질수록 효용이 커진다.

y_1의 변화로 갑과 을의 효용이 모두 증가하는 경우가 있다면, 배분을 달리하여 둘의 효용을 모두 증가시킬 수 있으므로 갑의 소득을 y_1으로 하는 배분은 비효율적 배분이다. 반면 y_1의 변화로 둘 중 최소한 한 명의 효용이 감소한다면, 둘 모두의 효용을 증가시킬 수 있는 배분이 없으므로 갑의 소득을 y_1으로 하는 배분은 효율적 배분이다.

〈보기〉 해설　ㄱ. 소득의 총량이 100이므로 갑의 소득의 상한은 100이다. 따라서 y_c=100이면 갑의 소득은 y_c를 초과할 수 없고 갑의 소득은 그대로 갑의 효용이 되어, 갑의 소득 증가분만큼 갑의 효용이 계속 증가한다. ㄱ은 옳은 분석이다.

ㄴ. y_c=80일 때 배분이 (10, 90)이라면, 갑과 을의 효용은 각각 10과 70이다. $y_2 > y_c$이므로 을의 소득을 조금 덜어 갑에게 주면 둘 다 효용이 증가한다. 예를 들어 만약 배분을 y_1=15, y_2=85로 바꾸면 갑과 을의 효용이 각각 15와 75가 되어 둘의 효용이 모두 증가한다. 따라서 y_c=80일 때 배분 (10, 90)은 비효율적인 배분이다. ㄴ은 옳지 않은 분석이다.

ㄷ. 주어진 y_c에 대해, 다음 경우로 나눌 수 있다.

(경우1) $y_1 > y_c$인 경우

이 경우 갑의 소득 y_1을 (y_c보다 작지 않게) 줄이면, 갑의 효용이 증가한다. 이 때 y_1이 줄어든 값만큼 을의 소득 y_2가 증가하게 된다. 한편 $y_c \geq 50$이고 $y_1 > y_c$이며 $y_1 + y_2 = 100$이므로, $y_2 = 100 - y_1 < 100 - y_c \leq y_c$, 즉 $y_2 < y_c$가 성립한다. $y_2 < y_c$이므로 y_2가 (y_c보다 크지 않게) 증가할 경우 을의 효용도 증가한다. 따라서 갑과 을의 효용이 모두 증가하는 또 다른 배분이 존재한다. 즉 이 경우의 배분 (y_1, y_2)는 비효율적 배분이다.

(경우2) $100 - y_1 > y_c$인 경우

이 경우 $y_1 + y_2 = 100$이므로, $y_2 > y_c$가 성립한다. $y_2 > y_c$이므로, (경우1)에서 설명한 방식과 유사하게 $y_1 < y_c$가 성립한다. 따라서 을의 소득 y_2를 조금 줄이고 갑의 소득 y_1을 그만큼 늘리면 갑과 을의 효용이 모두 증가할 것이다. 따라서 갑과 을의 효용이 모두 증가하는 또 다른 배분이 존재하므로, 이 경우의 배분 (y_1, y_2)도 비효율적 배분이다.

(경우3) $y_1 \leq y_c$이고 $100 - y_1 \leq y_c$인 경우, 즉 $100 - y_c \leq y_1 \leq y_c$인 경우

이 경우는 y_1과 $y_2 (= 100 - y_1)$ 모두 y_c보다 크지 않으므로, 한 사람의 소득을 조금 늘리고 다른 사람의 소득을 그만큼 줄이면, 소득이 줄어든 사람의 효용은 반드시 감소한다. 즉 두 사람 모두의 효용을 더 높이는 또 다른 배분 (y_1', y_2')이 존재하지 않으므로, 이 경우의 배분 (y_1, y_2)는 효율적 배분이다.

결국 주어진 y_c에 대해 효율적인 배분은 (경우3)의 $100 - y_c \leq y_1 \leq y_c$를 만족하는 배분 (y_1, y_2)이다. y_c가 커질수록 y_1의 범위가 넓어지므로 효율적 배분 (y_1, y_2)의 개수도 늘어난다. ㄷ은 옳지 않은 분석이다.

〈보기〉의 ㄱ만이 옳은 분석이므로 정답은 ①이다.

31.

다음으로부터 추론한 것으로 옳은 것은?

X국 정부는 암 치료제 개발에 대한 경제적 유인을 제공하기 위해, 암 치료제를 개발한 제약회사에 특허를 주어 20년간 제조 및 판매에 대한 배타적 권리를 인정해 주고 있다. 특허를 얻은 제품을 판매하기 위해서는 임상시험을 통과해야 한다.

암 치료제는 암의 진행 단계에 맞추어 설계된다. 어떤 약은 초기암에 더 효과적이고 어떤 약은 말기암에 더 효과적이다. 이른 시기에 치료를 시작할수록 암이 완치될 확률이 높아지므로 사회적 관점에서는 초기암 치료제의 가치가 말기암 치료제보다 더 높다. 그런데 X국에서 특허를 얻은 암 치료제의 종류를 조사한 한 연구에 따르면, 실제로 개발되어 출시되는 암 치료제는 초기암 치료제보다 말기암 치료제가 월등히 많았다. 이는 사회적으로 비효율이 존재함을 의미한다.

이 연구는 이러한 문제가, ㉠초기암 치료제의 임상시험에 소요되는 시간과 ㉡말기암 치료제의 임상시험에 소요되는 시간의 차이가 ㉢X국에서 암 치료제에 대한 배타적 권리가 개시되는 시점에 대한 규정과 결합하여 발생한다고 결론지었다. 이 상황에서는 초기암 치료제보다 말기암 치료제를 개발하여 출시하는 것이 더 높은 이윤을 가져다준다는 것이다.

① ㉠이 ㉡보다 길고, ㉢은 특허를 얻은 시점이다.
② ㉠이 ㉡보다 길고, ㉢은 임상시험 통과 시점이다.
③ ㉡이 ㉠보다 길고, ㉢은 특허를 얻은 시점이다.
④ ㉡이 ㉠보다 길고, ㉢은 임상시험 통과 시점이다.
⑤ ㉠과 ㉡이 같고, ㉢은 임상시험 통과 시점이다.

문항 성격	문항유형 : 언어 추리
	내용영역 : 사회
평가 목표	이 문항은 암 치료제의 특허에 관한 설명을 바탕으로 초기암·말기암 치료제의 임상시험에 소요되는 시간의 차이와 특허에 의해 배타적 권리가 개시되는 시점을 파악하는 능력을 평가하는 문항이다.
문제 풀이	정답 : ①

이 문항은 암 치료 신약이 주로 말기 치료제 위주로 개발된다는 사실이 암 치료제의 임상시험에 소요되는 시간과 암 치료제에 대한 배타적 권리가 개시되는 시점과 관련된다는 내용을 소개하고 있다. 초기암 치료제보다 말기암 치료제가 월등히 더 많이 개발된다는 진술로부터, 말기암보다 초기암이 임상시험에 소요되는 시간이 더 길며, 신약 제조와 판매에 대한 배타적 권리가 임상시험 통과 시점이 아니라 특허를 얻는 시점에 개시됨을 유추할 수 있다.

| 정답 해설 | ① 암 치료제를 배타적으로 판매할 수 있는 기간이 길수록 이윤이 더 높을 것이므로, 초기암 치료제보다 말기암 치료제를 개발하여 출시하는 것이 더 높은 이윤을 가져다준다는 것으로부터 말기암 치료제를 개발하여 출시할 때의 배타적 판매 기간이 초기암 치료제를 개발하여 출시할 때의 배타적 판매 기간보다 더 길 |

다는 것을 추론할 수 있다. 그런데 배타적 권리가 임상시험 통과 시점에 개시된다면, 임상시험에 소요되는 시간이 긴 치료제이든 짧은 치료제이든 모두 임상시험 통과 시점부터 20년간 배타적으로 판매할 수 있게 되므로, 임상시험 소요 시간이 긴 것이 특별히 불리하지는 않다. 그러나 특허를 얻은 시점에 배타적 권리가 개시되고 특허를 얻은 제품을 판매하기 위해서는 임상시험을 통과해야 한다면, 배타적 권리는 20년으로 한정되어 있으므로 임상시험에 소요되는 시간이 짧을수록 치료제를 배타적으로 판매할 수 있는 기간이 더 길어진다. 따라서 초기암 치료제보다 말기암 치료제를 개발하여 출시하는 것이 더 높은 이윤을 가져다준다는 것으로부터 초기암 치료제의 임상시험에 소요되는 시간은 말기암 치료제의 임상시험에 소요되는 시간보다 더 길며, 암 치료제에 대한 배타적 권리가 개시되는 시점은 특허를 얻은 시점이라는 것을 추론할 수 있다.

32.

다음 글에 대한 분석으로 옳은 것은?

공리 P는 선택 가능한 대안의 집합이 축소되는 경우 개인의 선택에 대해 적용되는 공리이다. 선택 가능한 대안 전체의 집합 T에서 x가 선택되었다고 하자. 또한 T의 한 부분집합 S에 대해 x가 여전히 S에 속한다고 하자. 그러면 P는 축소된 집합 S에서도 여전히 x가 선택되어야 할 것을 요구한다. P를 위배하는 선택은 직관적으로 매우 이상하게 느껴진다. 가령 짜장면을 주문하려는 사람에게 종업원이 "참, 오늘 볶음밥은 안 됩니다."라고 하자 이 사람이 주문을 짬뽕으로 바꾸었다고 하자. 이러한 선택은 상식적으로 납득하기 어렵다. P는 이러한 상식을 정식화한 것이다.

〈사례 1〉

한 선거에서 갑과 을만 입후보한 양자대결 구도에서는 갑이 우세했으나, 제3의 후보인 병이 등장하자 을이 선두를 차지했다.

〈사례 2〉

결선투표로 당선자를 뽑는 선거에 세 후보 A, B, C가 출마했다. 1차 투표에서 A가 1위를 차지하였으나 과반 획득에 실패하여, 2위를 차지한 B와 함께 결선투표에 진출하였다. 동일한 투표자가 참여한 결선투표에서 B가 과반을 얻어 당선되었다.

　한 아파트에서 단지 내 유휴지 사용을 위한 안으로 X, Y, Z를 선정하여 전체 주민 100명의 의견을 물었다. 1차 조사에서는 X, Y, Z를 선택한 사람이 각각 17명, 0명, 83명이었다. 2차 조사에서는 동일한 사람들에게 X와 Z만 제시하였는데, X와 Z를 선택한 사람은 각각 68명과 32명으로 집계되었다.

① 〈사례 1〉에는 P를 위배한 사람이 존재한다.
② 〈사례 2〉의 1차 투표에서 C를 선택한 사람 중 적어도 1명은 P를 위배하였다.
③ 〈사례 2〉의 1차 투표에서 B를 선택한 사람보다 A를 선택한 사람이 더 많이 P를 위배하였다.
④ 〈사례 3〉에서 P를 위배한 사람은 전체 주민의 절반을 넘지 않는다.
⑤ 〈사례 3〉에서 P를 위배하지 않은 사람의 비율이 15%일 수 있다.

문항 성격	문항유형 : 언어 추리
	내용영역 : 사회
평가 목표	이 문항은 개인선택 문제와 관련하여 제시된 공리를 구체적인 사례에 적용하여 제시된 진술의 진위를 판별하는 능력을 평가하는 문항이다.
문제 풀이	정답 : ⑤

제시된 공리 P는 개인선택이론의 '무관한 대안으로부터의 독립(independence of irrelevant alternatives, IIA)' 공리이다. 이 공리는 선택 가능한 대안의 집합이 축소되지만 원래 선택된 대안은 여전히 선택 가능한 경우에 적용된다. 〈사례 1〉은 대안이 늘어나는 경우이므로 IIA의 적용 대상이 아니며, 〈사례 2〉와 〈사례 3〉은 대안이 줄어들므로 IIA를 적용할 수 있는 상황이다.

정답 해설　⑤ 〈사례 3〉에서 P를 위배한 사람이 가장 많은 경우는 1차 조사에서 X를 선택했던 17명이 모두 2차 조사에서 Z로 선택을 바꾸고, 1차 조사에서 Z를 선택했던 사람 중 68명이 2차 조사에서 X로 선택을 바꾼 경우이다. 이 경우 P를 위배한 사람은 85명이고 위배하지 않은 사람은 15명이다. ⑤는 옳은 분석이다.

오답 해설　① P는 선택 가능한 대안의 집합이 축소되는 경우에만 적용되므로 〈사례 1〉은 P의 적용 대상이 아니다. ①은 옳지 않은 분석이다.
　② 〈사례 2〉의 1차 투표에서 C를 선택한 사람들은 최초의 선택 대안이 사라졌으므로 P의 적용 대상이 아니다. ②는 옳지 않은 분석이다.

③ 〈사례 2〉의 1차 투표에서 A를 선택한 사람들이 모두 2차 투표에서도 A를 선택하고 1차 투표에서 B나 C를 선택한 사람들이 모두 2차 투표에서 B를 선택한다면 B가 과반을 얻게 된다. 아무도 P를 위배하지 않았을 수도 있는 것이다. ③은 옳지 않은 분석이다.

④ 〈사례 3〉에서 P를 위배한 사람이 가장 적은 경우는 1차 조사에서 X를 선택했던 17명이 모두 2차 조사에서도 X를 선택하고, 1차 조사에서 Z를 선택했던 83명 중 32명이 2차 조사에서도 Z를 선택한 경우이다. 이 경우 P를 위배한 사람은 Z에서 X로 선택을 바꾼 51명이므로, 전체 주민의 절반인 50명을 넘는다. P를 위배한 사람이 가장 적은 경우에도 전체 주민의 절반을 넘으므로 ④는 옳지 않은 분석이다.

33.

다음으로부터 추론한 것으로 옳은 것만을 〈보기〉에서 있는 대로 고른 것은?

갑, 을, 병, 정, 무로 구성된 위원회는 안건의 통과 여부를 다음 방식에 따라 결정한다.

- 각 위원은 기권할 수는 없고, 찬성이나 반대 중에서 하나를 선택하여야 한다.
- 각 위원은 찬성하는 경우 1점, 2점, 3점, 4점, 5점 중 하나를 부여하고, 반대하는 경우 0점을 부여한다.
- 각 위원이 부여한 점수의 합이 17점 이상이면 안건은 통과된다.

안건 P에 대하여 갑, 을, 병 중에서 찬성한 위원은 짝수 점수를 부여하였고, 정, 무 중에서 찬성한 위원은 홀수 점수를 부여하였다고 한다.

ㄱ. 을이 부여한 점수가 정이 부여한 점수보다 클 때, P가 통과되었다면 갑은 찬성하였다.
ㄴ. P에 대하여 다섯 명의 위원이 부여한 점수의 합이 13점이면 반대한 위원도 있고 4점을 부여한 위원도 있다.
ㄷ. 반대한 위원이 병이고 P가 통과되었다면 다섯 명의 위원이 부여한 점수의 합은 18점이다.

① ㄴ　　　　　　　　　② ㄷ　　　　　　　　　③ ㄱ, ㄴ
④ ㄱ, ㄷ　　　　　　　　⑤ ㄱ, ㄴ, ㄷ

문항 성격　문항유형 : 모형 추리
내용영역 : 논리학·수학
평가 목표　이 문항은 주어진 조건으로부터 수리적 계산과 논리적 추론을 통해 〈보기〉 진술의 진위를 판단하는 능력을 평가하는 문항이다.
문제 풀이　정답 : ⑤

위원회에서 갑, 을, 병, 정, 무가 부여한 점수의 값을 각각 a, b, c, d, e라고 할 때, $a+b+c+d+e \geq 170$이면 안건이 통과되며, 안건 P에 대하여 a, b, c는 0 또는 짝수가 가능하고 d, e는 0 또는 홀수가 가능하므로 a, b, c는 0, 2, 4가 가능하고 d, e는 0, 1, 3, 5가 가능하다.

〈보기〉 해설　ㄱ. b와 c의 최댓값은 4이고 e의 최댓값은 50이다. 을이 부여한 점수(b)가 정이 부여한 점수(d)보다 크므로 d는 5가 될 수 없고, d의 최댓값은 30이다. 따라서 $b+c+d+e \leq 160$이다. P가 통과되었다면 $a+b+c+d+e \geq 170$이므로 $a \geq 10$이다. 그러므로 갑은 찬성하였다. ㄱ은 옳은 추론이다.

ㄴ. a, b, c는 짝수 또는 0이므로 $a+b+c$는 짝수 또는 0이다. 따라서 $a+b+c+d+e=130$이면 $d+e$는 홀수이다. d와 e는 홀수 또는 0이므로, 둘 중 하나는 홀수이고 하나는 0이다. 그러므로 정, 무 중 한 위원은 찬성하고(홀수 점수 부여) 한 위원은 반대하였다(0점 부여). 한편 d, e 중 하나는 최댓값이 50이고 하나는 0이므로 $d+e \leq 50$이다. 따라서 $a+b+c=13-(d+e) \geq 80$이다. 그런데 4점을 부여한 위원이 없으면 a, b, c의 최댓값은 20이므로 $a+b+c \leq 60$이 되어 $a+b+c \geq 8$과 모순이다. 그러므로 4점을 부여한 위원이 있다. ㄴ은 옳은 추론이다.

ㄷ. 병이 반대하였다면 $c=0$이고, 그런데 P가 통과되었다면 $a+b+c+d+e=a+b+d+e \geq 170$이다. a와 b의 최댓값은 4이므로 $a+b \leq 80$이다. 따라서 $d+e \geq 9$인데, d와 e는 0, 1, 3, 5만 가능하므로, 둘 다 5일 때에만 합이 9 이상이 될 수 있다. 이때 $d+e=100$이므로, $a+b+d+e \geq 17$로부터 $a+b \geq 70$이다. 이것이 가능한 경우는 a와 b가 모두 4인 것밖에 없다. 따라서 $a+b+c+d+e=4+4+0+5+5=180$이다. ㄷ은 옳은 추론이다.

〈보기〉의 ㄱ, ㄴ, ㄷ 모두 옳은 추론이므로 정답은 ⑤이다.

34.

다음으로부터 추론한 것으로 옳은 것만을 〈보기〉에서 있는 대로 고른 것은?

A, B, C, D, E, F, G 종류의 LED 전구로 다음과 같은 네 개의 전광판을 만들었다.

이 LED 전구들은 다음 규칙에 따라 켜지거나 꺼진다.

- 각 전광판에 켜진 LED 전구의 개수는 0 또는 2 또는 4이다.
- 같은 종류의 LED 전구는 한꺼번에 켜지거나 한꺼번에 꺼진다.
- A, B, C 중에서 켜져 있는 종류는 하나이다.

ㄱ. A 종류의 LED 전구는 켜져 있다.

ㄴ. 켜져 있는 LED 전구의 종류가 3가지이면 D 종류의 LED 전구는 켜져 있다.

ㄷ. F 종류의 LED 전구가 켜져 있으면 G 종류의 LED 전구도 켜져 있다.

① ㄱ 　　　　② ㄷ 　　　　③ ㄱ, ㄴ

④ ㄴ, ㄷ 　　　⑤ ㄱ, ㄴ, ㄷ

문항 성격　문항유형 : 모형 추리

　　　　　　　내용영역 : 논리학·수학

평가 목표　이 문항은 규칙을 적용하여 올바른 논리적 추론을 하는 능력을 평가하는 문항이다.

문제 풀이　정답 : ④

LED 전구들이 켜지거나 꺼지는 것에 관한 규칙은 3개이다. 셋째 규칙과 첫째 규칙에 의하여, 첫째 전광판에서 E 종류의 LED 전구가 켜져 있다. 따라서 둘째 규칙에 의하여 둘째 전광판과 셋째 전광판에서도 E 종류의 LED 전구는 켜져 있다. 각각의 경우에 켜져 있는 LED 전구는 밑줄을 치고, 꺼져 있는 LED 전구에는 X를 쳐서 나타내면 다음과 같다.

1) A 종류가 켜져 있는 경우 :

　　　　이므로, 둘째 전광판에서는 D 종류와 F 종류 중 하나만 켜져 있고, 셋째 전광판에서는 D 종류와 G 종류 중 하나만 켜져 있고, 넷째 전광판에서는 F 종류와 G 종류 중 하나만 켜져 있다. 그런데 D 종류가 켜

278

저 있으면 F 종류와 G 종류가 꺼져 있으므로 넷째 전광판의 조건을 충족하지 못하고, F 종류가 켜지면 D 종류와 G 종류가 꺼져 있으므로 셋째 전광판의 조건을 충족하지 못하고, G 종류가 켜지면 D 종류와 F 종류가 꺼져 있으므로 둘째 전광판의 조건을 충족하지 못하기 때문에 모두 모순이다. 따라서 A 종류는 꺼져 있다.

2) B 종류가 켜져 있는 경우 :

이므로, 둘째 전광판에서는 D 종류와 F 종류가 둘 다 켜져 있거나 둘 다 꺼져 있고, 셋째 전광판에서는 D 종류와 G 종류가 둘 다 켜져 있거나 둘 다 꺼져 있고, 넷째 전광판에서는 F 종류와 G 종류 중 하나만 켜져 있다. 그런데 넷째 전광판에서 F 종류가 켜져 있고 G 종류가 꺼져 있다면, 둘째 전광판에서 D 종류가 켜져 있으므로 셋째 전광판에서 D 종류가 켜져 있고 G 종류가 꺼져 있으므로 셋째 전광판의 조건을 충족하지 못한다. 넷째 전광판에서 F 종류가 꺼져 있고 G 종류가 켜져 있다면, 둘째 전광판에서 D 종류가 꺼져 있으므로 셋째 전광판에서 D 종류가 꺼져 있고 G 종류가 켜져 있으므로 역시 셋째 전광판의 조건을 충족하지 못한다. 따라서 B 종류는 꺼져 있다.

3) C 종류가 켜져 있는 경우 :

이므로 둘째 전광판에서는 D 종류와 F 종류 중 하나만 켜져 있고, 셋째 전광판에서는 D 종류와 G 종류 중 하나만 켜져 있고, 넷째 전광판에서는 F 종류와 G 종류가 둘 다 켜져 있거나 둘 다 꺼져 있다. F 종류와 G 종류가 둘 다 켜져 있으면 D 종류는 꺼져 있고, F 종류와 G 종류가 둘 다 꺼져 있으면 D 종류는 켜져 있다. 따라서 아래 그림과 같다.

또는

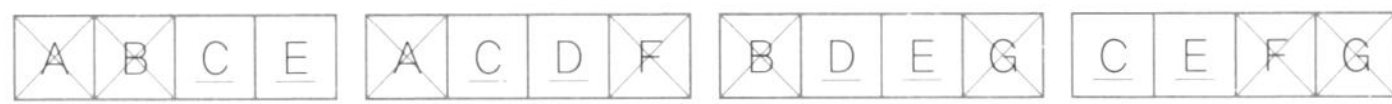

ㄱ. A 종류의 LED 전구는 꺼져 있으므로 ㄱ은 옳지 않은 추론이다.

ㄴ. 켜져 있는 LED 전구는 C, E, F, G 종류이거나 C, D, E 종류이다. 켜져 있는 LED 전구의 종류가 3가지이면 C, D, E 종류의 LED 전구가 켜져 있는 것이므로 ㄴ은 옳은 추론이다.

ㄷ. 켜져 있는 LED 전구는 C, E, F, G 종류이거나 C, D, E 종류이다. F 종류의 LED 전구가 켜져 있으면 C, E, F, G 종류의 LED 전구가 켜져 있는 것이므로 ㄷ은 옳은 추론이다.

〈보기〉에서 ㄴ, ㄷ만이 옳은 추론이므로 정답은 ④이다.

35.

다음으로부터 추론한 것으로 옳지 <u>않은</u> 것은?

> 연구자가 2021년과 2022년에 어느 고등학교 학생들의 혈액형을 조사하였더니 다음과 같았다. (단, 모든 학생은 A형, B형, AB형, O형 중 하나의 혈액형을 가진다.)
>
> - 여학생 수와 남학생 수의 비는 2 : 3에서 1 : 2로 변했다.
> - 여학생 수는 변화가 없었다.
> - AB형 학생 수는 변화가 없었다.
> - B형 여학생 수는 감소하였고 O형 남학생 수는 변화가 없었다.
> - 남학생 수에 대한 AB형 남학생 수의 비율은 변화가 없었다.
> - B형 학생 수에 대한 B형 남학생 수의 비율은 변화가 없었다.

① 남학생 수가 증가하고 여학생 수도 증가한 혈액형은 1개이다.

② A형 여학생 수가 감소하였다면 O형 여학생 수는 증가하였다.

③ 남학생 수가 감소한 혈액형의 여학생 수는 감소하였다.

④ 여학생 수가 증가한 혈액형은 AB형이 아니다.

⑤ B형 남학생 수는 감소하였다.

문항 성격 문항유형 : 모형 추리

내용영역 : 논리학·수학

평가 목표 이 문항은 주어진 조건으로부터 수리적 계산과 논리적 추론을 통해 각 선택지의 진위를 판단하는 능력을 평가하는 문항이다.

문제 풀이 정답 : ①

조건으로부터

1) 여학생 수는 변화가 없는데 여학생 수와 남학생 수의 비가 2 : 3에서 1 : 2로 변했으므로, 남학생 수는 증가하였다. 따라서 전체 학생 수도 증가하였다.

2) 남학생 수가 증가하였는데 남학생 수에 대한 AB형 남학생 수의 비율이 변화가 없으므로, AB형 남학생 수는 증가하였다. 그리고 AB형 학생 수는 변화가 없으므로 AB형 여학생 수는 감소하였다. 여학생 수는 변화가 없는데 AB형 여학생 수는 감소하였으므로, 여학생 수에 대한 AB형 여학생 수의 비율도 감소하였다. 또 전체 학생 수가 증가하였는데 AB형 학생 수는 변화가 없으므로, AB형 학생의 비율은 감소하였다.

3) 여학생 수는 변화가 없는데 B형 여학생 수는 감소하였으므로, 여학생 수에 대한 B형 여학생 수의 비율도 감소하였다. 그리고 남학생 수가 증가하였는데 O형 남학생 수는 변화가 없으므로, 남학생 수에 대한 O형 남학생 수의 비율은 감소하였다.

4) B형 학생 수는 B형 여학생 수와 B형 남학생 수의 합이다. 따라서 B형 학생 수에 대한 B형 남학생 수의 비율에 변화가 없으므로 B형 여학생 수와 B형 남학생 수의 비가 변하지 않았다. 즉 B형 여학생 수와 B형 남학생 수는 함께 증가하였거나 함께 감소하였거나 둘 다 변화가 없다. B형 여학생 수가 감소하였으므로 B형 남학생 수도 감소하였다. 남학생 수가 증가하였는데 B형 남학생 수는 감소하였으므로, 남학생 수에 대한 B형 남학생 수의 비율도 감소하였다. 그리고 B형 여학생 수와 B형 남학생 수가 모두 감소하였으므로 B형 학생 수가 감소하였다. 전체 학생 수가 증가하였는데 B형 학생 수가 감소하였으므로 B형 학생의 비율도 감소하였다.

5) 남학생 수에 대한 AB형 남학생 수의 비율이 변화가 없고 남학생 수에 대한 O형 남학생 수의 비율과 남학생 수에 대한 B형 남학생 수의 비율이 감소하였으므로, 남학생 수에 대한 [AB형+O형+B형] 남학생 수의 비율이 감소하였다. 따라서 남학생 수에 대한 A형 남학생 수의 비율은 증가한 것인데, 남학생 수가 증가하였으므로, A형 남학생 수도 증가하였다.

이상의 변화를 표로 나타내면 〈표 1〉과 같다. (+ : 증가, − : 감소, = : 변화 없음)

〈표 1〉

혈액형	여학생		남학생		전체	
	수	비율	수	비율	수	비율
A			+	+		
B	−	−	−	−	−	−
AB	−	−	+	=	=	−
O			=	−		
합계	=	100%	+	100%	+	100%

(B형인 학생의 성비는 변화 없음, 전체 성비는 2 : 3에서 1 : 2로 변화)

정답 해설 ① 남학생의 수가 증가한 혈액형은 A형과 AB형인데, AB형 여학생 수는 감소하였다. 그러므로 남학생 수가 증가하고 여학생 수도 증가한 혈액형이 1개이려면 A형 여학생 수는 증가하였어야 한다. 그런데 A형 여학생 수는 증가했을 수도 있고 감소했을 수도 있다. 예를 들어 제시문의 모든 조건을 충족하는 다음과 같은 경우에는 남학생 수와 여학생 수가 모두 증가한 혈액형이 0개이다. 그러므로 ① 은 옳지 않은 추론이다.

학생	여학생		남학생	
연도	2021	2022	2021	2022
A	50	10	110	230
B	80	60	120	90
AB	40	30	30	40
O	30	100	40	40
전체	200	200	300	400

오답 해설 ② A형 여학생 수가 감소하였다면, 전체 여학생 수는 변화가 없는데 A형, B형, AB형 여학생 수가 모두 감소하였으므로, O형 여학생 수는 증가하였다. ②는 옳은 추론이다.

③ 남학생 수가 감소한 혈액형은 B형이고 B형 여학생 수가 감소하였으므로 ③은 옳은 추론이다.

④ AB형 여학생 수가 감소하였으므로, 여학생 수가 증가한 혈액형은 AB형이 아니다. 여학생 수가 증가한 혈액형은 A형 또는 O형이다. 그러므로 ④는 옳은 추론이다.

⑤ B형 남학생 수가 감소하였으므로 ⑤는 옳은 추론이다.

36.

다음으로부터 추론한 것으로 옳은 것만을 〈보기〉에서 있는 대로 고른 것은?

단백질 합성에 필요한 정보는 유전자에 저장되어 있다. 단백질의 기능을 밝히는 데 중요한 열쇠는 특정 단백질이 어떤 단백질과 결합하는지를 알아내는 것이다.

단백질 T는 특정 DNA에 결합하여 단백질 R의 합성을 활성화하며, BD와 AD라는 두 영역으로 이루어진다. BD는 DNA에 결합하고, AD는 R의 합성을 활성화한다. BD와 AD가 각각 별개의 단백질로 합성되면, BD와 AD는 더 이상 연결되어 있지 않다. 이때 BD는 AD와 연결되지 않아도 DNA에 결합하지만, AD는 BD와 연결되지 않으면 R의 합성을 활성화할 수 없다. 하지만 BD와 AD가 다른 단백질을 매개로 간접적으로라도 연결되면 R의 합성이 활성화된다. 이런 특성을 이용하여 단백질 사이의 결합 여부를 알아낼 수 있다.

<실험>

　T를 합성하지 못하며 모든 유전자가 동일한 두 세포, 세포1과 세포2를 준비한다. 세포1에는 AD에 단백질 Y가 연결된 단백질(AD–Y)과 BD에 단백질 X가 연결된 단백질(BD–X)이 합성되도록 하고, 세포2에는 AD에 단백질 Z가 연결된 단백질(AD–Z)과 BD–X가 합성되도록 한다. 시약을 처리하여, R가 합성된 세포만 파란색으로 바뀌도록 한다. 세포1은 색의 변화가 없었고 세포2는 파란색으로 변했다.

보 기

ㄱ. 세포1이 파란색으로 변하지 않은 이유는 R의 합성에 필요한 정보를 저장한 유전자가 없기 때문이다.
ㄴ. 세포2에서 영역 BD와 영역 AD가 간접적으로 연결되었다.
ㄷ. <실험>은 X와 Y가 결합한다는 것을 보여 준다.

① ㄱ　　　　　　　　　② ㄴ　　　　　　　　　③ ㄱ, ㄷ
④ ㄴ, ㄷ　　　　　　　⑤ ㄱ, ㄴ, ㄷ

문항 성격　문항유형 : 언어 추리
　　　　　　　내용영역 : 과학기술

평가 목표　이 문항은 유전자의 발현을 활성화하는 전사인자 단백질을 이용하여 결합 여부가 알려지지 않은 두 단백질 사이의 결합 여부를 확인하는 방법에 대한 이론과, 이를 이용한 실험에 대한 자료를 이해하고 실험 결과를 해석하여 결론을 추론하는 능력을 평가하는 문항이다.

문제 풀이　정답 : ②

이 실험의 목적은 서로 다른 두 단백질의 상호작용(결합) 여부를 확인하는 것이다. 단백질 X와 단백질 Y의 상호 결합 여부를 확인하기 위하여 유전자의 발현(전사)을 활성화하는 전사인자 단백질인 단백질 T를 이용한다. T는 DNA에 결합해 특정 유전자의 발현을 활성화하는 전사인자인데, 이 단백질을 구성하는 두 영역 중 한 영역은 DNA에 결합하는 영역이고, 나머지 한 영역은 유전자의 발현(제시문에서 단백질 R의 합성)을 활성화하는 영역이다. 전자를 DNA 결합 영역(DNA–binding domain, BD), 후자를 활성화 영역(activation domain, AD)이라 한다. BD와 AD는 T라는 한 단백질을 구성하는 두 영역이지만, BD와 AD가 별개의 단백질로 합성되면, BD와 AD가 분리되기 때문에 AD는 유전자의 발현을 활성화하지 못하게 되어 단백질 R가 합성되지 않는다. 하지만 BD와 AD가 별개의 단백질로 분리되어 있더라도, 다른 단백질을 통해 간접적으로라도 연결되면 유전자의 발현이 활성화되어 R가 합성된다.

　　결합 여부를 확인하고 싶은 두 단백질 X와 Y를 각각 영역 BD와 영역 AD에 연결된 융합 단백질(BD–X와 AD–Y)로 합성되게 하였을 때, 만약 X와 Y가 결합한다면 BD와 AD는 X와 Y를 매개로 BD–X–Y–AD와 같이 서로 연결된다. 이 경우 BD가 DNA에 결합하고 AD가 유전자의 발현을 활성화하여 R가 합성되고, R가 합성되는 세포에 시약을 처리하면 세포의 색이 파란색으로 변한다. 만약 X와 Y가 결합하지 않는다면, BD와 AD는 서로 분리된 상태이므로 유전자의 발현이 활성화되지 않아 R가 합성되지 않으며, R를 합성하지 않는 세포에는 시약을 처리해도 색의 변화가 없다.

〈보기〉 해설　　ㄱ. 세포2가 파란색으로 변하였으므로 세포2에는 R의 합성에 필요한 정보를 저장한 유전자가 있다. 세포1과 세포2는 모든 유전자가 동일하므로, 세포1에도 R의 합성에 필요한 정보를 저장한 유전자가 있음을 추론할 수 있다. ㄱ은 옳지 않은 추론이다.

ㄴ. T를 합성하지 못하는 세포2가 파란색으로 변하기 위해서는 BD와 AD가 다른 단백질을 매개로 간접적으로라도 연결되어야 한다. 세포2에서 BD에 단백질 X가 연결된 단백질(BD–X)과 AD에 단백질 Z가 연결된 단백질(AD–Z)이 합성되었으므로, X와 Z가 결합하여 BD와 AD가 간접적으로 연결된다면, BD가 DNA에 결합하고 AD가 단백질 R의 합성을 활성화하여, 시약을 처리했을 때 세포2가 파란색으로 변하게 된다. 세포2가 파란색으로 변했으므로 영역 BD와 영역 AD가 X와 Z를 통해 간접적으로 연결되었다고 추론할 수 있다. ㄴ은 옳은 추론이다.

ㄷ. 세포2와 달리 세포1은 색이 변하지 않았으므로, 세포1에서는 단백질 R이 합성되지 않은 것이고, 이로부터 BD와 AD가 간접적으로도 연결되지 않았음을 추론할 수 있다. BD에 단백질 X가 연결된 단백질(BD–X)과 AD에 단백질 Y가 연결된 단백질(AD–Y)이 합성된 세포1에서 BD와 AD가 간접적으로도 연결되지 않았으므로, 세포2의 X와 Z가 결합하는 것과 달리 세포1의 X와 Y는 결합하지 않는다는 것을 추론할 수 있다. X와 Y가 결합한다면 이를 매개로 세포1에서 BD와 AD가 간접적으로 연결되어 단백질 R이 합성되기 때문이다. ㄷ은 옳지 않은 추론이다.

〈보기〉의 ㄴ만이 옳은 추론이므로 정답은 ②이다.

284

37.

다음 글에 대한 평가로 적절한 것만을 〈보기〉에서 있는 대로 고른 것은?

멘델 유전은 ㉠특정 유전자가 정자로부터 왔는지 난자로부터 왔는지는 중요하지 않다는 생각을 기초로 한다. 그러나 포유류에서 일부 유전자는 정자와 난자 중 어디에서 왔는지가 중요하다고 알려졌으며, 오직 정자 유래 또는 난자 유래 대립유전자만 배타적으로 발현된다. 이러한 현상은 DNA에 메틸기($-CH_3$)가 부착되는 현상인 DNA 메틸화에 의해 나타날 수 있다. 정자형성과정과 난자형성과정에서는 기존의 DNA 메틸화가 초기화되고 성별 특이적으로 새롭게 DNA 메틸화가 일어난다.

수라니 연구팀은 ㉡DNA의 특정 부위가 부모 중 어느 쪽으로부터 유전되었느냐에 따라 이 부위에 있는 유전자의 활성이 다를 수 있다는 생각을 실험적으로 입증하였다. 연구팀은 메틸화의 정도를 쉽게 측정할 수 있는 특정 DNA가 삽입된 유전자 변형 생쥐를 만들고 이 생쥐의 후손들에서 이 DNA의 메틸화 정도를 조사했는데, 어미로부터 물려받은 자식의 이 DNA는 메틸화가 많이 되어 있었지만, 아비로부터 물려받은 자식의 이 DNA는 메틸화가 적게 되어 있었다.

DNA의 메틸화는 유전자 발현 조절과 관련이 있는데, DNA의 메틸화에 의한 유전자 발현 조절은 ㉢조절 단백질이 DNA에 결합하는 것을 메틸기가 방해하는 기작, 또는 ㉣조절 단백질이 메틸기를 매개로 DNA에 결합하는 기작을 통해 일어날 수 있다. 이때 조절 단백질은 유전자의 발현을 활성화하는 단백질이거나 억제하는 단백질이다. 생쥐의 초기 배아발생과정 동안 유전자 x는 아비로부터 받은 것만 발현되며 어미로부터 받은 것은 발현되지 않는데, 이는 특정 조절 단백질이 어미로부터 받은 유전자 x의 DNA에만 결합하기 때문이다.

ㄱ. 수라니 연구팀의 실험 결과는 ㉠을 강화한다.

ㄴ. 특정 염색체 이상이 아버지로부터 유래했을 때는 아이에게서 프래더–윌리 증후군이 나타나지만 동일한 염색체 이상이 어머니로부터 유래했을 때는 이 증후군이 나타나지 않는다면, ㉡은 강화된다.

ㄷ. 부모 중 어미로부터 받은 유전자 x의 DNA만 메틸화가 되었다면 유전자 x의 발현이 조절되는 방식은 ㉢과 ㉣ 중 ㉣에 해당한다.

① ㄱ   ② ㄴ   ③ ㄱ, ㄷ

④ ㄴ, ㄷ   ⑤ ㄱ, ㄴ, ㄷ

문항 성격	문항유형 : 논증 평가 및 문제해결
	내용영역 : 과학기술
평가 목표	이 문항은 유전정보를 담고 있는 DNA가 부모로부터 자식에게로 전달될 때, 부모의 유전자가 DNA 메틸화에 의해 기능적으로 동등하지 않게 유전되어, 부계 대립유전자 또는 모계 대립유전자만 배타적으로 발현되는 현상에 관한 글을 적절히 분석하고 평가할 수 있는 능력을 측정하는 문항이다.
문제 풀이	정답 : ④

제시문에서 정자 유래 또는 난자 유래 대립유전자만 배타적으로 발현되는 현상이 DNA의 메틸화에 의해 일어날 수 있으며, 특정 DNA가 부모 중 누구로부터 유전되었는지에 따라서 DNA의 메틸화 양상이 달라 유전자의 활성이 다를 수 있음이 설명되고 있다. DNA의 메틸화에 의해 유전자 발현을 조절하는 단백질의 결합 여부가 달라질 수 있으며, 이때 조절 단백질은 유전자의 발현을 활성화하는 단백질일 수도 있고 억제하는 단백질일 수도 있다. 제시문의 내용을 바탕으로 〈보기〉에서 제시된 실험 결과나 정보가 제시문에서 진술된 생각을 강화하는지 약화하는지 판단하고, 특정 조절 단백질이 유전자 발현을 활성화하는지 또는 억제하는지 판단해야 한다.

〈보기〉 해설 ㄱ. 일부 유전자는 정자와 난자 중 무엇으로부터 왔는지가 중요하며, 오직 정자 유래 또는 난자 유래 대립유전자만 배타적으로 발현되는 기작은 정자형성과정과 난자형성과정에서 일어나는 성별특이적 DNA 메틸화에 의해 나타날 수 있는데, 수라니 연구팀의 실험 결과는 정자 유래 DNA와 난자 유래 DNA의 메틸화 양상이 다르다는 것을 보여 준다. 이 실험 결과는 특정 유전자가 정자로부터 왔는지 난자로부터 왔는지는 중요하지 않다는 생각을 약화한다. ㄱ은 적절하지 않은 평가이다.

ㄴ. 특정 염색체 이상이 부모 중 누구로부터 유래했느냐에 따라서 프래더−윌리 증후군이 나타나기도 하고 나타나지 않기도 한다면, 이는 "DNA의 특정 부위가 부모 중 어느 쪽으로부터 유전되었느냐에 따라 이 부위에 있는 유전자의 활성이 다를 수 있다는 생각"(ⓒ)을 강화한다. ㄴ은 적절한 평가이다.

ㄷ. 제시문의 끝 부분에서 "유전자 x는 아비로부터 받은 것만 발현되며 어미로부터 받은 것은 발현되지 않는데, 이는 특정 조절 단백질이 어미로부터 받은 유전자 x의 DNA에만 결합하기 때문이다."라고 설명하고 있다. 이로부터 이 특정 조절 단백질은 유전자 x의 발현을 억제하는 단백질임을 알 수 있다. 그런데 ㄷ에서 어미로부터 받은 유전자 x의 DNA만 메틸화가 되었다고 했으므로 특정 조절 단백질은 메틸화가 된 DNA에 결합하는 것이다. 즉, 유전자 x는 메틸기를 매개로 결합한 특정 조절 단백질에 의해 유전자 발현이 조절되며 이러한 기작은 ⓒ과 ⓔ 중 ⓔ에 해당한다. ㄷ은 적절한 평가이다.

〈보기〉의 ㄴ, ㄷ만이 적절한 평가이므로 정답은 ④이다.

38.

다음으로부터 추론한 것으로 옳은 것만을 〈보기〉에서 있는 대로 고른 것은?

사냥꾼 사이의 미시적 상호 작용의 한 모형으로서 평평한 원판 형태의 사냥터 안에서 무작위로 흩어져 있던 사냥꾼들이 사냥감을 쫓아가서 포획하는 경우를 생각해 보자. 사냥꾼과 사냥감은 모두 이 사냥터를 벗어날 수 없다. 사냥꾼 주위의 일정 거리 안으로 사냥감이 들어오면 사냥감은 포획되고, 사냥감의 개체수는 시간이 지남에 따라 점차 줄어들 것이다. 사냥꾼과 사냥감은 각각 일정한 속력으로 움직이고, 사냥감은 사냥꾼 혹은 사냥터 경계가 자신으로부터 일정 거리 안에 들어오면 그중 가장 가까운 대상으로부터 멀어지는 방향으로 움직인다. 사냥꾼이 '직접 추격 전략(D)'을 택하면 단순히 자기에게 가장 가까운 사냥감을 쫓아간다. 반면 '집단 추격 전략(G)'을 택하면 일정 거리 안에 있는 다른 사냥꾼들의 위치를 고려하여 사냥감이 자신을 포함한 사냥꾼 무리의 중심에 놓이게끔 자신의 운동 방향을 결정한다. 즉 G를 선택한 사냥꾼은 다른 사냥꾼들이 사냥감으로 접근할 때, 사냥꾼 집단이 사냥감을 더 잘 포위하도록 자신은 오히려 사냥감으로부터 물러날 때도 있다. 사냥꾼 각각은 D와 G 중 하나를 선택한다.

사냥꾼 50명이 사냥감 100마리를 사냥하는 모형을 시뮬레이션하였다. 표는 사냥꾼들이 모두 D를 선택한 경우와 모두 G를 선택한 경우, 시간에 따라 살아남은 사냥감의 개체수를 나타낸다. 사냥감의 속력은 10이다. 주어진 시간 t에서의 '사냥률'이란 시간 0부터 t까지 포획한 사냥감의 개체수를 $t=0$에서의 사냥감의 개체수로 나눈 값이다.

속력 ＼ 시간(t)		0	20	40	60	80	100
전략 D 사냥꾼 속력	0.7	100	99	98	97	96	95
	0.8	100	98	96	95	93	92
	0.9	100	97	95	93	91	90
전략 G 사냥꾼 속력	0.7	100	92	86	78	72	68
	0.8	100	88	78	69	61	53
	0.9	100	83	71	60	50	41

ㄱ. 전략이 D인 경우, 사냥꾼의 속력이 빠를수록 사냥률이 높다.

ㄴ. 사냥꾼들의 속력이 0.8이고 전략이 D인 경우 $t=100$에서의 사냥률과, 속력이 0.7이고 전략이 G인 경우 $t=20$에서의 사냥률은 같다.

ㄷ. 속력이 0.9인 사냥꾼 1명이 전략 D로 속력이 1인 사냥감 10마리를 사냥하는 모형을 시뮬레이션한다면, 사냥감은 대부분 사냥터 가운데에서 포획될 것이다.

① ㄱ   ② ㄷ   ③ ㄱ, ㄴ
④ ㄴ, ㄷ   ⑤ ㄱ, ㄴ, ㄷ

문항 성격 문항유형 : 언어 추리

내용영역 : 과학기술

평가 목표 이 문항은 시뮬레이션에 대한 설명과 그 결과를 이해하고 이로부터 올바로 추론할 수 있는 능력을 평가하는 문항이다.

문제 풀이 정답 : ③

제시문에서 직접 추격 전략과 집단 추격 전략의 차이가 설명되고 있다. 직접 추격 전략(D)은 단순히 가까이 있는 사냥감을 쫓아가는 전략이고, 집단 추격 전략(G)은 다른 사냥꾼들의 위치를 고려하여 사냥감이 사냥꾼 무리의 중심에 놓이게끔 자신의 운동 방향을 결정하는 전략이다.

표에서 보면, 사냥꾼의 속력이 사냥감에 근접할수록 사냥감의 수가 줄어드는 경향을 보이고 있고, 같은 사냥꾼 속력에서는 G전략이 D전략보다 사냥률이 높다는 것을 알 수 있다.

〈보기〉 해설 ㄱ. 전략이 D인 경우, 사냥꾼의 속력이 빠를수록 사냥감이 더 많이 잡히는 것을 표에서 알 수 있으므로, ㄱ은 옳은 추론이다.

ㄴ. 사냥꾼들의 속력이 0.80이고 전략이 D인 경우 t=100에서의 사냥률은 8/100이다. 사냥꾼들의 속력이 0.70이고 전략이 G인 경우 t=20에서의 사냥률은 8/100이다. 사냥률이 같으므로 ㄴ은 옳은 추론이다.

ㄷ. 1명의 사냥꾼이 전략 D로 사냥감을 쫓을 경우 사슴의 속력이 사냥꾼보다 빠르다면 사냥감을 잡기가 어렵다. 특히 가운데에서는 사냥감은 쉽게 사냥꾼으로부터 벗어날 수 있다. 사냥꾼이 사냥감을 잡는 경우를 생각해 보면 사냥꾼이 사냥감을 쫓아서 사냥감이 경계에 가면, 사냥감이 경계와 멀어지려고 하다가 사냥꾼에게 잡힐 것이다. 따라서 사냥감이 사냥터의 가운데보다 경계 근처에서 잡히는 경우가 더 많을 것이다. ㄷ은 옳지 않은 추론이다.

〈보기〉의 ㄱ, ㄴ만이 옳은 추론이므로 정답은 ③이다.

39.

다음으로부터 추론한 것으로 옳은 것만을 〈보기〉에서 있는 대로 고른 것은?

양자 역학에서 입자의 상태를 나타내는 함수를 '상태함수'라고 한다. 구별불가능한 두 전자 전체에 대한 상태함수는 두 전자를 맞바꾸는 연산을 고려하여 다음과 같이 주어진다. 1번 전자가 a 상태에 있고 2번 전자가 b 상태에 있을 상태함수 $\psi(1{=}a, 2{=}b)$와, 두 전자의 상태를 바꾼 상태함수에 -1을 곱한 것을 합한 것, 즉 $\psi(1{=}a, 2{=}b) - \psi(1{=}b, 2{=}a)$가 구별불가능한 두 전자 전체에 대한 상태함수이다. 그런데 전자는 운동량이나 위치와 같은 상태뿐만 아니라, '업'과 '다운' 중 하나의 스핀 상태를 갖는다. 스핀값이 다른 두 전자는 구별가능하지만, 스핀값이 같은 두 전자는 구별불가능하다. 구별가능한 두 전자의 경우, 그 상태함수는 $\psi(1{=}a, 2{=}b)$ 또는 $\psi(1{=}b, 2{=}a)$로 나타낼 수 있으므로, 두 전자를 맞바꾸는 연산을 고려할 필요가 없다.

모두 스핀 '업'인 두 전자가 서로를 향해 진행하여 산란하는 경우는 어떠한가? 〈그림1〉과 같이 두 전자가 모두 처음 진행 방향과 θ의 산란각으로 산란하면 두 전자의 상태함수는 $f(\theta)$이다. 〈그림2〉와 같이 산란 후 두 전자를 맞바꾸는 연산을 하면, 두 전자는 모두 처음 진행 방향과 $180° - \theta$의 산란각으로 산란하며 두 전자의 상태함수는 $f(180° - \theta)$이다. 따라서 두 전자 전체에 대한 상태함수는 $f(\theta) - f(180° - \theta)$가 되고, 이때 스핀 '업' 전자를 각도 θ에서 발견할 확률은 $|f(\theta) - f(180° - \theta)|^2$이다. 이는 계측기에 도착하는 전자가 왼쪽에서 왔는지 오른쪽에서 왔는지 알 수 없기 때문이라고 할 수 있다.

반면 산란 전 오른쪽에서 오는 전자만을 스핀 '다운' 전자로 바꾸어 산란시키면 스핀 '업' 전자를 각도 θ에서 발견할 확률은 $|f(\theta)|^2$이 된다. 이는 두 전자가 구별가능하여 스핀 '업' 전자가 왼쪽에서 왔다는 것을 확실히 알 수 있기 때문이다.

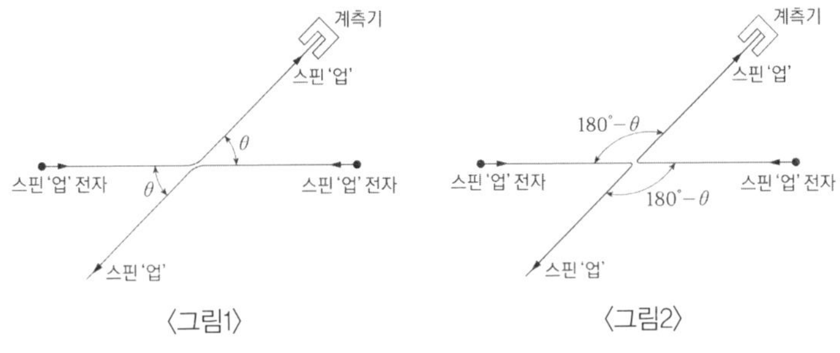

〈그림1〉　　　〈그림2〉

ㄱ. 스핀값이 다른 두 전자를 맞바꾸면, 두 전자의 상태함수는 달라진다.

ㄴ. 스핀 '다운'인 두 전자를 이용하여 산란 실험을 하면 각도 θ에서 스핀 '다운' 전자를 발견할 확률은 $|f(\theta)-f(180°-\theta)|^2$이다.

ㄷ. 스핀값이 같은 두 전자를 맞바꾸는 연산을 하였을 때, 바꾸기 전의 상태함수 $\psi(1=a,\ 2=b)$가 바꾼 후의 상태함수 $\psi(1=b,\ 2=a)$와 같으면 두 전자 전체에 대한 상태함수는 0이다.

① ㄴ　　　　　　　　② ㄷ　　　　　　　　③ ㄱ, ㄴ

④ ㄱ, ㄷ　　　　　　　⑤ ㄱ, ㄴ, ㄷ

문항 성격　문항유형 : 언어 추리

내용영역 : 과학기술

평가 목표　이 문항은 두 전자의 스핀이 같은 경우와 다른 경우의 산란에 관한 글로부터 올바르게 추론할 수 있는 능력을 평가하는 문항이다.

문제 풀이　정답 : ⑤

양자 역학에서 두 전자가 구별불가능할 경우, 두 전자를 맞바꾸는 연산을 고려하여 $\psi(1=a,\ 2=b)$와 $\psi(1=b,\ 2=a)$가 −부호로 선형 연결된 상태함수가 두 전자 전체에 대한 상태함수가 된다.

　스핀의 측정값인 스핀값이 다르다는 이야기는 이미 측정이 완료된 상황이기 때문에 스핀값이 변하지 않고 유지된다. 스핀값이 다른 두 전자는 언제나 구별가능하기 때문에 그 상태함수는 $\psi(1=a,\ 2=b)$ 또는 $\psi(1=b,\ 2=a)$로 나타낼 수 있으므로, 두 전자를 맞바꾸는 연산을 고려할 필요가 없다.

　모두 스핀 '업'인 두 전자를 산란하면, 두 전자를 구별할 수 없기 때문에 산란각 θ에서 스핀 '업'인 전자를 발견할 확률은 $f(\theta)$뿐 아니라 $f(180°-\theta)$도 함께 고려해야 하고, 그 확률은 $|f(\theta)-f(180°-\theta)|^2$로 나타난다. 서로 다른 스핀값인 경우, $f(180°-\theta)$를 고려할 필요가 없이 보통의 산란 확률인 $|f(\theta)|^2$을 사용하면 된다.

〈보기〉 해설　ㄱ. 스핀이 다른 두 전자는 구별가능하므로 두 전자의 상태함수는 $\psi(1=a,\ 2=b)$ 또는 $\psi(1=b,\ 2=a)$이다. 1번 전자가 스핀 업 상태에 있고 2번 전자가 스핀 다운 상태에 있는 상태함수가 $\psi(1=a,\ 2=b)$라면, 두 전자를 맞바꿀 때의 상태함수 $\psi(1=b,\ 2=a)$는 1번 전자가 스핀 다운 상태에 있고 2번 전자가 스핀 업 상태에 있으므로 서로 다른 상태함수이다. 즉, 스핀 상태가 다른 두 전자를 맞바꾸면 바꾸기 전의 두 전자의 상태함수와 바꾼 후의 두 전자의 상태함수는 달라진다. ㄱ은 옳은 추론이다.

ㄴ. 두 전자가 모두 '업'이거나 두 전자가 모두 '다운'이라면, 어떤 경우든 상관없이 두 전자가 구별불가능하므로, 두 전자가 모두 '업'일 때 각도 θ에서 스핀 '업' 전자를 발견할 확률과 두 전자가 모두 '다운'일 때 각도 θ에서 스핀 '다운' 전자를 발견할 확률은 같을 것이다. ㄴ은 옳은 추론이다.

ㄷ. 스핀값이 같은 두 전자는 구별불가능하다. 구별불가능한 두 전자 전체의 상태함수는 1번 전자가 a 상태에 있고 2번 전자가 b 상태에 있을 상태함수 $\psi(1=a, 2=b)$와, 두 전자의 상태를 바꾼 상태함수에 -1을 곱한 것을 합한 것, 즉 $\psi(1=a, 2=b)-\psi(1=b, 2=a)$이다. 그런데 바꾸기 전의 상태함수 $\psi(1=a, 2=b)$가 바꾼 후의 상태함수 $\psi(1=b, 2=a)$와 같으면 $\psi(1=a, 2=b)-\psi(1=b, 2=a)=0$이 된다. ㄷ은 옳은 추론이다.

〈보기〉의 ㄱ, ㄴ, ㄷ 모두 옳은 추론이므로 정답은 ⑤이다.

40.

다음으로부터 추론한 것으로 옳은 것만을 〈보기〉에서 있는 대로 고른 것은?

결정 내 원자 배열 간격과 비슷한 파장의 X선을 결정에 쬐면 회절 현상을 관측할 수 있다. 물질의 미세 결정 구조를 정밀하게 관측하는 몇몇 장비들은 전자기파인 X선이 아니라 전자를 사용한다. 전자를 이러한 첨단 회절 장비에 사용하게 된 원인을 거슬러 올라가면 전자와 같은 입자도 파동성을 갖는다는 것을 처음 주장한 드 브루이와 마주치게 된다. 이 주장을 실험적으로 증명한 것은 A였다.

A는 처음에 진공상태에서 다결정 니켈 시료에 전자 빔을 쬐어 산란되는 전자를 이용하여 니켈 원자의 배열을 알아내려는 실험을 하고 있었다. 이 실험은 알파 입자의 입자성을 이용하여 핵에 대한 산란 실험을 했던 것과 같은 방식이었다. 이 과정에서 실수로 진공 장비 내에 공기가 새어 들어가 니켈 표면에 산화막이 형성되었다. 이 산화막을 없애기 위해 A는 고온 전기로에 시료를 넣고 가열하였다. 이 과정에서 원자 배열이 고르지 않던 기존의 다결정 니켈 시료가 원자 배열이 주기적인 단결정 구조로 변했는데, 정작 A는 그 사실을 인지하지 못했다. 고온 처리한 시료에서 전자에 의한 회절 패턴을 얻게 되자 A는 아예 니켈 단결정을 사용하여 실험을 수행하였다. 전자가 회절한다는 결과는 입자의 파동성을 증명하는 획기적 실험 증거였다.

ㄱ. A는 처음에 전자의 입자성을 이용한 실험을 설계하였다.

ㄴ. 단결정 상태가 아닌 니켈 시료에 전자를 쬐면 전자는 산란하지 않는다.

ㄷ. 첨단 회절 장비에서 전자를 활용해 물질의 미세 결정 구조를 관측할 수 있는 것은 전자의 파동성 덕분이다.

① ㄱ　　　　　　　② ㄴ　　　　　　　③ ㄱ, ㄷ

④ ㄴ, ㄷ　　　　　　⑤ ㄱ, ㄴ, ㄷ

문항 성격　문항유형 : 언어 추리

내용영역 : 과학기술

평가 목표　이 문항은 전자의 입자성을 이용한 실험에서 우연히 회절 현상이 발견되어 전자의 파동성을 증명하게 된 실험에 관한 글로부터 옳게 추론할 수 있는 능력을 평가하는 문항이다.

문제 풀이　정답 : ③

제시문의 첫 번째 문단에서는 전자를 첨단 회절 장비에서 사용하게 된 원인을 거슬러 올라가면 전자와 같은 입자도 파동성을 갖는다는 드 브루이의 주장과 마주친다는 것을 보여 주고 있다. 두 번째 문단에서는 니켈이 단결정일 때 전자의 회절 패턴이 나왔기 때문에 이것은 전자의 파동성을 입증한 실험이었고, 또한 이 실험 결과는 처음에는 다결정 니켈에서 전자의 산란을 이용한 실험을 하다가 우연히 발견되었다는 것을 설명하고 있다.

〈보기〉 해설　ㄱ. 두 번째 문단의 "A는 처음에 진공상태에서 다결정 니켈 시료에 전자 빔을 쬐어 산란되는 전자를 이용하여 니켈 원자의 배열을 알아내려는 실험을 하고 있었다. 이 실험은 알파 입자의 입자성을 이용하여 핵에 대한 산란 실험을 했던 것과 같은 방식이었다."로부터 A는 처음에 전자의 입자성을 이용한 실험을 설계하였다는 것을 알 수 있다. ㄱ은 옳은 추론이다.

ㄴ. 두 번째 문단의 "A는 처음에 진공상태에서 다결정 니켈 시료에 전자 빔을 쬐어 산란되는 전자를 이용하여 니켈 원자의 배열을 알아내려는 실험을 하고 있었다."로부터 다결정 니켈 시료에 전자를 쬐면 전자는 산란한다는 것을 알 수 있다. ㄴ은 옳지 않은 추론이다.

ㄷ. 첫 번째 문단의 "전자를 이러한 첨단 회절 장비에 사용하게 된 원인을 거슬러 올라가면 전자와 같은 입자도 파동성을 갖는다는 것을 처음 주장한 드 브루이

와 마주치게 된다."로부터 첨단 회절 장비에서 전자를 활용해 물질의 미세 결정 구조를 관측할 수 있는 것은 전자의 파동성 덕분이라는 것을 알 수 있다. ㄷ은 옳은 추론이다.

〈보기〉의 ㄱ, ㄷ만이 옳은 추론이므로 정답은 ③이다.

법학적성시험
추리논증 영역

2023

2023학년도 추리논증 영역 출제 방향

1. 출제의 기본 방향

추리논증 문항을 출제하는 과정에서 가장 중점을 두고 지향하는 방향은 법학적성을 평가하는 데 중요한 기준인 추리와 논증 능력을 측정하기 위해서 제시문의 제재나 문항의 구조, 질문의 방식 등을 다양화하고 수험생의 이해력, 추리력, 비판력을 골고루 측정하는 완성도 있는 문항을 제시하는 것이다. 이번 시험에서도 지금까지의 법학적성시험의 기본 방향을 유지하였다.

추리 능력을 측정하는 문항과 논증 분석 및 평가 능력을 측정하는 문항을 인문, 사회, 과학기술, 규범의 각 영역 모두에서 균형 있게 출제하였다. 특히, 고도의 생각을 요구하는 내용의 글을 가능한 한 일상적인 맥락으로 풀어서 쓰고자 노력했고, 공상 소설의 형식을 빌려 물리학의 주제를 풀어내는 등 지문의 다양성과 가독성을 높이고자 했다.

문항의 풀이 과정에서 제시문의 의미, 상황, 함의를 논리적으로 분석하고 핵심 정보를 체계적으로 취합하여 종합적으로 평가할 수 있어야 문제를 해결할 수 있도록 하였다. 제재의 측면에서 전 학문 분야 및 일상적·실천적 영역에 걸친 다양한 소재를 활용하였고, 영역 간 균형을 맞추어 전공에 따른 유·불리를 최소화하고자 하였다. 또한 제시문의 내용이나 영역에 관한 선지식이 문제 해결에 끼치는 영향을 최소화함으로써 정상적인 학업과 폭넓은 독서 생활을 통해 사고력을 함양한 수험생이라면 충분히 해결할 수 있는 문항을 만들고자 하였다.

2. 출제 범위 및 문항 구성

인문, 사회, 과학기술, 규범과 같은 학문 영역별 문항 수는 예년과 큰 차이가 없이 균형 있게 출제되었다. 규범 영역의 문항은 법학 일반, 법철학, 공법, 사법, 윤리학 등 소재를 다양화하였고, 인문학 영역의 문항들은 지식이나 규범과 관련된 원리적 토대를 다루거나 예술, 경제학, 사회학, 물리학, 화학 등의 영역 내용이 융합되는 방식의 내용을 많이 담고 있다. 전체 문항에서 추리 문항을 43%, 논증 문항을 57% 정도 출제하였다.

3. 난이도

제시문의 이해도를 높이기 위해서 전문적인 용어는 순화하여 전공 여부에 상관없이 내용에 접근하고 이해할 수 있도록 하였다. 문제를 해결하기 위해 거쳐야 할 추리나 비판 및 평가의 단계도 지나치게 복잡해지지 않도록 하였고, 문제풀이와 관계없는 자료는 최대한 줄여 불필요한 독해의 부담이나 함정으로 난이도가 상승하는 일이 없도록 하였다. 특히 예년에 비해서 전체 글자 수를 소폭 줄임으로써 읽기에 소비되는 시간을 조금이나마 줄이고 좀 더 논리적 구조에 집중할 수 있도록 하였다. 그 결과, 이번 추리논증 영역 문항은 전체적으로 예년과 거의 같거나 조금 쉬울 것으로 예상한다.

4. 출제 시 유의점

- 제시문을 분석하고 평가하는 데 충분한 시간을 사용할 수 있도록 제시문의 독해 부담을 줄여 주고자 하였다.
- 제시문이 전달하고자 하는 내용을 효과적으로 전달할 수 있도록 전반적인 가독성을 높이고, 문두와 선지의 내용을 최대한 명료하게 만들었다.
- 추리 문항과 논증 문항의 문항별 성격을 명료하게 하여, 문항별로 측정하고자 하는 능력을 정확히 평가할 수 있도록 하였다.
- 선지식으로 문제를 풀거나 전공에 따른 유·불리가 분명한 제시문의 선택이나 문항의 출제는 지양하였다.
- 법학적성 능력을 평가하기 위하여 법학의 기본 원리를 응용한 내용을 소재로 하면서도, 문항에 나오는 개념, 진술, 논리구조, 함의 등을 이해하는 데 법학지식이 요구되지 않도록 하여 법학지식 평가를 배제하였다.
- 출제의 의도를 감추거나 오해하게 하는 질문을 피하고, 문항 및 선택지 간의 간섭을 최소화함으로써, 문항의 의도에 충실한 변별이 이루어지도록 하였다.
- 자연과학 영역의 제시문을 생물학, 의학 등의 영역에서 확장해서 물리학, 화학 등의 주제까지 담도록 하였다.

01.

다음으로부터 추론한 것으로 옳은 것만을 〈보기〉에서 있는 대로 고른 것은?

> X국의 A법 제2조 제1항은 "'근로자'라 함은 직업의 종류를 불문하고 임금·급료 기타 이에 준하는 수입에 의하여 생활하는 자를 말한다."라고 규정하고, 같은 법 제2조 제4항은 "근로자가 아니면 노동조합에 가입할 수 없다."라고 규정한다.
>
> A법에서 말하는 '근로자'의 범위에 대하여 다음과 같이 서로 다른 견해가 제시된다.
>
> 갑 : A법에서 말하는 '근로자'는 사용자와 계약을 맺고, 그 사용자로부터 근로의 대가로 계속적·정기적인 금품을 받는 자이다.
>
> 을 : A법에서 말하는 '근로자'는 사용자와 계약을 맺고, 그 사용자로부터 근로의 대가로 계속적·정기적인 금품을 받는 자 또는 성과에 따른 수수료(인센티브)를 받는 자이다.
>
> 병 : 일시적으로 실업 상태에 있는 자나 구직 중인 자도 노동3권(단결권·단체교섭권·단체행동권)을 보장할 필요성이 있는 한 A법에서 말하는 '근로자'에 포함된다.

보 기

ㄱ. 헬스장 사업자와 계약을 맺고 헬스장 회원들의 요청이 있으면 개인 레슨을 제공하고 회원들로부터 수수료를 받아 생활하는 자는, 갑에 따르면 노동조합에 가입할 수 있으나, 병에 따르면 가입할 수 없다.

ㄴ. 원격영어학원으로부터 근로의 대가로 계속적·정기적인 금품을 받지는 않으나 학원과 계약을 맺고 수강생 모집 실적에 따라 그 학원으로부터 수수료를 받아 생활하는 자는, 갑에 따르면 노동조합에 가입할 수 없으나, 을에 따르면 가입할 수 있다.

ㄷ. 원치 않는 해고를 당한 자는 을에 따르든 병에 따르든 노동조합에 가입할 수 없다.

① ㄴ 　　② ㄷ 　　③ ㄱ, ㄴ

④ ㄱ, ㄷ 　　⑤ ㄱ, ㄴ, ㄷ

문항 성격	문항유형 : 언어 추리
	내용영역 : 규범
평가 목표	이 문항은 근로자의 개념과 노동조합 가입자격 여부에 관한 법규정을 제대로 이해하여 사례에 적용하는 능력을 평가하는 문항이다.
문제 풀이	정답 : ①

X국의 A법에 따르면 근로자만 노동조합에 가입할 수 있다. A법에서 말하는 '근로자'의 범위에 대하여 갑, 을, 병이 각각 견해를 제시하였다.

갑의 견해에 따르면, 계약을 맺은 사용자로부터 근로의 대가를 계속적·정기적으로 받는 자만 A법의 근로자에 해당한다.

을의 견해에 따르면, 갑이 A법의 근로자로 보는 자 외에 계약을 맺은 사용자로부터 성과에 따른 수수료(인센티브)를 받는 자도 A법의 근로자에 해당한다.

병의 견해에 따르면, 사용자와의 계약 유무나 사용자로부터의 계속적·정기적 금품 또는 인센티브 수령 여부와 무관하게 실업자나 구직 중인 자도 일정한 경우(노동3권 보장 필요성이 있는 경우)에는 A법의 근로자에 해당한다.

 ㄱ. 이 사람은 헬스장 사업자와 계약을 맺었으나 헬스장 사업자로부터 근로의 대가로 계속적·정기적인 금품을 받지는 않으므로, 갑에 따르면 A법에서 말하는 '근로자'가 아니기 때문에 노동조합에 가입할 수 없다. ㄱ은 옳지 않은 추론이다.

ㄴ. 이 사람은 원격영어학원과 계약을 맺었으나 근로의 대가로 계속적·정기적인 금품을 받지는 않으므로, 갑에 따르면 A법에서 말하는 '근로자'가 아니다. 그러나 그 학원으로부터 수강생 모집 실적이라는 성과에 따라 수수료를 받고 있으므로, 을에 따르면 A법에서 말하는 '근로자'이다. 따라서 갑에 따르면 노동조합에 가입할 수 없으나, 을에 따르면 노동조합에 가입할 수 있다. ㄴ은 옳은 추론이다.

ㄷ. 원치 않는 해고를 당한 자는 사용자로부터 계속적·정기적인 금품이나 성과에 따른 수수료를 받지 못하므로, 을에 따르면 A법에서 말하는 '근로자'가 아니다. 그러나 일시적 실직자로서 노동3권을 보장할 필요성이 있을 수도 있으므로, 병에 따르면 A법에서 말하는 '근로자'에 포함될 가능성이 있다. 따라서 을에 따르면 노동조합에 가입할 수 없으나, 병에 따르면 노동조합에 가입할 수도 있다. ㄷ은 옳지 않은 추론이다.

〈보기〉의 ㄴ만이 옳은 추론이므로 정답은 ①이다.

02.

〈주장〉에 대한 반대 논거가 될 수 있는 것만을 〈보기〉에서 있는 대로 고른 것은?

[A법]

제1조 3심제의 최종심인 상고심은 대법원이 담당한다.

제2조 대법원은 상고 신청의 이유가 적절하지 않다고 인정되는 때에는 재판을 열지 않고 판결로 상고를 기각한다.

제3조 제2조에 따라 상고를 기각하는 판결에는 이유를 기재하지 않을 수 있다.

〈주장〉

A법 제2조는 대법원에 상고가 남용되는 상황을 예방하고 사건에 대한 신속한 처리를 통하여 적절한 신청 이유를 가진 당사자의 재판 받을 권리를 충실히 보장하기 위한 규정으로서 입법 취지 및 규정 내용 등에 비추어 그 합리성이 충분히 인정된다. A법 제3조는 제2조를 실현하기 위해 요구되는 절차적 규정이다. 즉 상고기각 판결에 이유를 기재하는 것은 대법원에 불필요한 부담만 가중하고 정작 재판이 필요한 사건에 할애해야 할 시간을 낭비하는 것이기 때문에 제3조의 취지 또한 정당화된다. 일반적으로 판결에 이유 기재를 요구하는 목적은 당사자에게 법원의 판단 과정을 납득시키고 불복수단을 강구하도록 하려는 것이나, 소송금액이 적은 사건처럼 경미한 사건을 신속하게 처리하기 위하여 판결이유를 생략하는 것이 인정되는 것과 같이, 이유 기재는 판결의 필수적인 요소가 아니라 법원이 그 여부를 선택할 수 있는 사항이다. 게다가 대법원이 존재한다고 하여 모든 사건에 대해 대법원에서 재판받을 기회가 보장되어야 하는 것은 아니기 때문에, 판결이유 기재를 비롯한 대법원의 재판에 대한 구체적인 제도의 내용은 대법원의 재량범위에 속한다.

보기

ㄱ. 재판을 받을 권리는 재판이라는 국가적 행위를 청구하는 권리이고, 청구권에는 청구에 상응하는 상대방의 의무가 반드시 결부되며 그 의무에는 청구에 응할 의무와 성실히 답할 의무가 포함된다.

ㄴ. 재판을 받을 권리는 재판절차에의 접근성 보장과 절차의 공정성 보장 등을 주된 내용으로 하는 기회 보장적 성격을 가지며, 법원의 판결의 정당성은 그 판결에 대한 근거제시에 의해 좌우된다.

ㄷ. 대법원의 판결은 국민이 유사한 사안을 해석하고 규범적 평가를 내리는 사실상의 판단기준으로서 기능하며, 판결의 결론뿐만 아니라 그 논증 과정 역시 동일한 기능을 수행한다.

① ㄱ   ② ㄴ   ③ ㄱ, ㄷ
④ ㄴ, ㄷ   ⑤ ㄱ, ㄴ, ㄷ

문항 성격	문항유형 : 논쟁 및 반론
	내용영역 : 규범
평가 목표	이 문항은 제시된 주장을 이해하고 이에 대한 적절한 반대 논거를 찾아내는 능력을 평가하는 문항이다.
문제 풀이	정답 : ⑤

〈주장〉은 대법원 상고에서 심리불속행 제도와 불속행 결정 시 판결에 이유 기재를 하지 않는 제도에 대한 찬성론이다. 〈주장〉에서는 무엇보다도 대법원 상고가 남용될 수 있고 이로 인해 오히려 대법원의 사건 심리가 정작 필요한 당사자들이 대법원에서 충분히 재판을 받지 못하는 상황이 벌어질 수 있다는 점에 주목하며, 대법원 자원의 효율적 활용을 위해 덜 중요한 사건들을 이유를 밝히지 않고 종결시킬 수 있어야 한다고 한다. 특히 판결이유를 밝히지 않고 결정을 내리는 경우가 소액사건의 경우에도 존재한다는 점을 들면서 이유 기재가 판결의 필수요소는 아니라고 한다. 또한 대법원에서 재판받을 기회를 모두에게 보장할 필요는 없다고 한다.

〈보기〉 해설   ㄱ. 재판을 받을 권리가 청구권이므로 이에 대응하는 의무가 법원에 있고, 그 의무에는 재판을 할 의무(청구에 응할 의무)와 상고를 기각하는 경우에도 기각의 이유가 무엇인지를 판결문에 기재하여 당사자에게 알려줄 의무(성실히 답할 의무)가 포함된다. ㄱ은 〈주장〉에 대한 반대 논거가 될 수 있다.

            ㄴ. 법원이 재판을 열지 않으면 재판을 받을 권리의 주된 내용인 재판절차에의 접근성 보장은 실현될 수 없다. 또 판결의 정당성 판단을 위해서는 판결의 이유 기재를 통한 근거제시가 필요하다. ㄴ은 〈주장〉에 대한 반대 논거가 될 수 있다.

            ㄷ. 대법원 판결의 결론과 논증 과정은 국민이 유사한 사안을 해석하고 규범적 평가를 내리는 사실상의 판단기준으로서 기능하는데, 대법원의 판결에 이유를 기재하지 않으면 국민은 그 판결의 논증 과정을 알 수가 없으므로 결과적으로 그 논증 과정이 국민의 판단기준으로서 기능할 수 없게 된다. ㄷ은 〈주장〉에 대한 반대 논거가 될 수 있다.

〈보기〉의 ㄱ, ㄴ, ㄷ 모두 〈주장〉에 대한 반대 논거가 될 수 있으므로 정답은 ⑤이다.

302

03.

다음 논쟁에 대한 분석으로 옳은 것만을 〈보기〉에서 있는 대로 고른 것은?

갑 : 형사절차에서 추구해야 할 진실은 사건의 진상, 즉 '객관적 진실'이다. 그리고 객관적 진실을 발견하기 위해서 사건 당사자(피고인, 검사) 못지않게 판사의 적극적인 진실발견의 활동과 개입이 필요하다. 따라서 진실발견을 위해 필요한 경우, 중대한 절차 위반이 없다면 판사가 사건 당사자의 주장이나 청구에 제약을 받지 않고 직접 증거를 수집하거나 조사하는 것도 가능하다.

을 : '사건의 진상' 또는 '객관적 진실'은 오직 신(神)만이 알 수 있다. 사건 당사자들이 주장하는 사실과 제출된 증거들을 통해 판사가 내리는 결론도 엄밀히 말하면 판사의 주관적 진실에 불과하다. 다만 판사의 주관적 진실을 '판결'이라는 이름으로 신뢰하고 규범력까지 인정하는 이유는 그것이 단순히 한 개인의 주관적인 진실이 아니라, 공정한 형사절차를 통해 도출된 결론이기 때문이다. 따라서 형사절차에서 추구해야 하는 것은 '절차를 통한 진실'이고, 이를 위해 사건 당사자들이 법정에서 진실을 다툴 수 있는 공정한 기회가 보장되어야 한다. 이때 판사의 역할도 진실을 담보해 내기 위해 절차를 공정하고 엄격하게 해석·적용·준수하는 것이어야 한다. 즉 판사는 정해진 절차 속에서 행해지는 사건 당사자들의 주장과 입증을 토대로 중립적인 제3자의 지위에서 판단자의 역할을 수행해야 한다.

병 : 객관적 진실은 존재하고, 형사절차는 그러한 객관적 진실에 최대한 가까이 접근하고자 마련된 절차이다. 따라서 형사절차에서 사건의 진상을 명백히 밝힘으로써 객관적 진실을 추구해야 한다는 것에는 기본적으로 동의한다. 하지만 객관적 진실의 발견은 전적으로 사건 당사자들의 증거제출과 입증에 맡겨야 하고, 이러한 진실발견의 과정에 판사가 직접적·적극적으로 개입하는 것은 바람직하지 않다. 따라서 판사는 원칙적으로 제3자의 입장에서 중립적인 판단자의 역할을 수행하되, 인권침해를 통해서 얻어낸 객관적 진실은 정당성을 획득할 수 없으므로 판사는 형사절차의 진행 과정에서 인권침해가 발생하지 않도록 감시하고, 인권침해가 발생했을 경우에는 이를 바로잡는 역할과 의무도 함께 부담한다.

보기

ㄱ. 범죄를 조사하기 위해 구속기간 연장의 횟수 제한을 없애자는 법률개정안에 대해 갑과 병은 찬성할 것이다.

ㄴ. '법이 정한 적법한 절차를 위반하여 수집된 증거는 설사 그것이 유죄를 입증할 유일하고 명백한 증거라 하더라도 예외 없이 유죄의 증거로 사용할 수 없다'는 법원칙에

대해 을은 찬성하지만, 갑은 반대할 것이다.

ㄷ. '피고인이 재판에 출석하지 아니한 때에는 특별한 규정이 없으면 재판을 진행하지 못한다'는 법원칙에 대해 을과 병은 찬성할 것이다.

① ㄱ 　　　　② ㄴ 　　　　③ ㄱ, ㄷ
④ ㄴ, ㄷ 　　　　⑤ ㄱ, ㄴ, ㄷ

<table>
<tr><td>문항 성격</td><td>문항유형 : 논쟁 및 반론</td></tr>
<tr><td></td><td>내용영역 : 규범</td></tr>
<tr><td>평가 목표</td><td>이 문항은 형사절차에서 추구해야 할 진실의 개념 및 그러한 진실을 발견하기 위해 판사가 해야 할 역할에 관한 갑, 을, 병의 논쟁을 적절하게 분석하는 능력을 평가하는 문항이다.</td></tr>
<tr><td>문제 풀이</td><td>정답 : ④</td></tr>
</table>

갑은 형사절차에서 추구해야 할 진실은 '객관적 진실'이라고 보면서, 판사는 객관적 진실을 발견하기 위해서 사건 당사자인 피고인 및 검사와 별개로 진실발견 과정에 적극적으로 참여해야 한다는 입장이다. 을은 객관적 진실의 추구가 불가능하기 때문에 형사절차에서 추구해야 할 진실은 '절차를 통한 진실'이라고 보면서, 판사는 공정한 절차의 준수·집행과 중립적인 판단자의 역할을 수행해야 한다는 입장이다. 병은 객관적 진실의 추구에 대해서는 동의하지만, 진실발견의 주체는 어디까지나 사건 당사자이고 판사는 중립적인 판단자의 지위에서 피고인의 인권을 보호하는 역할을 수행해야 한다는 입장이다.

〈보기〉 해설 ㄱ. 범죄를 조사하기 위해 구속기간 연장의 횟수 제한을 없애자는 법률개정안에 대해서, 객관적 진실의 발견을 강조하는 갑은 찬성할 것이나, 객관적 진실의 발견이 중요하지만 인권침해를 통해서 얻어낸 객관적 진실은 정당성을 획득할 수 없다고 주장하는 병은 반대할 것이다. ㄱ은 옳지 않은 분석이다.

ㄴ. 적법한 절차를 위반하여 수집된 증거는 예외 없이 사용을 금지하는 법원칙에 대해서, 절차를 통한 진실을 강조하고 판사의 역할은 절차의 공정하고 엄격한 해석·적용·준수여야 한다고 주장하는 을은 찬성할 것이다. 그러나 객관적 진실의 발견을 강조하는 갑은 그러한 절차 위반이 중대한 것이 아닌 한 반대할 것이다. ㄴ은 옳은 분석이다.

ㄷ. 피고인의 출석을 원칙적인 재판의 진행 요건으로 보는 법원칙에 대해서, 진실발견의 주체는 사건 당사자(피고인 및 검사)이며 판사는 중립적인 제3자여야 한다

04.

다음으로부터 추론한 것으로 옳은 것만을 〈보기〉에서 있는 대로 고른 것은?

X국은 지방정부의 공정한 업무 처리를 위하여 다음과 같이 감사청구제도 및 시민소송제도를 도입하였다.

○ 감사청구제도 개요

지방정부의 장의 업무 처리가 법률을 위반하거나 공익을 현저히 해친다고 인정되면 해당 지방의 18세 이상 시민은 해당 지방의 18세 이상 시민 100명 이상의 연대서명을 거쳐 행정부장관에게 감사를 청구할 수 있다. 감사 청구된 사항에 대하여 행정부장관은 감사를 한 후, 그 결과를 감사청구인과 해당 지방정부의 장에게 서면으로 알려야 한다. 행정부장관은 감사결과에 따라 필요한 경우 해당 지방정부의 장에게 필요한 조치를 요구할 수 있으며, 조치 요구를 받은 지방정부의 장은 이를 성실히 이행하고, 그 조치 결과를 해당 지방의회와 행정부장관에게 보고하여야 한다.

○ 시민소송제도 개요

지방정부의 장의 공금 지출에 관한 사항, 재산의 취득에 관한 사항 또는 지방세 부과·징수를 게을리한 사항에 대하여 감사청구를 한 시민은 그 감사청구의 결과에 따라 해당 지방정부의 장이 행정부장관의 조치 요구를 성실히 이행하지 아니한 경우, 그 감사 청구한 사항과 관련이 있는 위법한 행위나 업무를 게을리한 사실에 대하여 해당 지방정부의 장을 상대로 시민소송을 제기할 수 있다. 이 시민소송이 계속되는 중에 소송을 제기한 시민이 사망한 경우 소송의 절차는 중단되나, 시민소송 전에 이뤄진 감사청구의 연대서명자가 있는 경우 해당 연대서명자는 이 시민소송절차를 이어받을 수 있다.

보 기

ㄱ. Y지방정부의 장이 Y지방정부의 재산 취득 시 법률을 위반하자, Y지방 시민 갑은 Y지방 시민 을 등의 연대 서명을 거친 후 단독으로 적법하게 감사청구를 하였고 행정부장관은 감사결과에 따른 조치 요구를 하였으나 Y지방정부의 장이 이를 이행하지 않았다. 이 경우 을은 Y지방정부의 장을 상대로 시민소송을 제기할 수 있다.

ㄴ. V지방의 시민 병이 V지방정부의 장의 공금 지출에 관한 사무처리가 공익을 현저히 해쳐 적법하게 감사청구를 하였고, 행정부장관은 감사결과에 따른 조치 요구를 하였으나 V지방정부의 장이 이를 이행하지 않았다. 이 경우 병은 V지방정부의 장을 상대로 공금 지출이 공익을 현저히 해쳤다는 이유로 시민소송을 제기할 수 있다.

ㄷ. W지방정부의 장이 지방세 부과를 게을리한 부분이 법률에 위반되어 W지방의 시민 정이 적법하게 감사청구를 하였고 감사결과에 따른 행정부장관의 조치 요구가 있었음에도 W지방정부의 장은 이를 이행하지 않았다. 이 경우 정은 감사 청구한 사항과 관련이 있는 위법한 행위에 대해서도 W지방정부의 장을 상대로 시민소송을 제기할 수 있다.

① ㄱ   ② ㄷ   ③ ㄱ, ㄴ

④ ㄴ, ㄷ   ⑤ ㄱ, ㄴ, ㄷ

문항 성격 문항유형 : 언어 추리

내용영역 : 규범

평가 목표 이 문항은 감사청구와 시민소송 사이의 관계를 명확하게 파악하여 사례에 정확하게 적용하는 능력을 평가하는 문항이다.

문제 풀이 정답 : ②

시민소송을 제기하기 위해서는 먼저 감사청구를 해야 한다. 감사청구를 한 시민은, 해당 지방정부의 장이 감사결과에 따른 행정부장관의 조치 요구를 성실히 이행하지 아니한 경우, 감사 청구한 사항과 관련이 있는 위법한 행위나 업무태만에 대하여 해당 지방정부의 장을 상대로 시민소송을 제기할 수 있다. 소송을 제기한 시민이 도중에 사망하더라도 감사청구의 연대서명자가 소송절차를 이어받을 수 있다.

〈보기〉 해설 ㄱ. 감사청구를 한 시민은 시민소송을 제기할 수 있으나, 감사청구의 연대서명자가 시민소송을 제기할 수 있다는 것은 제시문으로부터 추론되지 않는다. 을은 연대서명자일 뿐이고 감사청구를 하지 않았으므로, ㄱ은 옳지 않은 추론이다.

ㄴ. 지방정부의 장의 업무 처리가 공익을 현저히 해친다고 인정되면 감사를 청구할 수 있다는 것은 명백하다. 그러나 지방정부의 장의 업무 처리가 공익을 현저히 해쳤다는 이유로 시민소송을 제기할 수 있다는 것은 제시문으로부터 추론되지 않는다. ㄴ은 옳지 않은 추론이다.

ㄷ. 제시문에서 시민소송의 대상에는 '감사 청구한 사항과 관련이 있는 위법한 행위'도 포함하고 있다. 따라서 감사결과에 따른 행정부장관의 조치 요구가 있었음에도 해당 지방정부의 장이 이를 이행하지 않은 경우, 정은 감사 청구한 사항과 관련이 있는 위법한 행위에 대해서 시민소송을 제기할 수 있다. ㄷ은 옳은 추론이다.

〈보기〉의 ㄷ만이 옳은 추론이므로 정답은 ②이다.

05.

[규정]의 적용으로 옳은 것만을 〈보기〉에서 있는 대로 고른 것은?

[규정]

제1조 행정청은 무도장업자의 위반사항에 대하여 아래의 〈처분기준표 및 적용 방법〉에 따라 처분한다.

제2조 무도장업자가 그 영업을 양도하는 경우에는 행정청에 신고하여야 하며, 양수인은 그 신고일부터 종전 영업자의 지위를 이어받는다. 종전 영업자에게 행한 제재처분의 효과는 그 제재처분일부터 1년간 양수인에게 미치고, 제재처분을 하기 위한 절차가 진행 중인 경우 그 절차는 양수인에 대하여 계속하여 진행한다. 다만, 양수인이 양수할 당시에 종전 영업자의 위반사실을 알지 못한 경우에는 그 절차를 계속하여 진행할 수 없다.

〈처분기준표 및 적용 방법〉

위반사항	처분기준		
	1차위반	2차위반	3차위반
주류판매	영업정지 1개월	영업정지 3개월	영업정지 5개월
접대부 고용	영업정지 2개월	영업정지 5개월	등록취소
호객행위	시정명령	영업정지 10일	영업정지 20일

가. 위반사항이 서로 다른 둘 이상인 경우(어떤 위반행위에 대하여 제재처분을 하기 위한 절차가 진행되는 기간 중에 추가로 다른 위반행위가 있는 경우 포함)로서 그에 해당하는 각각의 처분기준이 다른 경우에는 전체 위반사항 또는 전체 위반행위에 대하여 하나의 제재처분을 하되 각 위반행위에 해당하는 제재처분 중 가장 무거운 것 하나를 택한다.

나. 어떤 위반행위에 대하여 제재처분을 하기 위한 절차가 진행되는 기간 중에 위반사항이 동일한 위반행위를 반복하여 한 경우로서 처분기준이 영업정지인 때에는 각 위반행위에 대한 제재처분마다 처분기준의 2분의 1씩을 더한 다음 이를 모두 합산하여 처분한다.

다. 위반행위의 차수는 최근 1년간 같은 위반행위로 제재처분을 받은 횟수의 순서에 따르고, 이 경우 기간의 계산은 위반행위에 대하여 제재처분을 받은 날과 그 처분 후 같은 위반행위를 하여 적발된 날을 기준으로 한다.

ㄱ. 무도장업자 갑이 주류판매로 2019. 6. 20. 영업정지 1개월을 받은 후, 이를 알고 있는 을에게 2020. 6. 30. 그 영업을 양도하고 신고를 마쳤는데, 을이 2020. 7. 25. 접대부 고용과 주류판매로 적발되었다면, 행정청은 을에게 영업정지 3개월의 처분을 한다.

ㄴ. 호객행위로 2020. 3. 15. 시정명령을 받은 무도장업자 병이 2020. 5. 15. 호객행위로 적발되었고 제재처분 전인 2020. 5. 30. 또 호객행위로 적발되었다면, 이 두 위반행위에 대하여 행정청이 병에게 처분할 영업정지 기간의 합은 45일이 된다.

ㄷ. 주류판매로 2019. 5. 10. 영업정지 5개월을 받은 무도장업자 정은 2020. 5. 5. 접대부 고용으로 적발된 후 그 제재처분을 받기 전에 이를 모르는 무에게 2020. 5. 7. 이 무도장을 양도하고 신고를 마쳤다. 무가 이 무도장 운영 중 2020. 5. 15. 주류판매로 적발되었다면, 행정청은 무에게 영업정지 2개월의 처분을 한다.

① ㄱ   ② ㄴ   ③ ㄱ, ㄷ
④ ㄴ, ㄷ   ⑤ ㄱ, ㄴ, ㄷ

문항 성격 문항유형 : 언어 추리
　　　　　　내용영역 : 규범

평가 목표 이 문항은 무도장업 제재처분에 관한 규정을 정확히 이해하고 사례에 적용하는 능력을 평가하는 문항이다.

문제 풀이 정답 : ②

제2조에서 무도장업을 양수한 사람이 종전 영업자의 위반사실이나 제재처분을 몰랐던 경우에도 종전 영업자에 대한 제재처분의 효과가 양수인에게 미친다. 그러나 무도장업 양도 당시에 종전 영업자에게 제재처분을 하기 위한 절차가 진행 중이었다면, 양수인이 양수 당시에 종전 영업자의 위반사실을 알고 있었던 경우에만 그 절차를 양수인에 대하여 계속 진행하고, 양수인이 종전 영

업자의 위반사실을 몰랐던 경우에는 제재처분을 위한 절차를 계속하여 진행할 수 없다. 제재처분의 효과는 그 양수인에게 그 제재처분일부터 1년간 미친다.

ㄱ. 을이 무도장업을 양수한 2020. 6. 30.은 갑이 제재처분을 받은 날인 2019. 6. 20.로부터 1년이 지난 후이므로, 제2조에 따르면 갑이 받은 제재처분의 효과는 을에게 미치지 않는다. 따라서 을의 위반행위 및 위반사항만을 기준으로 제재처분을 확인하는 것이 타당하고. 접대부 고용과 주류판매가 각각 1차 위반에 해당하여 각각 영업정지 2개월 및 영업정지 1개월이 처분기준으로 적용된다. 이 경우 '가'에 따라 두 처분 중 무거운 것을 택하여 처분하므로 행정청은 영업정지 2개월의 처분을 하는 것이 합당하다. ㄱ은 옳지 않은 적용이다.

ㄴ. 병은 호객행위로 시정명령을 받은 2020. 3. 15.로부터 1년이 지나지 않은 2020. 5. 15. 및 2020. 5. 30. 또 호객행위로 적발되었으므로, '다'에 따라 각각 2차위반과 3차위반에 해당한다. 그런데 3차위반은 2차위반에 대한 제재처분 전에 적발되었고 각각의 위반행위에 대한 처분기준이 모두 영업정지이므로 '나'가 적용된다. 따라서 2차위반에 대한 처분기준인 영업정지 10일과 3차위반에 대한 처분기준인 영업정지 20일에 각각의 2분의 1씩을 더한 영업정지 15일과 영업정지 30일을 합산하여 처분하므로, 행정청이 병에게 처분할 영업정지 기간의 합은 45일이다. ㄴ은 옳은 적용이다.

ㄷ. 정이 주류판매로 받은 제재처분의 효과는 제2조에 따라 제재처분일인 2019. 5. 10.로부터 1년간 양수인 무에게 미치므로, 무가 2020. 5. 15. 적발된 주류판매의 차수를 계산할 때에 정이 받은 제재처분은 고려하지 않는다. 또 정이 접대부 고용으로 적발된 사실은 무가 무도장업 양수 당시에 몰랐기 때문에. 제2조에 따라 제재처분을 위한 절차가 무에 대하여 진행되지 않으므로 '가'가 적용될 여지가 없다. 따라서 무의 위반행위는 주류판매 1차위반에 해당하므로 행정청은 무에게 영업정지 1개월의 처분을 하는 것이 합당하다. ㄷ은 옳지 않은 적용이다.

〈보기〉의 ㄴ만이 옳은 적용이므로 정답은 ②이다.

06.

〈상황〉에 대한 판단으로 옳은 것만을 〈보기〉에서 있는 대로 고른 것은?

[학칙]

제1조(학생의 징계) ① 학생이 학내에서 학생으로서의 품위를 손상하거나 학교의 명예를 실추시키는 등의 행위를 한 경우 학교장은 교육을 위하여 학생을 징계할 수 있다.

② 학교장은 학생을 징계하려면 교사를 참여시켜야 하고, 학생이나 보호자에게 의견을 진술할 기회를 주는 등 적정한 절차를 거쳐야 한다.

〈상황〉

P중학교 학생 갑은 집에서 실시간 원격수업을 받던 중 시민의 알권리를 위해 자신의 학교에서 조사 중인 체벌 사건의 내용을 SNS에 게시하여 사회적 파장을 일으켰다. P중학교는 이에 대하여 [학칙]에 따라 갑을 징계하려고 한다.

보 기

ㄱ. [학칙]에 규정된 '학내'는 학교의 물리적 공간으로 보아야 한다는 주장은 징계를 반대하는 논거가 된다.

ㄴ. 공익을 위한 학생의 표현의 자유는 제한 없이 보장되어야 한다는 주장은 징계를 반대하는 논거가 된다.

ㄷ. 수업시간 동안의 학생의 모든 활동을 학내 활동으로 간주해야 한다는 주장은 징계를 찬성하는 논거가 된다.

① ㄱ　　　　　　② ㄴ　　　　　　③ ㄱ, ㄷ
④ ㄴ, ㄷ　　　　　⑤ ㄱ, ㄴ, ㄷ

문항 성격　문항유형 : 논증 평가 및 문제해결

　　　　　　　내용영역 : 규범

평가 목표　이 문항은 [학칙]의 주요 용어나 적용 범위를 어떻게 해석할 것인지에 관한 각각의 주장이 징계 찬성 또는 징계 반대의 논거가 되는지 판단하는 능력을 평가하는 문항이다.

문제 풀이　정답 : ⑤

갑이 P중학교 체벌 사건의 내용을 SNS에 게시한 것은 학교에서 한 것은 아니었으나, 실시간 원격수업 중이었으므로 수업시간에 해당하고, 시민의 알권리를 위한다는 공익적 목적이 있었다.

 ㄱ. 〈상황〉에서 갑이 SNS 게시 행위를 한 장소는 집이므로, [학칙]의 '학내'를 물리적 공간으로 보아야 한다는 주장은 갑에 대한 징계를 반대하는 논거가 된다. ㄱ은 옳은 판단이다.

ㄴ. 〈상황〉에서 갑이 시민의 알권리를 위해 자신의 학교에서 조사 중인 체벌 사건의 내용을 SNS에 게시한 행위는 공익을 위한 표현 행위이므로, 공익을 위한 학생의 표현의 자유를 제한 없이 보장해야 한다는 주장은 갑에 대한 징계를 반대하는 논거가 된다. ㄴ은 옳은 판단이다.

ㄷ. 〈상황〉에서 갑의 SNS 게시 행위는 수업시간 중에 있었으므로, 수업시간 동안의 학생의 모든 활동을 학내 활동으로 간주해야 한다는 주장은 갑에 대한 징계를 찬성하는 논거가 된다. ㄷ은 옳은 판단이다.

〈보기〉의 ㄱ, ㄴ, ㄷ 모두 옳은 판단이므로 정답은 ⑤이다.

07.

〈견해〉에 따라 〈사례〉에서 갑에게 부과되는 형의 범위로 옳은 것은?

[규정]

「범죄처벌법」 제1조(절도죄) 타인의 물건을 훔친 자는 6년 이하의 징역에 처한다.

제2조(반복범) 징역 이상의 형을 받아 그 집행을 종료하거나 면제를 받은 후 2년 이내에 징역 이상에 해당하는 죄를 범한 자의 형의 기간 상한은 그 죄의 형의 기간 상한의 1.5배로 한다.

「절도범죄처벌특별법」 제1조(절도반복범) 절도죄로 두 번 이상의 징역형을 받은 자가 다시 절도죄를 범한 경우에는 2년 이상 20년 이하의 징역에 처한다.

〈견해〉

견해1 : 「범죄처벌법」에서 '형의 집행을 종료한 후'란 형의 집행 종료일 이후를 의미한다고 해석하여야 하므로 반복범의 기간 2년을 계산하는 시작점은 형의 집행 종료일 다음날이 되어야 한다.

견해2 : 「범죄처벌법」에서 '형의 집행을 종료한 후'란 문언 그대로 형의 집행이 종료된 출소 이후를 의미한다고 해석하여야 하므로 반복범의 기간 2년을 계산하는 시작점은 형의 집행 종료 당일이 되어 종료 당일도 2년의 기간에 포함된다.

견해A : 「절도범죄처벌특별법」 제1조는 「범죄처벌법」 제2조와 별개의 규정이므로 절도반복범에 해당하는 경우, 「절도범죄처벌특별법」이 따로 규정한 형벌의 범위 내에서만 형이 부과되어야 한다.

견해B : 「절도범죄처벌특별법」의 절도반복범은 절도범에 대한 가중처벌이므로 이 법에 따라 처벌하고, 이어 「범죄처벌법」의 반복범에도 해당하면 그 법에 따라 다시 가중처벌해야 한다.

〈사례〉

갑은 절도죄로 징역 6월을 선고받아 2014. 3. 15. 형집행이 종료되었고 이후 다시 저지른 절도죄로 징역 1년을 선고받아 2017. 9. 17. 형집행이 종료되었는데 다시 2019. 9. 17. 정오 무렵에 절도를 저질렀다(기간 계산에 있어서 시작일은 하루로 계산한다).

① 견해1과 견해A에 따르면, 징역 2년 이상 30년 이하
② 견해1과 견해B에 따르면, 징역 2년 이상 30년 이하
③ 견해2와 견해A에 따르면, 징역 2년 이상 30년 이하
④ 견해2와 견해A에 따르면, 징역 9년 이하
⑤ 견해2와 견해B에 따르면, 징역 2년 이상 30년 이하

문항 성격　문항유형 : 언어 추리

내용영역 : 규범

평가 목표　이 문항은 「범죄처벌법」 제2조의 '2년 이내'의 시작일에 대한 견해들 및 「범죄처벌법」상 '반복범'과 「절도범죄처벌특별법」상 '절도반복범'의 관계에 관한 견해들을 이해하고 이를 적용하여 갑에게 부과될 형의 범위를 계산하는 능력을 평가하는 문항이다.

문제 풀이　정답 : ②

갑이 받은 마지막 징역형의 집행은 2017. 9. 17. 종료되었으며, 2019. 9. 17. 낮에 다시 절도를 저질렀다. 갑이 「범죄처벌법」의 반복범에 해당하는지 확인하기 위해서는 기간 계산의 시작점을 알아야 하는데, 견해1에 따르면 반복범의 기간 2년은 형의 집행 종료일 다음날인 2017. 9. 18. 시작하고, 견해2에 따르면 형의 집행 종료 당일인 2017. 9. 17. 시작한다. 따라서 견해1에 따르면 반복범의 기간은 2019. 9. 17.까지이므로 갑은 「범죄처벌법」의 반복범에 해당하고, 견해2에 따르면 반복범의 기간은 2019. 9. 16.까지이므로 갑은 「범죄처벌법」의 반복범에 해당하지 않는다. 한편 갑은 절도죄로 두 번의 징역형을 받았으므로 「절도범죄처벌특별법」의 절도반복범에 해당한다. 견해A에 따르면 갑에게 반복범에 관한 「범죄처벌법」 제2조는 적용되지 않고 「절도범죄처벌특별법」 제1조에 따로 규정한 형벌의 범위 내에서만 형이 부과되어야 하지만, 견해B에 따르면 갑이 「범죄처

벌법」의 반복범에 해당하는 경우에는 「절도범죄처벌특별법」 제1조에 정한 형벌을 「범죄처벌법」 제2조에 따라 가중한 형을 받아야 한다.

② 견해1에 따르면 갑은 「범죄처벌법」의 반복범에 해당하고, 견해B에 따르면 「범죄처벌법」의 반복범에도 해당하는 사람에게는 「절도범죄처벌특별법」 제1조에 정한 형벌을 「범죄처벌법」 제2조에 따라 가중한 형을 부과해야 하므로, 갑에게 부과되는 형은 「절도범죄처벌특별법」 제1조에 정한 형벌을 「범죄처벌법」 제2조에 따라 가중한 형이다. 「범죄처벌법」 제2조에 따르면 형의 기간 상한만 1.5배로 가중하므로, 「절도범죄처벌특별법」 제1조에 정한 형벌의 상한인 20년을 30년으로 가중하게 된다. 따라서 갑에게 부과되는 형은 2년 이상 30년 이하의 징역이다.

① 견해A에 따르면 갑에게는 「절도범죄처벌특별법」 제1조만 적용되므로, 갑에게 부과되는 형은 2년 이상 20년 이하의 징역이다.

③ 견해A에 따르면 갑에게는 「절도범죄처벌특별법」 제1조만 적용되므로, 갑에게 부과되는 형은 2년 이상 20년 이하의 징역이다.

④ 견해A에 따르면 갑에게는 「절도범죄처벌특별법」 제1조만 적용되므로, 갑에게 부과되는 형은 2년 이상 20년 이하의 징역이다.

⑤ 견해2에 따르면 갑은 「범죄처벌법」의 반복범에 해당하지 않으므로, 「절도범죄처벌특별법」 제1조만 적용되어 갑에게 부과되는 형은 2년 이상 20년 이하의 징역이다.

08.

갑, 을, 병이 언급한 모든 사항을 충족하는 A 조항의 내용으로 가장 적절한 것은?

'알선'이란 어떤 사람과 그 상대방 간에 일정한 사항을 중개하여 편의를 도모하는 것을 의미한다. X국 「범죄법」 A 조항은 특정한 알선행위를 처벌하고 있다.

갑 : 공무원 신분을 가지지 않은 사람도 학연, 지연 등 개인의 영향력을 이용하여 공무원의 직무에 영향을 미칠 수 있으므로, A 조항은 이러한 사람의 알선행위도 처벌한다.

을 : 공무원의 직무집행에 대한 사회적 신뢰 보호가 중요하므로, A 조항은 실제로 알선행위를 하였는지와 상관없이 공무원의 직무에 관하여 알선 명목으로 자신의 이익을 추구하는 행위를 처벌한다.

병 : 선의의 알선행위를 금지할 필요는 없으므로, A 조항은 자신의 이익을 취득하기 위한 공무원
의 직무에 관한 알선행위를 금지한다. 이때 A 조항은 일정한 예방 효과를 거두기 위해서 알
선에 관련하여 취득된 재산을 보유하지 못하도록 강제하고 있다.

① 공무원의 직무에 속한 사항의 알선에 관련하여 금품이나 이익을 받거나 받기로 약속한
사람은 5년 이하의 징역 또는 1천만 원 이하의 벌금에 처한다.

② 금품이나 이익을 받거나 받기로 약속하고 공무원의 직무에 속한 사항에 관하여 알선한
사람은 5년 이하의 징역에 처하고, 이로 인하여 취득한 재산은 몰수한다.

③ 공무원이 그 지위를 이용하여 다른 공무원의 직무에 속한 사항의 알선에 관련하여 금
품이나 이익을 받거나 받기로 약속한 사람은 5년 이하의 징역 또는 1천만 원 이하의
벌금에 처한다.

④ 공무원의 직무에 속한 사항의 알선에 관련하여 금품이나 이익을 받거나 받기로 약속한
사람은 5년 이하의 징역 또는 1천만 원 이하의 벌금에 처하고, 이로 인하여 취득한 재
산은 몰수한다.

⑤ 공무원의 직무에 속한 사항의 알선에 관련하여 금품이나 이익을 제공하거나 제공의 의
사를 표시한 사람은 5년 이하의 징역 또는 7년 이하의 자격정지에 처하고, 이로 인하
여 취득한 재산은 몰수한다.

문항 성격	문항유형 : 논증 분석
	내용영역 : 규범
평가 목표	이 문항은 갑, 을, 병이 언급한 모든 사항을 충족하는 규범을 찾아내는 능력을 평가하는 문항이다.
문제 풀이	정답 : ④

갑에 따르면 A 조항은 공무원의 알선행위뿐만 아니라 공무원 아닌 사람의 알선행위도 처벌한다.
을에 따르면 A 조항은 실제 알선행위를 한 것뿐만 아니라 알선 명목으로 자신의 이익을 추구한
행위도 처벌한다. 병에 따르면 A 조항은 자신의 이익을 취득하기 위한 알선행위를 금지하고, 알
선에 관련하여 취득한 재산을 보유하지 못하게 한다.

정답 해설 ④ 공무원 신분을 요구하지 않는다는 점에서 갑이 언급한 사항을 충족하고, 실제
알선행위를 할 것을 요구하지 않는다는 점과 금품 또는 이익을 받거나 받기로
약속함으로써 자신의 이익을 추구한 사람을 처벌한다는 점에서 을이 언급한 사
항을 충족하며, 알선에 관련하여 자신의 이익을 추구한 사람을 처벌하고 이들이

취득한 재산을 몰수한다는 점에서 병이 언급한 사항을 충족한다. ④는 갑, 을, 병이 언급한 모든 사항을 충족하는 A 조항의 내용으로 적절하다.

① 징역형 또는 벌금형이 가능할 뿐이고 재산 몰수 규정이 없으므로 병이 언급한 사항을 충족하지 못한다. 벌금형으로 사실상의 재산 몰수가 가능한 면이 있으나, 벌금의 상한이 1천만 원으로 정해져 있으므로 알선에 관련하여 취득한 재산을 전부 회수하지 못할 수도 있고, 벌금형 아닌 징역형에 처해지는 경우에는 알선에 관련하여 취득한 재산을 그대로 보유할 수 있게 된다. ①은 A 조항의 내용으로 적절하지 않다.

② 실제 알선행위를 한 경우만을 처벌하므로 을이 언급한 사항을 충족하지 못한다. ②는 A 조항의 내용으로 적절하지 않다.

③ 공무원만 처벌 대상이므로 갑이 언급한 사항을 충족하지 못하고, 재산 몰수 규정이 없으므로 병이 언급한 사항을 충족하지 못한다. 벌금형으로 사실상의 재산 몰수가 가능한 면이 있으나, 벌금의 상한이 1천만 원으로 정해져 있으므로 알선에 관련하여 취득한 재산을 전부 회수하지 못할 수도 있고, 벌금형 아닌 징역형에 처해지는 경우에는 알선에 관련하여 취득한 재산을 그대로 보유할 수 있게 된다. ③은 A 조항의 내용으로 적절하지 않다.

⑤ 알선 명목으로 자신의 이익을 추구하는 행위 또는 자신의 이익을 취득하기 위한 알선행위를 하는 사람을 처벌하는 것이 아니라, 그들에게 알선을 부탁하면서 이익을 제공하거나 제공 의사를 표시하는 사람을 처벌하는 것이므로, 을과 병이 언급한 사항을 충족하지 못한다. ⑤는 A 조항의 내용으로 적절하지 않다.

09.

〈견해〉에 대한 평가로 옳은 것만을 〈보기〉에서 있는 대로 고른 것은?

[규정]

제1조(정의) '약사(藥事)'란 의약품·의약외품의 제조·조제·보관·수입·판매[수여(授與)를 포함]와 그 밖의 약학 기술에 관련된 사항을 말한다.

제2조(의약품 판매) 약국 개설자가 아니면 의약품을 판매하거나 판매할 목적으로 취득할 수 없다. 다만, 의약품의 제조업 허가를 받은 자가 제조한 의약품을, 의약품 제조업 또는 판매업의 허가를 받은 자에게 판매하는 경우에는 그러하지 아니하다.

보 기

ㄱ. [규정]에서 의약품 도매상이 되려는 자는 시장·군수·구청장의 허가를 받아야 하고, 제조업자가 되려는 자는 식품의약청장의 허가를 받아야 한다는 별도의 규정이 있다면 견해1은 약화된다.

ㄴ. 제1조의 판매에 포함되는 '수여(授與)'의 개념에 거래 상대방과 관계없이 물건 자체의 이전(移轉)도 포함된다면 견해2는 강화된다.

ㄷ. 제2조의 입법취지에 따른 판매 개념이 일반 대중에게 의약품이 유통되는 것을 의미하는 것이라면 견해2는 강화된다.

① ㄴ   ② ㄷ   ③ ㄱ, ㄴ

④ ㄱ, ㄷ   ⑤ ㄱ, ㄴ, ㄷ

문항 성격   문항유형 : 논증 평가 및 문제해결

내용영역 : 규범

평가 목표　이 문항은 규정을 근거로 사례를 해석하는 각각의 견해가 별도의 규정이나 입법취지 등 추가적인 정보에 의해 강화되거나 약화되는지 따져 보는 능력을 평가하는 문항이다.

문제 풀이　정답 : ②

[규정]은 약사법상 판매할 수 있는 자를 약국 개설자와 허가받은 제조업자·판매업자로 한정하고 있다. 〈사례〉에서는 제조업과 판매업의 허가를 모두 받은 P회사가 제조업자의 지위에서 판매 정지 처분을 받은 상황에서 의약품을 P회사 내에서 출고하고 또 입고하였다. P회사의 이러한 출고 및 입고가 [규정]의 '판매'에 해당하는지에 대해 견해1과 견해2가 대립하고 있다.

　견해1은 P회사는 제조업자와 판매업자 각각의 독립된 지위를 가지고 있으므로 동일한 회사 내에서의 이동도 거래로 볼 수 있어 '판매'에 해당된다는 입장이다.

　견해2는 P회사가 제조업과 판매업 허가를 각각 받았더라도 판매라고 하기 위해서는 독립한 거래 상대방이 있어야 하는데, 〈사례〉는 동일한 회사 내에서 의약품의 단순한 이동에 불과하므로 [규정]의 '판매'에 해당하지 않는다는 입장이다.

〈보기〉 해설　ㄱ. 별도의 규정에서 의약품 도매상에 대한 허가기관과 제조업자에 대한 허가기관이 각각 다르다는 것이 P회사가 서로 다른 지위에 있다는 점을 도출하는지 명확하지 않으므로 상대방에게 '판매'한 것에 해당되는지 여부와 직접적으로 연결시키기 어렵다. 따라서 이것이 견해1 또는 견해2를 약화하거나 강화하는지를 판단하기 어렵다. 만약 제조업과 판매업에 대해 각각의 허가기관이 다르다는 것으로부터, P회사가 제조업자와 판매업자의 지위가 각각 구분되는 상황에서 서로 다른 지위에서 거래한 것으로 보아 '판매'에 해당하는 것으로 보아야 한다는 점이 도출된다면, 견해1은 약화되는 것이 아니라 오히려 강화된다. ㄱ은 옳지 않은 평가이다.

　ㄴ. 거래의 상대방과 무관하게 물건의 이전이 곧 '수여'에 해당하고 따라서 '판매'에 해당한다면, 의약품이 동일 회사 내에서 이동하더라도 그 지위가 구분되는 상대방과의 거래로 볼 수 있다는 견해1은 강화되고, '판매'는 독립한 거래 상대방의 존재를 전제하는 개념이라는 견해2는 약화된다. ㄴ은 옳지 않은 평가이다.

　ㄷ. P회사에 의약품을 입고한 것은 일반 대중에게 의약품을 유통시킨 것이 아니고, P회사는 소매상이 아니라 도매상이므로 P회사가 일반 대중에게 유통시킬 목적으로 취득한 것도 아니다. 제2조의 입법취지에 따른 판매 개념이 일반 대중에게 의약품이 유통되는 것을 의미하는 것이라면, P회사 내에서의 의약품의 이동은 제2조의 입법취지에 따른 판매라고 할 수 없으므로, 동일한 회사 내에서의 이동은 판매에 해당하지 않는다고 하는 견해2는 강화된다. ㄷ은 옳은 평가이다.

〈보기〉의 ㄷ만이 옳은 평가이므로 정답은 ②이다.

10.

[규정]을 〈사례〉에 적용한 것으로 옳은 것만을 〈보기〉에서 있는 대로 고른 것은?

주식시장에서는 [규정]에 의하여 체결 가격(이하 가격이라 한다)을 결정한다.

[규정]

제1조 가격은 10분마다 결정한다.

제2조 직전 가격 결정 후 10분간의 매도·매수주문에 따라 새로운 가격을 결정한다.

제3조 호가(매도·매수하려는 사람이 표시하는 가격) 중 체결가능수량이 가장 많은 호가를 가격으로 결정하여 거래가 체결된다. 이때 체결가능수량은 다음 ①과 ② 중에서 적은 것으로 한다.

　① 해당 호가 이상의 매수주문 주식 수의 총합

　② 해당 호가 이하의 매도주문 주식 수의 총합

제4조 가격이 결정되면 해당 가격의 체결가능수량은 그 가격에 전량 체결된다. 이때 그 체결가능수량이 매도주문 수량이면 해당 가격보다 높은 호가의 매수 수량부터, 매수주문 수량이면 해당 가격보다 낮은 호가의 매도 수량부터 먼저 체결된다.

〈사례〉

특정 시점에 A주식에 대한 주문은 다음과 같다. 이후 가격 결정 시점까지 갑 이외의 사람은 추가로 주문을 내지 않으며, 이미 낸 주문을 철회하지도 않는다(A주식의 호가별 차이는 50원이다).

매도·매수 호가	매도주문 수량(주)	매수주문 수량(주)
10,550원 이상	0	0
10,500원	20,000	8,400
10,450원	14,000	(㉠)
10,400원 이하	0	0

ㄱ. ㉠이 17,000이고 갑이 만약 10,500원에 4,000주 추가 매수주문을 내면 10,500원에 12,400주 전량이 체결된다.

ㄴ. 갑이 만약 10,500원에 8,000주 추가 매수주문을 내면 ㉠과 관계없이 10,500원에 16,400주 전량이 체결된다.

ㄷ. 갑이 만약 10,450원에 10,000주 추가 매도주문을 내고 10,450원에 매도주문된 24,000주 전량이 체결되었다면, ㉠은 15,700이 될 수 있다.

① ㄱ　　　　　　　　② ㄴ　　　　　　　　③ ㄱ, ㄷ
④ ㄴ, ㄷ　　　　　　⑤ ㄱ, ㄴ, ㄷ

문항 성격	문항유형 : 언어 추리
	내용영역 : 규범
평가 목표	이 문항은 체결 가격 결정에 관한 규정을 이해하고 이를 개별 사례에 적용하여 문제를 해결하는 능력을 평가하는 문항이다.
문제 풀이	정답 : ④

[규정]의 가격 결정 기준을 이해하고 호가별 매도주문과 매수주문을 비교하여 체결 가격을 결정하는 것이 풀이의 핵심이다. 예컨대, 호가 10,500원에 가격이 결정되는지 알아보기 위해서는 매도주문은 호가 10,500원 이하를 모두 살펴보고, 매수주문은 호가 10,500원 이상을 모두 살펴보아야 한다. 매도주문은 34,000주, 매수주문은 8,400주이므로 8,400주가 체결될 수 있다. 10,450원에 체결되는지 알아보기 위해서는 매도주문은 호가 10,450원 이하를 모두 살펴보고, 매수주문은 호가 10,450원 이상을 모두 살펴보아야 한다. 매도주문은 14,000주, 매수주문은 [8,400+㉠]주가 된다.

〈보기〉 해설　ㄱ. ㉠이 17,000이고 갑이 10,500원에 4,000주 추가 매수주문을 내면, 호가 10,500원에는 매도주문 수량이 34,000주이고 매수주문 수량은 12,400주이므로 더 적은 12,400주가 체결가능수량이 된다. 호가 10,450원에는 매도주문 수량은 14,000주, 매수주문 수량은 29,400주이므로 매도주문 수량인 14,000주가 체결가능수량이 된다. 호가 10,500원의 체결가능수량 12,400주보다 호가 10,450원의 체결가능수량이 더 많으므로, 10,450원에 14,000주가 체결된다(참고로 10,500원에 매수주문된 12,400주 전부와 10,450원에 매수주문된 일부 수량인 1,600주가 체결된다). ㄱ은 옳게 적용하지 않은 것이다.

　　ㄴ. 갑이 10,500원에 8,000주 추가 매수주문을 내면, 호가 10,500원에는 매도주문 수량이 34,000주이고 매수주문 수량은 16,400주이므로 체결가능수량은 매수주문 수량인 16,400주이다. 호가 10,450원에는 매도주문 수량이 14,000주이고, 매수주문 수량은 [16,400+㉠]주이다. 이때, ㉠이 0이라고 해도 호가 10,450원의 매수주문 수량은 16,400주가 되어 매도주문 수량(14,000주)보다 크므로 호가

10,450원에는 ㉠과 관계없이 14,000주가 체결가능수량이 된다. 따라서 10,500
원에 매수주문 수량 16,400주가 전량 체결된다(참고로 10,450원에 매도주문
된 14,000주 전부와 10,500원에 매도주문된 일부 수량인 2,400주가 체결된다).
ㄴ은 옳게 적용한 것이다.

ㄷ. 갑이 10,450원에 10,000주 추가 매도주문을 내는 경우, 호가 10,500원에는 매
도주문 수량이 44,000주이고 매수주문 수량이 8,400주여서 8,400주가 체결가
능수량이고, 호가 10,550원 이상과 호가 10,400원 이하에는 매도주문 수량 또
는 매수주문 수량이 0이어서 체결가능수량이 0이므로, 10,450원에 매도주문된
24,000주 전량이 체결되기 위해서는 호가 10,450원의 체결가능수량이 24,000
주 이상이어야 한다. 갑의 추가 매도주문으로 호가 10,450원에는 매도주문 수
량이 24,000주가 되므로, 호가 10,450원의 체결가능수량이 24,000주 이상이기
위해서는 호가 10,450원의 매수주문 수량이 24,000주 이상이어야 한다. 호가
10,450원의 매수주문 수량은 [8,400+㉠]주이므로 [8,400+㉠]이 24,000 이상
이어야 한다는 의미이고, 결국 ㉠은 15,600(=24,000−8,400) 이상이어야 한다.
그러므로 ㉠은 15,700이 될 수 있다. ㄷ은 옳게 적용한 것이다.

〈보기〉의 ㄴ, ㄷ만이 옳게 적용한 것이므로 정답은 ④이다.

11.

다음 글에 대한 분석으로 옳은 것만을 〈보기〉에서 있는 대로 고른 것은?

〈X국 세법의 부동산보유세율〉

부동산 가격	세율
5억 원 이하	0.5%
5억 원 초과 10억 원 이하	1.5%
10억 원 초과 20억 원 이하	2.5%
20억 원 초과	3.5%

〈상황〉

　회사 갑과 회사 을은 P그룹에 속하고, 회사 병과 회사 정은 Q일가의 가족이 운영하고 있다. P
는 기업등록부에 그룹으로 등록되어 있으며, Q는 그룹으로 등록되어 있지 않다. X국의 현행 세법

에 따르면 각 회사별로 보유하고 있는 부동산에 대하여 개별 과세한다. (P와 Q 자체는 부동산을 보유하고 있지 않다.)

〈견해〉

견해1 : 과세는 경제공동체 단위로 이루어져야 한다. 기업등록부에 등록된 하나의 그룹 내 속한 회사들은 경제공동체로 볼 수 있다. 예컨대 P그룹에 속한 회사 중 갑만이 10억 원의 부동산을 소유하는 경우의 총과세액과 갑, 을 각각 5억 원의 부동산을 소유하는 경우의 총과세액이 현행 세법에 따르면 달라지는데 이는 경제공동체라는 점이 반영되지 않으므로 부당하다. P그룹 내 각 회사의 부동산 소유 개별 가격에 관계 없이 합산 부동산 가격에 대해 과세해야 경제공동체라는 점이 반영된다. 즉, P그룹 내 회사들의 소유 부동산에 대해 합산과세하여야 한다.

견해2 : 과세는 경제공동체 단위로 이루어지는 것이 바람직하지만, 기업등록부에 등록된 그룹에 대해서만 부동산보유세 합산과세를 하는 경우에는 다음과 같은 문제점이 생긴다. 예컨대 Q일가가 운영하는 병과 정은 기업등록부에 그룹으로 등록된 회사가 아니므로 병과 정의 보유 부동산 가액은 과세 시 합산되지 않는다. P와 Q에 속한 각 회사들의 부동산 가액의 합이 같은 경우에는, P와 Q 모두 실질적으로 경제공동체의 속성을 가지고 있음에도 불구하고 P가 Q보다 세금을 더 내게 되어 불공평한 결과를 초래한다. 따라서 차라리 현행 세법에 따라 그룹 등록 여부와 무관하게 각 회사별로 개별과세하는 것이 옳다.

보 기

ㄱ. P에 속한 회사들의 부동산 합산 가격이 5억 원 이하라면, 견해1에 의하여 과세하든 견해2에 의하여 과세하든 과세 총액이 달라지지 않는다.

ㄴ. P에 속한 회사들의 부동산 합산 가격이 20억 원을 초과한다면, 견해1에 의하여 과세하는 경우와 견해2에 의하여 과세하는 경우에 각 과세 총액이 같아지는 경우는 없다.

ㄷ. Q 등의 실질적인 경제공동체를 기업등록부에 등록된 그룹으로 보는 세법 개정이 이루어진다면, 견해2는 P에 대한 부동산보유세 합산과세에 반대하지 않을 것이다.

① ㄱ   ② ㄴ   ③ ㄱ, ㄷ

④ ㄴ, ㄷ   ⑤ ㄱ, ㄴ, ㄷ

평가 목표　이 문항은 부동산 가격의 범위에 따라 세율이 다른 것으로 인하여 합산과세와 개별과세에 어떠한 차이가 생기는지를 이해하고 각 견해의 요지를 이해하여 개별 사안을 판단하는 능력을 평가하는 문항이다.

문제 풀이　정답 : ③

[X국 세법의 부동산보유세율]은 각 부동산 가격의 해당 범위에 따라 가격이 높을수록 세율이 높아지는 구조를 취하고 있다. 이에 따르면, 하나의 경제주체가 여럿의 부동산을 소유하고 있는 경우 따로 과세하는 경우보다 합산하여 과세하는 경우 세금이 더 많아진다. 이러한 구조에서 하나의 그룹에 속한 여러 회사들이 각각 소유한 부동산에 대한 개별과세가 이루어진다면, 전체 부동산 금액에 대하여 합산과세하는 것보다 세금이 적어진다. 이러한 문제의식에서 견해1은 하나의 그룹에 속한 회사들에게는 경제공동체로서의 속성을 반영하여 부동산보유세 합산과세를 해야 함을 주장하고 있다. 반면, 견해2는 견해1의 기본적인 입장(경제공동체에 대한 부동산보유세 합산과세)에 동의하면서도, Q일가가 운영하는 회사들이 사실상 경제공동체로서 P그룹과 같은 입장에 있는데도 개별과세를 할 수밖에 없어서 P그룹 회사들은 Q일가의 회사들과 비교하여 더 많은 세금을 내는 구조가 되므로 차라리 P, Q 모두 현행 세법대로 개별과세를 하는 것이 형평에 맞다고 본다.

〈보기〉 해설　ㄱ. 부동산 합산 가격이 5억 원 이하인 경우에는 견해1에 따라 합산과세를 하든 견해2에 따라 개별과세를 하든 0.5%의 세율이 적용되어 과세총액이 같다. ㄱ은 옳은 분석이다.

ㄴ. 부동산을 보유한 P 소속 회사들이 각각 20억 원을 넘는 부동산을 보유하고 있다면, 견해1에 따라 합산과세를 하든 견해2에 따라 개별과세를 하든 3.5%의 세율이 적용되어 과세총액이 같다. ㄴ은 옳지 않은 분석이다.

ㄷ. 견해2는 하나의 경제공동체에 대한 부동산보유세 합산과세에는 기본적으로 동의한다. 다만 P와 Q 모두 실질적으로 경제공동체로 취급할 수 있는데도 P에 대하여만 합산과세를 하고 Q에 대해서는 개별과세를 하게 되면 불공평한 결과를 초래하므로 차라리 P와 Q 모두에 대해 개별과세를 하자는 주장인 것이다. 따라서 실질적 경제공동체인 Q를 기업등록부에 등록된 그룹으로 보는 세법 개정이 이루어져서 Q를 P와 같이 취급할 수 있게 됨으로써 불공평한 결과를 막을 수 있다면, 견해2는 P에 대한 부동산보유세 합산과세에 반대하지 않을 것이다. ㄷ은 옳은 분석이다.

〈보기〉의 ㄱ, ㄷ만이 옳은 분석이므로 정답은 ③이다.

12.

다음으로부터 〈사례〉를 판단한 것으로 옳은 것만을 〈보기〉에서 있는 대로 고른 것은?

X를 하겠다고 약속하는 경우 일반적으로 X를 해야 할 도덕적 의무가 생겨난다. 하지만 이에 대한 예외가 있는데 그것은 X가 도덕적으로 옳지 않은 경우이다. 이 예외를 어떻게 설명할지에 대해서 갑과 을이 논쟁하였다.

갑 : X를 하는 것이 도덕적으로 옳지 않을 때 X를 하겠다고 약속하는 것은 도덕적으로 옳지 않다. 예를 들어 어떤 사람을 살해하겠다는 약속이 옳지 않은 이유는, 살인 행위 자체가 도덕적으로 잘못되었기 때문이다. 일반적으로 약속을 한 사람은 그 약속을 지켜야 할 의무가 있지만, 그것이 도덕적으로 옳지 않은 약속일 경우에 그리고 그런 경우에만 그 약속을 지킬 의무가 생겨나지 않는다. 살인 약속은 살인 자체가 나쁘기 때문에 그 약속을 지켜야 할 의무가 없는 것이다.

을 : X를 하기로 약속했다고 할 때 X를 하는 것이 나쁘다고 해서 X를 하기로 한 약속 역시 도덕적으로 나쁘다고 볼 수 없다. 우리는 약속을 하는 것과 그 약속을 지키는 것을 구별할 필요가 있다. 예를 들어 사람을 살해하는 것과 같이 X를 하는 것이 도덕적으로 옳지 않다고 하더라도, X를 하기로 한 약속을 수단으로 사용해서 선한 결과를 얻는다면 그 약속 자체는 오히려 도덕적으로 옳다고 볼 수 있다. 일반적으로 약속은 그 약속을 지켜야 할 의무를 부과하지만, 살인과 같이 X가 도덕적으로 옳지 않고 X를 하지 않을 의무가 X를 하기로 한 약속을 지키는 의무보다 더 강할 때 그 약속을 지켜야 할 의무가 사라지는 것이다.

〈사례〉

범죄 조직에 신분을 숨기고 잠입한 경찰관 A는 그 조직 내에서 신뢰를 얻게 되었다. A는 조직 두목인 B에게 접근하여 "현금 1억 원을 준다면 경쟁 조직의 두목을 살해하겠다."는 약속을 했다. 그 약속을 믿은 B는 A의 계좌로 1억 원을 송금했고, A는 계좌 추적을 통해서 B를 구속하고 범죄 조직을 일망타진했다.

보 기

ㄱ. A가 B에게 한 약속이 도덕적으로 나쁜지에 대해 갑과 을은 의견을 달리할 것이다.
ㄴ. A가 B에게 한 약속을 지킬 의무가 있는지에 대해서 갑과 을은 의견을 달리할 것이다.
ㄷ. 만약 A의 약속이 "현금 1억 원을 준다면 내가 물구나무를 서겠다."라는 것이었다면, A가 이 약속을 지킬 의무가 있는지에 대해서 갑과 을은 의견을 달리할 것이다.

① ㄱ   ② ㄷ   ③ ㄱ, ㄴ
④ ㄴ, ㄷ   ⑤ ㄱ, ㄴ, ㄷ

문항 성격   문항유형 : 언어 추리
내용영역 : 규범
평가 목표   이 문항은 약속의 역설적 측면에 대한 서로 다른 입장을 이해하고 이를 사례에 적용하여 옳게 추론할 수 있는 능력을 평가하는 문항이다.
문제 풀이   정답 : ①

행위 X를 약속하는 경우 일반적으로 X를 해야 할 도덕적 의무가 발생한다. 하지만 언제나 그런 것은 아니다. 제시문의 내용은 그에 관한 논쟁을 다루고 있다. 제시문에서 갑은 일반적으로 약속을 하는 것은 그 약속을 지켜야 할 의무를 발생시킨다고 본다. 하지만 살인 약속처럼, X를 하는 것이 도덕적으로 나쁜 경우 그리고 오직 그런 경우에만 X를 하겠다는 약속을 지킬 의무가 사라진다고 말한다. 반면에 을은 약속을 하는 것과 약속을 지키는 것을 구분할 필요가 있고, 약속의 내용으로부터 약속을 하는 것의 도덕적 좋음이나 나쁨이 따라나오지 않는다고 주장한다. 그리고 갑과 마찬가지로 을은 일반적으로 약속은 약속을 지켜야 할 의무를 부과하지만, 살인의 약속과 같이 X가 도덕적으로 옳지 않고 X를 하지 않을 의무가 X를 하기로 한 약속을 지켜야 할 의무보다 더 강할 때 그 약속을 지켜야 할 의무가 사라진다고 말한다. 제시문의 〈사례〉는 살인 약속을 수단으로 사용하여 선한 결과를 얻게 된 상황을 보여주고 있다.

〈보기〉 해설   ㄱ. 〈사례〉에서 A는 살인 약속을 수단으로 사용하여 선한 결과를 얻게 된다. 갑은 살인 행위가 도덕적으로 나쁜 행위이고 그렇기 때문에 살인을 약속하는 것도 도덕적으로 나쁘다고 보고 있으므로, A의 살인 약속은 도덕적으로 나쁘다고 볼 것이다. 반면 을은 약속을 하는 것과 약속을 지키는 것을 구별하고, 살인 약속이 수단이 되어 선한 결과를 얻는 경우 그 약속 자체는 오히려 도덕적으로 옳다고 보고 있으므로, A의 약속이 도덕적으로 옳다고 볼 것이다. ㄱ은 옳은 판단이다.

ㄴ. 갑은 일반적으로 약속을 한 사람은 그 약속을 지켜야 할 의무가 있지만, 살인 약속은 살인 자체가 나쁘기 때문에 그 약속을 지켜야 할 의무가 없다고 말하고 있다. 을 역시 일반적으로 약속은 그 약속을 지켜야 할 의무를 부과하지만, 살인과 같이 X가 도덕적으로 옳지 않고 X를 하지 않을 의무가 X를 하기로 한 약속을 지키는 의무보다 더 강할 때 그 약속을 지켜야 할 의무가 사라진다고 보고 있다. 따라서 ㄴ은 옳지 않은 판단이다.

ㄷ. "현금 1억 원을 준다면 내가 물구나무를 서겠다."는 도덕적으로 옳지 않은 내용
의 약속인 것은 아니다. 갑과 을 모두, 도덕적으로 옳지 않은 내용의 약속이 아
닌, 일반적인 약속의 경우에는 약속을 지켜야 할 의무가 발생한다고 보고 있다.
따라서 ㄷ은 옳지 않은 판단이다.

〈보기〉의 ㄱ만이 옳은 판단이므로 정답은 ①이다.

13.
다음 논쟁에 대한 분석으로 옳은 것만을 〈보기〉에서 있는 대로 고른 것은?

> 위험은 현실화될 때도 있고 안 그럴 때도 있다. 주식 투자에는 원금 손실의 위험이 따르며 실제
> 로 위험이 현실화되어 원금 손실이 발생할 때도 있고 안 그럴 때도 있는 것이다. 후자처럼 현실화
> 되지 않은 위험을 '순(純)위험'이라고 하는데, 타인에게 순위험만 안긴 행위도 도덕적으로 그른지
> 를 놓고 갑~정이 논쟁을 벌였다.
>
> 갑 : 타인에게 위험을 안긴 행위는 위험의 현실화 여부와 상관없이 당연히 그 자체로 도덕적으로
> 　　그른 거야. 누구든 위험을 떠안으면 그로 인해 그 사람은 일단 해악을 입게 되는 거야. 정비
> 　　부실로 추락 사고의 위험이 있는 비행기에 탑승한 승객을 생각해 봐. 비록 추락 위험이 현실
> 　　화되지 않았고 그런 위험을 당사자가 몰랐다고 하더라도, 생명의 위협에 장시간 노출되었다
> 　　는 사실 그 자체로 그 승객은 해악을 입었다고 말할 수 있지.
> 을 : 하지만 순위험을 안긴 행위를 무작정 도덕적으로 비난하는 것은 잘못이야. 순위험을 안긴 행
> 　　위가 도덕적으로 그르다 할 수 있는 경우는 그런 위험이 있다는 것을 알았다면 당사자의 자
> 　　율적 행위 선택이 바뀔 수도 있는 경우로 한정하는 것이 옳아.
> 병 : 그건 아니지. 만약 그런 식으로 범위를 한정하면, 직관에 어긋나는 사례가 많이 생겨날 거야.
> 　　혼수상태에 빠진 사람이나 갓난아기에게 순위험을 안긴 행위도 도덕적으로 잘못일 때가 있잖
> 　　아. 하지만 그런 사람들은 애초에 자율적 선택 능력이 없으니 선택이 바뀔 일도 없지 않겠어?
> 정 : 내 생각은 달라. 어떤 자동차가 신호 위반을 했는데 길을 건너던 행인이 간신히 피했다고 해
> 　　봐. 비록 교통사고의 위험이 현실화되지는 않았지만, 그 행인이 상당한 정신적 충격을 입었
> 　　을 수 있어. 순위험의 경우에는 이처럼 어떤 부수적인 해악이 실제로 발생했을 때만 도덕적
> 　　으로 그르다고 해야 한다고 생각해.

ㄱ. 갑과 병은 혼수상태에 빠진 사람에게 순위험을 안긴 행위가 도덕적으로 그를 수 있
   다는 것을 인정한다.
ㄴ. 순위험을 안긴 어떤 행위에 대해 을이나 정이 도덕적으로 그르다고 판단했다면, 갑
   도 그렇게 판단할 것이다.
ㄷ. 순위험을 안긴 행위가 타인의 자율적 선택을 침해했을 때 그 행위가 도덕적으로 그
   른지에 대해 을과 병의 의견이 다르다.

① ㄱ   ② ㄷ   ③ ㄱ, ㄴ
④ ㄴ, ㄷ   ⑤ ㄱ, ㄴ, ㄷ

문항 성격 문항유형 : 논쟁 및 반론

내용영역 : 규범

평가 목표 이 문항은 논쟁의 쟁점이 무엇이며 각 쟁점에 대한 논쟁 참여자들의 주장이 무엇인지
정확히 분석할 수 있는 능력을 평가하는 문항이다.

문제 풀이 정답 : ③

순위험이란 현실화되지 않은 위험을 의미한다. 순위험 부과 행위의 도덕성 문제가 전체 논쟁의
쟁점이다. 이에 대한 갑~정의 견해는 다음과 같다.

갑 : 모든 순위험 부과 행위가 도덕적으로 그르다.

을 : 순위험을 안긴 행위가 도덕적으로 그르다 할 수 있는 경우는 그런 위험이 있다는 것을 알았
    다면 당사자의 자율적 행위 선택이 바뀔 수도 있는 경우로 한정하는 것이 옳다.

병 : 을의 판단기준에 동의하지 않으며, 혼수상태에 빠진 사람이나 갓난아기에게 순위험을 안긴
    행위가 도덕적으로 잘못일 때가 있다. (병은 순위험 부과 행위가 도덕적으로 그른 것인지 판
    단하는 일반 원칙을 제시하지 않는다.)

정 : 순위험 부과 행위가 부수적 해악을 입혔을 때만 도덕적으로 그르다.

〈보기〉 해설 ㄱ. 병은 구체적으로 혼수상태에 빠진 사람에 대한 순위험 부과 행위가 도덕적으로
          그를 수 있다고 주장하였고, 갑은 모든 순위험 부과 행위가 도덕적으로 그르다
          고 주장하므로, ㄱ은 옳은 분석이다.

    ㄴ. 갑은 모든 순위험 부과 행위가 도덕적으로 그르다고 주장하고, 을과 정은 제한
        조건을 제시하여 순위험 부과 행위 중 일부가 도덕적으로 그르다고 주장하고
        있다. 따라서 을이나 정이 도덕적으로 그르다고 인정하는 순위험 부과 행위를
        갑도 그렇다고 인정할 것이다. ㄴ은 옳은 분석이다.

326

ㄷ. 병이 을의 견해에 반대한 것은 순위험을 안긴 행위가 도덕적으로 그르다고 할
수 있는 경우는 타인의 자율성을 침해한 경우로 한정해서는 안 된다는 것일 뿐,
타인의 자율성을 침해한 순위험 부과 행위가 도덕적으로 그르지 않다고 밝힌
바가 없다. 따라서 을과 병의 의견이 다르다고 분석할 근거가 없으므로, ㄷ은 옳
지 않은 분석이다.

〈보기〉의 ㄱ, ㄴ만이 옳은 분석이므로 정답은 ③이다.

14.

다음 대화에 대한 분석으로 옳은 것만을 〈보기〉에서 있는 대로 고른 것은?

갑 : 죽은 사람이 물리적으로 해를 입을 수는 없지만, 여전히 그에게 무언가 이롭거나 해로운 일
을 할 수 있다고 잘못 생각하는 경우가 있어. 죽은 사람에 관해 거짓 소문을 비열하게 퍼뜨리
는 것이 그에게 실제로 해를 끼치지는 않아. 다만 그와 관련된 살아 있는 사람들, 즉 그의 자
손이나 그를 존경하는 다른 사람들의 마음에는 상처가 될 수 있지.

을 : 하지만 살아 있는 사람들이 왜 마음에 상처를 입겠니? 비열한 소문이 고인에게도 해를 끼쳤
다고 그들은 생각할 거야. 가령, 어떤 어머니가 생전에 자신이 살던 집을 절대 팔지 않겠다고
단언했고, 자신이 죽고 난 후에도 그럴 일이 없기를 희망했다고 해 보자. 어머니가 돌아가신
후 집을 상속받은 딸이 어머니의 뜻에 따라 집을 매각할 생각이 전혀 없다면, 그 이유는 그렇
게 하면 어머니가 좋아하지 않는다고 생각하기 때문일 거야. 이 경우, 딸의 행동은 어머니가
생전에 갖고 있었지만 현존하지 않는 욕구를 실현한 거야. 어떤 사람의 욕구 충족을 돕는 일
은 그 사람의 생사와 무관하게 그에게 이로운 일이 아닐까?

갑 : 그렇지 않을 거야. 과거에 있었던 것이든 미래에 있을 것이든, 현존하지 않는 욕구는 언제 충
족되더라도 그 사람에게 이로울 리 없어. 딸의 행동은 돌아가신 어머니에게 이롭지도 해롭지
도 않다고 보아야 하는 게 맞지.

을 : 그럼 이런 사례는 어떨까? 부모가 스무 살 아들에게 앞날을 대비하여 전문직 자격증을 따라
고 권하지만, 아들은 지금 돈에 대한 욕구는 전혀 없고 봉사활동을 하고 싶어 해. 부모는 몇
년 안에 아들의 마음이 분명히 바뀌어 돈을 원하게 될 것이라고 예측하면서, 그때 가면 자격
증을 따지 않은 것을 후회하게 될 것이라고 말하지. 고민 끝에 아들은, 여전히 돈에 대한 욕
구는 없지만, ㉠부모의 예측에 동의하면서 지금 자신이 해야 할 일은 자격증을 따는 것이라
고 판단하지.

ㄱ. ㉠이 합리적이라고 인정된다면, 갑의 주장은 약화된다.

ㄴ. 시신을 훼손하는 행위가 죽은 당사자에게 해를 입히는 행위인지에 대해 갑과 을의 견해는 같다.

ㄷ. 을은 어떤 사람에게 이롭거나 해로운 일이 그 사람의 욕구 충족과 관련이 있다고 주장하지만, 갑은 이 주장에 동의하지 않는다.

① ㄱ   ② ㄴ   ③ ㄱ, ㄷ
④ ㄴ, ㄷ   ⑤ ㄱ, ㄴ, ㄷ

문항 성격	문항유형 : 논쟁 및 반론
	내용영역 : 인문
평가 목표	이 문항은 현존하지 않는 욕구와 그 욕구의 충족에 대한 주어진 논쟁을 올바르게 분석할 수 있는 능력을 평가하는 문항이다.
문제 풀이	정답 : ①

제시문은 다음과 같은 대화로 구성되어 있다. 이 대화를 분석하면 아래와 같다.

갑의 첫 번째 발언에서 핵심 내용은 다음과 같다. (1) 죽은 사람은 물리적으로 해를 입을 수 없다. (2) 죽은 사람에게 이롭거나 해로운 일을 할 수 있다는 생각은 잘못이다. (3) 죽은 사람에 관해 거짓 소문을 퍼뜨리는 일은 죽은 당사자에게 해를 끼치지는 않는다. (4) 죽은 사람에 관해 거짓 소문을 퍼뜨리는 일은 죽은 당사자의 살아 있는 자손들, 그를 존경하는 살아 있는 사람들의 마음에 상처가 될 수 있다.

을의 첫 번째 발언에서 핵심 내용은 다음과 같다. (1) 살아 있는 사람들에게뿐만 아니라 고인에게도 비열한 소문이 해를 끼쳤다고 살아 있는 그들은 생각한다. (을은 죽은 당사자도 비열한 소문으로 해를 입는다는 사람들의 생각에 동의한다.) (2) 자신이 죽고 난 후에도 집을 팔지 않기를 원했던 어머니가 죽은 후에, 이 어머니의 욕구는 집을 팔지 않는 딸의 행동을 통해 실현된다. 이 사례는 죽은 사람의 현존하지 않는 욕구도 충족된다는 것을 보여준다. (3) 어떤 사람의 욕구 충족을 돕는 일은 그 사람의 생사와 무관하게 그에게 이로운 일이다.

갑의 두 번째 발언에서 핵심 내용은 다음과 같다. (1) 과거의 욕구이든, 미래의 욕구이든, '현존하지 않는 욕구'는 언제 충족되더라도 욕구 당사자에게 이로울 수 없다. (2) 어머니의 욕구는 '현존하지 않는 욕구'이므로, 딸의 행동은 죽은 어머니에게 이롭지도 해롭지도 않다.

328

을의 두 번째 발언에서 핵심 내용은 다음과 같다. ⑴ 을이 든 사례에서, 아들은 현재 돈에 대한 욕구는 전혀 없다. 부모는 미래에 아들이 돈을 원하게 될 것이라고 욕구를 예측하면서 자격증을 따라고 권한다. ⑵ 고민 끝에 아들은 현재 돈에 대한 욕구는 없지만, 미래에 돈을 원하게 될 것이라는 부모의 예측에 동의하며 자신이 지금 해야 할 일은 자격증을 따는 것이라고 판단한다.

〈보기〉 해설　　ㄱ. ㉠에서 아들은 지금 돈에 대한 욕구는 없지만, 몇 년 안에 자신이 돈에 대한 욕구를 가질 것이라는 부모의 예측에 동의하면서 지금 자신이 해야 할 일은 자격증을 따는 것이라고 판단한다. 즉 현존하지 않는 욕구를 미래에 충족하는 것이 자신에게 이득이라고 생각하기 때문에 지금 자격증을 따겠다고 판단하는 것이다. 갑은 두 번째 발언에서 '현존하지 않는 욕구는 언제 충족되더라도 당사자에게 이득이 되지 않는다'고 명시적으로 주장한다. 따라서 ㉠의 판단이 합리적이라고 인정된다면, 갑의 주장은 약화된다. ㄱ은 옳은 분석이다.

ㄴ. 갑은 첫 번째 발언에서 죽은 사람에 대해 해를 입힐 수는 없다고 주장하므로, 죽은 사람의 시신을 훼손하는 행위가 죽은 당사자에게 해를 입히는 행위가 아니라는 견해를 가질 것이다. 이에 비해, 죽은 사람의 시신을 훼손하는 행위가 죽은 당사자에게 해를 입히는 행위인지에 대해 을이 어떤 견해를 가지는지 드러난 바가 없다. ㄴ은 옳지 않은 분석이다.

ㄷ. 어떤 사람에게 이롭거나 해로운 일이 그 사람의 욕구 충족과 관련이 있다는 주장에 갑이 동의하지 않는다는 것은 제시문 어디에도 찾을 수 없다. 따라서 ㄷ은 옳지 않은 분석이다.

〈보기〉의 ㄱ만이 옳은 분석이므로 정답은 ①이다.

15.

다음 논쟁에 대한 분석으로 옳은 것만을 〈보기〉에서 있는 대로 고른 것은?

인간의 행동을 예측하는 인공지능 로봇을 설계하기 위해 어떤 방법을 택해야 하는지에 대해서 논쟁이 있다.

갑 : 사람들은 인간의 내면적 상태에 대한 이해를 통해 인간의 행동을 성공적으로 예측할 수 있다고 믿는다. 하지만 직접 관찰되지 않는 내면적 상태를 이해하는 데 어떠한 방식이 필요한지 정확히 알 수 없다. 따라서 인간의 내면적 상태에 대한 이해를 배제하고 행동을 예측하는 방

식이 필요하다. 이때 우리가 취할 수 있는 방식은 인공지능 로봇이 빅데이터를 활용하여 인간이 주어진 상황에서 어떠한 행동을 하는지에 대한 정교한 패턴을 스스로 찾아내도록 설계하는 것이다.

을 : 갑의 방식은 인간의 행동을 성공적으로 예측할 수 있다고 보기 어렵다. '만일 ∼라면'이라는 수많은 가정에 입각해 이루어지는 인간의 행동을 정확하게 예측하기 위해서는 다른 접근이 필요하다. 예측의 성공률을 높이기 위해서는 주어진 상황에서 가능한 행동을 사전에 입력해 주어야 한다. 모든 인간은 불이익을 피하기 위해 사회에서 정해진 규범에 따라 행동하는 경향이 있다. 따라서 인공지능 로봇을 설계할 때 인간의 가능한 행동을 제한하는 규범에 대한 정보를 입력하면 인간의 행동에 대한 예측의 성공률을 더 높일 수 있다.

병 : 갑과 을의 방식을 따르더라도 인간의 행동을 성공적으로 예측하기 어렵다. 인간의 행동은 여러 내면적 상태가 원인이 되어 나타난다. 따라서 갑과 을의 방식을 모두 적용하더라도 예측이 틀릴 수 있다. 인간은 자신에게 불이익이 일어날 행동이 무엇인지 알면서도 더 큰 욕구에 의해 규범을 지키지 않는 경우가 있다. 따라서 설계의 과정이 복잡하고 비효율적이더라도 규범에 대한 정보뿐만 아니라 의도나 욕구와 같은 내면적 상태까지 고려하여 인간의 행동을 예측하도록 설계해야 한다.

보 기

ㄱ. 인공지능 로봇이 인간의 내면적 상태를 이해하지 못한다면 인간의 행동을 예측할 수 없다는 것에 대해 갑은 동의하지만 병은 동의하지 않는다.

ㄴ. 특정 상황에서 인간의 행동에 패턴이 존재한다는 것에 대해 갑과 을은 동의한다.

ㄷ. 인간의 행동을 예측하는 데에는 규범에 대한 정보를 고려하는 것이 필요하다는 것에 대해 을과 병은 동의한다.

① ㄱ   ② ㄴ   ③ ㄱ, ㄷ
④ ㄴ, ㄷ   ⑤ ㄱ, ㄴ, ㄷ

문항 성격   문항유형 : 논쟁 및 반론

내용영역 : 인문

평가 목표   이 문항은 인간의 행동을 예측하는 인공지능 로봇을 설계할 때, 예측의 성공률을 높이기 위해 어떠한 방식을 취해야 하는지에 대한 서로 다른 입장들을 이해하고 분석할 수 있는 능력을 평가하는 문항이다.

제시문은 인간의 행동을 예측하는 인공지능 로봇을 설계할 때, 예측의 성공률을 높이기 위해 어떠한 방식을 취해야 하는지에 대한 갑, 을, 병 세 사람의 논쟁을 담고 있다.

갑은 인공지능 로봇이 인간의 내면 상태를 이해하도록 설계하는 방식은 현실적으로 실현되기 어렵기 때문에 인간의 내면적 상태를 배제하고 인공지능 로봇이 빅데이터를 활용하여 주어진 상황에서 인간들이 어떠한 행동을 하는지에 대한 패턴을 스스로 찾아낼 수 있도록 설계하는 방식을 제안한다.

을에 따르면, 갑의 방식은 인간의 행동을 성공적으로 예측할 수 있는 방식으로 보기 어렵다. 을은 인간의 가능한 행동을 제한하는 규범에 대한 정보를 입력하면 인간의 행동에 대한 예측의 성공률을 높일 수 있다고 주장한다.

병은 인공지능 로봇이 인간의 내면적 상태를 이해하도록 설계해야 함을 주장한다. 병은 인간의 행동은 내면적 상태가 원인이 되어 발생하고, 경우에 따라서는 사회적 규범을 따르지 않고 행위하는 경우가 있기 때문에 규범적 정보뿐만 아니라 인간의 의도나 욕구와 같은 내면적 상태까지 고려하여 설계해야 함을 주장하고 있다.

〈보기〉 해설　　ㄱ. 갑은 인간의 내면적 상태에 대한 이해를 배제하고 빅데이터를 활용하여 패턴을 스스로 찾는 인공지능 로봇을 설계해야 함을 주장한다. 따라서 갑은 인간의 내면적 상태에 대한 이해 없이 인간의 행동을 예측할 수 있는 방식을 제안하고 있으므로 인공지능 로봇이 인간의 내면적 상태를 이해하지 못한다면 인간의 행동을 예측할 수 없다는 것에 대해 동의하지 않는다. 병은 갑과 을의 방식을 모두 적용하더라도 예측이 틀릴 수 있으며, 인간의 행동은 여러 내면적 상태가 원인이 되어 나타나므로 의도나 욕구와 같은 내면적 상태까지 고려하여 인간의 행동을 예측하도록 설계해야 한다고 주장한다. 따라서 병은 인공지능 로봇이 인간의 내면적 상태를 이해하지 못한다면 인간의 행동을 예측할 수 없다는 것에 동의한다고 볼 수 있다. ㄱ은 옳지 않은 분석이다.

ㄴ. 갑의 "이때 우리가 취할 수 있는 방식은 인공지능 로봇이 빅데이터를 활용하여 인간이 주어진 상황에서 어떠한 행동을 하는지에 대한 정교한 패턴을 스스로 찾아내도록 설계하는 것이다."라는 주장을 통해, 특정 상황에서 인간의 행동에 패턴이 존재한다는 것에 갑은 동의한다는 것을 알 수 있다. 을은 "모든 인간은 불이익을 피하기 위해 사회에서 정해진 규범에 따라 행동하는 경향이 있다."고 말하고 있다. 따라서 을 역시 특정한 상황에서 인간의 행동에 패턴이 존재한다는 것에 대해 동의한다는 것을 알 수 있다. ㄴ은 옳은 분석이다.

ㄷ. 을은 "… 규범에 대한 정보를 입력하면 인간의 행동에 대한 예측의 성공률을 더
높일 수 있다."고 말하고 있다. 따라서 을은 인간의 행동을 예측하는 데에는 규
범에 대한 정보를 고려하는 것이 필요하다는 것에 대해 동의한다. 병은 "따라서
… 규범에 대한 정보뿐만 아니라 의도나 욕구와 같은 내면적 상태까지 고려하
여 인간의 행동을 예측하도록 설계해야 한다."고 말하고 있다. 따라서 병도 인간
의 행동을 예측하는 데에는 규범에 대한 정보를 고려하는 것이 필요하다는 것
에 대해 동의한다. ㄷ은 옳은 분석이다.

〈보기〉의 ㄴ, ㄷ만이 옳은 분석이므로 정답은 ④이다.

16.

다음으로부터 추론한 것으로 옳은 것만을 〈보기〉에서 있는 대로 고른 것은?

> 조건문 "만일 P라면 Q일 것이다."에서 전건 P가 실제 사실이 아닌 거짓인 조건문을 반사실문
> 이라고 한다. 예를 들어 다음의 조건문 ⑴은 억만장자가 아닌 내가 억만장자인 상황을 가정하기
> 때문에 반사실문이다.
>
> ⑴ 만일 내가 억만장자라면 나는 가장 비싼 스포츠카를 구입할 것이다.
>
> ⑴은 '가능세계' 개념을 통해서 분석될 수 있는데, 가능세계는 세계가 현실과 다르게 될 수 있
> 는 가능한 방식을 말한다. 이에 따르면, 내가 억만장자인 수많은 가능세계 중 현실 세계와 가장
> 유사한 가능세계(즉, 현실 세계처럼 스포츠카를 판매하는 사람이 있는 등)에서, 내가 가장 비싼 스
> 포츠카를 구입한다면 ⑴은 참이고, 그렇지 않다면 거짓이다.
> 하지만 다음 반사실문을 보자.
>
> ⑵ 만일 철수가 둥근 사각형을 그린다면 기하학자들은 놀랄 것이다.
>
> 개념적으로는 가능한 ⑴의 전건과 달리, ⑵의 전건은 개념적으로 불가능한 상황을 나타내고 있
> 다. 이러한 반사실문은 반가능문이라고 한다. 반가능문의 경우 전건이 성립하는 가능세계란 존재
> 하지 않기에, 가능세계를 통한 분석을 적용할 수 없다. 하지만 여전히 ⑵가 참이라는 직관이 있으
> 며, 이를 설명할 수 있는 개념적 도구가 필요하다.
> 이를 설명하기 위해 '불가능세계'라는 개념이 제안되었다. 불가능세계는 세계가 개념적으로 불

가능하게 될 수 있는 방식을 말한다. 그 방식은 다양할 수 있다. 예를 들어 총각인 철수가 여자인 것과 철수가 둥근 사각형을 그리는 것은 모두 개념적으로 불가능하지만, 이 둘은 다른 불가능한 상황들이며, 이에 따라 각각이 성립하는 서로 다른 불가능세계가 있을 수 있다. 이때, 철수가 둥근 사각형을 그리는 수많은 불가능세계 중 현실 세계와 가장 유사한 불가능세계에서 기하학자들이 놀란다면 ⑵는 참이고, 그렇지 않다면 거짓이다.

보 기

ㄱ. 스포츠카를 판매하는 사람이 있는 불가능세계도 있다.
ㄴ. ⑵가 참이라면, 철수가 둥근 사각형을 그리는 모든 불가능세계에서 기하학자들이 놀란다.
ㄷ. "만일 대한민국의 수도가 서울이라면 나는 억만장자일 것이다."는 반사실문에 속하지만 반가능문에 속하지는 않는다.

① ㄱ   ② ㄴ   ③ ㄱ, ㄷ
④ ㄴ, ㄷ   ⑤ ㄱ, ㄴ, ㄷ

문항 성격 문항유형 : 언어 추리
　　　　　　　내용영역 : 인문
평가 목표 이 문항은 반가능문의 진리조건을 설명하기 위해 불가능세계를 도입해야 한다는 제안을 소개하고, 이로부터 올바르게 추론할 수 있는 능력을 평가하는 문항이다.

문제 풀이 정답 : ①

필자는 전건이 가능하지만 실제 사실은 아닌 반사실문에 대해 가능세계를 통한 분석을 우선 소개한다. 이 분석에 따르면, 반사실문의 전건이 성립하는 가능세계들 중에서 현실 세계와 가장 유사한 세계에서 후건이 성립하면, 그 반사실문은 참이고, 그렇지 않다면 거짓이다.

　다음으로, 필자는 전건이 개념적으로 불가능한 반사실문인 반가능문을 소개하며, 이러한 반가능문은 전건이 성립하는 가능세계가 존재하지 않기에, 가능세계를 통한 분석을 적용할 수 없으며, 불가능세계라는 개념을 도입하여야 분석될 수 있다고 설명한다. 이에 따르면, 반가능문의 전건이 성립하는 불가능세계들 중에서 현실 세계와 가장 유사한 불가능세계에서 후건 역시 성립하면, 그 반가능문은 참이고, 그렇지 않다면 거짓이다.

〈보기〉 해설 ㄱ. 이 글에 따르면, 불가능세계는 세계가 개념적으로 불가능하게 될 수 있는 방식으로서, 어떤 불가능세계는 스포츠카를 판매하는 사람이 있으면서 여전히 불가능할 수 있다. 예를 들어 '철수가 둥근 사각형을 그리고, 또한 스포츠카를 판매하는 사람이 있다'는 것이 성립하는 세계는 가능세계가 아니라 불가능세계이다.
ㄱ은 옳은 추론이다.

ㄴ. 이 글에 따르면, (2)가 참이라면 철수가 둥근 사각형을 그리는 수많은 불가능세계 중 현실 세계와 가장 유사한 불가능세계에서 기하학자들이 놀라는 것이므로, 모든 불가능세계에서 기하학자들이 놀란다는 것은 따라나오지 않는다. ㄴ은 옳지 않은 추론이다.

ㄷ. 이 글에 따르면, 조건문의 전건이 실제 사실이 아니라면 반사실문이며, 나아가서 가능하지도 않다면 반가능문이다. 하지만 "만일 대한민국의 수도가 서울이라면 나는 억만장자일 것이다."의 전건인 "대한민국의 수도가 서울이다."는 실제 사실이므로, 이 글에 따르면, 반사실문에 속하지 않는다. ㄷ은 옳지 않은 추론이다.

〈보기〉의 ㄱ만이 옳은 추론이므로 정답은 ①이다.

17.

다음 글에 대한 분석으로 옳은 것만을 〈보기〉에서 있는 대로 고른 것은?

어떤 학자들은 한국어 연결사 '또는'이 두 가지 다른 종류의 의미를 표현하는 데 사용되는 애매한 용어라고 주장한다. ㉠이러한 입장에 따르면, 다음 두 문장에서 사용되는 '또는'의 문자적 의미는 다르다.

(1) 철수는 노트북 또는 핸드폰을 가지고 있다.

(2) 후식으로 커피 또는 녹차를 드립니다.

(1)의 경우 '또는'이 철수가 노트북과 핸드폰을 모두 가지고 있는 경우에도 참이 되는 포괄적 의미로 사용된 반면, (2)의 경우 '또는'은 후식으로 커피와 녹차를 모두 주는 경우 문장이 거짓이 되는 배타적 의미로 사용되었기 때문이다.

하지만 이는 ㉡문자적 의미와 함의를 구분하지 못한 주장이며, 이를 구분하면 '또는'이 애매한 용어가 아니라는 이론을 구성할 수 있다. 다음 문장을 보자.

(3) 어떤 회원들은 파티에 참석할 수 있다.

문장 ⑶이 문자적 의미로서 표현하는 내용은 〈어떤 회원들은 파티에 참석할 수 있다〉이다. 그런데 ⑶을 사용하는 많은 경우, '어떤'이란 단어를 사용하는 화자의 의도는 〈모든 회원들이 파티에 참석할 수 있는 것은 아니다〉라는 내용 역시 청자에게 전달하는 것이다. 하지만 이는 문자적 의미가 아니라 함의로서 전달되는 것이다. 왜냐하면 문자적 의미와 달리 특정 맥락에서 전달된 함의의 경우, 그 함의된 내용의 부정을 표현하는 문장을 원래 문장 뒤에 나열해도 두 문장 사이에서 어떤 논리적 모순도 발생하지 않기 때문이다. 즉, "어떤 회원들은 파티에 참석할 수 있다. 물론 모든 회원들이 파티에 참석할 수도 있다."에서는 어떤 모순도 발생하지 않는다.

마찬가지로 ⓒ'또는'의 문자적 의미는 포괄적 의미일 뿐, 배타적 의미는 함의로서 전달되는 것이라는 진단이 가능하다. 즉, "후식으로 커피 또는 녹차를 드립니다. 물론 둘 다 드릴 수도 있습니다."에서는 어떤 모순도 나타나지 않고, 따라서 우리는 ⑵의 사용을 통해 전달된 내용 〈커피와 녹차를 모두 드릴 수는 없다〉가 원래 문장의 문자적 의미가 아니라 함의였다고 결론 내릴 수 있다.

ㄱ. "p, q, r, s가 모두 참인 문장일 때, 문장 'p 또는 q'는 참이지만 문장 'r 또는 s'는 거짓이라면, 전자와 후자의 문장에서 사용된 '또는'이 다른 의미를 나타낸다."라는 것은 ⊙과 상충하지 않는다.

ㄴ. ⓛ에 대한 필자의 설명에 따르면, "철수는 밥과 빵을 먹었다."라는 문장을 사용하여 〈철수는 빵을 먹었다〉라는 내용을 함의로서 전달할 수는 없다.

ㄷ. ⓒ에 따르면, 〈후식으로 커피와 녹차 모두를 드릴 수 있다〉라는 내용은 ⑵의 문자적 의미에 포함되는 것이 아니라 함의로서 전달되는 것이다.

① ㄱ　　　　　② ㄷ　　　　　③ ㄱ, ㄴ

④ ㄴ, ㄷ　　　　⑤ ㄱ, ㄴ, ㄷ

문항 성격	문항유형 : 논증 분석
	내용영역 : 인문
평가 목표	이 문항은 "또는"이 애매한 용어가 아니라는 논증을 소개하며, 논증의 과정에서 나타나고 있는 논증 구성 요소들이 함축하는 것과 전제하는 것들을 정확하게 이해하고 있는지 평가하는 문항이다.
문제 풀이	정답 : ③

필자는 일상 언어에서 사용되는 연결사 "또는"이 두 가지 의미, 즉 포괄적 의미와 배타적 의미를 가지는 애매한 용어라는 입장을 비판하고, 문자적 의미와 함의 구분을 통해서, "또는"이 언제나

포괄적 의미만을 문자적으로 표현하며, 배타적 의미는 특정 맥락에서의 함의를 통해 전달되는 것이라고 주장한다.

문장 (3)을 통해, 전달된 내용이 문자적 의미에 속하는지, 함의에 속하는지를 구분할 수 있는 한 가지 테스트가 소개되는데, 이에 따르면 전달된 내용이 함의인 경우, 전달된 내용의 부정을 표현하는 문장을 원래 문장 뒤에 나열해도 두 문장 사이에서는 논리적 모순이 발생하지 않는다. (달리 말하면, 모순이 발생할 경우 전달된 내용이 함의일 수는 없다.)

따라서 (2)의 사용을 통해 전달된 내용 〈커피와 녹차를 모두 드릴 수는 없다〉 역시, 그 부정을 표현하는 문장을 원래 문장 뒤에 나열해도 모순이 발생하지 않기 때문에 함의로서 전달된 것이라 결론 내릴 수 있다.

<보기> 해설　ㄱ. ㉠은 두 문장 "철수는 노트북 또는 핸드폰을 가지고 있다."와 "후식으로 커피 또는 녹차를 드립니다."를 구성하는 개별 문장들 "철수는 노트북을 가지고 있다.", "철수는 핸드폰을 가지고 있다.", "후식으로 커피를 드린다.", "후식으로 녹차를 드린다."가 모두 참인 경우를 고려하고 있으며, 이때 원래의 두 문장의 진리치가 다르다는 것을 근거로 '또는'의 의미가 다르다고 주장하고 있다. 이러한 주장은 "p, q, r, s가 모두 참인 문장일 때, 문장 'p 또는 q'는 참이지만 문장 'r 또는 s'는 거짓이라면, 전자와 후자의 문장에서 사용된 '또는'이 다른 의미를 나타낸다."를 전제하고 있는 것으로 볼 수 있다. 어떤 주장이 있을 때, 그 주장이 전제하는 것은 그 주장과 상충할 수 없으므로, ㄱ은 옳은 분석이다.

　　　　　　　　ㄴ. ㉡에 대한 필자의 설명에 따르면, 전달된 내용이 함의에 속하는 경우, 함의된 내용의 부정을 표현하는 문장을, 실제 사용된 문장 뒤에 나열해도 어떤 논리적 모순도 발생하지 않는다. 하지만 〈철수는 빵을 먹었다〉라는 내용의 부정을 표현하는 문장 "철수는 빵을 먹지 않았다."를 원래의 문장 뒤에 붙인 "철수는 밥과 빵을 먹었다. 철수는 빵을 먹지 않았다."에서는 모순이 발생하고, 따라서 〈철수는 빵을 먹었다〉는 함의로서 전달될 수는 없다. ㄴ은 옳은 분석이다.

　　　　　　　　ㄷ. ㉢은, "또는"의 문자적 의미는 포괄적 의미일 뿐, 배타적 의미는 함의로서 전달되는 것이라고 하고 있으므로, 배타적 의미에 속하는 〈후식으로 커피와 녹차 모두를 드릴 수는 없다〉가 함의로 전달될 수는 있어도, 포괄적 의미에 속하는 〈후식으로 커피와 녹차 모두를 드릴 수 있다〉가 문자적 의미가 아니라 함의로 전달된다고 추론할 수는 없다. ㄷ은 옳지 않은 분석이다.

　　　〈보기〉의 ㄱ, ㄴ만이 옳은 분석이므로 정답은 ③이다.

18.

다음 논쟁에 대한 분석으로 옳은 것만을 〈보기〉에서 있는 대로 고른 것은?

갑 : 소설『주홍색 연구』에서 "홈즈는 탐정이다."라는 진술이 명시적으로 나타나며, 따라서 〈홈즈는 탐정이다〉는 이 소설에서 명시적으로 참인 명제이다. 그런데『주홍색 연구』의 어디에도 홈즈의 콧구멍 개수에 대한 명시적인 진술은 나타나지 않는다. 하지만 작품 내에서 홈즈는 사람이며, 사람은 보통 두 개의 콧구멍을 가지고 있다는 것은 상식이므로, 〈홈즈의 콧구멍은 두 개다〉와 같은 명제 역시『주홍색 연구』에서 참이 된다. 사실, 명시적인 진술로 표현되지 않았지만, 〈지구는 둥글다〉, 〈모든 사람은 죽는다〉와 같은,『주홍색 연구』에서 암묵적으로 참인 명제들은 많이 있다.

을 : 허구에서 암묵적으로 참이 되는 명제가 있다는 것을 받아들이는 것은 불합리한 귀결을 낳는다. 우선 허구 작품들의 속편이 나타날 수 있다는 것에 주목해 보자. 속편은 전작에 명시되지 않은 것들의 참을 결정하는 힘을 갖는다. 예를 들어, 소설『호빗』에서는 빌보가 소유한 반지가 무엇인지 명시되지 않지만, 그 속편들인 반지의 제왕 시리즈에서 그 반지가 절대 반지라는 것이 명시된다. 이 경우 빌보가 소유한 반지가 절대 반지라는 것은『호빗』에서도 참이라고 보는 것이 합당하다. 이제 다음을 가정해 보자. 코난 도일은『주홍색 연구』의 속편『빨간색 연구』를 썼으며, 그 소설에서는 "사실 태어날 때부터 세 개의 콧구멍을 가졌던 홈즈는 냄새를 잘 맡을 수 있었다."라는 명시적 진술이 나타난다. 이때, 〈홈즈의 콧구멍은 세 개다〉라는 명제가『빨간색 연구』뿐만 아니라『주홍색 연구』에서도 명시적 참이라고 보는 것이 합당할 것이다. 하지만 만일 〈홈즈의 콧구멍은 두 개다〉가『주홍색 연구』에서 암묵적으로 참이라면,『주홍색 연구』에서 홈즈의 콧구멍 개수는 두 개인 동시에 세 개가 되어야만 할 것이다. 이는 명백히 불합리한 귀결이다. 따라서 허구에서 명시적 참 이외에 암묵적 참과 같은 것은 없다고 결론 내릴 수 있다.

ㄱ. 갑은, 어떤 명제도 특정 허구에서 참이거나 거짓 둘 중 하나여야 한다는 것을 전제하고 있다.

ㄴ. 을에 따르면, 명제 〈홈즈의 콧구멍은 두 개다〉는『주홍색 연구』에서 참이었다가 나중에 거짓으로 바뀔 수도 있다.

ㄷ. 을에 따르면, "지구는 둥글다."라는 진술이『주홍색 연구』에 명시되지 않은 경우에도, 명제 〈지구는 둥글다〉가『주홍색 연구』에서 참이 되는 상황이 있을 수 있다.

① ㄱ   ② ㄷ   ③ ㄱ, ㄴ
④ ㄴ, ㄷ   ⑤ ㄱ, ㄴ, ㄷ

문항 성격	문항유형 : 논쟁 및 반론
	내용영역 : 인문
평가 목표	이 문항은 허구 작품에서 명시적 참 외에 암묵적 참이 있는지에 대한 갑과 을의 논쟁을 이해하고 분석하는 능력을 평가하는 문항이다.
문제 풀이	정답 : ②

갑은 허구 작품에 명시적 진술을 통해서 참이 되는 명제들 이외에도, 암묵적으로 참인 명제들도 있다고 주장한다. 예를 들어 〈홈즈의 콧구멍은 두 개다〉, 〈지구는 둥글다〉, 〈모든 사람은 죽는다〉와 같은 명제들은 『주홍색 연구』에서 암묵적으로 참이다.

반면 을은 속편이 전작에서 명시되지 않은 것들의 참을 결정하는 힘을 가지며, 암묵적 참을 받아들이는 경우 속편에서 그전까지 암묵적 참으로 여겨진 것을 부정하는 명시적 진술이 나타나는 경우 불합리한 결과가 나타난다는 논증을 통해서, 암묵적 참과 같은 것은 없다고 논증한다.

〈보기〉 해설

ㄱ. 갑의 주장은 명시적 참 이외에 암묵적 참이 있다는 것뿐이며, 본문에서는 상식에 부합하는 명제들로 이것을 한정하고 있다. 따라서 어떤 명제는 허구에서 명시적이든 암묵적이든 참도 거짓도 아니라는 주장과 갑의 주장은 양립가능하다. 예를 들어 갑의 주장은 〈홈즈의 머리카락 개수는 홀수이다〉와 같은 명제가 『주홍색 연구』에서 참이거나 거짓 둘 중 하나여야 한다는 것을 함축하지는 않는다. 그 명제는 명시적이든 암묵적이든 참도 거짓도 아니라는 것과 갑의 주장은 양립가능하다. 따라서 갑은 어떤 명제도 특정 허구에서 참이거나 거짓 둘 중 하나여야 한다는 것을 전제하고 있지는 않다. ㄱ은 옳지 않은 분석이다.

ㄴ. 을의 주장은 『주홍색 연구』에서 참이었던 명제 〈홈즈의 콧구멍은 두 개다〉가, 코난 도일이 속편 『빨간색 연구』를 쓴다면 진리치가 거짓으로 바뀐다는 주장이 아니다. 을의 주장 어디에서도 명제의 진리치가 바뀔 수 있다는 주장은 나타나지 않는다. 을의 주장은 단지 애초에 〈홈즈의 콧구멍은 두 개다〉가 『주홍색 연구』에서 암묵적 참 자체가 아니라는 주장이다. 또한 속편이 전작의 명시적 참을 거짓으로 바꿀 수 있는지는 제시문에는 나타나지 않은 다른 주제이다. ㄴ은 옳지 않은 분석이다.

ㄷ. 을의 주장은 암묵적 참이 존재하지 않는다는 것이므로, 〈지구는 둥글다〉가 『주홍색 연구』에서 암묵적 참이 될 수는 없다. 그러나 을의 다음 주장, "이때, 〈홈즈의 콧구멍은 세 개다〉라는 명제가 『빨간색 연구』뿐만 아니라 『주홍색 연구』에서도 명시적 참이라고 보는 것이 합당할 것이다."를 고려할 때, 을에 따르면 『주홍색 연구』의 속편 『빨간색 연구』에서 "지구는 둥글다."라는 명시적 진술이 나타난다면, 〈지구는 둥글다〉는 『주홍색 연구』에서 명시적 참일 것이다. ㄷ은 옳은 분석이다.

〈보기〉의 ㄷ만이 옳은 분석이므로 정답은 ②이다.

19.

다음 논증의 구조를 가장 적절하게 분석한 것은?

⊙철학에서 중요한 문제로 다루어져 온 자의식이 유용하다면, 그것은 그 자체로 유용한 것이거나 유용한 다른 뭔가를 낳는 것이다. ⓛ알고 보면 자의식은 그 자체로는 전혀 유용하지 않다. ⓒ자의식은 그 자체로는 번민만 일으키기 때문이다. ⓔ자의식이 자신과 다른 유용한 것을 낳는다면, 자의식이 낳는 유용한 것은 마음 안에 있거나 마음 밖에 있다. ⓜ자의식은 마음 밖에 있는 어떤 유용한 것도 낳지 못한다. ⓗ자의식이 마음 밖에 뭔가를 낳을 수 있다면, 자의식이 인과적 영향을 미칠 수 있는 것이 마음 밖에 있어야 한다. 하지만 ⓢ자의식이 인과적 영향을 미칠 수 있는 것은 모두 마음 안에 있다. 게다가 ⓞ자의식이 마음 안에 낳는 유용한 것이란 존재하지 않는다. ⓩ마음 안에 있는 유용한 것이란 결국 마음 안의 좋은 상태와 다르지 않다. ⓧ이런 상태들이 생겨나기 위해서는 자의식이 필요치 않다. ⓚ어떤 것이 생겨나기 위해서 자의식이 필요치 않다면 그것은 자의식이 낳는 것이 아니다. 결국 ⓣ자의식은 유용한 다른 어떤 것도 낳지 않는다. 그러니까 ⓟ자의식은 전혀 유용하지 않은 것이다.

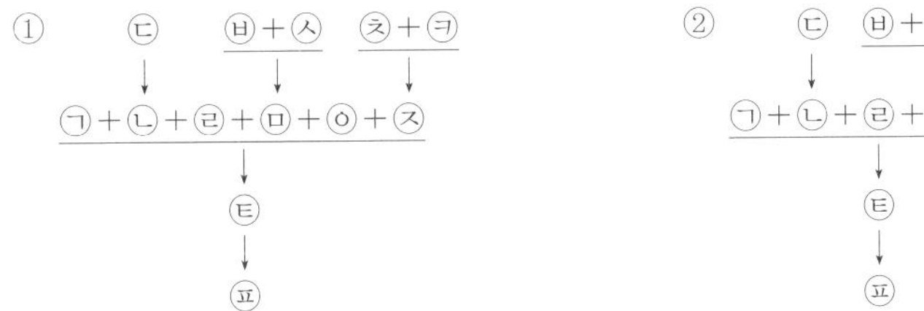

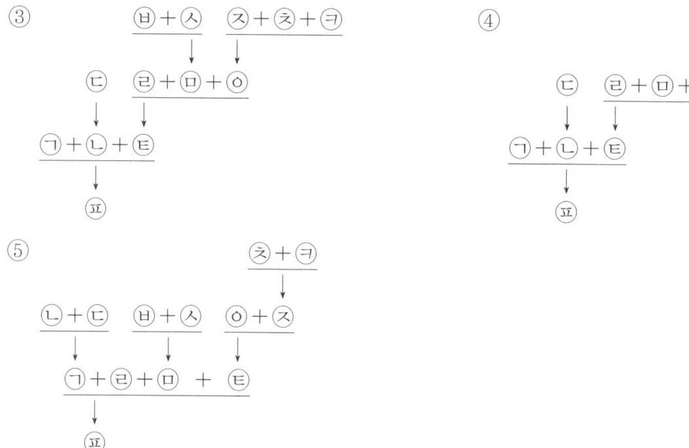

 문항유형 : 논증 분석

내용영역 : 인문

 이 문항은 주어진 논증의 구조를 분석하여, 전제와 결론을 구분하고 최종 결론이 도출되는 과정을 파악하는 능력을 평가하는 문항이다.

 정답 : ③

제시문의 논리 구조는 다음과 같이 분석될 수 있다.

[1]

"㉤ 자의식은 전혀 유용하지 않은 것이다."는 다음 세 진술로부터 따라 나온다.

㉠ 철학에서 중요한 문제로 다루어져 온 자의식이 유용하다면, 그것은 그 자체로 유용한 것이거나 유용한 다른 뭔가를 낳는 것이다.

㉡ 알고 보면 자의식은 그 자체로는 전혀 유용하지 않다.

㉢ 자의식은 유용한 다른 어떤 것도 낳지 않는다.

[2]

㉢은 ㉡ 다음에 오면서, '… 때문이다'로 끝나고 있으므로, ㉢이 ㉡의 근거 역할을 한다는 것을 알 수 있다. 즉, ㉢으로부터 ㉡이 따라 나온다.

[3]

"㉢ 자의식은 유용한 다른 어떤 것도 낳지 않는다."는 다음 세 진술로부터 따라 나온다.

㉣ 자의식이 자신과 다른 유용한 것을 낳는다면, 자의식이 낳는 유용한 것은 마음 안에 있거나 마음 밖에 있다.

340

ⓜ 자의식은 마음 밖에 있는 어떤 유용한 것도 낳지 못한다.

ⓞ 자의식이 마음 안에 낳는 유용한 것이란 존재하지 않는다.

[4]

"ⓜ 자의식은 마음 밖에 있는 어떤 유용한 것도 낳지 못한다."는 다음 두 진술로부터 따라 나온다.

   ⓑ 자의식이 마음 밖에 뭔가를 낳을 수 있다면, 자의식이 인과적 영향을 미칠 수 있는 것이 마음 밖에 있어야 한다.

   ⓧ 자의식이 인과적 영향을 미칠 수 있는 것은 모두 마음 안에 있다.

(추가 설명 : ⓑ과 ⓧ으로부터 "자의식은 마음 밖에 어떤 것도 낳지 못한다."가 추론되며 이 진술로부터 ⓜ이 추론된다.)

[5]

"ⓞ 자의식이 마음 안에 낳는 유용한 것이란 존재하지 않는다."를 결론으로 갖는 논증은 다음과 같다.

   ⓩ 마음 안에 있는 유용한 것이란 결국 마음 안의 좋은 상태와 다르지 않다.

   ⓒ 이런 상태들이 생겨나기 위해서는 자의식이 필요치 않다.

   ⓚ 어떤 것이 생겨나기 위해서 자의식이 필요치 않다면 그것은 자의식이 낳는 것이 아니다.

(추가 설명 : ⓒ과 ⓚ으로부터, "이런 상태들은(즉, 마음속의 좋은 상태들은) 자의식이 낳는 것이 아니다."가 추론된다. 이 진술에 ⓩ을 결합하면, "마음 안에 있는 유용한 것은 자의식이 낳는 것이 아니다."가 추론된다. 이 진술로부터 ⓞ이 추론된다.)

정답 해설 ③ 위에서 설명한 [1]부터 [5]까지의 논증 분석을 모두 충족하는 논증 구조도는 ③이다.

20.

다음 대화에 대한 분석으로 옳은 것만을 〈보기〉에서 있는 대로 고른 것은?

갑 : 거짓말이란 거짓을 상대방이 참이라고 믿게 하려는 의도를 가진 말이지. 이에 비해, 참이지만 듣는 사람이 오해하기 쉬운 말을 '오도적인 말'이라고 하지. 이 오도적인 말이 거짓이 아니라 참이라고 해서 거짓말보다 도덕적으로 덜 비난받아야 할까?

을 : 그렇지 않아. 왜냐하면 거짓말은 상대방을 속이려는 의도가 없는 경우도 있기 때문이지. 예를 들어, 모든 사람이 A가 살인범이라는 것을 알고 있고 A 역시 모든 사람이 그렇게 생각한다는 걸 알고 있지만, A는 '나는 살인범이 아니다'라고 뻔뻔하게 잡아떼는 경우도 있지.

갑 : 실제로 B를 살해한 A가 '나는 B를 죽이지 않았습니다'라고 거짓말을 한 경우와 '나는 내 목숨을 걸고 B를 두 번이나 구한 적이 있습니다'라고 오도적인 말을 한 경우를 비교해 보자. A가 두 경우 모두에서 듣는 사람이 A를 살인자가 아니라고 믿기를 의도했으므로, 거짓을 믿게 하려 했다는 점에서는 똑같잖아. 그래서 나는 오도적인 말과 거짓말이 동일한 정도로 나쁘다고 생각해.

을 : 진실을 말하면서 상대방을 기만하려고 한다는 점에서 오도적인 말은 항상 나쁘지만, 거짓말은 그렇지 않을 수 있어. 어떤 사람이 한 말이 거짓으로 드러난 사실 자체가 도덕적으로 비난받아야 한다면, 과학자는 나쁜 일을 하고 있다고 말해야 할지도 몰라. 과학자의 예측 중에는 나중에 틀렸다고 밝혀지는 것이 있기 때문이지. 하지만 과학자가 애초에 진심으로 어떤 것을 말했다면, 그것이 나중에 거짓으로 드러난다고 해서 도덕적으로 비난받을 수는 없을 거야.

ㄱ. 거짓말에는 상대방을 속이려는 의도가 있어야 한다는 점에 대해 갑은 동의하지만, 을은 동의하지 않는다.
ㄴ. 참으로 드러난 말 중에 도덕적으로 비난할 수 있는 것이 있다는 점에 대해 갑과 을은 동의한다.
ㄷ. 오도적인 말과 거짓말은 도덕적으로 나쁜 정도가 다르다는 점에 대해 갑과 을은 동의한다.

① ㄱ   ② ㄷ   ③ ㄱ, ㄴ
④ ㄴ, ㄷ   ⑤ ㄱ, ㄴ, ㄷ

문항 성격	문항유형 : 논쟁 및 반론
	내용영역 : 인문
평가 목표	이 문항은 '거짓말'과 '오도적인 말'을 주제로 한 대화의 내용을 올바르게 분석할 수 있는 능력을 평가하는 문항이다.
문제 풀이	정답 : ③

각 발언 내용은 다음과 같다.

⑴ 갑의 첫 번째 발언 : 갑은 거짓말은 '거짓을 상대방이 참이라고 믿게 하려는 의도를 가진 말'이고, '오도적인 말'은 '참이지만 듣는 사람이 오해하기 쉬운 말'이라고 정의한다.

⑵ 을의 첫 번째 발언 : 을은 갑의 질문에 대해 '그렇지 않아'라고 답변한다. 이 답변은 '오도적인 말이 거짓말보다 도덕적으로 덜 비난받아야 하는 것은 아니다'라는 말과 같다. 그리고 을은 거짓말이지만 상대방을 속이려는 의도를 가지지 않는 '뻔뻔한 거짓말'의 사례를 제시한다.

⑶ 갑의 두 번째 발언 : 갑은 살인을 한 A가 거짓말을 하는 경우와 오도적인 말을 하는 경우를 제시한다. '나는 살인자가 아니다'라는 A의 거짓말은 상대방이 거짓을 참으로 믿게 하려는 의도를 가진 말이다. '나는 내 목숨을 걸고 B를 두 번이나 구한 적이 있다'라는 A의 오도적인 말은 참이지만 듣는 사람이 오해하기를 바라며 의도적으로 한 말이다. 따라서 거짓말이든 오도적인 말이든 상대방이 'A가 살인자가 아니다'라는 거짓을 믿게 하려는 의도에서 비롯된 것이라는 점에서, 갑은 거짓말과 오도적인 말이 동일한 정도로 나쁘다고 주장한다.

⑷ 을의 두 번째 발언 : 을은 오도적인 말이 진실을 통해 상대방을 기만하려고 한다는 점에서 항상 나쁘지만, 거짓말은 그렇지 않을 수 있다고(즉, 항상 나쁜 것은 아니라고) 주장한다. 을은 자신의 주장을 뒷받침하는 과학자의 사례를 제시한다. 어떤 말이 거짓으로 드러난 사실 자체만을 가지고 도덕적으로 비난받아야 한다면, 가설처럼 과학자들의 예측들 중에는 나중에 거짓으로 드러나는 것이 있으므로 이때 과학자는 비난받아야 할 것이다. 그러나 사람들은 이런 경우에 일반적으로 과학자를 도덕적으로 비난하지는 않는다.

<보기> 해설　ㄱ. 갑은 "거짓말이란 거짓을 상대방이 참이라고 믿게 하려는 의도를 가진 말이지."라고 말함으로써, 거짓말에는 상대방을 속이려는 의도가 있어야 한다는 점에 동의한다. 그러나 을은 상대방을 속이려는 의도가 없는 '뻔뻔한 거짓말'의 사례를 들면서, 거짓말에는 상대방을 속이려는 의도가 있어야 한다는 점에 동의하지 않는다. ㄱ은 옳은 분석이다.

ㄴ. 오도적인 말은 '참으로 드러난 말'이다. 갑은 두 번째 발언에서 거짓말과 오도적인 말이 동일한 정도로 나쁜 경우를 말하고 있다. 을은 두 번째 발언에서 진실을 말하면서 상대방을 기만하려고 한다는 점에서 오도적인 말이 항상 나쁘다고 보고 있다. 따라서 참으로 드러난 말 중에 도덕적으로 비난할 수 있는 것이 있다는 점에 대해 갑과 을은 모두 동의한다. ㄴ은 옳은 분석이다.

ㄷ. 갑은 두 번째 발언에서 오도적인 말과 거짓말이 동일한 정도로 나쁘다고 명시적으로 주장하므로, 오도적인 말과 거짓말은 도덕적으로 나쁜 정도가 다르다는 점에 대해 동의하지 않는다. ㄷ은 갑이 동의한다고 기술하고 있으므로, 옳지 않은 분석이다.

<보기>의 ㄱ, ㄴ만이 옳은 분석이므로 정답은 ③이다.

21.

다음 글에 대한 평가로 옳은 것만을 〈보기〉에서 있는 대로 고른 것은?

결정론은 인간의 마음 상태와 행위를 포함해 모든 사건이 이전 사건들에 의해 완전히 결정된다는 견해이다. 결정론하에서도 행위자가 한 일에 대해 도덕적 책임을 부과할 수 있을까? 그럴 수 없다고 주장하는 견해가 양립 불가론이다. 결정론을 받아들이면 자유 의지가 존재할 여지가 없기 때문이다. 반면, 결정론을 받아들여도 누군가에게 도덕적 책임을 부과할 수 있다고 주장하는 견해가 양립론이다. 행위자의 마음 상태가 행위 발생의 원인이기만 하면, 어쨌거나 행위의 발생에 영향을 미쳤다고 말할 수 있고, 그러면 도덕적 책임을 부과하기에 충분하다는 것이다.

양립론자 갑은 사람들이 바로 그 점을 이해하지 못해 양립 불가론을 주장하는 것으로 판단하였다. 이에 갑은 다음 가설을 제시했다.

〈가설〉

결정론적 세계에서도 행위자의 마음 상태가 행위 발생에 영향을 미칠 수 있다는 사실을 인정하면, 양립론을 받아들일 가능성이 크다.

갑은 이 가설을 검증하기 위해 100명의 실험 대상자에게 아래 시나리오에 등장하는 우주가 실제로 존재한다고 가정할 때 [진술1]과 [진술2]에 대해 각각 동의하는지 동의하지 않는지 둘 중 하나로만 답하게 했다.

〈시나리오〉

생성소멸의 전 과정이 되풀이되는 우주가 있다. 이 우주에서는 과정이 되풀이될 때마다 모든 사건이 똑같이 발생하게끔 결정돼 있다. 이 우주에서 톰이라는 사람이 특정 시각에 특정 반지를 훔치기로 결심하고 실제로 훔친다. 과정이 되풀이될 때마다 톰은 똑같이 결심하고 똑같이 행동한다.

[진술1] 반지를 훔치겠다는 톰의 결심은 반지를 훔친 그의 행위에 영향을 미친다.

[진술2] 반지를 훔친 톰에게 도덕적 책임이 있다.

보 기

ㄱ. [진술1]에 동의하지 않는 사람은 모두 양립 불가론자이며, [진술2]에 동의하는 사람은 모두 양립론자이다.

ㄴ. [진술1]과 [진술2]에 모두 동의하는 실험 대상자가 두 진술 중 어느 것에도 동의하지 않는 실험 대상자보다 훨씬 더 많다면, 〈가설〉은 강화된다.

ㄷ. [진술2]에 동의하지 않은 실험 대상자 50명 중 거의 전부가 [진술1]에 동의하고, [진술2]에 동의한 실험 대상자 50명 중 거의 전부가 [진술1]에 동의하지 않는다면, 〈가설〉은 약화된다.

① ㄱ　　　　　　　② ㄷ　　　　　　　③ ㄱ, ㄴ
④ ㄴ, ㄷ　　　　　⑤ ㄱ, ㄴ, ㄷ

문항 성격 문항유형 : 논증 평가 및 문제해결

내용영역 : 인문

평가 목표 이 문항은 가설을 실험을 통해 입증하고자 할 때, 가설에 대한 정확한 이해를 바탕으로 가설을 강화하는 증거, 약화하는 증거, 무관한 증거를 각각 분별하여 강화/약화 여부를 판단할 수 있는 능력을 평가하는 문항이다.

문제 풀이 정답 : ②

제시문에 따르면, 양립 불가론자는 결정론하에서 행위자에게 도덕적 책임을 부과할 수 없다고 주장하는 사람이며, 양립론자는 결정론을 받아들여도 누군가에게 도덕적 책임을 부과할 수 있다고 주장하는 사람이다. 갑이 제시한 〈가설〉은 다음과 같다.

결정론적 세계에서도 행위자의 마음 상태가 행위 발생에 영향을 미칠 수 있다는 사실을 인정하면, 양립론을 받아들일 가능성이 크다.

〈시나리오〉는 결정론적 우주를 제시한다. 이 상태에서 다음 [진술1]과 [진술2]에 대해 실험 대상자들의 동의 여부와, 이 동의 여부가 가설을 강화 또는 약화하는지 여부는 아래의 표와 같다. 이 시나리오의 우주는 결정론적이므로, [진술2]에 동의한다는 것은 양립론을 받아들인다는 뜻이다.

[진술1] 반지를 훔치겠다는 톰의 결심은 반지를 훔친 그의 행위에 영향을 미친다.
[진술2] 반지를 훔친 톰에게 도덕적 책임이 있다.

[진술1]	[진술2]	동의 여부가 의미하는 것	〈가설〉의 강화 여부
동의	동의	영향을 미친다는 것을 인정하고, 양립론자이다.	강화
동의	동의 안 함	영향을 미친다는 것을 인정하고, 양립론자가 아니다.	약화
동의 안 함	동의	영향을 미친다는 것을 인정하지 않고, 양립론자이다.	무관
동의 안 함	동의 안 함	영향을 미친다는 것을 인정하지 않고, 양립론자가 아니다.	강화

ㄱ. 어떤 사람 X가 [진술2]에 동의하면 X는 결정론적 세계에서 도덕적 책임을 인정하는 사람이므로 양립론자라고 판단할 수 있다. 그러나 어떤 사람 Y가 [진술1]에 동의하지 않는다면 Y는 톰의 결심이 그의 행위에 영향을 미치지 않음을 인정하는 사람이라고 판단할 수 있지만, Y가 결정론적 세계에서 누군가에게 도덕적 책임을 부과할 수 있다고 믿는 사람인지 그렇지 않은 사람인지 판단할 수 없다. 따라서 Y가 양립 불가론자라고 단정할 수 없으므로, ㄱ은 옳지 않은 평가이다.

ㄴ. 예를 들어 100명의 실험 대상자가 [진술1]과 [진술2]에 대해 다음과 같이 답했다고 가정해 보자.

[진술1]	[진술2]	응답자 수(명)	〈가설〉의 강화 여부
동의	동의	18	강화
동의	동의 안 함	80	약화
동의 안 함	동의	0	무관
동의 안 함	동의 안 함	2	강화

위 상황에서 [진술1]과 [진술2]에 모두 동의하는 실험 대상자(18명)가 두 진술 중 어느 것에도 동의하지 않는 실험 대상자(2명)보다 훨씬 더 많지만, 〈가설〉을 약화하는 사례인 [진술1]에 동의하지만 [진술2]에 동의하지 않는 사람이 80명이나 되기 때문에, 〈가설〉은 강화된다고 할 수 없다. ㄴ은 옳지 않은 평가이다.

ㄷ. [진술2]에 동의하지 않은 사람 50명 중 거의 전부가 [진술1]에 동의했다면, 약화 사례가 50명 가까이 된다는 뜻이며, [진술2]에 동의한 50명 중 거의 전부가 [진술1]에 동의하지 않는다면 무관사례가 50명 가까이 된다는 뜻이다. 따라서 이 수치는 〈가설〉을 약화한다고 말할 수 있다. ㄷ은 옳은 평가이다.

〈보기〉의 ㄷ만이 옳은 평가이므로 정답은 ②이다.

346

22.

다음 글에 대한 평가로 옳지 <u>않은</u> 것은?

> ㉠개념 역할 의미론에 따르면, 단어의 의미 이해는 그 단어의 사용 규칙을 따를 줄 아는 능력에 의존한다. 단어의 사용 규칙을 따른다는 것은 단지 그 규칙대로 단어를 사용한다기보다 그 규칙에 대한 이해를 기반으로 사용한다는 것을 의미한다. 그렇다면, 단어의 사용 규칙을 이해하지 못하고 있다는 것은 곧 그 단어의 의미를 이해하지 못한다는 말이 된다.
>
> 하지만 이 이론을 반박하기 위해 ㉡다음 논증이 제기되었다. 가령 '뾰족하다'라는 단어의 의미를 이해하려 한다고 해 보자. 이 이론에 근거할 때, 그 단어의 의미를 이해하려면 그 단어의 사용 규칙을 이해해야 한다. 그런데 그런 이해가 성립하려면, 우선 그 규칙이, 이를테면, ㉢"'뾰족하다'는 무언가를 뚫을 수 있는 끝이 매우 가느다란 사물에 적용하라"와 같이 언어적으로 명료하게 표현되어야 할 것이다. 하지만 문제는 이 규칙을 표현하는 데에도 여러 개의 단어가 사용되었다는 것이다. 이 규칙을 이해하려면 그런 여러 단어의 의미를 모두 이해해야 할 것이며, 예를 들어, 이 규칙에 들어 있는 '뚫다'의 의미를 이해하지 못한다면 이 규칙을 이해할 수 없을 것이다. 그렇다면 '뚫다'의 의미를 이해하기 위해 무엇이 필요한가? 바로 그 단어의 사용 규칙에 대한 이해이다. 그런데 '뚫다'라는 단어의 사용 규칙도 여러 단어로 구성되어 있을 것이고, 그 규칙을 이해하기 위해서는 그 규칙을 표현하는 데 사용된 단어들의 의미를 또 이해해야 할 것이며, 이런 식의 퇴행은 무한히 거듭될 것이다. 이런 퇴행이 일어난다는 것은 궁극적으로 우리가 '뾰족하다'라는 단어의 의미를 이해하지 못한다는 뜻이며, 그런 문제는 다른 모든 단어에 똑같이 발생할 것이다. 따라서 개념 역할 의미론을 받아들이면, 우리가 사용하는 그 어떤 단어에 대해서도 그 의미를 이해하는 사람은 아무도 없다는 매우 불합리한 결론을 얻게 된다.

① 한국인 못지않게 한국어를 완벽히 구사하는 인공지능이 등장하더라도, ㉠은 약화되지 않는다.

② 단어의 사용 규칙이 반드시 언어적으로 표현되어야 하는 것이 아니라면, ㉡은 약화된다.

③ ㉢에 들어 있는 모든 단어의 의미를 이해하고 있는 사람이 실제로 있다면, ㉠은 강화된다.

④ 어떤 진술 안에 의미를 이해하지 못하는 단어가 포함되어 있어도 그 진술의 의미를 이해하는 것이 가능하다면, ㉡은 약화된다.

⑤ 어떤 단어의 의미를 이해하지 못하는 행위자가 그 단어를 사용 규칙대로 쓰고 있는 모습이 관찰되더라도, ㉠은 약화되지 않는다.

문항 성격　문항유형 : 논증 평가 및 문제해결

　　　　　내용영역 : 인문

평가 목표　이 문항은 대립하는 논증의 구조를 정확히 이해하여, 추가 조건들이 그 두 논증의 강
도에 어떤 영향을 미칠 수 있는지 올바로 파악할 수 있는 능력을 평가하는 문항이다.

문제 풀이　정답 : ③

개념 역할 의미론은 다음과 같이 주장한다.

1. 단어의 의미를 이해한다. → 단어의 사용 규칙을 따른다.

2. 단어의 사용 규칙을 따른다. → 사용 규칙에 부합하게 사용한다. & 사용 규칙을 이해하고 있다.

따라서 개념 역할 의미론에 따르면, 단어의 사용 규칙을 이해하지 못한다면 그 단어의 의미를
이해하지 못하는 것이다.

개념 역할 의미론에 대한 반박 논증의 구조는 다음과 같다.

1. 언어 사용자가 단어의 의미를 이해하기 위해서는 단어의 사용 규칙을 이해해야 한다. (개념
　역할 의미론의 주장, 귀류법적 가정)

2. 단어의 사용 규칙을 이해하려면, 사용 규칙이 언어적으로 명료하게 표현되어야 한다.

3. 사용 규칙을 언어적으로 명료하게 표현하면, 그 규칙에 많은 단어가 포함된다.

4. 사용 규칙을 이해하려면, 규칙에 포함된 모든 단어의 의미를 이해해야 한다.

5. 규칙에 포함된 단어의 의미를 이해하려면, 그 단어의 사용 규칙을 이해해야 한다.

6. 2–5의 과정이 반복되면서 무한 퇴행이 발생한다.

7. 무한 퇴행이 발생한다면, 어떤 단어에 대해서도 의미를 이해할 수 없다.

8. 어떤 단어에 대해서도 의미를 이해하는 사람은 없다. (6과 7로부터)

9. 어떤 단어에 대해서도 의미를 이해하는 사람이 없다는 것은 매우 불합리하다.

10. 따라서 언어 사용자가 단어의 의미를 이해하기 위해서는 단어의 사용 규칙을 이해해야 한
　다(개념 역할 의미론의 주장)는 주장은 받아들일 수 없다. (결론)

정답 해설　③ 개념 역할 의미론은 단어의 의미를 이해하는 사람들이 존재할 때 단어의 의미를
이해한다는 것이 무엇인지 설명하는 이론이므로, 단순히 ⓒ에 들어 있는 모든
단어의 의미를 이해하고 있는 사람이 실제로 있다는 것에 의해 강화되거나 약화
되는 이론은 아니다. 또한 ⓒ에 들어 있는 모든 단어의 의미를 이해하고 있는 사
람이 실제로 있다는 것은 ㉠(개념 역할 의미론)에 대한 반박 논증의 9번 전제를
지지하는 근거로 볼 수 있으므로, ㉠을 강화할 수는 없다. ③은 옳지 않은 평가
이다.

348

 ① 인공지능의 한국어 의미 이해가 규칙의 이해에 근거한 것인지가 관건이므로 한국어를 완벽히 구사하는 인공지능이 있다는 것만으로는 개념 역할 의미론의 주장과 무관하다. 따라서 ㉠은 약화되지 않는다. ①은 옳은 평가이다.

② 단어의 사용 규칙이 반드시 언어적으로 표현되어야 하는 것이 아니라면, 반박 논증의 2번 전제가 부정되므로, ㉡은 약화된다. ②는 옳은 평가이다.

④ 어떤 진술 안에 의미를 이해하지 못하는 단어가 포함되어 있어도 그 진술의 의미를 이해하는 것이 가능하다면, 반대 논증의 4번 전제가 부정되므로, ㉡은 약화된다. ④는 옳은 평가이다.

⑤ 개념 역할 의미론을 반박하는 사례는 어떤 사람이 단어의 의미를 이해하지만 그 단어의 사용 규칙을 이해하지 못하는 경우이다. 어떤 단어의 의미를 이해하지 못하는 행위자가 그 단어를 사용 규칙대로 쓰고 있는 모습이 관찰된다는 것은 개념 역할 의미론의 반례가 아니라 무관한 사례이다. 따라서 ㉠은 약화되지 않는다. ⑤는 옳은 평가이다.

23.

다음 글에 대한 분석으로 가장 적절한 것은?

즐거움에 대한 이론 A에 따르면, 즐거움이란 우리가 좋아하는 어떤 느낌, 즉 쾌감 자체이고, 고통이란 우리가 싫어하는 불쾌한 느낌이다. 한편, 이론 B에 따르면, 즐거움은 우리가 느끼는 쾌감과 상관이 없으며, 주체의 능력과 제반 조건이 그 능력이 발휘되는 대상과 서로 잘 맞을 때 생겨난다. 즉, 즐겁게 행위한다는 것은 주체가 좋은 조건에서 자기 능력에 걸맞은 일을 탁월하게 하는 것을 말한다. 반면, 고통은 주체의 능력과 조건이 능력 발휘의 대상과 서로 잘 맞지 않을 때 생겨난다. A는 즐거움과 고통에 동반되는 느낌에 호소한다는 점에서 직관적인 설득력을 지닌다. 하지만 B는 즐거움이나 고통은 느낌이 아니라 즐겁거나 고통스러운 활동을 특징짓는 적합성에 의해 설명되어야 한다고 주장한다. 최근 한 인터뷰에서 수학계의 오랜 난제를 해결한 탁월한 수학자 갑, 을, 병은 수학의 즐거움에 관해 다음과 같이 말했다.

갑 : 저는 이 해묵은 난제를 풀기 위해 오랫동안 준비해 왔습니다. 계획적으로 집중력을 기울여 매진했지요. 물론 숱한 어려움이 있었고 좌절도 있었죠. 때로는 고통스러웠어요. 하지만 자신을 믿고서 그 문제를 해결하는 과정은 정말 즐거운 경험이었습니다.

을 : 다년간의 집중적인 노력으로 결국 이 난제를 풀었습니다. 그 순간 짜릿하긴 했지요. 정말 고
생했으니까요. 그러나 순간의 쾌감보다 갈피를 잡지 못하는 동안의 고통이 더 크게 느껴졌습
니다. 차라리 저는 집중력이 필요 없는 쉬운 문제를 여럿 해결할 때 더 큰 쾌감을 느낍니다.

병 : 수학이 즐겁냐고요? 공부가 좋아서 하는 학생이 없듯이, 저에게 수학은 그저 업일 따름입니
다. 특히 어려운 문제로 고민할 때는 고통스러웠죠. 의무감으로 열심히 하다 보니 수학을 잘
하게 되었고 결국 집중적인 노력으로 그 난제를 해결할 수 있었습니다.

① A에 따르면, 어려운 문제를 집중하여 풀어낸 경험에서 을과 병은 모두 즐거움을 느끼
지 못했다.

② B에 따르면, 을이 쉬운 문제를 풀 때의 즐거움은 갑의 즐거움에 못지않다.

③ A와 B에 따르면, 을이 경험했다고 말하는 고통은 즐거움이다.

④ A와 B에 따르면, 을이 쉬운 문제를 풀어낸 경험은 즐거운 것이다.

⑤ A에 따르면, 병에게 수학은 즐겁지 않지만, B에 따르면, 병에게 수학은 즐거운 작업이다.

문항 성격	문항유형 : 논쟁 및 반론
	내용영역 : 인문
평가 목표	이 문항은 즐거움과 고통에 관해 논쟁점을 가지는 두 이론을 다양한 상황에 적용하여 분석 및 비교하는 능력을 평가하는 문항이다.
문제 풀이	정답 : ⑤

제시문에는 즐거움과 고통에 관한 두 이론이 소개된다. A는 즐거움과 고통을 쾌감과 불쾌라는 현
상적 느낌에 의해 설명한다. 이는 현대인의 직관에 잘 부합한다는 장점을 가진다. 그러나 B는 즐
거움을 쾌감과 같은 현상적 느낌이 아니라 인간의 활동에 관한 적합성에 의해 설명한다. B는 즐
거움을 주체가 좋은 조건에서 자기 능력에 '걸맞은 일을 탁월하게 하는 것'이라고 규정한다. 제시
문에서 갑, 을, 병은 수학계의 오랜 난제를 해결했을 정도로 뛰어난 능력을 가진 수학자들이다. A
에 따르면, 이들이 수학을 하면서 쾌감을 느껴야만 즐거움을 느낀 것이다. 반면에, B에 따르면, 개
인의 느낌과 상관없이, 자신의 뛰어난 능력에 '걸맞은' 어려운 문제를 해결해 내는 경험이 즐거운
것이 된다.

갑이 '오랫동안 준비'하여, '계획적으로', '집중력을 기울여 해결했다'는 것은 좋은 조건에서 자
신의 능력에 걸맞은 문제를 탁월하게 해결했다는 것을 의미한다. 따라서 갑은 B가 말하는 즐거움
에 부합하는 사례이다.

을은 난제를 해결하는 순간에는 쾌감을 느꼈지만, 그 과정은 고생스러웠으며 고통을 더 크게
느꼈다. A에 따르면, 을은 어려운 문제를 해결하면서 순간의 즐거움과 고통을 모두 느꼈다. A는

을이 오히려 쉬운 문제를 해결할 때 쾌감을 느끼므로, 이를 즐거운 경험이라 볼 것이다. 하지만 수학계의 오랜 난제를 해결할 정도로 뛰어난 수학자 을에게 집중할 필요가 없는 쉬운 문제는 그의 능력에 걸맞지 않은 것이다. 따라서 B에 따르면, 쉬운 문제를 푼 을의 경험은 그의 주관적인 느낌에도 불구하고 즐거운 것이 아니다. 오히려 그가 고통스러웠다고 했어도 '다년간의 집중적인 노력으로' 난제를 해결한 것이 즐거운 경험이다.

병은 어려운 문제로 고민할 때는 고통스러웠다고 한다. 그래도 의무감으로 노력하여 수학을 잘하게 되었고, 난제도 해결할 수 있었다. A에 따르면, 어려운 문제를 풀면서 병은 고통만을 느꼈지만, B의 관점에서 볼 때, 병은 의무감에서라도 열심히 수학을 하여 잘하게 되었고, 어려운 문제를 집중적인 노력으로 해결했으므로, 주관적인 쾌·불쾌와 상관이 없이 병은 즐거운 경험을 한 것이다.

정답 해설 ⑤ A에 따르면, 수학을 좋아서 한 것이 아니라 의무감으로 열심히 했다는 병에게 수학은 즐겁지 않다. 반면에 B에 따르면, 비록 의무감에서지만 수학을 열심히 해서 잘하게 되었고, 집중적인 노력으로 결국 난제를 해결한 병에게 수학은 즐거운 것이다. 따라서 ⑤는 적절한 분석이다.

오답 해설 ① 을은 어려운 문제를 풀어내는 동안 고생도 하고 고통도 크게 느꼈지만, 풀어내는 순간 쾌감을 느꼈다. 병은 어려운 문제를 풀어낸 경험에서 쾌감을 느끼지 못했다. A에 따르면 병은 즐거움을 느끼지 못했지만, 을은 즐거움을 느낀 것이다. ①은 적절하지 않은 분석이다.

② B에 따르면, 갑은 자신의 능력에 걸맞은 일을 탁월하게 잘했으므로 즐거운 경험을 했지만 을이 집중이 필요 없는 쉬운 문제를 푼 것은 뛰어난 자신의 능력에 걸맞은 경험이 아니므로 즐거움이 아니다. 따라서 을이 쉬운 문제를 풀 때의 즐거움이 갑의 즐거움에 못지않다는 ②는 적절하지 않은 분석이다.

③ 을은 어려운 문제를 풀면서 고통을 느꼈지만, 결국 어려운 문제를 해결했으므로 B는 이를 즐거운 경험이라고 볼 것이다. 하지만 A는 을이 느낀 고통을 고통이라고 볼 것이다. ③은 적절하지 않은 분석이다.

④ A에 따르면, 을은 쉬운 문제를 풀면서 쾌감을 느꼈으므로 이 경험은 즐거운 것이다. 그러나 B에 따르면, 을이 집중이 필요 없는 쉬운 문제를 푼 것은 자신의 뛰어난 능력에 걸맞은 경험이 아니므로 즐거운 것이 아니다. ④는 적절하지 않은 분석이다.

24.

다음으로부터 추론한 것으로 가장 적절한 것은?

> 우리는 세상에 대해 여러 믿음을 갖는다. 믿음은 참일 수도, 거짓일 수도 있다. 거짓인 믿음은 지식이 될 수 없지만, 참인 믿음이라고 모두 지식은 아니다. 믿음이 형성된 경로와 참이 된 경로가 적절할 때만 지식이 된다. 고장이 나서 3시에 멈춘 시계를 보고 '지금 3시'라고 믿는다고 하자. 우연히 그때가 3시였더라도, 이 믿음은 지식이 아니고 운 좋은 참일 뿐이다. 그렇다면 믿음이 참인지 아닌지, 그리고 그것이 지식인지 아닌지가 그 믿음에 기반한 행동이 단순 행동이 아니라 '행위'인지 여부를 결정할 수 있을까? 이에 대해 세 견해 A, B, C가 있다.
>
> A : 믿음이 참인지 거짓인지가 매우 중요하다. 이와 상관이 없는 행동은 행위일 수 없다. 갑이 '브레이크가 정상적으로 작동한다'고 믿고서 페달을 밟았다고 하자. 이 믿음이 참이라면 차가 설 것이지만, 거짓이라면 갑은 차를 세우지 못할 것이다. 이때 갑의 믿음이 정당한지를 따지기 전에 갑의 믿음이 참이기만 하면 차는 설 것이다. 참인 믿음으로부터 차를 세운 것만이 행위가 된다.
>
> B : 무엇인가를 행위로 보느냐에서 중요한 것은 믿음이 있느냐 없느냐일 뿐 그 믿음이 참인지 아닌지는 아무 상관이 없다. 을은 오랫동안 차를 정비하지 않았다. 여러 주요 부품이 고장 난 것을 알고 있음에도 그는 '브레이크가 정상적으로 작동할 것'이라고 믿는다. 을은 갑자기 등장한 장애물을 보고서 브레이크 페달을 밟는다. 이때, 중요한 것은 을이 브레이크가 정상이라고 믿는다는 점이다. 을의 믿음이 참인지 여부는 페달을 밟는 것이 행위인지 아닌지와 상관이 없다. 브레이크가 실제로는 고장이 났더라도 을은 페달을 밟을 것이다.
>
> C : 믿음이 지식인지 아닌지는 무엇이 행위인지 아닌지에 영향을 준다. 병은 브레이크가 고장난 차를 수리점에 맡겼다. 그런데 수리점 직원은 브레이크 페달과 연결된 선을 연료 펌프에 연결하여 페달을 밟으면 연료가 차단되게 하였다. 이를 모르는 병은 '페달을 밟으면 차가 설 것'이라고 믿는다. 하지만 이 믿음은 지식일 수 없다. 그가 아는 브레이크 작동 원리는 실제와 일치하지 않는다. 페달을 밟아 차가 멈췄더라도 그는 과연 차를 세운 행위를 한 것일까? 결국 지식에 근거하여 차를 세운 것만이 행위이다.

① 차를 정비한 직후 갑이 브레이크 페달을 밟았을 때 정상적으로 작동하지 않았더라도 C는 이를 행위라고 판단할 것이다.

② 을이 브레이크 페달을 밟은 것이 행위인지에 관해 B와 C는 견해가 같을 것이다.

③ 병이 브레이크 페달을 밟아도 차가 서지 않았다면, 그가 페달을 밟는 것이 행위인지에

관해 A와 B는 견해가 같을 것이다.

④ C가 행위라고 여기는 것은 A도 행위로 여길 것이다.

⑤ C가 행위라고 여기지 않는 것은 B도 행위로 여기지 않을 것이다.

<table>
<tr><td>문항 성격</td><td>문항유형 : 언어 추리</td></tr>
<tr><td></td><td>내용영역 : 인문</td></tr>
<tr><td>평가 목표</td><td>이 문항은 세 가지 행위 이론을 정확하게 이해한 후 각 이론을 여러 사례에 올바로
적용하는 능력을 평가하는 문항이다.</td></tr>
<tr><td>문제 풀이</td><td>정답 : ④</td></tr>
</table>

제시문은 우리가 가지는 믿음이 참이어야만 하며, 참인 믿음 중에서도 '믿음이 형성된 경로와 참이 된 경로가 적절할 때만', 즉 정당화될 때만 지식이 될 수 있다고 말한다. 지식의 세 요건, 즉 믿음 조건, 진리 조건, 정당화 조건을 행위에 적용하면 세 행위 이론 A, B, C가 가능하다.

A는 어떤 행동이 행위인지 아닌지를 결정하는 데 있어 믿음이 참인지가 결정적이라고 본다. 갑의 '브레이크가 정상적으로 작동한다'는 믿음이 참이라면, 그가 차를 세운 것은 행위가 된다.

B는 믿기만 하면, 그 믿음이 참인지 거짓인지 따질 필요 없이 행위를 유발한다고 본다. 을은 오랫동안 차를 정비하지 않았으며 주요 부품들이 고장 난 것을 알고 있음에도 불구하고 '브레이크가 정상적으로 작동할 것'이라고 믿는다. 이 믿음은 정당하지 않을 뿐더러 거짓일 수 있지만, 을이 이를 믿기만 하면 그가 브레이크 페달을 밟는 것은 행위가 된다. 여기서 브레이크가 정상 작동하는지, 차가 정지하는지는 행위 여부와 상관이 없다.

C는 지식, 즉 정당화된 참인 믿음만이 행위와 이어진다고 주장한다. '페달을 밟으면 차가 설 것'이라는 병의 믿음은 결과적으로 참이 되었다. 브레이크 페달을 밟으면 브레이크가 작동하지 않더라도 연료가 차단되어 결국 차가 서기 때문이다. 그러나 병의 믿음이 형성된 경로와 참이 된 경로는 일치하지 않으며, 특히 참이 된 경로는 적절하지 않다. 결국 병의 믿음은 지식일 수 없으며, 그의 믿음이 유발한 행동은 행위일 수 없다.

정답 해설　④ A는, 믿음에 기반한 행동이 행위이기 위해서, 지식을 정의하는 세 조건 중 믿음 조건과 진리 조건을 요구하지만, C는 믿음 조건, 진리 조건, 정당화 조건을 모두 요구한다. C가 행위라고 여기는 것은 A도 당연히 행위라고 여길 것이므로, ④는 적절한 추론이다.

오답 해설　① 차를 정비한 직후 갑이 브레이크 페달을 밟았을 때 정상적으로 작동하지 않았다면, '브레이크가 정상적으로 작동한다'는 갑의 믿음은 거짓이 된다. 거짓인 믿음은 지식이 될 수 없는데, C는 지식이 아니면 행위가 될 수 없다고 주장한다. 따라서 ①은 적절하지 않은 추론이다.

② 을은 브레이크가 정상이 아닐 수 있다고 여길 주요 근거들이 있음에도 '브레이
크가 정상적으로 작동할 것'이라고 믿는다. 이는 정당하지 않은 믿음이며 지식이
될 수 없다. 그럼에도, 믿기만 하면 행위로 이어진다고 주장하는 B는 을이 페달
을 밟은 것을 행위라고 여길 것이다. 그러나 C는 을이 페달을 밟은 것을 행위라
고 여기지 않을 것이다. 따라서 ②는 적절하지 않은 추론이다.

③ 병은 브레이크 '페달을 밟으면 차가 설 것'이라고 믿는다. 병이 페달을 밟아도 차
가 서지 않았다면, 그의 믿음은 거짓으로 드러난다. 믿음이 참인지 거짓인지를
중요시하는 A는 병이 브레이크를 밟은 것을 행위로 보지 않을 것이다. 반면에,
믿기만 하면 행위로 이어진다고 주장하는 B는 차가 서지 않았어도 병이 페달을
밟는 행위를 했다고 볼 것이다. 따라서 ③은 적절하지 않은 추론이다.

⑤ C가 행위로 보지 않는 것 중에, 예를 들어 참이지만 정당화되지 않은 믿음에 의
한 행동이나 거짓인 믿음에 의한 행동 등이 있을 것이다. B는 정당화되지 않거
나 거짓인 믿음에서 비롯한 것도 행위로 여길 것이다. 따라서 ⑤는 적절하지 않
은 추론이다.

25.

다음 글에 대한 분석으로 옳은 것만을 〈보기〉에서 있는 대로 고른 것은?

기능주의자에 따르면, 우리는 상식 심리학을 통해 타인에게 심적 상태를 귀속시킴으로써 인간
의 마음을 성공적으로 이해해 왔다. 상식 심리학은 '믿음', '욕구' 등의 심적 용어로 이루어지는 이
론 체계를 말한다. 우리는 대다수의 운전자가 빨간불에서 차를 세울 것이라고 예측한다. 대다수
의 합리적 운전자는 빨간불에서 정지해야 한다고 믿기 때문이다. 따라서 기능주의자에게 심적 상
태의 존재는 당연하다.

그런데 제거주의자는 상식 심리학을 추방해야 한다고 주장한다. 과학적인 설명력과 예측력이
없는 이론은 사라져 왔다. 이때, 이론이 가정하는 존재와 이 존재에 관한 용어는 아예 제거되었
다. 일반적으로, 어떤 이론이 옳은지 그른지는 그 이론이 주어진 현상을 성공적으로 예측하느냐
에 달려 있다. 그런데 우리는 타인을 얼마나 자주 오해하는가! 화학에서는 연금술이 완전히 실패
함으로써 금의 씨앗으로 여겨졌던 현자의 돌의 존재가 부정되었으며 '현자의 돌'이라는 용어도 사
라졌다. 마찬가지로 실패한 이론이 전제하는 마음의 존재뿐만 아니라 '믿음'과 '욕구' 같은 심적
용어조차 제거되어야 한다는 것이다.

도구주의자는 심적 상태의 존재를 가정함으로써 우리의 행동을 예측할 수 있다고 주장한다. 체스 컴퓨터의 비유를 살펴보자. 확실히 컴퓨터는 믿음과 욕구 같은 심적 상태가 없다. 그러나 체스를 두는 컴퓨터에게 "컴퓨터가 퀸을 잡아야 한다고 믿는군"이나 "컴퓨터가 킹을 살리길 원하는군"과 같이 믿음이나 욕구를 귀속시키면 우리는 컴퓨터의 다음 수를 효율적으로 예측할 수 있다. 이와 마찬가지로, 인간에게 심적 상태를 귀속시켜 말한다면 이는 인간의 행동을 예측하는 데 큰 도움이 된다. 그럼에도 도구주의자는 우리가 도구로서 가정하는 심적 상태에 대응하는 마음속 대상은 존재하지 않는다고 생각한다.

보 기

ㄱ. 심적 상태의 존재에 관해 기능주의자와 도구주의자는 서로 다른 견해를 가지지만, 심적 용어의 유용성에 관해서는 견해가 같다.

ㄴ. 제거주의자와 도구주의자 모두 심적 용어의 필요성을 인정한다.

ㄷ. 심적 상태가 존재하지 않는다는 주장을 뒷받침하기 위해 제거주의자와 도구주의자는 같은 이유를 제시한다.

① ㄱ   ② ㄴ   ③ ㄱ, ㄷ
④ ㄴ, ㄷ   ⑤ ㄱ, ㄴ, ㄷ

문항 성격	문항유형 : 논쟁 및 반론
	내용영역 : 인문
평가 목표	이 문항은 믿음과 욕구 등의 심적 상태와 심적 용어에 관해 기능주의, 제거주의, 도구주의가 각각 주장하는 바와 제시하는 이유를 정확히 분석하여 비교할 수 있는 능력을 평가하는 문항이다.
문제 풀이	정답 : ①

제시문에 따르면, 상식 심리학은 '믿음'과 '욕구' 같은 심적 용어로 이루어진 이론 체계이다. 기능주의자는 우리가 상식 심리학을 통해 일상에서 타인의 마음과 행동을 예측하고 설명한다고 주장한다. 기능주의자는 심적 상태의 존재와 심적 용어의 유용성을 당연하게 생각한다.

반면에 제거주의자는 상식 심리학이 실패해 왔음을 지적한다. 일상의 타자 이해에서 우리는 상대의 마음을 자주 오해한다. 과학사에서 '현자의 돌'이나 '마녀', '플로지스톤'과 같은 용어와 그 용어가 지시하는 존재는 그에 관한 이론과 함께 제거되어 왔다. 그렇다면, 역시 실패한 이론인 상식 심리학과 함께 심적 상태와 심적 용어까지 제거되어야 한다는 것이 제거주의자의 논리이다.

도구주의자는 제거주의자와 마찬가지로 마음의 존재를 부정하지만, 제시문에 그 이유는 나타나지 않는다. 도구주의자는 믿음과 욕구가 있는 것처럼 "인간에게 심적 상태를 귀속시켜 말한다면 이는 인간의 행동을 예측하는 데 큰 도움이 된다."고 하므로, 심적 용어가 유용하다고 본다.

<보기> 해설　ㄱ. 기능주의자는 심적 상태의 존재를 긍정하지만 도구주의자는 부정한다. 하지만 심적 용어의 유용성은 둘 다 긍정한다. ㄱ은 옳은 분석이다.

ㄴ. 도구주의자는 심적 용어의 필요성을 인정하지만 제거주의자는 부정한다. ㄴ은 옳지 않은 분석이다.

ㄷ. 제거주의자와 도구주의자는 모두 심적 상태의 존재를 부정한다. 제거주의자는 상식 심리학의 실패를 그 이유로 제시하지만, 도구주의자의 이유는 나타나지 않는다. ㄷ은 옳지 않은 분석이다.

<보기>의 ㄱ만이 옳은 분석이므로 정답은 ①이다.

26.

다음 글에 대한 분석으로 옳은 것만을 <보기>에서 있는 대로 고른 것은?

투표소 출구조사는 유권자가 아니라 실제 투표자를 조사함으로써 투표 결과 예측의 정확도를 높이는 방법이다. 선거구 안에서 조사 대상 투표구를 어떻게 선정하느냐가 출구조사에서 중요하다. 투표구가 선정되면 해당 투표구에 속한 투표소에서 조사가 이루어진다. 출구조사 방법으로 A, B, C가 있다.

A : 직전 선거에서 해당 선거구의 전체 개표 결과와 각 투표구별 개표 결과를 비교하여, 그 차이가 가장 작은 투표구의 투표소를 대상으로 조사한다.

B : 직전 선거에서 정당별 투표 결과가 유사한 투표구들을 층위가 있는 몇 개의 집단으로 묶어 구분하고, 각 층의 유권자 비율에 따라 일정 수의 투표구를 무작위로 선정하여, 해당 투표구의 투표소를 대상으로 조사한다.

C : 투표구를 미리 정하여 그곳에서 투표 시간 내에 조사하는 것이 아니라, 선거구 내 투표구를 모두 순회하면서 조사한다. 한 투표구에서 일정 시간 조사한 후 다음 투표구로 이동하여 일정 시간 조사하는 방식으로 투표구들을 순회하는 것이다. 투표구별 표본 크기는 유권자의 수에 비례하여 결정된다.

ㄱ. 직전 선거 이후 투표구의 인구 사회적 특성에 심한 변화가 있을 경우, A는 활용하기 어렵다.

ㄴ. B는 유권자의 정치적 성향 측면에서 동일 선거구 내 투표구들은 대체로 동질적일 것이라고 가정하고 있다.

ㄷ. C에는 해당 선거구의 투표구별 직전 선거 득표 자료가 필수적이다.

① ㄱ   ② ㄷ   ③ ㄱ, ㄴ
④ ㄴ, ㄷ   ⑤ ㄱ, ㄴ, ㄷ

문항 성격   문항유형 : 논증 분석

내용영역 : 사회

평가 목표   이 문항은 투표소 출구조사에서 표본 확보를 위해 조사 대상 투표구를 선정하는 방법들의 논리를 제대로 이해하여 그 차이를 구분할 수 있는지를 평가하는 문항이다.

문제 풀이   정답 : ①

투표소 출구조사도 다른 조사와 마찬가지로 표본의 대표성 확보가 관건이 된다. A는 직전 선거 결과를 토대로 전체 선거구의 결과와 가장 유사한 결과를 보였던 투표구를 선정하여 표본의 대표성을 확보하려는 방법이다. B는 직전 선거에서 유사한 결과를 보였던 투표구들끼리 여러 집단으로 먼저 묶어 전체 선거구를 먼저 층화한 후, 각 층에서 일정 수의 투표구를 선정한다. 이를 통해 다양한 특성을 보이는 이질적인 투표구들이 골고루 표본에 포함되도록 함으로써 대표성을 확보하려는 방법이다. C는 모든 투표구의 투표소를 순회하면서 일정 시간 동안 조금씩 조사하는 방법이다. 각 투표소에서 상대적으로 소수의 투표자를 조사하지만 모든 투표소의 투표자들이 골고루 표본에 포함되도록 함으로써 표본의 대표성을 확보하려는 방법이다.

〈보기〉 해설   ㄱ. A는 특정 투표구의 투표행태가 직전 선거와 유사할 것임을 가정하고 있다. 만약 직전 선거 이후 투표구의 인구 사회적 특성에 심한 변화가 있다면 그에 따라 투표행태가 과거와 달라질 가능성이 크므로 A는 활용하기 어렵다. 따라서 ㄱ은 옳은 분석이다.

ㄴ. B는 동일 선거구일지라도 투표구들이 서로 이질적이라고 가정하기 때문에, 먼저 동질적인 투표구들끼리 층으로 묶어 구분한 후 각 층에서 일정 수의 투표구를 선정하는 것이다. 같은 층의 투표구들은 동질적이지만, 다른 층의 투표구들은 이질적이다. 이렇게 함으로써 이질적인 다양한 투표구들이 골고루 조사 대상이 되어 전체 선거구의 투표 결과를 더 잘 예측할 수 있게 된다. 만약 투표구들

27.

다음 논증에 대한 평가로 옳은 것만을 〈보기〉에서 있는 대로 고른 것은?

> 2020년 1월부터 유행하기 시작한 COVID-19로 인해 출생률이 감소할 것이라는 주장이 있다. 그 근거는 다음과 같다.
>
> 첫째, 강력한 사회적 거리두기로 인해 자유로운 만남과 연애가 상대적으로 어려워졌다. 다중시 설 이용과 출입국에 큰 제약이 생김으로써 결혼을 미루거나 포기하는 경우가 많아졌다.
>
> 둘째, 특히 상대적으로 출생률이 높은 저소득 계층과 청년층에서 취업률이 하락하고 소득이 줄 어들면서 경제적 어려움이 커졌다. 출산과 양육의 경제적 부담이 큰 만큼 소득의 감소는 출산의 감소로 이어질 것이다.
>
> 셋째, 비대면 노동과 재택근무의 확산으로 일과 가정의 구분이 애매해져 많은 노동자가 스트레 스를 호소하고 있다. 게다가 학교나 유치원, 어린이집 같은 보육 시설이 폐쇄되거나 제한적으로 운영되면서 자녀 양육이 더 어려워졌다. 어린 자녀를 키우고 있는 가정뿐만 아니라 아직 자녀가 없는 가정에서도 이러한 보육과 양육의 문제로 인해 출산 계획을 미루거나 포기할 것이다.

보 기

ㄱ. 전체 영유아 인구는 2019년 7월보다 2022년 7월에 감소했지만 1세 이하 인구에는 차이가 없었다면, 이 논증은 강화된다.

ㄴ. 2019년의 1인당 국내총생산은 31,929천 원이었으며 2020년의 1인당 국내총생산은 31,637천 원으로 별 차이가 없었다면, 이 논증은 약화된다.

ㄷ. 2019년 8월 현재 임신 중이라고 답한 비율이 경제활동 여성과 비경제활동 여성에 서 10%로 동일했으며, 2021년 8월에 이루어진 같은 조사에서도 그 비율 수치에 거 의 변화가 없었다면, 이 논증은 약화된다.

① ㄴ   ② ㄷ   ③ ㄱ, ㄴ

④ ㄱ, ㄷ   ⑤ ㄱ, ㄴ, ㄷ

문항 성격	문항유형 : 논증 평가 및 문제해결
	내용영역 : 사회
평가 목표	이 문항은 COVID–19로 인해 출생률이 감소할 것이라는 논증을 이해하고, 가정적인 자료가 그 논증을 강화 또는 약화하는지 옳게 판단할 수 있는 능력을 평가하는 문항이다.
문제 풀이	정답 : ②

COVID–19로 인해 출생률이 감소할 것이라는 주장의 근거로 다음 세 가지가 제시되고 있다.

첫째, 강력한 사회적 거리두기로 인해 만남과 연애가 상대적으로 어려워져, 결혼을 미루거나 포기하는 경우가 많아졌다.

둘째, 상대적으로 출생률이 높은 저소득 계층과 청년층에서 소득이 감소하고, 이로 인해 출산도 감소할 것이다.

셋째, 자녀가 있는 가정뿐만 아니라 자녀가 없는 가정에서도 보육과 양육의 문제로 인해 출산 계획을 미루거나 포기할 것이다.

〈보기〉 해설   ㄱ. 1세 이하 인구에서 2019년 7월과 2022년 7월에 차이가 없다는 것은 2019년의 출생률과 2022년의 출생률에 큰 차이가 없었을 것이라는 것을 의미한다. (1세 이하 인구에는 차이가 없었지만 전체 영유아 인구가 감소한 것은 아마도 2세 이상의 영유아의 사망률이 높아진 것 등과 같은 다른 이유 때문일 것이다.) 따라서 전체 영유아 인구는 2019년 7월보다 2022년 7월에 감소했지만 1세 이하 인구에는 차이가 없었다는 것은 COVID–19로 인해 출생률이 감소할 것이라는 논증을 강화하지 않는다. ㄱ은 옳지 않은 평가이다.

  ㄴ. 저소득 계층과 청년층의 소득이 감소하지 않았다는 사실은 논증을 약화할 것이지만, 1인당 국내총생산에 별 차이가 없었다는 사실만으로는 논증을 약화할 수 없다. 저소득 계층과 청년층의 소득이 실제 감소하였더라도 중상층과 중장년층의 소득이 증가하였다면 1인당 국내총생산이 이전과 차이가 없는 것으로 나타날 수 있기 때문이다. 따라서 ㄴ은 옳지 않은 평가이다.

  ㄷ. COVID–19로 인해 출생률이 감소할 것이라는 주장의 근거로 자녀 양육이 더 어려워지면서 가정에서 이러한 문제로 인해 출산 계획을 미루거나 포기할 것이라는 것이 제시되었다. 2019년 8월의 조사와 2021년 8월의 조사에서 현재 임신 중

28.

다음 글에 대한 평가로 옳은 것만을 〈보기〉에서 있는 대로 고른 것은?

노동조합이 없는 회사보다 있는 회사에 다니는 노동자들의 임금이 더 높은 것으로 알려져 있다. 이를 노동조합의 임금 프리미엄이라고 한다. 이 현상을 설명하기 위해 노동조합이 없는 직장에서 일하는 노동자(무조합원), 노동조합이 있으나 가입하지 않은 노동자(비조합원), 노동조합에 가입한 노동자(조합원) 사이의 임금 격차에 관해 주장 A와 B가 있다.

A : 노동조합은 독점적 노동 공급원이다. 노동조합은 조합원의 수 이내에서 기업에 노동 공급의 독점력을 행사할 수 있기 때문에 비조합원이나 무조합원의 노동력이 거래되는 경쟁 시장보다 높은 임금을 이끌어낼 수 있다. 이때 형성된 높은 임금으로 인해, 노동조합의 독점력이 없었다면 고용될 수 있었던 노동력이 경쟁 시장으로 몰리고 이는 다시 경쟁 시장의 임금을 낮춰 임금 프리미엄을 키우는 파급 효과를 가져온다.

B : 노동조합은 노동자들의 집합적 목소리를 대표하는 의사 대표 제도이다. 노동조합은 사측에 동일노동－동일임금 원칙, 작업장의 안전성 제고 등을 요구함으로써 직장 내 모든 노동자의 만족도를 높이고 이직률을 낮춘다. 나아가 노동조건의 임의적 변경을 막고 협의를 통한 작업 재배치와 자본 투자 제고를 촉진한다. 또한 노동조합은 소수자의 이해를 대변함으로써 이들을 지지하고 배려한다. 노동조합의 이런 활동들이 노동자의 생산성을 높이고 이는 자연스럽게 기업 전반의 임금 수준을 높일 것이다.

보기

ㄱ. 직종과 숙련도에서 유사한 노동자들을 비교한 조사에서, 조합원의 임금이 비조합원의 임금보다 높고 비조합원과 무조합원 사이에는 임금 차이가 없다는 결과는 A를 강화하고 B를 약화한다.

ㄴ. 직종과 숙련도에서 유사한 남녀 사이의 임금 격차에 관한 조사에서, 조합원들의 남녀 임금 격차가 비조합원들의 남녀 임금 격차보다 적다는 결과는 A를 약화한다.

ㄷ. 노동조합이 있는 회사의 노동자들을 대상으로 진행한 조사에서, 조합원들의 임금이 직종과 숙련도에서 유사한 비조합원들의 임금과 유사하다는 결과는 B를 약화한다.

① ㄱ 　　② ㄷ 　　③ ㄱ, ㄴ

④ ㄴ, ㄷ 　　⑤ ㄱ, ㄴ, ㄷ

문항 성격　문항유형 : 논증 평가 및 문제해결

내용영역 : 사회

평가 목표　이 문항은 노동조합의 임금 프리미엄에 대한 두 이론을 이해하고 제시된 사례들이 어떤 이론을 강화 또는 약화하는지 옳게 판단할 수 있는 능력을 평가하는 문항이다.

문제 풀이　정답 : ①

노동조합의 임금 프리미엄에 대한 두 이론을 소개하고 이와 관련된 사례들을 보기에서 제시하고 있다. A에 따르면, 노동조합이 기업에 노동 공급의 독점력을 행사할 수 있기 때문에 노동조합에 가입한 노동자(조합원)는 상대적으로 높은 임금을 받지만, 노동조합이 있으나 가입하지 않은 노동자(비조합원)와 노동조합이 없는 직장에서 일하는 노동자(무조합원)는 상대적으로 낮은 임금을 받게 된다. 이에 반해 B에 따르면, 노동조합은 노동자들의 임금 격차를 없애고 노동조건을 개선함으로써 회사 내 모든 노동자의 사기를 제고하고 생산성을 높인다. 노동조합의 임금 프리미엄은 이러한 생산성 향상의 결과로 나타난다.

〈보기〉 해설　ㄱ. A에 따르면, 노동조합이 독점력을 확보할 수 있으므로 조합원의 임금이 비조합원이나 무조합원의 임금보다 높고, 비조합원과 무조합원의 임금은 비슷해야 한다. 따라서 조합원의 임금이 비조합원의 임금보다 높고 비조합원과 무조합원 사이에는 임금 차이가 없다는 조사 결과는 A를 강화한다. B에 따르면, 노동조합의 활동이 노동자의 생산성을 높이고 이는 기업 전반의 임금 수준을 높이므로, 조합원과 비조합원의 임금은 상대적으로 비슷한 수준으로 높고 무조합원의 임금은 상대적으로 낮아야 한다. 조합원의 임금이 비조합원의 임금보다 높고 비조합원과 무조합원 사이에는 임금 차이가 없다는 조사 결과는 이러한 예측과 다르므로 B를 약화한다. ㄱ은 옳은 평가이다.

ㄴ. 임금 프리미엄에 대한 A의 설명에서 노동조합 가입 여부에 따른 남녀 사이의 임금 격차에 대해 어떠한 주장이나 암시도 없으므로, A를 강화하지도 약화하지도 않는다. ㄴ은 옳지 않은 평가이다.

ㄷ. B에 따르면, 노동조합의 활동이 노동자의 생산성을 높이고 이는 자연스럽게 기업 전반의 임금 수준을 높이므로, 조합원과 비조합원의 임금은 비슷한 수준으로 높아야 한다. 따라서 노동조합이 있는 회사의 노동자들을 대상으로 진행한 조사에서, 조합원들의 임금이 직종과 숙련도에서 유사한 비조합원들의 임금과 유사하다는 결과는 B를 약화하지 않는다. ㄷ은 옳지 않은 평가이다.

〈보기〉의 ㄱ만이 옳은 평가이므로 정답은 ①이다.

29.

다음 글에 대한 평가로 옳은 것만을 〈보기〉에서 있는 대로 고른 것은?

주인이 대리인을 통해 일을 처리할 때, 주인이 대리인의 행동을 완벽하게 관찰하지 못하는 경우 대리인은 자신의 이익을 극대화하기 위해 주인의 이익과 상충하는 행동을 취할 수 있다. 이를 주인−대리인 문제라 한다. ㉠부동산 중개인을 통해 집을 파는 집주인에게도 주인−대리인 문제가 발생한다는 주장이 있다.

미국에서 중개인은 보통 집값의 6%를 수수료로 받지만, 다른 거래 참가자들의 몫을 제하면 실질적으론 집값의 1.5%만 남는다. 수수료가 집값에 연동되어 있으므로 중개인이 최대한 높은 가격에 집을 팔 유인이 제공되는 것처럼 보인다. 하지만 이는 제한된 범위에서만 타당하다. 예를 들어 집값을 10,000달러 높이면 중개인은 150달러를 더 받는 데 그친다. 그런데 집값을 높여 받기 위해서는 매물을 시장에 오래 내놓아야 하며 그 기간에 광고를 하고 잠재적 구매자에게 집을 보여주는 등의 비용이 발생한다. 따라서 중개인은 150달러를 더 받기 위해 많은 비용을 지불하기보다는 적당한 가격에 집을 팔려고 하는 유인이 있다. 집주인은 자신의 집 시세나 판매 가능성에 대한 정보가 중개인보다 훨씬 적기 때문에 낮은 가격을 받아들이라는 중개인의 제안에 넘어가기 쉽다.

ㄱ. 중개인이 타인 소유의 집보다 자신 소유의 집을 팔 때 매물이 더 오래 시장에 머물렀다는 조사 결과는 ㉠을 강화한다.

ㄴ. 집값에 연동된 실질적인 수수료율을 1.5%에서 3.5%로 높이자 매물이 시장에 머무는 기간이 짧아졌다는 조사 결과는 ㉠을 강화한다.

ㄷ. 정보통신기술 발달로 주택 시세 정보를 과거보다 쉽고 정확하게 얻게 됨에 따라 매물이 시장에 머무는 기간이 짧아졌다는 조사 결과는 ㉠을 강화한다.

① ㄱ   ② ㄴ   ③ ㄱ, ㄷ
④ ㄴ, ㄷ   ⑤ ㄱ, ㄴ, ㄷ

<table>
<tr><td>문항 성격</td><td>문항유형 : 논증 평가 및 문제해결
내용영역 : 사회</td></tr>
<tr><td>평가 목표</td><td>이 문항은 주택 매매에서 주인–대리인 문제가 정보의 비대칭성과 대리인의 이익 추구 때문에 발생한다는 주장을 이해하고 각각의 조사 결과가 이러한 주장을 강화하거나 약화하는지 따져 보는 능력을 평가하는 문항이다.</td></tr>
<tr><td>문제 풀이</td><td>정답 : ①</td></tr>
</table>

주인–대리인 문제(principal–agent problem)는 비대칭적 정보가 존재하는 경제 관계에서 흔히 발생하는 문제다. 주인이 대리인의 행동을 완전히 관찰하거나 통제하지 못하는 상황에서 주인의 목적과 다른 목적을 가진 대리인은 자신의 목적 달성을 위해 행동할 것이다. 소위 도덕적 해이(moral hazard) 현상이 나타나는 것이다. 미국 주택 매매 시장에 이런 주인–대리인 문제를 적용해 보면, 대리인인 중개인은 집주인의 목적인 높은 가격을 추구하기보다 자신의 중개 비용을 고려해 상대적으로 낮은 가격에 빨리 매매를 성사시키려는 유인이 있다. 대리인은 중개 비용과 자신이 얻는 중개 수수료를 고려하여 매물이 시장에 머무는 시간을 줄이려 할 수 있다는 점을 파악하는 것이 중요하다. 한편 주인–대리인 문제의 근원인 정보의 비대칭성이 줄어들면 주인–대리인 문제가 완화될 것이다.

ㄱ. 중개인이 자신 소유의 집을 팔 때에는 대리인이 아니라 주인이므로 주인–대리인 문제가 발생하지 않는다. ㉠에 따르면 중개인은 대리인인 자신의 이익을 극대화하기 위해 매물이 적당한 가격에 시장에서 빨리 사라지게 하려 할 것이므로, ㉠이 옳다면 중개인이 주인으로서 거래할 때보다 대리인으로서 거래할 때 매물을 시장에 덜 오래 머물게 할 가능성이 높다. 따라서 중개인이 타인 소유의 집보다 자신 소유의 집을 팔 때 매물이 더 오래 시장에 머물렀다는 조사 결과는 ㉠을 강화한다. ㄱ은 옳은 평가이다.

ㄴ. 집값에 연동된 실질적인 수수료율이 상승하면 집값을 높여 받을수록 중개인의 몫이 많아지므로, 이익의 극대화를 꾀하는 중개인은 집값을 높여 받기 위해 매물을 시장에 더 오래 내놓으려 할 것이다. 따라서 중개인이 자신의 이익을 극대화하려 한다는 ㉠이 옳다면 집값에 연동된 실질적인 수수료율의 상승으로 매물이 시장에 머무는 기간이 길어질 가능성이 높다. 따라서 집값에 연동된 실질적인 수수료율을 높이자 매물이 시장에 머무는 기간이 짧아졌다는 조사 결과는 ㉠을 강화하지 않는다. ㄴ은 옳지 않은 평가이다.

ㄷ. 제시문 마지막 문장에 따르면, 집주인은 주택 시세 등에 대한 정보가 적기 때문에 낮은 가격을 받아들이라는 중개인의 제안에 넘어가기 쉽다. 따라서 정보통신기술 발달로 집주인이 주택 시세 정보를 과거보다 쉽고 정확하게 얻을 수 있게 되면 중개인의 그러한 제안을 거절할 가능성이 커지고, 집값을 더 높이 받기 위해 매물을 시장에 오래 내놓으려 할 가능성이 커진다. 부동산 중개인을 통한 주택 매매에서도 주인－대리인 문제가 발생한다는 ㉠이 옳다면, 주인－대리인 문제의 발생 원인인 집주인과 중개인 간 정보의 비대칭성이 완화된 때에는 정보의 비대칭성이 클 때와 비교하여 매물이 시장에 머무는 기간이 길어질 가능성이 높은 것이다. 따라서 정보통신기술 발달로 주택 시세 정보를 과거보다 쉽고 정확하게 얻게 됨에 따라 매물이 시장에 머무는 기간이 짧아졌다는 조사 결과는 ㉠을 강화하지 않는다. ㄷ은 옳지 않은 평가이다.

〈보기〉의 ㄱ만이 옳은 평가이므로 정답은 ①이다.

30.

다음으로부터 추론한 것으로 옳은 것만을 〈보기〉에서 있는 대로 고른 것은?

선출직과 임명직 공무원의 정책 결정 과정이 다른 경우는 흔하다. 선출직의 경우 장래 선거를 고려하여 ㉠주민 효용 극대화를, 임명직의 경우 조직의 확대를 고려하여 ㉡예산 극대화를 추구한다. 다음 상황을 생각해 보자.

공무원 갑은 다음 해 예산을 결정하기 위해 신규 예산안을 제출한다. 신규 예산 수준이 기존 예산 수준과 같으면 주민 투표 없이 제출된 안이 확정되고, 다르면 찬반 투표에 부쳐야 한다. 신규 예산안이 주민의 과반수 찬성을 얻어 통과되면 확정 예산이 되고, 부결되면 기존 예산이 확정 예산이 된다. 신규 예산안이 기존 예산보다 더 낮은 효용을 주지 않는 한 주민들은 찬성표를 던진다.

예산에 따른 주민의 효용은 아래 그림과 같다. 이를 알고 있는 갑은 어떻게 행동할까? 예를 들어, 기존 예산이 x_0라고 하자. 갑이 주민 효용 극대화를 추구한다면, 갑은 x^*를 제안하고 이 안은 주민 투표를 거쳐 확정될 것이다. 만약 갑이 예산 극대화를 추구한다면, 갑은 x_1을 제안함으로써 예산 확대를 꾀할 것이다.

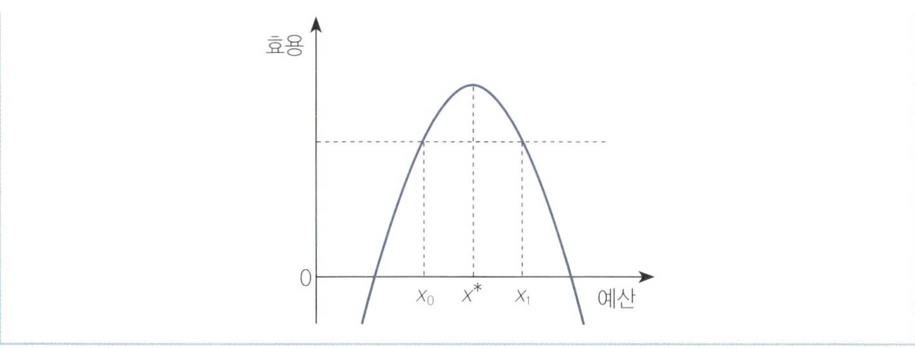

보 기

ㄱ. 갑이 ㉠을 추구하고 기존 예산이 x_1이면, 신규 예산안은 주민 투표에서 통과될 것이다.

ㄴ. 갑이 ㉡을 추구하고 기존 예산이 x^*보다 크다면, 주민 투표에 부쳐진 신규 예산안은 항상 부결될 것이다.

ㄷ. 기존 예산이 x^*가 아니라면, 확정 예산은 갑이 ㉠을 추구할 때가 ㉡을 추구할 때보다 항상 작다.

① ㄱ

② ㄴ

③ ㄱ, ㄷ

④ ㄴ, ㄷ

⑤ ㄱ, ㄴ, ㄷ

문항 성격 문항유형 : 언어 추리

내용영역 : 사회

평가 목표 이 문항은 주민 효용 극대화를 추구하는 선출직과 예산 극대화를 추구하는 임명직의 행태 차이를 이해하고 예산 수준이 어떻게 결정될 것인지를 분석하는 능력을 평가하는 문항이다.

문제 풀이 정답 : ⑤

주민 효용 극대화를 추구할 경우, 기존 예산 수준에 관계없이 주민 효용을 가장 크게 하는 x^*가 다음 해 예산으로 결정되도록 할 것이다. 반면 예산 극대화를 추구할 경우, 기존 예산 수준에 따라 전략적 예산안 제출이 가능한 점을 이해해야 한다.

〈보기〉 해설 ㄱ. 기존 예산이 x_1이면 주민에게 보다 높은 효용을 주는 x^*가 신규 예산안으로 제출되는 경우 주민 투표에서 만장일치로 가결될 것이다. 그리고 x^*보다 높은 효용을 주는 예산안은 없다. 그러므로 갑이 주민 효용 극대화를 추구하고 기존 예산이 x_1이면, 갑은 신규 예산안 x^*를 제출하여 주민 투표를 통해 확정 예산이 되는 것을 꾀할 것이고, 신규 예산안 x^*는 실제로 주민 투표에서 통과되어 확정 예산이 될 것이다. ㄱ은 옳은 추론이다.

ㄴ. 기존 예산이 x^*보다 크다면, 제출되는 신규 예산안은 다음 경우로 나누어 볼 수 있다.

　⑴ 신규 예산안이 기존 예산보다 작으면서, 기존 예산보다 더 낮은 효용을 주는 경우

　　이 경우 신규 예산안은 주민 투표에서 부결되고 기존 예산이 확정 예산이 된다.

　⑵ 신규 예산안이 기존 예산보다 작으면서, 기존 예산보다 더 낮지 않은 효용을 주는 경우

　　이 경우 신규 예산안은 주민 투표에서 통과되고 확정 예산이 된다.

　⑶ 신규 예산 수준이 기존 예산 수준과 같은 경우

　　주민 투표 없이 신규 예산안이 확정 예산이 된다.

　⑷ 신규 예산안이 기존 예산보다 큰 경우

　　그래프에서 예산이 x^*보다 큰 구간에서는 예산이 커질수록 주민의 효용이 낮아진다. 기존 예산이 x^*보다 크고 신규 예산안은 기존 예산보다 더 크므로, 신규 예산안은 기존 예산보다 낮은 효용을 준다. 따라서 신규 예산안은 주민 투표에서 부결되고 기존 예산이 확정 예산이 될 것이다.

⑵의 경우에서만 기존 예산보다 작은 신규 예산안이 확정 예산이 되며, 나머지 ⑴, ⑶, ⑷의 경우에서는 기존 예산이 확정 예산이 되거나 기존 예산 수준과 같은 신규 예산안이 확정 예산이 된다. 따라서 갑이 예산 극대화를 추구하고 기존 예산이 x^*보다 크다면, 갑은 ⑵에 해당하는 신규 예산안이 아니라, ⑴, ⑶, ⑷에 해당하는 신규 예산안을 제출할 것이다. 즉, 기존 예산보다 작고 주민에게 더 낮은 효용을 주는 신규 예산안이 제출되어 주민 투표에서 부결되거나, 기존 예산 수준과 같은 신규 예산안이 제출되어 그대로 확정되거나, 기존 예산보다 큰 신규 예산안이 제출되어 주민 투표에서 부결될 것이다. 이로부터 신규 예산안이 주민 투표에 부쳐지는 경우에는 항상 부결된다는 것을 알 수 있다. ㄴ은 옳은 추론이다.

ㄷ. ⑴ 갑이 주민 효용 극대화를 추구한다면, 기존 예산의 수준과 관계없이 갑은 언제나 x^*를 신규 예산안으로 제출할 것이고 이것이 확정 예산이 된다.

　⑵ 갑이 예산 극대화를 추구하고 기존 예산이 x^*보다 작다면, 그래프에서 예산이 x^*보다 큰 구간에 기존 예산과 동일한 효용을 주민에게 주는 예산 수준이 존재하므로 갑은 그 수준의 신규 예산안을 제출할 것이고, 그 신규 예산안은 주민

투표를 통과하여 확정 예산이 될 것이다. 이 경우 확정 예산은 x^*보다 크다. 만약 갑이 예산 극대화를 추구하고 기존 예산이 x^*보다 크다면, ㄴ의 해설에서 알 수 있듯이, 기존 예산이 확정 예산이 되거나 기존 예산 수준과 같은 신규 예산안이 확정 예산이 될 것이다. 이때 기존 예산이 x^*보다 크므로 확정 예산도 x^*보다 크다. 그러므로 기존 예산이 x^*가 아닌 경우, 즉 x^*보다 작거나 x^*보다 큰 경우, 갑이 예산 극대화를 추구한다면 확정 예산은 항상 x^*보다 크다.

⑴과 ⑵에 의해, 기존 예산이 x^*가 아니라면, 갑이 주민 효용 극대화를 추구할 때의 확정 예산은 x^*이고 갑이 예산 극대화를 추구할 때의 확정 예산은 항상 x^*보다 크므로, 확정 예산은 갑이 주민 효용 극대화를 추구할 때가 예산 극대화를 추구할 때보다 항상 작다. ㄷ은 옳은 추론이다.

〈보기〉의 ㄱ, ㄴ, ㄷ 모두 옳은 추론이므로 정답은 ⑤이다.

31.

〈상황〉에 대해 추론한 것으로 옳은 것은?

정부의 정책 선택은 사회 구성원 개인의 효용에 영향을 미친다. 정부는 정책이 사회 구성원에게 미치는 영향을 종합적으로 평가해 정책을 선택해야 한다. 다음 평가 기준 A, B, C를 생각해 보자.

A : 사회 구성원 중 어떤 사람의 효용도 현재보다 낮추지 않으면서 적어도 한 사람의 효용을 높일 수 있다면 '개선'이다. 더 이상 '개선'을 이룰 수 없는 정책만 수용가능하다.
B : 사회 구성원 효용의 산술평균값이 가장 큰 정책이 바람직한 정책이다.
C : 사회 구성원 중 효용이 가장 낮은 사람의 효용이 가장 큰 정책이 바람직한 정책이다.

〈상황〉

두 집단 1과 2로 구성된 사회가 있다. 전체 인구에서 집단 1이 차지하는 비율은 α이고 집단 2가 차지하는 비율은 $1-\alpha$이다. (단, $0<\alpha<1$) 이 사회에서 선택 가능한 정책은 X, Y, Z만 있으며 각 정책에 따른 집단 구성원의 개인 효용은 다음과 같다. (단, $y>0$)

개인 효용		X	Y	Z
	집단 1	1	y	3
	집단 2	5	$2y$	2

① y=2인 경우, C에 따른 바람직한 정책은 하나뿐이다.

② A에 따른 정책의 수용가능 여부는 α값에 따라 달라진다.

③ y=2인 경우, B에 따라 X가 바람직한 정책이라면 α=0.5이어야 한다.

④ 집단 1과 2의 인구가 같을 경우, B와 C에 따른 바람직한 정책은 같다.

⑤ 집단 1과 2의 인구가 같을 경우, B에 따른 바람직한 정책은 A에 따라 항상 수용가능하다.

<table>
<tr><td>문항 성격</td><td>문항유형 : 언어 추리
내용영역 : 사회</td></tr>
<tr><td>평가 목표</td><td>이 문항은 정부의 정책을 평가하는 세 가지 기준을 이해하고 구체적인 정책 상황에서 사회 구성원이 느끼는 효용의 크기를 고려하여 각 기준을 적용하는 능력을 평가하는 문항이다.</td></tr>
<tr><td>문제 풀이</td><td>정답 : ⑤</td></tr>
</table>

X를 Z로 바꾸면 집단 2 구성원의 개인 효용이 낮아지고 Z를 X로 바꾸면 집단 1 구성원의 개인 효용이 낮아지므로, X를 Z로 바꾸거나 Z를 X로 바꾸는 것은 A의 '개선'이 아니다. 사회 구성원 중 효용이 가장 낮은 사람의 효용(최소 효용)은 X를 선택했을 때는 1이고 Z를 선택했을 때는 2이므로, y값에 관계없이 X는 C에 따른 바람직한 정책이 될 수 없다.

정답 해설 ⑤ 사회 구성원 중 어떤 사람의 효용도 현재보다 낮추지 않으면서 적어도 한 사람의 효용을 높이면 전체 구성원의 효용이 커지므로 사회 구성원 효용의 산술평균 값도 커진다. 그러므로 A의 '개선'을 이룰 수 있는 정책은, 사회 구성원 효용의 산술평균값을 더 크게 하는 것이 가능한 정책이므로, B에 따른 바람직한 정책이 아니다. 따라서 B에 따른 바람직한 정책은 A의 '개선'을 이룰 수 없는 정책, 즉 A에 따라 수용가능한 정책이다. ⑤는 옳은 추론이다.

오답 해설 ① y=2인 경우 각 정책에 따른 최소 효용은 다음과 같다.

X	Y	Z
1	2	2

따라서 C에 따른 바람직한 정책은 Y와 Z, 두 개이다. ①은 옳지 않은 추론이다.

② $0<α<1$이므로 각 집단에 속한 사람이 적어도 한 명 존재한다. 따라서 사회 구성원 중 어떤 사람의 효용도 현재보다 낮추지 않으면서 적어도 한 사람의 효용을 높인다는 것은 〈상황〉에서는 어느 집단의 효용도 현재보다 낮추지 않으면서 다른 집단의 효용을 높인다는 것을 의미한다. 그러므로 A의 '개선'이 가능한지

여부는 집단 1의 효용을 낮추지 않으면서 집단 2의 효용을 높이거나 집단 2의 효용을 낮추지 않으면서 집단 1의 효용을 높이는 게 가능한지 조사하면 알 수 있고, 결국 A에 따른 정책의 수용가능 여부도 이러한 조사를 통해 알 수 있을 뿐 α값이 무엇이냐에 영향을 받지 않는다. ②는 옳지 않은 추론이다.

③ y=2인 경우 각 정책에 따른 사회 구성원 효용의 산술평균값은 다음과 같다.

$$X : \alpha \times 1 + (1-\alpha) \times 5 = 5 - 4\alpha$$
$$Y : \alpha \times y + (1-\alpha) \times 2y = \alpha \times 2 + (1-\alpha) \times 4 = 4 - 2\alpha$$
$$Z : \alpha \times 3 + (1-\alpha) \times 2 = \alpha + 2$$

X가 B에 따른 바람직한 정책일 조건은 X에 따른 사회 구성원 효용의 산술평균값이 Y에 따른 사회 구성원 효용의 산술평균값보다 작지 않고 Z에 따른 사회 구성원 효용의 산술평균값보다도 작지 않은 것, 즉 $5-4\alpha \geq 4-2\alpha$와 $5-4\alpha \geq 2+\alpha$이다. 방정식을 계산하면 각각 $\alpha \leq 0.5$와 $\alpha \leq 0.6$이므로, X가 B에 따른 바람직한 정책일 조건은 $\alpha \leq 0.5$이다. 따라서 α가 반드시 0.5이어야 하는 것은 아니다. ③은 옳지 않은 추론이다.

④ 집단 1과 2의 인구가 같으면 α=0.5이다. 이때 각 정책에 따른 사회 구성원 효용의 산술평균값 및 최소 효용은 다음과 같다.

	X	Y	Z
산술평균값	3	1.5y	2.5
최소 효용	1	y	2

y=1인 경우, 사회 구성원 효용의 산술평균값은 X를 선택할 때 가장 크지만, 최소 효용은 Z를 선택할 때 가장 크다. 이 경우에는 B에 따른 바람직한 정책은 X이지만 C에 따른 바람직한 정책은 Z이므로 B와 C에 따른 바람직한 정책이 서로 다르다. ④는 옳지 않은 추론이다.

32.

다음으로부터 추론한 것으로 옳은 것은?

가장 아래에서부터 위로 1부터 6까지 차례로 번호가 부여된 여섯 개의 상자가 쌓여 있다. 이 상자들에 대하여 다음이 성립한다.

- 상자는 빨간 상자, 파란 상자, 하얀 상자 중의 하나이다.
- 빨간 상자의 개수는 하얀 상자의 개수보다 많다.
- 어떤 파란 상자는 모든 빨간 상자보다 아래에 있다.
- 어떤 파란 상자 바로 아래에는 하얀 상자가 있다.
- 상자 4는 빨간 상자이고, 상자 5와 상자 6의 색깔은 같다.

6
5
4
3
2
1

---

① 상자 1은 하얀 상자이다.
② 상자 2의 색깔과 상자 5의 색깔은 서로 다르다.
③ 상자 3이 빨간 상자이면 파란 상자는 1개이다.
④ 파란 상자의 개수는 하얀 상자의 개수보다 많다.
⑤ 하얀 상자 아래 파란 상자가 있으면 빨간 상자는 3개이다.

문항 성격 문항유형 : 모형 추리

내용영역 : 논리학·수학

평가 목표 이 문항은 주어진 조건을 이용하여 가능한 상자 위치를 추론하는 능력을 평가하는 문항이다.

문제 풀이 정답 : ⑤

빨간 상자를 R, 파란 상자를 B, 하얀 상자를 W로 나타내기로 한다. 마지막 조건에 따르면 상자 5와 상자 6은 모두 W이거나 모두 B이거나 모두 R이다.

ⅰ) 상자 5와 상자 6이 모두 W인 경우

6	W
5	W
4	R
3	
2	
1	

　세 번째 조건과 네 번째 조건에 의하여 상자 1~3 중에 B와 W가 있으므로, W가 3개 이상이고 R이 2개 이하가 되어 두 번째 조건을 만족시키지 못한다. 따라서 이 경우는 가능하지 않다.

ⅱ) 상자 5와 상자 6이 모두 B인 경우

6	B
5	B
4	R
3	
2	
1	

　세 번째 조건과 네 번째 조건에 의하여 상자 1~3 중에는 B와 W가 있다. 상자 4~6 중에서 R이 1개이므로, 상자 1~3 중에 W가 있다는 사실과 두 번째 조건에 의하여 상자 1~3 중에는 R도 있다. 따라서 상자 1~3 중에는 R, B, W가 1개씩 있다. 세 번째 조건에 의하여 상자 1은 R이 아니다. 만약 상자 2가 R이면 세 번째 조건에 의하여 상자 1이 B이고 이 경우 네 번째 조건을 충족하지 못하므로, 상자 2도 R이 아니다. 따라서 상자 3이 R이다. 세 번째, 네 번째 조건에 의해 상자 2는 B, 상자 1은 W이다.

(1)

6	B
5	B
4	R
3	R
2	B
1	W

ⅲ) 상자 5와 상자 6이 모두 R인 경우

6	R
5	R
4	R
3	
2	
1	

네 번째 조건에 의하여 상자 1~3 중에는 B 바로 아래 W가 있는 B와 W가 있다. 따라서 상자 3에 B가 있고 상자 2에 W가 있거나, 상자 2에 B가 있고 상자 1에 W가 있는 것이 가능하다.

6	R
5	R
4	R
3	B
2	W
1	

6	R
5	R
4	R
3	
2	B
1	W

위의 왼쪽 그림에서, 세 번째 조건에 의하여 상자 1은 R이 아니다. 오른쪽 그림의 상자 3은 R, B, W 모두 가능하다. 왼쪽 그림에서든 오른쪽 그림에서든, R이 3개 이상이고 W가 2개 이하이므로 두 번째 조건을 충족한다. 따라서 상자 5와 상자 6이 모두 R이면 다음과 같은 경우들만이 가능하다.

(2)

6	R
5	R
4	R
3	B
2	W
1	B

(3)

6	R
5	R
4	R
3	B
2	W
1	W

(4)

6	R
5	R
4	R
3	R
2	B
1	W

(5)

6	R
5	R
4	R
3	B
2	B
1	W

(6)

6	R
5	R
4	R
3	W
2	B
1	W

정답 해설 ⑤ 하얀 상자 아래 파란 상자가 있으면 (2) 또는 (6)의 경우이다. 두 경우 모두 빨간 상자는 3개이다. ⑤는 옳은 추론이다.

오답 해설 ① (2)의 경우에는 상자 1이 파란 상자이다. ①은 옳지 않은 추론이다.

② (1)의 경우에는 상자 2와 상자 5가 모두 파란 상자여서 색깔이 같다. ②는 옳지 않은 추론이다.

372

③ 상자 3이 빨간 상자인 것은 (1)과 (4)의 경우인데, (1)의 경우에는 파란 상자가 3개이다. ③은 옳지 않은 추론이다.

④ (3)과 (6)의 경우에는 하얀 상자의 개수가 파란 상자의 개수보다 많고, (4)의 경우에는 파란 상자의 개수와 하얀 상자의 개수가 같다. ④는 옳지 않은 추론이다.

33.

다음으로부터 추론한 것으로 옳은 것만을 〈보기〉에서 있는 대로 고른 것은?

P회사는 연말에 각 직원의 실적을 A, B, C, D 중의 하나의 등급으로 평가한 후, 다음과 같이 성과급을 지급한다.

A등급	B등급	C등급	D등급
2,000만 원	1,500만 원	1,000만 원	500만 원

연말에 재무팀의 직원 갑, 을, 병, 정과 홍보팀의 직원 무, 기, 경, 신의 실적을 평가하였더니 다음과 같았다. (단, 재무팀과 홍보팀의 직원은 갑, 을, 병, 정, 무, 기, 경, 신 8명뿐이다.)

• 재무팀에서 A등급을 받은 사람은 많아야 1명이고 정은 D등급을 받았다.
• 홍보팀에서 D등급을 받은 사람은 없고 A등급을 받은 사람은 무뿐이다.
• 재무팀에 지급한 성과급의 총액과 홍보팀에 지급한 성과급의 총액은 같다.

보 기

ㄱ. 홍보팀에 지급한 성과급의 총액은 5,000만 원이다.
ㄴ. 재무팀에서 갑이 C등급을 받았다면 홍보팀의 기, 경, 신이 받은 등급은 모두 같다.
ㄷ. 재무팀과 홍보팀의 직원 8명 중에서 B등급을 받은 사람의 수와 C등급을 받은 사람의 수는 다르다.

① ㄱ   ② ㄴ   ③ ㄱ, ㄷ

④ ㄴ, ㄷ   ⑤ ㄱ, ㄴ, ㄷ

문항 성격   문항유형 : 모형 추리

내용영역 : 논리학·수학

문제 풀이 정답 : ②

첫 번째 조건으로부터, 재무팀의 갑, 을, 병이 받은 등급으로 가능한 것 중에서는 A등급 1명과 B등급 2명이 최고임을 알 수 있다. 따라서 재무팀 직원들이 받은 성과급의 총액은 정이 받은 500만 원을 포함하여 최대 5,500만(=2,000만+1,500만+1,500만+500만) 원임을 알 수 있다. 두 번째 조건으로부터 홍보팀의 기, 경, 신은 B등급 또는 C등급을 받았음을 알 수 있다. 기, 경, 신이 모두 B등급을 받았다면 홍보팀 직원들이 받은 성과급의 총액은 무가 받은 2,000만 원을 포함하여 6,500만(=2,000만+1,500만+1,500만+1,500만) 원이고, 기, 경, 신이 모두 C등급을 받았다면 홍보팀 직원들이 받은 성과급의 총액은 5,000만(=2,000만+1,000만+1,000만+1,000만) 원이다. 즉 홍보팀 직원들이 받은 성과급의 총액은 최소 5,000만 원, 최대 6,500만 원이다. 따라서 세 번째 조건으로부터, 각 팀의 성과급 총액은 최소 5,000만 원, 최대 5,500만 원임을 알 수 있는데, 각 등급에 따른 성과급이 모두 500만 원의 배수이므로 각 팀의 성과급 총액도 500만 원의 배수이고, 따라서 각 팀의 성과급 총액은 5,000만 원(홍보팀이 받은 성과급 총액으로 가능한 최솟값) 또는 5,500만 원(재무팀이 받은 성과급 총액으로 가능한 최댓값)이다.

⑴ 5,500만 원인 경우 : 5,500만 원은 재무팀이 받은 성과급 총액으로 가능한 최댓값이므로, 갑, 을, 병은 2,000만 원, 1,500만 원, 1,500만 원을 받은 것이다(순서 무관). 또 5,500만 원은 홍보팀이 받은 성과급 총액으로 가능한 최솟값보다 500만 원이 많으므로, 기, 경, 신이 받은 성과급은 1,000만원, 1,000만 원, 1,000만 원보다 500만 원 많은 1,500만 원, 1,000만 원, 1,000만 원이다(순서 무관).

㉚	재무팀				홍보팀			
직원	갑	을	병	정	무	기	경	신
평가	A,	B,	B	D	A	B,	C,	C
성과급	2,000, 1,500, 1,500			500	2,000	1,500, 1,000, 1,000		

⑵ 5,000만 원인 경우 : 5,000만 원은 재무팀이 받은 성과급 총액으로 가능한 최댓값보다 500만 원이 적으므로, 갑, 을, 병이 받은 성과급은 2,000만 원, 1,500만 원, 1,500만 원보다 500만 원 적은 금액이다. 따라서 갑, 을, 병은 2,000만 원, 1,500만 원, 1,000만 원(순서 무관) 또는 1,500만 원, 1,500만 원, 1,500만 원을 받은 것이다. 또 5,500만 원은 홍보팀이 받은 성과급 총액으로 가능한 최솟값이므로, 기, 경, 신은 1,000만 원, 1,000만 원, 1,000만 원을 받은 것이다.

㉯	재무팀				홍보팀		
직원	갑	을	병	정	무	기	경	신
평가	A, B, C			D	A	C, C, C		
성과급	2,000, 1,500, 1,000			500	2,000	1,000, 1,000, 1,000		

㉰	재무팀				홍보팀		
직원	갑	을	병	정	무	기	경	신
평가	B, B, B			D	A	C, C, C		
성과급	1,500, 1,500, 1,500			500	2,000	1,000, 1,000, 1,000		

〈보기〉 해설　ㄱ. 홍보팀에 지급한 성과급의 총액은 5,500만 원일 수도 있다. ㄱ은 옳지 않은 추론이다.

　　ㄴ. 갑이 C등급을 받은 경우는 ㉯의 경우뿐이고, 이 경우에서 기, 경, 신은 C등급을 받았으므로 모두 같은 등급이다. ㄴ은 옳은 추론이다.

　　ㄷ. ㉰의 경우에는 B등급을 받은 사람도 3명이고 C등급을 받은 사람도 3명이다. ㄷ은 옳지 않은 추론이다.

　　〈보기〉의 ㄴ만이 옳은 추론이므로 정답은 ②이다.

34.

다음으로부터 추론한 것으로 옳은 것만을 〈보기〉에서 있는 대로 고른 것은?

다음과 같이 다섯 대를 주차할 수 있도록 선이 그어져 있는 주차장 칸에 갑, 을, 병, 정, 무는 각각 자신의 차를 한 대씩 주차하였다.

왼쪽　　　　　　　　　　　　　　오른쪽

다음 진술 중 세 개는 참이고 한 개는 거짓이다.

갑 : "내 차는 왼쪽에서 두 번째 칸에 주차되어 있다."

을 : "내 차의 바로 옆 칸에는 정의 차가 주차되어 있다."

병 : "내 차는 가장 오른쪽 칸에 주차되어 있다."

정 : "내 차의 바로 양 옆 칸에는 갑의 차와 무의 차가 각각 주차되어 있다."

ㄱ. 갑의 차 바로 옆 칸에 정의 차가 주차되어 있다면 정의 진술은 참이다.

ㄴ. 을과 병 중 한 명의 진술이 거짓이라면 을의 차는 가장 왼쪽 칸에 주차되어 있다.

ㄷ. 거짓을 진술한 사람의 차와 무의 차 사이에는 두 대의 차가 주차되어 있다.

① ㄱ　　　　　　　② ㄴ　　　　　　　③ ㄱ, ㄷ
④ ㄴ, ㄷ　　　　　　⑤ ㄱ, ㄴ, ㄷ

문항 성격　문항유형 : 모형 추리

내용영역 : 논리학·수학

평가 목표　이 문항은 주어진 조건으로부터 진술의 참 또는 거짓을 판단하고 가능한 경우를 추론하는 능력을 평가하는 문항이다.

문제 풀이　정답 : ②

을의 진술과 정의 진술은 동시에 참이 될 수 없으므로, 을의 진술은 거짓이고 정의 진술은 참이거나 정의 진술은 거짓이고 을의 진술은 참이며, 갑의 진술과 병의 진술은 참이다. 갑의 진술과 병의 진술에 의하여 갑의 차와 병의 차가 주차된 칸은 다음과 같다.

ⅰ) 을의 진술이 거짓이고 정의 진술이 참인 경우

정의 차는 갑의 차 바로 옆에 주차되어 있고 그 바로 옆에는 무의 차가 주차되어 있으므로, 정의 차와 무의 차가 주차된 칸을 나타내면 다음과 같다.

마지막으로 을의 차는 가장 왼쪽 칸에 주차되어 있음을 알 수 있다.

㉮ 왼쪽　　　　　　　　　　오른쪽

을 갑 정 무 병

ⅱ) 정의 진술이 거짓이고 을의 진술이 참인 경우

을의 차 바로 옆에 정의 차가 주차되어 있으므로 을의 차가 주차된 칸은 가장 왼쪽 칸이 아니다. 을의 차와 정의 차가 주차된 칸을 나타내면 다음 둘 중 하나이다.

| 왼쪽 | | 갑 | 을 | 정 | 병 | 오른쪽 |

| 왼쪽 | | 갑 | 정 | 을 | 병 | 오른쪽 |

마지막으로 무의 차는 가장 왼쪽 칸에 주차되어 있음을 알 수 있다.

㉰ 왼쪽 | 무 | 갑 | 을 | 정 | 병 | 오른쪽

㉱ 왼쪽 | 무 | 갑 | 정 | 을 | 병 | 오른쪽

〈보기〉 해설 ㄱ. ㉱의 경우에는 정의 진술이 거짓인데도 갑의 차 바로 옆 칸에 정의 차가 주차되어 있다. ㄱ은 옳지 않은 추론이다.

ㄴ. 을과 병 중 한 명의 진술이 거짓인 경우는 을의 진술이 거짓인 경우이다. 을의 진술이 거짓이고 정의 진술이 참인 경우(㉮)에는 을의 차가 가장 왼쪽 칸에 주차되어 있다. ㄴ은 옳은 추론이다.

ㄷ. ㉱의 경우에는 거짓을 진술한 사람이 정인데, 정의 차와 무의 차 사이에 한 대의 차만 주차되어 있다. ㄷ은 옳지 않은 추론이다.

〈보기〉의 ㄴ만이 옳은 추론이므로 정답은 ②이다.

35.

다음으로부터 추론한 것으로 옳은 것만을 〈보기〉에서 있는 대로 고른 것은?

일상적인 한국어 대화를 할 수 있는 프로그램 X가 개발되었다. 갑, 을, 병은 X의 한국어 능력과 한국어 원어민의 한국어 능력에 근본적인 차이가 있는지 논쟁 중이다.

갑 : 들은 것 모두를 기억할 수 있는 영국인 로이가 있다고 하자. 한국어를 전혀 모르는 로이에게 X가 구사할 수 있는 모든 한국어 대화를 들려 줬다. 이제 로이는 일상적 대화 중 등장하는 한국어 단어나 문장이 연속적으로 관계할 수 있는 거의 모든 조합을 암기하였다. 로이와 대화를 나누는 평범한 한국인은 로이의 한국어가 유창하다고 생각할 것이다. 하지만 로이는 한국어의 의미는 이해하지 못한다. X와 로이의 한국어 능력은 유사하므로, X와 한국어 원어민은

한국어 능력에서 근본적인 차이가 있다.

을 : 뇌과학자 민수가 자신의 뇌에 신경 프로그램을 이식했다고 가정하자. 이 신경 프로그램은 숫자와 연산자 같은 수학 기호를 사용하여 다양한 방정식의 해를 구하도록 설계되었으며, 민수가 그저 수식을 바라보기만 하면 그 해가 의식에 떠오르는 방식으로 작동한다. 민수가 신경 프로그램에 의존하지 않고 방정식의 해를 구하는 것과 신경 프로그램이 해를 구하는 것 사이에는 본질적으로 차이가 없다. 하지만 민수와 달리 신경 프로그램은 수학 기호의 의미, 예컨대 숫자 0의 의미를 이해하지 못한다. 그런데 X가 한국어를 구사하는 방식도 신경 프로그램이 수학 방정식을 푸는 방식과 원리상 다를 바 없기에 X의 한국어 능력과 신경 프로그램의 수학적 능력은 유사하다. 그러므로 X와 한국어 원어민은 한국어 능력에서 근본적으로 같다.

병 : 물론 X 자체는 한국어의 의미를 이해하지 못한다. 하지만 다양한 감각 센서를 통해 세계를 지각하고 그에 따라 행동할 수 있는 장치에 X를 설치한 로봇 R를 생각해 보자. 이 경우, 예컨대, R가 실제 고구마를 본다면 R의 전자두뇌에서 '고구마'라는 기호가 활성화될 것이다. R는 일상적인 한국어 대화를 할 수 있을 뿐만 아니라 한국어 단어나 문장이 지시하는 실제 사물이나 현상에 적절히 반응할 수 있다. 한국어의 의미를 이해한다는 것은 이와 다르지 않은 것 같다.

ㄱ. 갑에 따르면, 로이와 R가 실제 감자를 본다면 둘 다 '감자'라는 기호를 떠올릴 것이다.

ㄴ. 을은, R와 한국어 원어민이 한국어 능력에서 근본적인 차이가 없다는 데 동의할 것이다.

ㄷ. 갑과 을은 X가 한국어의 의미를 이해하지 못한다는 데 동의할 것이다.

① ㄱ   ② ㄷ   ③ ㄱ, ㄴ

④ ㄴ, ㄷ   ⑤ ㄱ, ㄴ, ㄷ

문항 성격	문항유형 : 논쟁 및 반론
	내용영역 : 과학기술
평가 목표	이 문항은 인공지능 프로그램의 한국어 능력과 한국어 원어민의 한국어 능력에 차이가 있는지에 관한 논쟁을 올바르게 분석할 수 있는 능력을 평가하는 문항이다.
문제 풀이	정답 : ④

갑은 컴퓨터 프로그램 X의 한국어 능력에는 한국어의 의미 이해가 빠졌다고 주장한다. 을에 따르면, 숫자의 의미를 이해하지 못하는 신경 프로그램의 수학적 능력과 인간의 수학적 능력에 별 차

이가 없는 것처럼 한국어의 의미를 이해하지 못하는 X의 한국어 능력과 인간의 한국어 능력 사이에도 별 차이가 없다. 병에 따르면, 언어의 의미를 이해한다는 것은 사용 중인 단어나 문장의 지시적 의미에 맞게 행동한다는 것이므로 그렇게 행동할 수 있는 로봇 R의 한국어 능력과 인간의 한국어 능력은 같다.

ㄱ. 갑은 로이가 한국어 단어나 문장이 연속적으로 관계하는 것을 아무리 잘 외워도 한국어의 의미를 이해할 수 없다고 주장한다. 로이가 실제 감자를 보고 한국어 기호 '감자'를 떠올리려면 그 기호의 의미를 이해해야 한다. 그러므로 갑에 따르면 로이가 실제 감자를 보더라도 '감자'라는 기호를 떠올리지 못할 것이다. ㄱ은 옳지 않은 추론이다.

ㄴ. 을은, X와 한국어 원어민은 한국어 능력에서 근본적으로 같다고 주장한다. R는 X를 설치한 로봇이므로, ㄴ은 옳은 추론이다.

ㄷ. 갑은 X가 한국어의 의미를 이해하지 못하여 X와 한국어 원어민은 한국어 능력에서 근본적인 차이가 있다고 주장한다. 을은 다음과 같은 유비 논증을 펼친다. 신경 프로그램은 숫자의 의미를 이해하지 못하지만, 신경 프로그램의 수학적 능력과 인간의 수학적 능력은 본질적으로 같다. X와 신경 프로그램은 같은 방식으로 작동하므로, X의 한국어 능력에도 의미 이해가 빠져 있지만 X의 한국어 능력과 한국어 원어민의 한국어 능력은 근본적으로 같다. 즉 을도 X가 한국어의 의미를 이해하지 못한다는 데 동의한다. ㄷ은 옳은 추론이다.

〈보기〉의 ㄴ, ㄷ만이 옳은 추론이므로 정답은 ④이다.

36.

다음으로부터 추론한 것으로 옳은 것만을 〈보기〉에서 있는 대로 고른 것은?

DNA 분석에서는 특정 인구 집단에서 DNA가 우연히 일치할 확률을 고려하는데, 이러한 확률은 일부 사람의 DNA 분석만을 근거로 한 것이어서 범죄현장의 DNA가 용의자의 것일 가능성을 정확하게 반영하지 못한다. 이에 대한 보완책으로 다음의 방식을 생각해 볼 수 있다.

범죄현장에 남겨진 범인의 DNA와 용의자의 DNA가 일치할 때 그 용의자가 범인일 가능정도는 '용의자가 범인이 아닐 때 DNA가 일치할 확률(Q)'에 대한 '용의자가 범인일 때 DNA가 일치할 확률(R)'의 비로 나타낸다. 이때 범죄현장에 남겨진 범인의 DNA가 용의자의 것임을 전제로 하여 R를 1로 보게 된다면 그 가능정도는 ㉠1/Q이며, Q가 1/1,000이면 1/Q=1,000이다. 흔히 이런 계산만으로 '용의자가 범인일 확률이 아닐 확률의 1,000배'라고 말하지만, 이는 범죄현장의 DNA가 용의자의 것이라는 전제하에 얻은 결과이므로 이처럼 단정할 수 없다. 그러므로 이를 보정하기 위해서 ⓒ'사전가능정도'를 알아야 한다. 이는 DNA 분석 이외의 범죄 정보에 따라 '용의자가 범인이 아닐 확률'에 대한 '용의자가 범인일 확률'의 비이며, DNA 분석 결과 이외의 수사에 따른 용의자의 범죄혐의 정도를 말한다. 사전가능정도를 반영하여 용의자가 범인일 가능정도를 계산한 것을 '사후가능정도'라고 한다. 이 사후가능정도는 'DNA 분석 결과를 반영한 용의자가 범인이 아닐 확률'에 대한 'DNA 분석 결과를 반영한 용의자가 범인일 확률'의 비로 나타내고, ㉠과 ㉡의 값을 곱하여 그 값을 얻을 수 있다.

ㄱ. Q가 1/10,000일 때, 범죄현장에 남겨진 범인의 DNA와 용의자의 DNA가 일치한다면 그 범죄현장의 DNA가 용의자의 것일 확률은 용의자의 것이 아닐 확률의 10,000배이다.

ㄴ. 범죄현장에 남겨진 범인의 DNA가 용의자의 것과 일치해도 범행 시각에 용의자가 범행 장소가 아닌 다른 장소에 있었다는 사실이 입증되면 사후가능정도가 0이 될 수 있다.

ㄷ. 범죄현장에 남겨진 범인의 DNA와 용의자의 DNA가 일치하는 상황에서 Q가 1/1,000이고 사전가능정도가 1/100인 경우, 이를 근거로 '용의자가 범인일 확률은 범인이 아닐 확률의 10배이다'라고 말할 수 있다.

① ㄱ　　　　　　　② ㄷ　　　　　　　③ ㄱ, ㄴ
④ ㄴ, ㄷ　　　　　　⑤ ㄱ, ㄴ, ㄷ

문항 성격	문항유형 : 언어 추리
	내용영역 : 과학기술
평가 목표	이 문항은 DNA 분석을 통해 용의자가 범인일 가능정도가 어떻게 계산되는지 설명하는 글로부터 옳게 추론할 수 있는 능력을 평가하는 문항이다.
문제 풀이	정답 : ④

제시문의 핵심 내용을 정리하면 다음과 같다.

(1) 범죄현장에 남겨진 범인의 DNA와 용의자의 DNA가 일치할 때 그 용의자가 범인일 가능정도
　　＝용의자가 범인일 때 DNA가 일치할 확률(R)/용의자가 범인이 아닐 때 DNA가 일치할 확률(Q)

⑵ 범죄현장에 남겨진 범인의 DNA가 용의자의 것임을 전제로 하여 R를 1로 보게 된다면, 그 가능정도는 1/Q이며, Q가 1/1,000이면 1/Q=1,000이다. 흔히 이런 계산만으로 '용의자가 범인일 확률이 아닐 확률의 1,000배'라고 말하지만, 범죄현장의 DNA가 용의자의 것이라는 전제하에 얻은 결과이므로 이처럼 단정할 수 없다. 이를 보정하기 위해 사전가능정도를 알아야 한다.

⑶ 사전가능정도
  ＝(DNA 분석 이외의 범죄 정보에 따라) 용의자가 범인일 확률/용의자가 범인이 아닐 확률

⑷ 사후가능정도(사전가능정도를 반영한 용의자가 범인일 가능정도)
  ＝DNA 분석 결과를 반영한 용의자가 범인일 확률/DNA 분석 결과를 반영한 용의자가 범인이 아닐 확률 ＝ 사전가능정도×1/Q

〈보기〉 해설　ㄱ. '그 범죄현장의 (범인의) DNA가 용의자의 것일 확률'은 '용의자가 범인일 확률'을 의미하고 '그 범죄현장의 DNA가 용의자의 것이 아닐 확률'은 '용의자가 범인이 아닐 확률'을 의미한다. 따라서 ㄱ은 'Q가 1/10,000일 때, 범죄현장에 남겨진 범인의 DNA와 용의자의 DNA가 일치한다면 용의자가 범인일 확률은 아닐 확률의 10,000배이다.'를 의미한다. 제시문에서 Q값만으로 용의자가 범인일 확률이 아닐 확률의 몇 배라고 말할 수 없고, 사전가능정도를 알아야 이를 알 수 있다고 하였다. ㄱ에서 사전가능정도에 대한 정보가 주어져 있지 않으므로 ㄱ은 옳지 않은 추론이다.

ㄴ. 제시문에서 '사후가능정도＝사전가능정도×1/Q'로 계산할 수 있는데, 용의자의 DNA가 범죄현장에 남겨진 DNA와 일치하더라도 사전가능정도가 0이면 사후가능정도가 0이 된다. 범행 시각에 용의자가 범행 장소가 아닌 다른 장소에 있었고 이것이 사실로 입증된 경우 사전가능정도(즉, 용의자가 범인이 아닐 확률에 대한 범인일 확률)는 0이 될 수 있으므로, 사후가능정도도 0이 될 수 있다. 따라서 ㄴ은 옳은 추론이다.

ㄷ. '사후가능정도＝사전가능정도×1/Q'이다. 따라서 사전가능정도가 1/100이고 Q가 1/1,000인 경우 사후가능정도는 10이므로, '용의자가 범인일 확률은 범인이 아닐 확률의 10배'라고 말할 수 있다. 따라서 ㄷ은 옳은 추론이다.

〈보기〉의 ㄴ, ㄷ만이 옳은 추론이므로 정답은 ④이다.

다음 논증에 대한 평가로 옳은 것만을 〈보기〉에서 있는 대로 고른 것은?

단어 '잡아먹다'는 입과 소화기관이 있는 동물에 대해서만 사용해야 한다는 직관이 이 단어의 의미를 결정하는 좋은 근거인지는 의심스럽다. 이 단어를 입도 소화기관도 없는 대상에 대해서도 사용할 수 있다는 과학적 근거가 있다. 다음 수학 모형 M은 그 근거를 설명한다.

(1) $\dfrac{dP}{dt} = b(aV)P - mP$

(2) $\dfrac{dV}{dt} = rV - (aV)P$

수학 모형은 실제에 제대로 적용될 때 의미를 획득할 수 있다. M은 특정 지역에 사는 상어와 대구의 개체군 크기 변화 관계를 예측하기 위해 만들어졌으며, 실제로 이 예측은 성공적이었다. (1)은 시간에 따른 상어 개체군의 크기 변화를, (2)는 시간에 따른 대구 개체군의 크기 변화를 각각 나타낸다. (1)에서 $b(aV)P$의 의미는 '상어에게 잡아먹히는 대구의 수에 비례해서 증가하는 상어 개체군'으로 해석된다. 최근 식물학자들은 M으로 기생식물인 겨우살이와 참나무의 개체군 크기 변화 관계를 성공적으로 예측했다. 그렇다면 상어와 대구 사이의 관계에 대한 해석은 겨우살이와 참나무 사이의 관계에도 일관되게 적용되어야 한다. 겨우살이와 참나무의 관계에 M을 적용하면, $b(aV)P$는 '겨우살이에게 잡아먹히는 참나무의 수에 비례해서 증가하는 겨우살이 개체군'을 의미한다. M의 적용이 상어 사례에서 겨우살이 사례로 확장된다는 사실은 단어 '잡아먹다'의 의미를 확장할 수 있다는 과학적 근거이다.

보 기

ㄱ. 입 없이 먹이를 몸 안으로 흡수하는 생물의 행동에 대한 일상적 설명에는 단어 '잡아먹다'가 잘 쓰이지 않는다는 사실은 이 논증을 약화한다.

ㄴ. 동물의 입과 소화기관과 유사한 구조를 가진 식충식물에 대해서는 '잡아먹다'라는 표현이 일상적으로 사용된다는 사실은 이 논증을 약화한다.

ㄷ. 질병을 일으키는 박테리아와 사람 사이의 관계에 M이 잘 적용되어, "크기가 작은 박테리아가 사람을 잡아먹는다"는 진술이 생물학자들 사이에 일반적으로 사용되기 시작한다면, 이 논증은 강화된다.

① ㄱ   ② ㄷ   ③ ㄱ, ㄴ

④ ㄴ, ㄷ   ⑤ ㄱ, ㄴ, ㄷ

문항 성격	문항유형 : 논증 평가 및 문제해결
	내용영역 : 과학기술
평가 목표	이 문항은 특정한 수학 모형이 적용될 경우 단어의 의미를 확장할 수 있다는 논증을 이해하고, 새로운 정보가 그 논증을 강화하는지 약화하는지 판단하는 능력을 평가하는 문항이다.
문제 풀이	정답 : ②

단어 '잡아먹다'의 의미를 과학적 증거에 호소하여 반직관적으로 확장할 수 있다는 논증을 다루고 있다. 수학 모형 M은 특정 지역에 사는 상어와 대구의 개체군 크기 변화 관계를 예측하기 위해 만들어졌으며 실제로 이 예측은 성공적이었다. 따라서 M은 상어가 대구를 잡아먹는 현상에 관한 모형으로 볼 수 있다. 그런데 수학 모형 M은 상어와 대구의 개체군 크기 변화뿐만 아니라, 기생식물인 겨우살이와 참나무의 개체군 크기 변화 관계도 성공적으로 예측한다는 것이 밝혀졌다. 그렇다면 상어와 대구 사이의 관계에 대한 해석은 겨우살이와 참나무 사이의 관계에도 일관되게 적용되어야 한다. M의 적용이 상어 사례에서 겨우살이 사례로 확장된다는 사실은 단어 '잡아먹다'의 의미를 입과 소화기관이 없는 겨우살이에도 확장할 수 있다는 과학적 근거가 된다.

〈보기〉 해설　ㄱ. 제시문에 따르면 직관은 단어의 의미를 결정하는 의미론적 근거로 부적합하다. 직관이 제시문의 과학적 근거보다 더 좋은 의미론적 근거인 이유를 제시하면 이 논증은 약화될 수 있다. 그러나 '입 없이 먹이를 몸 안으로 흡수하는 생물의 행동에 대한 일상적 설명에는 단어 '잡아먹다'가 잘 쓰이지 않는다는 사실'은 직관이 과학적 근거보다 더 좋은 의미론적 근거인 이유를 제시하지 않고 있다. ㄱ은 옳지 않은 평가이다.

　　ㄴ. 입과 소화기관이 없는 (하지만 그것과 유사한 구조를 가진) 식충식물에 대해서 '잡아먹다'라는 표현이 일상적으로 사용된다는 사실은 '잡아먹다'를 입과 소화기관이 없는 대상에게 사용할 수 있다는 직관적 근거를 제공한다. 그러나 이 직관적 근거는 이 논증에서 제시된 입과 소화기관이 없는 대상에게 '잡아먹다'를 사용해도 되는 과학적 근거와는 상관이 없으므로, 이 논증을 약화하지 않는다. ㄴ은 옳지 않은 평가이다.

　　ㄷ. 박테리아와 사람 사이의 관계에 M이 잘 적용되어, "크기가 작은 박테리아가 사람을 잡아먹는다"는 진술이 생물학자들 사이에 일반적으로 사용되기 시작한다는 것은, 'M이 상어 사례뿐만 아니라 다른 대상 사례에도 잘 적용된다면, 이것은 단어 '잡아먹다'를 그 다른 대상에게도 사용할 수 있다는 과학적 근거이다'라는 주장에 일치하는 사례이므로, 이 논증을 강화한다. ㄷ은 옳은 평가이다.

〈보기〉의 ㄷ만이 옳은 평가이므로 정답은 ②이다.

38.

다음으로부터 추론한 것으로 옳은 것만을 〈보기〉에서 있는 대로 고른 것은?

물질들은 내부 에너지를 축적하는 능력이 서로 다르다. 시간당 물질이 흡수하는 열량이 같다는 가정하에 여러 물질의 온도를 높이는 다음 경우를 생각해 보자. 상온과 상압에서 물이 끓기 시작할 때까지 약 16분이 걸린다면 같은 질량의 철을 같은 온도만큼 높이는 데는 2분 정도밖에 걸리지 않는다. 은이라면 1분이 채 걸리지 않는다. 이렇게 정해진 질량의 물질을 같은 온도만큼 높이는 데 필요한 열량은 물질마다 다르다. 물질에 흡수된 에너지는 물질을 구성하는 원자나 분자에 여러 가지 방식으로 영향을 미치는데, 흡수된 에너지가 원자나 분자의 운동에너지를 증가시킬 때 물질의 온도가 올라간다. 어떤 물질 1g의 온도를 1℃ 높이는 데 필요한 열량을 비열이라고 하며, 어떤 물체의 온도를 1℃ 높이는 데 필요한 열량을 열용량이라고 한다. 여기서 물질과 물체는 다른 개념인데, 예를 들어 철 100g의 공과 철 200g의 공은 같은 물질로 된 두 물체이다.

보 기

ㄱ. 10℃의 물질을 채워 만든 주머니로 사람의 체온을 낮추고자 할 때, 다른 조건이 같다면 비열이 더 작은 물질을 채워 만든 주머니가 체온을 더 낮출 것이다.

ㄴ. 1kg의 물, 철, 은 각각을 20℃에서 가열하여 30℃에 이르렀을 때, 공급된 열량이 가장 적은 것부터 순서대로 나열하면 은, 철, 물이 된다.

ㄷ. 물 100g과 은 1.5kg을 비교했을 때 비열과 열용량 모두 은보다 물이 더 크다.

① ㄱ 　　② ㄷ 　　③ ㄱ, ㄴ

④ ㄴ, ㄷ 　　⑤ ㄱ, ㄴ, ㄷ

문항 성격	문항유형 : 언어 추리
	내용영역 : 과학기술
평가 목표	이 문항은 비열과 열용량의 개념을 이해하고 개별 사례에 적용하여 옳은 결론을 도출할 수 있는 능력을 평가하는 문항이다.
문제 풀이	정답 : ④

같은 질량의 물질 A와 물질 B에 대해, 물질 A의 비열이 물질 B보다 크다는 것은 같은 온도만큼 높이기 위해 물질 A가 물질 B보다 더 많은 열량을 필요로 한다는 의미이므로, 두 물질에 같은 열량을 공급하거나 같은 열량을 제거할 때 물질 A의 온도 변화가 더 작다는 의미도 된다.

ㄱ. 체온을 낮춘다는 것은 열량을 빼앗는다는 말이다. 주머니 속 물질의 비열이 클수록, 사람에게서 같은 열량을 빼앗을 때 온도가 덜 높아지므로, 물질의 온도가 천천히 올라가게 된다. 따라서 사람에게서 더 많은 열량을 빼앗을 수 있고, 체온을 더 낮출 수 있다. ㄱ은 옳지 않은 추론이다.

ㄴ. 제시문의 "상온과 상압에서 물이 끓기 시작할 때까지 약 16분이 걸린다면 같은 질량의 철을 같은 온도만큼 높이는 데는 2분 정도밖에 걸리지 않는다. 은이라면 1분이 채 걸리지 않는다."로부터, 같은 크기의 온도 상승(상온에서 100℃까지)을 위해 물이 16분 동안의 열량 공급이 필요하다면 같은 질량의 철은 2분, 은은 1분 미만 동안의 열량 공급이 필요하다는 것을 알 수 있다. 따라서 같은 크기의 온도 상승을 위해 필요한 열량이 물＞철＞은 순이라는 것을 추론할 수 있으며, 이에 20℃에서 가열하여 30℃에 이르렀을 때 공급된 열량이 가장 적은 것부터 순서대로 나열하면 은, 철, 물이다. ㄴ은 옳은 추론이다.

ㄷ. 질량이 같을 때 같은 크기의 온도 상승을 위해 물은 은보다 약 16배 더 많은 열량 공급이 필요하므로, 물의 비열이 은의 비열의 약 16배라는 것을 추론할 수 있다. 열용량은 어떤 물체의 온도를 1℃ 높이는 데 필요한 열량이므로, 하나의 물질로 이루어진 물체의 열용량은 '비열×질량'이다. 물의 비열이 은의 비열에 비해 16배 더 크므로, 물 100g의 비열은 은 1.5kg의 비열의 약 16배이고 은 1.5kg의 질량은 물 100g의 질량의 15배이므로, 물 100g의 열용량이 은 1.5kg의 열용량보다 크다. ㄷ은 옳은 추론이다.

〈보기〉의 ㄴ, ㄷ만이 옳은 추론이므로 정답은 ④이다.

39.

다음으로부터 추론한 것으로 옳은 것만을 〈보기〉에서 있는 대로 고른 것은?

이 방에서 뭔가 다른 감각이 느껴진다. 나는 근처의 시험관을 잡고 허공에 던져 본다. 시험관은 당연히 위로 올라갔다가 떨어진다. 하지만 왠지 신경이 거슬린다. 지금 이 순간에도 물체가 떨어지는 모습이 거슬린다. 이유를 알고 싶다.

뭘 가지고 알아보면 될까? 이 방에는 실험실이 있고, 나는 그 실험실을 사용할 줄 안다. 나는 줄자를 집어 들고 살펴본다. 눈금은 미터 단위로 되어 있다. 줄자를 사용해 실험대 높이를 잰다. 실험대는 바닥과 1m 떨어져 있다. 시험관을 실험대에 올려놓고 스톱워치를 준비한다. 한 손으로 실험대에서 시험관을 밀치며 다른 손으로 스톱워치를 작동시킨다. 시험관이 땅에 떨어질 때까지의 시간을 잰다.

0.4초다! 아무리 해 봐도 0.4초다. 거리는 가속도의 2분의 1에 시간의 제곱을 곱한 값이다. 숫자를 계산해 보고 얻은 결과가 마음에 들지 않는다. 원래 지구의 중력가속도는 $9.8m/s^2$이어야 하는데! 낙하하는 물체가 다르게 느껴지는 이유를 이제 알겠다.

보 기

ㄱ. 만약 실험대와 바닥이 2m 떨어져 있었다면, 시험관이 땅에 떨어질 때까지의 시간은 0.8초로 측정됐을 것이다.

ㄴ. 만약 '이 방'이 지구 표면에 정지해 있다면, 1m 높이에서 시험관을 떨어뜨리는 동일한 실험을 했을 때 0.4초보다 큰 값을 얻게 된다.

ㄷ. 지구 표면에 정지한 상태로 용수철저울을 사용하여 '나'의 몸무게를 쟀을 때 눈금이 '60kg'으로 읽혔다면, '이 방'에서 같은 저울을 사용하여 몸무게를 재면 같은 값으로 읽힌다.

① ㄴ   ② ㄷ   ③ ㄱ, ㄴ
④ ㄱ, ㄷ   ⑤ ㄱ, ㄴ, ㄷ

문항 성격 문항유형 : 언어 추리

내용영역 : 과학기술

평가 목표 이 문항은 가속도의 개념을 이해하여 개별 사례에서 옳은 결론을 도출할 수 있는 능력을 평가하는 문항이다.

문제 풀이 정답 : ①

제시문의 '나'는 시간에 따른 물체의 이동 거리를 측정함으로써 물체의 가속도를 구할 수 있다는 것을 설명하고 있으며, 이렇게 구한 낙하물의 (중력)가속도가 지구의 중력가속도 값과 다르다는 점을 서술하고 있다. 이를 통해서 '나'가 있는 곳은 지구가 아니라는 결론에 도달하게 된다. 제시문 마지막 단락에 따르면 거리는 가속도의 2분의 1에 시간의 제곱을 곱한 값이므로, 거리는 가속도에 비례하고 시간의 제곱에도 비례한다. '나'가 있는 '이 방'에서의 중력가속도를 구해 보면, 1m =중력가속도÷2×0.4초^{2}이므로 중력가속도=2m÷0.16초=$12.5m/s^2$이다. '이 방'의 중력가속도가 지구의 중력가속도보다 크므로 '이 방'은 지구보다 중력이 큰 곳이다.

　ㄱ. 거리는 가속도의 2분의 1에 시간의 제곱을 곱한 값이므로, 가속도가 같을 때 거리가 두 배가 되면 시간의 제곱도 두 배가 된다. 시간의 제곱이 두 배가 되는 것이므로 시간은 두 배보다 작은 값이 된다. 따라서 거리가 두 배인 2m가 되면 낙하 시간은 두 배인 0.8초보다 짧게 측정됐을 것이다. ㄱ은 옳지 않은 추론이다.

ㄴ. 만약 '이 방'이 지구 표면에 정지해 있다면, '이 방'의 중력가속도는 지구의 중력가속도인 $9.8m/s^2$이 되어 제시문에서보다 작은 값을 갖게 된다. 거리가 같을 때 가속도는 시간의 제곱에 반비례하므로, 중력가속도가 더 작은 곳에서 시험관을 떨어뜨리는 동일한 실험을 하면 시간의 제곱은 커지고 따라서 떨어지는 시간이 더 길어진다. ㄴ은 옳은 추론이다.

ㄷ. 용수철저울을 사용해서 측정한 것은 질량이 아니라 무게이다. 사람의 몸을 포함하여 물체의 질량은 중력가속도에 관계없이 일정하지만, 무게는 중력가속도에 비례하여 변한다. '이 방'의 중력가속도는 지구의 중력가속도와 다르므로 '이 방'에서 재는 무게는 지구에서 재는 무게와 달라진다. ㄷ은 옳지 않은 추론이다.

〈보기〉의 ㄴ만이 옳은 추론이므로 정답은 ①이다.

40.

다음으로부터 추론한 것으로 옳은 것만을 〈보기〉에서 있는 대로 고른 것은?

투명전극은 투명 디스플레이와 태양광 전지를 포함해 많은 전자 및 에너지 소자에 필수적인 소재이다. 투명전극으로 사용할 수 있는 물질은 가시광선 영역의 빛을 일정량 투과시켜야 하며, 이와 동시에 전기가 잘 흐르는 전도체의 성질을 가져야 한다. 투명전극의 성능지수 Φ는 T^{10}을 R_S로 나눈 값이며, 여기에서 T는 가시광선 영역의 빛의 평균 투과율, R_S는 면(面)저항을 의미한다. 불투명한 물질은 T가 0이며, 부도체는 R_S가 매우 크다. 전도체에서 전기가 잘 흐르는 이유는 전도체 안에 많은 자유전자가 있기 때문이다. 자유전자의 개수가 많아지면 R_S는 줄어들며, 이렇게 많은 자유전자는 가시광선 영역의 빛을 흡수하게 되어 T가 줄어들기 때문에, T와 R_S는 서로 양의 상관관계를 갖는다.

한편 이러한 상관관계는 단일 물질로 이루어진 투명전극의 두께 변화에 따른 T와 R_S 값들을 관찰해 보면 잘 확인할 수 있다. 투명전극의 두께가 두꺼워질수록 T가 지속적으로 줄어들며, 일정 두께 이상일 경우 0이 된다. 아래는 다양한 투명전극 후보 물질 M1~M4의 두께(nm)에 따른 T와 R_S의 측정 결과로부터 성능지수 $Φ(\times10^{-4})$를 정리한 표이다.

M1		M2		M3		M4	
두께	Φ	두께	Φ	두께	Φ	두께	Φ
8	6	4	5	4	25	32	11
9	11	5	10	9	35	45	181
10	9	6	11	14	24	58	504
11	8	7	6	18	16	70	362
12	3	9	3	38	3	84	49

보 기

ㄱ. Φ가 0이 아닐 때, 투명전극의 두께가 얇아지면 R_s는 커진다.

ㄴ. 만약 두께가 9nm로 동일한 M1과 M2가 같은 값의 T를 갖는다면, 이때 M2가 M1보다 전기가 잘 통한다.

ㄷ. 표의 측정값에 한정하여 가장 성능 좋은 투명전극 물질을 찾을 경우, 두께 30nm 미만에서는 M3를 선택할 것이고, 30nm 이상에서는 M4를 선택할 것이다.

① ㄱ   ② ㄴ   ③ ㄱ, ㄷ

④ ㄴ, ㄷ   ⑤ ㄱ, ㄴ, ㄷ

문항 성격 문항유형 : 언어 추리

내용영역 : 과학기술

평가 목표 이 문항은 투명전극의 성능지수, 투과율, 면저항에 관한 설명 및 이에 근거한 표를 이해하여 투명전극의 성질에 관한 올바른 추론을 할 수 있는 능력을 평가하는 문항이다.

문제 풀이 정답 : ③

투명전극의 성능지수는 투과율이 클수록, 그리고 면저항이 작을수록 커진다. 그런데 투과율과 면저항은 서로 양의 상관관계를 갖기 때문에 두 성질을 적절하게 조합하는 것이 필요하다. 예를 들어 투명전극의 두께가 두꺼워짐에 따라 투명전극의 투과율과 면저항은 동시에 떨어지게 된다.

〈보기〉 해설 ㄱ. 투명전극의 두께가 두꺼워질수록 T는 지속적으로 줄어들고 T와 R_s는 양의 상관관계를 갖고 있으므로, 투명전극의 두께가 두꺼워질수록 R_s는 지속적으로 줄어든다. 따라서 투명전극의 두께가 얇아지면 R_s는 커진다. ㄱ은 옳은 추론이다.

ㄴ. $\Phi = T^{10}/R_s$이므로, T가 같을 때는 Φ가 크다면 R_s는 작다. 두께가 9nm인 M1의 Φ값은 110이고 두께가 9nm인 M2의 Φ값은 30이다. M1의 Φ값이 M2의 Φ값보다

크기 때문에 M1의 R_s값은 M2의 R_s값보다 작다는 것을 알 수 있다. M1의 저항이 M2의 저항보다 작으므로 M1이 M2보다 전기가 잘 통한다. ㄴ은 옳지 않은 추론이다.

ㄷ. 가장 성능 좋은 투명전극 물질은 바로 성능지수 Φ가 가장 큰 물질이다. 표의 측정값에 한정할 경우, 30nm 미만에서는 M3의 성능지수가 가장 크고(9nm일 때 35), 30nm 이상에서는 M4의 성능지수가 가장 크다(58nm일 때 504). 따라서 가장 성능 좋은 투명전극 물질은 두께 30nm 미만에서는 M3, 30nm 이상에서는 M4이다. ㄷ은 옳은 추론이다.

〈보기〉의 ㄱ, ㄷ만이 옳은 추론이므로 정답은 ③이다.

법학적성시험
추리논증 영역

2022

2022학년도 추리논증 영역 출제 방향

1. 출제의 기본 방향

　추리논증 영역은 제시문의 제재나 문항의 구조, 질문의 방식 등을 다양화하여 이해력, 추리력, 비판력을 골고루 측정하는 시험이 될 수 있도록 하였다. 추리 능력을 측정하는 문항과 논증 분석 및 평가 능력을 측정하는 문항을 규범, 인문, 사회, 과학기술의 각 영역 모두에서 균형 있게 출제하였다. 또한 상이한 토대와 방법론에 따라 진행되는 다양한 종류의 추리 및 비판을 상황과 맥락에 맞게 파악하고 적용하는 능력을 측정하고자 하였다.

　문항의 풀이 과정에서 제시문의 의미, 상황, 함의를 논리적으로 분석하고 핵심 정보를 체계적으로 취합하여 종합적으로 평가할 수 있어야 문제를 해결할 수 있도록 하였다. 제재의 측면에서 전 학문 분야 및 일상적·실천적 영역에 걸친 다양한 소재를 활용하였고, 영역 간 균형을 맞추어 전공에 따른 유·불리를 최소화하고자 하였다. 또한 제시문의 내용이나 영역에 관한 선지식이 문제 해결에 끼치는 영향을 최소화함으로써 정상적인 학업과 독서생활을 통해 사고력을 함양한 사람이라면 누구나 해결할 수 있는 문항을 만들고자 하였다.

2. 출제 범위

　규범, 인문, 사회, 과학기술과 같은 학문 영역별 문항 수는 예년과 큰 차이 없이 균형 있게 출제되었다. 규범 영역의 문항은 법학 일반, 법철학, 공법, 사법 등 소재를 다양화하였고, 인문학 영역의 문항들은 지식이나 규범과 관련된 원리적 토대를 다루면서도 예술이나 사회과학, 자연과학과 융합된 방식의 내용이 주를 이루었다.

3. 문항 구성

　전체 문항은 규범 영역 15문항, 철학, 윤리학을 포함한 인문학 영역 11문항, 사회와 경제 영역 5문항, 과학기술 영역 6문항, 그리고 논리·수리적 추리 영역 3문항으로 이루어져 있다. 전체 문항에서 추리 문항과 논증 문항의 비중은 각각 50%로 양쪽 사고력이 골고루 평가될 수 있도록 하였다.

4. 난이도 및 출제 시 유의점

제시문의 이해도를 높이기 위해서 전문적인 용어는 순화하여 전공 여부에 상관없이 내용에 접근하고 이해할 수 있도록 하였다. 문제를 해결하기 위해 거쳐야 할 추리나 비판 및 평가의 단계도 지나치게 복잡해지지 않도록 하였고, 문제풀이와 관계없는 자료는 줄여 불필요한 독해의 부담이나 함정으로 난이도가 상승하는 일이 없도록 하였다.

이번 시험에서 문항 출제 시 유의점은 다음과 같다.

- 제시문을 분석하고 평가하는 데 충분한 시간을 사용할 수 있도록 제시문의 독해 부담을 줄여 주고자 하였다.
- 추리 문항과 논증 문항의 문항별 성격을 명료하게 하여, 문항별로 측정하고자 하는 능력을 정확히 평가할 수 있도록 하였다.
- 선지식으로 문제를 풀거나 전공에 따른 유·불리가 분명한 제시문의 선택이나 문항의 출제는 지양하였다.
- 법학적성을 평가하기 위하여 법학의 기본 원리를 응용한 내용을 소재로 하면서도, 문항에 나오는 개념, 진술, 논리구조, 함의 등을 이해하는 데 법학지식이 요구되지 않도록 하였다.
- 출제의 의도를 감추거나 오해하게 하는 질문을 피하고, 문항 및 선택지 간의 간섭을 최소화함으로써 문항의 의도에 충실한 변별이 이루어지도록 하였다.

01.

다음 글에 대한 평가로 옳은 것만을 〈보기〉에서 있는 대로 고른 것은?

머지않은 미래에 신경과학이 모든 행동의 원인을 뇌 안에서 찾아내게 된다면 법적 책임을 묻고 처벌하는 관행이 근본적으로 달라질 것이라고 생각하는 사람들이 있다. 어떤 사람의 범죄 행동이 두뇌에 있는 원인에 의해 결정된 것이어서 자유의지에서 비롯된 것이 아니라면, 그 사람에게 죄를 묻고 처벌할 수 없다는 것이 이들의 생각이다. 그러나 이는 법에 대한 오해에서 비롯된 착각이다. 법은 사람들이 일반적으로 합리적 선택을 할 수 있는 능력을 가지고 있다고 가정한다. 법률상 책임이 면제되려면 '피고인에게 합리적 행위 능력이 결여되어 있다는 사실'이 입증되어야 한다는 점에 대해서는 일반적으로 동의한다. 여기서 말하는 합리적 행위 능력이란 자신의 믿음에 입각해서 자신의 욕구를 달성하는 행동을 수행할 수 있는 능력을 의미한다. 범행을 저지른 사람이 범행 당시에 합리적이었는지 아닌지를 결정하는 데 신경과학이 도움을 줄 수는 있다. 그러나 사람들이 이러한 최소한의 합리성 기준을 일반적으로 충족하지 못한다는 것을 신경과학이 보여 주지 않는 한, 그것은 책임에 관한 법의 접근 방식의 근본적인 변화를 정당화하지 못한다. 법은 형이상학적 의미의 자유의지를 사람들이 갖고 있는지 그렇지 않은지에 대해서는 관심을 두지 않는다. 법이 관심을 두는 것은 오직 사람들이 최소한의 합리성 기준을 충족하는가이다.

보기

ㄱ. 인간의 믿음이나 욕구 같은 것이 행동을 발생시키는 데 아무런 역할을 하지 못한다는 것을 신경과학이 밝혀낸다면, 이 글의 논지는 약화된다.

ㄴ. 인간이 가진 합리적 행위 능력 자체가 특정 방식으로 진화한 두뇌의 생물학적 특성에서 기인한다는 것을 신경과학이 밝혀낸다면, 이 글의 논지는 약화된다.

ㄷ. 범죄를 저지른 사람들 중 상당수가 범죄 유발의 신경적 기제를 공통적으로 지니고 있다는 것을 신경과학이 밝혀낸다면, 이 글의 논지는 강화된다.

① ㄱ   ② ㄷ   ③ ㄱ, ㄴ

④ ㄴ, ㄷ   ⑤ ㄱ, ㄴ, ㄷ

문항 성격   문항유형 : 논증 평가 및 문제해결

내용영역 : 규범

평가 목표   이 문항은 신경과학의 발전이 법에 대해서 어떤 함축을 가질지에 대한 한 가지 입장을 담은 제시문을 읽고 신경과학이 무엇을 밝혀낼 경우 이 입장이 강화 또는 약화되

는지 따져 볼 수 있는 능력을 평가하는 문항이다.

 정답 : ①

제시문은 신경과학이 미래에 모든 행동의 원인을 완전히 밝혀낼 수 있다면, 이것이 법적 처벌 관행에 어떤 영향을 미칠 수 있는지 다루고 있다. 제시문에 의하면, 신경과학이 모든 행동의 원인을 뇌 안에서 완전히 찾아내게 된다고 하여도 법적 책임을 묻고 처벌하는 관행에는 아무런 영향을 미치지 못한다는 것이다. 그 이유는 법이 가정하는 것은 사람들이 형이상학적 의미의 자유의지를 갖고 있다는 것이 아니라, 사람들이 최소한의 합리적 행위 능력을 가지고 있다는 것이기 때문이다. 여기서 최소한의 합리적 행위 능력은 자신의 믿음에 입각해서 자신의 욕구를 달성하는 행동을 수행할 수 있는 능력을 말한다. 제시문은 신경과학이 일반적으로 사람이 이런 능력을 결여하고 있다는 것을 보이지는 못할 것이기 때문에 신경과학이 법적 처벌의 관행을 변화시킬 수는 없다고 본다.

〈보기〉 해설　ㄱ. 제시문에 따르면, 법은 범죄를 저지른 사람이 범행 당시에 합리적 행위 능력이 있으면 처벌하기에 충분하다고 본다. 여기서 합리적 행위 능력이란 자신의 믿음에 입각해서 자신의 욕구를 달성하는 행동을 수행할 수 있는 능력이다. 그러나 신경과학이 믿음이나 욕구가 행동을 발생시키는 데 아무런 역할을 하지 못한다는 것을 보인다면, 이는 인간이 합리적 행위 능력을 갖지 못함을 보이는 셈이다. 따라서 신경과학이 법적 처벌의 관행을 변화시킬 수 없다는 이 글의 논지는 약화된다. ㄱ은 옳은 평가이다.

ㄴ. 제시문에 따르면 신경과학이 법적 처벌의 관행을 변화시킬 수 있는 유일한 길은 인간이 합리적 행위 능력을 결여한다는 것을 보이는 것뿐이다. 합리적 행위 능력 자체가 특정 방식으로 진화한 두뇌의 생물학적 특성에 기인한다는 것은 이런 능력의 원인을 밝힐 뿐, 인간이 이런 능력을 결여한다는 것을 보이는 것이 아니다. 따라서 인간의 합리적 행위 능력 자체가 두뇌의 생물학적 특성에 기인한다는 것을 신경과학이 밝혀낸다고 하여도 이 글의 논지는 약화되지 않는다. ㄴ은 옳지 않은 평가이다.

ㄷ. 범죄를 저지른 사람들 중 상당수가 범죄 유발의 신경적 기제를 공통적으로 지니고 있다는 것이 사실이라고 하자. 이 사실은 범죄를 저지른 사람들 중 상당수가 합리적 행위 능력을 결여하고 있다는 주장을 강화할 가능성이 있다. 따라서 이 사실은 신경과학이 법적 처벌의 관행을 변화시킬 수 없다는 이 글의 논지를 강화시킬 수는 없다. ㄷ은 옳지 않은 평가이다.

〈보기〉의 ㄱ만이 옳은 평가이므로 정답은 ①이다.

396

02.

다음으로부터 〈견해〉를 분석한 것으로 옳은 것만을 〈보기〉에서 있는 대로 고른 것은?

특정한 사안에 적용할 법을 획득하는 방법에는 '법의 발견'과 '법의 형성'이 있다. 전자는 '법률 문언(文言)의 가능한 의미' 안에서 법률로부터 해당 사안에 적용할 법을 발견하는 작업인 반면에, 후자는 해당 사안에 적용할 법적 기준이 존재하지 않는 법률의 흠결을 '법률 문언의 가능한 의미'의 제한을 받지 않는 법적 판단을 통하여 보충하는 작업이다. 후자는 법률 문언에 반하지만 법률의 목적을 실현하기 위한 법 획득 방법이다. 양자의 차이는 적극적 후보, 중립적 후보, 소극적 후보라는 개념으로 설명할 수 있다. 적극적 후보란 어느 단어가 명백히 적용될 수 있는 대상을 말하고, 소극적 후보란 어느 단어가 명백히 적용될 수 없는 대상을 말하며, 중립적 후보란 앞의 둘에 속하지 않는 대상을 말한다. '법의 발견' 중 하나인 '축소해석'은 법률 문언의 적용범위를 중립적 후보에서 적극적 후보로 좁히는 것인 반면에, '법의 형성' 중 하나인 '목적론적 축소'는 그 경계가 확실한 '법률 문언의 가능한 의미'에 포함되는 어느 적극적 후보를 해당 법률의 목적에 따라 소극적 후보로 만들어 그 적용범위에서 제외하는 것이다.

〈견해〉

X국에서 '차'는 동력장치가 있는 이동수단을 의미하고, 승용차, 버스 등이 그에 해당하는데, 동력장치가 있는 자전거가 그에 해당하는지는 명확하지 않다. '차'라는 법률 문언의 적용범위에 대해 다음과 같이 견해가 나뉜다.

갑 : '차'라는 법률 문언의 적용범위에는 동력장치가 없는 자전거도 포함된다.

을 : '차'라는 법률 문언의 적용범위에는 승용차만 포함되고 버스는 포함되지 않는다.

병 : '차'라는 법률 문언의 적용범위에는 동력장치가 있는 자전거가 포함되지 않는다.

보 기

ㄱ. 갑의 견해는 법률 문언에 반하여 법률의 목적을 실현할 필요가 있어야 정당화되고, 을의 견해는 그렇지 않더라도 정당화된다.

ㄴ. 병의 견해는 동력장치가 있는 자전거를 중립적 후보에서 소극적 후보로 만들어 법을 형성하고자 한 것이다.

ㄷ. 주차공간을 확보하기 위하여 집 앞에 설치하는 '주차금지' 팻말의 '차'의 적용범위에서 자기 소유의 승용차를 제외하는 것은, 을이 법을 획득하기 위하여 사용한 방법과 같다.

① ㄴ   ② ㄷ   ③ ㄱ, ㄴ
④ ㄱ, ㄷ   ⑤ ㄱ, ㄴ, ㄷ

문항 성격   문항유형 : 언어 추리
           내용영역 : 규범

평가 목표   이 문항은 '법의 발견'과 '법의 형성'의 개념을 적극적 후보, 중립적 후보, 소극적 후보라는 도구개념을 통하여 이해하고 사례에 적용하는 능력을 평가하는 문항이다.

문제 풀이   정답 : ②

'법률 문언의 가능한 의미'의 제한을 받지 않는 '법의 형성'은 법률 문언에 반하여 법률의 목적을 실현할 필요가 있어야 정당화된다. 반면에 '법의 발견'은 '법률 문언의 가능한 의미' 안에서의 해석이므로 법률 문언에 반하여 법률의 목적을 실현할 필요와 무관하다. '법의 발견'의 하나인 '축소해석'은 중립적 후보를 법률 문언의 적용범위에서 제외하는 것이고, '법의 형성'의 하나인 '목적론적 축소'는 적극적 후보를 소극적 후보로 만들어 법률 문언의 적용범위에서 제외하는 것이다.

〈견해〉에서 부여된 상황에 따르면, X국은 '차'를 '동력장치가 있는 이동수단'으로 이해하는 국가로서, 승용차와 버스는 '차'의 적용범위에 명백히 포함되는 적극적 후보이고, 동력장치가 있는 자전거는 '차'의 적용범위에 포함되는지 여부가 명확하지 않은 중립적 후보이며, 동력장치가 없는 자전거는 '차'의 적용범위에서 명백히 제외되는 소극적 후보이다. 갑의 견해는 동력장치가 없는 자전거라는 소극적 후보를 법률 문언의 적용범위에 포함시키는 것이므로 '법의 형성'에 해당한다. 을의 견해는 버스라는 적극적 후보를 소극적 후보로 만드는 목적론적 축소로서 '법의 형성'이며, 병의 견해는 동력장치가 있는 자전거라는 중립적 후보를 법률 문언의 적용범위에서 배제하는 축소해석으로서 '법의 발견'이다.

〈보기〉 해설   ㄱ. 갑과 을의 견해는 '법의 형성'에 해당하는 것으로서, 법률 문언에 반하여 법률의 목적을 실현하는 법 획득 방법이다. 즉, 갑과 을의 견해 모두 법률 문언에 반하여 법률의 목적을 실현할 필요가 있어야 정당화된다. ㄱ은 옳지 않은 분석이다.

ㄴ. 병의 견해는 '법률 문언의 가능한 의미' 안에서 행한 '축소해석'으로서 '법의 형성'이 아니라 '법의 발견'에 해당한다. ㄴ은 옳지 않은 분석이다.

ㄷ. '주차금지' 팻말의 '차'의 '법률 문언의 가능한 의미'에 자기 소유의 승용차가 명백히 포함됨에도 불구하고 이를 제외하는 것은 적극적 후보를 해당 법률의 목적에 따라 소극적 후보로 만드는 것으로서 '목적론적 축소'에 해당하므로, 을의 법 획득 방법과 같다. ㄷ은 옳은 분석이다.

〈보기〉의 ㄷ만이 옳은 분석이므로 정답은 ②이다.

398

03.

다음으로부터 〈상황〉을 판단한 것으로 옳은 것만을 〈보기〉에서 있는 대로 고른 것은?

헌법은 국가의 기본적 가치를 규정한 최상위법으로 법률이 헌법을 위반하면 그 법률은 무효이다. 여기서 법률의 어떤 측면이 위헌 판단의 근거를 제공하는지가 문제된다. 단순히 법률문장의 문자적 의미가 바로 위헌판단의 근거가 되는 법률의 핵심 측면이라고 할 수도 있겠으나, 헌법이 차별을 금지하는데 법률이 '차별하라'는 의미를 노골적으로 담고 있는 단어나 문장을 사용하는 경우는 거의 없을 것이다.

기본적으로 위헌판단이 되는 법률의 측면은 ㉠해당 법률을 표상하는 법률문장을 구체적 사안에 적용할 때 예상되는 직접적인 결과이다. 간통한 사람을 처벌하는 내용을 담고 있는 법률문장 A가 표상하는 법률의 위헌 여부를 결정짓는 측면은 간통한 사람에게 A의 적용에 따라 가해지는 처벌이라는 결과이다. 어떤 이들은 ㉡해당 법률이 시행됨으로써 사회 전체 구성원에게 미치는 영향을 살펴야 한다고 생각한다. 특정 집단에 대해 채용시 가산점을 부여하도록 하는 법률이 차별적이어서 위헌인지 여부는 가산점 부여행위가 그 사회의 다른 이들에게 미치는 영향까지 관찰해야만 알 수 있다고 한다. 다른 한편에서는 위헌판단의 결정적인 측면을 여전히 법률문장의 의미에서 찾으면서도 그 법률문장의 의미는 ㉢해당 사회의 역사와의 관련 속에서 그 법률문장이 전달하는 맥락적 의미라고 주장한다. 여성 전용 교육기관을 설립한다는 내용의 법률문장으로 표상되는 법률이 차별을 금지하는 헌법에 위반되는지 여부는, 여성 전용 교육기관을 설립하는 것이 그 국가에서 여성의 낮은 권익을 향상하기 위한 맥락을 가지는가, 아니면 여성을 분리·차별하기 위한 역사적 맥락을 가지는가에 따라 다르게 평가된다는 것이다.

〈상황〉

X국에서는 수차례 전쟁을 거치면서 국기가 국가 존립의 상징이 되어 국기 소각이 국가의 권위를 해하는 행위로서 헌법질서에 반하는 범죄행위로 평가받기에 충분하다. 그런데 X국 국회가 국기의 권위와 존엄을 보호하기 위해서 국기를 소각한 자를 처벌한다는 내용을 담고 있는 법률문장 R로 표상되는 법률 L을 입법하자, 이에 반대하는 사람들이 시위를 하면서 그간 거의 존재하지 않았던 국기 소각 행위가 빈번하게 일어났고 소각행위에 동조하는 사람들도 많아졌다.

ㄱ. ㉠을 위헌판단의 근거를 제공하는 핵심 측면으로 판단하면, X국에서 L은 위헌이다.

ㄴ. L이 가진 ㉡의 측면은 R로 표상되는 L의 입법 목적과 합치하지 않는다.

ㄷ. ㉢을 위헌판단의 근거를 제공하는 핵심 측면으로 판단하면, X국에서 L은 위헌이다.

① ㄱ   ② ㄴ   ③ ㄱ, ㄷ

④ ㄴ, ㄷ   ⑤ ㄱ, ㄴ, ㄷ

문항 성격	문항유형 : 논증 평가 및 문제해결
	내용영역 : 규범
평가 목표	이 문항은 법률에 대한 위헌판단의 근거에 관하여 여러 견해의 차이를 제대로 파악하고 〈상황〉에 적용하여 옳게 판단할 수 있는 능력을 평가하는 문항이다.
문제 풀이	정답 : ②

법률문장의 문자적 의미, 구체적 사안에 대한 법률문장 적용의 직접적인 결과, 한 사회에 법률이 시행되었을 때의 광범위한 사회적 영향, 법률문장이 그 사회에서 가지는 역사적 맥락 모두가 해당 법률이 위헌인지를 판단하기 위한 근거를 제공한다. 〈상황〉에서는 X국의 헌법질서에 반하여 범죄로 평가되는 행위를 처벌하는 법률을 입법하였는데, 법률 시행의 사회적 영향은 애초에 법률이 의도한 바에 역행하고 있다.

〈보기〉 해설

ㄱ. R을 적용한 직접적 결과는 국기 소각 행위를 한 자를 처벌하는 것이다. X국의 헌법질서상 국기 소각 행위는 범죄라는 합의가 있으므로, ㉠을 위헌판단의 근거를 제공하는 핵심 측면으로 판단하면 L은 위헌이 아니라고 판단될 것이다. ㄱ은 옳지 않은 판단이다.

ㄴ. L의 ㉡은 L의 시행이 사회 전체에 미친 영향이다. 이것은 이전에는 별로 일어나지 않던 국기 소각이 오히려 빈번하게 일어나게 되었고 국기 소각에 동조하는 사람들이 늘었다는 것으로, 국기의 권위와 존엄을 보호한다는 L의 입법 목적에 역행하는 것이다. ㄴ은 옳은 판단이다.

ㄷ. ㉢을 위헌판단의 근거를 제공하는 핵심 측면으로 판단하는 입장은 R과 관련한 X국의 역사적 맥락을 통해 판단한다. 수차례 전쟁을 거치며 국기가 국가적 권위와 존엄을 가지는 것으로 인정받게 된 X국의 역사적 맥락으로 판단할 때, 국기 소각 행위는 반국가적·반헌법적인 행위임이 분명하다. 따라서 이를 처벌하는 법률이 위헌이라고 할 수 없다. ㄷ은 옳지 않은 판단이다.

〈보기〉의 ㄴ만이 옳은 판단이므로 정답은 ②이다.

400

04.

[규정]에 따라 〈사실관계〉를 판단할 때 갑의 운전면허는 최종적으로 언제까지 정지되는가?

[규정]

제1조(정의) ① '벌점'은 교통법규위반에 대하여 그 위반의 경중에 따라 위반행위자에게 배점되는 점수를 말한다.

② '처분벌점'은 교통법규위반시 배점된 벌점을 누적하여 합산한 점수에서 기간경과로 소멸한 벌점 점수와 운전면허정지처분으로 집행된 벌점을 뺀 점수를 말한다.

제2조(벌점의 배점 등) ① 속도위반을 제외한 교통법규위반에 대하여 배점되는 벌점은 아래 표와 같다.

사유	벌점	사유	벌점
신호위반	15점	정지선위반	18점
앞지르기금지위반	20점	갓길통행	25점

② 속도위반에 대하여 배점되는 벌점은 아래 표와 같다.

초과된 속도	20km/h 초과 40km/h 이하	40km/h 초과
벌 점	15점	40점

③ 벌점은 해당 교통법규위반일로부터 3년이 지나면 소멸하고, 30점 미만인 처분벌점은 최종 교통법규위반일로부터 교통법규위반 없이 1년이 지나면 소멸한다.

제3조(운전면허정지처분 등) ① 처분벌점이 40점 이상이 되면 운전면허정지처분을 하되, 최종 교통법규위반일 다음날부터 운전면허가 정지되며 처분벌점 1점을 정지일수 1일로 계산하여 집행한다.

② 운전면허정지 중에 범한 교통법규위반행위에 대해서는 벌점을 2배로 배점한다.

③ 운전면허정지 중에 새로운 운전면허정지처분을 추가로 받는 경우, 추가된 운전면허정지처분은 집행 중인 운전면허정지처분의 기간이 종료한 다음날부터 집행한다.

〈사실관계〉

갑은 그 이전까지는 교통법규위반 전력이 없었는데, 2017. 5. 1.에 신호위반을 하고, 2020. 7. 1.에 정지선위반을 하고, 2021. 3. 1.에 갓길통행을 하고, 2021. 4. 1.에 규정속도를 45km/h 초과하여 속도위반을 하였다. 갑은 위 모든 교통법규위반행위들에 대해 위반일자에 [규정]에 따른 벌점 또는 운전면허정지처분을 받았다.

① 2021. 5. 23.　　　　② 2021. 6. 7.　　　　③ 2021. 6. 14.
④ 2021. 7. 2.　　　　⑤ 2021. 7. 17.

 문항유형 : 언어 추리

내용영역 : 규범

 이 문항은 벌점과 처분벌점 및 이를 근거로 한 운전면허정지처분에 관한 규정을 이해하여 구체적인 사례에 적용하는 능력을 평가하는 문항이다.

 정답 : ④

처분벌점은 교통법규위반시 배점된 벌점을 누적하여 합산한 점수에서 기간경과로 소멸한 벌점 점수와 운전면허정지처분으로 집행된 벌점을 뺀 점수를 말한다. 처분벌점이 40점 이상이 되면 운전면허정지처분을 받는다. 처분벌점의 점수에 해당하는 일수가 운전면허정지처분의 기간이 된다. 예를 들어 처분벌점이 50점이면 50일 동안 운전면허가 정지된다. 운전면허정지 중에 새로운 운전면허정지처분을 추가로 받는 경우, 추가된 운전면허정지처분은 집행 중인 운전면허정지처분의 기간이 종료한 다음날부터 집행한다.

 ④ 갑은 2017. 5. 1. 신호위반으로 받은 벌점 15점 외에 2020. 7. 1. 정지선위반 전까지 누적된 벌점이 없다. 따라서 갑의 처분벌점은 30점 미만이므로 교통법규위반 없이 1년이 지난 2018. 5. 1. 소멸하였다. 벌점으로서도 벌점을 받은 지 3년이 지난 2020. 5. 1. 소멸하였다. 이후 갑은 2020. 7. 1. 정지선위반으로 벌점 18점을 받아 처분벌점이 18점이 된다. 또 2021. 3. 1. 갓길통행으로 벌점 25점을 받아 처분벌점이 43점이 된다. 처분벌점이 40점 이상이므로 2021. 3. 1. 운전면허정지처분이 내려진다. 그 기간은 43일이고 갓길통행 다음날인 2021. 3. 2.부터이므로, 갑의 운전면허는 2021. 4. 13.까지 정지된다(43일＝30일(3. 2.~3. 31.)＋13일(4. 1.~4. 13.)). 갑은 운전면허정지 중인 2021. 4. 1. 벌점 40점에 해당하는 속도위반을 하였으므로, 벌점이 2배로 배점되어 80점의 벌점을 받는다. 따라서 80일의 운전면허정지처분을 추가로 받게 되는데, 그 집행은 먼저 집행 중인 운전면허정지처분의 기간이 끝난 다음날, 즉 2021. 4. 14.부터 시작한다. 그 결과 갑의 운전면허는 최종적으로 2021. 7. 2.까지 정지된다(80일＝17일(4. 14.~4. 30.)＋31일(5. 1.~5. 31.)＋30일(6. 1.~6. 30.)＋2일(7. 1.~7. 2.)).

05.

다음 논쟁에 대한 분석으로 옳은 것만을 〈보기〉에서 있는 대로 고른 것은?

80년 전 K섬이 국가에 의해 무단으로 점유되어 원주민 A가 K섬에서 강제로 쫓겨나 타지에서 어렵게 살게 되었다. A가 살아 있다면 국가가 저지른 잘못에 대해서 A에게 배상이 이루어져야 하겠지만 A는 이미 사망하였다. A의 현재 살아 있는 자녀 B에게 배상이 이루어져야 할지에 대해서 다음과 같은 논쟁이 벌어졌다.

갑 : 배상은 어떤 잘못에 의해서 영향받은 사람에게 이루어져야 하는데, ㉠잘못된 것 X에 대해 사람 S에게 배상을 한다는 것은, X가 일어나지 않았더라면 S가 누렸을 만한 삶의 수준이 되도록 S에게 혜택을 제공하는 것이다. 피해자의 삶의 수준을 악화시킨 경우 그리고 그런 경우에만 배상이 이루어져야 한다. 따라서 80년 전 K섬의 무단 점유가 없었더라면 B가 누렸을 삶의 수준이 되도록 B에게 혜택을 제공하는 배상이 이루어져야 한다.

을 : 갑의 주장에는 심각한 문제가 있다. K섬의 무단 점유가 없었더라면 B의 아버지는 B의 어머니가 아니라 다른 여인을 만나 다른 아이가 태어났을 것이고 B는 아예 존재하지 않았을 것이다. 따라서 그 섬의 무단 점유가 없었더라면 B가 더 높은 수준의 삶을 누렸을 것이라고 말하는 것은 옳지 않으며, 그런 상황에서 B가 누렸을 삶의 수준이 어느 정도인지의 질문에 대해 애초에 어떤 답도 없다.

병 : B의 배상 원인이 되는 잘못은 80년 전 발생한 K섬의 무단 점유가 아니라, B가 태어난 후 어느 시점에서 K섬의 무단 점유에 대해 A에게 배상이 이루어지지 않았다는 사실이다. 만약 그런 사실이 없었더라면, 다시 말해 B가 태어난 후 K섬의 무단 점유에 대해 A에게 배상이 이루어졌더라면, A는 B에게 더 나은 교육 기회와 자원을 제공하였을 것이고 B는 더 나은 삶을 살았을 것이다. 그러나 과거에 그런 배상이 이루어지지 않았기 때문에 B에게 배상이 이루어져야 하는 것이다.

보 기

ㄱ. 갑이 "80년 전 K섬의 무단 점유가 없었더라면, A는 그가 실제로 누렸던 것보다 훨씬 더 높은 수준의 삶을 누렸겠지만 B는 오히려 더 낮은 수준의 삶을 누렸을 것이다."라는 것을 받아들이게 된다면, 갑은 B에게 배상이 이루어져야 한다는 주장에 동의하지 않을 것이다.

ㄴ. 을이 ㉠의 원리를 받아들인다면, 그는 80년 전 K섬의 무단 점유에 대해 B에게 배상이 이루어져야 한다는 주장에 동의할 것이다.

ㄷ. 병은 ㉠의 원리에 동의하지 않지만, B에게 배상이 이루어져야 한다는 것에 대해서
는 갑과 의견을 같이한다.

① ㄱ   ② ㄴ   ③ ㄱ, ㄷ
④ ㄴ, ㄷ   ⑤ ㄱ, ㄴ, ㄷ

문항 성격   문항유형 : 논쟁 및 반론

내용영역 : 규범

평가 목표   이 문항은 한 세대 전의 잘못된 행위에 대해 현세대에 배상을 해야 한다는 주장에 관
한 논쟁을 적절하게 분석할 수 있는 능력을 평가하는 문항이다.

문제 풀이   정답 : ①

이 문제는 과거의 잘못된 행위에 대해 후속 세대에게 배상을 해야 한다는 것과 배상에 대한 반사
실 조건문 원리를 동시에 주장하는 것이 어렵다는 점을 소재로 하여 출제된 문제이다. 각 주장의
핵심은 다음과 같다.

> 갑 : 배상은 다음과 같은 원리에 따라 이루어진다. 행위 X가 없었더라면 S가 누리게 되었을 삶
> 의 수준이 되도록 혜택을 제공한다. 이 원리에 따라 B에게 배상이 이루어져야 한다.
>
> 을 : 갑의 논리의 문제점을 지적한다. K섬의 무단 점유가 없었더라면 B는 존재하지 않았을 것
> 이므로, 그 섬의 무단 점유가 없었더라면 B가 누렸을 삶의 수준이 어느 정도인지의 질문에
> 대해 애초에 어떤 답도 없다.
>
> 병 : B가 배상받아야 할 행위는 'K섬의 무단 점유'가 아니라 B가 태어난 후 발생한 'K섬의 무단
> 점유에 대해 A에게 배상하지 않음'이다. 즉 K섬의 무단 점유에 대해 A에게 배상했더라면
> B는 더 잘 살았을 것이므로, 이 수준이 되도록 B에게 배상이 이루어져야 한다.

〈보기〉 해설   ㄱ. 갑은 피해자의 삶의 수준을 악화시킨 경우에만 배상이 있어야 한다고 주장한다.
만약 80년 전 K섬의 무단 점유가 없었더라면 B가 누렸을 삶의 수준이 실제보다
더 낮았을 것이라고 인정한다면, 무단 점유가 B의 삶의 수준을 악화시킨 경우가
아니라 향상시킨 경우이다. 따라서 갑에 따르면 B에게 배상을 할 필요가 없다.
ㄱ은 옳은 분석이다.

ㄴ. 을이 주장하고 있는 것은 ㉠의 원리가 B에게 배상이 이루어져야 할 근거가 될
수 없다는 것이다. ㉠의 원리를 따를 때, 무단 점유가 발생하지 않았을 경우 B의
삶의 수준을 묻는 것이 무의미하기 때문이다. 을이 ㉠을 받아들인다면, 그는 80
년 전 K섬의 무단 점유에 대해 B에게 배상이 이루어져야 한다는 것에 동의하지
않을 것이다. ㄴ은 옳지 않은 분석이다.

404

ㄷ. 병은 B가 배상받아야 할 잘못된 행위는 80년 전에 발생한 'K섬의 무단 점유'
가 아니라 B가 태어난 후 발생한 'K섬의 무단 점유에 대해 배상하지 않음'이라
는 사건이라고 주장하고, 이에 근거해서 B에게 배상이 이루어져야 한다고 주장
한다. ㉠의 주장에 근거해서 이런 주장을 하고 있기 때문에 병은 ㉠에 동의하고
있다고 볼 수 있고, 갑과 배상의 원인이 되는 잘못을 다르게 판단하지만, B에게
배상이 이루어져야 한다고 보는 점에서는 갑과 의견을 같이한다. "㉠의 원리에
동의하지 않지만" 부분이 틀렸기 때문에, ㄷ은 옳지 않은 분석이다.

〈보기〉의 ㄱ만이 옳은 분석이므로 정답은 ①이다.

06.

[규정]과 〈사례〉를 근거로 판단할 때 〈보기〉에서 [규정]을 준수한 것만을 있
는 대로 고른 것은?

[규정]

제1조 ① '개인정보처리자'란 업무를 목적으로 개인정보를 처리하는 자를 말한다.

② '업무수탁자'란 개인정보처리자가 본래의 개인정보 수집·이용 목적과 관련된 업무를 위탁
한 경우 위탁자의 이익을 위해 개인정보를 처리하는 자를 말한다.

③ '제3자'란 개인정보처리자와 업무수탁자를 제외한 모든 자를 말한다.

제2조 ① 개인정보처리자는 정보주체의 동의를 받은 경우에 한하여 개인정보를 수집할 수 있으
며 그 수집 목적의 범위에서 이용할 수 있다.

② 전항의 개인정보처리자는 수집 목적 범위에서 개인정보를 제3자에게 제공(공유를 포함)할
수 있다. 다만 제공 후 1주일 이내에 제공사실을 정보주체에게 알려야 한다.

③ 개인정보처리자는 정보주체의 이익을 부당하게 침해할 우려가 없는 경우에 한하여 정보주
체로부터 별도의 동의를 받아 개인정보를 수집 목적 이외의 용도로 이용하거나 이를 제3자에
게 제공할 수 있다.

④ 개인정보처리자는 개인정보 처리업무를 위탁하는 경우에 위탁 후 위탁사실을 정보주체에게
알려야 하고, 정보주체가 확인할 수 있도록 공개하여야 한다.

〈사례〉

숙박예약 전문사이트를 운영하는 P사는 숙박예약 및 이벤트행사를 위한 목적으로 회원가입시
이용자의 동의를 받아 개인정보를 수집하였다.

ㄱ. P사는 회원들로부터 별도의 동의 없이 숙박시설 운영자 Q에게 해당 숙박시설을 예약한 회원의 정보를 제공하고 즉시 그 회원에게 제공사실을 알려주었다.

ㄴ. P사는 여행사 S사와 사업제휴를 맺고 회원들로부터 별도의 동의 없이 S사가 S사의 여행상품을 홍보할 수 있도록 회원정보를 공유하였다.

ㄷ. P사는 항공권 경품이벤트를 알리기 위해 홍보업체 R사와 이벤트안내 메일발송업무에 관한 위탁계약을 체결하고 회원정보를 R사에게 제공한 후, 10일이 경과한 후에 제공사실을 회원들에게 알리고 공개하였다.

ㄹ. P사는 인터넷 불법도박사이트 운영업체 T사가 불법도박을 홍보할 수 있도록, 회원들로부터 별도의 동의를 받아 T사에게 회원정보를 유료로 제공하였다.

① ㄱ, ㄷ　　　　　　② ㄱ, ㄹ　　　　　　③ ㄴ, ㄹ
④ ㄱ, ㄴ, ㄷ　　　　⑤ ㄴ, ㄷ, ㄹ

문항 성격　문항유형 : 언어 추리

　　　　　　내용영역 : 규범

평가 목표　이 문항은 개인정보 보호에 관한 규정을 이해하고 구체적인 사례에 적용하여 관련 규정 준수 여부를 판단할 수 있는 능력을 평가하는 문항이다.

문제 풀이　정답 : ①

〈사례〉에서 P사는 개인정보처리자에 해당하고, P사에 회원으로 가입한 이용자들은 정보주체에 해당한다. 제2조 제2항에서 개인정보를 제3자에게 제공하는 것은 개인정보를 제3자와 공유하는 것도 포함한다고 하였으므로, 제2조 제3항에서 제3자에게 제공할 수 있다고 한 것도 제3자와 공유할 수 있다는 의미를 포함하는 것으로 해석하여야 한다.

〈보기〉 해설　ㄱ. P사가 Q에게 개인정보를 제공한 것은 P사의 수집 목적 범위(숙박예약)에서 제3자에게 제공한 것이므로, 제2조 제2항이 적용된다. P사는 회원에게 즉시 제공사실을 알렸으므로, 1주일 이내에 알려야 한다는 규정을 준수한 것이다.

　　　　　　ㄴ. S사의 여행상품 홍보는 숙박예약이나 이벤트행사와 무관하므로, P사의 수집 목적 범위에 들지 않는다. 따라서 P사가 S사와 회원정보를 공유한 것은 개인정보를 수집 목적 이외의 용도로 제3자에게 제공한 것에 해당하여 제2조 제3항이 적용된다. P사는 회원들로부터 별도의 동의를 받지 않았으므로, 규정을 위반한 것이다.

ㄷ. R사는 개인정보처리자 P사가 본래의 개인정보 수집·이용 목적(항공권 경품이
벤트)과 관련된 업무(항공권 경품이벤트를 메일발송의 방법으로 안내함)를 위탁
하여 위탁자 P사의 이익을 위해 개인정보를 처리하는 자이므로, P사의 업무수
탁자에 해당한다. 따라서 제2조 제4항이 적용되므로, 위탁사실을 회원들에게 고
지·공개하여야 한다. 그런데 이 고지·공개에는 (제2조 제2항과 같은) 기간제한
이 없으므로, P사는 규정을 준수한 것이다.

ㄹ. T사의 도박 홍보는 숙박예약이나 이벤트행사와 무관하므로, P사의 수집 목적
범위에 들지 않는다. 따라서 P사가 T사에게 개인정보를 제공한 것은 개인정보
를 수집 목적 이외의 용도로 제3자에게 제공한 것에 해당하여 제2조 제3항이
적용된다. 제2조 제3항에 따르면 정보주체의 이익을 부당하게 침해할 우려가
없는 경우에만 제3자 제공이 허용되는데, 불법도박을 홍보하면 홍보 대상인 P
사 회원들의 이익이 부당하게 침해될 우려가 있다. 따라서 P사가 비록 회원들로
부터 별도의 동의를 받았다 하더라도, P사는 규정을 위반한 것이다.

〈보기〉의 ㄱ, ㄷ만이 규정을 준수한 것이므로 정답은 ①이다.

07.

다음으로부터 추론한 것으로 옳은 것만을 〈보기〉에서 있는 대로 고른 것은?

X국은 "교통사고 당시 운전자의 혈중알코올농도가 0.03% 이상인 것이 확인되면 면허를 취소
한다."는 규정을 두고 있다. 그런데 교통사고 시점으로부터 일정 시간이 경과한 이후에 음주측정
이 이루어진 경우에는 교통사고 시점의 혈중알코올농도를 직접 확인할 수 없다. 이런 경우에 대
비하여 X국 법원은 사고 후에 측정한 혈중알코올농도를 근거로 교통사고 시점의 혈중알코올농도
를 추정하는 A공식을 도입하여 면허취소 여부를 판단하고자 한다.

A공식은 섭취 후 일정 시간 동안은 알코올이 소화기관에 의하여 혈액에 일정량 흡수되어 혈중
알코올농도가 증가(상승기)하지만 최고치에 이른 시점 이후부터는 분해작용에 따라 서서히 감소
(하강기)한다는 점에 착안한 것이다. A공식은 측정한 혈중알코올농도에 시간의 흐름만큼 감소한
혈중알코올농도를 더하는 방식이므로 교통사고가 혈중알코올농도 하강기에 발생한 경우에만 적
용될 수 있다.

A공식 : $C=r+b×t$

    (C : 확인하고자 하는 시점의 혈중알코올농도, r : 실측 혈중알코올농도, b : 시간당 알
    코올 분해율, t : 경과시간)

A공식에서 b는 시간당 0.008~0.03%로 사람마다 다른데 X국 법원은 개인별 차이를 고려하지 않고 위 범위에서 측정대상자에게 가장 유리한 값을 대입한다. 또한 t는 확인하고자 하는 시점부터 실제 측정한 시간까지의 경과시간을 시간 단위(h)로 대입한다.

한편 혈중알코올농도가 증가하는 '상승기 시간'은 음주종료시점부터 30분에서 1시간 30분까지로 사람마다 다른데 X국 법원은 역시 개인별 차이는 고려하지 않고 일괄적으로 음주종료시부터 1시간 30분 후에 최고 혈중알코올농도에 이르는 것으로 본다.

보 기

ㄱ. 20:00까지 술을 마신 후 운전을 하다 21:00에 교통사고를 냈고 같은 날 21:30에 측정한 혈중알코올농도가 0.031%인 사람은 면허가 취소된다.

ㄴ. 20:00까지 술을 마신 후 운전을 하다 교통사고를 냈고(시간 미상), 같은 날 23:30에 측정한 혈중알코올농도가 0.012%인 사람은 이후 사고시간이 밝혀지더라도 면허가 취소되지 않는다.

ㄷ. 20:00까지 술을 마신 직후 자가측정한 혈중알코올농도가 0.05%이었고 이후 운전을 하다 22:30에 교통사고를 냈으며 같은 날 23:30에 측정한 혈중알코올농도가 0.021%인 사람의 면허는 취소되지 않는다.

① ㄱ   ② ㄴ   ③ ㄱ, ㄷ

④ ㄴ, ㄷ   ⑤ ㄱ, ㄴ, ㄷ

문항 성격 문항유형 : 언어 추리

     내용영역 : 규범

평가 목표 이 문항은 음주운전자의 혈중알코올농도 측정에 관한 규정과 공식을 이해하여 구체적 사례에 적용하는 능력을 평가하는 문항이다.

문제 풀이 정답 : ④

A공식을 적용하여 혈중알코올농도를 계산할 때에는 다음 두 가지 점에 유의하여야 한다. 첫째, A공식은 혈중알코올농도 상승기에는 적용할 수 없다. X국 법원의 입장에 따르면 최고 혈중알코올농도에 이르는 시점은 음주종료시부터 1시간 30분 후이므로 그 이전에 발생한 사고에 대해서는

A공식을 적용할 수 없다. 둘째, 시간당 알코올 분해율은 측정대상자에게 가장 유리한 값을 적용한다고 하였으므로, 시간당 0.008~0.03% 중 가장 작은 값인 시간당 0.008%를 대입하여야 한다.

<보기> 해설 ㄱ. 교통사고가 발생한 시점이 21:00로 음주종료시인 20:00로부터 1시간밖에 지나지 않았다. 혈중알코올농도 상승기이므로 A공식을 적용할 수 없다. 따라서 면허취소는 불가능하다. ㄱ은 옳지 않은 추론이다.

ㄴ. 교통사고 시간이 미상이므로 사고 시점의 정확한 혈중알코올농도의 추정은 불가능하나, 음주종료 1시간 30분 후의 최고 혈중알코올농도는 추정할 수 있다. A공식에 $r=0.012$, $b=0.008$, $t=2$(음주종료 1시간 30분 후인 21:30부터 측정 시점인 23:30까지 2시간이 지났음)를 대입하면 $C=0.012+0.008\times2=0.028$이다. 최고 혈중알코올농도가 0.028%로 면허취소 기준에 미달하므로, 이후 사고시간이 몇 시로 밝혀지더라도 면허는 취소되지 않는다. ㄴ은 옳은 추론이다.

ㄷ. 음주종료 직후인 20:00에 자가측정한 혈중알코올농도는 교통사고를 낸 시점인 22:30의 혈중알코올농도를 추정할 수 있는 자료로 사용되지 못한다. 23:30에 측정한 혈중알코올농도가 유일한 기준이 된다. A공식에 $r=0.021$, $b=0.008$, $t=1$(교통사고를 낸 22:30부터 측정 시점인 23:30까지 1시간이 지났음)을 대입하면 $C=0.021+0.008\times1=0.029$이다. 혈중알코올농도가 0.029%로 면허취소 기준에 미달하므로, 면허는 취소되지 않는다. ㄷ은 옳은 추론이다.

<보기>의 ㄴ, ㄷ만이 옳은 추론이므로 정답은 ④이다.

08.

[규정]의 <검토의견>에 대한 평가로 옳은 것만을 <보기>에서 있는 대로 고른 것은?

[규정]

제1조(정의) '아동'은 미성년자를 말한다.

제2조(신체적 아동학대) 누구든지 아동을 폭행하거나 신체건강 및 발달에 해를 끼치는 신체적 학대행위를 한 때에는 5년 이하의 징역에 처한다.

제3조(성적 아동학대) 누구든지 아동을 대상으로 성적 수치심을 야기하는 성적 학대행위를 한 때에는 6년 이하의 징역에 처한다.

보 기

ㄱ. "최근 미성년자가 다른 미성년자의 보호·감독자가 되는 사회적 관계 유형이 증가하
   고 있다."는 연구 결과는 A를 뒷받침한다.
ㄴ. "아동학대의 가해자 상당수가 어린 시절 아동학대를 경험한 피해자이므로 아동학
   대에서 피해자와 가해자를 이분법적으로 나눌 수 없다."는 연구 결과는 B를 뒷받침
   한다.
ㄷ. "최근 미성년자 간에 성적 요구를 하여 영상 등을 촬영하는 사례가 늘고 있으며 이
   러한 요구에 대하여 아무 부끄러움이나 불쾌감 없이 응한 경험이 이후 부정적 자기
   정체성이나 왜곡된 성 인식을 형성하는 데에 결정적 영향을 미치므로, 미성년자 간
   의 성적 요구행위 역시 학대로 보아 처벌할 필요성이 크다."는 연구 결과는 B, C 모
   두를 뒷받침한다.

① ㄱ   ② ㄷ   ③ ㄱ, ㄴ
④ ㄴ, ㄷ   ⑤ ㄱ, ㄴ, ㄷ

문항 성격 문항유형 : 논증 평가 및 문제해결
              내용영역 : 규범
평가 목표 이 문항은 아동학대범죄에 관한 규정의 내용과 그에 대한 의견을 이해하고 제시된 연
              구 결과를 각 의견에 대한 논거로 사용할 수 있는지 판단하는 능력을 평가하는 문항
              이다.

410

[규정]은 행위주체를 '누구든지'로 규정하여 특별한 제한을 두지 않는데, A는 이를 '성인'으로 한정하여야 한다고 주장하고, B는 이를 현행대로 유지(미성년자 포함)하여야 한다고 주장한다. A는 보호의무자가 학대행위의 주체가 된다는 범죄의 특징을 근거로 들고 B는 학대가해자를 철저히 처벌하여 학대피해자를 폭넓게 보호하여야 한다는 규정의 목적을 근거로 든다.

성적 아동학대와 관련하여 [규정]은 '성적 수치심을 야기하는' 성적 학대행위로 규정하고 있는데 C는 '성적 수치심을 야기하는'이라는 표현을 삭제하여야 한다고 주장한다. C는 아동은 성인과 달리 성적 자기결정능력이 충분하지 않다는 피해자의 특성을 근거로 든다.

〈보기〉 해설   ㄱ. 제시된 연구 결과는 미성년자인 보호의무자–미성년자인 보호대상자의 관계가 증가하고 있다는 것을 보여준다. 따라서 보호의무자를 성인, 보호대상자를 미성년자로 전제하고 미성년자를 아동학대 행위주체에서 제외하자는 A의 의견은 이 연구 결과에 의해서 뒷받침되지 못한다. ㄱ은 옳지 않은 평가이다.

ㄴ. 제시된 연구 결과는 거시적 관점에서는 아동학대 피해자와 가해자의 개념 구분이 명확하지 않을 수 있다는 내용이다. 따라서 특정 범죄에 국한한 미시적 관점에서 아동학대의 가해자와 아동학대의 피해자를 명확히 구분하는 B의 의견은 이 연구 결과에 의해서 뒷받침되지 못한다. ㄴ은 옳지 않은 평가이다.

ㄷ. 제시된 연구 결과는 '① 성적 수치심을 야기하지 않는 성적 요구라도 미성년자의 성적 발달에 해를 끼칠 수 있다. ② 미성년자의 성적 요구행위 역시 학대로 보아 처벌하여야 한다'는 두 가지 내용으로 정리된다. 우선, 성적 자기결정능력이 충분하지 않은 아동을 대상으로 한 성적 학대에는 '성적 수치심을 야기하는'이라는 요건이 불필요하다는 C의 의견은 ①에 의하여 뒷받침될 수 있다. 또한 학대가해자를 철저히 처벌하기 위하여 행위주체에 제한을 두지 말아야 한다(미성년자도 처벌하여야 한다)는 B의 의견은 ②에 의하여 뒷받침될 수 있다. ㄷ은 옳은 평가이다.

〈보기〉의 ㄷ만이 옳은 평가이므로 정답은 ②이다.

09.

[규정]에 따라 〈사례〉를 판단한 것으로 옳은 것만을 〈보기〉에서 있는 대로 고른 것은?

[규정]

제1조 ① 타인의 동의를 얻어 그의 물건을 원재료로 사용하여 새로운 물건을 제작한 경우 새로운 물건은 원재료 소유자가 소유한다.

② 제1항에도 불구하고 새로운 물건의 가격이 원재료 가액을 초과한 경우에는 새로운 물건을 제작한 자가 소유한다. 이 경우 원재료 소유자는 새로운 물건을 제작한 자에게 원재료 가액의 지급을 청구할 수 있다.

③ 제2항에서 제작행위를 한 자가 여럿이면 그 제작행위를 한 자가 새로운 물건을 공동으로 소유한다.

제2조 타인의 동의 없이 그의 물건을 원재료로 사용하여 새로운 물건을 제작한 경우 원재료 소유자는 다음의 권리를 가진다.

1. 새로운 물건의 가격이 원재료 가액을 초과한 경우에는 새로운 물건을 소유한다.

2. 새로운 물건의 가격이 원재료 가액과 동일하거나 미달하는 경우에는 우선 새로운 물건을 제작한 자에게 원재료 가액의 지급을 청구하여야 하고, 새로운 물건을 제작한 자가 이를 지급하지 않는 경우에 한하여 새로운 물건을 소유한다.

제3조 제1조 및 제2조에도 불구하고 새로운 물건을 쉽게 원재료로 환원할 수 있고 원재료 소유자가 이를 원할 경우에는 새로운 물건을 제작한 자는 원재료 소유자에게 원상대로 원재료를 반환하여야 한다.

〈사례〉

가죽 유통업자 갑은 장당 50만 원인 소가죽 50장을 소유·보관하고 있다. 구두장인 을은 갑의 소가죽 3장을 가져가 한 장은 손쉽게 제거 가능한 광택을 넣어 가격이 50만 원인 ㉠광택 나는 새로운 소가죽을 제작하였고, 다른 한 장으로는 ㉡구두를 제작하는 한편, 나머지 한 장은 소파제작자 병에게 보내 소파를 제작하게 하였다. 병은 이를 재단하여 100만 원인 ㉢소파를 제작하였는데, 소파 제작에 사용된 목재는 병이 50만 원에 구입한 것이다.

ㄱ. 을이 갑의 사용동의 없이 소가죽을 가져가 ㉠을 제작한 경우, 갑은 을에게 원상대로 소가죽을 반환할 것을 청구할 수 있다.

ㄴ. ㉡이 30만 원이고 소가죽에 대한 갑의 사용동의가 없는 경우, ㉡은 갑의 소유이다.

ㄷ. ㉢을 제작하는 데 있어서 만약 소가죽에 대한 갑의 사용동의가 있다면 ㉢의 소유자는 을이 되지만, 만약 갑의 사용동의가 없다면 ㉢은 갑의 소유가 된다.

① ㄱ ② ㄷ ③ ㄱ, ㄴ
④ ㄴ, ㄷ ⑤ ㄱ, ㄴ, ㄷ

문항 성격	문항유형 : 언어 추리
	내용영역 : 규범
평가 목표	이 문항은 다른 사람의 물건을 재료로 하여 새로운 물건을 만든 경우에 관한 규정을 이해하고 구체적 사례에 적용하는 능력을 평가하는 문항이다.
문제 풀이	정답 : ①

타인의 물건을 원재료로 사용하여 제작한 새로운 물건의 소유자가 누가 되는지는 ㉠원재료 주인의 원재료 사용동의 유무와 ㉡새로운 물건이 원재료보다 비싼 물건인지 여부에 따라 달라진다. 원재료 주인이 새로운 물건을 소유하지 못하게 되는 경우에는 제작자에게 원재료 가액의 지급을 청구할 수 있다. 그런데 새로운 물건을 쉽게 원재료로 환원할 수 있는 경우에는 원재료 소유자는 원재료 사용동의 유무에 관계없이 그리고 새로운 물건을 소유하느냐 여부에 관계없이 제작자에게 새로운 물건을 원재료로 환원하여 반환하라고 청구할 수 있다.

〈보기〉해설 ㄱ. ㉠은 쉽게 원재료인 소가죽으로 환원할 수 있으므로, 제3조에 의하여 소가죽 소유자인 갑이 환원을 원하기만 하면 을은 원상대로 소가죽을 반환하여야 한다. 갑의 사용동의가 있었던 경우든 없었던 경우든 다르지 않다. ㄱ은 옳은 판단이다.

ㄴ. ㉡은 쉽게 원재료로 환원할 수 없고 원재료 소유자 갑의 사용동의가 없었으므로 제2조가 적용된다. ㉡의 가격이 원재료 가액에 미달하므로, 갑은 먼저 을에게 원재료 가액의 지급을 청구해야 하고, 을이 이를 지급하지 않는 경우에 한해서만 ㉡의 소유자가 될 수 있다. 갑이 원재료 가액의 지급을 청구하였는지 그리고 을이 지급하였는지 알 수 없으므로, ㉡이 갑의 소유라고 단정적으로 말할 수 없다. ㄴ은 옳지 않은 판단이다.

ㄷ. ⓒ은 쉽게 원재료로 환원할 수 없으므로, 원재료 소유자인 갑의 사용동의를 얻
은 경우에는 제1조가, 사용동의를 얻지 않은 경우에는 제2조가 적용된다. ⓒ의
가격이 원재료 가액을 초과하므로, 갑의 사용동의를 얻은 경우에는 제1조 제2항
에 의하여 ⓒ의 소유자는 병이 되고, 사용동의를 얻지 않은 경우에는 제2조 1에
의하여 ⓒ은 갑의 소유가 된다. 제1조~제3조에서 새로운 물건의 소유자가 될
수 있는 사람은 원재료 소유자 또는 새로운 물건의 제작자이므로, 소가죽 소유
자도 아니고 ⓒ을 제작하지도 않은 을은 어떠한 경우에도 ⓒ의 소유자가 될 수
없다. ㄷ은 옳지 않은 판단이다.

〈보기〉의 ㄱ만이 옳은 판단이므로 정답은 ①이다.

10.

입법안 〈1안〉, 〈2안〉, 〈3안〉에 대한 분석으로 옳지 <u>않은</u> 것은?

〈1안〉

① 성적 의도로 다른 사람의 신체를 그 의사에 반하여 촬영한 자는 4년 이하의 징역에 처한다.

② 제1항에 따른 촬영물 또는 그 복제물을 유포한 자는 6년 이하의 징역에 처한다.

③ 영리를 목적으로 제1항의 촬영물 또는 그 복제물을 정보통신망을 이용하여 유포한 자는 10년
이하의 징역에 처한다.

〈2안〉

① 성적 의도로 다른 사람의 신체를 그 의사에 반하여 촬영하거나 그 촬영물 또는 그 복제물을 유
포한 자는 5년 이하의 징역에 처한다.

② 제1항의 촬영이 촬영 당시에는 촬영대상자의 의사에 반하지 아니한 경우에도 촬영 후에 그 의
사에 반하여 촬영물 또는 그 복제물을 유포한 자는 3년 이하의 징역에 처한다.

③ 영리를 목적으로 제1항 또는 제2항의 촬영물 또는 그 복제물을 정보통신망을 이용하여 유포한
자는 7년 이하의 징역에 처한다.

〈3안〉

① 성적 의도로 사람의 신체를 촬영대상자의 의사에 반하여 촬영한 자는 5년 이하의 징역에 처
한다.

② 제1항에 따른 촬영물 또는 그 복제물을 유포한 자는 7년 이하의 징역에 처한다. 제1항의 촬영이 촬영 당시에는 촬영대상자의 의사에 반하지 아니한 경우에도 그 촬영물 또는 그 복제물을 촬영대상자의 의사에 반하여 유포한 자는 7년 이하의 징역에 처한다.

③ 영리를 목적으로 정보통신망을 이용하여 제2항의 죄를 범한 자는 8년 이하의 징역에 처한다.

④ 제1항 또는 제2항의 촬영물 또는 그 복제물을 소지·구입·저장 또는 시청한 자는 1년 이하의 징역에 처한다.

※ 유포 : 1인 이상의 타인에게 반포·판매·임대·제공하거나 타인이 볼 수 있는 방법으로 전시·상영하는 행위를 포함하여 촬영물이나 그 복제물을 퍼뜨리는 행위

① 〈1안〉과 〈3안〉은 성적 의도로 타인의 신체를 그의 의사에 반하여 촬영하는 행위보다 그 촬영물을 유포하는 행위가 더 중한 범죄인 것으로 보고 있다.

② 성적 의도로 타인의 신체를 그의 의사에 반하여 촬영한 동영상을 인터넷에서 다운로드 받아 개인 PC에 저장하는 행위는 〈3안〉에서만 처벌대상이다.

③ 성적 의도로 촬영대상자의 허락을 받아 촬영한 나체사진을 그의 의사에 반하여 다른 사람에게 이메일로 전송하는 행위는 〈2안〉과 〈3안〉에서만 처벌대상이다.

④ 〈3안〉에 의하면 촬영자가 성적 의도로 촬영자 자신의 나체를 촬영하여 SNS로 보내온 사진을 그 촬영자의 의사에 반하여 다른 사람들에게 SNS로 보낸 행위도 처벌대상이다.

⑤ 타인의 의사에 반하여 그의 신체를 성적 의도로 촬영한 사진을 한적한 도로변 가판대에서 유상 판매하는 행위에 대해 가장 중한 처벌을 규정한 입법안은 〈1안〉이다.

문항 성격	문항유형 : 언어 추리
	내용영역 : 규범
평가 목표	이 문항은 디지털 성범죄 처벌에 관한 여러 법안의 차이점을 이해하고 각각의 규정을 사례에 적용하여 비교하는 능력을 평가하는 문항이다.
문제 풀이	정답 : ⑤

〈1안〉~〈3안〉은 처벌대상으로 하는 행위도 조금씩 다르고 처벌도 다르다. 성적 의도로 다른 사람의 신체를 그 의사에 반하여 촬영하는 행위와 이에 따른 촬영물 또는 그 복제물을 유포하는 행위는 공통적으로 처벌대상이고, 영리를 목적으로 정보통신망을 이용하여 유포하는 행위를 그렇지 않은 유포 행위보다 중한 범죄로 본다는 점에서도 공통된다. 그러나 촬영 당시에 촬영대상자의 의사에 반하지 않았다면 그 촬영물(복제물 포함)의 유포가 촬영대상자의 의사에 반할지라도 〈1안〉에서는 처벌대상이 아니고, 촬영자가 자신을 촬영한 촬영물(복제물 포함)을 다른 사람이 유포하는 행위는 〈3안〉에서만 처벌대상이 될 수 있다. 유포 외에 소지·구입·저장·시청까지도 처벌대상으로 하는 것은 〈3안〉뿐이다.

 ⑤ 타인의 의사에 반하여 그의 신체를 성적 의도로 촬영한 사진을 가판대에서 판매하는 행위는 정보통신망을 통한 유포가 아니므로, 〈1안〉에서는 제2항, 〈2안〉에서는 제1항, 〈3안〉에서는 제2항에 따라 처벌된다. 각각 6년 이하의 징역, 5년 이하의 징역, 7년 이하의 징역을 규정하고 있으므로, 가장 중한 처벌을 규정한 입법안은 〈1안〉이 아니라 〈3안〉이다. ⑤는 옳지 않은 분석이다.

 ① 〈1안〉에 따르면 성적 의도로 타인의 신체를 그의 의사에 반하여 촬영하는 행위는 4년 이하의 징역으로 처벌되고, 그 촬영물을 유포하는 행위는 6년 이하의 징역으로 처벌된다. 〈3안〉에 따르면 성적 의도로 타인의 신체를 그의 의사에 반하여 촬영하는 행위는 5년 이하의 징역으로 처벌되고, 그 촬영물을 유포하는 행위는 7년 이하의 징역으로 처벌된다. 더 중한 처벌을 규정한 것은 더 중한 범죄로 본다는 것을 의미하므로, ①은 옳은 분석이다.

② 성적 의도로 타인의 신체를 그의 의사에 반하여 촬영한 동영상을 인터넷에서 다운로드받아 개인 PC에 저장하는 행위는 〈3안〉 제4항의 '복제물을 소지·구입·저장 또는 시청하는 행위'에 해당한다. 이러한 행위가 〈3안〉에서만 처벌대상이라고 한 ②는 옳은 분석이다.

③ 성적 의도로 촬영대상자의 허락을 받아 촬영한 나체사진을 그의 의사에 반하여 다른 사람에게 이메일로 전송하는 행위는 촬영 당시에는 촬영대상자의 의사에 반하지 아니하였으나 촬영 후에 그 의사에 반하여 촬영물 또는 그 복제물을 유포하는 행위에 해당하고, 〈2안〉 제2항과 〈3안〉 제2항 둘째 문장에서 처벌대상으로 규정하고 있다. 그러나 〈1안〉에 따르면 촬영 당시에 촬영대상자의 의사에 반하지 않았다면 이후 어떠한 행위도 처벌대상이 아니다. ③은 옳은 분석이다.

④ 〈3안〉은 촬영이나 유포가 촬영대상자의 의사에 반한 것인지 여부만 문제 삼을 뿐, 촬영대상이 '다른' 사람의 신체일 것을 규정하지 않는다. 촬영자가 자신의 나체를 촬영하였으므로, 촬영자의 의사에 반하여 유포한 것은 촬영대상자의 의사에 반하여 유포하였다는 것을 의미한다. 따라서 촬영자가 성적 의도로 자신의 나체를 촬영한 사진을 촬영자의 의사에 반하여 다른 사람들에게 SNS로 보낸 행위는 〈3안〉 제2항 둘째 문장에 따라 처벌된다. ④는 옳은 분석이다.

11.

X국, Y국 법원이 자국 규정에 따라 재판할 때 〈사례〉의 갑, 을, 병에게 선고되는 형 중 최저 형량과 최고 형량을 옳게 짝지은 것은?

[X국 규정]

제1조 ① 강간한 사람은 징역 7년형에 처한다.

② 전항은 X국 영역 내에서 죄를 범한 내국인과 외국인에게 적용한다.

제2조 ① 해상에서 강도한 사람은 징역 8년형에 처한다.

② 전항은 X국 영역 내에서 죄를 범한 내국인과 외국인 및 X국 영역 외에서 죄를 범한 내국인에게 적용한다.

제3조 X국의 국적만 가진 사람을 내국인으로 본다.

제4조 처벌대상이 되는 동종 또는 이종의 범죄가 수회 범해진 경우, 개별 범죄에서 정한 형을 전부 합산하여 하나의 형을 선고한다. 이때 한 행위자가 동종의 범죄를 범한 경우, 1회의 범죄를 1개의 범죄로 본다.

[Y국 규정]

제1조 ① 강간한 사람은 징역 6년형에 처한다.

② 전항은 Y국 영역 내에서 죄를 범한 내국인과 외국인 및 Y국 영역 외에서 죄를 범한 내국인에게 적용한다.

제2조 ① 해상에서 강도한 사람은 징역 9년형에 처한다.

② 전항은 Y국 영역 내 · 외에서 죄를 범한 내국인과 외국인에게 적용한다.

제3조 Y국의 국적을 가진 사람을 내국인으로 본다.

제4조 ① 처벌대상이 되는 동종 또는 이종의 범죄가 2회 범해진 경우에는 개별 범죄에서 정한 형 중 중한 형을 선택하여 그 형에 그 2분의 1을 더한 형만 선고하고, 3회 이상 범해진 경우에는 개별 범죄에서 정한 형 중 가장 중한 형을 선택하여 그 형에 그 3분의 2를 더한 형만 선고한다.

② 전항에서 한 행위자가 동종의 범죄를 범한 경우, 1회의 범죄를 1개의 범죄로 본다.

〈사례〉

• X국 국적의 갑이 X국에서 1회 강간을 하고 1회 해상강도를 한 후 Y국에서 다시 1회 해상강도를 하였다. 갑은 Y국에서 재판을 받는다.

- Y국 국적의 을이 Y국에서 2회 강간을 하고 X국에 가서 1회 강간을 하였다. 본국으로 강제 송환된 을은 Y국에서 재판을 받는다.
- X국과 Y국의 국적을 모두 가진 병이 Y국에서 1회 해상강도를 한 후 X국에서 2회 강간을 하였다. 병은 X국에서 재판을 받는다.

① 10년－13년 6개월
② 10년－14년
③ 10년－15년
④ 12년－13년 6개월
⑤ 12년－14년

문항 성격	문항유형 : 언어 추리
	내용영역 : 규범
평가 목표	이 문항은 법의 인적·장소적 적용범위와 2회 이상 죄를 범한 경우의 형량 산정에 관한 규정을 이해하여 구체적 사례에 적용하는 능력을 평가하는 문항이다.
문제 풀이	정답 : ②

[X국 규정]과 [Y국 규정]을 적용하여 갑, 을, 병에게 선고될 형량을 계산하기 위해서는 우선 재판하는 국가가 어디인지를 확인하여 적용될 규정을 정하여야 한다. 다음으로 해당 규정에 따라 범죄자가 내국인인지 외국인인지 파악하여야 하고, 개별 범죄가 이루어진 곳이 어느 나라의 영역인지도 확인하여야 한다. 이에 따라 해당 규정이 적용되는 범죄와 적용되지 않는 범죄를 알 수 있다. 이어서 해당 규정이 적용되는 범죄의 형량을 확인하고, 끝으로 해당 규정이 2회 이상의 범죄에 대하여 정한 처리 방식을 적용하면 선고될 형량을 알 수 있다.

정답 해설 ② Y국에서 재판을 받는 갑에게는 Y국 규정이 적용되며, Y국 규정 제3조에 따르면 갑은 외국인이다. 갑이 범한 죄는 외국에서의 강간, 외국에서의 해상강도, 내국에서의 해상강도이다. 외국인이 외국에서 범한 강간에는 Y국 규정이 적용되지 않는다. 해상강도를 내국에서 범하든 외국에서 범하든 제2조 제2항에 따라 내국인과 외국인에게 모두 제2조 제1항이 적용되고, 형량은 9년이다. 갑은 형량 9년인 2개 범죄에 대해 재판을 받게 되므로, 제4조 제1항에 따라 갑에게는 9년에 4년 6개월(9년의 2분의1)을 더한 13년 6개월의 형이 선고될 것이다.

Y국에서 재판을 받는 을에게는 Y국 규정이 적용되며, Y국 규정 제3조에 따르면 을은 내국인이다. 을이 범한 죄는 내국에서의 2회 강간과 외국에서의 강간이다.

제1조 제2항에 따라 내국인이 내국 또는 외국에서 범한 강간에는 제1조 제1항이 적용되고, 형량은 6년이다. 을은 형량 6년인 3개 범죄에 대해 재판을 받게 되므로, 제4조 제1항에 따라 을에게는 6년에 4년(6년의 3분의2)을 더한 10년의 형이 선고될 것이다.

X국에서 재판을 받는 병에게는 X국 규정이 적용되며, X국 규정 제3조에 따르면 병은 외국인이다. 병이 범한 죄는 외국에서의 해상강도와 내국에서의 2회 강간이다. 외국인이 외국에서 범한 해상강도에는 X국 규정이 적용되지 않는다. 제1조 제2항에 따라 외국인이 내국에서 범한 강간에는 제1조 제1항이 적용되고, 형량은 7년이다. 병은 형량 7년인 2개 범죄에 대해 재판을 받게 되므로, 제4조에 따라 병에게는 7년에 7년을 더한 14년의 형이 선고될 것이다.

〈사례〉에서 선고되는 형 중 최저 형량은 을의 10년이고 최고 형량은 병의 14년이므로 정답은 ②이다.

12.

다음 논쟁에 대한 분석으로 옳은 것만을 〈보기〉에서 있는 대로 고른 것은?

X국 형법은 타인의 재물을 훔친 자를 절도죄로 처벌한다. 형법상 '재물'의 의미와 관련하여 갑, 을, 병이 아래와 같이 논쟁을 하고 있다.

갑 : 재물이란 '재산적 가치가 있는 물건'을 말하고, 여기서 '재산적 가치'란 순수한 경제적 가치, 즉 금전적 가치를 의미하기 때문에, 형법상 재물은 물건의 소유 및 거래의 적법성 여부와는 상관없다고 생각합니다.

을 : 재물이 반드시 적법하게 소유되거나 거래된 것일 필요가 없다는 점에 대해서는 갑의 견해에 동의합니다. 하지만 재물의 개념요소인 '재산적 가치'는 소유자가 주관적으로 부여하는 것이기 때문에, 금전적 교환가치가 있든 없든 소유자의 소유의사가 표출되어 있는 이상 해당 물건을 형법상 재물로 보는 것이 타당합니다.

병 : 재물의 개념요소인 '재산적 가치'가 인정되려면 금전적 교환가치가 있어야 합니다. 하지만 그것은 필요조건이지 충분조건은 아니라고 생각합니다. 형법상 재물이 되기 위해서는 금전적 교환가치가 있어야 할 뿐만 아니라 소유 및 거래의 적법성이 인정되는 것이어야 합니다.

ㄱ. 갑은 마약밀매상이 가지고 있는 법적으로 소유가 금지된 마약을 형법상 재물로 본다.

ㄴ. 을은 마약밀매상이 가지고 있는 법적으로 소유가 금지된 마약과 연예인이 소중히 보관하고 있지만 거래는 되지 않는 팬레터를 모두 형법상 재물로 본다.

ㄷ. 병은 연예인이 소중히 보관하고 있지만 거래는 되지 않는 팬레터를 형법상 재물로 보지만, 마약밀매상이 가지고 있는 법적으로 소유가 금지된 마약은 형법상 재물로 보지 않는다.

① ㄱ   ② ㄷ   ③ ㄱ, ㄴ
④ ㄴ, ㄷ   ⑤ ㄱ, ㄴ, ㄷ

문항 성격	문항유형 : 논쟁 및 반론
	내용영역 : 규범
평가 목표	이 문항은 X국 형법상 재물 개념을 둘러싼 논쟁에서 갑, 을, 병의 주장 및 논지를 파악하고 이를 바탕으로 구체적 물건의 재물 여부를 판단할 수 있는 능력을 평가하는 문항이다.
문제 풀이	정답 : ③

갑, 을, 병은 형법상 재물이 '재산적 가치가 있는 물건'이라는 데 의견이 일치하나, 재산적 가치가 무엇을 의미하는가에 관하여 논쟁하고 있다. 갑은 재산적 가치가 순수한 경제적 가치, 즉 금전적 (교환)가치와 같은 의미라고 보는 입장이고, 을은 소유자의 주관적 가치(소유의사의 표출)만 있으면 금전적 교환가치가 없어도 형법상 재물이 된다고 보는 입장이며, 병은 금전적 교환가치 외에 소유 및 거래의 적법성을 요구하는 입장이다.

〈보기〉 해설   ㄱ. 갑은 물건이 형법상 재물이 되기 위해 소유의 적법성은 필요하지 않고 금전적 (교환)가치만 있으면 된다는 입장이므로, 마약밀매상의 마약도 형법상 재물로 본다. ㄱ은 옳은 분석이다.

       ㄴ. 을은 물건에 소유자의 주관적 가치만 있으면 금전적 교환가치 유무에 관계없이 형법상 재물로 인정하는 입장이므로, 마약판매상의 마약이든 연예인의 팬레터든 모두 형법상 재물로 본다. ㄴ은 옳은 분석이다.

       ㄷ. 병은 물건의 금전적 교환가치와 더불어 그 소유 및 거래의 적법성까지 갖추어야 형법상 재물이 될 수 있다는 입장이므로, 거래가 되지 않는 팬레터는 금전적 교환가치가 없어서 형법상 재물로 보지 않고, 법적으로 소유가 금지된 마약은

소유의 적법성이 없어서 형법상 재물로 보지 않는다. ㄷ은 옳지 않은 분석이다.

〈보기〉의 ㄱ, ㄴ만이 옳은 분석이므로 정답은 ③이다.

13.

[규정]을 〈사례〉에 적용한 것으로 옳은 것만을 〈보기〉에서 있는 대로 고른 것은?

혼인하려는 당사자들은 혼인의 성립을 가능하게 하는 요건을 모두 충족하고 혼인의 성립을 불가능하게 하는 요건에 하나도 해당하지 않아야 혼인할 수 있다. 같은 국적을 가진 당사자들에게는 그들이 국적을 가진 국가의 규정을 적용하면 충분하나, 서로 다른 국적을 가진 당사자들에게는 어느 국가의 규정을 적용할지가 문제된다. 서로 다른 국적을 가진 당사자들이 X국에서 혼인할 수 있는지를 판단하려면, 혼인 적령(適齡)은 각 당사자가 자신의 국적을 가진 국가에서 정한 요건만 검토하면 충분하고, 중혼(重婚)·동성혼(同性婚)은 쌍방 당사자가 국적을 가진 각 국가에서 정한 요건을 모두 검토해야 한다.

[규정]

X국 : 18세에 이르면 혼인할 수 있다. 기혼자도 중복으로 혼인할 수 있다. 같은 성별 간에도 혼인할 수 있다.

Y국 : 남성은 16세, 여성은 18세에 이르면 혼인할 수 있다. 남성은 기혼자도 중복으로 혼인할 수 있다. 같은 성별 간에는 혼인할 수 없다.

Z국 : 여성은 16세, 남성은 18세에 이르면 혼인할 수 있다. 쌍방 당사자 모두 미혼이어야 혼인할 수 있다. 같은 성별 간에도 혼인할 수 있다.

〈사례〉

갑 : X국 국적의 19세 미혼 여성이다.

을 : Y국 국적의 17세 기혼 남성이다.

병 : Z국 국적의 17세 미혼 여성이다.

ㄱ. 갑과 을은 X국에서 혼인할 수 있다.

ㄴ. 갑과 병은 X국에서 혼인할 수 있다.

ㄷ. 을과 병은 X국에서 혼인할 수 있다.

① ㄴ   ② ㄷ   ③ ㄱ, ㄴ

④ ㄱ, ㄷ   ⑤ ㄱ, ㄴ, ㄷ

문항 성격	문항유형 : 언어 추리
	내용영역 : 규범

평가 목표 이 문항은 서로 다른 국적을 가진 사람들이 혼인하고자 하는 경우에 혼인성립요건의 준거법을 결정하는 원칙을 이해하고 사례에 적용하는 능력을 평가하는 문항이다.

문제 풀이 정답 : ③

X국 국적의 갑은 18세가 넘었고, Y국 국적의 을은 남성으로서 16세가 넘었으며, Z국 국적의 병은 여성으로서 16세가 넘었으므로, 각자가 국적을 가진 국가의 규정에 따르면 3명 다 혼인 적령에 해당한다. 따라서 혼인의 성립이 가능한지 알기 위해서는 중혼이나 동성혼이 가능한지만 확인하면 된다.

X국은 중혼과 동성혼을 모두 허용한다. Y국은 남성의 중혼은 허용하나 여성의 중혼은 허용 여부를 알 수 없고, 동성혼은 금지한다. Z국은 중혼은 금지하나 동성혼은 허용한다.

〈보기〉 해설
ㄱ. 갑은 여성이고 을은 남성이므로 동성혼에 관한 규정은 검토하지 않아도 된다. 갑이 국적을 가진 X국에서는 모든 중혼을 허용하고 을이 국적을 가진 Y국에서는 남성의 중혼을 허용하므로, 기혼 남성인 을의 중혼은 금지되지 않는다. 따라서 갑과 을은 X국에서 혼인할 수 있다. ㄱ은 옳게 적용한 것이다.

ㄴ. 갑과 병 모두 미혼이므로 중혼에 관한 규정은 검토하지 않아도 된다. 갑과 병 모두 여성이므로 두 사람의 혼인은 동성혼에 해당하는데, 두 사람이 각각 국적을 가진 X국과 Z국에서는 모두 동성혼을 허용한다. 따라서 갑과 병은 X국에서 혼인할 수 있다. ㄴ은 옳게 적용한 것이다.

ㄷ. 을은 남성이고 병은 여성이므로 동성혼에 관한 규정은 검토하지 않아도 된다. 을이 기혼 남성이므로 병과의 혼인은 중혼에 해당하는데, 을이 국적을 가진 Y국에서는 남성의 중혼을 허용하나 병이 국적을 가진 Z국에서는 모든 중혼을 금지한다. 따라서 을과 병은 X국에서 혼인할 수 없다. ㄷ은 옳게 적용하지 않은 것이다.

〈보기〉의 ㄱ, ㄴ만이 옳게 적용한 것이므로 정답은 ③이다.

14.

[규정]에 따라 〈사례〉를 판단한 것으로 옳지 <u>않은</u> 것은?

X국에서 유행성 독감이 급격히 확산하자 마스크 품귀 현상이 발생하였고 마스크 판매가격이 급등하였다. 이에 마스크 생산회사를 인수하여 마스크 공급을 독점하려는 동태가 감지되자 X국 정부는 [규정]을 제정하였다.

[규정]

제1조(지분 보유 제한) 자연인 또는 법인(회사를 포함한다)은 단독으로 또는 제2조에 규정된 '사실상 동일인'과 합하여 마스크 생산회사 지분을 50%까지만 보유할 수 있다.

제2조(사실상 동일인) '사실상 동일인'이란 다음 각호 중 어느 하나에 해당하는 자를 말한다.

1. 해당 자연인의 부모, 배우자, 자녀

2. 해당 자연인이 50% 이상 지분을 보유하고 있는 법인

3. 해당 자연인이 제1호에 규정된 자와 합하여 50% 이상 지분을 보유하고 있는 법인

〈사례〉

X국에서 마스크를 생산하는 P회사 지분은 갑이 15%, 마스크 생산과 무관한 Q회사가 20%를 보유하고 있고, 나머지는 제3자들이 나누어 보유하고 있다. Q회사 지분은 을, 병, 정이 각각 10%, 40%, 50%를 보유하고 있다. 병은 을의 남편이다.

① 병은 제3자들로부터 P회사 지분 30%를 취득할 수 있다.
② 을이 갑의 딸인 경우, 갑은 제3자들로부터 P회사 지분 35%를 취득할 수 있다.
③ 정이 갑의 딸인 경우, 정은 제3자들로부터 P회사 지분 15%를 취득할 수 있다.
④ 정이 병으로부터 Q회사 지분 10%를 취득하는 경우, 병은 제3자들로부터 P회사 지분 50%를 취득할 수 있다.
⑤ 갑이 정으로부터 Q회사 지분 50%를 취득하는 경우, 갑은 제3자들로부터 P회사 지분 35%를 취득할 수 있다.

문항 성격	문항유형 : 언어 추리
	내용영역 : 규범
평가 목표	이 문항은 지분 보유 제한과 관련하여 '사실상 동일인'에 관한 규정을 이해하고 사례에 적용하는 능력을 평가하는 문항이다.

모든 자연인은 단독으로 또는 [규정] 제2조의 '사실상 동일인'과 합하여 마스크 생산회사 지분을 50%까지만 보유할 수 있는데, '사실상 동일인'에 해당하는 자는 ① 부모·배우자·자녀, ② 그가 50% 이상 지분을 보유하고 있는 법인, ③ 그가 부모·배우자·자녀와 합하여 50% 이상 지분을 보유하고 있는 법인이다. 갑, 을, 병, 정의 친족관계를 파악하고 각자의 P회사 지분율 및 Q회사 지분율을 정확히 계산하여야 한다.

정답 해설　⑤ 갑이 정으로부터 Q회사 지분 50%를 취득하면, Q회사는 갑이 50% 이상 지분을 보유하는 법인으로서 갑의 '사실상 동일인'(제2조 제2호)에 해당하게 된다. 갑이 제3자들로부터 P회사 지분 35%를 취득하면 현재의 15%와 합하여 50%를 보유하게 된다. 여기에 '사실상 동일인'인 Q회사가 보유하는 P회사 지분 20%를 합하면 70%가 되어 50%를 초과하므로, 제1조를 위반하게 된다. ⑤는 옳지 않은 판단이다.

오답 해설　① 을은 병의 배우자이므로 병의 '사실상 동일인'(제2조 제1호)이다. 병이 Q회사 지분 40%를 보유하고 있고, 병의 '사실상 동일인'인 을이 Q회사 지분 10%를 보유하고 있으므로, Q회사는 병이 그 배우자와 합하여 50% 이상 지분을 보유하는 법인으로서 병의 '사실상 동일인'(제2조 제3호)에 해당하게 된다. 병이 제3자들로부터 P회사 지분 30%를 취득하면, '사실상 동일인'인 Q회사가 보유하는 P회사 지분 20%와 합하여 50%가 된다. 병은 '사실상 동일인'과 합하여 P회사 지분을 50%까지 보유할 수 있으므로 문제가 되지 않는다. ①은 옳은 판단이다.

② 을이 갑의 딸이면 갑의 '사실상 동일인'(제2조 제1호)에 해당한다. 그러나 을의 남편인 병은 갑의 '사실상 동일인'이 아니므로, Q회사도 갑의 '사실상 동일인'이 아니다. 을은 P회사 지분을 보유하고 있지 않다. 따라서 갑은 단독으로 P회사 지분을 50%까지 보유할 수 있는데, 갑이 제3자들로부터 P회사 지분 35%를 취득하면 현재의 15%와 합하여 50%를 보유하게 되므로 문제가 되지 않는다. ②는 옳은 판단이다.

③ 정이 갑의 딸이면, 갑은 정의 부모이므로 정의 '사실상 동일인'(제2조 제1호)이다. Q회사는 정이 50% 이상 지분을 보유하는 법인이므로 정의 '사실상 동일인'(제2조 제2호)이다. 정이 제3자들로부터 P회사 지분 15%를 취득하면, '사실상 동일인'인 갑이 보유하는 P회사 지분 15% 및 '사실상 동일인'인 Q회사가 보유하는 P회사 지분 20%와 합하여 50%가 된다. 정은 '사실상 동일인'과 합하여 P회사 지분을 50%까지 보유할 수 있으므로 문제가 되지 않는다. ③은 옳은 판단이다.

④ 정이 병으로부터 Q회사 지분 10%를 취득하면, 을과 병이 보유하는 Q회사 지분
은 각각 10%와 30%가 된다. 병이 그 배우자와 합하여 보유하는 Q회사 지분은
50%에서 40%로 감소하게 되므로, ①과 달리 Q회사는 더 이상 병의 '사실상 동
일인'이 아니게 된다. 을은 P회사 지분을 보유하고 있지 않다. 따라서 병은 단독
으로 P회사 지분을 50%까지 보유할 수 있는데, 현재 병은 P회사 지분을 보유하
고 있지 않으므로, 제3자들로부터 P회사 지분 50%를 취득하면 P회사 지분 50%
를 보유하게 되어 문제가 되지 않는다. ④는 옳은 판단이다.

15.

다음으로부터 추론한 것으로 옳은 것만을 〈보기〉에서 있는 대로 고른 것은?

A : "미처 몰랐어."라는 말은 나쁜 행위에 대한 변명이 될 수 있고 비난의 여지를 줄여줄 수 있다.
가령 내가 친구의 커피에 설탕인 줄 알고 타 준 것이 독약이었다고 하자. 이는 분명 나쁜 행
위이지만, 내가 그것을 몰랐다는 사실은 나에 대한 비난가능성을 줄여줄 것이다. 사실에 대한
무지가 도덕적 비난가능성을 줄일 수 있다면, 도덕에 대한 무지라고 다를 리 없다. 가령 어떤
사람이 노예제도가 도덕적으로 옳지 않다는 것을 모른 채 노예 착취에 동참했다고 해 보자.
이런 무지는 노예를 착취한 행위에 대해서 그 사람을 비난할 가능성을 줄여준다. 어떤 사람이
전쟁에서 적군을 잔인하게 죽이는 것이 옳다고 강하게 믿고 의무감에서 적군을 잔인하게 죽
였다면, 그런 행위로 인해 그 사람은 심지어 칭찬받을 여지도 생길 수 있다.

B : 도덕적 무지가 나쁜 행위의 비난가능성을 줄일 수 있다면, 극악무도한 행위에 대해서도 "도덕
적으로 그른 일인지 몰랐어."라는 변명이 통할 것이다. 그러나 이는 불합리하다. 어떤 행위를
한 사람이 칭찬받을 만한지 비난받을 만한지는 그 사람이 가진 옳고 그름에 대한 믿음에 따라
결정되는 것이 아니라, 행위가 드러내는 그 사람의 도덕적 성품에 따라 결정되어야 할 문제
이다. 도덕적으로 선한 성품을 가진 사람은 그가 가진 도덕적 믿음에 상관없이 나쁜 것에 거
부감을 느끼고 좋은 일에 이끌리기 마련이고, 그런 성품의 결과로 나온 행동은 칭찬받을 만하
다. 사실 극단적인 형태의 도덕적 무지는 악한 성품에서 생겨나는 것이라 볼 수밖에 없다. 잘
못된 도덕적 믿음과 의무감으로 인해 잔인하게 사람들을 죽이는 사람이 비난받아 마땅한 이
유이다.

ㄱ. 노예제도가 당연시되던 시대에 살던 갑은 노예를 돕는 행위가 도덕적으로 옳지 않다고 믿음에도 불구하고 곤경에 빠진 노예를 돕는다. A에 따르면 갑은 이 행위로 인해 비난받을 만하고, B에 따르더라도 그러하다.

ㄴ. 을은 고양이를 학대하는 것이 도덕적으로 나쁘지 않다고 믿고 있다. 이 때문에 그는 거리낌 없이 고양이를 잔인하게 학대한다. A에 따르면 을의 도덕적 무지는 그에 대한 비난가능성을 낮추지만, B에 따르면 그렇지 않다.

ㄷ. 병은 식당에서 나오는 길에 다른 사람의 비싼 신발을 자기 것으로 착각하고 신고 가 버렸다. A에 따르면 병의 착각은 그에 대한 비난가능성을 낮춘다.

① ㄱ   ② ㄷ   ③ ㄱ, ㄴ
④ ㄴ, ㄷ   ⑤ ㄱ, ㄴ, ㄷ

문항 성격	문항유형 : 언어 추리
	내용영역 : 규범

평가 목표 이 문항은 도덕적 무지가 나쁜 행위에 대한 비난가능성을 줄일 수 있는지 여부에 대해 두 대립되는 입장을 이해하여 두 입장으로부터 옳은 것을 추론할 수 있는 능력을 평가하는 문항이다.

문제 풀이 정답 : ④

어떤 나쁜 행위가 '사실적 무지'에서 기인할 때 이는 그 행위에 대한 행위자의 비난가능성을 낮출 수 있다는 것은 분명하다. 그러나 '도덕적 무지', 즉 어떤 것이 나쁜 행위라는 것을 몰랐을 때 그 행위에 대한 행위자의 비난가능성이 낮아질 수 있는지는 논란의 여지가 있다. A는 도덕적 무지도 사실적 무지와 다를 바 없이 행위의 비난가능성을 낮출 수 있다고 본다. 반면에 B는 도덕적 무지는 비난가능성과 무관하다고 주장한다. 행위에 대한 행위자의 비난가능성과 칭찬가능성은 도덕적 성품으로부터 나온다는 것이다.

〈보기〉 해설 ㄱ. 갑은 노예를 돕는 행위가 옳지 않다는 도덕적으로 틀린 믿음을 갖고 있으나, 좋은 행위를 했다. A에 따르면 나쁜 행위라도 그것이 도덕적으로 잘못된 믿음에서 나올 때에는 비난의 여지는 낮아질 수 있고, 심지어 칭찬의 여지까지 생긴다. 그런데 갑의 사례는 도덕적 믿음에 반해서 행동한 사례이므로 이에 대해서 A가 어떤 함축을 갖는지는 결정할 수 없다고 보아야 한다. B는 행위자에 대한 비난가능성과 칭찬가능성은 행위가 드러내는 행위자의 도덕적 성품으로부터 나온다고 주장하므로, B에 따르면 좋은 행위를 한 갑은 칭찬받을 만하다고 추론할 수 있다. 따라서 ㄱ은 옳지 않은 추론이다.

ㄴ. 을의 행위는 도덕적 무지에서 나온 악행이다. 따라서 A는 이 무지가 비난가능성을 낮춘다고 평가할 것이다. 반면에 B는 도덕적 무지는 비난가능성과 칭찬가능성에 대한 판단에 영향을 미치지 못한다고 본다. 게다가 이런 행동에 아무 거리낌을 느끼지 않는다는 것은 을이 선한 도덕적 성품을 가지지 않았음을 시사한다. 따라서 B에 따르면 을의 도덕적 무지는 그에 대한 비난가능성을 낮추지 못한다. ㄴ은 옳은 추론이다.

ㄷ. 병의 무지는 사실적 무지에 해당한다. A는 사실적 무지가 행위의 비난가능성을 낮춘다고 명시적으로 말하고 있으므로, A는 병의 착각이 비난가능성을 낮춘다고 판단할 것이다. ㄷ은 옳은 추론이다.

〈보기〉의 ㄴ, ㄷ만이 옳은 추론이므로 정답은 ④이다.

16.

다음 대화에 대한 분석으로 옳은 것만을 〈보기〉에서 있는 대로 고른 것은?

소크라테스 : 어떤 대상에 대해서 우리는 그것을 알거나 알지 못하거나 둘 중 하나 아니겠나? 그렇다면 판단을 하는 사람은 아는 것에 대해 판단하거나 아니면 알지 못하는 것에 대해 판단하는 게 필연적이겠지?

테아이테토스 : 필연적입니다.

소크라테스 : 그리고 어떤 대상을 알면서 동시에 알지 못한다거나, 알지 못하면서 동시에 안다는 건 불가능한 일이네.

테아이테토스 : 그렇습니다.

소크라테스 : 그럼 거짓된 판단을 하는 자가 판단의 대상을 알고 있는 경우라면, 그는 자기가 아는 것을 그것 자체라고 생각하지 않고 자기가 아는 다른 어떤 것이라고 생각하는 것인가? 그래서 그는 양쪽 다를 알면서도 다시금 양쪽 다를 모르는 것인가?

테아이테토스 : 그건 불가능합니다.

소크라테스 : 만일 거짓된 판단을 하는 자가 판단의 대상을 알지 못하는 경우라면, 그는 자기가 알지 못하는 것을 자기가 알지 못하는 다른 어떤 것이라고 여기는 것인가? 그래서 자네와 나를 알지 못하는 자가 '소크라테스는 테아이테토스다' 또는 '테아이테토스는 소크라테스다'라는 생각에 이르게 되는 일이 있을 수 있는가?

테아이테토스 : 어찌 그럴 수 있겠습니까?

소크라테스 : 아무렴, 자기가 아는 것을 알지 못하는 것이라고 여기는 경우는 없으며, 또한 알지 못하는 것을 아는 것이라고 여기는 경우도 확실히 없네. 그러니 어떻게 거짓된 판단을 할 수 있겠는가? 왜냐하면 우리는 대상에 대해 알든가 아니면 알지 못하든가 할 뿐인데 이들 경우에 거짓된 판단을 하는 것은 결코 가능해 보이지 않으니까.

ㄱ. 소크라테스에 따르면, a만 알고 b를 모르더라도 'a는 b이다'라는 참된 판단을 내릴 수 있다.

ㄴ. 소크라테스에 따르면, a와 b를 둘 다 모르는 경우 'a는 b이다'라는 거짓된 판단도 할 수 없다.

ㄷ. a와 b를 둘 다 알면서 'a는 b이다'라는 거짓 판단을 내리는 것이 실제로 가능하다면, 소크라테스의 주장은 설득력을 잃는다.

① ㄱ   ② ㄷ   ③ ㄱ, ㄴ

④ ㄴ, ㄷ   ⑤ ㄱ, ㄴ, ㄷ

문항 성격   문항유형 : 논증 평가 및 문제해결

내용영역 : 인문

평가 목표   이 문항은 거짓 판단의 불가능성에 대한 소크라테스의 논증을 읽고 이에 대해 올바른 평가를 할 수 있는 능력을 측정하는 문항이다.

문제 풀이   정답 : ④

'알지 못한다는 것을 알아야 한다', 또는 '너 자신을 알라'라는 소크라테스의 말에서 문제되는 앎의 개념은 불완전한 앎이 아니라 완전한 앎이다. 소크라테스가 가지고 있었던 '완전한 앎'의 개념이 검토되는 테아이테토스 편의 논의로서, 여기서 등장하는 소크라테스는 거짓된 판단이 불가능하다는 논증을 제시한다.

소크라테스가 제시한 논증의 구조는 다음과 같다.

① 우리는 대상들에 대해 알거나 알지 못한다. (소크라테스의 첫 번째 진술)

② 만일 대상들에 대해 모두 안다면, 거짓된 판단은 할 수 없다. (소크라테스의 세 번째 진술)

③ 만일 대상들에 대해 모두 알지 못한다면, 거짓된 판단은 할 수 없다. (소크라테스의 네 번째 진술)

④ 따라서 우리는 거짓된 판단을 할 수 없다. (소크라테스의 다섯 번째 진술)

이로부터 'a는 b이다'라는 거짓된 판단은 a와 b를 모두 아는 경우, 모두 모르는 경우에서 불가능하다는 것을 알 수 있다.

ㄱ. 제시문으로부터 a와 b를 모두 알 때 참된 판단이 가능하다는 것을 추론할 수는 있지만, a와 b 중 하나를 알고 하나를 모를 때 참된 판단을 내릴 수 있다는 것을 추론할 수는 없다. a는 알고 b는 모르는 경우에는, 양자를 모를 때와 마찬가지 이유에서, 즉 모르는 것에 대해서는 판단 자체가 불가능하다는 이유에서, 'a는 b이다'라는 참된 판단을 내릴 수 없을 것이다. ㄱ은 옳지 않은 분석이다.

ㄴ. 소크라테스의 네 번째 진술에서, a와 b를 알지 못하는 경우 'a는 b이다'라는 생각에 이르게 되는 일이 있을 수 없다고 말하고 있다. 즉, 'a는 b이다'라는 판단을 할 수 없다고 주장하고 있다. ㄴ은 옳은 분석이다.

ㄷ. 소크라테스의 세 번째 진술에서, a와 b를 둘 다 아는 경우 'a는 b이다'라는 거짓 판단을 내리는 것이 가능하지 않다는 것을 주장하고 있다. 따라서 a와 b를 둘 다 알면서 'a는 b이다'라는 거짓 판단을 내리는 것이 실제로 가능하다면, 소크라테스의 주장은 유지되지 못할 것이다. 따라서 ㄷ은 옳은 분석이다.

〈보기〉의 ㄴ, ㄷ만이 옳은 분석이므로 정답은 ④이다.

17.

A, B에 대한 평가로 옳은 것만을 〈보기〉에서 있는 대로 고른 것은?

A : 악(惡)이 존재가 아니라 결여에 불과하다고 주장하는 사람들이 있다. 그런데 결여에 대해서는 더함과 덜함을 말할 수 없다. '이것이 빠져 있다'라는 진술과 '이것이 빠져 있지 않다'라는 진술은 모순 관계에 있기 때문이다. 모순 관계에서는 중간의 어떤 것이 허용되지 않는다. 반면, 존재에 대해서는 더함과 덜함을 말할 수 있다. 존재에는 완전함의 정도 차이가 있을 수 있기 때문이다. 그렇다면 악은 어떤가? 악한 것들 중에서 어떤 것은 다른 것보다 더 악하다.

B : 우리가 어떤 것이 다른 것보다 더 악하거나 덜 악하다고 말할 때, 우리는 그것들이 선(善)으로부터 얼마나 떨어져 있는가를 말하는 것이다. 이런 의미에서, 예컨대 '비동등성'과 '비유사성'처럼 결여를 내포하는 개념에 대해서도 더함과 덜함을 말할 수 있다. 즉, 동등성에서 더 멀리 떨어져 있는 것에 대해서 우리는 '더 비동등하다'라고 말하고, 유사성에서 더 떨어져 나온 것은 '더 비유사하다'라고 말한다. 따라서 선을 더 많이 결여한 것은, 마치 선에서 더 멀리 떨어져 있는 것처럼 '더 악하다'라고 말할 수 있다. 결여는 결여를 일으키는 원인의 증가 또는 감

소에 의해서 더해지거나 덜해질 뿐 그 자체로 존재하는 어떤 성질이 아니다. 어둠은 그 자체로 존재하거나 그 자체로 강화되는 것이 아니다. 다만, 빛이 더 많이 차단될수록 더 어두워지고 밝음에서 더 멀어지게 되는 것이다.

ㄱ. B는 A와 달리 악이 결여라고 주장한다.

ㄴ. A는 악에 정도의 차이가 있다는 것을 인정하고 B도 그것에 동의한다.

ㄷ. 악 없이 존재하는 선은 가능해도 선 없이 존재하는 악은 불가능하다는 관점은 A보다 B에 의해 더 잘 지지된다.

① ㄱ 　　② ㄷ 　　③ ㄱ, ㄴ
④ ㄴ, ㄷ 　　⑤ ㄱ, ㄴ, ㄷ

문항 성격	문항유형 : 논쟁 및 반론
	내용영역 : 인문
평가 목표	이 문항은 악을 자립적 존재로 이해하는 글과 악을 단순한 결여로 이해하는 글을 읽고 그 논점이 무엇인지를 파악하는 능력을 평가하는 문항이다.
문제 풀이	정답 : ⑤

A는 악이 존재가 아니라 결여에 불과하다는 관점을 반박하는 논증이고, B는 악이 결여에 불과하다는 관점을 지키기 위해 A를 반박하는 논증이다. 두 논증에서 문제가 되는 것은 결여의 다의성이다. A는 존재에 대한 결여의 관계를 단순히 진술의 부정으로 이해하고, 긍정문과 부정문이 상호 모순적이라는 의미에서 부정과 결여에는 더함과 덜함이 있을 수 없다고 본다. 즉, '존재하다'와 '존재하지 않다(결여되어 있다)'는 진술은 모순이며 이 두 진술 사이에는 어떤 중간의 것, 즉 더함과 덜함이 들어설 자리가 없다는 것이다. 그러나 경험적 사실이나 일상적 어법에서 더 악함과 덜 악함의 존재는 당연하게 받아들여지며, 따라서 악은 결여가 아니라는 것이다.

이에 비해 B는 존재에 대한 결여의 관계를 단순히 진술의 부정으로 이해하는 것이 아니라 실체나 성질이 특정한 원인에 의해 제거되거나 약화되어 있는 것으로 이해한다. 이렇게 결여를 이해할 때, 결여는 당연히 정도를 받아들인다.

〈보기〉 해설　ㄱ. A는 결여가 정도를 받아들이지 않으나 존재는 정도를 받아들이고 악도 정도를 받아들이므로, 악도 존재라고 주장한다. 이와 달리 B는 결여의 의미를 정도를 받아들일 수 있는 것으로 이해함으로써 A에 맞서 결여로서의 악 개념을 옹호하려 한다. ㄱ은 옳은 평가이다.

ㄴ. 악에 더함과 덜함이 있다는 것은 A의 핵심적인 전제 중의 하나이다. B도 이 전제에 동의한다. B가 부정하는 것은 결여가 더함과 덜함을 받아들이지 않는다는 A의 주장이다. ㄴ은 옳은 평가이다.

ㄷ. B에 따르면 결여는 존재의 부분적 부정(또는 존재에서 삭제된 부분)이므로, 존재에 의존하는 개념이다. 그러므로 악을 결여로 파악하는 B의 입장은, 악 없이 존재하는 선은 가능해도 선 없이 존재하는 악은 불가능하다는 관점을 지지한다. 반면 악을 일종의 존재로 보는 A의 입장은 선과 악의 존재적 동등성을 주장하는 관점, 즉 선 없이도 악이 존재할 수 있다는 관점과 연결된다. ㄷ은 옳은 평가이다.

〈보기〉의 ㄱ, ㄴ, ㄷ 모두 옳은 평가이므로 정답은 ⑤이다.

18.

다음 논쟁에 대한 분석으로 옳은 것만을 〈보기〉에서 있는 대로 고른 것은?

갑 : 얘야. 내일이 시험인데 왜 공부를 하지 않니?

을 : 어머니, 좋은 질문이네요. 저는 공부를 하지 않기로 선택했어요.

갑 : 왜 그런 놀라운 선택을 했는지 납득이 되도록 설명해 주지 않으련?

을 : 제가 볼 시험은 1등부터 꼴등까지 응시생들의 순위를 매기도록 고안되어 있습니다. 다른 응시생들은 조금이라도 등수가 오르면 기뻐한다는 사실을 저는 발견했어요. 하지만 저는 등수가 오르는 것이 전혀 기쁘지 않습니다. 그리고 저는 더 많은 사람들이 기쁨을 누릴 수 있기를 원합니다. 그러니 제가 공부를 하지 않는 것이 다른 응시생을 기쁘게 만들지 않겠습니까? 제가 공부를 하지 않으면 더 많은 응시생들의 등수가 오르거든요. 따라서 저는 공부를 하지 않는 것이 정당합니다.

갑 : 넌 공부를 하지 않을 뿐인데 그게 어떻게 다른 사람들의 기쁨의 원인이 될 수 있다는 말이냐? 내가 보기에 너는 아무것도 안 하면서 남들을 기쁘게 할 수 있다는 놀라운 주장을 하는구나. 다른 사람들이 자신의 등수 때문에 기뻐한다면 그건 그들이 공부를 했기 때문이 아니겠니? 네가 뭘 하지 않는 것과는 상관이 없어.

을 : 아니죠, 어머니. 제가 만일 공부를 한다면 제가 공부를 하지 않았을 때보다 더 많은 사람들이 저보다 낮은 점수를 받게 되겠죠. 그 경우 저의 노력으로 인해 사람들이 기쁨을 느낄 기회를 잃게 되지 않겠어요?

ㄱ. 무언가를 원한다고 해서 그것을 획득하는 모든 수단이 정당화되지는 않는다면, 을
   의 논증은 약화된다.
ㄴ. 을이 공부를 할 경우 공부를 하지 않을 경우에 비해서 을의 점수가 오른다는 것이
   참이라면, 을이 공부를 하지 않을 경우 더 많은 응시생들의 등수가 오른다는 을의
   전제도 참이다.
ㄷ. 공부를 하지 않는 것이 타인으로 하여금 기쁨을 누리게 하는 원인이 될 수 없다는
   갑의 주장이 참이려면, 무언가를 하지 않는 것이 다른 것의 원인이 될 수 없다는 가
   정이 참이어야 한다.

① ㄱ　　　　　　　　　② ㄴ　　　　　　　　　③ ㄱ, ㄷ
④ ㄴ, ㄷ　　　　　　　　⑤ ㄱ, ㄴ, ㄷ

문항 성격　문항유형 : 논쟁 및 반론

　　　　　　　내용영역 : 인문

평가 목표　이 문항은 논쟁에서 나타나는 논증을 비판하는 능력과 각 전제가 참이 되기 위한 필
　　　　　　　요조건, 충분조건을 판단하는 능력을 평가하는 문항이다.

문제 풀이　정답 : ①

을의 첫 번째 논증은 다음과 같다.

　[전제 1] 내가 공부를 하지 않으면 더 많은 응시생의 등수가 오른다.
　[전제 2] 응시생은 등수가 오르면 기뻐한다.
　[전제 3] 나는 더 많은 사람이 기쁨을 누리기를 원한다.
　[결론] 따라서 나는 공부를 하지 않는 것이 정당하다.

을의 두 번째 논증은 다음과 같다.

　[추가 전제 1] 내가 공부를 하면 더 많은 사람들이 나보다 낮은 점수를 받는다.
　[추가 전제 2] 사람들이 나보다 낮은 점수를 받으면, 그들은 기쁨을 느낄 기회를 잃는다.
　[숨은 결론] 따라서 내가 공부를 하면 더 많은 사람들이 기쁨을 느낄 기회를 잃는다.

갑의 논증은 다음과 같다.

　[전제 1] 공부를 하지 않는 것은 다른 사람들의 기쁨의 원인이 될 수 없다.

[전제 2] 다른 사람들의 기쁨의 원인은 그들이 공부를 한 것이다.

[숨은 결론] 따라서 을이 공부를 하지 않아야 한다는 주장은 정당하지 않다.

ㄱ. 을의 첫 번째 논증에서 [전제 1]과 [전제 2]로부터 "내가 공부를 하지 않으면 더 많은 사람들이 기뻐한다."가 도출된다. 이를 통해 을이 공부를 하지 않는 것이 더 많은 사람들이 기쁨을 획득하기 위한 수단임을 알 수 있다. 그리고 을이 더 많은 사람들의 기쁨을 원한다는 것은 [전제 3]이다. 이로부터 을은 [결론], 즉 자신이 원하는 것을 얻기 위한 수단(공부를 하지 않는 것)이 정당하다는 것을 이끌어낸다. 그런데 만약 무언가를 원한다고 해서 그것을 획득하는 모든 수단이 정당화되지는 않는다면, 을이 더 많은 사람들의 기쁨을 원한다는 전제로부터 그 수단인 공부를 하지 않는 것이 정당하다는 결론으로 나아가는 논증은 약화된다. ㄱ은 옳은 분석이다.

ㄴ. 을의 점수가 오르는 것과 응시생들의 등수에 변화가 있다는 것은 논리적으로 독립적이다. 예컨대 을이 극히 낮은 점수의 꼴찌라면 을이 공부를 하여 점수가 오르더라도 응시생들의 등수에는 변함이 없을 것이다. 이 경우 '을이 공부를 한다면 을의 점수가 오른다'가 참이라고 하여도, '을이 공부를 하지 않을 경우 더 많은 응시생들의 등수가 오른다'는 거짓이다. 따라서 ㄴ은 옳지 않은 분석이다.

ㄷ. 무언가를 하지 않는 것이 다른 것의 원인이 될 수 없다는 명제가 참이라면 공부를 하지 않는 것이 타인으로 하여금 기쁨을 누리게 하는 원인이 될 수 없다는 명제 역시 참이다. 그러나 후자가 전자로부터 논리적으로 따라 나온다는 사실은 후자가 참이기 위해서는 반드시 전자가 참이어야 한다는 것을 의미하지는 않는다. 공부를 하지 않는 것이 타인으로 하여금 기쁨을 누리게 하는 원인이 될 수 없다는 주장이 참이라고 하여도, 어떤 특정한 종류의 무언가를 하지 않음이 어떤 결과의 원인이 될 수도 있다. ㄷ은 옳지 않은 분석이다.

〈보기〉의 ㄱ만이 옳은 분석이므로 정답은 ①이다.

19.

다음 글에 대한 평가로 옳은 것만을 〈보기〉에서 있는 대로 고른 것은?

연구팀은 철학자 집단과 일반인 집단을 대상으로 다음 세 문장에 대한 동의 여부를 조사하였다.

(가) 어떤 주장이 누군가에게 참이라면, 그것은 모든 사람에게 참이다.

(나) 모든 사람이 어떤 주장에 동의한다면, 그 주장은 참이다.

(다) 어떤 주장이 참이라면, 그것은 사실을 나타낸다.

두 집단 모두에서 (다)에 대해 '동의함'의 비율이 80%를 웃돌았다. (나)에 대해서는 두 집단 모두에서 '동의하지 않음'의 비율이 훨씬 우세했고 '동의함'의 비율은 철학자에서 더 높았다. 흥미로운 것은 (가)이다. 철학자는 83%가 (가)에 동의한 반면, 일반인은 그 비율이 40%를 약간 넘었고 동의하지 않는다는 응답의 비율이 오히려 더 높았다. (가)를 둘러싼 이 차이는 어디서 비롯되었을까? 연구팀에 따르면, (가)는 다음 둘 중 하나로 읽힌다.

[독해 1] 어떤 주장이 참임이 결정되었다면, 그것의 참임은 객관적이다.

[독해 2] 만약 누군가가 어떤 주장이 참이라고 생각한다면, 모두가 그에게 동의할 것이다.

주장의 참임이 객관적이라는 것은, 그것의 참이 각자의 관점에 상대적이지 않다는 뜻이다. 연구팀은 "㉠일반인에게서 (가)에 동의하는 의견의 비율이 철학자에 비해 현격히 낮았던 이유는, 철학자는 (가)를 [독해 1]로, 일반인은 [독해 2]로 읽는 경향이 있기 때문이다."라고 말한다. 연구팀은 이 차이에도 불구하고 ㉡참임의 객관성에 대해서는 일반인과 철학자의 의견이 일치한다고 생각한다. 왜냐하면 (가)와 (다)는 참임의 객관성을 긍정, (나)는 부정하는 문장인데, (다)에 대해 일반인과 철학자의 '동의함' 의견의 비율이 비슷하게 높았고, (나)에 동의하지 않는 비율도 철학자와 일반인이 비슷하게 높았기 때문이다.

ㄱ. 추가 조사 결과 철학자 대다수가 [독해 2]에 대해 '동의하지 않음'으로 응답했다면, ㉠은 강화된다.

ㄴ. 추가 조사 결과 일반인 대다수가 [독해 1]에 대해 '동의함'으로 응답했다면, ㉡은 강화된다.

ㄷ. (나)에 대해 동의하는 응답의 비율에서 일반인과 철학자 사이에 차이가 있는 것으로 나타난 이유가, '동의하지 않음' 의견을 지닌 일부 철학자가 '동의함'으로 잘못 응답한 실수 때문이었음이 밝혀진다면, ㉡은 강화된다.

① ㄱ   ② ㄴ   ③ ㄱ, ㄷ
④ ㄴ, ㄷ   ⑤ ㄱ, ㄴ, ㄷ

<table>
<tr><td>문항 성격</td><td>문항유형 : 논증 평가 및 문제해결
내용영역 : 인문</td></tr>
<tr><td>평가 목표</td><td>이 문항은 주어진 조사 자료를 이해하여 그로부터 새로운 증거가 가설을 강화 또는
약화하는지 판단할 수 있는 능력을 평가하는 문항이다.</td></tr>
<tr><td>문제 풀이</td><td>정답 : ⑤</td></tr>
</table>

참임의 객관성을 긍정하는 문장 (가), (다)와 참임의 객관성을 부정하는 문장 (나)를 철학자와 일반인에게 각각 제시하고 이 문장들에 대한 동의 여부를 조사하였다. (나)는 참임의 객관성을 부정하는 문장이고 (다)는 참임의 객관성을 긍정하는 문장이라는 것과 조사 결과로부터 진리에 대한 철학자와 일반인의 직관이 대체로 일치한다는 것을 추론할 수 있다. 다만 (가)에 대해서는 의견이 갈렸는데, 그 이유를 추측하는 것이 이 글의 주요한 내용이다. 글의 주장은 가설 ㉠이 그 차이를 설명한다는 것, 그리고 결국 철학자와 일반인은 참임의 객관성에 대해 의견이 일치한다는 가설 ㉡이다.

〈보기〉 해설   ㄱ. 실험 결과를 간략히 표현하면 다음과 같다.

	(가) 원문	(가) 독해 1	(가) 독해 2	(나)	(다)
철학자	긍정	–	–	부정	긍정
일반인	부정	–	–	부정	긍정

또한 ㉠에 따르면, 제시문에서 주어진 정보를 바탕으로 표는 다음과 같이 그릴 수 있다.

	(가) 원문	(가) 독해 1	(가) 독해 2	(나)	(다)
철학자	–	긍정	a	부정	긍정
일반인	–	b	부정	부정	긍정

그런데 ㉠은 '일반인들이 (가)에 부정적인 의견을 제시한 것은 (가) 자체에 대한 의견이 철학자들과 달라서가 아니라 독해가 달랐기 때문이다'라는 가설이므로, 위의 두 번째 표에서 철학자와 일반인의 의견이 일치하면(즉, a는 '부정', b는 '긍정'이라면) ㉠은 더욱 강화된다. 따라서 ㄱ의 증거가 주어지면, 두 번째 표의 a가 '부정'으로 채워지게 되므로 ㉠이 강화된다. ㄱ은 옳은 평가이다.

ㄴ. 제시문에 따르면, ⓛ을 지지하는 근거는 참임의 객관성을 긍정하는 (다)에 대해
   철학자와 일반인의 '동의함'의 비율이 비슷하게 높았고, 참임의 객관성을 부정
   하는 (나)에 대해 철학자와 일반인의 '동의하지 않음'의 비율이 비슷하게 높아,
   철학자와 일반인의 의견이 일치한다는 것이다. 한편 [독해 1]은 참임의 객관성을
   명시적으로 긍정하는 진술이다. 그러므로 (가)에 동의하지 않는다는 응답의 비
   율이 높았던 일반인이 [독해 1]에 동의한다는 증거가 주어진다면, 이 증거는 일
   반인들도 철학자들과 마찬가지로 참임의 객관성을 긍정하는 진술에 동의한다는
   추가적인 증거가 된다. 따라서 ⓛ은 강화된다. ㄴ은 옳은 평가이다.

ㄷ. 제시문에 따르면, (나)에 대해서는 철학자와 일반인 모두 동의하지 않는다는 응
   답이 훨씬 우세했지만, 동의한다는 응답의 비율은 철학자 쪽이 더 높았다. 그런
   데 만약 ㄷ에서 기술된 실수가 있었다는 것이 밝혀진다면 (나)에서 '동의함'으로
   응답한 철학자들의 일부가 실제로는 '동의하지 않음'의 의견을 가진 것이 된다.
   이 경우 (나)에 대한 '동의함'의 의견의 비율과 '동의하지 않음'의 의견의 비율
   이 철학자와 일반인 사이에 더욱 비슷해지므로 ⓛ은 강화된다. ㄷ은 옳은 평가
   이다.

〈보기〉의 ㄱ, ㄴ, ㄷ 모두 옳은 평가이므로 정답은 ⑤이다.

20.

다음으로부터 추론한 것으로 가장 적절한 것은?

> '지금', '여기', '오늘', '어제'와 같은 단어들을 지표사라고 부른다. 내가 어느 날 "오늘 비가 온
> 다."라고 말한다고 하자. 다음 날도 "오늘 비가 온다."라고 말하면 어제 한 말과 같은 말을 한 것
> 인가? "오늘 비가 온다."라고 한 날이 화요일이었다고 해보자. 그러면 이때 '오늘'은 화요일을 가
> 리킨다. 그런데 다음 날 내가 "오늘 비가 온다."라고 말한다면 여기서 '오늘'은 수요일을 가리킬
> 것이며, 따라서 어제와 같은 말을 한 것이 아니다. 첫 번째 발화의 경우 '오늘'은 화요일을 가리키
> 나 두 번째 발화에서는 같은 단어가 수요일을 가리킨다. 우리는 '오늘'이라는 표현을 이틀 연속 사
> 용해서 같은 날을 가리킬 수 없다.
>
> 내가 화요일에 한 말과 같은 말을 수요일에도 하려면 "어제 비가 왔다."라고 말해야 한다. 하지
> 만 '오늘'과 '어제'라는 두 단어는 같은 날을 가리킬 때조차 언어적으로 다른 의미를 지닌다. 그런
> 데도 화요일에 "오늘 비가 온다."라고 말하고 다음 날인 수요일에 "어제 비가 왔다."라고 말했을

때 두 문장이 같은 말이라는 것은 직관적으로 분명하다. 따라서 두 문장이 언어적 의미가 같아서 같은 말이 된 것은 아니다. 확실히 "오늘 비가 온다."와 "어제 비가 왔다."라는 문장은 언어적으로 같은 의미를 갖지 않는다. '오늘'과 '어제'가 두 문장에서 같은 대상을 가리킨다는 점이 중요하지만, 두 표현이 가리키는 대상이 같다고 해서 두 표현을 바꿔 쓴 문장이 같은 말을 하는 문장임이 보장되는 것은 아니다. 같은 대상을 가리키는 '세종의 장남'과 '세조의 형'이라는 두 표현을 고려해 보자. 누군가가 "세종의 장남은 총명하다."라고 말한 것을 세조의 형은 총명하다고 말했다고 다른 사람이 보고한다면 다른 말을 전하는 셈이 될 것이다. '세종의 장남'과 '세조의 형'은 언어적 의미가 다르기 때문이다. 하지만 날짜와 관련한 지표사의 경우, 같은 말을 하려면 먼저 사용한 단어인 '오늘'과 언어적 의미가 다른 단어인 '어제'를 사용해야 한다.

① 다른 말을 하는 두 문장에 사용된 표현은 같은 대상을 가리킬 수 없다.
② 한 문장에 사용된 어떤 단어를, 가리키는 대상은 같지만 언어적 의미가 다른 단어로 바꿔 쓰더라도, 여전히 같은 말을 할 수 있다.
③ 한 문장에 사용된 어떤 단어를 다른 단어로 바꿔 써서 발화자의 맥락에 따라 같은 말을 했다면, 그 두 단어의 언어적 의미는 같다.
④ 한 문장에 사용된 어떤 단어를, 가리키는 대상은 다르지만 언어적으로 의미가 같은 다른 단어로 바꿔 쓰더라도, 여전히 같은 말을 할 수 있다.
⑤ 한 문장에 사용된 어떤 단어를, 가리키는 대상도 같고 언어적 의미도 같은 단어로 바꿔 쓰더라도, 발화자의 맥락에 따라 다른 말을 할 수 있다.

문항 성격	문항유형 : 언어 추리
	내용영역 : 인문
평가 목표	이 문항은 지표사와 관련된 특수하고 복잡한 언어 의미 현상에 관한 글로부터 옳게 추론할 수 있는 진술을 찾아내는 능력을 평가하는 문항이다.
문제 풀이	정답 : ②

주어진 제시문으로부터 분명하게 추론할 수 있는 것과 그렇지 않은 것을 구별해야 한다. 즉, 선택지 중에서 실제로 참인 경우가 있다고 하더라도 제시문에 주어진 내용만으로 추론되지 않는 것은 정답이 아니다. 제시문에서 주어진 정보를 표로 정리하면 다음과 같다.

	언어적 의미	표현이 가리키는 대상	맥락	말
• 화요일에 말한 "오늘 비가 온다." • 수요일에 말한 "오늘 비가 온다."	같음	다른 대상	다름	다른 말
• 화요일에 말한 "오늘 비가 온다." • 수요일에 말한 "어제 비가 왔다."	다름	같은 대상	다름	같은 말
• 누군가가 말한 "세종의 장남은 총명하다." • 다른 사람이 말한 "세조의 형은 총명하다."	다름	같은 대상	다름	다른 말

정답 해설 ② 제시문의 두 번째 문단에 의하면, "오늘 비가 온다."에 사용된 단어 '오늘'을, 가리키는 대상은 같지만 언어적 의미가 다른 단어 '어제'로 바꿔 쓰더라도, 여전히 같은 말을 할 수 있다. 따라서 ②는 적절한 추론이다.

오답 해설 ① 제시문에 따르면, "세종의 장남은 총명하다."와 "세조의 형은 총명하다."는 다른 말을 하지만, 두 표현 '세종의 장남'과 '세조의 형'은 같은 대상을 가리킨다. 따라서 다른 말을 하는 두 문장에 사용된 표현은 같은 대상을 가리킬 수 있다. ①은 적절한 추론이 아니다.

③ 제시문에 따르면, "오늘 비가 온다"와 "어제 비가 왔다."는 '오늘'과 '어제'를 바꿔 써서 발화자의 맥락(화요일과 수요일)에 따라 같은 말을 한 것이지만, '오늘'과 '어제'는 언어적으로 다른 의미를 지닌다. 따라서 ③은 적절한 추론이 아니다.

④ 제시문에서는 가리키는 대상이 다르며 언어적으로 의미가 같은 단어의 예로 화요일과 수요일에 각각 사용된 '오늘'을 들고 있다. 그리고 화요일에 발화된 "오늘 비가 온다."와 수요일에 발화된 "오늘 비가 온다."는 다른 말을 한다는 것을 제시문으로부터 알 수 있다. 그러나 가리키는 대상이 다르며 언어적으로 의미가 같은 단어의 교체로 같은 말을 할 수 있는가에 대해서는 전혀 이야기하고 있지 않다. 따라서 ④는 적절한 추론이 아니다.

⑤ 제시문에서 가리키는 대상도 같고 언어적 의미도 같은 단어의 대체가 발화자의 맥락에 따라 다른 말이 될 수 있는가에 대해서는 전혀 이야기하고 있지 않다. 따라서 ⑤는 적절한 추론이 아니다.

438

21.

다음 글에 대한 분석으로 옳은 것만을 〈보기〉에서 있는 대로 고른 것은?

일상에서 역사적 인물의 이름인 '나폴레옹'을 사용할 때, 이 이름은 실존 인물 나폴레옹을 지칭한다. 그런데 나폴레옹이 등장인물로 나오는 소설『전쟁과 평화』와 같은 허구 작품에서 사용된 이름 '나폴레옹' 역시 실존 인물 나폴레옹을 지칭하는가? 우리는 그렇다는 자연스러운 직관을 갖는다.

하지만 나폴레옹이 아메리카노로 등장하여, 커피 친구들과 모험을 하는 극단적인 허구 작품을 상상해 보자. 여기에 등장하는 나폴레옹은 실존 인물 나폴레옹과 전혀 유사하지 않으므로 이 작품에서 사용되는 '나폴레옹'은 단지 허구 속에 나타나는 등장인물을 지칭하는 것이지, 실존 인물을 지칭하는 것은 아니라고 결론 내릴 수 있다.

이처럼 적어도 어떤 허구 작품들에서 사용되는 '나폴레옹'은 실존 인물을 지칭하지 않는다는 주장을 받아들인다면, 우리는 다음 둘 중 하나를 받아들여야 한다.

⑴ 어떤 허구 작품들에서 사용되는 '나폴레옹'은 실존 인물을 지칭하지 않지만, 어떤 다른 허구 작품들에서 사용되는 '나폴레옹'은 실존 인물을 지칭한다.

⑵ 모든 허구 작품들에서 사용되는 '나폴레옹'은 실존 인물을 지칭하지 않는다.

여기에서 이론의 단순성과 통일성을 고려한다면 ⑵의 견해에 어떤 심각한 문제점이 나타나지 않는 이상 우리는 ⑴ 대신 ⑵를 취해야만 할 것이다. 『전쟁과 평화』에서 사용되는 '나폴레옹'이 실존 인물 나폴레옹을 지칭한다는 직관이 ⑵와 상충하여 문제된다고 생각할 수 있겠지만, 이는 다음과 같이 설명할 수 있다. 『전쟁과 평화』에서 사용되는 '나폴레옹' 역시 허구 속의 등장인물 나폴레옹을 지칭하며, 이 허구 속의 등장인물 나폴레옹이 실존 인물 나폴레옹과 유사한 특징을 가졌기에, 우리는 그 이름이 실존 인물을 지칭하는 것이라는 잘못된 직관을 갖는 것이다.

ㄱ. 이 글에 따르면, 만일 누군가의 글 속에서 사용된 어떤 이름 'N'이 실존 인물을 지칭하는 경우, 그 글은 허구 작품이 아니다.

ㄴ. 만일 모든 허구 작품들에서 사용되는 '나폴레옹'이 실존 인물을 지칭한다는 견해에 어떤 문제점도 없다면, 이 글의 논증은 약화된다.

ㄷ. 이 글의 논증은, "허구 작품에서 사용되는 등장인물의 이름이 실존 인물을 지칭하지 않는다면, 그 등장인물과 실존 인물은 어떤 유사성도 갖지 않는다."가 참이라 가정하고 있다.

① ㄱ   ② ㄷ   ③ ㄱ, ㄴ

④ ㄴ, ㄷ   ⑤ ㄱ, ㄴ, ㄷ

문항 성격	문항유형 : 논증 분석
	내용영역 : 인문

평가 목표   이 문항은 모든 허구 작품에서 사용되는 이름이 실존 인물을 지칭하지 않는다는 제시문의 논증을 올바르게 분석할 수 있는 능력을 평가하는 문항이다.

문제 풀이   정답 : ③

제시문은 우선 작품에 나타나는 나폴레옹이 실존 인물 나폴레옹과 전혀 유사하지 않은 경우를 고려하며, 그러한 극단적인 작품들에서 사용되는 이름 '나폴레옹'은 실존 인물 나폴레옹을 지칭하지 않는다는 것이 분명하다고 논증한다. 그리고 이 결론을 받아들인다면, 모든 허구 작품에서 사용되는 이름 '나폴레옹'이 실존 인물을 지칭하지 않는다는 이론이 경쟁하는 다른 이론보다 단순하고 통일된 이론이기 때문에 우리가 전자를 취해야 한다고 주장한다. 또한 그러한 이론 하에서 왜 사람들이 허구 작품 속의 이름 '나폴레옹'이 실제 나폴레옹을 지칭한다는 잘못된 직관을 가지게 되는지에 대해 설명한다.

〈보기〉 해설   ㄱ. 제시문이 주장하는 것은 어떤 실존 인물에 대한 이름도 그것이 허구 작품에서 사용되는 한, 실존 인물을 지칭하지 않는다는 것이므로, 이러한 결론으로부터 어떤 글에서 사용되는 이름이 실존 인물을 지칭한다는 것이 주어진다면 그 글은 허구 작품이 아니라는 것이 따라 나온다. ㄱ은 옳은 분석이다.

ㄴ. 만일 모든 허구 작품들에서 사용되는 '나폴레옹'이 실존 인물을 지칭한다는 견해에 어떤 문제점도 없다면, 제시문의 전반부의 주장과는 반대로 극단적인 허구 작품에서 이름이 실존 인물을 지칭한다고 보아도 어떤 문제점이 없다는 것이며, 또한 이를 통해 (2)만큼 단순하고 통일된 입장, 즉 "모든 허구 작품들에서 사용되는 '나폴레옹'은 실존 인물을 지칭한다."라는 입장을 선택하는 것이 가능해지므로, (2)를 단순성과 통일성을 근거로 지지하는 제시문의 논증 역시 약화된다. ㄴ은 옳은 분석이다.

ㄷ. "허구 작품에서 사용되는 등장인물의 이름이 실존 인물을 지칭하지 않는다면, 그 등장인물과 실존 인물은 어떤 유사성도 갖지 않는다."는 제시문에 따르면, 거짓이다. 이는 제시문에서 『전쟁과 평화』에 등장하는 나폴레옹이 실존 인물과 유사함에도 불구하고 『전쟁과 평화』에 사용되는 '나폴레옹'이 실존 인물을 지칭하지 않는다고 주장하는 것을 통해서 알 수 있다. ㄷ은 옳지 않은 분석이다.

〈보기〉의 ㄱ, ㄴ만이 옳은 분석이므로 정답은 ③이다.

22.

다음 논쟁에 대한 분석으로 옳은 것만을 〈보기〉에서 있는 대로 고른 것은?

'맛있다' 혹은 '재밌다'와 같은 사람들의 취향과 관련된 술어를 취향 술어라고 한다. 취향 술어를 포함한 문장에 관하여 갑과 을이 다음과 같이 논쟁하였다.

갑 : "곱창은 맛있다."라는 문장은 사실 'x에게'라는 숨겨진 표현을 언제나 문법적으로 포함한다. 이때 'x'는 변항으로서, 특정 맥락의 발화자가 그 값으로 채워진다. 예를 들어, 곱창을 맛있어 하는 지우가 "곱창은 맛있다."라고 말한다면, 지우의 진술은 〈곱창은 지우에게 맛있다〉라는 명제를 표현하는 참인 진술이 된다. 반면, 곱창을 맛없어 하는 영호가 동일한 문장을 말한다면, 영호의 진술은 〈곱창은 영호에게 맛있다〉라는 다른 명제를 표현하는 거짓인 진술이 된다.

을 : 지우가 "곱창은 맛있다."라고 말하는 경우, 영호는 "아니, 곱창은 맛이 없어!"라고 반박할 수 있고, 그렇다면 둘은 이에 대해 논쟁하기 시작할 것이다. 하지만 만일 갑의 견해가 맞는다면, 지우는 단지 〈곱창은 지우에게 맛있다〉라는 명제를 표현하고, 영호는 그와는 다른 명제의 부정을 표현하는 것이므로, 이 둘은 진정한 논쟁을 하는 것이 아니다. 그러나 분명히 두 사람은 이러한 상황에서 진정한 논쟁을 할 수 있으며, 이는 갑의 견해에 심각한 문제가 있음을 보여주는 것이다. 이를 해결하기 위해서는, "곱창은 맛있다."라는 문장은, 누가 말하든지 〈곱창은 맛있다〉라는 명제를 표현한다고 간주해야 한다.

보 기

ㄱ. 갑에 따르면, 곱창을 맛있어 하는 사람들의 진술 "곱창은 맛있다."는 모두 같은 명제를 표현하지만, 이는 곱창을 맛없어 하는 사람들의 진술 "곱창은 맛있다."가 표현하는 명제와는 다르다.

ㄴ. 영호가 곱창을 맛없어 하는 경우, 영호의 진술 "곱창은 맛있다."는, 갑에 따르면 참이 될 수 없지만 을에 따르면 참이 될 수 있다.

ㄷ. 을의 논증은, 같은 명제에 대해 두 사람의 견해가 불일치한다는 사실이 그들의 논쟁이 진정한 논쟁이 되기 위한 필요조건임을 가정하고 있다.

① ㄱ   ② ㄴ   ③ ㄱ, ㄷ
④ ㄴ, ㄷ   ⑤ ㄱ, ㄴ, ㄷ

취향 술어 '맛있다'가 포함된 문장이, 말하는 사람에 따라 진리값이 달라지는 것처럼 보이는 직관에 대한 갑과 을의 논쟁을 이해하고 분석하는 능력을 평가하는 문항이다.

갑은 이러한 직관을 설명하기 위해서, 술어 '맛있다'를 포함하는 문장은 'x에게'라는 숨겨진 표현을 문법적으로 포함하고 있으며, 이때 변항 'x'의 값이 발화자로 채워진다고 주장한다. 이에 따르면, 각기 다른 발화자들이 "곱창은 맛있다."라는 문장을 말할 때는, 다른 진리값을 가질 수 있는 다른 명제가 표현되고, 따라서 발화자에 따라 동일한 문장에 대한 진술의 진리값이 달라질 수 있다는 직관을 설명할 수 있다.

을은, 갑의 입장이 취향 술어가 포함된 문장의 진리값에 대해서 사람들이 진정한 논쟁을 할 수 있는 이유를 설명하지 못한다고 비판한다. 을에 따르면, 진정한 논쟁이라는 것은 서로 같은 명제의 진리값에 대해서 불일치를 보이고 있다는 가정 하에서만 가능한 것인데, 갑의 입장에 따를 경우 서로 다른 발화자는 "곱창은 맛있다."라는 문장으로 같은 명제에 대해서 얘기할 수가 없으므로, 진정한 논쟁이 불가능하다. 을은 이를 해결하기 위해서, "곱창은 맛있다."와 같은 문장이 숨겨진 변항을 가지지 않고, 단순히 〈곱창은 맛있다〉라는 명제를 표현한다는 입장을 취해야 한다고 주장한다.

 ㄱ. 갑은 'x'의 값이 발화자로 채워진다고 주장하고 있으므로, "곱창은 맛있다."라고 말하는 사람들의 취향이 같은 경우에도, 비록 각각의 진술의 진리값은 같다고 할지라도, 발화자에 따라서 서로 표현하는 명제는 달라진다. 예를 들어 곱창을 맛있어 하는 철수와 민호가 "곱창은 맛있다."라고 각각 말하는 경우 이는 〈곱창은 철수에게 맛있다〉, 〈곱창은 민호에게 맛있다〉라는 다른 명제를 표현한다. 따라서 ㄱ은 옳지 않은 분석이다.

ㄴ. 갑에 따르면, 영호의 진술 "곱창은 맛있다."는 〈곱창은 영호에게 맛있다〉는 명제를 표현하므로, 영호가 곱창을 맛없어 한다면 이 진술은 참이 될 수 없다. 하지만 을에 따르면 영호의 진술 "곱창은 맛있다."는 영호가 포함되지 않은 명제인, 단지 〈곱창은 맛있다〉를 표현하므로, 이는 영호의 개인적인 취향에 상관없이 참이 될 수 있다. ㄴ은 옳은 분석이다.

ㄷ. 을은 두 사람 간에 서로 고려하고 있는 명제가 다를 경우, 진정한 논쟁이 될 수 없다고 주장하고 있으므로, 이로부터 두 사람 간의 같은 명제에 대한 견해 불일치가 진정한 논쟁의 필요조건이라 가정하고 있다는 것을 추론할 수 있다. ㄷ은 옳은 분석이다.

〈보기〉의 ㄴ, ㄷ만이 옳은 분석이므로 정답은 ④이다.

23.

다음으로부터 추론한 것으로 옳은 것만을 〈보기〉에서 있는 대로 고른 것은?

> 인용 부호(작은따옴표)를 사용하면, 언어 표현 자체에 대해 언급할 수 있다. 예를 들어, 다음의 문장 (1)은 돼지라는 동물에 대해 언급하는 거짓인 문장인 반면, 인용 부호가 사용된 문장 (2)는 언어 표현 '돼지'에 대해 언급하는 참인 문장이고, 따라서 두 문장은 다른 의미를 표현한다.
>
> (1) 돼지는 두 음절로 이루어져 있다.
> (2) '돼지'는 두 음절로 이루어져 있다.
>
> 이때 문장 (2)의 영어 번역에는 다음 세 가지 후보가 있다.
>
> (3) '돼지' has two syllables.
> (4) 'Pig' has one syllable.
> (5) 'Pig' has two syllables.
>
> (2)는 참인 문장이지만 (5)는 거짓인 문장이므로, 우선 (5)는 올바른 번역에서 제외된다. 남은 (3)과 (4)는 모두 참인 문장이지만, (4)는 (2)의 올바른 번역이라고 볼 수 없다. 왜냐하면 번역에서는 두 문장의 의미가 엄격하게 보존되어야 하는데, (2)의 '두 음절'과 (4)의 'one syllable'은 명백히 다른 의미를 표현하고, 또한 (2)는 한국어 단어 '돼지'에 대해 말하는 문장인 반면, (4)는 영어 단어 'Pig'에 대해 말하는 문장이기 때문이다. 결국 (4)가 의미하는 것은 영어 단어 'Pig'가 한 음절이라는 것인데, 이는 (2)가 의미하는 것과는 완전히 다르므로, 올바른 번역이 될 수 없다. 따라서 (2)의 올바른 영어 번역은 한국어 단어 '돼지'가 두 음절이라는 동일한 의미를 표현하는 문장 (3)이다. 즉 어떤 언어에 속한 문장의 정확한 의미를 보존하는 다른 언어 문장으로의 올바른 번역은, 인용 부호 안의 표현 자체를 그대로 남겨 두는 것이 되어야만 한다.

그렇다면 다음 문장들을 고려해 보자.

⑹ '돼지'는 글자 '돼'로 시작한다.

⑺ 'Pig' starts with the letter 'P'.

⑻ '돼지'는 동물이다.

⑼ '돼지' is an animal.

ㄱ. ⑹을 ⑺로 번역하는 것은 올바른 번역이 아니다.

ㄴ. ⑻을 ⑼로 번역하는 것은 올바른 번역이 아니다.

ㄷ. 서로 다른 언어에 속한 두 문장의 진리값이 다르다는 사실은, 한 문장이 다른 문장의 올바른 번역이 아니라는 것을 보이기 위한 충분조건이긴 하지만, 필요조건은 아니다.

① ㄴ   ② ㄷ   ③ ㄱ, ㄴ

④ ㄱ, ㄷ   ⑤ ㄱ, ㄴ, ㄷ

문항 성격   문항유형 : 언어 추리

내용영역 : 인문

평가 목표   이 문항은 제시문에 나타난 올바른 번역이 무엇인지에 대한 논증을 올바르게 이해하고, 그로부터 어떤 것들이 함축되는지 판단할 수 있는 능력을 평가하는 문항이다.

문제 풀이   정답 : ④

제시문은 우선 인용 부호를 사용하면 단어나 문장 같은 언어 표현 자체를 언급할 수 있다는 사실을 문장 ⑴과 ⑵를 통해 설명한다. 그리고 문장 ⑵의 올바른 번역에 대한 세 후보를 고려하는데, 우선 ⑵는 참이지만 ⑸는 거짓이기 때문에 ⑸가 올바른 번역이 될 수 없음을 논증한다. 또한 ⑷는 ⑵와 다른 의미를 표현하기 때문에, 즉 ⑷는 영어 단어 'Pig'가 한 음절이라는 의미를 표현하지만 ⑵는 한국어 단어 '돼지'가 두 음절이라는 의미를 표현하기 때문에 ⑷는 ⑵의 올바른 번역이 될 수 없다고 논증한다. 따라서 제시문에 따르면, 한국어 단어 '돼지'가 두 음절이라는 ⑵와 같은 의미를 표현하는 ⑶이 올바른 번역이며, 언어 표현들에 나타나는 인용 부호 안의 표현들을 그대로 남겨 두어야 번역 후에도 문장이 표현하는 정확한 의미를 보존할 수 있다.

  ㄱ. 제시문에 따르면, 인용 부호 안의 표현 자체를 그대로 남겨 두지 않는다면, 올바른 번역이 아니다. 그런데 ⑹을 ⑺로 번역할 때, 한국어 단어 '돼지'와 한국어 글자 '돼'가 그대로 남지 않았으므로, 이는 올바른 번역이 아니다. ⑹은 한국어 단어 '돼지'가 '돼'라는 글자로 시작한다는 의미를 나타내며, ⑺은 영어 단어 'Pig'가 글자 'P'로 시작한다는 다른 의미를 나타내는 문장이다. ㄱ은 옳은 추론이다.

ㄴ. 제시문은 인용 부호 안의 표현을 그대로 남겨 두어야만 올바른 번역이 될 수 있다고 주장하고 있는데, ⑻을 ⑼로 번역할 때 인용 부호 안의 표현, 즉 한국어 단어 '돼지'가 그대로 남아 있으므로, 올바른 번역이 아니라는 것이 따라 나오지 않는다. 나아가서 ⑻과 ⑼는 한국어 단어 '돼지'가 동물이라는 동일한 의미를 표현하는 문장이므로, 제시문에 따른 올바른 번역이라 볼 수 있다. ㄴ은 옳지 않은 추론이다.

ㄷ. 제시문에 따르면, ⑸가 ⑵의 올바른 번역이 될 수 없는 이유는 진리값이 다르기 때문이므로, 이를 통해서 두 문장의 진리값이 다르다는 사실이 한 문장이 다른 문장의 올바른 번역이 아니라는 것에 대한 충분조건이라는 것을 추론할 수 있다. 또한 ⑷는 ⑵와 진리값이 동일하지만 올바른 번역이 아니라고 말하고 있으므로, 이를 통해 두 문장의 진리값이 다르다는 사실이 한 문장이 다른 문장의 올바른 번역이 아니라는 것을 보이기 위한 필요조건이 아니라는 것도 추론할 수 있다. ㄷ은 옳은 추론이다.

〈보기〉의 ㄱ, ㄷ만이 옳은 추론이므로 정답은 ④이다.

24.

〈사례〉에 대한 분석으로 옳지 <u>않은</u> 것은?

행위는 인식과 목적 두 측면에서 합리적인 것으로 평가받을 수 있어야 진정으로 합리적이며, 그렇지 않으면 비합리적이다. 두 측면을 이해하는 방식에는 각각 논란이 있다. 행위의 인식 측면에서는, 행위자가 개인적으로 믿고 있는 정보를 기준으로 목적을 달성할 수 있는 행위를 수행한 경우 합리적이라고 평가된다는 입장과 실제로 참인 정보를 토대로 해야 합리적으로 평가된다는 입장이 대립한다. 전자를 '주관적' 입장, 후자를 '객관적' 입장이라고 하자.

행위의 목적 측면에서는, 행위를 수행하는 목적이 행위자 자신에 대한 직접적 해악과 무관하다면 합리적이라고 평가된다는 입장과 그 목적이 비판적으로 정당화되는 도덕이론의 관점에서 부당하지 않은 경우에만 합리적으로 평가된다는 입장이 대립한다. 전자를 '내재주의', 후자를 '외재주의'라고 하자. 이를 조합하면 행위는 '주관적 내재주의', '주관적 외재주의', '객관적 내재주의', '객관적 외재주의'의 네 가지 입장에서 평가할 수 있다.

〈사례〉

- A는 수분을 섭취하기 위해 병에 담겨 있는 액체를 이온음료라고 믿고 마셨지만 그것은 실제로는 벤젠이었고 그 결과 A는 심각한 상해를 입게 되었다.
- B는 이웃돕기 성금을 마련하기 위해 중고 거래 사이트에 허위 매물을 올렸다. 그는 이 사이트의 거래 수단이 선입금 구매자의 보호에 취약하다는 사실을 잘 알고 있었다. 이 점을 이용하여 B는 판매 대금만 수령하고 물건은 보내지 않는 방식으로 이웃돕기 성금을 마련할 수 있었다.
- C는 금품 편취를 목적으로 동료에게 이메일을 보냈으나 이메일 주소를 잘못 알고 있었기에 그는 C에게 금품을 편취당하지 않았다.

① A와 C의 행위를 모두 비합리적이라고 평가하는 입장은 1개이다.
② 주관적 내재주의는 A와 B의 행위를 모두 합리적이라고 평가한다.
③ A의 행위의 합리성에 대한 주관적 외재주의와 주관적 내재주의의 평가는 일치한다.
④ 동료가 C에게 이메일 주소를 일부러 거짓으로 알려주었다 하더라도, C의 행위에 대한 합리성 평가는 어떤 입장에 따르더라도 변경되지 않는다.
⑤ 만약 외재주의가 행위의 목적뿐만 아니라 수단의 도덕성을 함께 고려하는 입장이라면, 주관적 외재주의와 객관적 외재주의는 B의 행위를 비합리적이라고 평가한다.

문항 성격　문항유형 : 언어 추리

　　　　　　　내용영역 : 인문

평가 목표　이 문항은 제시문에 주어진 합리적임의 평가 기준들을 조합하여 구체적인 사례에 적용할 수 있는 능력을 평가하는 문항이다.

문제 풀이　정답 : ①

행위는 인식과 목적 두 측면에서 모두 합리적인 것으로 평가받아야 합리적이라는 점과, 인식의 측면에서는 주관적/객관적 입장으로 나누어지고, 목적의 측면에서의 내재주의/외재주의 입장으로 나누어진다는 것이 설명되고 있다. 그리고 이를 조합하여 총 네 가지 입장을 제시하고 있다. 이를 정리하면 다음의 〈표 1〉과 같이 나타낼 수 있다.

446

〈표 1〉

	행위의 인식 측면		행위의 목적 측면
주관적 입장	• 행위자가 개인적으로 믿고 있는 정보를 기준으로 목적을 달성할 수 있는 행위를 한 경우 합리적이라고 평가함	내재주의	• 행위를 수행하는 목적이 행위자 자신에 대한 직접적 해악과 무관한 경우 합리적이라고 평가함
객관적 입장	• 실제로 참인 정보를 토대로 목적을 달성할 수 있는 행위를 한 경우 합리적이라고 평가함	외재주의	• 행위를 수행하는 목적이 비판적으로 정당화되는 도덕이론의 관점에서 부당하지 않은 경우에만 합리적이라고 평가함

〈사례〉를 살펴보면 인식의 측면에서 볼 때 A와 C의 믿음은 행위자의 개인적 믿음의 관점에서는 목적을 달성할 수 있는 행위를 한 것이지만, 실제로 참인 정보의 관점에서는 그렇지 않다. 따라서 잘못된 정보에 따라 행위한 A와 C는 인식의 측면에서 주관적 입장을 취할 경우 합리적인 것으로 평가되지만, 객관적 입장을 취하면 비합리적인 것으로 평가된다. B의 믿음은 참이므로 개인적 믿음의 관점에서든 실제로 참인 정보의 관점에서든 목적을 달성할 수 있다. 따라서 B는 인식의 측면에서는 주관적인 입장을 취하든 객관적인 입장을 취하든 항상 합리적인 것으로 평가된다.

한편 목적의 측면에서 보면 A와 B는 목적이 행위자 자신에 대한 직접적 해악과 무관하며, 비판적으로 정당화되는 도덕의 관점에서도 부당하지 않으므로, 내재주의와 외재주의 입장 모두에서 합리적이다. C는 행위를 수행하는 목적이 행위자 자신에 대한 직접적 해악과 무관하므로 내재주의 입장에서 합리적이지만, 금품 편취의 목적은 비판적으로 정당화되는 도덕이론의 관점에서 부당한 것으로 평가될 것이므로 외재주의 입장에서는 비합리적이다.

이를 정리하면 다음의 〈표 2〉와 같이 나타낼 수 있다.

〈표 2〉

〈사례〉	인식의 측면	목적의 측면	결과
A	• 주관적 입장 : 합리적 • 객관적 입장 : 비합리적	• 내재주의 : 합리적 • 외재주의 : 합리적	• 주관적 내재주의 : 합리적 • 주관적 외재주의 : 합리적 • 객관적 내재주의 : 비합리적 • 객관적 외재주의 : 비합리적
B	• 주관적 입장 : 합리적 • 객관적 입장 : 합리적	• 내재주의 : 합리적 • 외재주의 : 합리적	• 주관적 내재주의 : 합리적 • 주관적 외재주의 : 합리적 • 객관적 내재주의 : 합리적 • 객관적 외재주의 : 합리적
C	• 주관적 입장 : 합리적 • 객관적 입장 : 비합리적	• 내재주의 : 합리적 • 외재주의 : 비합리적	• 주관적 내재주의 : 합리적 • 주관적 외재주의 : 비합리적 • 객관적 내재주의 : 비합리적 • 객관적 외재주의 : 비합리적

 ① 〈표 2〉에 의하면 A와 C의 행위를 모두 비합리적이라고 평가하는 입장은 객관적 내재주의와 객관적 외재주의이다. 따라서 ①은 옳지 않은 분석이다.

 ② 주관적 내재주의는 자신이 믿고 있는 정보를 토대로 자신에 대한 직접적 해악과 무관한 목적을 설정하여 행위를 한다면 합리적이라고 평가하므로 A와 B의 행위를 모두 합리적이라고 평가한다. ②는 옳은 분석이다.

③ A는 자신이 믿고 있는 정보를 토대로 목적을 달성할 수 있는 행위를 하였으며 수분 섭취라는 목적은 외재주의와 내재주의 모두에서 합리적이라고 평가되므로, 주관적 외재주의와 주관적 내재주의 모두 A의 행위에 대해 합리적이라고 평가한다. ③은 옳은 분석이다.

④ 동료가 C에게 이메일 주소를 거짓으로 알려주었다는 사실은 개인적으로 믿고 있는 정보가 왜 거짓이었는지 이유를 알려주는 사실일 수는 있으나, 이와 같은 사실이 네 가지 입장 모두에서 C의 행위의 인식에 대한 평가나 목적에 대한 평가를 변경시키지 못한다. ④는 옳은 분석이다.

⑤ B의 행위는 비판적으로 정당화되는 도덕이론의 관점에서 목적은 부당하지 않지만 수단이 부당하다는 평가를 수반하는데, 만약 외재주의가 행위의 목적뿐만 아니라 수단의 도덕성을 함께 고려하는 입장이라면 B의 행위를 비합리적인 것으로 평가할 것이다. 이 경우 주관적 외재주의와 객관적 외재주의는 B의 행위를 비합리적인 것으로 평가한다. ⑤는 옳은 분석이다.

25.

〈상황〉에 대한 분석으로 옳은 것만을 〈보기〉에서 있는 대로 고른 것은?

정부는 소위 '부드러운 간섭'을 사용함으로써 사람들이 최선의 이익이 되는 선택을 할 가능성을 높일 수 있다. 부드러운 간섭이란 정책 설계자가 선택지를 줄이거나 행위를 직접 금지 또는 허용하지 않고, 선택지가 제시되는 순서나 배치만을 변경함으로써 사람들의 결정에 영향을 끼치는 것을 말한다. 그런데 부드러운 간섭 정책은 사람들의 비합리성을 이용하는 것이므로 개인의 합리성을 존중하지 못한다는 비판이 존재한다. 이 비판은 주로 ㉠합리성을 '이상적 합리성'으로 이해하는 견해에 토대를 두고 있다. 이 관점에서 개인이 합리성을 발현한다는 것은 최선의 이익을 가져다주는 항목이나 우선순위를 찾아 주는 최선의 절차를 발견하고 이에 따르는 것이다. 그런데 사람들은 가능한 선택지 중에서 부주의한 습관에 따르거나 눈에 잘 띄는 것을 고르는 등, 비합

448

리적 성향에 따라 자신의 이익과 관련된 결정을 수행하기도 한다. 이때 공동체 구성원의 이익을 위해 부드러운 간섭을 수행하는 정부는 이와 같은 인간의 비합리적 성향에 맞추어 선택지의 설계를 조정함으로써 구성원이 최선의 이익이 되는 선택을 하도록 유인한다. 최선의 이익을 성취하는 이런 과정에서 정부는 구성원을 비합리적인 존재로 취급하게 된다.

그러나 ⓛ합리성을 '환경적 합리성'으로 바라보는 견해는 부드러운 간섭을 보다 관용적으로 평가한다. 이 견해는 어떤 결정이 합리적 결정이 되는지 여부를 저마다의 상이한 여건에 따라 상대적으로 고려한다. 사람들은 정보의 제약, 긴급한 사정과 같은 이상적 결정을 내릴 수 없는 저마다의 환경에 처해 있지만, 이와 같은 환경적 제약에 의한 이상적이지 않은 결정도 충분히 합리적이라고 평가할 수 있다. 정부의 부드러운 간섭이 선택 과정에서의 불리한 환경적 제약을 극복하려는 범위에서 이루어지는 한, 이는 구성원의 합리적 선택을 방해하는 것이 아니다.

〈상황〉

선택지 x, y, z가 있고 최선의 이익에 가까운 순서는 x−y−z이다.

보 기

ㄱ. ⓛ에 따르면, z를 선택하는 행위도 합리적일 수 있다.

ㄴ. ㉠에 따르면, 어떤 사람이 부드러운 간섭 때문에 y를 선택한다면 그 사람은 자신의 비합리적 성향에 따라 결정한 것이다.

ㄷ. ㉠에 따르면, 어떤 사람이 최선의 이익에 가까운 순서를 y−z−x라고 판단하는 경우, x−y−z의 순서로 선택하도록 조장하는 부드러운 간섭은 그 사람의 합리성을 존중하고 있는 것이다.

① ㄱ　　　　　　　② ㄷ　　　　　　　③ ㄱ, ㄴ
④ ㄴ, ㄷ　　　　　　⑤ ㄱ, ㄴ, ㄷ

문항 성격　문항유형 : 언어 추리

내용영역 : 인문

평가 목표　이 문항은 합리성에 관해 제시된 두 입장의 견해 차이를 정확히 이해하고 이를 구체적인 상황에 적용할 수 있는 능력을 평가하는 문항이다.

선택 설계만을 변경하는 정부에 의한 부드러운 간섭은 구성원의 최선의 선택을 증진할 가능성이 크므로 사람들의 합리성을 존중할 것처럼 기대되곤 한다. 하지만 부드러운 간섭은 구성원의 인지 편향과 같은 비합리적 성향을 이용하여 선택의 변경을 유도하게 되는 것이므로 오히려 비합리적인 존재로 취급하게 된다는 반론의 의미와 구조, 그리고 합리성을 환경적 관점에서 이해하는 재반론을 이해해야 한다.

제시문에 의하면, '이상적 합리성'은 자신에게 최선의 이익을 가져다주는 항목이나 우선순위를 찾아 주는 최선의 절차를 발견하고 이에 따르는 것으로 발현되고, '환경적 합리성'은 개인의 주관적 처지를 고려하여 그 범위 내에서 적절한 절차를 발견함으로써 발현된다. 합리성을 '이상적 합리성'으로 이해하는 견해에서 정부의 '부드러운 간섭'은 최선의 절차를 발견하려는 합리성을 조장하는 것이 아니라 인지편향과 관련된 비합리적 성향을 이용하는 것이다. 반면 합리성을 '환경적 합리성'으로 이해하는 견해에서는 환경에 따라 개인이 합리성 발현을 통해 발견한 절차는 여전히 최선의 이익에 도달할 수 있는 절차가 아닐 수 있으며, 만약 정부의 '부드러운 간섭'이 개인의 선택 과정에서의 환경적 제약을 극복하려는 범위에서 이루어지는 한 이는 합리성을 발현하는 것을 방해하거나 비합리적 성향을 이용하는 것이 아니다.

〈보기〉 해설   ㄱ. ⓒ에 따르면, 개인은 합리성을 최대한 발현하더라도 환경적 제약 때문에 이상적이지 않은 결정을 할 수 있다. 예를 들어, 평소에는 충분히 x—y—z의 순위로 결정할 심사숙고된 절차를 마련하고 따를 수 있는 사람조차, 매우 긴급한 순간 결정을 해야 하는 경우 시간적 제약에 따라 최선의 절차를 검토하지 못하거나 그 절차를 따르지 못하여 z를 선택할 수도 있다. ⓒ에 따르면 이와 같은 환경적 제약에 의한 z의 선택도 합리적일 수 있다. ㄱ은 옳은 분석이다.

ㄴ. ⊙에 따르면, 자신에게 최선의 이익을 가져다주는 선택지를 발견하기 위한 최선의 절차를 마련하고 이에 따르는 합리성을 발현한 행위가 합리적이다. 그런데 사람들은 부주의한 습관에 따라 선택하거나 눈에 잘 띄는 것을 고르는 등 자신의 비합리적 성향에 따라 결정을 수행하기도 한다. 정부의 부드러운 간섭은 이와 같은 인간의 비합리적 성향에 맞추어 선택지의 설계를 조정하는 것이다. 따라서 ⊙에 따르면, 어떤 사람이 정부의 부드러운 간섭 때문에 y를 선택한다면 그 사람은 자신의 비합리적 성향에 따라 결정한 것이다. ㄴ은 옳은 분석이다.

ㄷ. ㉠에 따르면, 정부의 부드러운 간섭은 그 간섭이 개인에게 최선의 이익이 되는 선택을 하도록 유인할지라도, 이는 개인의 부주의한 습관이나 눈에 잘 띠는 것을 고르는 등과 같은 개인의 비합리적 성향을 이용하는 것이다. 즉, ㉠에 따르면 정부의 부드러운 간섭은, 최선의 이익을 조장하더라도, 구성원을 비합리적 존재로 취급하여 그 사람의 합리성을 존중하지 않는 것이다. ㄷ은 옳지 않은 분석이다.

〈보기〉의 ㄱ, ㄴ만이 옳은 분석이므로 정답은 ③이다.

26.

다음 논쟁에 대한 분석으로 적절한 것만을 〈보기〉에서 있는 대로 고른 것은?

어떤 사람 P가 육식 행위 A와 동물보호단체에 기부하는 행위 B를 각각 수행하거나 수행하지 않을 능력이 있으며, 편의상 다른 행위를 할 가능성은 없다고 하자. A의 수행 여부와 B의 수행 여부 사이의 상호적 영향을 고려하지 않고 각각의 결과만을 고려하는 경우, A를 수행하면 나쁜 결과(−80)가 발생하고 B를 수행하면 좋은 결과(+100)가 발생한다. A와 B를 수행하지 않는 경우의 결과는 각각 0이다. 이때, P가 하거나 하지 않을 수 있는 행위들로 구성된 '행위조합'은 4개가 될 것이다. 각 행위조합 역시 독자적인 결과값을 가지게 되는데 이는 행위조합을 구성하고 있는 행위들의 결과값을 모두 더한 것이다. 예를 들어, P가 A를 수행하면서도 B를 수행하지 않는 경우의 행위조합의 결과값은 4개의 행위조합 중 최솟값인 −80이다. 일정한 조건을 충족하는 경우 해당 행위조합에 속하는 행위는 모두 용인되기 때문에 단독으로는 음의 결과값을 가지는 A도 용인될 수 있다. 행위조합에 속한 행위가 용인되는 이 조건에 대해 갑, 을, 병은 각각 다음과 같이 주장하고 있다.

갑 : 한 사람의 행위는 자신의 능력에 따라 가능한 행위들로 구성된 행위조합들 중에서 최대의 결과값을 산출하는 조합에 속하는 경우, 그리고 오직 그 경우에만 용인된다.

을 : 한 사람의 행위는 그가 현실에서 하려고 할 행위조합들 중에서 최대의 결과값을 산출하는 조합에 속하는 경우, 그리고 오직 그 경우에만 용인된다. 그런데 P에게 A의 수행 여부와 B의 수행 여부를 각각 선택할 능력이 있는 것은 사실이지만, A를 하지 않으면서 B를 수행하는 행위조합은 결코 P가 현실에서 선택하려고 할 조합은 아니다.

병 : 한 사람의 행위는 자신의 능력에 따라 가능한 행위들로 구성된 행위조합들 중에서 결과값이 0이거나 양의 값을 가지는 조합에 속하는 경우, 그리고 오직 그 경우에만 용인된다.

ㄱ. 갑과 을에 따르면 P의 A는 어떤 경우에도 용인될 수 없다.

ㄴ. 병에 따르면 P의 A는 용인될 수 있다.

ㄷ. 병에 따르면 용인될 수 있는 P의 행위조합은 2개이다.

① ㄱ   ② ㄴ   ③ ㄱ, ㄷ

④ ㄴ, ㄷ   ⑤ ㄱ, ㄴ, ㄷ

문항 성격   문항유형 : 논쟁 및 반론

내용영역 : 인문

평가 목표   이 문항은 용인되는 행위에 대한 세 가지 입장을 이해하고 구체적인 사례를 이러한 입장에 따라 분석할 수 있는 능력을 평가하는 문항이다.

문제 풀이   정답 : ②

제시문에서 P가 수행하거나 수행하지 않을 능력이 있는 육식 행위 A와 동물보호단체에 기부하는 행위 B와 관련하여, 네 개의 행위조합과 각 행위조합의 결과값을 알 수 있다. 이를 간단히 나타내면 다음의 〈표 1〉과 같다.

〈표 1〉

	A	B	결과값
행위조합 1	A를 수행함	B를 수행함	20 (=−80+100)
행위조합 2	A를 수행함	B를 수행하지 않음	−80 (=−80+0)
행위조합 3	A를 수행하지 않음	B를 수행함	100 (=0+100)
행위조합 4	A를 수행하지 않음	B를 수행하지 않음	0 (=0+0)

또한 행위조합에 속한 행위가 용인되는 조건에 대한 갑, 을, 병의 주장이 제시되고 있다. 갑, 을, 병 각각의 주장과 그 함축을 정리하면 다음의 〈표 2〉와 같다.

452

〈표 2〉

갑	• 한 사람의 행위는 자신의 능력에 따라 가능한 행위들로 구성된 행위조합들 중 최대의 결과값을 산출하는 조합에 속하는 경우, 그리고 오직 그 경우에만 용인된다. • 행위조합 3이 최대의 결과값을 산출하는 조합이다.
을	• 한 사람의 행위는 그가 현실에서 하려고 할 행위조합들 중에서 최대의 결과값을 산출하는 조합에 속하는 경우, 그리고 오직 그 경우에만 용인된다. • 그런데 행위조합 3은 P가 현실에서 선택하려고 할 조합이 아니다. • 따라서 다른 행위조합이 현실에서 추가로 부인되지 않는다면 P가 현실에서 하려고 할 조합 중 최대의 결과값을 산출하는 조합은 행위조합 1이다.
병	• 한 사람의 행위는 자신의 능력에 따라 가능한 행위들로 구성된 행위조합들 중에서 결과값이 0이거나 양의 값을 가지는 조합에 속하는 경우, 그리고 오직 그 경우에만 용인된다. • 행위조합 1, 3, 4가 결과값이 0이거나 양의 값을 가지는 조합이다.

〈보기〉 해설　ㄱ. 네 가지 행위조합 중 행위조합 3이 최대의 결과값을 산출하는 조합이다. 따라서 갑에 따르면 A를 수행하지 않음과 B를 수행함은 용인되는 행위이고, 다른 행위는 용인되지 않는 행위이다. 따라서 갑에 따르면 A를 수행함은 용인되지 않는 행위이다. 그러나 을에 따르면 행위조합 3은 P가 현실에서 선택하려고 할 조합이 아니므로, 다른 행위조합이 현실에서 추가로 부인되지 않는다면, P가 현실에서 하려고 할 조합 중 최대의 결과값을 산출하는 조합은 행위조합 1이다. 이 경우 을에 따르면 P가 A를 수행하는 것이 용인된다. 따라서 ㄱ의 "을에 따르면 P의 A는 어떤 경우에도 용인될 수 없다."는 부분은 틀린 진술이다. 따라서 ㄱ은 적절하지 않은 분석이다.

ㄴ. 결과값이 0이거나 양의 값을 가지는 조합은 행위조합 1, 3, 4이며, 이 중 행위조합 1에는 P가 A를 수행하고 B를 수행하는 것이 포함된다. 따라서 병에 따르면 P의 A는 용인될 수 있다. ㄴ은 적절한 분석이다.

ㄷ. 병에 따르면 행위조합들 중에서 결과값이 0이거나 양의 값을 가지는 행위조합이 용인될 수 있다. 결과값이 0이거나 양의 값을 가지는 조합은 행위조합 1, 3, 4로 총 3개이므로, 병에 따르면 용인될 수 있는 P의 행위조합은 3개이다. ㄷ은 적절하지 않은 분석이다.

〈보기〉의 ㄴ만이 적절한 분석이므로 정답은 ②이다.

27.

다음으로부터 추론한 것으로 옳은 것만을 〈보기〉에서 있는 대로 고른 것은?

어떤 지역에 특정 범죄 예방 프로그램을 시행할 경우, 그 지역의 범죄는 줄어드는 대신 다른 지역의 범죄가 증가하기도 한다. 이런 현상을 '범죄전이'라 한다. 반면 어떤 지역을 겨냥한 범죄 예방 프로그램의 범죄 감소 효과가 이웃 지역에까지 미치기도 하는데, 이를 '혜택확산'이라 한다. 범죄전이지수(WDQ)는 특정 지역에 적용한 범죄 예방 프로그램의 긍정적 효과가 인근 지역으로까지 확산되는지 아니면 인근 지역에 범죄전이를 유발하는지를 파악하기 위한 지수이다. WDQ를 설명하기 위해서는 3개의 지역 설정이 필요하다. A는 범죄 예방 프로그램이 시행되는 실험 지역이고, B는 A를 둘러싸고 있으면서 A의 범죄 예방 프로그램으로 인해 범죄전이나 혜택확산이 나타날 것으로 예상되는 완충 지역이며, C는 A나 B에서 발생하는 변화에 영향을 받지 않는 통제 지역이다. WDQ는 C를 기준으로 한, A 대비 B의 범죄율 증감을 나타내며, 공식은 아래와 같다.

$$WDQ = \frac{(B_1/C_1 - B_0/C_0)}{(A_1/C_1 - A_0/C_0)}$$

(A_0, B_0, C_0은 범죄 예방 프로그램 실시 전 A, B, C의 범죄율이며, A_1, B_1, C_1은 범죄 예방 프로그램 실시 후 A, B, C의 범죄율이다.)

A~C에서 다음과 같은 사실이 관찰되었다.

- A에서 범죄 예방 프로그램을 실시한 결과 범죄 감소 효과가 나타났다.
- B에 나타나는 범죄전이나 혜택확산 효과는 A에서 범죄 예방 프로그램을 시행한 결과이다.
- 범죄 예방 프로그램 실시 이전 A~C 각 지역의 범죄율과 그 변화 추이는 동일했다.
- 범죄 예방 프로그램이 A에서 시행되는 동안 범죄 예방 프로그램을 제외하고 범죄율에 영향을 미칠 수 있는 요인들의 변화는 A~C 어느 곳에서도 나타나지 않았다.

ㄱ. WDQ가 1보다 크면, A의 범죄 감소 효과보다 B로의 혜택확산 효과가 크다.
ㄴ. WDQ가 −1보다 크고 0보다 작으면, B로의 범죄전이 효과는 A의 범죄 감소 효과보다 작다.
ㄷ. WDQ가 −1에 근접하면, A의 범죄 감소 효과와 B로의 혜택확산 효과가 거의 동일하다.

① ㄱ 　　② ㄷ 　　③ ㄱ, ㄴ
④ ㄴ, ㄷ 　　⑤ ㄱ, ㄴ, ㄷ

| 문항 성격 | 문항유형 : 언어 추리 |

문항 성격 | 문항유형 : 언어 추리
내용영역 : 사회

평가 목표 | 이 문항은 범죄전이에 관한 연구 설계의 내용을 이해하고 연구 결과를 연구 설계에 맞춰 올바르게 해석하는 능력을 평가하는 문항이다.

문제 풀이 | 정답 : ③

WDQ의 정의와 관찰 결과로부터 WDQ 공식의 분모가 0보다 작다는 점을 이해하는 것이 풀이의 단서이다. 실험 지역(A)에 적용한 범죄 예방 프로그램이 범죄 감소 효과가 있다는 것은 통제 지역(C)보다 실험 지역의 범죄율 감소량(범죄 감소의 정도)이 크다는 것을 의미한다. 다시 말해 A에서 범죄 감소 효과가 있다는 것은 실험을 실시한 후의 통제 지역 범죄율(C_1) 대비 실험 지역 범죄율(A_1)이 실험을 실시하기 전의 통제 지역 범죄율(C_0) 대비 실험 지역 범죄율(A_0)보다 작다는 점을 나타낸다. 여기서 $A_1/C_1 - A_0/C_0 = A'$, $B_1/C_1 - B_0/C_0 = B'$라 놓을 때, 실험 지역의 범죄가 감소했다는 것은 $A'<0$을 의미한다. $B'<0$이면 실험 시행 후의 통제 지역 범죄율(C_1) 대비 완충 지역 범죄율(B_1)이 실험을 실시하기 전의 통제 지역 범죄율(C_0) 대비 완충 지역 범죄율(B_0)보다 작다는 것, 즉 B로의 혜택확산이 이루어졌음을 의미한다. $B'>0$이면 실험 전보다 실험 후 완충 지역의 범죄가 증가하여 범죄전이가 나타났음을 의미한다.

〈보기〉 해설

ㄱ. A지역은 범죄 예방 프로그램 실시 전 A, B, C의 범죄율이 동일한데 범죄 예방 프로그램 실시 후 범죄 감소 효과가 나타났다고 했으므로, WDQ의 분모 값(A')은 음수임을 알 수 있다. $A'<0$일 때 WDQ가 1보다 크려면, $B'<0$이며 B'의 절대값은 A'의 절대값보다 커야 한다. B'가 0보다 작다는 것은 완충 지역에서도 범죄 감소 효과가 나타난다는 의미이다. 그리고 B'의 절대값이 A'의 절대값보다 크다는 의미는 실험 지역에서의 범죄율의 변화량보다 완충 지역에서의 범죄율의 변화량이 크다는 점을 나타내는데, 이런 현상이 발생하려면 실험 지역에서의 범죄 감소 효과보다 완충 지역으로의 혜택확산 효과가 커야 한다. 따라서 ㄱ은 옳은 추론이다.

ㄴ. WDQ가 −1보다 크고 0보다 작다는 것은 $B'>0$이고 B'의 절대값은 A'의 절대값보다 작다는 의미이다. $B'>0$이므로 완충 지역은 범죄가 증가했고(범죄전이) B'의 절대값이 A'의 절대값보다 작으므로, 완충 지역으로의 범죄전이 효과가 실험 지역의 범죄 감소 효과보다 작다는 사실을 알 수 있다. 따라서 ㄴ은 옳은 추론이다.

ㄷ. WDQ가 −1에 근접한다는 것은 B′>0이고 B′의 절대값과 A′의 절대값은 거의
같다는 점을 의미한다. B′가 0보다 크다는 것은 완충 지역으로의 범죄전이 효과
가 나타났음을 의미하며 A′의 절대값과 B′의 절대값이 거의 같다는 것은 실험
지역에서 나타난 범죄 감소 효과와 거의 비슷한 정도로 완충 지역에서 범죄전
이 효과가 발생했다는 것을 의미한다. 따라서 ㄷ은 옳지 않은 추론이다.

〈보기〉의 ㄱ, ㄴ만이 옳은 추론이므로 정답은 ③이다.

28.

다음 글에 대한 평가로 옳은 것만을 〈보기〉에서 있는 대로 고른 것은?

피해자 영향 진술(VIS) 제도는 재판의 양형 단계에서 피해자에게 범죄로부터 받은 영향을 표현할 수 있도록 기회를 제공한다. 그런데 VIS가 없는 경우보다 있는 경우에 형량이 더 무거운 경향이 있는데, 그 이유와 관련하여 두 가지 견해가 제시된다. A견해에서는 VIS의 유무가 아니라 피해의 심각성이 무거운 형량을 유도한다고 본다. 이에 따르면, 피해가 심각할수록 형량이 무거워지는데, 주로 심각한 피해를 입은 피해자들이 공소장에 적시된 피해 내용을 부각하기 위해 VIS를 제시하고 피해가 심각하지 않은 피해자들은 VIS를 제시하지 않으므로, VIS와 양형 간에 유의미한 관계가 있는 것처럼 보인다는 것이다. B견해에서는 판사나 배심원들이 피해자가 VIS를 통해 부각하고자 하는 피해 내용에 의해 영향을 받을 뿐만 아니라 피해자가 VIS를 통해 표출하는 강한 감정으로부터도 영향을 받기 때문에, VIS가 무거운 형량을 유도한다고 주장한다. 각 견해의 타당성을 검증하기 위해 연구 방법 P, Q를 구상하였다.

P : 무작위로 추출된 모의 배심원을 세 집단으로 구분한 뒤 사건에 대한 객관적 정보를 제공한다. [집단 1]에는 일반적인 기대를 뛰어넘는 심각한 내용의 정서적 상해가 기술된 VIS를 제공하고, [집단 2]에는 일반적인 기대에 미치지 않는 정서적 상해가 기술된 VIS를 제공하며, [집단 3]에는 VIS를 제공하지 않는다. 이후 각 집단이 제시한 평균 형량을 비교한다.

Q : 무작위로 추출된 모의 배심원을 세 집단으로 구분한 뒤 사건에 대한 객관적 정보를 제공한다. [집단 1]에는 피해자가 감정적으로 매우 고조된 상태로 심각한 내용의 VIS를 낭독하는 재판 영상을 제공하고, [집단 2]에는 동일한 내용의 VIS를 피해자가 차분하게 낭독하는 재판 영상을 제공하며, [집단 3]에는 앞의 경우보다 덜 심각한 내용의 VIS를 피해자가 차분하게 낭독하는 재판 영상을 제공한다. 이후 각 집단이 제시한 평균 형량을 비교한다.

ㄱ. P에서 [집단 1]의 평균 형량이 [집단 2]의 평균 형량보다 유의미하게 높고 [집단 2]
   의 평균 형량이 [집단 3]의 평균 형량보다 유의미하게 높으면, A견해는 강화된다.
ㄴ. Q에서 [집단 1]의 평균 형량이 [집단 2]의 평균 형량보다 유의미하게 높고 [집단 2]
   의 평균 형량이 [집단 3]의 평균 형량보다 유의미하게 높으면, B견해는 강화된다.
ㄷ. Q에서 연구 방법을 수정하여 [집단 1]과 [집단 2]만을 비교할 경우, 두 집단의 평균
   형량에 유의미한 차이가 없다면, A견해는 약화된다.

① ㄱ　　　　　　　　　② ㄴ　　　　　　　　　③ ㄱ, ㄷ
④ ㄴ, ㄷ　　　　　　　　⑤ ㄱ, ㄴ, ㄷ

문항 성격	문항유형 : 논증 평가 및 문제해결
	내용영역 : 사회
평가 목표	이 문항은 피해자 영향 진술이 없는 경우보다 있는 경우에 형량이 더 무거워지는 경향이 있는 이유에 관한 다른 두 견해를 이해하고, 새로운 연구 결과가 각 견해를 강화 또는 약화하는지 판단할 수 있는 능력을 평가하는 문항이다.
문제 풀이	정답 : ②

A견해는 피해자 영향 진술(VIS)이 있는 경우에 형량이 더 무거운 경향이 있는 이유를 피해자 영향 진술이 제시되어서가 아니라 제시된 그 진술 속에 포함된 피해 관련 정보, 즉 피해 내용의 심각성 때문이라고 보는 입장이다. A견해에서는 만약 피해 내용이 심각하지 않다면 설령 VIS가 제시되더라도 VIS가 제시되지 않은 경우와 양형에서 유의미한 차이가 없고, 반대로 피해 내용이 심각하다면 VIS가 제시되지 않더라도 같은 피해 내용이 기술된 VIS가 제시된 경우의 형량과 유의미한 차이가 없을 것으로 판단한다. 즉 형량은 VIS의 제시 유무에 관계없이 피해 내용의 심각성에 의해 영향을 받는다는 것이다. B견해는 판사나 배심원들이 VIS 속에 포함된 피해 내용에 영향을 받을 뿐만 아니라 피해자가 VIS를 통해 표출하는 강한 감정으로부터도 영향을 받는다고 본다.

　P연구 방법은 A견해의 타당성을 검증하기 위한 것인데, 사건에 대해 일반적으로 기대되는 정서적 상해를 기준으로 할 때 각 집단이 접한 피해 내용의 심각성은 [집단 1], [집단 3], [집단 2]의 순서임을 파악하는 것이 문제 풀이에 중요하다. Q연구 방법은 B견해의 타당성을 검증하기 위한 것이며 [집단 1]과 [집단 2]의 결과를 통해 양형 판단에 피해자 감정 표출의 정도가 영향을 미치는지 여부를 알 수 있고, [집단 2]와 [집단 3]의 결과를 통해 피해 내용이 양형 판단에 영향을 미치는지 여부를 확인할 수 있음을 아는 것이 풀이의 단서이다.

ㄱ. A견해는 형량은 VIS의 유무에 관계없이 피해 내용의 심각성에 의해 영향을 받는다는 입장이다. P에서 [집단 1]은 VIS를 통해 피해자가 일반적인 기대를 뛰어넘는 심각한 피해를 입었다는 피해 내용의 정보를 접할 것이고 [집단 2]는 피해자가 입은 피해 내용이 일반적인 기대보다 낮은 수준이라는 정보를 접할 것이다. [집단 3]의 경우, VIS가 제시되지 않았기 때문에 모의 배심원들은 사건에 대한 객관적인 정보를 바탕으로 일반적으로 기대되는 정도의 피해 내용을 추정할 것이다. 그렇다면 각 집단이 접한 피해 내용의 심각성 정도는 [집단 1], [집단 3], [집단 2]의 순서가 된다. 만약 피해 내용, 즉 피해의 심각성이 양형에 영향을 주는 요인이라면, [집단 1]의 평균 형량은 [집단 2]의 평균 형량보다 높아야 하고 [집단 2]의 평균 형량은 [집단 3]의 평균 형량보다 낮아야 한다. 따라서 ㄱ에서 [집단 2]의 평균 형량이 [집단 3]의 평균 형량보다 유의미하게 높다는 연구 결과는 A견해와 부합하지 않으므로 A견해를 강화하지 못한다. ㄱ은 옳지 않은 평가이다.

ㄴ. B견해는 VIS에 부각된 피해 내용뿐만 아니라 이를 전달할 때 표출되는 피해자의 강한 감정 역시 양형에 영향을 미친다는 입장이다. B견해가 타당하다면, VIS에 의해 부각되는 피해 내용이 동일할 경우 강한 감정이 실린 채 전달되는 VIS는 그렇지 않은 VIS보다 양형에 더 큰 영향을 미친다. 따라서 Q에서 강한 감정이 실린 채 VIS가 전달되는 [집단 1]의 평균 형량이 강한 감정이 실리지 않은 채 동일한 내용의 VIS가 전달되는 [집단 2]의 평균 형량보다 유의미하게 높아진다면, 이것은 양형 판단에 피해자의 강한 감정의 표출이 영향을 미치고 있음을 보여준다. 그리고 [집단 2]와 [집단 3] 모두 피해자가 VIS를 차분하게 낭독하는 장면을 접했기 때문에 두 집단에게 전달된 피해자의 감정 표출의 정도는 동일하다. 그런데도 [집단 2]의 평균 형량이 [집단 3]의 평균 형량보다 유의미하게 높으면, 이는 양형 판단에 피해 내용의 심각성 요소가 작용했다고 볼 수 있다. ㄴ에서 제시된 결과는 모의 배심원들의 양형 판단이 피해 내용과 피해자의 강한 감정의 표출이라는 두 가지 요인으로부터 모두 영향을 받고 있음을 보여주고 있다. 따라서 이 결과는 B견해를 강화한다. ㄴ은 옳은 평가이다.

ㄷ. A견해는 형량은 VIS의 유무에 관계없이 피해 내용의 심각성에 의해 영향을 받는다는 입장이다. 따라서 A견해에 따르면, 피해 내용이 동일하다면 배심원의 양형 판단의 결과도 동일할 것이라고 예측할 수 있다. 그러므로 동일한 내용의 VIS가 제시된 [집단 1]과 [집단 2]의 평균 형량에 유의미한 차이가 나지 않는다는 결과는 A견해에 부합하므로 A견해를 약화하지 못한다. ㄷ은 옳지 않은 평가이다.

〈보기〉의 ㄴ만이 옳은 평가이므로 정답은 ②이다.

458

29.

다음 글에 대한 평가로 옳은 것만을 〈보기〉에서 있는 대로 고른 것은?

미국에서 1960년대 이래 폭발적으로 증가해 왔던 폭력 범죄와 재산 범죄는 1990년대 초반 이후로 급격한 감소 추세에 들어섰다. 1991년부터 2012년 사이에 폭력 범죄는 49%, 재산 범죄는 44% 감소하였다. 더욱이 이런 감소 현상은 모든 지역과 모든 인구 집단에서 나타났으며, 그 추이는 2020년 현재까지 지속되고 있다. 이와 관련하여 ㉠미국의 범죄 감소가 납과 밀접한 관련이 있다는 주장이 있다. 이에 따르면, 제2차 세계대전 후부터 1970년대 초반까지 자동차의 납 배출이 증가하면서 폭력 범죄가 뒤따랐다. 하지만 1970년대에 휘발유에서 납이 제거되기 시작하면서 이후 폭력 범죄는 감소하였다. 사에틸납(tetraethyl lead)은 가솔린 기관의 노킹 방지를 위해 1920년대에 개발되었는데, 전후 시기부터 자동차 열풍과 함께 그 사용이 폭발적으로 증가하였다. 폭력과 재산 범죄율은 10대 후반에서 20대 초반에 가장 높은데, 청소년이나 성인과 달리 아동의 경우에는 납에 노출되는 것이 뇌 발달과 미래의 범죄 가능성에 영향을 미친다. 특히 납은 공격성과 충동성 등의 증가를 유발하는 것으로 알려져 있다.

보 기

ㄱ. 미국의 1~5세 아동의 2000년 평균 혈중 납 농도가 1990년의 절반 수준으로 낮아졌다는 사실은 ㉠을 강화한다.

ㄴ. 미국의 폭력 범죄가 급격하게 감소하기 시작하는 시기가 1970년대가 아닌 1990년대라는 사실은 ㉠을 약화한다.

ㄷ. 미국에서 범죄를 저지른 청소년이 그렇지 않은 청소년보다 뼈 안의 납 농도가 4배 높다는 연구 결과는 ㉠을 강화한다.

① ㄱ 　　　　　② ㄴ 　　　　　③ ㄱ, ㄷ

④ ㄴ, ㄷ 　　　　　⑤ ㄱ, ㄴ, ㄷ

문항 성격　문항유형 : 논증 평가 및 문제해결

　　　　　　내용영역 : 사회

평가 목표　이 문항은 경험적 사실이 제시된 이론적 주장을 강화 또는 약화하는지 판단하는 능력을 평가하는 문항이다.

제시문에서 "폭력과 재산 범죄율은 10대 후반에서 20대 초반에 가장 높은데, 청소년이나 성인과 달리 아동의 경우에는 납에 노출되는 것이 뇌 발달과 미래의 범죄 가능성에 영향을 미친다. 특히 납은 공격성과 충동성 등의 증가를 유발하는 것으로 알려져 있다."라는 진술이 문제를 해결하는 단서이다. 이 단서로부터 납은 아동의 범죄 가능성에 영향을 미치지만 그 효과는 아동이 10대 후반~20대 초반이 되는 약 20년 후에 나타난다는 점을 추론할 수 있다.

〈보기〉 해설   ㄱ. 1~5세 아동의 2000년 평균 혈중 납 농도가 10년 전인 1990년의 절반 수준으로 낮아졌다는 것이 사실이라고 하자. ㉠이 참이어서 납 중독과 범죄 행동 간에 양의 상관관계가 있다면, 이 사실로부터 범죄의 위험성이 있는 인구 집단의 상대적 규모가 감소함을 예측할 수 있다. 1990년에 1~5세인 아동의 잠재적 범죄 행동이 발현되는 시기는 대략 2005~2010년 정도이며, 2000년에 1~5세인 아동의 잠재적 범죄 행동이 발현되는 시기는 대략 2015~2020년 정도가 된다. 제시문에서 실제로 미국의 범죄 감소 추이가 1990년대 초반부터 2020년 현재까지 지속되고 있다고 서술되어 있다. 그러므로 미국의 1~5세 아동의 2000년 평균 혈중 납 농도가 1990년의 절반 수준으로 낮아졌다는 사실은 ㉠을 강화한다. ㄱ은 옳은 평가이다.

ㄴ. ㉠의 논거에 따르면, 납은 아동의 뇌 발달에 대한 부정적인 영향을 매개로 미래의 범죄 가능성에 영향을 미친다. 납은 청소년이나 성인보다 아동의 뇌 발달에 부정적인 영향을 미쳐 해당 아동이 청소년 혹은 성인이 되었을 때 범죄 행동을 유발할 수 있다는 것이다. 이런 진술에 따르면, 납 중독과 범죄 행동의 표출 간에는 일정한 시차(아동이 청소년 혹은 성인이 될 때까지)가 있다고 볼 수 있다. 따라서 1970년대에 휘발유에서 납이 제거되기 시작함으로써 범죄에 미칠 효과는 대략 20년 뒤에 나타나야 한다. 그러므로 미국의 폭력 범죄가 감소하기 시작하는 시기가 1970년대가 아닌 1990년대라는 사실은 ㉠에 부합하므로 ㉠을 약화하지 않는다. ㄴ은 옳지 않은 평가이다.

ㄷ. 미국의 범죄 감소가 납과 밀접한 관련이 있다는 말은 납 중독과 범죄 행동 간에는 양의 상관관계가 있다는 것을 뜻한다. 범죄를 저지른 청소년이 그렇지 않은 청소년보다 뼈 안에 축적된 납 농도가 훨씬 높다는 것은 비행 행동과 납 중독 간에 양의 상관관계가 있다는 증거가 되므로 ㉠을 강화한다. ㄷ은 옳은 평가이다.

〈보기〉의 ㄱ, ㄷ만이 옳은 평가이므로 정답은 ③이다.

30.

다음 논쟁에 대한 평가로 옳은 것만을 〈보기〉에서 있는 대로 고른 것은?

A : 디지털 전환 등 미래 기술 변화로 인해 일자리를 통한 소득 기회가 감소할 수 있으므로 이에 대비하기 위해서는 국민 누구에게나 개별적으로 조건 없이 동일한 금액을 지급하는 기본소득 제도의 도입이 필요하다. 사회적 위험에 빠진 사람을 선별해 복지 혜택을 집중하더라도 사각 지대가 남을 수 있고 또한 선별에 따른 마찰도 적지 않다. 보편 지급은 이러한 문제점들을 완화하여 사각지대 없이 모든 사람들에게 실질적 도움이 될 수 있다.

B : 기본소득은 모든 사람에게 일정 금액을 제공하기 때문에 빈곤층을 해소하는 것처럼 보이지 만, 재정 여건이 허락하는 범위에서 지급하는 기본소득은 그 급여 수준이 너무 낮아 사각지대 해소에 실효성이 없다.

C : 기존의 복지제도를 정리하고 공공 부문을 개혁하면 기본소득의 재원 확보가 가능하다. 모든 사람이 일정 급여를 받게 되면 양극화가 완화될 것이다. 이에 따라 조세 저항은 낮아지고 재 분배 정책의 지지도가 상승함으로써 복지 재원의 총량도 늘리는 선순환이 기대된다.

D : 빈곤층의 생계를 지원하는 기초생활보장제도나 실직에 따른 소득 상실을 보전하는 고용보 험 등 기존의 사회안전망을 더 강화하는 것이 기본소득보다 양극화 문제에 더 효과적인 대안 이다.

보 기

ㄱ. 4차 산업 발달에 따른 인공지능의 보급으로 신규로 창출될 일자리보다 사라질 일자 리가 많다는 연구 결과는 A를 약화한다.

ㄴ. 국가적 재난으로 인해 고통을 겪은 국민을 지원하기 위해 일시적으로 지급된 전국 민재난지원금이 자영업자 폐업률에 영향을 미치지 않았다는 조사 결과가 나온다면, B는 약화된다.

ㄷ. 기존 복지제도를 통합하여 확보한 재원으로 기본소득을 지급할 때 소득 최하위 분 위의 소득 점유율 대비 소득 최상위 분위의 소득 점유율이 유의미하게 감소한다면, C는 강화되고 D는 약화된다.

① ㄱ   ② ㄷ   ③ ㄱ, ㄴ
④ ㄴ, ㄷ   ⑤ ㄱ, ㄴ, ㄷ

문항 성격　문항유형 : 논증 평가 및 문제해결

　　　　　　내용영역 : 사회

평가 목표　이 문항은 기본소득제도에 대한 찬반 주장을 이해하고 주어진 경제 관련 자료들이 각

　　　　　　주장을 강화 또는 약화하는지 판단할 수 있는 능력을 평가하는 문항이다.

문제 풀이　정답 : ②

A와 C는 기본소득제도를 찬성한다. A는 기술 변화에 따라 일자리가 줄어들어 생계를 위한 소득을 얻지 못하는 사람들을 위해 기본소득이 필요하고, 기존의 선별적 복지 혜택은 사각지대에 있는 사람들에게 도움이 되지 못한다고 주장한다. C는 기본소득이 양극화 완화에 기여하고 이에 따라 복지 분야의 선순환이 가능하다고 주장한다. 반면 B와 D는 기본소득제도를 반대한다. B는 재정여건상 기본소득 규모가 작아 사각지대 해소에 실효성이 없다고 주장한다. D는 기존의 선별적 복지제도가 기본소득보다 양극화 완화에 더 효과적이라고 주장한다.

〈보기〉 해설　ㄱ. 신규로 창출될 일자리보다 사라질 일자리가 많다는 것은 일자리가 줄어들 것이라는 의미이므로, 이러한 연구 결과는 A를 약화하는 것이 아니라 강화한다. ㄱ은 옳지 않은 평가이다.

　　　　　　ㄴ. 일시적으로 지급된 전국민재난지원금은 지속성이 없으므로 기본소득이 아니다. 전국민재난지원금이 기본소득의 일부 기능을 가지고 있다고 하더라도, 자영업자 폐업률에 영향을 미치지 않았다는 점은 폐업의 위기에 빠진 사람들에게 실질적 효과를 발생시키지 못한다는 내용이므로, 이러한 조사 결과는 기본소득이 사각지대 해소에 실효성이 없다는 B를 약화하지 않는다. ㄴ은 옳지 않은 평가이다.

　　　　　　ㄷ. 기존 복지제도를 통합하여 기본소득으로 전환할 때 소득 최하위 분위의 소득 점유율 대비 소득 최상위 분위의 소득 점유율이 감소한다는 것은 양극화가 완화된다는 의미이므로, 기본소득이 양극화 완화에 기여한다는 C는 강화되고, 기본소득이 기존 복지제도보다 양극화 완화에 덜 효과적이라는 D는 약화된다. ㄷ은 옳은 평가이다.

〈보기〉의 ㄷ만이 옳은 평가이므로 정답은 ②이다.

31.

다음 글에 대한 평가로 옳은 것만을 〈보기〉에서 있는 대로 고른 것은?

이기적 인간은 자신의 소비를 통한 효용만을 고려한다. 그렇다면 기부 행위는 왜 존재하는가? 자신의 기부를 받을 수혜자의 효용까지도 함께 고려하는 이타심 때문이다. 인간은 자신의 소비를 통한 효용뿐 아니라 수혜자의 효용까지 고려한다는 주장을 ㉠순수이타주의 가설이라 한다. 이 가설하에서 기부자는 수혜자가 필요한 총 기부액을 우선 결정한다. 만약 수혜자가 다른 기부자로부터 일정 금액의 기부를 받는 것을 알게 되면, 기부자는 정확히 그 금액만큼 기부액을 줄이게 된다. 한편, 기부 행위 자체를 통해 얻는 감정적 효용도 기부 행위에서 중요한 역할을 한다는 주장이 있다. 이를 ㉡비순수이타주의 가설이라 한다. 비순수이타주의 가설에서는 순수이타주의 가설에서 고려하는 기부자의 효용과 수혜자의 효용에 더하여 기부자 자신의 감정적 효용까지도 모두 고려한다.

위 두 가설을 검증하기 위해 다음과 같은 실험을 다수의 참가자에게 독립적으로 실시한다.

〈실험〉

각 참가자는 아래 표를 제공받아 a~f를 모두 결정한다. 이후, 각 참가자는 A~F 중 임의로 선택된 한 상황에서 해당하는 소득을 실제로 제공받고 결정했던 만큼의 기부를 한다.

상황	참가자의 소득	참가자의 기부액	자선 단체의 기부액
A	40	a	4
B	40	b	10
C	40	c	28
D	40	d	34
E	46	e	4
F	46	f	28

보 기

ㄱ. 참가자 대부분에서 $b=e-6$이면, ㉡을 강화한다.

ㄴ. 참가자 대부분에서 $e-a<f-c$이면, ㉠을 강화한다.

ㄷ. 참가자 대부분에서 $0<a-30<b-24<c-6<d$이면, ㉡을 강화한다.

① ㄱ   ② ㄷ   ③ ㄱ, ㄴ

④ ㄴ, ㄷ   ⑤ ㄱ, ㄴ, ㄷ

문항 성격　문항유형 : 논증 평가 및 문제해결

　　　　　　内容영역 : 사회

평가 목표　이 문항은 개인의 이타심이 발현되는 과정에 관한 이론인 순수이타주의 가설과 비순
수이타주의 가설을 이해하고 기부 행위에 관한 실험의 결과가 두 가설을 강화 또는
약화하는지 판단할 수 있는 능력을 평가하는 문항이다.

문제 풀이　정답 : ②

순수이타주의 가설에 따르면 인간은 (자신의 소비를 통한 효용＋기부받는 사람의 효용)에 따라
행동할 것이고, 비순수이타주의 가설에 따르면 인간은 (자신의 소비를 통한 효용＋기부받는 사람
의 효용＋기부를 통한 자신의 감정적 효용)에 따라 행동할 것이다. 이때 특징적인 내용은 순수이
타주의 가설에 따르면 기부자는 수혜자가 받는 총 기부액을 우선 결정하고 수혜자가 다른 기부자
로부터 기부를 받는 금액만큼 자신의 기부액을 줄인다는 점이다.

　이들 가설을 검증하기 위해 실험을 실시한다. 각 참가자에게 소득의 변화, 자선 단체의 기부액
변화 등이 존재하는 상황에서 자신의 기부액의 변화를 나타내도록 요구한다. 참가자의 기부액 변
화 형태에 따라 주어진 두 가설을 검증하는 것이다.

〈보기〉 해설　ㄱ. 소득이 다른 상황 B와 E에서 기부자가 결정한 총 기부액이 같다면 이것은 ㉠
을 지지하는 근거가 될 수 있다. 왜냐하면 ㉠에 의하면, 기부자는 수혜자가 받을
총 기부액을 우선 결정하여, 만약 수혜자가 다른 기부자로부터 일정 금액의 기부
를 받는 것을 알게 되면 기부자는 그 금액만큼 기부액을 줄이기 때문이다. 따라
서 참가자 대부분에서 $b=e-6$인 실험 결과를 얻게 된다면, 이것은 참가자 대부
분이 상황 B의 총 기부액과 상황 E의 총 기부액이 동일하도록 결정했다는 것을
의미하므로, 이 실험 결과는 ㉡을 강화한다고 할 수 없다. ㄱ은 옳지 않은 평가
이다.

ㄴ. $e-a<f-c$이면 $e-f<a-c$이다. ㉠이 참이라면, 참가자의 소득이 동일한 상황
E와 F에서 참가자가 결정한 수혜자가 받을 총 기부액은 같을 것이고, 참가자의
소득이 동일한 상황 A와 C에서도 총 기부액은 같을 것이다. 이 경우 $e+4=f+$
280이고, $a+4=c+280$이므로, $e-f=a-c=240$이다. 그러므로 ㉠이 참이라면 $e-$
$f=a-c$일 것이다. 따라서 참가자 대부분에서 $e-a<f-c$, 즉 $e-f<a-c$인 실험
결과는 ㉠을 강화하지 않는다. ㄴ은 옳지 않은 평가이다.

464

32.

다음으로부터 추론한 것으로 옳은 것만을 〈보기〉에서 있는 대로 고른 것은?

오래 전에 바다에 침몰했던 배에서 총 6개의 유물 A, B, C, D, E, F가 발견되었다. 이 유물들은 각각 고구려, 백제, 신라 중 한 나라에서 만들었다고 한다. 역사학자들은 이 6개의 유물을 정밀 조사하여 다음과 같은 사실을 밝혀냈다.

- C와 E는 같은 나라에서 만들었다.
- A와 C는 다른 나라에서 만들었다.
- 신라에서 만든 유물의 수는 백제에서 만든 유물의 수보다 크다.
- B는 고구려에서 만들었고 F는 백제에서 만들었다.

보 기

ㄱ. A는 백제에서 만든 유물이 아니다.
ㄴ. C가 고구려에서 만든 유물이면 D는 신라에서 만든 유물이다.
ㄷ. E를 만든 나라의 유물이 가장 많다.

① ㄱ   ② ㄴ   ③ ㄱ, ㄷ
④ ㄴ, ㄷ   ⑤ ㄱ, ㄴ, ㄷ

 문항유형 : 모형 추리

내용영역 : 논리학·수학

 이 문항은 주어진 정보로부터 각각의 유물을 어느 나라에서 만들었을지 가능한 경우
들을 찾아내어 〈보기〉의 각 진술이 추론되는지 여부를 판단하는 능력을 평가하는 문
항이다.

 정답 : ②

네 번째 정보를 표로 나타내면 다음과 같다.

고구려	백제	신라
B	F	

첫 번째 정보로부터 C가 백제의 유물이면 E도 백제의 유물이고 E가 백제의 유물이면 C도 백
제의 유물이다. C와 E가 백제의 유물이면 백제의 유물은 F까지 포함하여 3개 이상이 되는데, 이
는 세 번째 정보와 모순이다. 따라서 다음의 두 가지 경우가 가능하다.

(1)

고구려	백제	신라
B, C, E	F	

(2)

고구려	백제	신라
B	F	C, E

(1)의 경우는 세 번째 정보로부터 A, D는 다음과 같이 모두 신라의 유물이다. 이는 두 번째 정
보도 만족시킨다.

(1-1)

고구려	백제	신라
B, C, E	F	A, D

(2)의 경우는 두 번째 정보로부터 A는 고구려 또는 백제의 유물이다. 따라서 다음의 두 가지 경
우가 가능하다.

(2-1)

고구려	백제	신라
B, A	F	C, E

(2-2)

고구려	백제	신라
B	F, A	C, E

(2-1)의 경우에 D가 백제의 유물이면 세 번째 정보와 모순이므로, D는 고구려 또는 신라의 유
물이다. 따라서 다음의 두 가지 경우가 가능하다.

(2–1–1)

고구려	백제	신라
B, A, D	F	C, E

(2–1–2)

고구려	백제	신라
B, A	F	C, E, D

(2–2)의 경우는 세 번째 정보로부터 D는 다음과 같이 신라의 유물이다.

(2–2–1)

고구려	백제	신라
B	F, A	C, E, D

(1–1), (2–1–1), (2–1–2), (2–2–1)이 완성된 표이다.

<보기> 해설   ㄱ. (2–2–1)의 경우 A는 백제에서 만든 유물이다. ㄱ은 옳지 않은 추론이다.

　　　　ㄴ. C가 고구려에서 만든 유물인 경우는 (1)의 경우이다. 이때 (1–1)에서 알 수 있듯이 A, D는 모두 신라의 유물이다. ㄴ은 옳은 추론이다.

　　　　ㄷ. (2–1–1)의 경우 E를 만든 신라의 유물(C, E 2개)보다 고구려의 유물(B, A, D 3개)이 더 많다. ㄷ은 옳지 않은 추론이다.

　　　　<보기>의 ㄴ만이 옳은 추론이므로 정답은 ②이다.

33.

다음으로부터 추론한 것으로 옳지 <u>않은</u> 것은?

> 이웃한 네 국가 A, B, C, D는 지구 온난화로 발생하는 환경 문제를 개선하고자 2,000억 달러의 기금을 조성하기로 하였다. 1차와 2차로 나누어 각각 1,000억 달러의 기금을 만들기로 하였으며 경제 규모와 환경 개선 기여도를 고려하여 국가별 분담금을 정하였다. 합의된 내용 중 알려진 사실은 다음과 같다.
>
> • 국가별 1차 분담금은 A, B, C, D의 순서대로 많고, B는 260억 달러, D는 200억 달러를 부담한다.
> • 국가별 2차 분담금은 B가 가장 적고, 250억 달러를 부담하는 C가 그 다음으로 적고, 가장 많은 금액을 부담하는 국가의 분담금은 300억 달러이다.

① 가장 많은 분담금을 부담하는 국가는 A이다.
② B의 분담금은 460억 달러 이하이다.

③ A의 분담금이 570억 달러이면, D의 분담금은 500억 달러이다.

④ C의 분담금과 D의 분담금의 차이는 50억 달러 이하이다.

⑤ 어떤 국가의 1차 분담금과 2차 분담금이 같으면, A의 분담금은 600억 달러 이하이다.

 문항유형 : 모형 추리

내용영역 : 논리학·수학

 이 문항은 주어진 정보로부터 각국의 1·2차 분담금의 가능한 범위를 알아내어 선택지의 각 진술이 추론되는지 여부를 판단하는 능력을 평가하는 문항이다.

 정답 : ④

각국의 분담금을 표로 나타내면 〈표 1〉과 같다. (아래 표에서 'A/D'는 A 또는 D를 의미하며, 'D/A'는 D 또는 A를 의미한다. 2차 분담금에서 'A/D'가 가장 많은 분담금인 300억 달러를 낸다.)

〈표 1〉　　　　　　(단위 : 억 달러)

1차	A	B	C	D	1,000
		260		200	
2차	A/D	B	C	D/A	1,000
	300		250		
전체					2,000

1차에서 B와 D가 460억 달러를 부담하므로 A와 C는 540억 달러를 부담한다. 그런데 C의 분담금이 200억 달러 초과 260억 달러 미만이므로 A의 분담금은 280억 달러 초과 340억 달러 미만이다.

〈표 2〉　　　　　　(단위 : 억 달러)

1차	A	B	C	D	1,000
	280 초과 340 미만	260	200 초과 260 미만	200	
2차	A/D	B	C	D/A	1,000
	300		250		
전체					2,000

2차에서 C와 가장 많은 금액을 부담하는 국가(A/D)가 550억 달러를 부담하므로 2차 분담금이 가장 적은 B와 나머지 한 국가(D/A)는 450억 달러를 부담한다. 그런데 D/A의 분담금이 250~300억 달러이므로 B의 분담금은 150~200억 달러이다.

〈표 3〉 (단위 : 억 달러)

	A	B	C	D	
1차	280 초과 340 미만	260	200 초과 260 미만	200	1,000
2차	A/D	B	C	D/A	1,000
	300	150~200	250	250~300	
전체					2,000

따라서 국가별 총 분담금은 A는 530억 달러 초과 640억 달러 미만, B는 410~460억 달러, C는 450억 달러 초과 510억 달러 미만, D는 450~500억 달러이다.

〈표 4〉 (단위 : 억 달러)

	A	B	C	D	
1차	280 초과 340 미만	260	200 초과 260 미만	200	1,000
2차	A/D	B	C	D/A	1,000
	300	150~200	250	250~300	
전체	A	B	C	D	2,000
	530 초과 640 미만	410~460	450 초과 510 미만	450~500	

정답 해설　④ C의 분담금이 510억 달러 미만이고 D의 분담금이 450억 달러 이상이므로, 두 국가의 분담금의 차이는 50억 달러를 초과할 수도 있다. 예를 들어 〈표 5〉와 같이 C의 1차 분담금이 259억 달러이고 D의 2차 분담금이 250억 달러이면, C의 총 분담금은 509억 달러이고 D의 총 분담금은 450억 달러가 된다. 이 경우 두 국가의 분담금의 차이는 59억 달러가 된다. ④는 옳지 않은 추론이다.

〈표 5〉 C와 D의 분담금 차이가 50억 달러를 넘는 경우의 예시 (단위 : 억 달러)

	A	B	C	D	
1차	281	260	259	200	1,000
2차	300	200	250	250	1,000
전체	581	460	509	450	2,000

 ① A의 분담금은 530억 달러를 넘고 B, C, D의 분담금은 모두 510억 달러를 넘지 않으므로 가장 많은 분담금을 부담하는 국가는 A이다. ①은 옳은 추론이다.

② B의 분담금은 410억 달러 이상 460억 달러 이하이다. ②는 옳은 추론이다.

③ A의 1차 분담금이 280억 달러를 넘으므로, A가 2차 분담금을 가장 많이 부담하는 국가(300억 달러)이면 A의 총 분담금은 580억 달러를 넘는다. 따라서 A의 분담금이 570억 달러이면 2차 분담금을 가장 많이 부담하는 국가는 A가 아니라 D이다. 이 경우 D의 2차 분담금이 300억 달러이므로, D의 총 분담금은 500억 달러이다. ③은 옳은 추론이다.

⑤ B의 1, 2차 분담금은 각각 260억 달러와 150~200억 달러이므로 같을 수 없다. D의 1, 2차 분담금은 각각 200억 달러와 250~300억 달러이므로 같을 수 없다. 따라서 1차 분담금과 2차 분담금이 같은 나라는 A 또는 C이다. A의 1, 2차 분담금이 같다면, A의 2차 분담금이 300억 달러 이하이므로 A의 1차 분담금도 300억 달러 이하이고, 따라서 A의 총 분담금은 600억 달러 이하이다. C의 1, 2차 분담금이 같다면, C의 2차 분담금이 250억 달러이므로 C의 1차 분담금도 250억 달러이고, 이 경우 A의 1차 분담금은 290억 달러이다. 그런데 A의 2차 분담금이 300억 달러 이하이므로, A의 총 분담금은 590억 달러 이하이다. ⑤는 옳은 추론이다.

〈표 6〉 C의 1차 분담금과 2차 분담금이 같은 경우   (단위 : 억 달러)

1차	A	B	C	D	1,000
	290	260	250	200	
2차	A/D	B	C	D/A	1,000
	300	150~200	250	250~300	
전체	A	B	C	D	2,000
	540~590	410~460	500	450~500	

470

34.

다음으로부터 추론한 것으로 옳은 것만을 〈보기〉에서 있는 대로 고른 것은?

어떤 사건에 대하여 네 명의 용의자 갑, 을, 병, 정에게 물었더니 다음과 같이 각각 대답하였다.

갑 : "병은 범인이다. 범인은 두 명이다."

을 : "내가 범인이다. 정은 범인이 아니다."

병 : "나는 범인이다. 범인은 나를 포함하여 세 명이다."

정 : "나는 범인이 아니다. 갑은 범인이다."

각각 두 문장으로 구성된 갑, 을, 병, 정 네 사람 각자의 대답에서 한 문장은 참이고 다른 한 문장은 거짓이라고 한다.

ㄱ. 갑의 대답 중 "범인은 두 명이다."는 거짓이다.

ㄴ. 을은 범인이다.

ㄷ. 병과 정 중에서 한 명만 범인이면 갑은 범인이 아니다.

① ㄱ   ② ㄴ   ③ ㄱ, ㄷ

④ ㄴ, ㄷ   ⑤ ㄱ, ㄴ, ㄷ

문항 성격	문항유형 : 모형 추리
	내용영역 : 논리학·수학
평가 목표	이 문항은 각각 참인 정보와 거짓인 정보를 하나씩 제공하는 여러 사람의 대답으로부터 〈보기〉의 각 진술이 추론되는지 여부를 판단하는 능력을 평가하는 문항이다.
문제 풀이	정답 : ③

병의 대답의 제1문인 "나는 범인이다."가 거짓이면 병이 범인이 아니므로, 병의 대답의 제2문인 "범인은 나를 포함하여 세 명이다."는 거짓이 된다. 이는 각자의 대답에서 한 문장은 참이고 다른 한 문장은 거짓이라는 조건을 만족시키지 못하므로, 병의 대답의 제1문은 참이고 제2문은 거짓이다. 병의 대답의 제1문인 "나는 범인이다."가 참이므로 갑의 대답의 제1문인 "병은 범인이다."는 참이고, 따라서 갑의 대답의 제2문인 "범인은 두 명이다."는 거짓이다. 이를 표로 나타내면 다음과 같다.

용의자	제1문	진위	제2문	진위
갑	병은 범인이다.	참	범인은 두 명이다.	거짓
병	나는 범인이다.	참	범인은 나를 포함하여 세 명이다.	거짓

갑의 대답의 제2문과 병의 대답의 제2문이 모두 거짓인 것으로부터 범인은 1명 또는 4명임을 알 수 있다. 또 병은 범인이므로, 병을 제외한 3명 중에서는 범인이 0명 또는 3명임을 알 수 있다. 즉 갑, 을, 정 중 누구도 범인이 아니거나 3명 모두 범인이다. 두 경우가 모두 가능함을 다음에서 확인할 수 있다.

1) 갑, 을, 정 중 누구도 범인이 아닌 경우(병만 범인인 경우)

을의 대답의 제1문인 "내가 범인이다."는 거짓이고 제2문인 "정은 범인이 아니다."는 참이 되어, 각자의 대답에서 한 문장은 참이고 다른 한 문장은 거짓이라는 조건을 만족시킨다. 또 정의 대답의 제1문인 "나는 범인이 아니다."는 참이고 제2문인 "갑은 범인이다."는 거짓이 되어, 각자의 대답에서 한 문장은 참이고 다른 한 문장은 거짓이라는 조건을 만족시킨다.

2) 갑, 을, 정 모두 범인인 경우(모든 용의자가 범인인 경우)

을의 대답의 제1문인 "내가 범인이다."는 참이고 제2문인 "정은 범인이 아니다."는 거짓이 되어, 각자의 대답에서 한 문장은 참이고 다른 한 문장은 거짓이라는 조건을 만족시킨다. 또 정의 대답의 제1문인 "나는 범인이 아니다."는 거짓이고 제2문인 "갑은 범인이다."는 참이 되어, 각자의 대답에서 한 문장은 참이고 다른 한 문장은 거짓이라는 조건을 만족시킨다.

<보기> 해설   ㄱ. 갑의 대답에서는 제1문인 "병은 범인이다."가 참이고, 제2문인 "범인은 두 명이다."가 거짓이다. ㄱ은 옳은 추론이다.

ㄴ. 갑, 을, 정 3명 모두 범인일 수도 있고, 3명 중 누구도 범인이 아닐 수도 있다. ㄴ은 옳지 않은 추론이다.

ㄷ. 병은 반드시 범인이므로, 병과 정 중에서 한 명만 범인이면 병은 범인이고 정은 범인이 아니다. 정이 범인이 아닌 경우에는 갑과 을도 범인이 아니다. ㄷ은 옳은 추론이다.

<보기>의 ㄱ, ㄷ만이 옳은 추론이므로 정답은 ③이다.

35.

다음으로부터 추론한 것으로 옳은 것만을 〈보기〉에서 있는 대로 고른 것은?

신호탐지이론은 외부 세계를 신호와 잡음 두 상태로 나누고 그 상태에 따라 어떤 반응을 보여야 가장 좋은 효과를 얻을 수 있는가를 결정하는 이론이다. 레이더 기지에 새롭게 배치된 관측병 갑의 임무는 물체 X가 레이더에 나타났을 때 버튼을 눌러 아군 전투기를 출동시킬지 아니면 버튼을 누르지 않을지 결정하는 것이다. X가 사전에 신고되지 않은 비행기인 경우를 신호라 하고, X가 기타 물체, 예컨대 독수리인 경우를 잡음이라 하자. 신고된 비행기는 X와 다른 방식으로 레이더에 표시되므로 고려 대상이 아니다. 버튼을 눌렀을 때 신호이면 '적중'이고 잡음이면 '오경보'이다. 버튼을 누르지 않았을 때 신호이면 '누락'이고 잡음이면 '정기각'이다. 버튼을 누르거나 누르지 않는 것에 따른 갑의 득실은 아래와 같다.

	신호	잡음
버튼 누름	3	−3
버튼 누르지 않음	−3	2

기존의 데이터에 따르면 X가 신호일 확률은 0.8이다. 갑은 X에 관한 기존의 데이터에 따른 확률에 득실을 곱하여 X를 관측한다면 버튼을 누를지 말지 결정하려 한다. 예컨대, 적중의 기댓값은 2.4이다. 버튼을 눌렀을 때 기댓값의 합계가 버튼을 누르지 않았을 때 기댓값의 합계보다 크거나 같다면, 갑은 X를 관측했을 때 버튼을 누를 것이다.

보 기

ㄱ. X가 신호일 확률이 0.1일 경우, 갑은 X가 레이더에 나타나면 버튼을 누르지 않을 것이다.

ㄴ. 누락의 득실만 −3에서 0으로 변경될 경우, 갑은 X가 레이더에 나타나면 버튼을 누를 것이다.

ㄷ. 오경보의 득실만 −3에서 −2로 변경될 경우, 갑은 X가 레이더에 나타나면 버튼을 누를 것이다.

① ㄴ 　② ㄷ 　③ ㄱ, ㄴ

④ ㄱ, ㄷ 　⑤ ㄱ, ㄴ, ㄷ

| 문항 성격 | 문항유형 : 언어 추리 |
| 내용영역 : 과학기술 |

| 평가 목표 | 이 문항은 득실과 확률에 관한 신호탐지이론에 대한 설명이 주어졌을 때, 이론을 실제 사례에 올바르게 적용하는 능력을 평가하는 문항이다. |

| 문제 풀이 | 정답 : ⑤ |

제시문에서 X가 신호일 확률은 0.8이므로 X가 잡음일 확률은 0.2이다. 또한 갑이 X를 관측할 때 버튼을 누르거나 누르지 않는 것에 따른 갑의 득실은 표로 주어져 있다. 이 경우 갑이 버튼을 누를 때 기댓값의 합계와 버튼을 누르지 않을 때 기댓값의 합계는 다음과 같이 계산된다.

버튼을 누를 때 : $(3 \times 0.8) + (-3 \times 0.2) = 1.8$

버튼을 누르지 않을 때 : $(-3 \times 0.8) + (2 \times 0.2) = -2$

갑이 버튼을 누를 때 기댓값의 합계가 버튼을 누르지 않을 때 기댓값의 합계보다 크므로, 갑은 X를 관측했을 때 버튼을 누를 것이다.

〈보기〉 해설　ㄱ. 신호일 확률이 0.1이라면 잡음일 확률은 0.90이다. 이 경우, 버튼을 누를 때 기댓값의 합계는 $(3 \times 0.1) + (-3 \times 0.9) = -2.4$이고, 누르지 않을 때 기댓값의 합계는 $(-3 \times 0.1) + (2 \times 0.9) = 1.50$이다. 그러므로 갑은 버튼을 누르지 않을 것이다. ㄱ은 옳은 추론이다.

ㄴ. 누락의 득실만 −3에서 0으로 변경될 경우, 버튼을 누를 때 기댓값의 합계는 $(3 \times 0.8) + (-3 \times 0.2) = 1.8$이고 누르지 않을 때 기댓값의 합계는 $(0 \times 0.8) + (2 \times 0.2) = 0.4$이다. 그러므로 갑은 버튼을 누를 것이다. ㄴ은 옳은 추론이다.

ㄷ. 오경보의 득실만 −3에서 −2로 변경될 경우, 버튼을 누를 때 기댓값의 합계는 $(3 \times 0.8) + (-2 \times 0.2) = 2$이고 누르지 않을 때 기댓값의 합계는 $(-3 \times 0.8) + (2 \times 0.2) = -2$이다. 그러므로 갑은 버튼을 누를 것이다. ㄷ은 옳은 추론이다.

〈보기〉의 ㄱ, ㄴ, ㄷ 모두 옳은 추론이므로 정답은 ⑤이다.

36.

다음 논증의 구조를 가장 적절하게 분석한 것은?

> ㉠사람들은 종종 마치 로봇이 사람인 것처럼 대하는데, 이와 같은 현상에는 동서양의 차이가 존재하며 그러한 차이는 문화 또는 문화적 요인을 통해 이루어지는 진화, 즉 문화선택에 의한 것으로 보인다. ㉡한 연구 결과에 따르면, 사람의 행동에 반응하여 로봇 개 아이보가 꼬리를 살랑거리며 빙글빙글 도는 모습을 피실험자에게 보여 주었을 때, 서양인 피실험자보다 한국인 피실험자가 더 강한 정도로 사람과 로봇이 친구가 될 수 있다고 답하였다. ㉢어린이가 아이보의 꼬리를 부러뜨리려는 장면을 피실험자에게 보여 주고 그 어린이에게 아이보를 괴롭히지 말라는 도덕 명령을 내릴 것이냐고 물었을 때에도, 서양인 피실험자보다 한국인 피실험자가 더 강한 긍정적인 답을 내놓았다. ㉣이는 로봇을 마치 사람처럼 대하는 현상이 서양인보다 한국인에게서 더 강하게 나타난다는 것을 보여 준다. ㉤묵가에 의하면, 우정 같은 감정은 대상이 나에게 실질적인 이득을 가져다 줄 것이라는 판단을 내렸을 때에만 발생할 수 있다. ㉥유가에 의하면, 도덕 판단의 근거는 판단 주체에게 내재한 모종의 원칙이 아닌 대상과의 감정적 관계에 있다. ㉦묵가와 유가 이론을 사람과 로봇 관계에 적용한다면, 사람들은 아이보가 자신에게 즐거움을 준다고 판단할 때 아이보를 친구로 여길 수 있게 되고 아이보를 불쌍하다고 느낄 때 아이보를 도덕 판단의 대상으로 여길 수 있게 된다. ㉧한국 사회 전반에서 묵가와 유가 전통을 통한 문화선택이 발생했으며, 그에 따라 한국인 일반의 감정과 도덕성에 관한 사회적 측면이 부분적으로 결정되었다는 연구 결과가 있다.

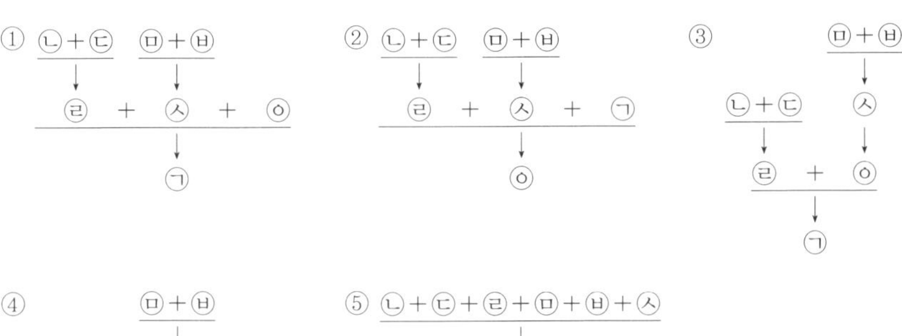

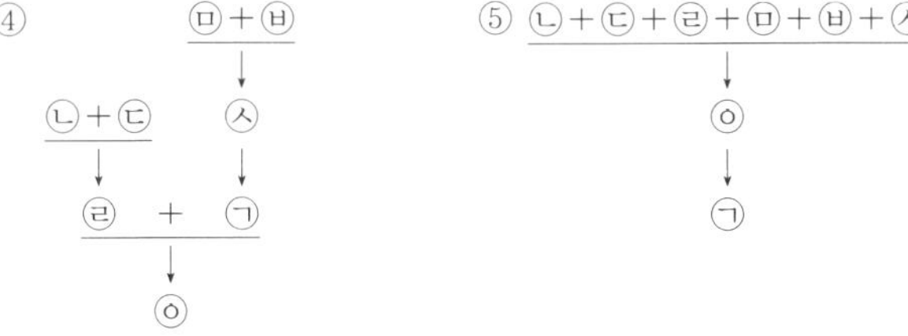

문항 성격　문항유형 : 논증 분석
　　　　　　내용영역 : 사회
평가 목표　이 문항은 논증의 구조를 논증의 내용에 따라 올바르게 파악하는 능력을 평가하는 문
　　　　　　항이다.
문제 풀이　정답 : ①

이 문항은 서양인보다 한국인이 더 강하게 로봇을 생명체처럼 여기는 현상을 다룬다. 제시문에 따르면, 서양인보다 한국인이 더 강하게 로봇을 마치 살아있는 생명체처럼 여기는 이유는 다음과 같다. 한국인은 묵가와 유가 전통을 선택압으로 갖는 문화선택을 겪었다. 그러한 전통 아래에서 사람들은 인간과 로봇 사이에 모종의 관계가 성립했을 때 자연스럽게 로봇을 마치 사람처럼 대하게 된다.

이 문항을 풀 때 주의할 점은 제시문의 주요 논증이 두 개의 하위 논증으로 구성되어 있음을 아는 것이다. 첫 번째 하위 논증은 로봇을 마치 사람처럼 대하는 것에는 서양인과 한국인 사이에 차이가 존재한다는 논증이다. 다른 하나는 한국인에게서 특징적으로 나타나는 이와 같은 현상을 동양철학 이론으로 설명하는 하위 논증이다.

또 한 가지 주의할 점은 묵가와 유가에 관한 문장들 ⑩, ⑭, ⑭, ⑥의 관계를 파악하는 것이다. ⑥은 문화선택에 관한 주장이지만, ⑭은 ⑩, ⑭을 전제로 갖는 주장에 해당한다. 좀 더 구체적으로 말하자면, ⑥은 한국 문화와 한국인의 사회적 측면에 묵가와 유가 전통이 녹아 들어가 있다는 명제이고 ⑭은 묵가와 유가 이론에 관한 명제이다. ⑥과 ⑭은 서로 독립적인데, 그 이유는 ⑥이 거짓이더라도 ⑭은 참일 수 있으며 그 역도 성립하기 때문이다.

정답 해설　① ㉠은 제시문 전체를 관통하는 주요 주장에 해당한다. 이 주장에 대한 직접적인 근거는 ㉣, ⑭, ⑥이다. ㉣과 ⑭은 각자의 하위 논증을 갖는다. ㉣에 대한 근거로 서양인보다 한국인이 강하게 아이보에게 감정을 느낀다는 ㉡, 그리고 서양인보다 한국인이 강하게 아이보를 도덕 판단의 대상으로 여긴다는 ㉢이 주어졌다. ⑭은 ⑩과 ⑭으로부터 도출된다. ⑥은 별도의 근거를 갖지 않는다.

오답 해설　② ⑥은 특정 연구 결과에 관한 명제로 제시문 전체를 관통하는 주요 주장이 아니다.
　　　　　　③ 앞에서 설명한 것처럼, ⑥과 ⑭은 서로 독립적이므로 ⑭으로부터 ⑥이 도출될 수 없다.
　　　　　　④ ⑥은 특정 연구 결과에 관한 명제로 제시문 전체를 관통하는 주요 주장이 아니다.
　　　　　　⑤ ⑥은 ㉡~⑭ 중 그 어떤 명제로부터도 도출될 수 없다.

37.

다음으로부터 추론한 것으로 옳은 것은?

사건들은 서로 간에 양 또는 음의 상관관계가 성립할 수 있으며, 어떤 상관관계도 없이 서로 독립적일 수도 있다. 이런 상관관계는 주어진 조건에 따라서 달라진다. 특히 상관관계 성립 여부는 사건들이 어떤 인과적 구조에 있느냐에 의존한다.

예를 들어 보자. 비가 와서 땅이 젖었으며, 땅이 젖게 되어 그 땅을 딛고 있는 나의 발이 젖었다고 해 보자. 비가 온 것은 땅이 젖은 것의 원인이며, 땅이 젖은 것은 나의 발이 젖은 것의 원인이다. 비가 온다는 것과 발이 젖는다는 것 이외에 어떤 것도 고려하지 않는다면, 우리는 이 두 사건 사이에 상관관계가 성립한다고 말해야 한다. 하지만 그 두 사건을 연결하는 매개 사건, 즉 땅이 젖는다는 조건 아래에서는 비가 온 것과 발이 젖은 것은 서로 독립적인 사건이 된다. 왜냐하면 땅이 젖기만 한다면 비가 오든 오지 않든 발이 젖을 것이기 때문이다. 이렇듯 두 사건 사이를 인과적으로 매개하는 사건은 그들 사이의 상관관계를 지운다.

다른 예도 있다. 비가 와서 땅이 젖고 강물도 범람했다고 하자. 비가 온 것은 땅이 젖은 것의 원인이기도 하며, 강물이 범람한 것의 원인이기도 하다. 이 경우, 땅이 젖은 것과 강물이 범람한 것 이외에 어떤 것도 고려하지 않는다면, 우리는 땅이 젖은 것과 강물이 범람한 것 사이에 상관관계가 성립한다고 말해야 한다. 하지만 두 사건의 공통 원인에 해당하는 사건, 즉 비가 온다는 조건 아래에서는 땅이 젖은 것과 강물이 범람한 것은 서로 독립적인 사건이 된다. 왜냐하면 비가 오기만 했다면, 강물이 범람하든 하지 않든 땅이 젖을 것이기 때문이다. 이렇듯 두 사건의 공통 원인인 사건은 그 두 사건 사이의 상관관계를 지운다.

우리는 이런 두 가지 사례를 모두 포괄하는 방식으로 인과관계와 상관관계 사이의 관계를 다음과 같이 규정할 수 있다. 사건 X의 원인은 사건 X와 이 X의 결과가 아닌 사건 사이에 성립하는 상관관계를 지운다.

① 사건 X를 원인으로 하는 사건이 하나밖에 없다면, X가 지우는 상관관계는 존재하지 않는다.

② 사건 X와 사건 Y 사이에 성립하는 상관관계를 지우는 사건이 있다면, X와 Y 모두의 원인인 사건이 있다.

③ 사건 X가 사건 Y의 원인이고 Y는 사건 Z의 원인이라면, X라는 조건 아래에서 Y와 Z는 서로 독립적인 사건이 된다.

④ 사건 X의 원인은 사건 Y이기도 하고 사건 Z이기도 하다면, X라는 조건 아래에서 Y와 Z는 서로 독립적인 사건이 된다.

⑤ 사건 X가 사건 Y와 사건 Z의 유일한 원인이고 Y는 사건 W의 원인이지만 Z는 W의 원인이 아니라면, X는 Z와 W 사이에 성립하는 상관관계를 지운다.

<table>
<tr><td>문항 성격</td><td>문항유형 : 언어 추리</td></tr>
</table>

문항 성격　문항유형 : 언어 추리
　　　　　　내용영역 : 과학기술

평가 목표　이 문항은 인과관계와 상관관계 사이에 성립하는 원리를 파악하여 그것을 올바르게 적용하는 능력을 평가하는 문항이다.

문제 풀이　정답 : ⑤

제시문은 베이지안 네트워크 이론(Bayesian Network Theory)의 마코프 조건(Marcov Condition)을 다루고 있다. 이 조건에 따르면 특정 사건의 원인은 그 사건과 그 사건의 결과가 아닌 사건들 사이에 성립하는 상관관계를 지운다. 다르게 말하자면 특정 사건의 원인이 성립한다는 조건 아래에서 그 사건과 그 사건의 결과가 아닌 사건들은 확률적으로 독립적이다.

　좀 더 구체적으로 말하면, 다음 두 가지가 성립한다. (i) X와 Z를 인과적으로 매개하는 Y는 X와 Z 사이에 성립하는 상관관계를 지운다. (ii) Y와 Z의 공통 원인인 X는 Y와 Z 사이에 성립하는 상관관계를 지운다.

정답 해설　⑤ 이 선택지에서 말하는 인과관계는 다음과 같다.

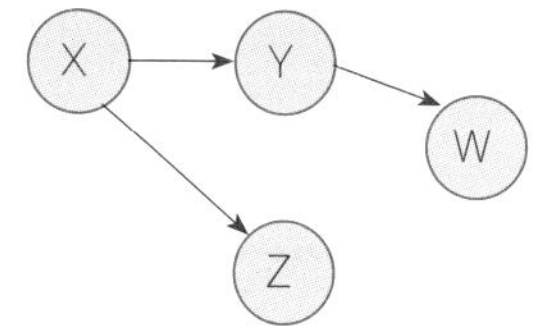

X는 Z의 유일한 원인이고 Z는 W의 원인이 아니므로, W와 Z 사이에는 인과관계가 성립하지 않는다. 따라서 제시문의 마지막 문단에 기술된 원리에 의해, Z의 원인인 X는 Z와 Z의 결과가 아닌 사건 W 사이에 성립하는 상관관계를 지운다는 것을 추론할 수 있다. 따라서 ⑤는 옳은 추론이다.

오답 해설　① X가 원인인 사건을 Y라고 하고, Y 외에는 X를 원인으로 하는 사건이 없다고 하자. 그리고 Z가 X의 원인이라고 하자. 그럼 X는 Z와 Y를 인과적으로 매개하는 사건이 되며, 따라서 위 해설의 (i)에 따라 X는 Z와 Y 사이에 성립하는 상관관계를 지운다. ①은 옳지 않은 추론이다.

　② Z가 X와 Y를 인과적으로 매개하는 사건이라고 하자. 그럼 (i)에 의해서 Z는 X와 Y 사이에 성립하는 상관관계를 지운다. 하지만 Z는 X와 Y 중 하나의 원인이고 다른 하나의 결과이므로, 두 사건의 공통 원인이 아니다. 그밖에 X와 Y 모두의 원인인 사건이 있다는 것을 추론할 수 없으므로, ②는 옳지 않은 추론이다.

③ 사건 X가 사건 Y의 원인이고 사건 Y는 사건 Z의 원인이라고 하자. 그럼 사건 Z
는 사건 Y의 결과이다. 한편, Y의 원인인 사건이 상관관계를 지우는 사건은 Y와
Y의 결과가 아닌 사건이다. 따라서 Y의 원인인 X는 Y와 Y의 결과인 Z 사이의 상
관관계를 지운다고 추론할 수 없다. ③은 옳지 않은 추론이다.

④ 사건 X의 원인은 사건 Y이기도 하고 사건 Z이기도 하다고 가정하자. 그럼 X는 Y
나 Z 어떤 것의 원인도 아니다. 따라서 Y의 원인도 아니고 Z의 원인도 아닌 X가
Y와 Z 사이에 성립하는 상관관계를 지운다고 추론할 수 없다. ④는 옳지 않은 추
론이다.

38.

다음 글을 평가한 것으로 적절한 것만을 〈보기〉에서 있는 대로 고른 것은?

아이에게 생기는 자폐증의 주요한 원인 중 하나는 임신 중 엄마의 비정상적인 면역 활성화로 여겨지고 있다. 엄마의 장에 존재하는 수지상 세포(dendritic cell, DC)는 체내에 바이러스가 감염되면 활성화된다. 이 DC는 장에 존재하는 T_H17 면역 세포를 활성화시키는데, 이때 T_H17에서 분비되는 IL−17 단백질이 태아에 전달되어 뇌 발달을 저해한다는 것이다. 최근 ⊙엄마의 장에 공생하는 특정 장내 세균의 존재 유무가 이러한 비정상적 면역 활성화에 중요하다는 가설이 제기되었다. 장내 세균의 명확한 역할은 알 수 없지만, 엄마에게 특정 장내 세균이 없을 때에는 위와 같은 면역 활성화가 일어나지 않는다는 것이다. 이를 검증하기 위해 다음 실험을 계획하였다.

〈실험〉

• 다음과 같이 네 종류의 임신한 생쥐 군(X1, X2, Y1, Y2)을 준비하였다.

생쥐 군	장내 특정 공생 세균	바이러스 감염 여부
X1	있음	감염됨
X2	있음	감염되지 않음
Y1	없음	감염됨
Y2	없음	감염되지 않음

• 일정 시간 후 각 생쥐의 장에서 DC와 T_H17 세포를 분리하였다. 각 세포에는 바이러스나 세균이 섞이지 않도록 하였다. 분리된 각 DC와 T_H17을 섞어 배양한 후 IL−17의 분비량을 측정하였다.

• 각 생쥐에서 태어난 새끼들의 자폐 성향을 분석하였다.

ㄱ. X1의 DC를 X2의 T_H17과 배양했을 때 IL−17이 생산되고 X1의 DC를 Y2의 T_H17과 배양했을 때 IL−17이 생산되지 않는다면, ㉠이 강화된다.

ㄴ. X1의 DC를 Y2의 T_H17과 배양했을 때 IL−17이 생산되고 Y1의 DC를 Y2의 T_H17과 배양했을 때 IL−17이 생산되지 않는다면, ㉠이 강화된다.

ㄷ. X1에서 태어난 새끼들은 자폐 성향을 보이고 Y2에서 태어난 새끼들은 자폐 성향을 보이지 않는다면, ㉠이 강화된다.

① ㄱ   ② ㄷ   ③ ㄱ, ㄴ

④ ㄴ, ㄷ   ⑤ ㄱ, ㄴ, ㄷ

문항 성격 문항유형 : 논증 평가 및 문제해결

내용영역 : 과학기술

평가 목표 이 문항은 면역 활성화의 메커니즘을 이해하고 장내 세균이 면역 활성화에 미치는 영향에 대한 가설이 각각의 실험 결과에 의해 강화 또는 약화되는지 판단할 수 있는 능력을 평가하는 문항이다.

문제 풀이 정답 : ③

산모의 비정상적인 면역 활성화는 3단계로 이루어진다. 1단계는 어떤 바이러스의 감염으로 장에 존재하는 DC가 활성화되는 과정이다. 2단계는 활성화된 DC가 장에 존재하는 T_H17 면역 세포를 활성화시키는 과정이다. 3단계는 이 T_H17 세포가 IL−17 단백질을 분비하는 과정으로, 이 IL−17이 결국 태아의 뇌 발달을 저해한다. 그러므로 IL−17이 생산되었다는 실험 결과나 새끼 쥐가 자폐 성향을 보이는 현상은 DC와 T_H17 면역 세포가 모두 활성화되었음을 의미하고, 반대의 실험 결과나 현상은 DC 또는 T_H17 면역 세포가 활성화되지 않았음을 의미한다.

제시문에서 이 비정상적인 면역 활성화에 장내 세균이 관여한다는 가설이 제시되어 있다. 즉, 산모가 어떤 특정 장내 세균을 보유하고 있을 때는 이 과정이 일어나지만, 이 특정 장내 세균이 없으면 감염이 있어도 면역 활성화가 일어나지 않는다는 것이다.

〈보기〉 해설 ㄱ. X1의 DC는 동일하고 T_H17만 서로 다른 경우이다. X1의 생쥐는 바이러스에 감염되었으므로 DC가 활성화된다. 활성화된 DC가 X2의 T_H17은 활성화시키지만 Y2의 T_H17은 활성화시키지 못한다면, X2의 T_H17과 Y2의 T_H17이 세포의 상태가 다름을 의미한다. X2와 Y2의 차이는 장내 특정 세균의 유무밖에 없으므로, X2의 T_H17이 분리 전에 장내 특정 세균의 영향을 받았을 것이라고 추측할 수 있다. 그러므로 이 실험 결과는 ㉠을 강화한다. ㄱ은 적절한 평가이다.

ㄴ. Y2의 T$_H$17은 동일하고 DC만 서로 다른 경우이다. X1과 Y1의 생쥐는 모두 바이러
스에 감염되었으므로 DC가 활성화되어 있을 것이다. 이 경우 이들 생쥐에서 분
리한 DC는 Y2의 T$_H$17을 활성화시켜야 하는데, X1의 DC만 Y2의 T$_H$17을 활성화
시키고 Y1의 DC는 Y2의 T$_H$17을 활성화시키지 못한다면, X1의 DC와 Y1의 DC가
세포의 상태가 다름을 의미한다. X1과 Y1의 차이는 장내 특정 세균의 유무밖에
없으므로, X1의 DC가 분리 전에 장내 특정 세균의 영향을 받았을 것이라고 추
측할 수 있다. 그러므로 이 실험 결과는 ㉠을 강화한다. ㄴ은 적절한 평가이다.
ㄱ에서는 장내 특정 세균이 T$_H$17에 영향을 미쳤을 것으로 추측하고 ㄴ에서는 장
내 특정 세균이 DC에 영향을 미쳤을 것으로 추측하므로 ㄱ과 ㄴ은 양립할 수
없는 실험 결과이지만, 어떤 실험 결과가 나오든 ㉠이 강화된다는 점에 유의하
여야 한다.

ㄷ. X1의 생쥐는 장에 특정 세균이 공생하고 바이러스에 감염되었으며, Y2의 생쥐
는 장내 특정 세균이 없고 바이러스에 감염되지 않았다. X1의 생쥐는 면역 활성
화가 일어났지만 Y2의 생쥐는 면역 활성화가 일어나지 않았다면, X1의 생쥐의
면역 활성화가 장내 특정 세균의 존재 때문인지 그렇지 않은지 불확실하다. X1
과 Y2는 장내 특정 세균의 존재 여부에서 다르지만 바이러스 감염 여부도 다르
기 때문이다. 그러므로 이러한 현상은 ㉠을 강화하지 않는다. ㄷ은 적절하지 않
은 평가이다.

〈보기〉의 ㄱ, ㄴ만이 적절한 평가이므로 정답은 ③이다.

39.

다음 글을 평가한 것으로 옳은 것만을 〈보기〉에서 있는 대로 고른 것은?

70년대 미국의 연구진은 위에서 소장으로 우회로를 만드는 수술법이 체중 감소와 더불어 혈
당 조절 효과가 있음을 알게 되었다. 연구진은 608명의 고도 비만 환자에게 이러한 수술(비만 수
술)을 시행하였는데, 당뇨병을 동반한 고도 비만 환자 중 83%에서 혈당이 개선되는 것을 관찰하
였다. 그리고 이런 혈당 개선은 체중 감소가 일어난 후 이차적으로 나타나는 것이 아니라 수술 후
수일 만에 일어나는 것이었다.

어떻게 이런 작용이 일어나는가를 이해하기 위해서는 인크레틴의 작용을 이해해야 한다. 인크
레틴은 음식을 먹으면 소장에서 분비되어 췌장에 인슐린 분비 신호를 주는 물질이다. 따라서 식

후에 인크레틴이 정상적으로 분비되면 인슐린에 의해 혈당이 잘 조절된다.

  루비노는 ㉠비만 수술 후 혈당 조절 능력이 개선되는 것은 인크레틴의 효과를 방해하는 물질이 생체 내에 존재하기 때문이라는 가설을 주장하였다. 섭취한 음식물은 소장의 세 부위인 십이지장, 공장, 회장을 순서대로 거쳐 대장으로 들어가는데, 루비노는 실험용 쥐를 이용해서 위를 공장으로 바로 연결하는 비만 수술을 시행한 결과 체중이나 식이량의 감소 없이 혈당이 개선됨을 관찰하였다. 따라서 그는 음식물이 십이지장을 우회하는 것이 당뇨병 치료에 효과가 있을 것이라고 주장하며, 인크레틴의 효과를 방해하는 '항인크레틴'이 존재할 것이라는 추정을 했다.

ㄱ. 십이지장에서 분비되는 물질이 인크레틴에 의한 인슐린 분비를 감소시킨다면, ㉠이 강화된다.

ㄴ. 위를 절제하고 식도와 십이지장을 직접 연결하는 수술에서 혈당 개선이 된다면, ㉠이 강화된다.

ㄷ. 루비노의 비만 수술 이후 재수술을 통해 공장으로 넘어간 음식물을 십이지장으로 다시 가게 하였을 때 혈당 개선 효과가 사라진다면, ㉠이 약화된다.

① ㄱ   ② ㄷ   ③ ㄱ, ㄴ
④ ㄴ, ㄷ   ⑤ ㄱ, ㄴ, ㄷ

문항 성격	문항유형 : 논증 평가 및 문제해결
	내용영역 : 과학기술
평가 목표	이 문항은 비만 수술에서 혈당이 개선되는 이유에 대한 '항인크레틴 가설'을 이해하여, 주어진 정보가 이를 강화하거나 약화하는지 판단하는 능력을 평가하는 문항이다.
문제 풀이	정답 : ①

소화관은 식도-위-소장(순서대로 십이지장, 공장, 회장)-대장-직장으로 연결되어 있다. 루비노는 위의 끝을 분리하여 십이지장 대신 공장으로 연결하는 위 우회술을 시술하였고, 제시문에 설명한 바와 같이 혈당 개선을 관찰하였다. 특히 체중 감소에 앞서서 혈당이 개선되는 효과를 관찰한 것은 이 수술이 비만이 교정됨으로써 이차적으로 혈당 개선이 오는 것이 아니라 모종의 어떤 기전에 의해 혈당에 직접 영향을 미쳤다고 볼 수 있기 때문에 매우 중요한 관찰이었다. 왜 이런 효과가 나타났는지를 이해하기 위해서, 인크레틴의 작용을 이해할 필요가 있다. 인크레틴은 음식을 먹으면 소장에서 분비되어 췌장에 인슐린 분비 신호를 주는 물질이다. 식사 후 소장에 음식물이 들어가면 인크레틴이 소장에서 분비되어, 이로 인해 인슐린 분비가 촉진되어 혈당이 낮아지는

효과가 있다.

　루비노는 본인의 시술에서 단지 십이지장을 우회(bypass)하였기 때문에, 아마도 십이지장에서 나오는 어떤 물질은 원래 인크레틴과 반대의 작용을 가지고 있을 것이라는 추정을 하였다. 즉 비만에서 혈당이 높아져 있을 때 십이지장에 음식이 들어가지 못하게 되면 인크레틴의 작용이 커지게 되어 혈당 개선이 되는데, 이를 '십이지장에 존재하는 가상의 물질'이 나오지 않기 때문이라 생각한 것이다. 루비노는 이를 '항인크레틴' 또는 '루비노 인자(factor)'라 부르며 이 가설을 주장하였다.

　루비노 가설을 정리하면, 십이지장에 음식이 들어가면 항인크레틴이 나오고, 이는 공장, 회장에서 주로 분비되는 인크레틴과 균형을 이루는데, 십이지장에 음식이 들어가지 않으면 항인크레틴이 나오지 않으므로 인크레틴의 작용이 상대적으로 매우 커져 혈당이 조절된다는 것으로 요약될 수 있다.

<보기> 해설　ㄱ. 십이지장에서 분비되는 물질이 인크레틴에 의한 인슐린 분비를 감소시킨다면, 바로 그 물질이 인크레틴의 효과를 방해하는 생체 내에 존재하는 물질일 것이므로 ㉠이 강화된다. ㄱ은 옳은 평가이다.

　ㄴ. 첫 번째 문단에 의하면, 비만 수술은 "위에서 소장으로 우회로를 만드는 수술법"이다. 이로부터 비만 수술은 위를 절제하지 않는 수술이라는 것을 알 수 있다. 그런데 위를 절제하고 식도와 십이지장을 직접 연결하는 수술은 위를 절제하는 수술이다. 따라서 이 수술에서 혈당이 개선된다는 사실은 위를 절제하지 않는 수술인 비만 수술 후 혈당 조절 능력이 개선되는 이유를 제시한 ㉠과는 관련 없는 사실이므로, ㉠을 강화하지도 약화하지도 않는다. ㄴ은 옳지 않은 평가이다.

　ㄷ. 루비노의 비만 수술은 십이지장을 우회하여 위를 공장으로 바로 연결하는 수술이다. 제시문에 따르면 이 비만 수술이 시행된 결과 체중이나 식이량의 감소 없이 혈당이 개선됨이 관찰되었다. 그런데 이러한 비만 수술 이후 재수술을 통해 공장으로 넘어간 음식물을 십이지장으로 다시 가게 하였을 때 혈당 개선 효과가 사라진다고 하자. 그렇다면 십이지장에서 나오는 어떤 물질이 인크레틴의 효과를 방해한다는 주장이 강화될 것이다. 따라서 비만 수술 후 혈당 조절 능력이 개선되는 것은 인크레틴의 효과를 방해하는 물질이 생체 내에 존재하기 때문이라는 ㉠이 강화된다. ㄷ은 옳지 않은 평가이다.

　<보기>의 ㄱ만이 옳은 평가이므로 정답은 ①이다.

40.

다음으로부터 추론한 것으로 옳은 것만을 〈보기〉에서 있는 대로 고른 것은?

최근에는 생쥐의 특정 유전자를 인위적으로 조작할 수 있게 되었다. 과학자들은 세포에 A라는 효소가 발현되어야만 특정 유전자가 조작될 수 있는 장치를 고안하였으며, 이를 이용하여 다음과 같이 조건적으로 유전자를 조작할 수 있게 되었다. 첫째는 조직별 조작 시스템으로, A 효소 유전자 앞에 특정 조직에서만 작동하는 프로모터를 넣어 두면 이 프로모터가 작동하는 특정 조직에서만 A 효소가 발현되어 목적한 유전자가 조작되며, 프로모터가 작동하지 않는 그 이외 조직에서는 유전자가 조작되지 않는다. 둘째는 시기별 조작 시스템으로, 보통 A 효소 유전자 앞 프로모터가 어떤 약물이 있어야만 작동하게 설계한다. 이렇게 하면 약물을 투여하는 동안에만 A 효소가 발현되어 비로소 목적한 유전자가 조작된다.

이러한 유전자 조작을 이용하여 동물 모델에서 지방 세포의 수와 크기의 증가를 관찰하기 위해 다음 실험을 디자인하였다.

〈실험〉

생쥐를 적당히 조작하여 특정 프로모터에 의해 A 효소가 발현되도록 했으며, 이 프로모터가 X 약물이 있는 상황에서만 작동하도록 하였다. 또한 A 효소가 작동하면 유전자가 조작되어 세포는 파란색이 되며, 한번 파란색이 된 세포는 죽지 않으며 색깔도 잃지 않는다. 이 생쥐에 X 약물을 일정 기간 동안 처리한 후 약물을 중단하고 고지방 식이로 비만을 유도하여 변화를 관찰한 실험 결과는 다음과 같다.

〈실험 결과〉

세포 종류	X 약물 처리 후		고지방 식이 후	
	파란 세포 수	세포의 크기	파란 세포 수	세포의 크기
내장 지방 세포	100	정상	20	증가
피하 지방 세포	100	정상	100	증가
근육 세포	0	정상	0	정상

*파란 세포 수 : 임의의 세포 100개당 파란 세포의 수

ㄱ. 고지방 식이를 하면 내장 지방 세포는 새로 만들어지지만 피하 지방 세포는 그렇지 않다.

ㄴ. 고지방 식이를 하면 체내 내장 지방의 부피는 증가하지만 피하 지방의 부피는 증가하지 않는다.

ㄷ. X 약물을 처리한 경우 A 효소는 내장 지방 세포와 피하 지방 세포에 발현되지만 근육 세포에서는 발현되지 않는다.

① ㄱ   ② ㄴ   ③ ㄱ, ㄷ

④ ㄴ, ㄷ   ⑤ ㄱ, ㄴ, ㄷ

문항 성격   문항유형 : 언어 추리

내용영역 : 과학기술

평가 목표   이 문항은 효소 발현에 의한 유전자 조작의 메커니즘과 〈실험 결과〉를 이해하고 이를 바탕으로 〈보기〉의 각 진술이 추론되는지 판단할 수 있는 능력을 평가하는 문항이다.

문제 풀이   정답 : ③

〈실험 결과〉에서 X 약물 처리 후 모든 내장 지방 세포와 모든 피하 지방 세포가 파란색이 되었다. 고지방 식이 후에는 내장 지방 세포와 피하 지방 세포의 크기가 증가하고, 내장 지방 세포의 수가 증가하였다. 그러나 근육 세포는 X 약물 처리 후에도 색깔이나 크기에 변화가 없고, 지방 식이 후에도 변화가 없었다.

〈보기〉 해설   ㄱ. 한번 파란색이 된 세포는 죽지도 않고 색깔도 변하지 않는다. 따라서 〈실험 결과〉에서 고지방 식이 후 내장 지방 세포 100개당 파란 세포의 수가 감소했다는 것은 내장 지방 세포가 새로 만들어졌음을 의미한다. 예를 들어 고지방 식이 전에 내장 지방 세포가 100개였다면 이 중 파란 세포가 100개인데, 고지방 식이 후에는 내장 지방 세포 100개당 20개가 파란 세포이므로, 총 500개의 내장 지방 세포가 있는 것이 된다(20/100＝100/500). 이는 400개의 내장 지방 세포가 새로 만들어졌기 때문이다. 반면에 피하 지방 세포 100개당 파란 세포의 수는 고지방 식이 후에도 변화가 없으므로, 새로 만들어진 것이 없다. ㄱ은 옳은 추론이다.

ㄴ. 고지방 식이 전 모든 내장 지방 세포와 모든 피하 지방 세포가 파란색이고 한번 파란색이 된 세포는 죽지 않으므로, 고지방 식이 후 내장 지방 세포의 수와 피

하 지방 세포의 수는 감소하지 않는다. 〈실험 결과〉에서 고지방 식이 후 내장 지
방 세포와 피하 지방 세포 모두 그 크기가 증가하였다. 세포의 수는 줄지 않고
크기가 증가하였으므로, 내장 지방이든 피하 지방이든 그 부피가 증가하였다.
따라서 피하 지방의 부피가 증가하지 않는다고 한 ㄴ은 옳지 않은 추론이다.

ㄷ. A 효소는 X 약물이 있는 상황에서만 발현되고, A 효소가 발현되면 유전자 조작
으로 세포가 파란색이 된다. 그런데 〈실험 결과〉에서 X 약물 처리 후 내장 지방
세포와 피하 지방 세포만 파란색이 되고 근육 세포는 파란색이 되지 않았다. 이
로부터 X 약물 처리로 내장 지방 세포와 피하 지방 세포에서만 A 효소가 발현
되고 근육 세포에서는 A 효소가 발현되지 않았음을 추리할 수 있다. ㄷ은 옳은
추론이다.

〈보기〉의 ㄱ, ㄷ만이 옳은 추론이므로 정답은 ③이다.